中国近现代史研究

现代化模式与近代以来中国历史进程

严立贤◎著

从现代化模式的转换来看待近代以来中国的历史进程，以此实现了考察近代以来中国历史的理论和方法上的变革。

九州出版社
JIUZHOUPRESS
全国百佳图书出版单位

图书在版编目(CIP)数据

现代化模式与近代以来中国历史进程／严立贤著.
—北京：九州出版社，2010．5
ISBN 978-7-5108-0485-4

Ⅰ．①现… Ⅱ．①严… Ⅲ．①现代化－研究－中国
Ⅳ．①D61

中国版本图书馆CIP数据核字(2010)第086079号

现代化模式与近代以来中国历史进程

作　　者　严立贤 著
出版发行　九州出版社
出 版 人　徐尚定
地　　址　北京市西城区阜外大街甲35号（100037）
发行电话　（010）68992190/2/3/5/6
网　　址　www.jiuzhoupress.com
电子信箱　jiuzhou@jiuzhoupress.com
印　　刷　**三河市东方印刷有限公司**
开　　本　720毫米×1020毫米　16开
印　　张　29.25
字　　数　485千字
版　　次　2010年7月第1版
印　　次　2010年7月第1次印刷
书　　号　ISBN 978-7-5108-0485-4
定　　价　39.00元

目　录

内 容 提 要

本书从社会发展道路的角度，将近代中国的现代化划分为官僚垄断资本主义现代化、民族资本主义现代化和资产阶级民主主义现代化（分为旧民主主义现代化及作为其继承和发展的新民主主义现代化）等三种模式，从这三种现代化模式的转换的角度重新审视了近代中国的历史进程。书中全面而细致地考察和分析了以上三种现代化模式的发生、发展及其交织和转换的过程，由此揭示了近代中国历史发展的基本脉络及其趋势，阐明了近代中国最终走上新民主主义现代化模式的历史根由。本书最后部分还认真详细地考察和分析了 1949 年以后中国由新民主主义现代化模式向中国特色社会主义现代化模式过渡的历史过程，提出了中国特色社会主义现代化模式与新民主主义现代化模式之间具有明确的连续性的观点。本书最大的学术贡献是将生产力分析法和阶级分析法相结合而形成现代化模式概念，提出从现代化模式的转换来看待近代中国的历史进程，以此实现了考察近代中国历史的理论和方法上的变革。

导 言

本书力图从现代化模式的转换来看待近现代中国的历史发展进程。

纵观近代以来中国现代化和经济政治变革的历史，可以从社会发展道路的角度将现代化划分为三种模式或三条可能的发展道路，即：一、官僚垄断资本主义现代化模式；二、民族资本主义现代化模式；三、资产阶级民主主义现代化（分为旧民主主义现代化及作为其继承和发展的新民主主义现代化）模式。

所谓官僚垄断资本主义现代化，就是由占统治地位的封建半封建性质的大地主大资产阶级所推动的现代化，他们力图在不触动根本封建半封建制度的范围内，推行经济上的工业化和实行政治上的轻微改革，以期将近代工业生产力掌握在他们自己手中，成为维护他们的封建半封建独裁统治的经济基础。这种模式的现代化肇始于十九世纪70年代的洋务运动，经历了清末、民初北洋政府时期和国民党统治时期三个不同的历史时期。虽然每个历史时期都有各自不同的表现形式，但它们都有一个共同的特点，即以建立国家垄断资本和以国家政权或官僚特权为依托的官僚私人资本为目标。在本书中，我们把国家垄断资本和以国家政权或官僚特权为依托的官僚私人资本合称之为官僚垄断资本。与官僚垄断资本主义现代化模式相对应的，是民族资本主义现代化模式。

民族资本主义现代化模式的阶级基础是由地主、官僚、旧式商人和一些买办商人转化而来的民族资产阶级，而这种类型的民族资产阶级则又是中国民族资产阶级的主体。其中资本比较雄厚，或社会地位比较高，社会影响比较大的部分，也即他们的上层部分，是他们的领导力量。这种现代化模式的根本内容是：在政治上主张不推翻封建半封建政权的统治，而试图促使封建半封建统治阶级自身向资产阶级转化，以改良的形式确立资产阶级性质的君主立宪制或共和民主制；在经济上主张私人资本主义的自由发展，并期望资产阶级化的国家政权大力扶植民间私人资本的发展；在土地制度上主张不触动封建半封建的地主土地所有制，以维护他们所由出生和依赖的地主阶级的利益。

第三种现代化模式是资产阶级民主主义现代化模式，它是作为官僚垄断资本主义现代化模式的对立物出现的。资产阶级民主主义现代化模式由孙中山开创、由资产阶级革命派领导，实际上是以资产阶级中下层和农民阶级为基础的现代化模式。

资产阶级民主主义现代化模式与官僚垄断资本主义现代化模式在以下几个方面存在着根本的对立。首先，在政治制度上，官僚垄断资本主义现代化模式要求维护封建半封建性质的大地主大资产阶级的独裁统治，实行重君轻民的君主立宪制或虚假的共和制，而资产阶级民主主义现代化模式则主张用革命的手段推翻大地主大资产阶级的统治，实行资产阶级民主共和制度。其次，在经济制度上，官僚垄断资本主义现代化模式主张发展国家垄断资本以及以国家政权和官僚特权为依托的官僚私人资本，而资产阶级民主主义现代化模式则主张发展民间私人资本，以及为防止民间私人资本过度发展的国家资本。孙中山主张发展民间私人资本，但在目睹了西方私人资本过度发展而产生尖锐的社会矛盾之后，又提出用发达国家资本的方法限制私人资本在中国的过度发展，以防止在中国出现如西方国家那样因严重的社会不平等而产生尖锐的社会矛盾的现象。

资产阶级民主主义现代化模式与民族资本主义现代化模式也存在着一些根本性的分歧。首先，在对待封建半封建国家政权的问题上，民族资本主义现代化模式主张对封建半封建国家政权进行改良，促使其自身向资产阶级政权转化，而资产阶级民主主义现代化模式则主张用革命的手段推翻封建半封建国家政权，建立资产阶级民主共和国。其次，在对待封建土地所有制的问题上，民族资本主义现代化模式与官僚垄断资本主义现代化模式一样，主张维护封建的土地所有制，而资产阶级民主主义现代化模式则主张改革封建的土地所有制，通过“平均地权”使土地国有化。第三，在对待民间私人资本的问题上，民族资本主义现代化模式基于“私有制度虽为现社会一切文明之源泉可也”的认识，主张民间私人资本的自由发展，而资产阶级民主主义现代化模式则主张用“发达国家资本”的方式将私人资本的发展限制在一定的范围之内，使其不能操纵国计民生，以避免因私人资本的过度发展所带来的尖锐社会矛盾，避免“贫富悬绝”的现象，以避免社会主义革命。

新民主主义现代化模式也是一种资产阶级民主主义现代化模式，它是一种以工人阶级的先锋队组织——中国共产党为领导的，以工人阶级、农民阶级、民族资产阶级和小资产阶级为基础的现代化模式，是一种新型的资产阶级民主主义现代化模式。

与孙中山领导的资产阶级民主主义现代化模式，也即旧民主主义现代化模式相比，新民主主义现代化模式在以下几个方面有了新的发展：首先，现代化的领导力量发生了变化。新民主主义现代化不再由软弱的资产阶级（革命派）来领导，而是由作为工人阶级先锋队的中国共产党来领导。其次，现代化的阶级基础获得了扩展。旧民主主义现代化模式的阶级基础十分狭窄，只有资产阶级中下层和农民阶级，而新民主主义现代化的阶级基础扩展到了工人阶级、农民阶级、小资产阶级和整个民族资产阶级。第三，土地政策发生了本质的改变。新民主主义现代化模式主张实行土地革命，没收地主阶级的土地，无偿分配给农民使用，而旧民主主义现代化模式只是主张国家用赎买的方法购买地主的土地，然后分配给农民使用。第四，国家资本的范围发生了变化。在旧民主主义现代化模式中，要求国家资本在整个国民经济中占据主导地位，而在新民主主义现代化中，国家资本（国营经济）是整个国民经济的领导力量，但在量上不一定要占主导地位。第五，新民主主义现代化模式明确宣布，自己的目标是社会主义社会，通过社会主义社会走向共产主义社会，而旧民主主义现代化模式主张通过民生主义社会走向共产主义社会。

中国共产党克服了旧民主主义现代化模式的缺陷，继承和发展了旧民主主义现代化模式的合理成分，使空想的旧民主主义现代化模式演变为科学的新民主主义现代化模式，而国民党蒋介石却恰恰相反，抛弃了旧民主主义现代化模式的合理成分而承继了其中的缺陷，结果使旧民主主义现代化模式蜕变为官僚垄断资本主义现代化模式。蒋介石利用孙中山没有找到实行“平均地权”和“耕者有其田”的切实可行的办法，拒绝实行“平均地权”和“耕者有其田”。蒋介石利用孙中山将国家资本的范围定得过于宽泛的缺陷，大肆侵蚀一般私人资本，发展国家垄断资本。由于没有实行“平均地权”和“耕者有其田”的政策，农村经济越来越凋敝。在农村缺乏对工业品的消费需求的情况下，民族资本也难以得到发展。与此相反，国家垄断资本和四大家族官僚私人资本却在不断侵蚀和吞噬农民和民间私人资本的过程中，畸形地发展起来。蒋介石口口声声地说自己是孙中山和三民主义的继承者，实际上恰恰是孙中山和三民主义的背叛者。只有中国共产党领导的新民主主义现模式继承和发展了旧民主主义现代化模式中的真谛，而蒋介石所推行的，是地地道道的官僚垄断资本主义现代化。

在近代中国，首先登场的是官僚垄断资本主义现代化模式和民族资本主义现代化模式。二者是同时登场、相互交织的。官僚垄断资本主义现代化模式与民族资本主义现代化模式相互交织和相互斗争，都试图把对方纳入到自己的现代化模式中来。清政府试图推行官僚垄断资本主义，但缺乏资金和管理人才，不得不利用民间资本；民间资本意欲发展民间私人资本，但没有政府的支持，则是寸步难行。于是，它们在洋务运动中走到了一起，都想通过官督商办的形式达到自己的目的。其结果是民间私人资本被洋务官僚集团所侵吞，官督商办企业变成了官僚垄断资本。在官僚垄断资本主义现代化模式与民族资本主义现代化模式相互交织和相互斗争的第一个回合中，官僚垄断资本主义现代化模式取得了优势。戊戌变法是官僚垄断资本主义现代化模式与民族资本主义现代化模式之间第二个回合的纠葛和斗争。在戊戌变法中，清政府中的帝党开明派试图在政治上向民族资产阶级作一些让步，在经济上推行一些有利于民族资本主义发展的政策，以换取民族资产阶级对清政府的支持，推行官僚垄断资本主义现代化模式；而民族资产阶级则想对清政府进行改造，使清政府转变为支持民族资本主义现代化模式的近代资产阶级国家政权。在顽固派后党的干涉和破坏下，戊戌变法最终失败了，官僚垄断资本主义现代化模式与民族资本主义现代化模式的这次纠葛和斗争以双方失败而告终。庚子之变以后，清政府终于决定向民间资本作出让步，也就是所谓的“厉行新政”。日俄战争后，清政府甚至决定在政治上推行“宪政”，开始所谓的“预备立宪”，民族资产阶级为了推动清政府实现自身的近代变革，也大力推进“立宪运动”，于是开始了清政府与民族资产阶级之间第三个回合的纠葛和斗争。但是，清政府顽固的坚持官僚垄断资本主义现代化模式，始终不肯向民族资产阶级作出实质性让步。清政府出台的“宪法大纲”所给予民族资产阶级的权力比《日本帝国宪法》还要小得多。随着皇族内阁的登场和铁路国有政策的出台，民族资产阶级最终与清政府决裂了。民族资产阶级终于认识到清政府是一个无以改造的腐朽政府，加入到了由孙中山领导、由资产阶级革命派主导的推翻清政府的革命运动——辛亥革命运动之中。

与民族资本主义现代化模式不同，资产阶级民主主义现代化模式从一开始就以官僚垄断资本主义现代化模式的对立面出现。辛亥革命是孙中山试图领导革命派推行资产阶级民主主义现代化模式的一次尝试，但是，这次尝试却没有能够取得成功。之所以未能取得成功，主要原因有以下几个方面：一、孙中山没有认识到农民阶级是他所倡导的资产阶级民主主义现代化模式的重要的阶级基础，没有去发动农民阶级来支持他的现代化模式，而始终利用会党和新军的力量来进行革命活动，革命缺乏强有力的阶级力量的支持；二、革命派中的大多数人并没有完整地把握孙中山的三民主义思想，而只局限于民族主义和民权主义，当武昌起义取得成功，各省纷纷独立之后，绝大多数革命党人都把革命的目标局限于建立共和制，甚至出现了支持袁世凯出任临时大总统的现象。三、立宪派的作用。立宪派在立宪运动中曾试图对清政府进行改造，但在对清政府完全失望之后，加入到革命阵营中来，为武昌起义的成功和最后推翻清政府的反动统治作了很大的贡献。但是，他们与革命派联合，并不等于他们开始支持资产阶级民主主义现代化模式。立宪派作为民族资产阶级上层的政治代表，仍然坚持民族资本主义现代化模式，他们只不过是要更换他们的代理人而已。立宪派选中了他们的新代理人，这个人就是袁世凯。立宪派支持袁世凯反对孙中山，是辛亥革命半途而废的重要原因。四、帝国主义的破坏。武昌起义后，帝国主义不得不考虑谁掌握政权更有利于他们在中国的统治。清政府拒绝改革，已为万人所唾弃，显然已不能为帝国主义效劳；孙中山要推进资产阶级民主主义现代化模式，试图建立一个独立的资产阶级共和国，显然不能为帝国主义所接受；因此，作为大地主大资产阶级的代表，一心一意推行具有买办性质的官僚垄断资本主义现代化的袁世凯，就成了帝国主义的意中人。以上种种原因，使得孙中山推行资产阶级民主主义现代化模式的努力功败垂成。孙中山作为一个先觉者，比较准确地认识和把握住了中国的国情，提出了基本符合中国国情的现代化模式，但由于没有科学的历史观作指导，没有认识到农民阶级的历史作用，面对帝国主义的破坏，立宪派的反对，革命同志的背离和袁世凯的狡诈，他力不从心，无可奈何地将政权交给了袁世凯。孙中山精心设计并勇猛推进的实行资产阶级民主主义现代化的计划，并没有完全按照他自己的设想进展下去，而是半途而废了。在获得帝国主义支持的大地主大资产阶级的统治下的中国，在工农阶级还没有登上历史舞台的中国，孙中山显得是多么的势单力薄和孤立无援。

辛亥革命后的民国政府并不是北洋军阀集团单独执政的政府，而是由北洋军阀集团、资产阶级革命派和原立宪派共同掌权，而北洋军阀集团居支配地位的政府。民初的政争实际上是三种政治力量为推行各自的现代化模式而进行的斗争。以袁世凯为首的北洋军阀集团要把中国引向官僚垄断资本主义现代化，原立宪派和旧官僚（共和党、民主党、统一党以及后来的进步党）所代表的民族资产阶级力图依靠袁世凯推行民族资本主义现代化模式，而孙中山则领导革命派继续进行推行资产阶级民主主义现代化模式的活动。在民族资产阶级和革命派的共同牵制下，袁世凯政府采取了不少有利于民族资本主义发展的措施。但是，在成功地拉拢了原立宪派、打击了革命派之后，袁世凯就原形毕露，还没有来得及建立官僚垄断资本就迫不及待地登上了皇帝的宝座。民族资产阶级被出卖了，他们不得不又和革命派联合，在护国运动中打倒了袁世凯。袁世凯死后，北洋军阀集团中无一人能统合各派政治势力，中国陷入了军阀混战之中，但三种现代化模式仍在进行着激烈的斗争。如北洋政府两度挑起宪法危机，孙中山因而两度发动护国战争，但由于没有自己的力量而不得不运用军阀的力量，结果都失败了。这是官僚垄断资本主义现代化模式与资产阶级民主主义现代化模式之间的斗争。再如北洋政府与中国银行之间控制与反控制的斗争，是官僚垄断资本主义现代化模式与民族资本主义现代化模式之间的斗争。这一时期一直到1927年，由于北洋政府不能有效行使统治权，加上抵货运动和第一次世界大战中外国商品和资本的撤出，民族资本获得了较快的发展，出现了中国资本主义发展的“黄金时期”。在国家政权不能有效行使的时候，却是中国资本主义发展的黄金时期，这是对近代中国反动政权的极大讽刺。

袁世凯和张勋的先后复辟和封建文化的回潮，震动了中国的知识分子。从辛亥革命到袁世凯和张勋复辟，中国的现代化似乎走了一个圆圈，又回到了原来的位置。面对中国现代化的巨大挫折，中国的知识分子打出了科学与民主的旗帜，吹响了人的现代化的号角，这就是新文化运动。但是，新文化运动只不过是知识分子的孤立运动，如果没有后来五四运动的发生，没有工人阶级和农民阶级登上历史的舞台，大概不会对中国的现代化产生实质性的影响。

五四运动的发生，说明中国的现代化虽然遭受了重大的挫折，但并不是在走圆圈。首先，民族资本主义在夹缝中艰难地获得了一定的发展，民族资产阶级开始逐步走向独立；其次，工人阶级发展壮大起来，并登上了历史舞台。特别是工人阶级登上历史舞台，是五四运动的最大成果。先进的知识分子把新传入的马克思主义与工人运动相结合，创立了中国共产党。从此，中国的现代化进程发生了根本性的历史变化，这个根本性的历史变化就是资产阶级民主主义现代化模式开始由资产阶级领导的旧有形式向由无产阶级领导的新型形式转化，这个由无产阶级领导的新型形式的资产阶级民主主义现代化模式就是新民主主义现代化模式。新民主主义现代化模式与原先的资产阶级民主主义现代化模式，也即旧民主主义现代化模式既有继承性也有新的发展。新民主主义现代化模式主要在以下几个方面发展了旧民主主义现代化模式：一、将资产阶级民主主义现代化模式置于无产阶级的领导之下，由无产阶级发动农民群众，并联合小资产阶级和民族资产阶级，推进资产阶级民主主义现代化。二、实行土地革命，没收地主的土地，无偿分配给农民使用，也就是用暴力的方法而不是用“购买”的方法实现“耕者有其田”。三、缩小了国家资本的范围。在旧民主主义现代化模式中，国家资本起主导作用，即在量上要占优势，而新民主主义现代化模式中，国营经济是居于领导地位的经济成分，即在量上不一定占优势。四、旧民主主义现代化模式中的国家政权是资产阶级共和国，而新民主主义现代化模式中的国家政权是无产阶级人民民主共和国，也即在中国共产党领导下的工人阶级、农民阶级、小资产阶级和民族资产阶级的联合政权。新民主主义现代化模式与旧民主主义现代化模式的不同在于领导力量和阶级基础发生了变化，手段和目标也发生了变化。由新民主主义现代化模式与官僚垄断资本主义现代化模式相对立，完全不同于旧民主主义现代化模式与官僚垄断资本主义现代化模式相对立，其结果也将完全不同。

但是，从旧民主主义现代化模式向新民主主义现代化模式的过渡并不是简单的和一蹴而就的，它经历了一个复杂和艰难的过程。首先，五四运动以后，孙中山领导旧民主主义现代化模式也有了新的发展，焕发出了新的生机，新民主主义现代化模式是在与旧民主主义现代化模式的交织、融合中逐渐形成的。其次，中国共产党在探索新民主主义现代化模式时并不是一帆风顺的，它经历了一个艰难曲折的过程，经历了许多次失败。

五四运动以后，孙中山领导的旧民主主义现代化模式终于找到了阶级力量，从而焕发出了新的生机。孙中山领导的旧民主主义现代化模式的阶级基础是资产阶级中下层和农民阶级，但是，在五四运动以前，孙中山一直没有找到自己的阶级力量，在辛亥革命前是利用会党和新军的力量，辛亥革命后则利用军阀的力量进行斗争，结果不得不经历一次次失败。五四运动以后，孙中山终于发现了自己的阶级力量，首先是学生，继而是工人阶级，最后是农民阶级。在中国共产党和苏联的帮助下，孙中山终于认识到唤起农工的重要性，并提出了“联俄、联共、扶助农工”的三大政策，把旧三民主义发展成了新三民主义，旧民主主义现代化模式也进入了一个新的阶段。此时，新民主主义现代化模式还没有形成，才刚刚进入探索阶段。从 1921 年到 1927 年，是中国共产党在支持和推动旧民主主义现代化模式的同时，探索新的现代化模式，逐渐摸索新民主主义现代化模式的阶段。

旧三民主义向新三民主义的发展，旧民主主义现代化模式的新发展，以及中国共产党对旧民主主义现代化模式的支持，使得国共合作得以实现。同时，推行民族资本主义现代化模式的民族资产阶级也对北洋军阀政权深恶痛绝。这样，一场以阶级大联合——工人阶级、农民阶级、小资产阶级、民族资产阶级及一部分地主阶级和大资产阶级的联合为基础的大革命——北伐战争，就拉开了序幕。但是，这次联合注定不可能持续太久，因为各阶级之间的利益是如此的不同，有的甚至是截然相对，如工农阶级要进行土地革命，而地主阶级和民族资产阶级则反对土地革命。从根本上说，他们都要推行各自不同的现代化模式。他们只是在反对北洋军阀统治，建立一个统一的国家这个最低目标上取得一致。他们的分裂是不可避免的。在孙中山逝世，国民党内已经没有一个真正理解三民主义的真谛又有威望统一全党的人物之后，在北伐战争取得初步胜利，特别是在工人运动和农民革命轰轰烈烈地展开，也就是新民主主义现代化模式初露端倪的时候，分裂终于开始了。以蒋介石为代表的国民党新右派（或中派），在帝国主义的支持下，在竭力推行官僚垄断资本主义现代化模式的大地主大资产阶级和力主推行民族资本主义现代化模式的民族资产阶级的拥戴下，开始与工农阶级分道扬镳。但是，中国共产党内的主要领导人却不能正确认识这场革命的性质及当时所面临的危机，没有牢牢把握革命的领导权，而是试图通过将革命的领导权拱手让给资产阶级，通过压制工农革命以缓和与资产阶级的矛盾，结果使代表民族资产阶级利益的国民党新右派（或中派）取得了政权。1927年蒋介石建立了资产阶级性质的国民政府，但不久就开始向大地主大资产阶级政权蜕化。由此，中国的现代化分裂成了两大模式，一是国民党蒋介石代表大地主大资产阶级的利益，掌握国家政权，推行官僚垄断资本主义现代化模式，一是中国共产党代表工农阶级和中小资产阶级利益，退居边缘农村，推行新民主主义现代化模式。民族资产阶级则跟着大资产阶级跑了，他们以为蒋介石会代表他们的利益，幻想依靠蒋介石政权推行民族资本主义现代化模式，事实证明，他们的幻想不久就落空了。旧民主主义现代化模式已经不符合当时的历史条件而退出了历史舞台，其基本精神在新民主主义现代化模式中得到了继承和发展。不过，中国共产党领导的新民主主义现代化模式在推行过程中并不很顺利，主要问题在于党内对于中国发展道路的认识不统一。直到三十年代中期确立了毛泽东在党内的领导地位之后，推行新民主主义现代化模式才逐渐成为党内的共识。毛泽东同志在1939年和1940年先后发表了《中国革命和中国共产党》及《新民主主义论》两篇文章，对新民主主义现代化模式的基本精神和主要内容进行了精辟的阐述。

蒋介石在帝国主义的支持下建立大地主大资产阶级政权之后，就开始有计划有步骤地推行官僚垄断资本主义现代化模式。先是运用国家政权的力量在1927－1937年的十年间建立了官僚垄断资本在金融领域的垄断地位。抗日战争开始后，又借统制经济建立了四大家族官僚垄断资本在产业领域的垄断地位。蒋介石拒绝实行孙中山提出的“平均地权”和“耕者有其田”的政策，并利用强制发行公债，又通过苛捐杂税将公债负担转嫁到劳动人民和民间资本身上的方法，将社会财富不断吸入四大家族官僚垄断资本手中，形成了官僚垄断资本急剧膨胀、民间资本萎缩、农村经济凋敝的头重脚轻型经济结构。民族资产阶级原本想依靠蒋介石推进民族资本主义现代化模式，结果却在四大家族官僚垄断资本的侵蚀下，走上日益衰退的道路，除极少数民族资产阶级上层人物被蒋介石吸收、拉拢、结合进官僚垄断资本体系中去以外，民族资产阶级的大部分人物都不得不走上反对蒋家王朝的道路。民族资产阶级在1927年曾脱离革命阵营，跟着大资产阶级跑了，但在1945年以后，又回到了革命阵营，支持中国共产党的新民主主义现代化模式。民族资产阶级在1945年以前，一直在追求民族资本主义现代化模式，但却一直不能如愿。他们几次选择了自己的代理人，但他们的代理人一旦掌握了政权，就开始抛弃他们，推行官僚垄断资本主义现代化模式。这不是他们选错了人，而是在帝国主义和大地主大资产阶级统治下的近代中国，决定了要么走官僚垄断资本主义现代化道路，要么通过革命，走资产阶级民主主义现代化（及后来的新民主主义现代化）道路，除此没有第三条道路可走。民族资产阶级支持新民主主义现代化模式，是近代中国国情的必然结果。

头重脚轻型经济结构是完全违背工业化和经济发展的规律的。因为只有农村经济和社会财富的广泛发展，才能对工业品产生广泛而持久的消费需求，才能推动工业化强有力而持续的发展。蒋介石政权用国家政权的力量强行将农村和民间的财富吸收到国家手中，养育出庞大的四大家族官僚垄断资本，而农村经济则越来越凋敝，民间资本也越来越萎缩，其结果是社会对工业品的消费需求越来越弱，为工业化的发展所需的国内市场越来越狭小，中国的近代工业化走进了死胡同。此时，中国的工业化也许还有一条路可走，这就是像20世纪初的日本那样，走主要依赖国外市场的对外扩张道路。但是，在三四十年代的中国，东亚和整个世界的格局决定了这只不过是梦人呓语而已。头重脚轻型经济结构的形成，标志着四大家族官僚垄断资本已经发展到了最高阶段，官僚垄断资本主义现代化模式已经走到了最后阶段。它就要崩溃了。官僚垄断资本主义现代化模式的高度发展，为新民主主义现代化模式准备了充分的条件，这就是官僚垄断资本主义现代化模式发展的历史作用。新民主主义现代化模式取代官僚垄断资本主义现代化模式，是近代中国近百年现代化运动的历史趋势。在中国共产党的领导下，在工人阶级、农民阶级、小资产阶级和民族资产阶级的联合斗争下，1949年，中国人民终于推翻了四大家族官僚垄断资本在中国的统治地位，彻底结束了官僚垄断资本主义现代化模式的命运，开始了推行新民主主义现代化模式的时代。

本书最后一章还详细考察和分析了中华人民共和国成立以后由新民主主义现代化模式向中国特色社会主义现代化模式过渡的历史过程。

在近代中国，革命与现代化到底是一种什么关系，学界存在着两种截然对立的观点。一种是所谓的“告别革命论”，其主要观点是认为在近代中国，革命起到了阻碍现代化的作用，如果不发生后来的革命，按照清末立宪的路子走下去，中国就会顺利地实现资本主义的现代化，成为发达的资本主义国家。这种观点主要为国内外一些自由学派学者所持。另一种观点认为近代中国的主题是革命而不是现代化，其中又分为两种观点：一种是认为在近代中国虽然存在着缺乏现代化的问题，但却不存在现代化的过程，只有在取得无产阶级领导的新民主主义革命胜利之后，中国才有可能开始现代化过程；一种是认为在近代中国虽然也存在着现代化过程，但只是一个从属的过程，是一个从属于革命的过程。主张这种观点的主要是长期以来在我国史学界占主导地位的所谓“马克思主义历史学家”。上述两派观点是截然对立、互不相容的。我们认为，上述两派观点都是错误的。在近代中国，革命与现代化并不是互相割裂的两个不同的历史事物，现代化也不是从属于革命的历史过程。我们认为，近代中国的主题是现代化，革命则是从属于现代化的政治活动，是为现代化开辟道路的，是围绕现代化模式的一种政治斗争，是现代化本身所必不可少的内容，是现代化的必然要求。纵观近代中国的革命和现代化过程，可以看出，每一场革命运动都不是单纯的阶级斗争运动，都不仅仅是一个阶级要推翻另一个阶级的统治，而与中国的现代化紧密相关，可以说是中国现代化的固有内容，是中国现代化进程的内在要求。在中国，革命之所以成为现代化的固有内容和内在要求，是因为中国政府顽固地推行官僚垄断资本主义现代化模式。正如前文所指出的，官僚垄断资本主义现代化模式的恶果是国家政权利用特权将民间和社会的财富强行吸入国家和官僚私人之手，形成庞大的国家垄断资本和官僚私人资本，而民间资本则日益萎缩，农村经济越来越凋敝，从而使工业化走入死胡同。在近代中国，民族资本主义现代化模式追求私人资本的自由发展，追求社会的现代化，因而具有进步的意义。但是，民间私人资本的发展一刻也离不开国家政权的支持。从 19 世纪后半期开始，民族资产阶级就在追求国家政权的支持。但是，事实证明，近代中国的国家政权从来就没有真心实意地支持过民间资本主义的发展，而总是在试图利用、渗透和吞并民间私人资本。清政府是这样，北洋政府是这样，国民党蒋介石政权也是这样。因此，民族资本主义现代化模式在近代中国是一种走不通的现代化模式。资产阶级民主主义现代化模式是一种与官僚垄断资本主义现代化模式直接对立的现代化模式，它在内容、目标和阶级基础上都直接的相对立。在近代中国，只有资产阶级民主主义现代化模式，更准确地说是新民主主义现代化模式，才能彻底结束官僚垄断资本主义现代化模式的命运，使中国走上正确的现代化道路。民族资产阶级最终转而支持新民主主义现代化模式，说明在近代中国，新民主主义现代化模式取代官僚垄断资本主义现代化模式是一种必然的趋势，是现代化发展的必然要求。而在这种取代当中，革命作为一种暴力手段，起了不可或缺的历史作用。

革命成为现代化的固有内容，成为现代化的必然要求，是后发现代化国家在通过资本主义道路走向现代化受挫，而不得不通过非资本主义道路走向现代化的国家，特别是像中国这样的半封建半殖民地国家的必然现象。在通过资本主义道路走向现代化比较顺利，特别是先发现代化的资本主义国家，革命具有不同的含义。在这些国家，革命不会在现代化过程当中发生。在这些国家，只有当实现了高度现代化，也即社会生产力发展到了资本主义制度所不能容纳的时候，革命才会发生，这就是社会主义革命。此时的革命并不是现代化的必然要求，不是现代化的固有内容，因为现代化在此时已经实现。此时的革命是资本主义已经发展到最后阶段，社会要迈入更高阶段，要迈入共产主义社会第一阶段的发达的社会主义阶段的必然要求。而在通过资本主义道路走向现代化受挫而需要通过非资本主义道路走向现代化的国家，革命是在现代化过程中出现的，革命具有了不同的含义，革命与现代化紧紧地联系在一起。不过，在这种国家，在通过非资本主义道路实现了现代化之后，特别是像中国这样通过新民主主义现代化模式转而通过社会主义初级阶段，通过有中国特色社会主义现代化模式实现现代化的国家，将不再需要通过革命的手段通向更高阶段的社会形态也即作为共产主义社会第一阶段的发达社会主义社会，而可以实现直接的过渡。通过不同的现代化模式走向同样的理想社会，是社会发展同一性和多样性的统一。

本书在理论和方法上的主要贡献在于将阶级分析引入现代化研究，使现代化理论成为一种科学的、具有更强解释力马克思主义历史研究方法，并通过这种新的研究方法，初步建立了新的马克思主义关于近代中国的历史理论。国内学术界以往关于中国现代化的研究，大都单纯地采用生产力分析法，或把现代化研究等同于资产阶级研究。虽然这种现代化研究也对认识近代中国的历史作出了一定的贡献，但却始终只能作为研究和认识近代中国历史的一种辅助手段，而不能成为一种主体框架。本书将阶级分析引入现代化研究，创立了阶级分析和生产力分析相结合的现代化模式概念，大大扩展了现代化概念的内涵，使现代化成为一个包括革命在内的、能够涵盖整个近代中国历史的分析架构。我国新时期马克思主义现代化研究的开拓者罗荣渠教授在其《走向现代化的中国道路》一文中谈到以现代化为中心研究中国近现代史时指出："以现代化为中心来研究中国近现代史，不同于以革命为中心来研究中国近现代史，必须重新建立一个包括革命在内而不是排斥革命的新的综合分析框架，必须以现代生产力、经济发展，政治民主、社会进步、国际性整合等综合标志对近一个半世纪的中国大变革给予新的客观历史定位。新的研究要求在概念、模式、理论、方法等方面都有新的突破，但这些突破又只有通过系统的切实的研究才可能取得。"本书将阶级分析法引入现代化研究，就是力图从一个途径进行这方面的尝试，并竭力对于近代中国的历史理论和历史研究方法进行初步创新的一个努力。

最后，本书从官僚垄断资本主义现代化模式、民族资本主义现代化模式和资产阶级民主主义现代化模式的交织、矛盾和转化的角度来考察和分析近代中国的历史进程，揭示出近代中国走上新民主主义现代化道路并进而走上中国特色社会主义现代化道路的历史必然性，从而揭示了历史与现实之间的连续性，揭示了中国特色社会主义的历史渊源，为了解当前我国改革开放和社会主义现代化建设的历史根源、本质内容及基本趋势提供了新的科学视角。

第一章

序论：从官僚垄断资本主义现代化模式、民族资本主义现代化模式和资产阶级民主主义现代化模式的转换看近代中国的历史进程

纵观近代以来中国现代化和经济政治变革的历史，可以从社会发展道路的角度将现代化划分为三种模式或三条可能的发展道路，即：一、官僚垄断资本主义现代化模式；二、民族资本主义现代化模式；三、资产阶级民主主义现代化（分为旧民主主义现代化及作为其继承和发展的新民主主义现代化）模式。现代化的这三种模式或三条可能的发展道路，[①] 在近代中国的历史上，错综复杂地交织在一起，相互之间为争夺主导地位而进行着斗争，时而这条道路占据优势地位，时而那条道路占据优势地位。它们之间的斗争及优势地位的转换，以及最终由资产阶级民主主义现代化道路发展而来的新民主主义现代化道路取得主导地位的历史，构成了波澜壮阔的中国现代化史。从三种现代化模式之间的主导地位的转换中，可以看出近代中国历史的基本脉络及发展趋势，看到近代中国最终走上新民主主义现代化道路的历史必然性。

---

① 从现代化模式的转换来看中国现代化进程的基本脉络，最早见诸罗荣渠教授的论文《走向现代化的中国道路》。（论文载罗荣渠：《现代化新论续篇》，北京大学出版社 1997 年。）后来，本人结合罗荣渠教授其他许多著作中的论述，将从现代化模式的转换观察中国现代化进程的基本脉络归纳为罗荣渠教授对近百年中国社会变革进行新探索的成就之一。（严立贤：《近百年中国社会变革新探索——罗荣渠教授对中国现代化进程的研究》，载北京大学世界现代化进程研究中心编：《罗荣渠与现代化研究》，北京大学出版社 1997 年。）在本书中，笔者尝试将罗荣渠教授提出的从现代化模式的转换看待中国现代化进程的思路进一步扩而大之，上升为从现代化模式的转化看待近现代中国的历史进程。正如下文所要阐明的，本书将近代中国历史上的现代化模式划分为三种模式，试图通过这三种现代化模式的转换以及 1949 年以后中国特色社会主义现代化模式的形成过程，勾勒出近现代中国历史进程的基本脉络。需要说明的是，本书所谓的“现代化模式”，并不一定就是一种成熟的、已经付诸实施的现代化方案，它有可能就是一种纲领，一种期待实施的设想。但是，只要能够得到实施，就会形成一种具有其独特特征的现代工业社会。同时，用“模式”这一概念，还在于考虑到各种现代化方案之间是可以选择的。选择不同的方案必然产生不同的现代化模式。从这个意义上来说，本书中所谓的“现代化模式”，实际上就是一种可能的发展道路。

所谓官僚垄断资本主义现代化，就是由占统治地位的封建半封建性质的大地主大资产阶级[①]所推动的现代化，他们力图在不触动根本封建半封建制度的范围内，推行经济上的工业化和实行政治上的轻微改革，以期将近代工业生产力掌握在他们自己手中，成为维护他们的封建半封建独裁统治的经济基础。这种模式的现代化肇始于十九世纪70年代的洋务运动，经历了清末、民初北洋政府时期和国民党统治时期三个不同的历史时期。虽然每个历史时期都有各自不同的表现形式，但它们都有一个共同的特点，即以建立国家垄断资本和以国家政权或官僚特权为依托的官僚私人资本为目标。在本书中，我们把国家垄断资本和以国家政权或官僚特权为依托的官僚私人资本合称之为官僚垄断资本。

国家垄断资本首先是一种国家资本形态，即由国家的资金投入而形成的资本，其所有权属于国家。但是，近代中国的国家资本并不是一种一般的国家资本

① 所谓大资产阶级，意指依靠国家政权而发展起来的国家垄断资本和官僚私人资本的代表。在近代中国，资本主义主要是从一部分地主、官僚和买办商人投资近代工业而来，同时还有一些中小商人和手工业主投资的中小资本，它们构成中国的民族资本主义，他们的代表则构成中国的民族资产阶级。民族资本主义中的上层部分，曾在一定程度上获得国家政权的支持，但主要还是遵从资本积累的一般规律发展而来，属于民间私人资本的范畴。而主要依靠国家政权的力量而不是资本积累的一般规律积累资本的国家垄断资本和官僚私人资本的代表则构成中国的大资产阶级，也叫官僚资产阶级。由于近代中国的国家政权具有半殖民地性质，近代中国的大资产阶级也总是与帝国主义勾结在一起，共同统治中国人民，因而大资产阶级或官僚资产阶级具有买办性质，大资产阶级或官僚资产阶级同时也可称作买办阶级或买办资产阶级。所谓买办阶级就是大资产阶级或官僚资产阶级，而不是一般的买办或买办资本。买办资本并不是一种独立的资本形态，它必定要向其它资本形式转化，不是向官僚资本转化，就是向民族资本转化。与此相应，买办也不构成一个独立的阶级，他既可以向大资产阶级转化，也可以向民族资产阶级转化。在近代中国，买办大部分转化为民族资产阶级。这里需要强调说明的是，学说界常把江浙金融资产阶级说成是大资产阶级，这是不正确的。江浙金融资产阶级属于民族资产阶级上层中的上层，是民族资产阶级中与四大家族大资产阶级最接近、联系最为紧密的部分，是民族资产阶级中的最右翼，与大资产阶级既相互勾结又相互矛盾。毛泽东在早期对官僚资产阶级与民族资产阶级右翼并不加以严格的划分，而总是把他们联系在一起。他在七大中说道："在中国境内和我们争领导权的，要把中国拖回到黑暗的世界里面去的，主要是什么人、什么力量呢？这就是国民党内的反动集团，大地主、大资产阶级、大银行家、大买办的代表。""大地主、大资产阶级怎么样？大地主、大银行家、大买办阶层是以国民党反动集团为代表的，他们是国内抗日战线中的反动派。"（《毛泽东文集》第3卷，人民出版社1996年，第312、319页。）到1948年，毛泽东在自由资产阶级（也即我们这里所称的民族资产阶级）中划分出一部分右翼分子，并认为他们与官僚资产阶级密切相连。他说道：自由资产阶级"占有较多的生产资料，以自由资本主义的方法剥削雇佣劳动者。在反动的国家政权下，他们受帝国主义者、地主和官僚资本所压迫、损害或限制。""但是，他们中间有为数不多的一部分人，即自由资产阶级的右翼分子，是依附帝国主义、封建主义和官僚资本主义，反对人民民主革命的，中国人民对于这部分人的反动行为，必须予以警戒和揭露。"（《毛泽东文集》第5卷，人民出版社1996年，第59、60页。）这里所说的自由资产阶级的右翼就是我们所说的民族资产阶级的右翼。但是，由于当时特定的历史条件，毛泽东对民族资产阶级右翼与官僚买办资产阶级之间的矛盾未作深入的分析。不久，毛泽东承认在"写《新民主主义论》时，民族资本与官僚资本的区别在我们的脑子里尚不清晰"，但指出"大工业、大银行、大商业，不管是不是官僚资本，全国胜利后一定时期内都是要没收的，这是新民主主义经济的原则"。（《毛泽东文集》第5卷，第140页。）也就是说，毛泽东已经认识到民族资产阶级右翼与官僚资产阶级之间的区别，不过它们在一定时期内也是要被没收的。

形态，而是一种半封建性质的国家垄断资本。近代资本主义性质的国家资本首先产生于西方资本主义国家。在西方资本主义国家，国家资本是资本主义发展到垄断阶段的产物，是应垄断资本的发展而产生的。它的活动主要是促进私人垄断资本的运动，保证私人垄断资本获得高额利润。它以低价向私人资本组织供应商品和劳务，以高价从私人资本组织购买商品和劳务。它促进国民经济技术水平的提高和部门结构地区结构的改造，为私人资本的再生产创造有利的条件。国家资本是一种比私人垄断资本更高、更集中的资本社会化形式。而近代中国的国家资本则不同于近代资本主义国家的国家资本。近代中国的国家资本不是伴随着私人资本的高度发展而形成的，而是与私人资本同时甚至早于私人资本的发展的，是在限制、利用和与私人资本争利甚至是在打击、吞并私人资本的过程中发展起来的，它不是私人资本发展到一定阶段的产物，不是应私人资本发展的需求而产生的。① 近代中国的国家资本是与民间私人资本（也即民族资本）相对立的资本形态，而不是如西方发达资本主义国家那样的前后连续的资本形态，因而是一种国家垄断资本。② 当然，国家垄断资本与作为民间私人资本的民族资本的对立，并不是一

---

① 陈翰笙先生在评论抗战胜利前后时期的国民党国家垄断资本时说道："国家资本主义，在西方系表示资本主义经济的顶点，但在中国的政府专营或国有企业，在历史的观点来说，只是一种高级官僚手中的资本累积，仍然处于一种前资本主义的经济过程。""中国政府的专营制度近来虽有重大的改变，但与现代国家资本主义仍不能相提并论。在本质上它的商业性超过了工业性，而且集中于军政官僚政客，及地方军阀手中。他们依赖着国内的政治独裁和外国的支援而生存，压制中国自由经济的发展。"（陈翰笙：《经济独裁与中国内战》，原载英文版《民潮》1947 年第 5 期，此处引自《陈翰笙集》，中国社会科学出版社 2002 年，第 428、429 页。）有论者根据自己的经历一针见血地指出："我们的国营（国家资本）和人家的国营有一点不同的是，人家的国营，在求民族工业的扩展；而我们的国营则是在与民争利。"（孙山：《中纺职员谈中纺》，载《新民晚报》1947 年 1 月 7 日第 2 版。）有论者指出中国的国家资本是民营资本发展的桎梏。因为"官僚资本（指国家资本）是一种独占资本，它利用种种政治的特权而产生，运用种种经济上的特权而壮大，它是站在一种绝对有利但不公平的优势上来与民间企业家角逐的——除了资本的庞大以外，它们在资金的融通上，外汇的结购上，运输的便利上，纳税的巧取上，销路的广大与原料的取得上，处处都是保有特殊的优势的，这叫民间企业资本如何敌对得过？"（吴承禧：《民族资产阶级之路》，载《西南实业通讯》1947 年第 15 卷第 1、2、3 期合刊。）

② 马克思主义经济学家王亚南在谈到国家经济（国家资本）和国民经济（即民营资本）的关系时，曾将国家经济划分为"由现代性国民经济发展而来"的和"非经由现代性国民经济发展起来"的两种。所谓"由现代性国民经济发展而来"的国家经济，就是我们所说的西方发达资本主义国家的国家资本，而"非经由现代性国民经济发展起来"就是我们所说的中国近代史上的国家垄断资本。王亚南认为"非经由现代性国民经济发展起来"的国家垄断资本既不同社会主义形态下的国家资本，也不能转化为西方那种"由现代性国民经济发展而来"的国家经济，而是一种落后得多的资本形态。他说道："我们第一知道：代置国民经济的所谓国家经济，它是现代性国民经济发展的结果；第二知道：非经由现代性国民经济发展起来的国家经济，它将为技术条件与社会条件所限制，不但无法直接体现为国家社会主义形态上的国家经济，且也无法即此转型为国家资本主义形态下的国家经济，它显然是更低级得多、更初级得多的社会状态下的产物；它在本质上不能不是过渡期间由商业资本主义的经济形态，衬托以专制主义或官僚主义的政治形态，而在外观上显示为'国家经济'的东西。"（王亚南：《论中国国家经济与国民经济的关系》，载《新中华》1948 年复刊第 6 卷第 4 期。）

种简单的排斥，而是在对立中又有利用的关系。因为国家垄断资本的自身积累能力是很差的，国家的财政拨款也是很有限的，在民间私人资本的发展中不断地侵蚀和吞并它们，是国家垄断资本发展的一个重要途径。因此，近代中国的国家资本既不同于近代资本主义国家的国家资本，也不同于孙中山所倡导的国家资本形态。孙中山所倡导的国家资本是为防止因私人资本的过度发展而导致社会革命的局面而存在和发展的，其目的是节制私人资本，而不是侵蚀私人资本。

国家垄断资本的资本形成主要来自政府的财政拨款。而在近代中国，政府财政破落，其财政收入主要依靠发行公债和银行垫款。而这些负担又要通过税收和通货膨胀最终转嫁到劳动人民身上。所以，国家垄断资本越发展，人民便越贫穷。国内人民越贫穷，就越无力购买工业消费品，工业化的国内市场就越缩小，工业化的发展就越困难，最终使近代工业化走入死胡同。

在近代中国，国家垄断资本的发展经历了三个阶段，即清末时期、北洋政府时期和国民党政权时期。在清末时期，完全的官办企业当然属于国家垄断资本，而作为洋务运动时期企业的主要形式的官督商办企业则并不是一开始就是国家垄断资本，而是在 80 年代末 90 年代初官权压倒商权之后才演变成国家垄断资本的。之后，国家垄断企业有的为外国侵略势力所吞并，如开平煤矿；有的陷于停顿；如漠河金矿，有的被强制改为官办，如电报局；有的则转入洋务官僚私人之手，成为官僚集团的私产，如轮船招商局、华盛纺织总厂、汉阳铁厂等。在北洋政府时期的初期，国家垄断资本得到了初步地发展，形成所谓的“交通系”周学熙资本集团，袁世凯死后，由于国家政权趋于衰弱，国家垄断资本渐趋瓦解，导致了所谓的“国家资本主义的中断”①。直到国民党统治时期，国家垄断资本才得以逐步形成，并在抗战结束后达到了畸形膨胀的程度。

官僚垄断资本的另一个组成部分是官僚私人资本。官僚私人资本的发展也经历了清末、北洋政府时期和国民党统治时期三个阶段。官僚私人资本不同于一般的私人资本，而是一种以国家政权和官僚特权为依托的私人垄断资本，是依靠政治特权牟取经济利益的资本形态，因此是一种半封建性质的资本形态。“所谓官僚资本（指官僚私人资本——引者注），简言之，就是既得利益集团与官僚政治相勾结而辗转相成所发的财，是假政治的力量而发的经济财。”② 如果说国家垄断资本的目的是为了维护封建半封建政权的独裁统治，那么，官僚私人资本（包括

① 杜恂诚：《民族资本主义与旧中国政府》，上海社会科学院出版社 1991 年，第 189 页。当然，所谓的“中断”不可能是完全消失，只不过是规模有所缩小而已。（参见黄逸平、虞宝棠主编：《北洋政府时期的经济》，上海社会科学院出版社 1995 年，第 254 页。）

② 芮昌义：《官僚资本的形态及其特质》，载天津《大公报》1948 年 8 月 4 日第 4 版。

官僚私人从事一切经济活动）的目的主要地还不在于追求个人的经济利益，而在于维护官僚私人在封建半封建政权中的地位。“象宋子文这样的官员不仅只是追求点个人的私利而已，他还热切地希望扩张他个人的政治势力。政府官员取得了对机关公司和银行的控制权以后，就有了力量基础，可以相互竞争并与国民党政府其他分子相竞争。”[①] 在近代中国，官僚私人资本同国家垄断资本一样，也是在限制、利用一般私人资本，与一般私人资本争利甚至是打击、吞并一般私人资本的过程中发展起来的。官僚私人资本越发展，一般私人资本就越萎缩，民族资本的发展就越受到限制。

有论者对近代中国的官僚私人资本作了比较详细的研究。[②] 他们将近代中国的官僚私人资本按产权主体特征划分为三种类型。第一类称之为权力支配型资本。这种资本类型中的官僚是官僚体系中的上层人物，官僚本身是既掌握重要行政决策权，同时又是国家资本所有权的实际代表者，私人资本的运用与行政权及国家资本的运用有相同的目的、趋向、手段和结果。官僚私人资本同国家资本长期紧密结合，官僚以两种所有者的身份出现。代表人物有盛宣怀、张作霖、阎锡山、孔祥熙、宋子文等。在这种企业中，国家资本与官僚私人资本界限不分，“故意将公私之间的作用搅混在一起”[③]，以达到化公为私、损公肥私的目的。第二类称之为一般特权型资本，特征是官僚以私人投资者的身份出现，不兼有国家资本代表者的身份，官私界线分明，但私人资本的经营得到行政权力的支持，代表人物如周学熙、黎元洪、聂缉规等。第三类为普通民营型资本，主办者大都为权力不大或较开明的官僚，以及退职官吏和绅商等。这类企业在总体上与一般私人资本没有大的区别，但难免也具有某些官僚私人资本的特点，如原始积累过程中得到某些官方支持，经营中的减免税等，代表人物如张謇、严信厚、庞元济、汤寿潜等。学者还进一步分析了三类资本的投资目的，指出第一类资本的根本目的在于强化自己的政治权力和地位；第二类资本在力图强化自己的政治地位时，有时也会考虑单纯的经济利益，特别是在政治上失意时尤其如此；第三类资本与一般私人资本无大差别，以振兴实业、创造经济效益为中心。在特权运用上，第一类资本可以运用国有资产的所有权和经营权，以及政府行政、经济、司法等方面的权力；第二类资本可以运用社会生产要素的优先支配权；而第三类资本则只能获得优先对国有资产的有偿使用及一定时期的减免税等轻微特权。

利用上述类型划分，我们认为本书中作为官僚垄断资本的一个组成部分的官

---

① 小科布尔：《上海资本家与国民政府：1927 ~ 1937》，中译本，中国社会科学出版社1988年，第308页。
② 陈自芳：《中国近代官僚私人资本的比较分析》，载《中国经济史研究》1996年第3期。
③ 小科布尔：《上海资本家与国民政府：1927 ~ 1937》，第285页。

僚私人资本包括第一种类型的资本，也包括第二种类型的资本，但不包括第三种类型的资本。第三种类型资本中的官僚，没有什么实际的权力，实际上已基本成为资本主义企业家。他们经营企业，主要不是依靠特权，而是像其他一般私人资本一样，依靠自己的经营才能。他们所享受的轻微特权，实际上是政府应当给予所有一般民间私人资本的权利，只不过是国家政权为了维护官僚垄断资本的利益而拒绝给予其它民间私人资本，而这类官僚则由于与政府及官僚体系的关系不同于一般民间私人资本而享受到这些应当享受的权利。这种类型的官僚私人资本实际上属于民族资本的范畴，是民族资本的上层，而这些资本主义企业家化的官僚则属于民族资产阶级的上层。第二种类型资本中的官僚，权力不如第一种类型资本中的官僚大，政治地位也不如第一种类型资本中的官僚那么巩固，他们从事经济活动主要出于政治目的，但也有经济目的。他们在政治上常常不免失意，甚至丢掉官职。他们在失意或离职以后，就不能继续在经济活动中享受如原来的特权。如袁世凯死后的周学熙和下台以后的黎元洪就是这样。此后他们的资本就转化为民间私人资本，成了民族资本的上层部分了。因此，本书中作为官僚垄断资本一部分的官僚私人资本也包括第二种类型资本中，官僚私人尚保留在国家官僚体系之中时的资本形态，而不包括他们在脱离官僚体系之后的资本形态。①

国家垄断资本和官僚私人资本构成了近代中国的官僚垄断资本。封建半封建国家政权试图通过发展官僚垄断资本，将现代生产力掌握在他们自己手中，以维护他们的独裁统治。以发展官僚垄断资本为目的的现代化，是一种官僚垄断资本主义现代化。这种模式的现代化具有垄断性、买办性和封建性，是一种“在帝国主义允许范围内的现代化”，特点是“不要根本改变封建主义的社会经济制度及其政治和意识形态的上层建筑，而只是在某些方面在极有限的程度内进行向资本

① 王亚南所说的官僚资本既包括以公营面貌出现但受官僚私人控制的资本形态，也包括以私营面貌出现的由官僚私人控制的资本形态，因此与本书中的官僚垄断资本概念基本一致。按照王亚南的划分，近代中国的官僚资本有三类：一是官僚所有资本，即由官僚自己参股或经营的企业；二是官僚使用或运用资本，即名为国营企业但由官僚处置；三是官僚支配资本，即既非自己经营，也非通过国营形式运用，但却因种种原有在多方面受官僚支配的私人资本。（王亚南：《中国半封建半殖民地经济形态研究》，人民出版社1957年，第364－366页。）在这三种类型中，第一种就是我们这里所说的官僚私人资本，第二种在我们这里应当归类于国家垄断资本，第三种类型较为复杂，要看官僚支配的程度，支配程度较强，就属于官僚私人资本，支配程度较弱，可能就属于民族资本。又有论者对北洋政府时期官僚私人资本的投资活动进行了分析，指出北洋官僚私人资本并不是一种独立的资本，而往往与其他资本形式相结合，主要是与民族资本、买办人物资本、外国资本和国家资本相结合。由于国家资本企业“一般都享受了国家赋予的某些特权”，官僚私人资本在与国家资本相结合时，“自然也分享了特殊利益”。（魏明：《论北洋军阀官僚的私人资本主义经济活动》，《近代史研究》1985年第2期。）按照这种划分，与国家资本相结合的官僚私人资本当属官僚垄断资本的范畴，而与民族资本相结合的官僚私人资本则属于民族资本的范畴，与买办人物资本和外国资本相结合的官僚私人资本可能具有不同程度的买办性，但不属于官僚垄断资本。

主义制度靠拢的改变"[1]。王亚南深刻地揭示了官僚垄断资本主义现代化模式的本质特征。他说道：中国的"半殖民地性格，是由它以落后的封建国家的资格，与先进诸资本主义国家交往所必然要发生的，不过，它愈同这些先进国家建立起了不平等的经济交往关系，它的原来的封建生产方式，便愈不易维持。……按照历史发展的必然道路，和社会改革的必然顺序，这是要步武先进资本主义国家，先得破除封建生产关系，破除原有的土地制度，以开拓资本主义的发展道路。"也就是说，要实行资产阶级民主主义现代化。但是，从清王朝到"蒋王朝"的封建统治阶级推行的却是官僚垄断资本主义现代化模式。王亚南接着说道："但清末王朝乃至以后'蒋王朝'的统治阶层，却反其道而行之；'蒋王朝'所大吹大擂的所谓国民经济建设运动，在本质上，是清末变法图强的洋务运动的继续。它们的共同点：第一，通是由专制封建的官僚发动，企图在他们所寄生的原有社会基础上，在已经动摇而未崩解的封建秩序中，建立起现代性产业；第二，它们都不但要求牺牲农村来建设都市，并且企图藉都市的军需性工业和军事交通网的扩展，以镇压农村，以保障其依各种原始积蓄方式对农村的剥削；第三，它们都是直接间接进行在帝国主义国家的支援与策划下，因为帝国主义国家愈到后来，愈要维持落后国家的封建组织。"[2]

与官僚垄断资本主义现代化模式相对应的，是民族资本主义现代化模式。民族资本主义现代化模式的阶级基础是由地主、官僚、旧式商人和一些买办商人转化而来的民族资产阶级，而这种类型的民族资产阶级则又是中国民族资产阶级的

① 胡绳：《从鸦片战争到五四运动》，人民出版社 1997 年第 2 版，"再版序言"。

② 王亚南：《由半封建半殖民地经济到新民主主义经济》，载《新中华》1949 年第 20 卷第 15 期。

主体。[①] 其中资本比较雄厚，或社会地位比较高，社会影响比较大的部分，也即他们的上层部分，是他们的领导力量。这种现代化模式的根本内容是：在政治上主张不推翻封建半封建政权的统治，而试图促使封建半封建统治阶级自身向资产阶级转化，以改良的形式确立资产阶级性质的君主立宪制或共和民主制；在经济上主张私人资本主义的自由发展，并期望资产阶级化的国家政权大力扶植民间私人资本的发展；在土地制度上主张不触动封建半封建的地主土地所有制，以维护他们所由出生和依赖的地主阶级的利益。

争取封建半封建国家政权向资产阶级国家政权的转化，是民族资产阶级所追求的一个重大政治目标。民族资产阶级自身是从封建性的地主、官僚、旧式商人和买办转化而来的，他们从封建半封建国家政权受恩之处甚多，对其有一种天然的亲和感。他们并不希望推翻封建半封建国家政权，而是希望封建半封建国家政权自身向资产阶级转化。他们当中虽然也有人很早就投入到了资产阶级革命运动中去，但那主要是受反满思潮的影响所至。民族资产阶级梦寐以求地试图用改良的手段促使封建半封建国家政权自身向资产阶级政权转化，实行自身的近代变革，转变成一个支持民间资本主义发展的近代政权。但是，封建半封建国家政权始终拒绝按照民族资产阶级的愿望向资产阶级政权转化，拒绝实行自身的近代变革，竭力地推行官僚垄断资本主义现代化。封建半封建国家政权常常在口头上表示要促进民间虽然资本的发展，也会在实际上允许民间资本主义在一定程度上的发展，因为他们的权力和财力都是有限的，不可能完全禁止民间虽然资本的发展，或把

① 关于中国民族资产阶级的产生途径，学界存在着分歧。这个问题主要涉及到中国资本主义与所谓的“资本主义萌芽”的关系问题。大部分论者都认为中国的资本主义主要是在外国资本主义的冲击下由一部分地主、官僚和买办商人向近代工业投资而来，而不是由原来的“资本主义萌芽”发展而来。（这方面的主要代表有樊百川：《中国手工业在外国资本主义侵入后的遭遇和命运》，《历史研究》1962年第3期；林增平：《近代中国资产阶级论略》，载其所著《资产阶级与辛亥革命》，湖南出版社，1991年；李新：《中华民国史》第1编，第53页。）另外一种观点认为中国的资本主义与“资本主义萌芽”有重要的连续性。如孙虞棠认为工场手工业是中国资本主义形成的重要途径。（孙虞棠：《十九世纪后半叶中国近代工业的发生》，《中国近代工业史资料》第1辑序言。）吴承明和戴逸认为中国资本主义的多数行业经历了工场手工业阶段，而且从企业构成来看，近代中国的资本主义工业有80%是工场手工业。（戴逸：《中国近代工业和旧式手工业的关系》，《人民日报》1965年8月20日；吴承明：《中国资产阶级的产生问题》，《经济研究》1965年第9期。）我们赞成第一种观点。首先，我们认为，中国在西方资本主义入侵之前，并不存在所谓的“资本主义萌芽”，更不存在工场手工业。（参见拙著《中国和日本的早期工业化和国内市场》，北京大学出版社1999年。）工场手工业上升为近代机器工业的现象是在20世纪初以后才出现的，而此时的工场手工业本身就是外国资本主义入侵导致自然经济解体的产物。其次，单从企业的数量来看，工场手工业及由此产生的资本主义中小企业要占绝对优势，但从资本额、雇工数和产值来看，它们却只占整个民族资本主义的极少部分，而由地主、官僚和买办资本的投资而产生的资本主义则占民族资本主义的主要部分。从对社会政治生活的影响来看尤其如此。也就是说，由地主、官僚和买办转化而来的资产阶级也即所谓的民族资产阶级上层构成了民族资产阶级的主要部分，而传统手工业者和工场手工业主及由其上升的中小资产阶级也即所谓的资产阶级中下层则是整个民族资产阶级中的非主要部分。

民间私人资本完全吞并掉。因此，要求封建半封建国家政权向资产阶级政权转化，实行其自身的近代变革，与封建半封建国家政权拒绝向资产阶级政权转化，拒绝实行自身的近代变革，构成了民族资产阶级同掌握封建半封建国家政权的大地主大资产阶级之间的主要矛盾。这个矛盾实际上是他们之间关于中国应当走什么道路，应当采取什么样的现代化模式的矛盾。

民族资产阶级具有反对帝国主义侵略中国的倾向。民族资产阶级不仅主张从外国资本手中收回中国的"利权"，而且主张从帝国主义手中收回中国的主权，这与掌握封建半封建国家政权的大地主大资产阶级不同。大地主大资产阶级当然也不会自愿地出卖国家的"利权"和主权，他们的根本着眼点是维护他们自己的独裁统治。当帝国主义初来乍到，威胁到他们的利益的时候，他们会对帝国主义采取反抗行动。但是，一旦人民群众起来反抗帝国主义的侵略时，他们便害怕人民群众更甚于害怕帝国主义。他们害怕人民群众一旦武装起来就会危及他们的统治地位，所以他们对于人民群众反帝运动总是进行打击和镇压。当人民群众的斗争真正危及他们的统治地位时，他们甚至会借助帝国主义的力量来镇压人民群众的革命运动。[①] 在他们看来，帝国主义只不过要他们的"一只胳膊"或"一条腿"（所谓"肢体之害"），而国内人民群众一旦起来则会要他们的"脑袋"（所谓"心腹之患"）。所以他们总是把镇压国内人民的革命运动摆在优先的地位，在单凭自己的力量不能镇压时，甚至还会利用帝国主义的力量来镇压国内人民。

---

① 茅海建教授在他的著作《天朝的崩溃》（三联书店，1995 年）一书中，提出鸦片战争是一场注定要失败的战争，中国方面的任何抵抗都是无意义的，唯一正确的做法是停止抵抗，满足英国提出的要求，然后锐意改革，迅速走向现代化。茅教授把日本作为通过这样做而达到现代化的一个典型，并称"安政条约"的失败是今日日本成功之母。我们认为，茅教授的结论可能过于简单了。鸦片战争注定要失败，只能从当时中英两国政府所拥有的军事实力上来说才有意义。但是，一场战争的胜败并不完全取决于政府所掌握的军事力量，它还受许多其他因素的影响。鸦片战争是在中国本土进行的战争，因此，如果清政府当时能够运用人民群众的力量去反抗英国军队的侵略，最后的结局可能会大不一样。但是，由于清政府害怕人民群众一旦起来就会危及他们的统治地位，所以宁可割地赔款、向英国侵略者屈膝投降，也不愿去动员人民群众。鸦片战争的失败是清政府的腐朽和反动的结果，而不是一种历史的必然结局。茅教授忽略了以下几种情况：一、忽略了英中贸易和英日贸易的不同特点。即英国的对华贸易是逆超的，因为英国所需中国物品很多，而中国所需英国物品则很少，英国为了实现贸易平衡而向中国输入鸦片；而英国的对日贸易则不是这样，因为英国所需日本物品无多，而日本由于已经存在着一定的国内市场（这方面的研究请参阅拙著《中国和日本的早期工业化与国内市场》，北京大学出版社 1999 年），从英国输入了较多的商品，所以英日贸易是顺超的，英国因而无需输出向日本鸦片。这一背景导致中日两国面临着完全不同的国际局势。鸦片的输入给中国的现代化带来了极为恶劣的影响。日本可以不战，而中国则不能不战。正因为如此，林则徐才成了中国近代史上的第一位民族英雄。二、忽略了日本现代化的复杂性。日本的现代化并不如茅海建所想象的那样，靠统治阶级和精英分子锐意改革就成功了的。日本现代化的成功取决于国内自身的许多条件，也经历了重大的挫折。把"安政条约"称作今日日本成功之母，恐怕是日本最西方化的学者也难以接受的。将日本现代化简单化确实是中国学术界的一个通病。我们认为，近代中国所面临的现代化条件与日本相比，有相当的不同，不能拿日本的例子简单套用于中国。

民族资产阶级对待帝国主义和外国资本的态度与大地主大资产阶级明显不同。在如何对待帝国主义上，与大地主大资产阶级将帝国主义视为“肢体之害”而把国内人民视为“心腹之患”不同，民族资产阶级认为“当今之势与古昔情形不同，防外侮更重于防内患，练民兵庶足以助官军”[①]，把帝国主义的侵略视为头等危害。但是，民族资产阶级对于帝国主义特别是外国资本，具有相当大的依赖性，这是因为他们大都是借助帝国主义对本国封建制度的破坏，依傍着条约口岸城市发展起来的，[②]他们在积累资本和开拓市场上都依赖于外国资本。民族资产阶级对于帝国主义和外国资本的依赖性归根结底缘于国内政治上的封建统治和经济上的自然经济对于民族资本发展的严重阻碍，他们不得不庇护于帝国主义和外国资本。民族资本只有在帝国主义和外国资本破坏了封建统治和自然经济的地方才能立足。只要有帝国主义和外国资本存在的地方，封建制度、军阀统治和自然经济都不得不退缩。民族资产阶级热切地期望封建半封建国家政权实行自身的近代变革，变成一个支持民间私人资本发展的近代资产阶级政权，帮助民族资产阶级克服封建制度的阻碍、军阀统治的破坏和自然经济的束缚，这样他们就可以减轻对帝国主义和外国资本的依赖程度。但是，他们的愿望一次次落空了，他们不得不依靠帝国主义和外国资本来曲折地突破封建制度、军阀统治和自然经济的种种制约。但是，帝国主义的统治和外国资本的压迫，又从另一个方面阻碍着民族资本的发展。[③]民族资产阶级在依赖帝国主义和外国资本的同时，也具有反抗帝国主义的统治和抵制外国资本的侵略的一面。民族资产阶级在近代领导和参与了一次次“收回利权”运动、“抵货”运动和反抗帝国主义侵略的活动，显示了与大地主大买办资产阶级迥然不同的品格。但是，民族资产阶级由于具有天然的“软骨性”，这决定了他们反对帝国主义、反对外国资本的侵略是不坚决和不彻底的。

---

① 郑观应：《盛世危言》（五卷本），卷5，《民团》附言。

② 外国资本主义在中国进行经济侵略和扩张的据点条约口岸城市和沿外国铁路的特权区域，正是这些区域为中国民族工业的发展提供了基地。民族工业在技术、原材料和交通运输等各个方面都严重依赖于外国资本，所以大多集中在有外国资本和外国势力存在的条约口岸和沿海大城市。在十九世纪末二十世纪初，民族资本曾经为了摆脱外国资本的压迫，试图脱离条约口岸和沿海大城市，如自1896年至1913年共开设的19家本国资本的纱厂，除4家在上海外，其余都在内地中等城市。（参见杜恂诚：《民族资本主义与旧中国政府》，上海人民出版社，1995年，第286－287页。）但由于军阀的反动统治和内地交通运输不便等原因，这些工厂都受到了很大的损失。自第一次世界大战以后，我国纺织工业繁荣时期所开设的纱厂，又重新集中到沿海大城市，托庇于条约口岸了，如1914年至1931年由民族资本开设的71家纱厂中，有28家在上海，7家在天津，其余也大多在沿海城市和条约口岸城市中。（参见吴承明：《中国资本主义与国内市场》，中国社会科学出版社，1985年，第75页。）

③ 汪敬虞先生将这一现象称作近代中国资本主义的发展和不发展。（参见汪敬虞：《中国资本主义的发展和不发展》，载《历史研究》1988年第5期。）此后，汪先生又进一步把这一命题延伸和发展为近代中国经济史的基本线索，并写成其专著。（汪敬虞：《中国资本主义的发展和不发展》，中国财政经济出版社2002年。）

民族资本主义的现代化模式是一种依赖性的现代化模式，是一种夹缝中的现代化模式。

民族资本主义现代化在近代中国是一条走不通的路。依赖性和在夹缝中只不过是由外部环境的作用而使民族资本主义现代化模式带上的软弱性而已，民族资本主义现代化模式自身的一些因素也不适合中国的国情。首先，民族资本主义现代化模式主张维护封建的地主土地所有制，其结果必将使占人口总数 80%以上的农民长期处在封建地主的剥削下越来越贫困，越来越无力购买工业制品，从而使近代工业化所需的国内市场越来越狭窄。其次，民族资本主义现代化模式追求私人资本的自由发展，这必然要造成日益严重的两极分化。而在近代中国，由于土地及其它自然和社会资源的人均占有量极低，严重的两极分化必然会导致稀缺的资源越来越集中于少数人之手，从而使社会上的极大多数民众陷于极度贫困的境地，这同样会导致国内消费需求的萎缩和工业化所需的国内市场的缩小。这样，工业化就会被限制在较低的水平之上，很难再进一步发展下去；就只有极少一部分人可以享受到工业化的好处，而社会上绝大多数人都会被排斥于工业化之外，成为工业化的牺牲品。民间私人资本自由发展的最终结局与国家垄断资本发展的结局是基本相似的。不同的是，在后者的情况下，社会资源和国家财富主要集中到国家和官僚私人手中，而在前者的情况下，社会资源和国家财富主要集中在私人资本手中；后者由于利用了国家政权而使资源和财富的集中变得非常简单和快捷，而前者主要依靠市场机制，因而资源和财富的集中相对较缓慢一些。社会资源和国家财富向私人资本的集中，国内市场的日益缩小，必将使国内工业化越来越依赖国外市场。而由于当时各国国内市场本身也很不足，也拒绝外国势力的进入，要想大规模进入别国市场，只有依靠武力强行进入。而这正是日本走过的道路，一条最终失败的道路。

日本在明治维新以后，废除了大名土地所有制，而承认了地主的土地所有权，从而形成了所谓的"寄生地主制"。国家一方面支持私人资本对国内人民的剥削，另一方面又通过重税将农民手中的财富集中到国家手里，强力扶持私人财阀资本，同时推进以军事工业为核心的重化工业建设，准备向海外扩张。国家重税和私人垄断资本的剥削是二战前日本农村居民生活水平极其低下的根本原因。以对农民的重税为基础的国家财政是明治以后日本政府强力扶植民间资本发展的支柱；地主也不断将从农民手中剥夺来的地租通过银行或以债券的形式向资本转化。[①] 在国家的强力扶植下，日本产生了被称作"政商"和"财阀"的私人垄断资本，但

① 地租和地税的资本化对于日本资本主义的作用，请参阅中村政则：《近代日本地主制史研究》，日本东京大学出版会，1979 年版。

农村却日益贫困化，国内市场越来越狭窄，日本的经济越来越依赖于国外市场，越来越具有对外扩张性。这种趋向与明治维新以后依然被继承下来的“武士道精神”相结合，形成了军国主义。[①]二战结束后，日本解散了财阀资本，并进行了农地改革，废除了寄生地主制，重新启动了以国内市场为基础的工业化。日本是东方落后国家中私人垄断资本极度发展导致现代化发生挫折的典型例子之一。在日本，如果没有国家政权对私人垄断资本的异乎寻常地支持，私人垄断资本的发展或迟或早地也会导致现代化的挫折，国家政权对私人垄断资本的强力支持，只不过加速了这一过程，加上日本独特的“武士道精神”的作用，日本最终走上了军国主义道路。近代中国的农村经济和农业劳动生产率比日本还要落后，为私人资本主义自由发展所提供的空间更为狭窄。私人资本主义自由发展的道路一般比较适合于地大物博、人均资源极为丰富的国家，而十分不适于地瘠民困、人均资源十分贫乏的国家。民族资本主义现代化模式在近代中国具有进步意义，但却是一条走不通的路。

贯穿于近代中国的第三种现代化模式是资产阶级民主主义现代化模式，它是作为官僚垄断资本主义现代化模式的对立物出现的。资产阶级民主主义现代化模式由孙中山开创、由资产阶级革命派领导、实际上是以资产阶级中下层和农民阶级为基础的现代化模式。

资产阶级民主主义现代化模式与官僚垄断资本主义现代化模式在以下几个方面存在着根本的对立。首先，在政治制度上，官僚垄断资本主义现代化模式要求维护封建半封建性质的大地主大资产阶级的独裁统治，实行重君轻民的君主立宪制或虚假的共和制，而资产阶级民主主义现代化模式则主张用革命的手段推翻大地主大资产阶级的统治，实行资产阶级民主共和制度。其次，在经济制度上，官僚垄断资本主义现代化模式主张发展国家垄断资本以及以国家政权和官僚特权为依托的官僚私人资本，而资产阶级民主主义现代化模式则主张发展民间私人资本，以及为防止民间私人资本过度发展的国家资本。孙中山主张发展民间私人资本，但在目睹了西方私人资本过度发展而产生尖锐的社会矛盾之后，又提出用发达国家资本的方法限制私人资本在中国的过度发展，以防止在中国出现如西方国家那样因严重的社会不平等而产生尖锐的社会矛盾的现象。孙中山所主张的国家资本既不同于西方资本主义国家中的国家资本，也不同于官僚垄断资本主义现代化模式中的国家资本。前面说过，西方国家的国家资本是自由资本主义发展到垄断阶

① 这方面的研究，请参阅森岛通夫：《日本为什么成功？》（中译本，四川人民出版社，1986年版。）

段的产物，是资产阶级国家政府为更有利于私人资本获取高额利润而进行的投资，是为私人资本服务的。而官僚垄断资本主义现代化模式中的国家资本，是建立在侵蚀私人资本的基础之上，是压制私人资本发展的国家垄断资本。而孙中山所主张的国家资本虽不是为私人资本服务的，但也不是侵蚀和压制私人资本的。孙中山的国家资本是用来节制私人资本而不是侵蚀私人资本的。特别是孙中山认为，在中国，资本家还没有出世，所以孙中山的发达国家资本决不可能通过对只取得微弱发展的中国民间私人资本进行渗透、侵蚀和吞并而发展。在孙中山那里，形成国家资本的途径有两个，一是核定地价后涨价归公的部分，再一是借用外资。孙中山认为革命胜利后不出十年，国家就因地价上涨而使地租一项即可达 80 亿元的收入，“以从事于铁道、矿山、邮便、电信、自来水等一切事业，而不虞其不足”[①]。孙中山所主张的国家资本是为防止私人资本过度发展的，其目的是实现社会公平，防止社会革命，因而具有明确的资产阶级民主主义性质。第三，在土地制度上，官僚垄断资本主义现代化模式坚持维护封建的地主土地所有制，而资产阶级民主主义现代化模式则主张变革封建的地主土地所有制以平均地权。孙中山在第一次国共合作时又进一步明确地提出了“耕者有其田”的政策。资产阶级民主主义现代化模式的上述内容均体现在孙中山的三民主义理论之中。

资产阶级民主主义现代化模式与民族资本主义现代化模式也存在着一些根本性的分歧。首先，在对待封建半封建国家政权的问题上，民族资本主义现代化模式主张对封建半封建国家政权进行改良，促使其自身向资产阶级政权转化，而资产阶级民主主义现代化模式则主张用革命的手段推翻封建半封建国家政权，建立资产阶级民主共和国。孙中山在 1894 年上书李鸿章失败后，就认识到清政府是一个没有任何改造希望的反动政府，坚信“不完全打倒目前极其腐败的统治而建立一个贤良政府，……那么，实现任何改进就完全不可能”[②]。自此时起，孙中山成为一个资产阶级民主主义革命者。[③]其次，在对待封建土地所有制的问题上，民族资本主义现代化模式与官僚垄断资本主义现代化模式一样，主张维护封建的土地所有制，而资产阶级民主主义现代化模式则主张改革封建的土地所有制，通过“平均地权”使土地国有化。孙中山认识到封建土地所有制对农业生产的阻碍作用。他说道：“今之耕者，率贡其所获之半于租主而未有已，农之所困也。土地国有后，必能耕者然后授之田，直纳若干租税于国，而无复有一层地主从中朘

① 参见民意：《告非难民生主义者》，《民报》第 12 号。

② 《孙中山全集》，中华书局 1981 年，第 1 卷，第 88 页。

③ 孙中山在其遗嘱中指出：“余致力于国民革命凡四十年”（《孙中山全集》第 11 卷第 639 页）。其革命生涯应当从 1885 年就开始了。但在 1894 年以前，应当是反满革命，1894 年以后才真正成为资产阶级民主主义革命者。

削之，则民可以大苏。”[①] 他还说：“夫不稼者不得有尺寸耕土，故贡彻不设，不劳收受而田自均。”[②] 在孙中山那里，“平均地权”和“耕者有其田”是紧密相连、相辅相成、不可缺其一的两个概念，前者是国有化的手段，后者是国有化之后的举措——将土地分配给农民使用。第三、在对待民间私人资本的问题上，民族资本主义现代化模式基于“私有制度虽为现社会一切文明之源泉可也”[③] 的认识，主张民间私人资本的自由发展，而资产阶级民主主义现代化模式则主张用“发达国家资本”的方式将私人资本的发展限制在一定的范围之内，使其不能操纵国计民生，以避免因私人资本的过度发展所带来的尖锐社会矛盾。孙中山在同盟会成立之前，就把节制私人资本作为与“平均地权”相对应的解决民生问题的方法之一提出过，但由于节制资本的思想没有平均地权思想明确，故没有列入同盟会的纲领之中。[④] 明确提出节制资本的思想，是在辛亥革命以后。节制资本的要义在于反对私人垄断资本，而非反对一般私人资本。一般私人资本是不仅允许甚至是鼓励其发展的。孙中山明确说道：“夫吾人之所以持民生主义者，非反对资本，反对资本家耳，反对少数人占经济之势力，垄断社会之富源耳。”[⑤] 而取代私人垄断资本的，便是国家资本。孙中山力图通过发达国家避免“贫富悬绝”的现象，以避免社会主义革命。

资产阶级民主主义现代化模式比较符合近代中国的国情。首先，资产阶级民主主义现代化模式主张变革封建的土地所有制，实行“平均地权”和“耕者有其田”，这就是占人口绝大多数的农村人口得以摆脱封建剥削，提高收入和消费水平，从而启动工业化所需的国内市场。其次，资产阶级民主主义现代化模式限制私人资本的过度发展，从而防止了因两极分化导致国内市场缩小和产生尖锐社会矛盾的可能性。第三，资产阶级民主主义现代化模式主张用革命的手段推翻封建半封建国家政权，建立资产阶级民主共和国，用近代的资产阶级国家政权推动工业化的发展。只有资产阶级民主主义现代化模式具备了自上而下的发展和自下而上的发展相结合的特征。[⑥]

从上述论述来看，资产阶级民主主义现代化模式的阶级基础实际上是资产阶级中下层和农民阶级。因为它代表的是资产阶级中下层和农民阶级的利益，只有

---

① 转见梁启超：《杂答某报》，《新民丛报》1906 年 14 号。

② 转见章太炎：《定版籍》，引自张枬、王忍之编：《辛亥革命前十年间时论选集》（三联书店，1963 年）第一卷上册，第 313 页。

③ 《饮冰室合集·文集》之十八，第 22 页。

④ 参见何香凝：《我的回忆》，《人民日报》1961 年 10 月 6 日。

⑤ 《孙中山全集》第 2 卷，第 338 页。

⑥ 关于自上而下的发展和自下而上的发展的概念及其涵义，请参阅拙著《中国和日本的早期工业化与国内市场》（北京大学出版社，1999 年）。

资产阶级中下层和农民阶级才会支持这种现代化模式，而资产阶级的上层是不会支持这种现代化模式的。民族资产阶级上层中的反满主义者在早期可能会加入到资产阶级革命运动中来，但这并不等于他们支持资产阶级民主主义现代化模式，而只不过是为了排满。

需要强调的是，资产阶级民主主义现代化模式的阶级基础并不完全等同于资产阶级革命派的阶级基础。二者之间既有重合的地方，也有不重合的地方。革命派的阶级基础要比资产阶级民主主义现代化模式的阶级基础更加复杂一些，它除了包括资产阶级民主主义现代化模式的阶级基础之外，还有一些反满主义者、无政府主义者和代表小生产者利益的小资产阶级分子。同样，革命派的领导力量也不同于资产阶级民主主义模式的领导力量。革命派当中既有三民主义者，也有二民主义者和一民主义者。只有三民主义者才能成为资产阶级民主主义现代模式的领导力量。①

资产阶级民主主义现代化模式具有明确的反对帝国主义、反对外国资本侵略中国的性质。孙中山在辛亥革命之前要打倒受帝国主义支持的清王朝的统治，实际上是要革帝国主义的命。五四运动以后，孙中山明确提出了打倒帝国主义的口号。孙中山在经济结构上也试图摆脱外国资本的控制，建立独立的工业体系。与民族资本主义在资本积累和市场开拓上都依赖于外国资本不同，孙中山在资本积累和市场开拓上都要摆脱外国资本。孙中山主张的积累国家资本的两个手段中，有一个是借用外资，或委由外国资本投资。但孙中山的借用外资和委由外国资本投资，是以“不失国家主权”为条件的。委由的投资必须在四十年后归还中国。②孙中山还要通过实行“耕者有其田”使广大农民的生活富裕起来，使广大农村成为广阔的国内市场。孙中山谆谆告诫人们：“惟发展主权，操之在我则存，操之在人则亡”③。孙中山要通过资产阶级民主主义现代化，建立一个政治上独立、经济上自主的资产阶级共和国。资产阶级民主主义现代化是帝国主义所不允许的现代化。

但是，资产阶级民主主义现代化模式也存在着其自身难以克服的缺陷。这种缺陷使得其在近代中国一直难以获得充分展开的机会，一直未能占据现代化运动

---

① 同时，还要把革命派的阶级基础同革命运动的参加者区分开来。一场政治运动一旦展开，除了少数具有明确的纲领和思想的人物能够明确判定其性质并决定是否参与外，其余部分总是从众的。不能因为革命运动和立宪运动中都有资产阶级各个阶层的人物参加，就说革命派和立宪派的阶级基础是共同的，都是整个资产阶级。认为革命派和立宪派的阶级基础都是整个资产阶级的观点参见侯宜杰：《二十世纪中国政治改革风潮》（人民出版社，1993 年）。

② 《孙中山全集》第 1 卷，第 321 页。

③ 《孙中山选集》上卷，第 186 页。

的主导地位。首先，孙中山在 1919 年以前，一直没有认识到农民阶级是资产阶级民主主义现代化模式的阶级基础之一，甚至可以说是主要的阶级基础。孙中山没有认识到发动农民阶级的重要性，更没有提出发动农民阶级的具体措施。平均地权中的“涨价归公”只是一种半国有化，实际上并未触及地主的土地所有权；“照价购买”有否定地主土地所有权因素，但孙中山自己也承认，目前“由国家收买全国土地，恐无此等力量”[①]，其结果是农民长期得不到土地，“耕者有其田”长期成为一种空话。“耕者有其田”得不到实现，农村经济何以得以复兴？农村经济不复兴，工业化的资金和市场从何而来？国家资本如何得以形成？其次，孙中山把国家资本的来源主要寄托在“涨价归公”后的地租上，是一种不切实际的空想。地价的上涨是工商业发展的结果，而孙中山却把它当做工商业发展的前提。第三、由于孙中山没有认识到发动农民阶级的重要性，没有找到解决土地问题的有效办法，因而也就找不到他的现代化模式的主要依靠力量，只有依靠华侨、会党、新军甚至军阀的力量来进行资产阶级革命活动。孙中山不得不经历一次次的失败。孙中山所提倡的资产阶级民主主义现代化模式之所以会有这种缺陷，根本原因在于其历史观的非科学性。孙中山坚持民生史观，反对唯物史观，幻想调和对立社会阶级之间的矛盾。孙中山作为爱国主义者和民主主义者，比较准确地把握住中国的国情，提出了一种比较符合中国国情的现代化模式，但是，由于他没有掌握唯物史观，所提出的纲领具有许多空想的因素，难以在中国活动推广实行的机会。

孙中山的资产阶级民主主义现代化模式的缺陷在作为它的继承和发展的现代化模式——新民主主义现代化模式那里，得到了有效的克服。新民主主义现代化模式也是一种资产阶级民主主义现代化模式，但是一种以工人阶级的先锋队组织——中国共产党为领导的，以工人阶级、农民阶级、民族资产阶级和小资产阶级为基础的现代化模式，是一种新型的资产阶级民主主义现代化模式。

概括地讲，与孙中山领导的资产阶级民主主义现代化模式，也即旧民主主义现代化模式相比，新民主主义现代化模式在以下几个方面有了新的发展：首先，现代化的领导力量发生了变化。新民主主义现代化不再由软弱的资产阶级（革命派）来领导，而是由作为工人阶级先锋队的中国共产党来领导。其次，现代化的阶级基础获得了扩展。旧民主主义现代化模式的阶级基础十分狭窄，只有资产阶级中下层和农民阶级，而新民主主义现代化的阶级基础扩展到了工人阶级、农民阶级、小资产阶级和整个民族资产阶级。第三，土地政策发生了本质的改变。新

① 《孙中山全集》第 1 卷，第 321 页。

民主主义现代化模式主张实行土地革命，没收地主阶级的土地，无偿分配给农民使用，而旧民主主义现代化模式只是主张国家用赎买的方法购买地主的土地，然后分配给农民使用。第四，国家资本的范围发生了变化。在旧民主主义现代化模式中，要求国家资本在整个国民经济中占据主导地位，而在新民主主义现代化中，国家资本（国营经济）是整个国民经济的领导力量，但在量上不一定要占主导地位。第五，新民主主义现代化模式明确宣布，自己的目标是社会主义社会，通过社会主义社会走向共产主义社会，而旧民主主义现代化模式主张通过民生主义社会走向共产主义社会。

新民主主义现代化模式对旧民主主义现代化模式的以上几个方面的发展，是非常重要的。首先，软弱的资产阶级不能单独地承担起在半封建半殖民地旧中国推翻封建半封建国家政权、建立近代资产阶级国家政权的任务，因而不能成为整个现代化的领导力量。其次，在旧中国，建立近代的国家政权必须发动农民阶级，一方面使农民阶级成为反帝反封建的重要力量，另一方面使农民阶级卷入到现代化进程中来，使农村成为工业化的广阔市场。[①] 但是，孙中山主张的赎买方式解决不了农村土地问题，因而不能作为发动农民阶级的有效手段。解决土地问题，只能用革命手段。第三，旧民主主义现代化模式主张国家资本在国民经济中的主导作用，即要求国家资本在量上要占优势，而新民主主义现代化模式主张社会主义国营经济的领导作用，即国营经济在量上不一定要占优势地位，对国民经济的领导主要通过宏观经济政策来实现，因此后者比前者为私人资本提供了更为宽大的发展空间。孙中山把发达国家资本作为节制私人资本、使其不能操纵国计民生的手段。他指出："凡本国人及外国人之企业，或有独占性质，或规模过大为私人之力所不能办者，如银行、铁道、航路之属，由国家经营管理之，使私有资本制度不能操纵国民之生计，此节制资本之要旨也。"[②]"要实行民生主义，把全国大矿业、大工业、大商业、都由国家经营。"[③] 但是，孙中山在《实业计划》中所列国家资本的经营范围却包括了几乎所有的产业部门。如在"交通之开发"中，包括铁路、公路、运河、内河治理、电话、电报、无线电等；在"商港之开辟"中，包括大洋港口、商业港、渔业港、商场船埠等；在"矿业计划"中，包括铁矿、煤矿、油矿、铜矿、特种矿以及矿业机械制造、设立冶矿厂等；在"粮食工业"中，提出要"设立农器制造厂"，主张用"机器及罐头方法"来"制造和保

---

① 毛泽东说："农民——这是中国工业市场的主体。只有他们能够供给最丰富的粮食和原料，并吸收最大量的工业品。"（《毛泽东选集》第 3 卷，第 1077 页。）

② 《孙中山全集》第 9 卷，第 120 页。

③ 《孙中山全集》第 10 卷，第 23 页。

存”食物；在“衣服工业”中，提出要发展蚕丝工业、麻工业、棉工业、毛工业、皮工业和制衣机器工业；在“居室工业”中，提出要建立建筑材料工业、建筑业、家具制造业等；在“行动工业”中，提出要设立自动车工厂，生产各种用车；在“印刷工业”中，提出要发展纸工业，建立墨胶工厂、印模工厂、印刷机工厂等等。①其范围远远地超出了节制私人资本的要求，国家资本在国民经济中已占主体地位。而在新民主主义现代化模式中，国营经济在国民经济中并不占有主体地位，而只是一种领导力量。“在无产阶级领导下的新民主主义共和国的国营经济是社会主义的性质，是整个国民经济的领导力量”，“没收这些资本（指四大家族官僚垄断资本——引者注）归无产阶级领导的人民共和国所有，就使人民共和国掌握了国家的经济命脉，使国营经济成为整个国民经济的领导成分”，而“并不没收其它资本主义的私有财产，并不禁止‘不能操纵国民生计’的资本主义生产的发展”②。“新中国的经济构成，首先是国营经济，第二是由个体向集体发展的农业经济，第三是私人经济，国营经济是领导成分。”③所谓“领导成分”，也就是在量上不一定占主体地位（在数量上占有主体地位的是城乡个体经济和小资本主义经济），这就为私人资本主义的发展提供了更大的空间。因此，在旧民主主义现代化模式中，资产阶级只有中下层才能成为它的阶级基础，而在新民主主义现代化模式中，整个民族资产阶级都是它的阶级基础。最后，旧民主主义现代化模式主张从民生主义社会直接通向共产主义，但是，民生主义社会从本质上来说仍然是一个资本主义社会，它是不可能直接通向共产主义社会的。通向共产主义社会，必须经过社会主义社会。可以看出，新民主主义现代化模式的根本特点是以马克思主义的唯物史观为基础，同时充分考虑了半封建半殖民地近代中国的基本国情，是一种符合中国实际的科学的现代化模式。从旧民主主义现代化模式到新民主主义现代化模式的转化，使资产阶级民主主义现代化模式实现了由空想到科学的发展。

中国共产党克服了旧民主主义现代化模式的缺陷，继承和发展了旧民主主义现代化模式的合理成分，使空想的旧民主主义现代化模式演变为科学的新民主主义现代化模式，而国民党蒋介石却恰恰相反，抛弃了旧民主主义现代化模式的合

① 《孙中山全集》第6卷，第247页以下。

② 《毛泽东选集》第2卷，第678页；第4卷，第1431页。

③ 《毛泽东文集》，人民出版社1996年，第140页。关于新民主主义经济制度下国营经济的领导作用，毛泽东同志在同一篇文章中还有另一个提法，叫做“主导作用”。“在我们社会经济（指新民主主义经济——引者注）中起决定作用的东西是国营经济、公营经济，这个国家是无产阶级领导的，所以这些经济都是社会主义性质的。农村个体经济加上城市私人经济在数量上是大的，但是不起决定作用。我们国营经济、公营经济，在数量上较小，但它是起决定作用的。”（《毛泽东文集》，人民出版社1996年，第5卷第139页。）

理成分而承继了其中的缺陷，结果使旧民主主义现代化模式蜕变为官僚垄断资本主义现代化模式。国民党蒋介石利用孙中山没有找到实行“平均地权”和“耕者有其田”的切实可行的办法，拒绝实行“平均地权”和“耕者有其田”。国民党蒋介石利用孙中山将国家资本的范围定得过于宽泛的缺陷，大肆发展国家资本。在政府财政极其薄弱，根本无力建设国家资本的前提下，国民党政府不得不主要依靠掠夺和侵蚀民间私人资本来扩大国家资本，结果使国家资本蜕变成了国家垄断资本。① 由于没有实行“平均地权”和“耕者有其田”的政策，农村经济越来越凋敝。在农村缺乏对工业品的消费需求的情况下，民族资本也难以得到发展。与此相反，国家垄断资本和四大家族官僚私人资本却在不断侵蚀和吞噬农民和民间私人资本的过程中，畸形地发展起来，中国因而走上了官僚垄断资本主义现代化道路。② 蒋介石口口声声地说自己是孙中山和三民主义的继承者，实际上恰恰

① 有论者明确指出，发达国家资本、实行民生主义需要政治、经济和社会各方面的条件予以保障，其中一个极其关键的条件就是“政府财力之充实”。他说道：“总理不惟主张铁道、运河等交通事业，及大规模有独占性的企业收归国有，即地方政府范围内的天然富源，也要中央政府资助经营。要想按照这样远大的计划干去，是必需国家财力非常充裕，年有数万万乃至数十万万的赢余，然后可以成功。但现在的政府，不惟财政上没有赢余，而国库空虚，司农仰屋，每年尚需广借债款以度日，于此种情形之下，而尤谈发展国家资本，则巧妇难为无米之炊了。”（刘振东：《国难时期之经济政策》，载《经济学周刊》1933 年第 4 卷第 2 期。）还有论者也指出，孙中山的“节制私人资本、发达国家资本”是有条件限制的，不能无条件的推行。该论者说道：国民党的国家资本及统制经济思想渊于孙中山的民生主义，中山先生在《实业计划》的“篇首”中提出“中国两种革命必须同时并举，即废手工采机器，又统一而国有之”。但是，该论者指出：“走工业建设的‘统一而国有之’的捷径，首先要问主观和客观上有无可能的条件，有了可能条件，自可减少迂回曲折，两步并一步的迎头赶上先进国家；不然的话，先要准备可能的条件，才可因势利导的并力齐进。假如没有可能条件，不管三七二十一的‘统一而国有之’，那无论具有任何高超的理想，实际上必然是画虎不成反类犬了。”该论者对国民党政府进行了激烈的抨击：“中山先生只看到满清及民初的腐败官吏的事实，即以不令官吏从中舞弊，作为统一而国有经济事业的前提条件，哪知今日官吏从中舞弊的范围和性质，以千百倍于往昔，并已有个别的消极的舞弊，更进为独占的官僚或豪门呢？……民生主义的国家资本的目的，原是为防止资本主义的独占经济，弄得社会贫富过于悬殊，而致发生社会革命的流血斗争，欲以人民共有的国家资本，限制私人资本的发展，平均社会财富的。但以国家资本在我国初步发展的事实来说，一切国营及统制政策之目的，并不在于压制独占资本的发展，反是助成官僚资本以至官僚经济独占的完成。”（李紫祥：《自由经济是中国的唯一出路》，载《西南实业通讯》1947 年第 15 卷第 7、8、9 期合刊。）

② 共产党的新民主主义经济比国民党的名为民生主义而实为官僚垄断资本主义的经济，更为民族资本主义经济提供了广阔的发展空间。如有论者在比较了国民党和共产党的经济政策之后，得出结论说道：“国民党主张资本国家化，享受大众化，而用计划经济的方式（国民党的计划经济不同于现在的计划经济——引者注），实现他的理想。所以一面有限制的承认私人资本，一面充分的建树国家资本。”“而中共的经济政策，虽以马克思主义为最高的指导原则，但在现阶段中，他非特承认，而且提倡私人资本的发展，不过为了要防制私人资本操纵国计民生，所以他们把民主政治原则，就放在经济政策之前。……照他们现在发表的种种文献来看，似乎（比之国民党）反倾向于放任的自由经济。”（张一凡：《我国各党派的经济政策观》，载《新中华》1946 年复刊第 4 卷第 3 期。）

是孙中山和三民主义的背叛者。[①] 只有中国共产党领导的新民主主义现代化模式继承和发展了旧民主主义现代化模式中的真谛，而蒋介石所推行的，是地地道道的官僚垄断资本主义现代化。

① 有论者就明确说道："中山先生主张'节制私人资本发展国家资本'，所谓发展国家资本便是创办公(国)营事业。公营事业在世界潮流上，在我国的国体上，均为重要的经济要素。……然而我国历年以来，创办公营事业类多失败，尤其是国营事业，其内容之窳败，与行政效率之低下，更为世人所诟病。""中山先生之理想如彼，我国之事实如此，言之亦堪痛心。"(周伯棣：《论公营事业》，载《东方杂志》1947年第43卷第10期。)

第二章

洋务运动中官僚垄断资本与民族资本的交织及官僚垄断资本主义现代化模式和民族资本主义现代化模式的滥觞

在近代中国，首先登上历史舞台的，不是资产阶级民主主义现代化模式，而是官僚垄断资本主义现代化模式和民族资本主义现代化模式。清政府从60、70年代开始发动洋务运动，标志着中国现代化运动的肇始。官僚垄断资本和民族资本在洋务企业中相互交织、相互纠葛、相互斗争，直至分道扬镳，从而导致了官僚垄断资本主义现代化模式和民族资本主义现代化模式的发轫和滥觞。清政府和民间私人资本都试图通过官督商办企业将对方改造和导引到自己一方来，以推进自己的现代化模式，构成了洋务运动时期中国现代化运动的基本内容。

清政府发动洋务运动的根本目的在于在新的历史条件下，用近代的军事技术和近代的工业生产力维护其封建独裁统治。清政府也想推进现代化，但它所推行的现代化并不是国家和社会的现代化，而是谋求由清政府单独地掌握近代的军事技术和近代的工业生产力，以期维护其独裁统治。清政府追求的是官僚垄断资本主义现代化。

洋务运动中由清政府创办的民用企业，其主要的形式是官督商办企业。产生官督商办企业的根本缘由在于，清政府在镇压农民革命运动中耗尽了财力，政府手中已经没有多少钱用于投资纯粹的官办企业，而不得不利用民间的私人资本。而当时在民间已经形成了相当数额的买办资本，据汪敬虞考核，从1859年到19世纪末年，中国共形成买办资本约四千万两以上。[①] 这些买办资本除继续附股于

① 参见汪敬虞：《唐廷枢研究》，中国社会科学出版社1983年，第97-105页。

外国资本者外，一部分开始向独立转化。[①] 另外，一些积累了一定财富的地主、官僚和旧式商人也在外国资本主义的刺激下，意欲向近代工业投资。这些意欲向独立转化的买办资本及地主、官僚和旧式商人投资近代工业的潮流与清政府创办新式企业，以在新的历史条件下有效地维护封建统治的愿望相结合，形成了官督商办企业。官督商办企业从一开始就是由官（清政府）的方面和商（民间资本）的方面两股力量汇流而成的。

从官的方面来说，清政府创办“求富”性质的民用工业，是在进行了一段时间以镇压农民革命运动为目的的、具有“图强”性质的举办军事工业之后，由于财政逐渐陷入困境，军事工业已难以继续举办下去而不得不试图创办民用工业，通过民用工业为军事工业提供资金支持的结果。清政府举办军事工业的目的主要是为了镇压农民革命运动，这在奕忻和李鸿章的论述中已十分清楚。奕忻清楚地说道：“发捻”为“心腹之害”，俄国为“肘腋之患”，英国为“肢体之患”，“故灭发捻为先，治俄次之，治英又次之”。[②] 李鸿章也说道：“目前之患在内寇，长久之患在西人”，“似当委曲周旋，但求外敦和好，内要自强”[③]。但有论者认为据此还不能得出洋务运动的动机是反动的结论。这种论者认为在太平天国农民运动被镇压之后，清政府就转到了主要抵抗帝国主义侵略的立场上来了，因为“如果为了镇压农民起义，洋务运动到同治初年就可以截止了，为什么还继续搞了二、三十年呢？”认为“洋务派之办洋务主要是出于民族意识”，是为了“反抗外国侵略”。[④] 难道农民革命运动被镇压之后继续办军事工业就是为了反抗外国侵略吗？奕忻明确地说道：“若谓以此足御太西各国，不但得数铁甲船未敢自信，就使海防一律办齐，亦无从把握。”[⑤] 李鸿章也说道：“目前固须力保和局，即将来器精防固，亦不宜自我开衅。”[⑥] 这清楚地说明清政府从根本上就没有反抗帝国主义

---

① 在中国近代工业形成的最初时期，买办及买办资本曾发挥过重要作用，这已为许多人所证明。从翰香和郝延平论证了在中国近代工业形成初期的资本类型当中，买办资本占主要部分。（参见从翰香：《关于中国民族资本的原始积累问题》，载《历史研究》1963 年第 6 期；郝延平：《十九世纪的中国买办：东西间的桥梁》，上海社会科学院出版社，1988 年）；汪敬虞阐明了买办资本向民族资本转化是早期民族资本形成的主要途径。（参见汪敬虞：《试论中国资产阶级的产生》，载《中国社会科学》1981 年第 5 期；《略论中国资本主义产生的历史条件》，载《历史研究》1984 年第 2 期；《试论近代中国的买办阶级》，载《历史研究》1990 年第 3 期等论文。）笔者也曾经从经济学角度阐明了中国在西方资本主义入侵之前资本原始积累不足的根本原因及买办资本在近代工业形成初期的重要性。（参见拙著：《中国和日本的早期工业化与国内市场》第四、五章，北京大学出版社 1999 年。）

② 《筹办夷务始末》（咸丰朝）第 8 册，第 2675 页。

③ 《李文忠公全集》，朋僚函稿，卷 4，第 17 页；卷 1，第 26 页。

④ 徐泰来：《也评洋务运动》，载《历史研究》1980 年第 4 期。

⑤ 《洋务运动》第 2 册，第 338 页。

⑥ 《李文忠公全集》，奏稿，卷 24，第 12 页。

侵略的意志和决心，这一点恐怕在农民革命运动被镇压之前和之后都没有什么大的变化。当然，清政府对帝国主义并非一点抵抗之心也没有，他们也想把帝国主义赶出中国。但他自知不能奈何帝国主义，特别是在争取到所谓“中外和好”局面后，已知帝国主义不会要他们的“脑袋”，而只是要他们的一支“胳膊”或一条“腿”,而恰恰是农民革命要他们的“脑袋”。清政府在权衡了二弊之大小之后，也就毫不迟疑地决定了他们的行动方针。清政府在镇压农民革命的事情上，是不遗余力的，而在抵抗帝国主义侵略的事情上，则是三心二意的。认为如果是为了镇压农民革命运动，洋务运动在同治初年就可截止了，是十分荒唐的。因为太平天国失败了,并不等于以后永远也不可能再发生农民革命运动了。有论者提出“定远”、“镇远”等军舰是不能开到内地港湾去镇压农民起义的。[①]还有论者进一步反诘道:“镇压农民革命要海军干什么？难道海上也有农民革命需要镇压吗？”[②]由此强调洋务运动筹办军事工业是为了抵抗帝国主义的侵略。但是,我们不禁要说，如果真的是为了抵抗帝国主义的侵略，就应当不只是一两艘“定远”和“镇远”舰,而应该有更多的“定远”和“镇远”舰。创建海军的目的当然是为了御外侮，但这里的“外侮”的矛头实际上指的是日本，而不是西方帝国主义国家的侵略，而当时的日本还没有成为帝国主义，还不是“列强”之中的一员，清政府也很不把日本放在眼里。清政府虽无意于反抗西方帝国主义的侵略，但对日本的野心却从心理上难以容忍。1874年日本派军队侵略台湾时，在清政府的心目中，日本只不过是一个东方小国。“夫日本东洋一小国耳，新习西洋兵法，仅购铁甲船二只，竟敢藉端发难。……此次迁就了事，实以制备未齐之故。若再因循泄沓，而不亟求整顿，一旦生变，更形棘手。”清政府认为日本“近年改变旧制，大失人心，叛藩乱民，一旦崩溃，则我沿海各口，岌岌堪虞”。[③]此后清政府开始重点抓海军准备对付日本。但甲午一役证明日本并非“叛藩乱民”的“东洋小国”，而是清政府无法对付的强国之后，清政府无论对于西方帝国主义还是东洋准帝国主义，都只有一味的屈膝投降了。

清政府创办军事工业，还不能说是在追求现代化，因为单纯军事力量的增强并不能产生近代的生产力。只有在70年代开始“求富”性质的创办民用工业后，才意味着清政府开始追求发展生产力，追求现代化。如前所述，清政府创办民用工业的目的主要是为了给军事工业筹饷。“军兴以来凡有可设法生财之处，历经

① 李时岳、胡滨:《论洋务运动的性质》，载《光明日报》1980年9月12日。
② 何玉畴、杜经国:《试论左宗棠与洋务运动》，载《甘肃日报》1979年1月17日。
③ 《筹办夷务始末》(同治朝)卷98，第40、41页。

搜刮无遗。商困民穷，势已岌岌”，[①] 因此，“欲自强，必先裕饷；欲裕饷源，莫如振兴商务”。[②] 清政府认为，英法等国之所以强，主要是由于富，而富又源于近代工商业的发展。于是决计创办民用工业，要把维护自己的封建统治建立在近代生产力的基础之上。

清政府创办民用工业有没有抵制外国资本主义的经济侵略的性质？我们认为没有。清政府的民用工业只有“与洋商争利”的性质，如兴办轮船招商局，是为了“略分洋商之利”，“庶使我内江外海之利，不致为洋人占尽”[③]，办机器织布局，也只是“冀稍分洋商之利”。但是，“与洋商争利”同抵制经济侵略完全是两回事。抵制经济侵略是不能容忍经济侵略，而要把以不平等条件为基础的外国资本从中国赶出去，至少有将它赶出去的意图，而“与洋商争利”则是承认，至少是默认这种侵略，在此基础上欲图分得一杯羹，以用于维护他们的封建统治。“与洋商争利”局面的出现是“中外和好”的产物，而不是“中外对立”的产物。需要强调指出的是，所谓“中外和好”，系指政府层次的“和好”，即西方帝国主义国家允许清政府创办一定程度的民用工业，以用于维护其封建统治，有利于帝国主义的侵略。这种政府层次的“和好”并不排斥企业层次的有限程度的竞争。这种竞争是具体的企业之间对于具体的“利”的争夺，它被严格控制在一定的“度”中，这个度就是清政府不能抵制外国的经济侵略，不能破坏“中外和好”局面。清政府创办的民用工业与外国资本的关系与其所创办的军事工业与帝国主义的关系在性质上是一脉相承的，没有本质的变化。

清政府创办的民用工业与外国资本之间的关系在轮船招商局与外国轮船公司三订“齐价合同”上表现得非常清楚。在轮船招商局成立之前，外国轮船已基本上垄断沿海及长江航线的航运权，轮船招商局的出现必然要出现与洋轮争利的情况。我们认为仅这种争利并不代表轮船招商局具有抵制侵略的意义。判断轮船招商局是否具有抵制侵略的意义，应该看它是否有将外国轮船至少驱逐出长江航线的意图，而三订“齐价合同”恰恰反映了轮船招商局没有这种意图。轮船招商局曾有收购旗昌轮船公司一事。但旗昌轮船公司之所以愿意被轮船招商局收购，原因主要在于轮船招商局成立之前就在与太古轮船公司之间的剧烈竞争中出现颓势，恰好此时美国内战结束后国内出现经济繁荣，因此旗昌公司意欲撤回资金，转移到国内投资。但旗昌公司的设备比较陈旧，其他外国公司无意购买，于是被

---

① 《李文忠公全集》，译署函稿，卷 3，第 18 页。

② 《李文忠公全集》，奏稿，卷 39，第 32 页。

③ 《李文忠公全集》，奏稿，卷 20，第 33 页。

刚成立不久的轮船招商局买下。[1] 即它主要不是轮船招商局竞争的结果。此后，在轮船招商局与怡和、太古两家外轮公司之间发生了三次大规模的竞争，并三次订立所谓的“齐价合同”。据论证，三次竞争都是由怡和、太古方面挑起的，三次竞争都是由轮船招商局在没有处于劣势的情况下，主动向怡和、太古作出妥协的。轮船招商局由于有糟运的补贴和华商的支持，在竞争不仅没有处于劣势，反而除1876年外，年年有“净余”（全部营业收入减去全部营业支出及官利、折旧、花红、报效后的纯盈数），从1874年到1892年永订“齐价合同”前夕为止，共计600340两，还在1891年将清政府垫借的官款1928千两的本息，全部还清。[2] 在这种情况下，轮船招商局如果有抵制经济侵略的决心，是有可能将怡和、太古两公司至少驱逐出长江航线的，因为此时两公司已疲惫不堪，它们是在濒临破产的情况下与轮船招商局握手言和的。需要强调指出的是，轮船招商局是以政府和华商的支持为后盾的，而怡和、太古公司是不会得到它们本国政府的直接支持的，轮船招商局与怡和、太古的竞争是中国整个国家与两家公司的竞争，取胜是理所当然的。但是，清政府是一个屈膝投降的政府，他们不敢打破“中外和好”局面，而宁肯保持共同垄断、从中分得一杯羹的局面。那种认为“齐价合同”的签订“为招商局提供了喘息的机会，有利于它蓄积力量，以便进行新的竞争”，“招商局与外国资本之间的矛盾和斗争是主要的、长期的，而妥协是次要、暂时的，即使在妥协时也有矛盾和斗争”的论点，[3] 是站不住脚的。那种认为轮船招商局“既有适应外国资本主义需要的一面，也有抵制经济侵略的一面”，“而后者是其主要的一面”，并把这种两面性归结为“半殖民地半封建的中国所办洋务企业不可避免的”的观点，[4] 是不正确的。因为半殖民地半封建并不是一种前提，而恰恰是清政府屈膝投降的结果。

与中国的轮船招商局不同，日本的邮船株式会社则为我们提供了一个东方后起国家的企业如何在政府的支持下不仅成功地抵制了西方资本主义国家轮船公司的经济侵略，而且开拓出了远洋航线的实例。日本的邮船会社和中国的轮船招商局，日本的殖产兴业和中国的洋务运动，之所以会产生如此巨大的反差，其中的一个根本原因就是两国政府的性质不同。[5]

类似航运业中的“齐价合同”，在电报业中也存在。外国资本在60年代前期就觊觎中国电报业，但清政府出于对电报本身的恐惧心理而予以坚拒。在逐渐了

① 参见张国辉：《洋务运动与中国近代企业》，中国社会科学出版社1979年，第154-156页。
② 参见汪熙：《从轮船招商局看洋务派经济活动的历史作用》，载《历史研究》1963年第2期。
③ 胡滨、李时岳：《李鸿章和轮船招商局》，载《历史研究》1982年第4期。
④ 夏东元：《洋务运动发展论》，载《社会科学战线》1980年第3期。
⑤ 朱荫贵：《国家干预经济与中日近代化》，东方出版社1994年。

解电报之后，特别是出于军事的需要，清政府于70年代“海防议起”之后决定开办电报业。清政府既不能拒绝外国资本的要求，便责成电报总局与当时的英国大东公司和丹麦的大北公司签订了《华洋电报三公司会订合同九款》。① 在此之前，基本是水线由英国大东公司和丹麦的大北公司经营，岸线则由电报总局经营。《会订合同》作出如下规定：“外洋电报，香港、上海、福州、厦门与欧洲过去诸国来往者，不论由海旱线传递，俄国不在其内，均归两水线公司所得”，“除沪、福、厦三口外，不论中国何处与欧洲及欧洲过去诸国来往者，不论由海旱线传递，均归公司”。另规定三公司统一价格，“如欲更改，须三公司允准方可”。合同签订之后，盛宣怀对此非常满意。他说：“与英丹海线订立出洋齐价合同，更得分收每年五、六十万，岁入共二百数十万元，开支经费利息报效外，岁有公积。”② 即此也可以看出清政府创办民用工业只是为了“分洋商之利”，而不是为了抵制经济侵略。

实际上，在清政府开始创办民用工业之前，民间已经出现许多向近代工业投资的行动，但或是受到清政府的直接遏制，或是受地方官吏的勒索破坏，都未能获得成功。③ 特别是在航运业中，由于利润优厚，许多华商为了躲避清政府的遏制，都竞相诡寄托庇于外国轮船公司，以获取高额利润。④ 清政府于70年代开始创办第一个近代民用工业时，就想起了利用这些民间资本。那么，怎样才能确保这些用民间资本建立的近代企业为清政府所用，而不会独立发展以构成对清政府的威胁呢？清政府想出了一个好办法，就是对这些企业采取官督商办的管理形式。官督商办是洋务运动时期占主导地位的企业形式。

清政府的第一个官督商办企业，是轮船招商局。对于轮船招商局，清政府原本是想官商合办的，但在朱其昂受李鸿章之命去领闽沪两局商船后，发现并无商船可领，却发现“各省在沪殷商，或置轮船，或挟资本，向各口装载贸易，向俱

① 上海图书馆“盛档”，此处转见于夏东元：《洋务运动史》，华中师范大学出版社，1992年，第235-236页。

② 盛宣怀：《设电线沿革》，转见夏东元同上书，第236页。夏东元对这一合同的评价是基本肯定的，他说：“合同的精神应该说是基本平等的，对半殖民地的中国来说并没有什么不利”。看来，夏东元的基点与我们很不一致。夏东元是默认半殖民地性，在此基础之上思考问题，而我们则认为恰恰是清政府的屈膝投降才使中国在半殖民地的泥沼中越陷越深。夏东元在60年代并不是这样认为的。夏东元在60年代认为“洋务运动的全部过程是加速中国半殖民地化的过程。”（参见夏东元：《论洋务派》，载《新建设》1964年5-6期合刊。）夏东元之所以会出现这种转折，可能是受后来肯定洋务运动的思潮的影响。

③ 这方面的论述，请参阅张国辉：《中国新式企业的发动和封建势力的阻挠》，载《历史研究》1986年第2期；汪敬虞：《近代中国资本主义的发展与不发展》，载《历史研究》1988年第5期；樊百川：《中国轮船航运业的兴起》（四川人民出版社，1985年）第184-199页。汪敬虞强调：“中国资本主义现代企业在各个经济部门的产生，有一个共同现象，即以商人为主体的民间活动，先于以洋务派官僚为主体的官场活动。”指出中国资本主义现代企业的最先发动者是民间商人，而不是洋务派官僚。

④ 参见汪敬虞：《十九世纪外商侵华企业中的华商附股活动》，载《历史研究》1965年第4期；聂宝璋：《中国买办资产阶级的发生》（中国社会科学出版社，1979年）；樊百川：《中国轮船航运业的兴起》（四川人民出版社，1985年）第200页以下。

依附洋商名下”，因而主张“由官设立商局”，以招徕“各商所有轮船股本”。李鸿章表示：“目下既无官造商局在内，自毋庸官商合办，应仍官督商办。”对于官督商办的含义，李鸿章称作“由官总其大纲，察其利弊，而听该商董自立条议，悦服众商”。[①] 李鸿章试图用官督商办的形式一方面“悦服众商”，使民间资本都聚集到清政府周围，另一方面“由官总其大纲”，为清政府所控制和利用。另外在纺织、煤炭、电报、金属等主要民用工业部门的企业也都主要地采取了官督商办的形式。

官督商办作为洋务运动时期一种占主导地位的企业组织形式，不仅是官方（清政府）竭力主张的结果，同时一开始也受到了商方（民间资本）的欢迎。民间资本虽然在70年代以前就有投资于近代工业的欲望，但都由于清政府的遏制、地方官吏的压榨和社会风气未开等原因而未能获得成功。在后发工业化国家，特别是像中国这样的半殖民地半封建国家，工业化的启动必须要有国家政权的支持和推动。民间资本迫切希望清政府能够放弃遏制政策，对民间资本的投资活动给予支持和鼓励。郑观应的一段话集中反映了民间资本在这一问题上的立场。他说：“全恃官力则巨费难筹，兼集商赀则众擎易举。然全归商办则土棍或至阻挠，兼依官威，则吏役又多需索，必官督商办，各有责成：商招股以兴工，不得有心隐漏；官稽查以征税，亦不得分外诛求，则上下相继，二弊俱去”。[②] 郑观应是买办资本向民族资本转化的典型人物，是正在形成中的民族资本的上层代表，他的这段话说明了当时官督商办的必然性和必要性，即官没有钱，必须“集商赀”，但完全商办，必有土棍和吏役制肘，必须官督商办。但郑观应企盼的官督商办又不同于清政府主张的官督商办。在郑观应这里，要求“商招股以兴工，不得有心隐漏”，同时也要求“官稽查以征税，亦不得分外诛求”，只有这样才能达到“上下相继，二弊俱去”的目的。归根结底，郑观应是要通过官督商办达到“官商势合”，“用官权以助商力所不逮”，[③] 以同外国资本主义进行“商战”，发展民族工业的目的。这与清政府创办民用工业是为了“略分洋商之利”以为其军事工业筹措资金的目的截然相对。

目的的不同决定着立场和态度的不同。清政府对官督商办企业不仅常有“分外诛求”，甚至藉口侵吞商股资本，最终商权被官权所压倒，官督商办企业演变成了官僚垄断资本。

清政府（洋务派官僚）与入股官督商办企业的民间资本（也即正在形成中的

① 《李文忠公全集》，译署函稿，卷1，第40页。
② 郑观应：《盛世危言》开矿（上），《郑观应集》上册，第704页。
③ 郑观应：《盛世危言》商战（上），《郑观应集》上册，第590页。

民族资本）对官督商办本身的理解的不同，实际上主要集中在官督商办的具体内容上，而不在官督商办的形式上。那么，按照洋务派官僚的理解，官督商办的具体内容是怎样的呢？官督商办分为官督、商办两个部分。所谓官督，根据李鸿章的历次表述，实际上包含两层意思，一是官对企业进行监督、稽查，二是官对企业进行保护和扶持，即所谓"官为维持"①。刘坤一对官督也有简单说明，这就是"员董由官用舍，帐目由官稽查，仍属商为承办，而官为维持也"②。可以看出，这里所谓的官督，包含着两项权利一项义务，即用人决定权（员董由官用舍）、经营监督权（帐目由官稽查）和扶持维护义务（官为维持）。所谓商办，就是"听该商董等自立条议"，也即"商务应由商任，不能由官任之"③，"所有盈亏全归商人，与官无涉"④。由此看来，企业的经营权应由商董掌握。但清政府果真能这么做吗？在 1885 年由李鸿章批准的官督商办企业"用人章程"却明确写道：对官督商办企业要"专派大员一人认真督办，用人理财悉听调度"⑤。张之洞对其所辖官督商办企业也称："用人、理财，筹划布置，……及一切应办事宜，遵照湖广总督札饬，均由督办一手经理，酌量妥办，但随时择要汇报湖广总督查考"，而"督办"则由"湖广总督奏派"⑥。张之洞在谈到官商关系时明确讲明"商能分利，不能分权；商能查账，不能擅路"⑦。这样，连企业的经营权也被官方掌握了。如此，企业的人事权、监督权、经营权全被官方所侵夺，出现了商股商董处于完全无权的所谓"权操在上"的情况，"商务商任"、商董"自立条议"，"盈亏全归商人"成了一句空话。而正在形成中的民族资本代表对官督商办的理解却不同于洋务官僚。郑观应认为官督就是"官稽查以征税"，而这主要是针对土棍的阻挠和吏役的多需的。除此之外，官不得有"分外诛求"。郑观应明确强调，官督商办企业"宜仿照西例，官总其成，防弊而不分其权。一切应办事宜，由股商中慎选一精明干练守廉洁之人，综计出入，另举在股董事十人，襄赞其成"⑧。也就是说，按照郑观应的设想，官督商办企业的经营权应当属于商方，而不是由官方掌握。其他一些代表正在形成中的民族资本利益的资产阶级改良派人物，虽然也都赞成官督商办，但他们同郑观应一样，也不赞成由官方掌握官督商办企业的经营权。例如王韬把官督理解为"官为之维持保护"，他曾主张把轮船招商局的官督商办制度推广到采矿业方面去，希

① 《李文忠公全集》，奏稿，卷 30，第 31 页。
② 《洋务运动》第 6 册，第 44 页。
③ 《李文忠公全集》，译署函稿，卷 1，第 40 页。
④ 《李文忠公全集》，奏稿，卷 20，第 33 页。
⑤ 《交通史航政篇》第 1 册，第 156 页。
⑥ 《张文襄公全集》卷 28，奏稿，第 8 页。
⑦ 《张文襄公全集》卷 150，电牍，第 10-11 页。
⑧ 郑观应：《盛世危言》（五卷本），卷 5，第 2 页。

冀得到清政府的保护，使“衙署差役自不敢妄行婪索，地方官吏亦无陋规名目，私馈苞苴”，他天真地相信，官督商办，“其名虽归商办，其实则官为之维持保护”[①]。马建忠支持官督商办，目的在于达到官商“互相维系”，以达到发展民族工业的目的。为达到发展民族工业的目的，马建忠不仅支持官督商办，还赞成其他各种经营管理模式。以铁路为例，他认为资金“或纠集于商，或取给于官，或官与商合办”都是可以考虑的。[②]他强调，以当时“民贫于下，财绌于上”的情况，“散借于凡民则苦其零星难集”，不能不寄希望于官府的协助。[③]薛福成在提到办铁路时也认为应“由华商承办，而政令须官为督理”[④]，明确赞成官督商办。但他之所以赞成官督商办，是希冀通过官督商办达到“上下相维”、“举无败事”[⑤]的目的。参与官督商办企业的商方代表及其代言人的这种官“防其弊”而不能“分其权”的观念与李鸿章张之洞等洋务官僚的“用人理财”悉听官方调度和“商能分利、不能分其权”的观念形成了尖锐的对立。郑观应关于官督商办企业应由商方把握经营权而由官方为之保护的思想在甲午战后表现得更为鲜明。他说：“按西例，由官设立者谓之局，由商民设立者谓之公司。总理公司之人，即由商股中推选才干练达、股份最多者为总办，初未尝假于官，官特为之保护耳”。他对企业中官侵商权的现象进行了批评：“今中国禀呈大宪开办之公司，皆商民集股者亦为之局，其总办或由股份人公举，或由大宪札饬，皆二、三品大员，颁给关防，要以札副，全以官派行之。位尊而权重者，得以专擅其事；位卑而权轻者，相率而听命。……试问外洋公司有此法乎？”[⑥]郑观应等正在形成中的民族资本的代表以及代言人与洋务官僚在官督商办企业的经营权应由谁掌握上的分歧实际上是对官督商办企业的发展方向，甚至是对整个洋务运动的基本路线的认识和理解的分歧。洋务官僚旨在通过对不仅是人事权而且包括经营权的把握，使官督商办企业完全掌握清政府手中，从而使其为维护清政府的独裁统治服务；而正在形成中的民族资本的代表及其代言人则力图通过让洋务官僚掌握官督商办企业的人事权和监督权以换取清政府对民族资本的支持，而经营权则由民族资本掌握，从而达到发展民族工商业和私人资本的目的。清政府中的洋务官僚与力图向民族资本转化的民间私人资本怀着各自的目的和对官督商办企业内涵的不同理解走到了一起，在官督商办企业中实现了结合。由于这种结合并不是建立在共同立场上的结合，因而必然在结

① 《弢园文录》外编，第301、302页。
② 马建忠：《适可斋记言》，卷1，“铁道论”。
③ 马建忠：《适可斋记言》，卷1，“借债以开铁道说”。
④ 薛福成：《庸庵文续篇》，卷上，“代李伯相议请试办铁路疏”。
⑤ 薛福成：《庸庵文编》卷1，“创开铁路议”。
⑥ 郑观应：《盛世危言》三编，卷1，第3页。

合中有矛盾，在结合中有冲突，最后的结局不是合作的破裂，二者分道扬镳，就是一方压倒另一方，一方吃掉另一方。实际情况是官权压倒了商权，官权吃掉了商利，官督商办企业蜕变成了官僚垄断资本。

官商矛盾是官督商办企业中的一个基本矛盾。一般地说，官督商办企业中的官商矛盾在企业开办的初期表现得最不明显，此后则越来越尖锐化，到 80 年代中后期才出现官权压倒商权的情况。之所以在初期官商矛盾并不明显，是因为洋务官僚深知如果不给商股代表也即商总[①]在企业中以领导地位，民间资本就不会愿意入股官督商办企业，企业就募不到资金，自己的目的就会落空；而如果一开始就不给商总以经营实权，商总本人就不会加入到官督商办企业中来。诸如“听该商董自立条议”、“商务应由商任，不能由官任之”的话都是考虑到这种情况才讲出来的。轮船招商局在成立之初的“局规”中，更有“总局分局逐月应办事宜应照买卖常规办理，遇有紧要事件有关局务以及更改定章或添置船只、兴造码头栈房诸大端须邀在股众人集议”[②]的美妙词句。上海机器织布局在 1880 年改组后，也在招股章程中声称“事虽由官发端，一切实由商办”，进而说要“仿照西法，由股份人公举沪市……熟悉商情者为董事，凡有大事，邀请咨商”[③]。开平矿务局的招股章程中表示：“此局虽系官督商办，究竟煤铁仍由商人销售，似宜照买卖常规。……〔企业内〕所有各厂司事必须于商股中选充”，“请〔官府〕免派委员”[④]。官督商办企业在初期商总主持业务，也即商方掌握经营权时，一般能够得到商界的信任，集股比较容易，企业也能得到顺利的发展。如招商局在唐廷枢、徐润主持局务的 1873-1883 年，是招商局发展最为顺利的时期。在这一时期，作为官方代表的盛宣怀只不过是一个挂名的会办，虽然“屡以为唐、徐咎”[⑤]，试图夺得经营权，但由于李鸿章考虑到“办事在和尤在专”[⑥]，将招商局的发展排在首位，因而未能让其得手。1883 年金融倒账风潮使徐润挪款投机案发，惨遭革职，随后唐廷枢也被调走。1885 年盛宣怀被李鸿章任命为招商局督办，招商局的经营权终于落入盛宣怀之手。自此，招商局完全为洋务官僚所控制。

与招商局相比，机器织布局的官商矛盾显得更为错综复杂。机器织布局是

---

① 官督商办企业中的商总一般由官方委任，他们代表商股利益，但也得到洋务官僚的信任。张国辉认为他们是“执行封建官僚集团的利益”，并不准确。（张国辉：《洋务运动与中国近代企业》，中国社会科学出版社，1979 年，第 321 页）。

② 《国民政府清查整理招商局委员会报告书》下册，第 20 页；《交通史航政篇》第 1 册，第 156 页。

③ 《上海机器织布局招商集股章程》，《申报》1880 年 10 月 13 日第 2 版、14 日第 3 版、15 日第 2 版。

④ 《洋务运动》（七），第 131 页。

⑤ 《李文忠公全集》，朋僚函稿，卷 17，第 32 页。

⑥ 《李文忠公全集》，朋僚函稿，卷 17，第 42 页。

由“劣迹不问可知”[1]的道员衔彭汝琮请办的。李鸿章由于开局心切，又见彭拉上郑观应做会办，终于给予批准。但彭拉郑观应只不过是给人看的，实际上郑根本插不上手，结果郑愤而辞职，一些由郑观应招徕而来的粤籍买办商人也退出织布局，并试图在外国洋行的协助下另组一家纱厂。[2]彭汝琮结果也因为招股无着而被李鸿章斥为“作事虚伪，专意骗人”，且“至穷老而不改”[3]，被迫离局。此后，李鸿章又分别任命吴仲耆、龚寿图、戴景冯、戴恒等主持织布局的筹办事宜，但由于这些人都是官僚或官僚子弟，民间资本根本不信任，招股事宜一直得不到进展。最后，李鸿章不得不同意戴恒请郑观应、经元善入局，由郑观应“总持大纲”，经元善“驻局专办”。[4]这样就形成了戴恒、龚寿图代表官方，而以龚寿图专管官务；郑观应、经元善代表商方，而由郑观应“总办局务，常川驻局”[5]，专管商务的官商并恃，但实权操于商方的格局。改组后的招商局制定了新的《招商集股章程》。《章程》特别强调企业的商办性质，许诺公举董事，凡大事都与董事商量。还颁布了“招股启事”，详列入股办法，并列各埠代收股份的绅商住址姓名。[6]《章程》公布不到一个月，报名投资额便达30万两，后又增加到50万两，远远突破了原定计划。[7]但1883年的上海金融风潮使郑观应挪用股本进行股票投机的事情暴露，郑于是私离上海，由经元善主持局务，追缴旧欠，清理股款。1887年，织布局又由官僚龚寿图、龚彝图兄弟接手。龚氏兄弟接手后，就把以前的老股一律打了个七折，限期老股东“每股加价银三十两”，逾期不交，则以“三股折作为一股，换给新股票”[8]，强行侵吞了30%以上的商股。然而，不到两年，龚氏兄弟控制的织布局又发生了亏空，李鸿章派马建忠接办织布局。但马建忠不谙商务，穷于应付。李鸿章不得不于1887年底派杨宗濂、杨宗瀚接替马建忠。杨宗濂身任直隶通永道，是一个官僚，由于在天津商界较有威望，很受李鸿章器重。在杨氏兄弟主持期间，织布局中挤进了不少洋务派官僚（包括李鸿章本人）的私人资本。自此以后，织

---

① 《李文忠公全集》，朋僚函稿，卷16，第3页。

② 《北华捷报》1879年4月4日，第319页。另见汪敬虞：《从上海机器织布局看洋务运动和资本主义发展关系问题》，载《新建设》1963年第8期。汪先生把撤出的资本误以为是跟随彭汝琮出去的。对于分裂出去的资本，上海的一家外国报纸评论道：“在官方和商人的代表之间，已经产生了意见的分歧，这种分歧导致了后者从这个计划中撤退。……事实上，这两个阶级所要求的目的，是很难调和的。”（《字林西报》1879年4月7日，第319页，此处转引自汪敬虞同上文。）这个评论把官商之间的矛盾确定为两个阶级之间的矛盾，是一针见血的。

③ 郑观应：《盛世危言后编》，卷7，第5页。

④ 经元善：《居易初集》，卷2，第36页。

⑤ 郑观应：《盛世危言后编》，卷7，第6页。

⑥ 《申报》1880年10月13日第2版、14日第3版、15日第2版。

⑦ 《上海机器织布总局催收后五成股银启》，《申报》1882年5月26日第4版。

⑧ 曾国荃：《曾忠襄公奏议》卷31，第13页。转见张国辉：《洋务运动与中国近代企业》第278页。

布局开始逐渐沦为北洋系官僚的私产。特别是在1890年前后，北洋系官僚公然投资，“织布局商办的性质减少而洋务派官僚集团私产的性质愈来愈强了”[1]。李鸿章并且“拔借绥巩局银十余万两，以资营运”[2]，官款也挤了进来，机器织布局向官僚垄断资本迅速转化。李鸿章启用杨宗濂，目的是为了直接掌握织布局的管理权，而“不再假手买办出身的人”[3]，但杨宗濂深知企业商办的意义。1893年7月，杨宗瀚向李鸿章禀请增设商办纱厂，“与布局外合内分”。他在招股章程中写道：“此局全系商人股本，不领公款，不请委员，但责成商股之中廉干谨饬者总理厂务。”8月，他得到李鸿章的批准，在上海挂起了“同孚吉机器纺纱厂”的招牌，并把股本扩大为60万两，公开招集股份。[4]杨氏兄弟虽然是被李鸿章作为洋务派官僚直接控制织布局的代表派来的，但由于他们能够坚持商办的原则，加之洋纱洋布的冲击已经使国内形成了一定的消费市场，织布局在1890年开工以后，经营比较顺利，利润也颇丰。直到1893年织布局被焚，华盛织布总局成立，总局为盛宣怀所一手掌握，织布局为洋务官僚所牢牢控制。

从轮船招商局和机器织布局的情况中可以看出，在官督商办企业中，官与商始终是处在相互矛盾、相互冲突中的两个方面。但是，显然，官方掌握着大权，是矛盾的主要方面。作为矛盾主要方面的官方，完全可以不经过斗争就把握企业的主导权，为什么还会容许这种矛盾的存在呢？这里对于洋务官僚来说，存在着一个权利和效益的关系问题。如果企业由官方来经营，就会缺乏效益。相反，如果由商方来经营，虽然有效益，但企业会脱离官方的控制而向独立方向发展，这是为洋务官僚所不允许的。作为洋务企业总头目的李鸿章，不得不在权利与效益之间走钢丝，以图实现清政府搞洋务运动的总目标。这是李鸿章允许官商矛盾存在的根本原因。类似的情况在其它官督商办企业中也不同形式的存在着。例如开平煤矿，在唐廷枢主持局务阶段，由于坚持按“买卖常规”经营企业，企业能够得到较好的发展。唐廷枢死后，李鸿章任命醇亲王奕的侍役张翼主持局务，情况大变。张翼为了摆脱商股的控制，一反历来采用的招商集股的办法，而直接以矿务局财产作抵压，向外国势力乞求贷款，到1900年前，外债在开平矿务局负债总额中约占44%的比重，[5]最终被英国侵略者全部攫取了开平煤矿。

与上述官督商办企业略有不同，电报局中的官商矛盾表现得并不十分明显。其原因可能有以下几个方面。一是电报局筹设之时，正是轮船招商局、开平煤矿

① 邵循正：《洋务运动和资本主义发展关系问题》，载《新建设》1963年3月号。
② 杨寿彬等：《杨藕舫行状》，转见汪敬虞：《从上海机器织布局看洋务运动和资本主义发展的关系问题》。
③ 邵循正，上引文。
④ 《杨宗瀚遗稿》，转见汪敬虞同上文。
⑤ 杨鲁：《开平矿历史及收归国有问题》（1932年）第15页；张国辉：《洋务运动与中国近代企业》第210页。

这些官督商办企业略见成效的时候，这些企业的状况颇有利于新式企业的招股集资活动。电报局的招股工作一开始就非常顺利，其股票在上海市场上不径而走，以致使票面额一百两的股票在市场上居然升水到一百十五两，溢出票面额15%。[1] 二是需求量大、营业额高、利润率高。电报业务适应了当时商业对电讯的需求，津沪线开通以后，又相继敷设了苏浙闽粤线、长江电线、鄂川云贵线和陕甘线，加上“官线”，到1895年前，形成了东北达吉林、黑龙江俄界，西北达甘肃、新疆，东南达闽粤、台湾，西南则达广西、云南，基本上联系了全国各行省和一些主要的商业城市的电讯网。[2] 由于业务量大，企业收入颇丰。企业开办头一年的1882年，年收入为银6.1万余两，五年之后上升为41万余两，1892年达63万余两，到1895年更达115.5万余两。[3] 由于收入高，官商双方都获利甚丰。从官的方面说，按照章程，官款17.8万余两除分期交还现款8万两外，其余以电报局应收官报的电报费陆续划抵，不到三年时间便被全部抵偿。此后官报一直免费，直至1887年才改为半费。[4] 清政府还从电报局榨取了大量的“报效”款。[5] 不仅如此，电报业对官方的意义更在于用于镇压国内人民的起义。如清政府在镇压1904-1905年湘赣农民暴动时，电报业就起了相当大的作用。[6] 从商的方面说，股东除享受10%的官利之外，还可参与股息分配，1883年电报局第一次增资时，旧股每百两连同未付官利股息，换新股票200元，核算股息在30%以上，其后十年每年股息分配大都在7%的水平，这在当时的新式企业中是比较罕见的。[7] 高额的收益缓和了官商之间的矛盾。致使官商矛盾表现得不十分明显的第三个原因，是电报局总办盛宣怀能够坚持商本商办的原则。由盛宣怀起草于1882年颁布的电报局新局章程中这样说道：“倘非官为扶持无以创始，若非商为经营无以持久”。章程承诺企业将长期坚持商本商办原则：“商人出资承办，意在急公。凡属西法创举，必应历年久远，以数十年为通筹，庶可冀后日之益以补今日之绌。现在众商出资报效，自应准其永远承办，推广施行。是商人之利亦国家之福也。”[8] 在实际经营过程中，电报局也是基本坚持了官商两利的原则的。盛宣

① 《申报》1882年5月9日第2版。

② 《洋务运动》第6册，第446页；《北华捷报》1889年8月17日，第202页。

③ 盛宣怀：《愚斋存稿》卷3，第12-19页。

④ 《洋务运动》第6册，第337、389页。

⑤ 清政府对所有效益较好的官督商办企业都要索取“报效”款，电报局也不例外。到1895年，电报局的“报效”款达63万墨西哥银元。（参见朱荫贵：《论晚清新式工业企业对政府的报效》，《中国经济史研究》1997年第4期。）

⑥ 盛宣怀说：“去年（1904-1905年）湘赣会匪起于仓猝，若无萍乡、醴陵电报，搜捕何能如此迅速。凡郡县尽设电报，匪类不能蔓延，功可弭乱，岂仅广收利益哉！”（《洋务运动》第6册，第415页。）

⑦ 见张国辉：《洋务运动与中国近代企业》第248页。

⑧ 《交通史电政编》第1卷，第8-10页。

怀具有长远眼光，知道必先利商，才能招徕商股，才能真正顾及电报局的利益，所以他对商股利益是常有考虑的。如敷设津沪线时，经费由官商各出资 10 万两，而“利息出入全数归商”，商股 10 万两“酎提官利长年一分”，而官本则 10 年之内不提官利，10 年之后才同官本一样起息，息金仍存局作为加添官股，“所有余利作为公积，以备陆续添造，使线愈远而利欲厚”①。夏东元把盛宣怀的这种作法称作“官商两利但以‘利商’为本的原则”②。我们认为电报局与其他官督商办企业的做法确实不一样，确实做到了顾及商利，但不认为这是“以利商为本”。盛宣怀不可能以利商为本，他只不过是想通过“利商”以兴盛洋务企业，以捞取政治资本，提高他自己在清王朝官僚体系中的地位。他“利商”只不过是为了“用商”，最后达到“凌商”。也就是说，其本不在“利商”，而在“凌商”。正如夏东元自己所说的那样，“盛宣怀的问题，不在于他用商本以谋利，而在于他既似商又似官，由似官而为官；用商力以谋官，由倾向于官发展到利用官以凌商”③。既然是为了“凌商”，就不能说是“以利商为本”。盛宣怀的这种作法，虽然不是“以利商为本”，但确实起到了缓和官商矛盾的作用。但是，官商矛盾的缓和只是短时期的。1902 年，清政府决定将效益颇好的电报局收归官办，并委任袁世凯为督办大臣。电报局国有化引起了商股股东们的恐慌，因为无钱可以付给他们。虽然清政府决定：“原有商股不愿领回者，均准照旧合股”④，但他们的股票遭到全部或部分的没收已很难幸免，股东们都纷纷把他们的股票转换到外国人名下，向通商口岸的外国人靠拢。⑤

为什么在盛宣怀主持下的官督商办企业中，能够在一定程度上考虑商股的利益，从而使官商矛盾表现得不是很尖锐呢？这与盛宣怀本人有关。盛宣怀是一个洋务派官僚，他之所以能够考虑商股的利益，完全是从他自己的利益出发的。盛宣怀一生之中都想做大官，但他连举人等级的考试都没有获得通过，这决定了他不可能通过传统途径获得升迁。⑥他只能利用当时清政府试图通过办洋务企业以增强其统治的经济基础、使王朝得以继续生存下去这种大变局，力争在办洋务企业中突出自己的作用，以获得升迁的机会。但是，盛宣怀在洋务派官僚中，最多只能算是一个二流角色，他要办洋务企业，不可能像张之洞那样获得大量的官款，

---

① 同上。

② 夏东元：《洋务运动史》，华东师大出版社，1992 年，第 227 页。

③ 夏东元：《论盛宣怀》，载所著：《晚清洋务运动研究》，四川人民出版社，1985 年，第 221 页。

④ 《北华捷报》1903 年 1 月 21 日，第 123 页，上谕译文。

⑤ 《北华捷报》1903 年 2 月 4 日，第 230 页。

⑥ 盛宣怀自称其一生中有三件憾事：一是未能像父辈们那样中过举人，二是从未当过地方官，三是从未出过国。（盛同颐等：《盛康行述》，载《愚斋存稿》卷首。）声名显赫的盛宣怀把未中过举人及未做过地方官作为一生中三件憾事中的两件，正是因为没有这两件事，使他一生的仕途都受到了很大的影响。

只能募集民间资本。然而，怎样才能募集民间资本呢？盛宣怀深知，不给他们利益，民间资本就不可能聚集到他的周围。他在1899年为京汉铁路筹措资金的计划中曾间接表达了这种意思。他写道：“总公司原以招集商股为归宿，但华商须待工成利见而后来。臣经办轮船、电报，前事不忘。近如昭信股票，以明诏之剀切，官吏之劝谕，所得者自服官之人及官力可及之盐当各商外，商民买票寂手罕闻。尤可与乐成，难与图始之明验。”[①]盛宣怀深切了解商民的性格，所以不得不常考虑商股的利益。但是，盛宣怀并不是商股利益的代表者，他决不会允许商人资本独立发展，而要将其紧紧控制在自己的手中，为他自己的利益服务。如轮船招商局成立之初，他就有揽权的企图，在招商局权力为唐廷枢、徐润所得之后，他一直耿耿于怀，在李鸿章面前“屡以为唐、徐咎”[②]，并愤而求退。但由于李鸿章此时信任唐徐，特别强调招商局若“无雨之〔徐润〕则已倾覆”[③]，并称如果盛宣怀再次求退，“可否听其自去”[④]，盛的图谋才未得逞。后由于徐润投机事发，盛终于挤走了唐徐。盛得总办之位后，把徐润搞得倾家荡产。盛宣怀一方面愿意考虑商股利益，但在为了自己控制企业，达到“凌商”的目的时，又会毫不犹豫地牺牲商股利益。盛宣怀利用权势和各种卑鄙手段套购招商局的股票，到80年代末，盛宣怀个人占有了招商局大约25%的股票，[⑤]基本上控制了轮船招商局。在上海机器织布局规复基础上建立的华盛纺织总厂，在盛宣怀任督办后也迅速地落入了盛的控制之中。上海机器织布局在被焚之前由杨宗濂控制。杨宗濂是盛的赏识者和举荐人，他在主持织布局时就是一方面坚持商办原则（这一点在前文讲述织布局时已有说明），另一方面设法控制织布局的。在杨主持织布局期间，官款及官僚个人投资日渐增多，到1893年10月底，官款存银已达26.5万两，几占织布局资本的三分之一，加上仁济和保险局存款8万两，龚照瑗及杨宗濂之弟杨宗瀚存款，[⑥]织布局已落入杨的控制之中。盛宣怀在督办华盛总厂后，继承了杨的衣钵，并把对企业的控制变由官方控制为由李鸿章盛宣怀集团的控制。在李鸿章的支持下，华盛总厂为盛宣怀的堂弟盛宙怀所一手把持，其他主要的经办人严作霖、杨廷杲、严潆等都是与盛宣怀关系很深的人物。[⑦]盛宣怀正是采取了这种“利商”、“用商”最后达到“凌商”的手段，到80年代末90年代初，控制了轮船招商局、

---

① 《愚斋存稿》第2卷第63页。

② 《李文忠公全集》，朋僚函稿，卷17，第32页。

③ 《李文忠公全集》，朋僚函稿，卷17，第41页。

④ 《李文忠公全集》，朋僚函稿，卷17，第42页。

⑤ 参见汪熙：《论晚清的官督商办》，载《历史学》1979年第1期。

⑥ 《申报》1893年12月21日第2版。

⑦ 盛宣怀曾对其妻说：“华盛归于荔荪（即盛宙怀）一人做主”。参见《盛宣怀未刊信稿》第269页；另见严中平主编：《中国近代经济史：1840-1894》，人民出版社，1989年，第1527页。

华盛纺织总厂和中国电报总局这三个效益最好，也是最主要的官督商办企业（开平煤矿在昏庸官僚张冀主持下被英国侵略者攫取）。甲午战争后，盛宣怀又逐步控制了银行、铁路和煤矿，这样，盛宣怀就成了直接控制轮船、铁路、银行、煤矿、纺织，间接控制着电报电信的大垄断官僚，构筑了他精心设计的官僚垄断王国。与此相应，他的仕途也平步青云。1896、1898 年先后被授予太常寺少卿和大理寺少卿，1900 年被委任为商务大臣会办，1902 年补授工部左侍郎，1908 年补授邮传部右侍郎，1911 年 1 月荣膺邮传部尚书。盛宣怀确实是一个与其他洋务派官僚不同的人物，他能认识到只有通过“利商”、“用商”，最后“凌商”的方法才能兴盛洋务企业，最后达到维护清王朝统治的目的。也正是认识到了这一点，使他在清政府创办民用工业上做出了其他洋务派官僚做不到的“业绩”，从而获得了清政府的赏识，成了清政府中举足轻重的人物。

与官督商办企业不同，清政府的官办企业是试图避免官商矛盾，摆脱商股的牵制而创办的。但是，实际情况证明，纯粹官办企业虽然能够避免官商矛盾，但却不能由此形成官僚垄断资本。

在洋务运动时期，最强烈的坚持官办原则的，是张之洞。在广东筹划、湖北兴办的湖北织布局和汉阳铁厂，是张最早创办的两个官办民用企业。企业筹建之初，就面临着经济形式的选择问题。当时粤督李瀚章和盛宣怀都向张之洞建议招集商股。[①] 盛宣怀建言“先招集商股，不足则官助之”，但为张断然拒绝。[②] 另外经元善也提出“借支官款开办。……苟一、二年大著明效，利息已有把握，然后招商入股”[③]，也被张之洞拒绝。张之洞之所以不肯招集和利用私人资本，就是想避免企业中的官商矛盾。张之洞原本是赞成官督商办的形式的。1885 年他在广东设立矿务局时，便是采用官督商办的。但随着早期官督商办企业中官商矛盾的暴露，张之洞的思想发生了变化，产生了“商股恐不可恃”[④] 的思想。张因此考虑由官办企业，以达到官擅其权的目的。张之洞创办官办企业的经费主要有三个来源：请拨部款、拨借省款和举借粤晋官款[⑤]。经多方努力，自 1889 年至 1895 年，铁厂所筹资本总额达 582.96 万两，其中私人资本仅 10.12 万两，[⑥] 而布局所筹资本达 127.93 万两，全为国家资本。[⑦] 织布、铁厂投产后，因得不到清政府财政的有

① 《张文襄公全集》，电牍，卷 12，第 37 页。
② 《张文襄公全集》，电牍，卷 13，第 5 页。
③ 经元善：《居易初集》，卷 1，第 31-32 页。
④ 《张文襄公全集》，电牍，卷 13，第 16 页。
⑤ 周军：《中国现代化初期国家资本的特点和作用》，《中国经济史研究》1992 年第 3 期。
⑥ 孙毓棠编：《中国近代工业史资料》第一辑，下册，第 887 页。
⑦ 孙毓棠编：《中国近代工业史资料》第一辑，下册，第 887 页。

力支持，生产萎顿，常处于停工待款的境地。如织布局开办后需常年经费 40 万两方能周转，[①] 但开机后手头只有 20 万两，至少需 20 万两补给，虽然将积存质当捐银 8 万两拨充使用，仍不敷尚多。[②] 铁厂虽由户部拨款岁 200 万两，[③] 但创办铁厂光预算就需 246.8 万两，[④] 实用去官款 568.7614 万两，加上“闱饷”13.17 万两、私银 10.12 万两，共用款 582.99 万两。[⑤] 因资本不足，虽装备了两座大炉，但只能先开一炉。后挪用布局和湖北枪炮厂的经费，才开了另一炉。但又因经费不足而不能足购燃煤，到 1894 年 10 月，只好熄火停炼。单靠国家资本是难以支撑庞大的钢铁企业的。无奈，张之洞只得放弃官本官办的主张，引入民间私人资本。1894 年秋，张之洞决定让布局招集商股，用所收资本弥补铁厂经费不足，其具体办法是“将布局成本一百五十万两，拨出五十万两之额，招商入股，每股汉口估平宝银一百两，计五千股，集款五十万两”。[⑥]1894 年张之洞开始创办湖北纺纱、缫丝二局，决定采取官商合办的形式。这样，湖北纺织官局遂演变成官商合办的形式。汉阳铁厂也不得不于 1896 年招商承办，接办人正是当初建议张之洞实行商本商办的盛宣怀。铁厂所耗官本 580 余万两，因商人一时无力筹还，作为国家提供的借贷资本，待铁路公司向铁厂订购钢轨后，按生铁 1 吨抽银一两的办法，由商人陆续归还。[⑦] 盛宣怀接办铁厂后，开始着手募集私人资本，到 1907 年 8 月，共募得私人资本 430 万两左右。[⑧] 这样，铁厂也转变成官督商办企业。事实证明，纯粹的官办企业虽然能够避免官商矛盾，使企业为官所一手控制，但却不能由此形成官僚垄断资本。结果只有引进私人资本，或官商合办，或官督商办。这样，官商矛盾又不可避免地发生了。

在洋务运动期间，官商矛盾不仅存在于洋务企业内部，而且还存在于洋务企业与其他民间私人资本企业之间。这种矛盾的实质或者说产生矛盾的根源，在于清政府压制民间私人企业的产生和发展，试图由洋务派官僚经营的洋务企业垄断近代工业生产，以达到维护清政府的统治的目的；而民间私人资本则受剩余价值规律的驱使，意欲投资于近代工业，二者之间不可避免地要产生矛盾和冲突。

以航运业为例。西方资本主义的入侵严重地打击了传统的沙船业，但清政府

① 孙毓棠编：《中国近代工业史资料》第一辑，下册，第 926 页。
② 孙毓棠编：《中国近代工业史资料》第一辑，下册，第 932 页。
③ 孙毓棠编：《中国近代工业史资料》第一辑，下册，第 839 页。
④ 《张文襄公全集》，公牍，卷 12，第 1-11 页。
⑤ 孙毓棠编：《中国近代工业史资料》第一辑，下册，第 885-887 页。
⑥ 汪敬虞编：《中国近代工业史资料》第二辑，上册，第 573-574 页。
⑦ 《北华捷报》1912 年 4 月 20 日，第 174 页。
⑧ 汪敬虞编：《中国近代工业史资料》第二辑，上册，第 496 页。

在 60 年代初以前既不自己发展轮船业，又限制民间购买轮船，于是出现了大量买办与买办代商人购买或租雇洋船而又诡寄在洋商名下，或直接附股于外国航运公司的现象。1864 年，为了改变华商诡寄洋商而“官司不能过问”这种“漫无稽查，诚恐日久弊生”的现象，清政府接受丁日昌“准中国富绅收买轮船夹板，以裕财源而资调遣”，但“须由内地殷实华商出具连环保结，禀明地方官编立字号，一面由监督府县设法稽查，以期有利无害”[①]的建议。李鸿章称：“我既不能禁华商之勿搭洋轮，又何必禁华商之自购轮船”[②]。在李鸿章的倡议下，总理衙门照会英国公使，提出以后华商购买洋船，“均应由官经理，不得任凭民间私相授受”，但由于不符合外国资本的利益而遭到了拒绝。[③]既允许华商购买轮船，又必须由官衙门进行统制，这是清政府的根本原则。1866 年，在李鸿章的主持下，又搞出一个《华商买用洋商火轮夹板等项船只章程》，强调华商购买洋船后，“不准复用外国旗号”，华商买用洋船的“一切事宜由总理衙门咨行南北通商大臣随时酎拟核定”[④]，但由于当时朝野争议颇大，未予颁布实施。1866 年 7 月，福州船政局正式成立，但初期制造的不是商船，而是兵船，不能用于运输。此时，旧式沙船业已在洋轮的打击下气息奄奄。几经周折后，由李鸿章修订的《华商买用洋商火轮夹板等项船只章程》终于在 1867 年得以公布。曾国藩甚至称：“以后凡有华商造买洋船，或租或雇，无论火轮夹板，装货出进江海各口，悉听自便”，并强调“不绳以章程，亦不强令济运”，“以见官不禁阻之意”[⑤]。但这只是一句空话。如何防止轮船买卖中“自相授受，不肯经官”[⑥]，是《章程》的主要着眼点。其手续的繁苛、交捐纳税的严酷方面，使洋人看了后都认为“一观此次章程，即知贵国有不愿商民用此船只之意”[⑦]。曾国藩在回复总理衙门的咨询时，对“装货出进江海各口”的提法，明白表明“指明准赴外国，并准在中国通商各口往来，不得私赴沿海别口，亦不得任意进泊内地湖河各口”[⑧]。

但是，清政府准许华商购买轮船总比严禁要进步一些。问题在于清政府为什么要准许华商购买洋轮呢？难道是清政府突然认识到准许华商购买洋轮对于发展近代航运业的意义吗？不是的。清政府准许华商购买洋轮，完全出于漕运之虞。当时的实际情况是，“沙船生计日薄”，“用以济运”，只能“敷行一时，非可恃为

① 《海防档》甲，购买船炮（三），第 809 页。
② 《李文忠公全集》，朋僚函稿，卷 12，第 29 页。
③ 《海防档》甲，购买船炮（三），第 809-815 页。
④ 《海防档》甲，购买船炮（三），第 851 页。
⑤ 《海防档》甲，购买船炮（三），第 866、927 页。
⑥ 《海防档》甲，购买船炮（三），第 866 页。
⑦ 《海防档》甲，购买船炮（三），第 891 页。
⑧ 《海防档》甲，购买船炮（三），第 872 页。

久远之图”[①]。于是决定改用轮船。但“若竟雇觅洋船，又恐诸多流弊，且洋人日后必以此船为奇货可居，转恐另生挟制。若尽恃官买，而购价及修费，亦觉为数不赀”,所以只好实行“官商并行”[②],“以商力佐官力之足”[③]。“若准令华商自行购造洋船，则筹费不必尽出于官，而商民既藉有转机，彼族亦不致独专其利，且于漕运大有裨益，较之修整沙船，其功效何啻倍蓰”[④]。但是，重要的是，要防止华商“自相授受，不肯经官”。也即华商不能脱离清政府的统制而自由发展。

但是，即便如此，清政府也只不过在嘴上说说而已，实际当中也仍然是对华商购买轮船百般阻挠。《华商买用洋商火轮夹板等项船只章程》公布以后，便有一些商人提出兴办轮船航运企业的要求，但都遭到清政府的拒绝。1867 年，曾经留学美国、在英商宝顺洋行当过买办、又给曾国藩赴美国购买过机器的候补同知容闳拟定了一个“联设新轮公司章程”，通过曾国藩转给了总理衙门。由于这个章程是模仿西方公司拟定的，总理衙门就怀疑有洋商参与其事，曾国藩竟也附合道“若无此辈,未必能仿照外国公司办法”[⑤]。容闳的计划于是成了泡影。稍后，曾任常镇道的许道身也提出打算招商集资购买轮船，办法是“春夏承运海漕，秋冬揽装客货”。但曾国藩也以“海漕仍须先尽沙船，其次或用轮船，或用夹板”而予拒绝[⑥]。1868 年，又有沙船商人赵立诚禀请用轮船承运海漕，商号吴南记禀请准其购船运漕，也都为曾国藩所阻止。其理由是，“置备海船，究以揽载为第一义，以运漕办公为第二义”，而“该商等所禀，并未言及揽载客货一层，似专靠运漕为生活者”[⑦]。当商人再次禀明只需分运三成时,曾国藩却说:“海运向用沙船装运,久著成效。近来虽因生意冷淡,船只日少,然所存尚有百数号,尽可挑用”,“似尚不虞缺乏”[⑧]。前面还在说“沙船生计日薄”,“用以济运,非可恃为久远之图”,这会儿又说“似尚不虞缺乏”，曾国藩压根儿就不想让华商分运漕米。曾国藩为什么出尔反尔？其心迹仍在于官商纠葛。他说道:“惟制造轮船系当今之急务。……目下中国试造，亦不过先作信船货船，二三年后方能学造兵船。其始官为倡造，其继出示晓谕商民，愿造船者照缴工价，官厂代为钉造，其后众商凑资明置铁厂，

---

① 《海防档》甲，购买船炮（三），第 862 页。

② 《海防档》甲，购买船炮（三），第 862 页。

③ 《海防档》甲，购买船炮（三），第 872 页。

④ 《海防档》甲,购买船炮（三),第 864 页。这里所说的“彼族亦不致独专其利”,或许就是后来办洋务民用企业以“冀稍分洋商之利”的萌芽。

⑤ 《海防档》甲，购买船炮（三），第 876 页。

⑥ 《曾文正公全集》，批牍，卷 6，第 75、79 页。

⑦ 《曾文正公全集》，批牍，卷 6，第 75-76 页。

⑧ 《曾文正公全集》，批牍，卷 6，第 79 页。

十年以后，轮船必可通行于中国”[①]。也就是说，在曾国藩看来，虽然漕运终究要用轮船代替沙船，但只能用官轮代替，而不能由商轮占了官轮之先，眼下官轮还没有造出来，商轮也就别蠢蠢欲动了。按照曾国藩此时的设想，待“官厂”能造出轮船，也即有了官轮之后，商民也可以由“官厂”代为钉造，十年之后，轮船即可通行于中国。曾国藩为了将轮船运输置于清政府的控制之下，竟不惜将轮船航运业的发展推迟十年。据分析，从50年代末到70年代中，中国商人要求投资轮船航运业的事件，先后不下一二十起，投入金额达一百四五十万两，由于清政府的阻挠，不得不托庇于洋商，有的是投资外国的轮船公司或轮船，有的自购轮船委托洋商代理，有的自己组织轮船企业，而雇请一个外国人出名向外国领事注册作洋商。仅有的几起向清政府申请成立轮船公司，但都被清政府所拒绝。[②]

1872年11月，轮船招商局成立，按理应当允许民间轮运企业出现了，但实际上仍然不允许设立民间航运企业，其目的只有一个：维护轮船招商局的垄断地位。1877年，招商局购并旗昌轮船公司，原来附股在旗昌的一部分华商，由于对清政府控制的招商局的不信任，决定另行组建一家公司——宁波轮船公司，但不得不打着美商旗号，在存在了一年后，被迫停闭。[③]1882年，上海著名的进口五金代销商人叶澄衷“禀请置造轮船，另立广运局”，被李鸿章批驳：“不准独树一帜”[④]。有人认为这一条材料“不仅迄今尚未找到其他的印证，而且记载过于简略，难以说明原委”，因而不能用作说明招商局垄断的材料。[⑤]我们想说明的是，这一条材料虽然尚未找到印证材料，但却可以找到叶澄衷两次再度禀请设立轮船公司而遭拒绝的材料。一次是1888年打算接办日益亏蚀的台湾商务局的轮船，被李鸿章和盛宣怀所阻止，[⑥]一次是1890年和其他一些商人呈请设立和兴轮船公司，又被李鸿章阻禁，李鸿章批文说道：“台湾商务局尚不允行，何况他人”[⑦]。这里所说的台湾商务局一事，系指1887年在台湾巡抚刘铭传主持下的商务局试图订购轮船两艘，分别航行于长江和华北口岸，但却受到以航行长江和北方口岸为主的轮船招商局的阻挠。“招商局的保护者们反对这两只船到北方贸易，认为（这是）对招商局商场的侵犯”[⑧]。由于台湾商务局是官督商办企业，其商股中有三分

① 《海防档》甲，购买船炮（三），第867页。

② 樊百川：《中国轮船航运业的兴起》，四川人民出版社，1985年，第205页。

③ 聂宝璋：《中国买办资产阶级的发生》（中国社会科学出版社，1979年，第95页；汪敬虞：《十九世纪外国侵华企业中的华商附股活动》，载《历史研究》1965年第4期。

④ 《交通史航政篇》第1册，第222页。

⑤ 李时岳、胡滨：《从闭关到开放》，人民出版社，1988年，第147-148页。

⑥ 《李文忠公全集》，电稿，卷10，第23页。

⑦ 《李文忠公全集》，电稿，卷12，第22页。

⑧ 《洋务运动》（八），第442页。

之二是盛宣怀认领的，[①]不能象对待民间私人资本那样完全禁阻，而是令其改航香港、汕头、厦门一线，免对招商局构成威胁。[②]应当说，李鸿章对待台湾商务局的态度正好说明了招商局的垄断性，但是，有人认为这条材料并不足以为证，因为“有确凿的材料证明，李鸿章对台湾的航运业是支持的，如1888年曾饬令马建忠提拨轮船招商局资金向台湾商务局主持的轮船公司投资二万两”[③]。我们想指出的是，持这种看法的同志没有注意到台湾商务局是不同于一般民间资本的一个官督商办企业，李鸿章自然不会完全禁阻，但为了维护招商局的垄断而令其在香港、汕头、厦门一线航行，而禁止到长江和华北口岸一带与招商局竞争。当台湾商务局要到华北口岸航行时，李鸿章大怒道：“台湾造船，原为通内地生气，非为同商局争利。今走天津，专为谋利，全失本意”[④]。由于台湾、福建、香港等地货客运输较清淡，加上英商德忌利士公司的竞争，台湾商务局连年亏本，李鸿章接受马建忠的建议，每年由招商局向其补贴一二万两。[⑤]这件事也成了日后李鸿章禁阻其他民间商船的最有力根据：“台湾商务局尚不允行，何况他人！”这是说明招商局垄断的最好材料。叶澄衷在两度遭禁之后，不得已以中外合资的名义，于1889年创办了一个鸿安轮船公司，试图用洋人的名义摆脱李鸿章的阻禁。据考查，鸿安轮船公司的资本名义上是英人三、华商七的比例，但实际上是英商干拿三成利润而未有实际投资。公司完全由叶澄衷、徐子静等华商经营，只是为了免遭李鸿章的禁阻才用三成利润的代价获得使用英商的名义。鸿安公司先附设在和兴洋行之内，1893年独立出来，并开辟出从上海溯江至汉口，沿海北至天津、烟台、牛庄，南至汕头、淡水、基隆等处六条航线，规模之大仅次于太古、怡和和招商局。[⑥]

更有甚者，轮船招商局还伙同外国轮船公司一道，共同禁阻其他华商轮船。招商局不思进取，竟与怡和、太古两家外国轮船公司签定了所谓的“齐价合同”。合同的内容主要有三项：第一，由招商、怡和、太古三公司在各条主要航线上共同议订统一的运价，这种约定的垄断价格大大超出自由市场的价格；第二，当其他公司的轮船参加航行时，招商、怡和、太古就联合起来，“彼此联络跌价以驱逐之”；第三，三公司的水脚收入、货源分配以及轮船吨数和只数，都按一定的

① 《海防档》丁，电线（五），第1605页。
② 《北华捷报》1882年9月23日，第311页。
③ 李时岳、胡滨：《从闭关到开放》第148页。
④ 《李文忠公全集》，电稿，卷10，第23页。
⑤ 《李文忠公全集》，电稿，卷10，第24页。
⑥ 樊百川：《中国轮船航运行业的兴起》第208-210页。

比例加以分配。[①] 三项内容中，前二项是为了排除三公司以外的船只的竞争的，后一项是既得利益在三公司之间分配，以免三公司互相倾轧。有论者为了否认“齐价合同”的垄断性和买办性，称三公司所联合驱趋的是“野鸡船”，而“野鸡船”大多是外国洋行企业的轮船，因而排挤“野鸡船”并不意味着压制民族航运业。[②] “野鸡船”问题是1891年太古的洋大班严吉迪写信给盛宣怀提出来的，他要求“大众设法驱逐走江海的野鸡船，俾我三家可以独占其利”[③]，而招商局与怡和、太古共同排挤华轮的事件在此之前就已经发生了。即使是“野鸡船”，也并不“大多是外国洋行企业的轮船”而大多是托庇于外国洋行的中国轮船。华商轮船托庇于外国洋行，不仅在招商局成立以前就大量存在，招商局成立以后，由于清政府规定“五十年内只准华商附股”[④]，不准成立独立的华轮企业，而华商又因不信任招商局而不愿附股，所以不得不假托洋商名义兴办轮船企业（上述鸿安轮船公司即是一例），甚至还有一些单只轮船。当时的海关报告说：“华商渴望自有轮船，这已是公开的秘密。某些挂外国旗的江海轮船，几乎全系华商所有”[⑤]。上述论者在此处所提诸“野鸡船”均系此类船只。其中的“益利”、“长安”、“德兴”、“金华”、“飞龙”、“飞马”、“飞鲸”正是由叶澄衷等人创办的鸿安轮船公司的船只。[⑥] “象八九十年代挂奥地利和意大利等国旗帜，每年在长江和沿海各口进出四五百只次，登薄吨数达五六十万吨的轮船，实际上全属华商。”[⑦] 这也说明，招商局与怡和、太古之间的“彼此联络跌价以驱逐之”的合约，对于外国轮船来说，是不起作用的。以外国洋行的名义创办的华商轮船企业除上述鸿安公司外，1893年，由太古洋行的买办林毓彦联合林清记等，设立了一个伯昌轮船行号，在汕头与暹罗间航行。[⑧] 在鸿安公司成立时，太古曾“以徐子静、叶澄衷、何丹书等所开和兴公司为词”，李鸿章因此提出“务须会同妥商，设法禁阻”[⑨]，但终因以英商为背景而不能遂。有论者为了否认招商局同怡和、太古的联合垄断，竟引用严中平等编《中国近代经济史统计资料选辑》的统计数据，说1892年中国通商口岸

① 《交通史航政编》第3册，第1063-1064页。

② 夏东元：《洋务运动史》第213-214页。

③ 《盛档·严吉迪致盛宣怀函》1891年9月27日，此处转见汪熙：《论晚清的官督商办》，载阮芳纪等编：《洋务运动史论文选》（人民出版社，1985年）第245页。

④ 麦仲华：《皇朝经世文新编》，卷13，上，第15页。刘坤一在《请将招商局本息作为官股片》中也说道：“外洋轮船，人人可以驾驶，同受商贩之益。今中国轮船，非招商局不可”。（见《刘忠诚公遗集》，奏疏，卷17，第50页。）

⑤ 《海关十年报告》1882-1891年，上海口，第324页。

⑥ 《申报》，1890年5月2日第3版。

⑦ 樊百川：《中国轮船航运业的兴起》第208页。

⑧ 《农工商部统计表》，第一次，第7页。

⑨ 《李文忠公全集》，电稿，卷12，第22页。

进出口中外轮船总计 28974 只，吨位达 2841 万吨，而三家公司合计不过轮船 77 只，吨数 81780 吨，在其中的比率很小，不足以形成垄断。[①] 这位论者没有看清，28974 只、2841 万吨是指 1892 年各通商口岸进出中外轮船只次和吨数总和，而不是该年度实际拥有船只数和轮船吨位。[②] 用这两组数字相比，是得不出所要的结论的。

80 年代后，中国航运业中出现了小轮船禁不胜禁的现象，由于小轮船主要用于渡人，最多用于拖货，对招商局不构成威胁，清政府决定予以开禁。张之洞批道：对小轮船，“民情既属乐从，渡夫亦不失业，应如所详，准其照办”[③]，但要征收高额饷银，每条小轮船“每年所缴饷银，动至二三千元”[④]。于是稀疏出现了一些小轮公司，其中略具规模的，属于 1890 年创办的仙潮揭轮船公司，有资本 5 万元，75 吨及 50 吨小轮船各二只。[⑤]

甲午战后，外国轮船公司不仅把长江航行权从宜昌延长到重庆，而且打破了不得驶入长江以外的内河的限制，形成了外国轮船霸占中国航运业的局面。据估计，进出中国通商口岸的各国轮船吨数，1893 年为 28277 千吨，1911 年增至 80190 千吨，其中中国的份额从 1893 年的 20.9% 下降为 1911 年的 15.8%，而外国份额则从 1893 年的 79.1% 上升为 1911 年的 84.2%。外国份额中，其他国家的份额都不多，所占比重主要在英日两国间交替。英国 1893 年占 67.0%，1911 年下降为 43.2%，日本 1893 年只占 1.8%，1911 年增至 23.9%。[⑥] 之所以会出现这种情况，原因当然是多方面的。外国资本势力雄厚，中国资本无论在资金、技术和管理能力方面都比不上外国资本，这是导致外国轮船霸占中国航运业的重要原因。但是，主要原因仍在于清政府昏聩无知，不识百年变局，无决心对抗外国资本，并不顾民族大业，为维护其封建统治而垄断近代工业生产，致使民族工商业发展落后。从航运业来说，如果清政府在 70 年代以后允许华商轮船企业的存在和发展，在有了一定的基础之后，在甲午战后是不至于出现只占百分之十几份额的情况的。日本在明治维新以后所面临的情况应该说与中国差不多，但却能够突破资金、技术和管理能力的限制，发展出独立的民族航运业，并侵入中国航运业，成为仅次于英国的老二。其反差何其大也。这一点连外国人也看得清清楚楚：“中

---

① 丁日初、沈祖炜：《论晚清的国家资本主义》，载《近代中国资产阶级研究》，复旦大学出版社，1986年，第 59 页。

② 见严中平等编：《中国近代经济史统计资料选辑》，科学出版社，1955 年，第 221 页。

③ 《张文襄公全集》，公牍，卷 30，第 32 页。

④ 《关册》1890 年，拱北，第 99 页。

⑤ 《关册》1890 年，汕头，第 93 页；《海关十年报告》1882-1891 年，汕头，第 537 页。

⑥ 樊百川：《中国轮船航运业的兴起》第 392 页，“各国轮船进出中国通商口岸吨数统计表”。

国商人已经发觉，空喊抵制洋人，而把帝国的航运事业完全控制在不负责任者之手，让国家命脉被腐败官僚掌握起来，实际结果只能阻碍他们自己”，“就轮船企业而言，中国的商人久已发觉，（招商局）这个机构根本不属于他们。所谓‘招商局’也者，倒成了他们参与中国江海航运的最大障碍”。[①]

清政府压制民间私人资本、垄断近代工业生产的行为不仅存在于航运业，而且也存在于棉纺织业中。清政府籍以垄断棉纺织工业的企业，是上海机器织布局。上海机器织布局的筹建始于1876年。棉纺织业和轮船航运业一样，在当时是一个非常重要的产业部门，清政府必然要予以垄断，禁止民间企业的产生。但是，棉纺织的情况又有不同于航运业的方面。棉纺织业中私人资本要求设厂的愿望不如航运业强烈。在上海机器织布局开始筹建以前，未曾发生过民间私人资本要求独立设厂而被清政府所阻止的现象。为什么会出现这样的情况？其中的缘由大概是这样：棉纺织业不同于航运业，轮船运输必须在中国本土进行，而棉纺织品却可以在外国制造，然后输入中国。这一差异首先作用于外国资本。外国资本进入中国航运业，必须将轮船航行于中国，一些买办、买办商人或托庇于外国轮船公司的华商会很快从中学会其中的技术，在购得轮船后即可开业，从而要求设立独立的企业（当然都被清政府所禁止）。外国资本进入中国棉纺织业，只要在国外设厂，将制品输入中国，即可获得利润，因而在十九世纪末二十世纪初西方资本主义由自由向垄断过渡、由商品输出向资本输出过渡之前，没有强烈地在中国本土设厂的要求。上海织布局开始筹设之前，外国基本未提出在华设立棉纺织工厂的要求，此后有几起要求，但都被清政府所制止。其中如1881年美国人魏特摩和格兰特计划在上海建立纺纱公司，清政府予以严词，致使“各国商人均极慑服”，“美商更感而生畏，遂帖然不敢复持异论”[②]。又如1882年美国人华地码的设厂计划，也被清政府所阻止。[③]1889年日本人也想在上海开设织布公司，也是“卒不果行”[④]。清政府之所以能在棉纺织业中成功地禁阻外资设厂，并不在于清政府有这个能力，而完全在于此时外国资本尚未有在华设厂的强烈愿望。而之所以尚未有这种强烈愿望，原因在于在外国设厂制造后输入中国也可赚钱。有人估计，在孟买开设纺纱厂，把棉纺运销到中国市场上，可获得13.33%的利润，而在上海开设同样的纱厂，则可得24.44%的利润。[⑤] 在国外设厂，虽然利润低于国内设

---

① 《北华捷报》1879年4月15日，第349-350页。

② 《左文襄公全集》，书牍，卷26，第19页。

③ 丁博敦:《中美关系:杨约翰与通商港埠之制造权益，1882-1883》，此处转见杜恂诚:《民族资本主义与旧中国政府》，上海社会科学院出版社，1991年，第84页。

④ 《申报》1889年5月15日第2版。

⑤ 严中平:《中国棉纺织史稿》，科学出版社，1955年，第115-116页。

厂，但终究可以有利润。如果象航运业一样，只有到中国本土来才能赚钱，那清政府就绝无可能阻止。由于没有外资企业，对华商不具示范作用，所以华商也就难有独立设厂的要求。尽管如此，还是有两起华商试图与洋商联合设厂的举动。如1858年华商席长卿试图与美商联合设厂，以后又与法商、英商接洽，但均未成功。[①]1877年大商人胡光墉也曾试图与怡和洋行搞一个所谓“官督商办”的设厂计划，遭到清政府的抵制。[②]上海机器织布局是清政府试图运用国家的力量引进近代纺织技术的产物，这对于民族的工业化本来应是一件好事，但它又试图将近代纺织技术由独家垄断，阻止其他民间企业的产生，好事又变成了坏事。而所谓的“专利权”就是清政府垄断近代纺织技术的主要手段。

对于“专利权”是否表明上海机器织布局具有垄断权，不少人提出了不同的意见。但我们认为它的垄断性是明白无误的。“专利权”问题最初是由郑观应提出的。郑在筹设织布局的初期就提出专利权的要求。他在给李鸿章的呈文中说：“查西人每立一法，必筹之数年，故能处处脚踏实地。……迨至事功成就，又必使其专利者数年。……嗣后上海一隅，无论何人，有志织务者，只准附入本局合办，不准另立一局显分畛域，则成本愈厚，利效可久，而风气开矣”[③]。此后，郑观应又禀请李鸿章：“请准给年限以防外人争利也。职道等奉饬筹议之初，曾禀请上海一隅只准他人附股，不准另设。仰蒙批允。惟洋人如欲纺造，尚未有阻之之说。查泰西通例，凡新创一业为本国所未有者，例得畀以若干年限，许以专利之权。又如在外国学得制造秘法，其后归国仿行，亦合始创独造之例。兹虽购买机器，似类创法，然华花质粗纱短，不耐机梭，中外久苦其难，今试验改造，实已几费心力，前此并未有成事之人，则卑局已合创造之例。应请宪恩酎给十五年或十年之限，饬行通商各口，无论华人、洋人均不得于限内另自纺织，卑局数年来苦心巨赀，不致徒为他人争衡，则利效未敢预期，而后患庶几可免矣。”[④]从郑观应的这两段话看来，他一开始就在谋求织布局的垄断权，并且用曲解西方专利法的形式谋求垄断权。西方的专利权，系针对某项发明而言。纺织技术虽然也算是一项技术，但早已不是什么秘密，早已不符专利条件了。郑观应把发明的专利权引用到纺织技术，本已误解，而他又把从外国学得技术、归国仿行也当做发明，认为“合始创独造之例”，且又把购用机器与学得技术作等量观，是误之又误。郑观应把购用机器等同于技术发明，理由是“华花质粗纱短，不耐机梭，中外久苦其难，

① 《访求机器织布局说》，《新报》1878年8月6日第5页。

② 参见杜恂诚：《民族资本主义与旧中国政府》第84页。

③ 《洋务运动》（七），第482-483页。

④ 《洋务运动》（七），第484-485页。

今试验改造，实已几费心力，前此并未有成事之人”，认为“卑局已合创造之例”。这里具体指的是这样一件事。郑观应在筹设织布局的过程中，聘请美国的纺织工程师丹科到上海实地考察。这位工程师到上海后看到中国棉花纤维较短，耽心与外国的纺织机器不合，于是郑观应就派翻译携十担棉花同丹科一同到美国去试验，结果证实完全没有问题，所织出的布与洋棉织出的一模一样。[①] 如果结果证明华棉与外国机器确实不合，而郑观应又通过对外国纺纱机进行了难度较大的改造，使其符合于华棉，那么尚可以享受专利，实验证明二者是符合的，怎么能称是“试验改造”呢？怎么能够享受专利权呢？郑观应完全是在为获得垄断寻找借口。应当说，追求垄断，通过垄断追求超额剩余价值是一切资本家的天性，即使是现代资本主义社会的资本家也有这种天性。但是，垄断会导致竞争的消失，最后阻碍工业的发展。正因为如此，资本主义国家政权也要采取种种办法阻止垄断的产生。郑观应作为一个正在向民族资本家转化的买办，必然也带有这种天性。郑观应在此所追求的垄断，应当说是一种资本家天性的垄断。但是，清政府却不仅没有阻止这种垄断，反而继续把它变为封建的国家垄断。郑观应在第一次禀请中，只要求在上海一隅，不准另行设局，只准附局合办，在第二次禀请中，要求通商各口均不得另行设厂，而李鸿章竟据以奏请“酎定十年内只准华商附股搭办，不准另行设局”[②]，把垄断的范围扩大到了全国。

有人不同意将“十年专利”视为织布局的垄断，理由一是郑观应要求专利意在防止“显分畛域”以使“成本愈厚”，着眼点在于厚集股金，使织布局利可持久；二是专利主要是针对外国资本“以防外人争利”的。[③] 关于第一条理由，我们已经讲明，通过不正常的手段压制别人而取得垄断权，即使在近代资本主义社会也是被禁止的。清政府扶持织布局，只能通过财政补贴和减少利税等经济手段，若用国家政权的力量禁止别人设厂，就是一种封建垄断，是阻碍民族工业的发展的。关于第二条理由，我们想要强调的是，郑观应在禀文中明确表明其专利权主要是对华商的。郑观应在第一次禀文中没有明确说明专利权是针对洋商还是华商的。但在第二次禀文中则明确强调：“惟洋人如欲仿照，尚未有阻之之说”，这说明专利权主要是针对华商的，洋商是在后来补充进去的，怎么能够得出专利权主要是针对洋商，而对华商则起保护作用的结论的呢？

有论者不同意把专利权作为垄断性的标志，提出同时期清政府也给了几家私

---

① 严中平：《中国棉纺织史稿》第 102 页。

② 《李文忠公全集》，奏稿，卷 43，第 43 页。

③ 丁日初、沈祖炜：《论晚清的国家资本主义》，载《近代中国资产阶级研究》第 57 页；夏东元：《洋务运动史》第 392-393 页；夏东元：《郑观应传》，华东师范大学出版社，1981 年，第 287 页。

人资本企业以专利权。这几家私人资本企业分别是天津自来火公司获得在直隶省境内享受制造火柴之专利权十五年，广州宏远堂机器造纸公司获专利十年，重庆聚昌自来火公司获二十五年专利权。[①] 首先需要说明的是，清政府限于其财力和能力，不可能把所有行业都垄断起来，除了轮、棉、矿、电（后来又加上铁路）四业清政府必须由自己垄断之外，对其他行业并不追求完全垄断。但是，即便如此，清政府对其他非重要行业也并非撒手不管，而任由民间资本自由发展。清政府的做法是将专利权授与某一公司或企业，由它进行垄断，清政府则从中获得大量报效。我们分别来看一看上述三家民族资本企业的情况。天津自来火公司，其创办者不是别人，正是脱离上海机器织布局的杨宗濂，[②] 他与洋务官僚集团的关系自然非同一般，他能获得此项所谓"专利"并非异常。公司向清政府交纳了计一万两报效，获得了十五年专利，而且所谓专利，"对外人权利而言只是一纸空文而已，对华人而言也未见得确能保持专利"，"设想将来如果一个英国或德国洋行打算在天津建立火柴厂，谁能来阻止呢"？[③] 重庆聚昌自来火公司享有二十五年制造及出售火柴的专利权。但这家公司与重庆官方的重庆火柴煤油公所有契约关系，即其产品都必须以一定的价格售与火柴公所，"公所在火柴厂与商人之间，好像是个仲介人一样，从付给火柴厂的货款中取费百分之十"[④]。该公司曾向重庆火柴煤油公所控诉一家华商商号擅自在宜昌从怡和洋行及太古洋行的代理人购入火柴约四十箱。[⑤] 李鸿章曾明白讲道："聚昌公司愿图专利，只能不许华人在该处再开，不能禁止洋商贩运贸易"[⑥]。以上两家火柴公司的专利权资料均说明所谓的专利权是针对华商，而不是针对洋商的。钟星溪创办的广州宏远堂机器造纸公司获十年专利，但每年要向政府交一千元，[⑦]1905 年总督岑春煊以官款加添资本，将其收为官商合办。[⑧]

还有论者强调"十年专利期间，缫丝、机器轧花、面粉、火柴、造纸、印刷、采矿、船舶修造和机器制造业，都先后出现了许多企业"，因而否认专利权的垄断性。[⑨] 我们想指出的是，棉纺织业的专利是专门针对棉纺织业的，不能因其他行业产生了许多企业而否认其垄断性。其他行业的垄断各有自己的特点，有些非

---

① 丁日初、沈祖炜：《论晚清的国家资本主义》，《近代中国资产阶级研究》第 58 页。

② 孙毓棠编：《中国近代工业史资料》第一辑，下册，第 988-999 页。

③ 《北华捷报》1891 年 8 月 14 日，第 211 页。

④ 《海关十年报告》1892-1901 年，重庆口，上卷，第 135-136 页。

⑤ 《北华捷报》1893 年 5 月 5 日，第 628 页。

⑥ 《李文忠公全集》，译署函稿，卷 20，第 49 页。

⑦ 《北华捷报》1889 年 5 月 11 日，第 583 页。

⑧ 孙毓棠编：《中国近代工业史资料》第一辑下册，第 1001 页。

⑨ 徐泰来：《也评洋务运动》，载其所著：《洋务运动新论》，湖南人民出版社，1986 年，第 167 页。

重要的行业，甚至不施垄断。即使一些不施垄断的行业，清政府也总是设法阻挠私人资本的发展。以缫丝为例。80 年代初广东南海县一带丝厂被地方官府以未经“禀明立案”为由，将所有丝厂“永远勒停”，要各厂厂主将机器变卖，具结“永不复开”[①]，使得一部分丝厂被迫迁往澳门。山东烟台地区的唯一一家丝厂烟台缫丝局，原来由一批洋行买办经营，当其转入官僚盛宣怀之手以后，所有机器不准民间仿效。[②]从此烟台不再成为新式缫丝工业的基地。

1893 年 10 月，上海机器织布局被大火焚毁。由于布局获利丰厚，清政府决定立即进行规复工作。规复工作从 12 月开始，1894 年 9 月华盛纺织总厂投产。负责规复工作的盛宣怀制定了一个比上海机器织布局时期更为宏大的垄断计划。盛计划在总厂下设十个分厂，计划设纱机 32 万锭、布机 4000 张。这个规模是这样确定的：所拟公所章程时估称 1892 年进口纱包约 2100 万两，所以拟定华盛总分厂共办 38 万锭（后增湖北纺织官局 2 万锭，共 40 万锭），每年可出纱 25 万包，可售得 1500 万两，占进口纱包的 70%。1892 年进口棉布 267 万匹，约售银 667 万两，因而拟办织机 4000 张，每年约可出布 240 万匹，可售银 600 万两，占进口棉布的 90%。[③]华盛总厂成立以后，在上海、宁波、镇江等地先后开设了七家分厂，它们是：裕源纱厂、通久源纱厂、大纯纱厂、裕晋纱厂、同兴纺织厂、集成纱厂、松盛纱厂和肇兴纱厂。[④]加上早已隶属于上海机器织布局的华新纺织新局（后改为华新纱厂），[⑤]共实际建立 8 家分厂。盛宣怀请求获得特权。李鸿章把华盛计划的 38 万个锭子、4000 张机子，加上湖北织布官局的 2 万个锭子、1000 张机子，共 40 万个锭子、5000 张机子，允准今后“无论官办、商办，即以现办纱机 40 万锭子、布机 5000 张为额，10 年之内，不准续添，俾免壅滞”[⑥]。试想，这个规模是根据 1892 年进口纱布量设定的，而且还是留有余地的，今后国内无论是纱还是布的消费量都会增长，怎么会出现“壅滞”呢？李鸿章以“俾免壅滞”为借口“不准续添”，既体现了压制民间私人资本的垄断性，又体现了容认洋纱洋布大量输入的买办性。有人因为华盛各厂及湖北官局的纱锭和布机不满限额，而且到 1907 年全国的纱锭才达到 40 万，布机则仍不满限额，认为这项规定

① 孙毓棠编：《中国近代工业史资料》第一辑下册，第 964 页。

② 转见汪敬虞：《洋务派不能承担发展中国资本主义的历史任务》，《历史研究》1985 年第 4 期。

③ 参见夏东元：《洋务运动史》第 399 页。

④ 严中平主编：《中国近代经济史：1840-1894》，人民出版社，1989 年，第 1527 页。

⑤ 华新纺织新局确为上海机器织布局的一个分厂，由邵循正先生考证确认。（见邵循正：《洋务运动和资本主义发展关系问题》，载《新建设》1963 年 3 月号。）尽管它是自负盈亏的独立纱厂，但必须向上海机器织布局交付垫款，并在名义上作为织布局的分局。（参见严中平主编：《中国近代经济史：1840-1895》第 1443 页。）

⑥ 《李文忠公全集》，奏稿，卷 78，第 11 页。

与其说是限制，不如说是规划。[①] 但如果规划只能由自己来实施，而不让别人染指，这不就是限制吗？这不就是垄断吗？政府的产业垄断政策在煤矿业中同样存在。不过，煤矿业中的垄断也有自己的特点，即“对重要的大矿毫不松手，而对一些不太重要的小矿则准许民间商人私自经营，清政府认为这些小矿交由私人经营，无碍大局”[②]。如开平矿务局在开办时即由李鸿章批准“距唐山十里内不准他人开采”[③]，“不准另立煤矿公司”，而且“土窿采出之煤应尽商局照时价收买，不准先令他商争售”[④]。直至萍乡煤矿，清政府也“援照开平禁止商人别立公司，及多开小窿，招价收买”，要求地方官要对企图别立公司的商人“随时申禁，以重矿务”[⑤]，并规定周围504方里内不准他人开采。[⑥] 直隶临城煤矿规定“凡官矿十里以内，有自行开采者，统归官局督办”[⑦]。安徽池州煤矿“对私人采煤本设有禁例，但本地人民不理睬”，由于“池州人口密集，附近又遭荒歉，官府如果干涉，则可能引起民变；其损失则将更甚于任民间采运”[⑧]，因此禁令也就不解自消。当然，有的官督商办煤矿并无类似规定。如山东峄县煤矿、奉天金州骆马山煤矿就没有类似规定。究其原因，在于这两个煤矿的开采条件极差，私人资本不愿问鼎。如山东峄县煤矿“自元代以来已废弃数百年，井深三四十丈至六十丈，水深且大，若无机器汲水，断无涸日”，“该处煤窿向用牛皮包滑车戽水，马骡拉挽；迨开挖稍深，人力与牲力汲水不及，窿为水淹，无可取煤，便成废弃，无可如何”[⑨]。奉天金州骆马山煤矿“探百数十尺，虽已见墨色板石，而滨海水淹”，不能开井。[⑩]“该处用土法试开，煤窿甚旺，但苦无吸水之法”，最后只好停闭。[⑪] 广西富川县、贺县煤矿也因煤质低劣，过硬，灰多，矿井积水过多等诸多原因而不得不停工。[⑫] 就一些情况来看，清政府对煤质好、容易开采的煤矿，是禁止私人资本开采的，而对那些煤质差或开采条件较差的煤矿，则不施禁阻，甚至还鼓励民间开采。如池州煤矿，“政府允准了另一个当地的资本家徐氏（徐秉诗）开了一个新矿”，“这

① 李时岳、胡滨：《从闭关到开放》第233页。

② 杜恂诚：《民族资本主义与旧中国政府》第85页。

③ 《周止庵先生别传》，1937年，第26页。

④ 《愚斋存稿》，卷2，第16页。

⑤ 全汉升：《汉冶萍公司史略》，香港中文大学，1972年，第296页。

⑥ 《盛档·汉冶萍董事会常会记录》1912年8月1日，此处转见汪熙：《论晚清的官督商办》，载《洋务运动史论文选》第244页。

⑦ 孙毓棠编：《中国近代工业史资料》第一辑下册，第1098页。

⑧ 《关册》1888年，芜湖，下篇，第140页。

⑨ 孙毓棠编：《中国近代工业史资料》第一辑下册，第1090、1091页。

⑩ 《申报》，1883年7月12日第2版。

⑪ 《申报》，1883年10月30日第3版。

⑫ 《北华捷报》1886年3月24日，第314页。

个新矿虽然营业不很成功，但在黄逸辉氏的经理下，现在仍在进行开采”[①]。90年代初，更多的新式企业提高了煤炭的需求量，但近代煤矿业却未能相应发展，出现了供不应求的现象，清政府不得不鼓励私人采煤业的发展。张之洞期望湖北、湖南和四川各省有私人资本投向新式煤矿，“或仍旧窿，或开新山，或合资伙办，或独力采取”，其产品均可由湖广总督“力筹销路”[②]。但是，由于旧有的好矿已被清政府垄断，新的好矿又难以觅寻，这一号召并不曾引起商人的热情。张之洞只好于1891年动用官款，筹办湖北大冶王三石煤矿和江夏马鞍山煤矿。前者经营3年，也因无法排水而停顿，后者虽采出煤，但却不合炼焦之用。[③]看来，中国近代采煤业的停滞，除了清政府的垄断政策以外，采煤技术落后也是一个重要原因。

清政府的产业垄断政策在其他行业也不同形式的存在着。如中国电报局是“独市生意”[④]，其章程规定独占商务电报，凡商人集资增设电线必须置于该局控制之下。[⑤]汉阳铁厂享有独占供应“官办钢铁料件”及芦汉、粤汉路轨特权，[⑥]等等，在此不再一一申论。

...

如上所述，官商矛盾不仅在洋务企业内部存在，而且也在洋务企业外部存在，它是贯穿于整个洋务运动始终的基本矛盾，是洋务运动的基本矛盾。前文的分析表明，产生这一基本矛盾的根本原因，在于清政府在西方资本主义入侵所导致的千年变局中，为维护自己的统治而试图将近代工业生产技术掌握在自己手里，压制和阻止民间私人资本的产生和发展，从而引起了官僚垄断资本和民间私人资本之间的矛盾和冲突。

可是，有论者并不这样看问题。他们认为洋务运动的基本矛盾是生产力与生产关系之间的矛盾。他们说道：“洋务运动的根本矛盾是什么？我们认为，是在外国资本主义入侵和封建经济解体下出现的生产力发展状况同腐朽的封建生产关系之间的矛盾，这个矛盾随着外国先进生产技术的引进而日益加深。其主要表现形式之一，就是洋务派同顽固派之间的斗争。当时，两派围绕是否引进外国先进技术、学习西方科学知识展开的斗争，实际上是促进生产力发展还是阻碍生产力发展的斗争。”并且称洋务派的思想是当时最先进的思想，除此之外，没有“切

① 《海关十年报告》1882-1891年，芜湖，第268页。
② 张之洞：《督楚公牍》（抄本），此处转见严中平主编：《中国近代经济史：1840-1895》第1398页。
③ 严中平主编：《中国近代经济史：1840-1895》第1398页。
④ 《盛世危言后编》，卷12，第4页。
⑤ 《交通史电政篇》第1册，第8-10页。
⑥ 《皇朝经世文新编》卷13，上，第13页；《张文襄公全集》，奏稿，卷28，第4页。

实可行的先进思想”。他们把所谓早期改良派，也即资产阶级改良派的思想归类于洋务派的思想，认为早期改良派与洋务派在诸如设议院等一些不同于其他洋务派的观点，源于他们的出身经历、时代条件等原因，是一个认识过程的问题。他们由此把洋务运动定义为一个“挽救民族危亡与发展资本主义”的运动。①

首先，持这种观点的人混淆了社会基本矛盾和洋务运动基本矛盾的区别。生产力发展状况与腐朽的封建生产关系之间的矛盾是当时的社会基本矛盾。社会的基本矛盾不可能直接映射到一场运动上去。一场运动的基本矛盾是由运动的纲领和路线决定的，而不是由社会基本矛盾本身决定的。如果运动的纲领、路线正确地反映了社会基本矛盾，那么，它将有助于社会基本矛盾的解决；否则，它将产生新的矛盾，从而激化或延误社会基本矛盾的解决。洋务运动的纲领和路线不能正确地反映社会基本矛盾，致使官商矛盾成了贯彻始终的基本矛盾，因而至少延误了社会基本矛盾的解决。恩格斯在论述国家权力对于经济发展的反作用时，将其分为三种情况。恩格斯说道：“国家权力对于经济发展的反作用可能有三种：它可以沿着同一方向起作用，在这种情况下就会发展得比较快；它可以沿着相反方向起作用，在这种情况下它现在在每个大民族中经过一定的时期就要遭到崩溃；或者是它可以阻碍经济发展沿着某些方向走，而推动它沿着另一种方向走，这三种情况归根到底还是归结为前两种情况的一种。但是很明显，在第二和第三种情况下，政治权力能给经济发展造成巨大损害并能引起大量的人力和物力的浪费。”② 洋务运动正是恩格斯所说的第三种情况：它要把近代生产力掌握在清政府手中，让经济发展沿着有利于清政府的反动统治的方向走，起结果必然是延误社会生产力的发展，使经济发展陷于停滞状态。

上述论者有意扩大洋务派和顽固派之间的分歧，模糊洋务派与早期改良派之间的分歧。他们把洋务派与顽固派之间的分歧说成是促进生产力发展还是阻碍生产力发展的分歧，这样，二者之间的分歧就成了纲领性分歧。任何人都不可能否认洋务派和顽固派在维护清王朝的统治这一根本问题上是一致的，所区别的只不过是手段的不同。洋务派主张仿效近代的资本主义生产技术，即用所谓“图强”和“求富”来维护清王朝的统治，但他们并不是要让民间、让整个社会掌握近代的生产技术，而是要把这种生产技术掌握在自己手中。他们认识到，如果让民间社会掌握了这种技术，那么，清王朝统治的崩溃也就为期不远了。这一点，李鸿章看得最为清楚，也是最为着急的。关于近代军事技术，他早就向同治皇帝上奏道：最可怕的是民间习得枪炮技术，如果民间“有不肖之徒，潜师洋法、独出新

① 徐泰来：《洋务运动新论》，湖南人民出版社，1986 年，第 157、172、281、282 页。
② 《马克思恩格斯选集》第 4 卷，人民出版社 1995 年第 2 版，第 701 页。

意，一旦辍耕太息，出其精能，官兵阵陈相因之兵器，孰与御之”？因此，“鸿章所为每念及此，不禁瞿然起立，慨然长叹也”①。关于近代工业技术，他也了解其中的妙处，但就怕被民间习去。他说道：洋机器“妙在借水火之力以省人物之劳费，仍不外乎机括之牵引，轮齿之相推相压，一动而全体俱动，其行象固显然可见，其理与法确然可解。惟见先华洋隔绝，虽中土机巧之士莫由凿空而谈。逮其久，风气渐开，凡人心智慧之同，且将自发其覆，臣料数十年后，中国富农大贾必有仿照洋机器制作以自求利益者，官法无从为之区处”②，真是忧心如焚。所以，他主张“变法图强”，也就是通过所谓“变法”来使清王朝自己掌握近代的军事技术和工业生产技术，阻止民间掌握这些技术。那么，怎样才能使清王朝自己掌握这些技术呢？按照李鸿章的设想，主要要进行下述三个方面的变法，③即：(1)改革军事技术，建立近代海陆军；(2)发展近代民用企业，设厂造耕织机器、开煤铁各矿、兴办轮船铁路，其方法是“一切仿西法行之，或由官筹借资本，或劝远近富商凑股合立公司”④，也就是所谓的“官督商办”；(3)改革科举制度，于考试功令稍加变通，另开洋务进取一格，于沿海省份设立洋学局，学有成效者，授以实缺，与正途出身无异。后一方面的改革主要是为前两方面的改革提供人才。这些内容，完全是为了维护清王朝的统治。当然，李鸿章的变法思想在洋务派中也是比较激进的。在当时，清政府中对于如何在“三千余年一大变局”⑤中维护清王朝的统治，有四种意见。第一种是坚持同治初年的“立国之道，尚礼义不尚权谋；根本之图，在人心不在技艺”传统观念。第二种反对改变旧事物，只主张购械制器，而对于设厂制造耕织机器、开煤铁各矿、兴办轮船电报铁路等发展近代民用企业的做法，则表示坚决反对。礼亲王世铎、王文韶及地方督抚中的多数人都属此类。第三种是既主张购置西方的船炮，也同意有限度地引进西方的近代机器，兴办近代民用企业。刘坤一、李瀚章、李宗羲等人即属此类。第四种在主张引进西方的船炮、机器、近代科学技术的同时，要求对旧的制度（如科举制）进行某些改革，李鸿章、郭嵩焘、丁日昌、沈葆桢四人属于此类。持第一种意见的人可称为“古法”自强，持第二、第三种意见的人可称为“借法”自强，持第四种意见的人可称为“变法”自强。⑥第一种人是顽固派，第二、三、四种人都是洋务派，只不过在深度上有差异。他们的目的都是为了维护清王朝的统治，其分

---

① 《筹办夷务始末》（同治朝），卷 25，第 10 页。
② 《洋务运动》（四），第 14 页。
③ 参见章鸣九：《论李鸿章的变法思想》，载《历史研究》1989 年第 6 期。
④ 《李文忠公全集》，奏稿，卷 34，第 41 页。
⑤ 李鸿章语，见《洋务运动》（五），第 319 页。
⑥ 参见章鸣九：《论李鸿章的变法思想》，《历史研究》1989 年第 6 期。

歧只不过在如何维持之上。也就是说，洋务派与顽固派之间的分歧在于用什么手段来维持清王朝的统治，是尚礼仪、用人心呢，还是不同程度引进西方的近代技术、局部变革一些体制因素。在此，我们看不到是促进生产力的发展还是阻碍生产力的发展的斗争，只有如何维护清王朝的统治的斗争。而这两种斗争的性质显然是完全不同的。否则，怎么可能出现当时清王朝的最高统治者慈禧在洋务派与顽固派在关于同文馆是否招收正途出身学员学习天文算学（1867 年）、关于是否设厂制造船炮机器和筹备海防（1874 年）、关于是否修筑铁路（1880-1889）的三次大论争中，都支持了洋务派的情况呢？正因为二者之间只有手段的区别而没有目的的分歧，慈禧才会支持洋务派。也正因为如此，才有人把慈禧称作洋务派的首领。①

那么，洋务派与早期改良派之间的分歧又是一种什么分歧呢？我首先分析一下二者之间在哪些方面存在着怎样的分歧。

首先，在对待外国资本主义的侵略上，早期改良派主张积极抵制，而主要的抵制手段在商战；洋务派则坚持采取妥协性的“和戎”政策，在对待外国侵略的手段上，则主张以兵战为主。洋务派是在两次鸦片战争失败以后才兴起的，有的甚至亲历了鸦片战争，他们尝够了洋枪洋炮的滋味，所以完全丧失了抵制侵略的决心，妥协和周旋成了他们与侵略者打交道的主调。如曾国藩教导李鸿章说：与洋人交际，“词气宜和婉，意思宜肫诚，切不可露傲骨之象。阁下……尤宜和顺，不可误认简傲为风骨。风骨者，内足自立，外无所求之谓，非傲慢之谓也”②。李鸿章十分理解这一原则，复信道：“自周秦以后驭外难，征战者后必不继，羁縻者事必久长，……吾师弟在位一日，不得不于此致力一日耳”③。当然，洋务派对侵略者的妥协和退让并不是心甘情愿的，从内心来讲他们并非完全不想抵抗。若论及如何抵抗，洋务派倾向于兵战。洋务运动的首要着眼点是加强军事技术，70 年代开始的创办民用工业活动，主要是为军事工业服务的。兴办煤铁矿，是因为“船炮机器之用，非铁不成，非煤不济”，“英国所以雄强西土者，惟借此二端耳。……此等日用必须之物，采炼得法，销路必畅，利源自开，榷其余利，且可养船练兵，于富国强兵之计殊有关系”④。设立轮船、纺织机器各局，是因为“水师与制造相为表里，偏废则不能精”⑤。总之，“商务与船政互为表里，以兵船之力

① 姜铎：《洋务运动总论》，载《学术月刊》1983 年第 1 期；《慈禧与洋务运动》，载《历史研究》1991 年第 4 期。

② 《曾文正公全集》，书札，卷 18，第 20—21 页。

③ 《李文忠公全集》，朋僚函稿，卷 10，第 9 页。

④ 《李文忠公全集》，奏稿，卷 19，第 49 页。

⑤ 《筹办夷务始末》（同治朝），卷 98，第 36 页。

卫商船，必先以商船之税养兵船”[①]。“以商力养兵力”，这就是洋务派关于商力和兵力之关系的方针。直至戊戌变法失败以后，清政府仍在强调：“自强之计首在练兵”，而“练兵必先筹饷”[②]。与洋务派不同，早期改良派主张坚决抵抗外国资本主义的侵略。例如郑观应办洋务主要应是为了御外侮。他把御外侮当做头等大事。他说：“当今之世，与古者情形不同，防外侮更重于防内患”。他主张“远情，师长技，攻其所短，而夺其所恃”[③]。在抵抗侵略的手段上，早期改良派并不排斥洋务派的船炮方案，但主张主要靠商战。这是因为早期改良派认识到，在外国资本主义的侵略中国的两种形式，即军事侵略和经济侵略中，经济侵略比军事侵略更为严重。“各国兼并，各国利己，借商以强国，借兵以卫商，其订盟立约，聘问往来，皆为通商而设。……彼不患我之练兵讲武，特患我之夺其利权，凡致其力于商务者，在所必争。”[④] 郑观应因此提出：“习兵战，不如习商战”[⑤]。主张“练兵将，制船炮，备有形之战，以治其标；讲求泰西士、农、工、商之学，裕无形之战，以固其本”[⑥]。王韬认为“彼所患者不在我之兵力，而在我之商力，盖恐我国以商力与之争衡耳。……窃以为商力兵力妥当兼行而并用也。盖练兵以保商，而国威振，国体之尊，即系于是”。他指出：“英之立国以商为本，以兵为辅，商之所往，兵亦至焉。而兵力之强，全在商力之富，以商力裕兵力，二者并行，而乃无敌于欧洲”[⑦]。薛福成提出“兴贸易藏富于商民则整顿船务为其急政”[⑧]，把练兵的目的指向商务。陈炽指出，自从通商以来，“将利权所在，举而畀诸异国之人，频年海溢川流，岁出金钱万万”。他深感“通商一事，其蠹中国者至深”，提出必须“振兴商务，以与彼争”[⑨]。也就是说，早期维新派主张用商战的方法抵制外国侵略者，其指导思想是“以兵力佐商力”，这与洋务派的“以商力养兵力”形成鲜明的对照。

“以商力养兵力”还是“以兵力佐商力”，乍一看，似乎区别并不大，只不过是以何者为主、何者优先的问题，但细分析起来，其间的差别就大了，甚至可以说是实质性的、体现两条发展道路之争的差别。首先，以商力养兵力，就是把发展民用工业置于发展军事工业的目标之下，而不是把它作为发展民族工商业，确立民族独立的根本方法。加上如洋务派自己也认识到的那样，靠单纯的兵力是无

① 《李文忠公全集》，奏稿，卷 41，第 34 页。
② 《东华续录》，光绪朝，卷 150，荣禄奏；卷 154，戊申谕军机大臣等。
③ 《盛世危言》（五卷本），卷 5，《民团》附论。
④ 《盛世危言后编》，卷 8，第 74 页。
⑤ 《盛世危言》（五卷本），卷 3，第 11 页。
⑥ 《盛世危言》三编，卷 2，第 1 页。
⑦ 《弢园尺牍》，“上丁中丞书”。
⑧ 《筹洋刍议》，卷 1，“船政”。
⑨ 《续富国策》，卷 4，第 2 页。

法抵抗外国资本主义的侵略的，中国只有在半殖民地半封建的泥沼中越陷越深了。相反，以兵力佐商力，就是要把发展民族工商业放在首位，通过建立独立的民族工业体系抵制外国资本主义的侵略，使中国走上独立的民族资本主义道路。其次，以商力养兵力，必然要求把商力的发展严格地限制在养兵力的范围之内，即为了实现用商力养兵力的目标，必然严禁商力扩散于民间社会之中，严禁民间资本的自由发展。相反，以兵力佐商力，则要求把发展商力当做目标，也就必然要求按照经济发展的一般规律出发，发展民间的私人资本主义。早期改良派人物都要求发展民间和私人资本，绝不是偶然的，而是他们的思想体系的必然结果。早期改良派人物在早期大都赞同洋务派的官督商办论，但他们的基点与洋务派迥然不同。早期改良派是在主张发展民间私人这一基础上支持官督商办的，他们希冀通过官督商办，达到国家政权支持民族资本的发展的目的。他们的基点是商办，是发展民间私人资本。如王韬十分赞同仿行西方的公司组织，但在公司应官办还是商办问题，他明确表明“愚见以为官办不如商办”[①]。他认为应许民间自立公司。他这样写道：“若开掘煤铁五金诸矿，皆许民间自立公司，视其所出繁旺与否，计分征抽，而不使官吏得掣其肘。又如制造机器，兴筑铁路，建置大小轮船，其利皆公之于民，要令富民出其资，贫民殚其力，利益溥沾，贤愚同奋。……夫能与民同利者，民必与上同其害，与民共其乐者，民必与上共其忧。”[②]他对官督商办的理解是，“官商相为表里，其名虽归商办，其实则官为之维护保持”[③]，“商出赀而官预其间”，“实以助商而非病商”[④]。马建忠极力主张自由发展民营工商业，反对洋务派压抑和限制民间资本，他对上海机器织布局的十年专利提出了批评。他主张取消对民营事业发展的禁防，他说：“法宜因民之利，大去禁防，使民得自谋其生，自求其利，在上者第为民除害，设法鼓舞，令民踊跃于农桑懋迁而不自知”[⑤]。马建忠主张，发展民族工商业“总以商人纠股，设立公司为本”[⑥]。在论修铁路时，他说：“民资虽竭，独不能纠股而积少成多乎？联官商为一气，天下岂有难成之事”[⑦]，希冀以官助商。薛福成要求实行恤商、励商政策。他指出，西洋“平时谋国精神，专在藏富于商，其爱之也若子，其汲之也若水。盖其绸缪商政，所以体恤而扶殖之者，无微不至”[⑧]。怎样恤商、励商呢？薛福认为最重要的是准许与奖励商民自己筹立

① 《弢园文录》，外编，卷10，第301页。
② 《弢园文录》，外编，卷1，第22页。
③ 《弢园文录》，外编，卷10，第302页。
④ 《弢园文录》，外编，卷10，第304页。
⑤ 《东行续录》，第47-48页。
⑥ 《适可斋纪言》，第8页。
⑦ 《适可斋纪言》，第17页。
⑧ 《庸庵海外文编》，卷3，第7页。

股份公司。他说："西洋诸国，开物成务，往往有萃千万人之力而尚虞其薄且弱者，则合通国之力以为之，于是鸠集公司之一法，官绅商民各随贫富为买股多寡，利害相共，故人无异心，上下相维，故举无败事"[①]。他认为官督商办的作用，在于"官为设法提倡，广招股商，设立公司，优免税厘，俾资鼓励"[②]。郑观应不仅是官督商办的支持者，而且亲身加入了官督商办的事业之中。但是，郑观应参与官督商办企业的经营和管理，并不等于他支持洋务派搞官僚垄断资本。前文中已有所记述，郑观应在官督商办企业的经营权应由官方掌握还是由商方掌握，与洋务派官僚是有分歧的。经营权由商方掌握，官督商办企业实质上是一种民间私人资本，只不过是得到官方的保护而已；相反，若经营权由官方掌握，官督商办企业就是一种官僚资本，只不过是利用了民间资本而已。郑观应要求由商方掌握经营权，实际上是要通过官督商办形式发展民间私人资本。他认为只有发展民间私人资本才能发展民族工商业。他在论述商人兴办船厂时这样说道："诚能去其畏官之隐衷，予以谋生之大道，准由公正精明之商总，精择洋匠，开设船厂，实力监工，彼将视为身心性命之图，制造必精，程功必速，成本必廉，虚费必省"[③]。郑观应在参与官督商办企业的管理中，始终强调坚持维护商股股东的权益，1893年盛宣怀不经股东擅自将招商局款项移作办银行之用，郑观应对此非常不满。他说道：这"虽是挽回利权之策，然擅拨局款兼办银行，不会股东，只求直督批准，于商律不合。盖商律凡公司欲营业，必须开股东会，从多数取决，才可施行。若大权操自直督，无庸商诸股东，日后直督换人，所委总办假公济私者，流弊不堪设想"[④]。1900年以后，开平、电报、招商三局都发生了重大的变更，官权压倒了商权，郑观应本人也蒙受打击，他终于认识到靠官督商办是不能发展民族工商业的，官督商办是侵蚀民间资本、阻碍私人资本发展的虎豹豺狼，发出了"名为保商实剥商，官督商办势如虎"的愤怒吼声。

从如何对待外国资本主义的侵略到如何对待民间私人资本的发展，反映了洋务派与早期改良派之间在相互关联的一系列问题上的严重分歧。不难看出，只有按照早期改良派所主张的那样，以兵力佐商力，坚持发展民族工商业，坚持用国家的力量保护和发展民间私人资本，才能在中国发展社会生产力，使中国走上独立资本主义的发展道路。在这里，我们看到，只有洋务派和早期改良派之间的分歧，才是阻碍社会生产力的发展还是促进社会生产力的发展的分歧，而在洋务派

---

① 《庸庵海外文编》，卷3，第15页。
② 《庸庵海外文编》，卷2，第9页。
③ 《庸庵海外文编》，卷2，第8-9页。
④ 《盛世危言后编》，卷10，第29页。

与顽固派之间，是看不到这种分歧的。洋务派与顽固派之间的分歧是怎样维护清王朝的统治的分歧，即是（由清政府及其官僚们，而不是由整个社会）掌握近代生产力还是固守旧法的分歧。两种分歧的性质是不同的。

洋务派和早期改良派的本质分歧还体现在关于改革政治制度的态度上。至中法战争失败以后，民族危机进一步加重，洋务运动已初显败迹，早期改良派与洋务派之间的分歧进一步加大了。他们感到若不从政治方面进行改革，民族资本主义经济的发展将是不可能的，于是纷纷提出了改革政治制度的要求，其中的重要一项，就是要求学习西方的政治制度，开设议院。而洋务派则没有这方面的要求。洋务派是清王朝政治体制的维护者，他们当中起主导作用的上层人物基本不涉及政治制度的改革，如被认为是洋务派的中坚人物，同时也是上层中最激进的李鸿章，才提出轻微的改革弊政（主要是科举制度）的要求。李鸿章对清朝政治制度的批评主要集中在吏政的腐败上。李鸿章对吏政的抨击主要有三点：[①]一是官多而不办实事；二是从中央到地方各级官吏多是“圆软宽弛一派”[②]，昏聩无能，因循守旧；三是吏胥专权，“天下政权仍在吏”[③]。对于吏政败坏的原因，李鸿章认为关键在于科举制度不能造就有用的人才。他说：科举制度“学非所用，用非所学”，“文武两途，仍舍章句末由进身，人才何以出？”[④]他希望通过改革科举制度，培养有用人才，改善官吏素质入手，解决吏治腐败问题。李鸿章改革弊政的思想是一种最肤浅的认识，根本没有认识到问题出在封建制度本身，完全是从维护清王朝的统治出发的。相反，早期维新派人物则不同程度地认识到封建制度本身的腐败问题，提出了改革封建制度的设想，要求建议院，有的甚至涉及到倡民权的问题。

与李鸿章把弊政的原因归结于吏治的败坏，而吏政的败坏又在于科举不能致人才不同，早期改良派把弊政的原因直接指向封建制度本身。他们认为之所以出现弊政，根本原因在于封建制度本身所固有的君民隔绝、上下不通，而导致君民隔绝、上下不通的直接原因是官僚体制本身的问题，而不是如李鸿章所说是由于科举制度不能为官僚制度提供有用的人才。封建制度本身的问题出在哪里？有两种不同的意见。一种意见认为出在官僚与吏胥，出在官僚与吏胥相勾结，贪赃枉法。这种意见称当时为“吏胥之天下”，说皇帝虽在名义“独断于上”，“实则以天子之尊，下为胥吏役”[⑤]。结果是“政失于上而不知，乱成于下而不悟”[⑥]。这种意见在认识

① 参见章鸣九：《论李鸿章的变法思想》，《历史研究》1989年第6期。

② 《李文忠公全集》，朋僚函稿，卷10，第31页。

③ 《李文忠公全集》，朋僚函稿，卷13，第10页。

④ 《洋务运动》（一），第53页。

⑤ 《邵氏危言》，“穷弊上”。

⑥ 《邵氏危言》，“除忌讳”。

问题上与李鸿章相似，但在解决问题的方法上，要求设议院，与李鸿章迥异，从而使他们与李鸿章划清了界线，而成了早期改良派（见下文）。另一种意见认为问题出在君权本身。如王韬在与欧洲的对比中指出："夫欧洲之邦，土地不如中国，人民不如中国，然能横行于天下者，在乎上下民心，君民共治。我中国人民为四大洲之最，乃独欺藐于强邻悍敌，则由上下之交不通，君民之分不亲，一人秉权于上，而百姓不得参议于下也"①。那么，怎样才能解决问题呢？两种意见都得出了同一结论，即设议院、通民情。但两种意见中的议院也有一定的区别。前一种意见中的议院更加近似于中国传统的"乡举里选"，是把封建官僚机构与西方代议制混合到一起的形式，其思想基础是传统的民本思想，旨在通过所谓的议院达到"去塞求通"②和"民气日舒，君威亦日振"③的目的。后一种意见中的议院则更加近似于西方的议会制度，基本上脱离了民本思想，开始向民权思想迈进。两种意见中，后一种意见更具有近代的意义，更能代表早期改良派的思想，是早期改良派的主导思想。前一种意见虽然仍具有较多的传统因素，但比起洋务派思想已大大前进了一步，已属于早期改良派的思想。

占主导地位的早期改良派思想，已经认识到西方资本主义国家之所以强大，不专在器物，实在于其政治制度，尤在于其议会制度，而中国之所以落后，根源在于君主专制，中国要想自强，必须学习西方的政治制度，尤在于设议院。郑观应说：西方"治乱之源，富强之本，不尽在船坚炮利，而在议院。……育才于学堂，论政于议院，君民共体，上下同心，务实而戒虚，谋定而后动，此其体也。轮船火炮、洋枪水雷，铁路电线，此其用也。中国遗其体而求其用。"④他强调："欲行公法，莫要于张国势；欲张国势，莫要于得民心；欲得民心，莫要于通下情；欲通下情，莫要于设议院。中国……苟欲安内而攘外，君国子民持公法以保太平之局，其必设立议院始矣。"⑤陈炽说："泰西议院之法……合君民为一体，通上下为一心，即孟子所称庶人在官者，英美各邦所以强兵富国、纵横四海之根源也"⑥。薛福成也说道："西洋各邦立国规模以议院最良"⑦。郑观应还强调中国应当急行议院："而犹谓议院不可行哉？而犹谓中国尚不可亟行哉？噫！惧矣！"⑧在早期改良派中，

① 《弢园尺牍》，"与方铭山观察"。

② 《邵氏危言》，"除忌讳"。

③ 陈炽：《庸书》外篇，卷下，"议院"。

④ 《盛世危言》自序。

⑤ 《盛世危言》，"议院上"，《郑观应集》上册，第314页。

⑥ 陈炽：《庸书》内篇，卷上，"乡官"。

⑦ 《出使英法意比四国日记》，光绪十六年七月二十二日。

⑧ 《盛世危言》（五卷本），卷1，《议院》附言，此处转见夏东元：《郑观应思想发展论》，《社会科学战线》1979年第2期，第174页。

甚至还有人把议院与民权联系了起来，接近于近代人权观的境界。如钟天伟在介绍西方国家的情况时说：西方诸邦“君臣之分虽严，而小民皆有自主之权，君者民之所拥戴而非天之所授权，所以代兆民办事而非强以辖我也。生杀予夺皆当惟民是依，而不得自恣其威福，是以亿兆议定律法授君遵办，所以限制君权使之辖于律法也。如有非法自恣者，兆民拒之不得谓之叛逆。”[①] 有人根据他在《综论时势》中提出“通民情、参民政”的原则，而所谓“参民政”就是“民政”的事情由民自己办理，得出结论说钟天伟实际上是接受这种观点的，并说钟天伟已经从民本思想的“治民”向民权思想的“民治”转变。[②] 何启、胡礼垣在 1887 年时就提出了“以庶民之心为心”，“以庶民之事为事”的“公”“平”概念，[③] 之后又提出“开议院以布公平”的主张，指出“天下公器也，国事公事也。公事公同，公事公办，自无不妥，此选议员开议院之谓也。”[④]1898 年后，何启、胡礼垣则直接提出了民权问题，达到维新派的认识。他们提出民权也即民众的权力是天所赋予的，是与生俱来的，是任何人不得剥夺的。他们说道：“权者乃天之所为，非人之所立也。天既赋人以性命，则必畀以顾性质之权；天既备人以百物，则必与以保其身家之权”，“各行其是，是谓自主。自主之权，赋之于天，君相无所加，编氓亦无所损；庸愚非不足，圣智亦非有余。人若非作恶犯科，则此权必无可夺之理”[⑤]。何启、胡礼垣断然否定君权，肯定民权，是当时中国最先进的政治思想之一。

从上述早期改良派的政治制度改革思想来看，他们已经冲破了洋务派的“中体西用”的藩篱，形成了完全不同于洋务派的政治改革思想。有人认为所谓早期改良派实际上不过是洋务政论家，[⑥] 是不妥当的、没有道理的。当然，洋务派中也有人提出过设议院的问题。如两广总督张树声临终前口授遗折，向朝廷陈述设议院的重要性和紧迫性，[⑦] 郭嵩焘提出西方立国，有本有末，“其本在朝廷政教，其末在商贾”，要求学习西方之本，设立议院。[⑧] 这只能说明洋务派中的部分人士在中法战争失败以后，已逐渐脱离洋务派的羁绊，在思想上开始向早期改良派靠拢，而不能因此说“设议院”本身就是洋务派的思想。洋务派的思想基础是“中体西用”，任何脱离这一原则的思想，都不能称作洋务派本身的思想，都是在洋务运动中没

① 钟天伟：《刖足集》，“与程禧之书”。

② 章鸣九：《洋务运动后期进步知识分子的改革思想》，《历史研究》1985 年第 6 期。

③ 何启、胡礼垣：《新政真诠》，《曾论书后》，第 3 页。

④ 何启、胡礼垣：《新政真诠》，《新政论议》，第 10、18 页。

⑤ 何启、胡礼垣：《新政真诠》，《〈劝学篇〉书后》，第 43、59 页。

⑥ 李时岳：《维新思想史上的症结：“议院”和“民权”》，载其所著：《近代史新论》，汕头大学出版社，1993 年，第 160-163 页。

⑦ 《张靖达公奏议》，光绪己亥刻木，卷 8。

⑧ 《郭嵩焘奏稿》第 345 页；《郭嵩焘日记》（三），第 373 页。

有得到实际贯彻的思想。脱离洋务派、在思想上最靠近早期改良派的人物，当属郭嵩焘和崔国因。郭嵩焘不仅在政治上提出设议院的主张，而且在经济上也主张商办原则，提倡发展民族工商业。翰林崔国因于1883年向清廷提出10项自强之道，其中一项为“设议院”，另一项则要求允许商民自设企业。他说：“泰西制造各局，有官设者，有民设者，诚许商民凑合股份自立公司兴造各局，使官局民局彼此相较，制造之事当必蒸蒸日上矣”①。但未被清廷采纳。这些人并未完全脱离洋务派的思想囹圄，因而还不能称作是早期改良派。如郭嵩焘在对外关系上不仅没有摆脱洋务派的羁绊，而且还成了洋务派思想的阐发者，他的“战、守、和具无可言”论，②“办理洋务不越理、势”论，③“至诚待敌国”论，④都是极其反动的洋务思想。

从以上分析来看，洋务派和早期改良派无论在经济思想还是在政治思想上，都存在着实质性的差异。这种差异决不是能够用“认识也有一个过程”⑤来概括的。事实证明，洋务派与早期改良派的分歧是两个正在形成过程中的两个阶级之间的分歧，是关于中国走什么道路的分歧。当然，早期维新派并不是一开始就达到这种认识的。他们主要是在中法战争失败、洋务运动初显败迹之后，才逐渐认识到并扩大了与洋务派的分歧。在此之前，他们并没有认识到洋务派与自己的分歧。二者甚至在“师夷长技”和“变法自强”的共同目标下，一同开展洋务运动。洋务派有赖于早期改良派参与洋务运动，而早期改良派则需要洋务派的扶掖重用。早期改良派大多富有知识但地位较低，洋务派则权重位高。在他们的联合当中，早期改良派处于依附地位。但他们相互视为同道，共同与顽固派进行论战，虽然他们的着眼点不一样。如在铁路大论战中，洋务派与早期改良派都主张修铁路，但洋务派的着眼点是调兵运饷，而早期改良派的着眼点则是利“商政”。中法战争失败以后，特别是80年代后期以后，由于洋务派压制民间私人资本主义的发展导致官商矛盾日趋严重，官权开始凌驾于商权之上，早期改良派才真正看清了洋务派的“中体西用”只不过是为了维护清王朝的统治的本质，认识到靠洋务派是不能发展资本主义民族工商业的。他们转而开始批判洋务派。他们反对官督商办，反对洋务派的产业统制政策，要求发展私人资本主义。他们要求学习西方政治制度，为发展私人资本主义提供政治前提。当然，在洋务运动时期，早期改良派还不能完全脱离洋务派，形成独立的政治派别。直至甲午战争以后，早期改良派才逐渐发展成为维新派，发展成为独立的政治派别，并继续与后期洋务派和清

① 《枭实子存稿》第22-23页。

② 郭嵩焘：《条议海防事宜》，《洋务运动》（一），第144页。

③ 郭嵩焘：《奏疏》卷12，第5页。

④ 郭嵩焘：《奏疏》卷12，第10-11页。

⑤ 徐泰来：《洋务运动新论》第282页。

政府进行两条道路的斗争，直至辛亥革命时期，由他们所领导的民族资产阶级才最终与清政府决裂。

根据上述分析，我们可以得出结论，即早期改良思想并不属于洋务思想的固定内容，而是一种先依附于洋务思想、后又从洋务思想中分裂出来的、正在形成中的民族资产阶级思想，洋务思想并不是当时中国最先进的思想。洋务派的目标不是"挽救民族危亡和发展资本主义"，而是用垄断近代工业生产技术来维护清王朝的统治，只有早期改良派的目标才是挽救民族危亡和发展民族资本主义。但是，决定洋务运动的根本内容和方向的，不是早期改良派，而是洋务派，因此，洋务运动的历史作用不可能是挽救民族危亡和发展资本主义，而只能是维护清王朝的统治。洋务运动不是一场发展资本主义的运动，否则，何以会产生如此尖锐的、贯彻始终的官商矛盾。

有的人提出，洋务运动的历史任务是"缩短中外的差距，引进机器生产，实现由手工制作到机器生产的转变，加速中国资本主义的发生"，并认为洋务派"基本上完成了"这一历史任务。① 有的人还具体列举了七项洋务运动的"成绩"，其中最重要的有三项，即（一）开创和兴办了军民用近代资本主义性质的企业；（二）逐步改变了中国交通运输和通讯的陈旧状况；（三）传播了科学技术知识，造就和培养了一批科学技术人员和工人。② 如果撇开其他不论，只从器物上来看，洋务派的这些"成绩"确实是"事实俱在，无庸赘言"③ 的。而且，洋务派经营的民用企业自不必说，就是其军工企业，价值规律也在其中发挥一定的作用，具有相当程度的资本主义性质。④ 但是，我们仍然认为不能据此得出洋务运动的历史任务是促进资本主义的发展的结论。为什么呢？这里涉及到资本主义发生期官僚垄断资本主义与民间自由资本主义的斗争问题。

资本主义并不是一个单纯划一的东西，它有各种不同的类型划分。在资本主义形成期就存在的一种划分就是官僚垄断资本主义和民间自由资本主义。这两种类型的资本主义虽然都是以剩余价值生产为基础，但他们贯彻的是不同的原则、指向的是不同的目标。民间自由资本主义贯彻的是自由竞争的原则，其目标是促进资本主义在整个社会的发展，官僚垄断资本主义贯彻的是排斥自由竞争的垄断原则，其目标是阻碍资本主义在全社会的发展。两种类型的资本主义的斗争即使在英法等先进资本主义国家的资本主义发生期也存在过。

---

① 李时岳：《洋务派的历史任务及其他》，载《历史研究》1989 年第 4 期。

② 徐泰来：《洋务运动新论》第 154-155 页。

③ 李时岳：《洋务运动的历史任务及其他》。

④ 夏东元：《论清政府所办近代军用工业的性质》，载其所著：《晚清洋务运动研究》，四川人民出版社，1985 年，第 91-126 页。

我们曾经在分析了西欧原初工业化时期农村工业中的资本主义发展之后指出：为了抑制农村的商品经济和农村资本主义工场手工业的发展，绝对王权曾与城市特权商人相结合，试图将包买商制工业生产形式推及农村各个角落；王权曾与特权商人相结合，共同反对农村的土地贵族，但在农村的原初工业化和自由资本主义发展到危害自己的统治时，又与特权商人相结合，共同抑制农村商品经济和原初工业化的发展。[①] 在这里，我们想指出，封建王权不仅试图通过包买商制工业生产形式抑制原初工业化和农村中自由资本主义的发展，而且还试图通过建立具有封建特权的垄断性手工工场，对抗和阻止固有意义上的资本主义工场手工业的发展。

英、法在其市民革命以前，曾经存在过一个"真正意义上的手工工场时期"[②]。在这一时期，不仅广泛存在着自由资本主义性质的固有意义的手工工场，同时也存在着由王权给予经营特权的特权手工工场。王权设立特权手工工场的目的在于对抗和抵制固有意义的手工工场的发展。英国的伊利莎白时代，法国的路易十四科贝尔时代，都在全国范围内培植过特权手工工场。在法国，在波旁王朝初期就发布过勅令，企图将全国的新兴手工业和商人强行编入行会制度。英国也同样发布过全国范围的行会再编勅令。[③] 在禁止新兴手工业商人自由营业的同时，设立特权手工工场，以对抗自由资本主义的发展。这种特权手工工场有以下诸方面的特权：(1)免税特权，即对工场主给予免除税金和进出口免税的特权；(2)选址特权，工场主可以无视土地所有者的意愿，强行征取有利的地址；(3) 商品生产和流通的垄断权，工场主优先其他所有生产者，垄断性购买原材料，垄断同类产品的销售，在 5-10 里以内或全州内垄断某种商品制造；(4) 金融特权，即绝对王权通过前近代的金融财政统治体系将从农民和小生产者手里榨取来的租税，拨付或低息贷给特权手工工场，给予大规模的金融援助；(5) 审判特权，即给予工场主以审判权和警察权，以对工人进行人身支配，追究逃亡，行施酷刑，进行封建统治；(6)授与称号，对有特殊贡献的工场主授与称号，给予贵族待遇。[④] 绝对王权试图通过包买商制工业生产形式和特权手工工场，抑制自下而上的自由资本主义的发展，将新的生产力掌握在自己手里，以维护绝对王权的统治。但是，由于国内市场的不断扩大，自下而上的资本主义终于冲破了绝对王权的抑制，在市民革命中推翻

① 参见拙著：《中国和日本的早期工业化与国内市场》，北京大学出版社，1999 年，第 125-126 页。关于包买商制工业生产形式的概念和内容，也请参阅该书第一章第二节。

② 马克思：《资本论》第 1 卷，第 406 页。

③ 这类勅令请参阅齐思和、林幼琪选译：《中世纪晚期的西欧》，商务印书馆，1963 年。

④ 中木康夫：《问屋制度与特权手工工场》，载大塚久雄、高桥幸八郎等编著：《西洋经济史讲座》，〔日〕岩波书店，1960 年，第 3 卷，第 199-200 页。

了绝对王权的统治，包买商制工业生产形式和特权手工工场都被解散了，自由资本主义即固有意义上的资本主义工场手工业取得了胜利。市民革命后，英国和法国都很快地进入了工业革命时期。试想，如果没有市民革命打破包买商制工业生产形式和特权手工工场的统治，打倒官僚垄断资本主义，资本主义能在英法获得全面发展吗？能出现后来的工业革命吗？官僚垄断资本主义在形式上酷似资本主义，其实质却是阻碍资本主义的发展的。这一点不仅在先进资本主义国家的资本主义发生期是这样，像中国和日本这样的后发工业化国家也是这样。在后发工业化国家中，民间私人资本主义确实需要国家的扶持和保护，但并不等于应当发展官僚垄断资本主义。官僚垄断资本主义在任何地方都是阻碍资本主义的发展的。

官商矛盾成为洋务运动的基本矛盾，意味官僚垄断资本主义发展道路与民间私人资本主义发展道路之间的斗争，构成了洋务运动时期围绕社会发展方向的国内基本阶级斗争，而以洋务派为核心的官僚阶级则是支配这一斗争的主导方面，是矛盾的主要方面。在英国和法国，这一矛盾是通过市民革命来解决的，市民革命摧毁了绝对王权，摧毁了官僚垄断资本主义，使民间私人资本主义占据了主导地位。在中国，由于缺乏自下而上的发展力量，民间私人资本主义不可能战胜官僚垄断资本主义。在中国，给官僚垄断资本主义以冲击的，不是民间私人资本主义，而是外国资本主义。外国资本主义以武力为背景，冲破官僚垄断资本主义，民间私人资本主义也获得极为狭窄的发展空间，这是甲午战争以后的事情。

官僚垄断资本主义与民间私人资本主义之间的斗争，从现代化角度看，实际上就是官僚垄断资本主义现代化和民族资本主义现代化这两种现代化模式的斗争。斗争的实质是，以民间私人资本为基础的正在形成中的民族资产阶级要走民族资本主义现代化道路，并力图通过官督商办的形式获得国家政权的支持，而清王朝则要走官僚垄断资本主义现代化道路，并力图通过官督商办的形式把民间私人资本纳入官僚垄断资本主义现代化的轨道。在洋务运动以前，双方都没有实现自己的目标。洋务运动时期是中国资本主义的发生期，也是两种现代化模式的滥觞期。甲午战争以后，民间私人资本和清王朝之间关于现代化模式的斗争还在进一步展开，并且扩展到了政治领域。

第三章

甲午战后官僚垄断资本主义现代化模式、民族资本主义现代化模式和资产阶级民主主义现代化模式之间的斗争与辛亥革命的发生

甲午战争失败后，外国资本主义取得了在中国的设厂权，清王朝的产业垄断政策被帝国主义的大炮摧毁，对国内民间私人资本也不得不网开一面，允许其设立独立的近代企业。这样，民族资本主义终于获得了一定的发展空间。但是，这并不意味着清王朝已经开始支持民族资本主义的发展，开始走民族资本主义现代化道路。相反，清王朝仍拒不放弃官僚垄断资本主义现代化道路，时时想把社会经济的发展拉入官僚垄断资本主义的轨道。反映在清政府的经济政策上，就是时而被迫允许民间私人资本主义的发展，时而试图限制民间私人资本主义的发展并发展官僚垄断资本。这一时期官僚垄断资本主义现代化模式与民族资本主义现代化模式之间斗争的特点是，二者的斗争不仅在经济层面继续展开，而且进一步扩展到政治层面，即正在形成中的民族资产阶级不仅要求清政府支持民间私人资本主义的发展，而且进一步要求清政府由封建政权向资本主义政权的转化，要求清政府自身向近代的变革，而清王朝则试图通过向民族资产阶级作一些轻微的政治让步，使民族资产阶级转而支持清王朝的专制统治，把民族资本主义现代化模式纳入官僚垄断资本主义现代化模式。

甲午战后，清政府虽然不得不允许民间私人资本设立独立的近代企业，但并没有真正放弃产业统制政策。其基本趋势是，在洋货和洋商纷涌而至的情况下，在所谓“恤商惠工”政策下不得不向民间私人资本开放一些领域，但一些重要的产业却仍试图予以统制，欲放不放，似放不放，直至 1903 年实行所谓“新政”之后才正式开放，不过到辛亥年前夕又开始收回，并成了民族资产阶级与清政府分道扬镳，走上革命道路的主要原因之一。

清政府在甲午战后允许民间资本设厂是一种迫不得已的措施。战后，洋货进

口的数量和品种急剧增长，据统计，1894 年中国各口岸的外国商行数为 552 家，从 1895 年起大幅增加，1900 年达 1006 家，1910 年更增至 3239 家。[①] 外资既能设厂，洋货又铺天盖地而来。张之洞在陈述当时的危情时说道："近闻通商条目、赔款限制尤甚骇异。各省口岸城邑商业、工艺、轮船处处任意往来，任意制造，一网打尽，工商生路尽矣；倭在华制造土物，一照洋货纳税，各国效尤，如不能拒，厘金亏矣，赔款二万万两，六年付清，又加五厘利息，即借英国洋款转付，分期摊还，每年亦须还本息一千数百万两，各海口洋税空矣；今借款系赫德一手经理，专借英款，将来无论如何搜刮，亦不能还清，英国必索我地方作抵，是又生一患矣。民贫极则生乱，厘款去则无饷，陆师、海军永不能练，中国外无自强之望，内无剿匪之力矣。"[②] 张之洞呼吁清政府赶紧下旨征求补救之策。他自己提出的"补救之策"是"速讲商务"和"讲求工政"。他检讨了以往清政府"但有征商之政，而少护商之法"的错误做法，主张奖励私人投资，提出"凡年集巨资多股设一大公司者，奏请朝廷奖之。"并倡议"于各省设商务局，令就各项商务悉举董事随时会议，专取便商利民之举。"[③] 试图振兴中国工商各业，以抵制洋人的商品输出和资本输出。当时，许多官员都提出了鼓励民间设厂，发展工商实业的建议。他们认为，甲午战败，其重要原因之一乃是因为中国贫弱，而贫弱的原因则是由于工商业不发达。顺天府尹胡燏棻在奏折中强调："筹饷练兵之本原，尤在敦劝工商，广兴学校"，主张开铁路以利传输，铸钞币银币以裕财源，开民厂以造机器，开矿产以资利用。他不再强调要发展官办或官督商办企业，而呼吁发展民间工商实业。他在奏折中明确说道："窃谓中国欲藉官厂制造，虽百年亦终无起色，必须准各省广开民厂，令民间自为讲求。"[④] 监察御史王鹏运针对以前限制民间开矿强调："应请特谕天下，凡有矿之地，一律准民招商集股，呈请开采，地方官认真保护，不得阻扰。俟矿利既丰，然后按十分取一，酌抽税课，一切赢绌，官不与闻。"他认为如果这样，"期以十年，矿利全开，民生自富，而国用犹有不足，国势犹有不强者，未之有也。"[⑤] 刘坤一在奏折中强调商办铁路时明确阐述了官督商办的弊端，他说道："若狃于官督商办之说，无事不由官总其成，官有权，商无权，势必至本集自商、利散于官不止。招股之事叠出，从未取信于人。即招商织布等局，成效可观，究之经理归官，利又无几，于商情终行隔膜。今铁路若归商办，或由

① 《海关十年报告》，附录。
② 《东华续录》，光绪朝，卷 126，第 7 页。
③ 《张文襄公全集》，奏议，第 37 卷，第 29 － 33 页。
④ 沈桐生辑：《光绪政要》卷 21，第 18 页。
⑤ 中国史学会主编：《戊戌变法》（二），第 291 页。

官督，必从招股入手，先声既坏，何术以广招徕。”① 鉴于形势所迫及臣僚的呼吁，清政府终于在 1895 年 7 月下旨恤商惠工。光绪帝在上谕中称：“自来求治之道，必当因时（制宜），况当国事艰难，尤应上下一心，图自强而弭祸患。朕宵旰忧勤，惩前毖后，惟以蠲除积疾，力行实政为先。……如修铁路、铸钞币、造机器、开各矿、折南漕、减兵额、创邮政、练陆军、整海军、立学堂，大约以筹饷练兵为急务，以恤商惠工为本源，此应及时举办。”② “恤商惠工”，这是清王朝从未有过的提法，它意味着清政府将要大力发展工商业，并且鼓励民间私人资本的发展。

那么，清政府实行恤商惠工的政策，是否意味着清政府已经改弦易辙，彻底放弃洋务政策，而走发展民间私人资本主义的道路了呢？看来不是这样的。从所谓的“以筹饷练兵为急务，以恤商惠工为本源”来看，当时的急务仍然是洋务运动时期已经在执行的所谓“筹饷练兵”，而“恤商惠工”只不过是服从于“筹饷练兵”这一根本宗旨的手段而已。“以筹饷练兵为急务，以恤商惠工为本源”与洋务政策相比，既有连续性，也有不同点。连续性在于，它以筹饷练兵为中心，仍然不能超越洋务运动时期所谓的“图强”“求富”的藩篱，最多只不过是“图强”“求富”的变种，它的前提是不改变根本的政治经济制度，也即仍然处在“中体西用”的囹圄之中。所不同的是，在洋务运动时期，无论“图强”还是“求富”，都只限于官办或官督商办企业，而现在则除了官办和官督商办企业之外，还试图依靠纯粹的商办企业。“以筹饷练兵为急务，以恤商惠工为本源”，是对洋务政策的继承和发展，而决不是对洋务政策的抛弃。绝不能把“恤商惠工”从“筹饷练兵”中剥离出来，把它理解为清政府已经改弦易辙，开始走发展民间私人资本主义的道路。清政府没有改变“中体西用”的调子，只不过把“西用”的范围扩大了一点，而“中体”则丝毫没有改变。清政府鼓励民办企业，不过是战后危机、官督商办企业的失败和国家财政短绌等多种因素作用下的迫不得已的办法而已。

“以筹饷练兵为急务，以恤商惠工为本源”只不过是“图强”“求富”政策的延续和发展，可以从盛宣怀的一段话中看出来。盛宣怀是甲午战后清政府实行“恤商惠工”政策的得力干将。是所谓的“后期洋务派”的主要人物之一。他在取得“专折奏事”后的第一个奏折《条陈自强大计折》中这样说道：“泰西诸邦，用举国之才智，以兴农工商之利，即藉举国之商力，以养水陆之兵，保农工之业。盖国非兵不强，必有精兵然后可以征调，则宜练兵；兵非饷曷练，必兴商务然后可以扩利源，则宜理财；兵与才不得其人，虽日言练，日言理，而终无可用之兵，

① 宓汝成编：《中国近代铁路史资料》第 1 册，中华书局 1963 年，第 203 页。

② 《光绪朝东华录》，（四），总第 3631 页。

可恃之财，则宜育才。”[1] 这里，盛宣怀把练兵、理财和育才三者联系起来，但最终又都归于练兵，表明其根本精神仍在于要以此维护和巩固清王朝的统治，而不是为了发展民族工商业，这与洋务政策如出一辙。与洋务政策不同的是，洋务政策是藉官督之下的商力，而这里则强调要“藉举国之商力”。

清政府鼓励民办实业的第一个举措是1896年2月饬令各省设立商务局。从清政府在这件事的拖蹋、推诿和毫不在心上，就可看出清政府所谓“恤商惠工”到底是怎么一回事。清政府于1895年7月下达“以筹饷练兵为急务，以恤商惠工为本源”的上谕之后，御史王鹏运上奏请求讲求商务，提出在沿海各省会各设商务局一所，并建议“局中派提调一员，驻局办事，将该省各项商业，悉令公举董事一人，随时来局，将该省商况利病情形，与提调妥商整顿补救之法，秉督抚而行之，事关重大者，督抚即行具奏。”[2] 清政府谕令军机处将此折交总理衙门议奏。总理衙门于12月奏复，赞成设立商务局，称“该御史请于各省设立商务局，俾得维护华商，渐收利权，诚为当务之急”，但不赞成在局中派设提调，认为“如果派设专员作为提调，以官府之体而亲阛阓之业，终难透辟。不如官为设局，一切乃听商办，以其联情”。总理衙门奏请于省会设立商务局，“由各商公举一殷实稳练素有声望之绅商，派充局董，驻局办事，将该省物产行情，综其损益，逐细讲求。”清政府下旨“如所议行”。[3] 但此后只有在张之洞主持下设立了苏州商务局，在张謇经理下于通海一带设立商务局，在陕西巡抚胡聘之主持下设立陕西商务局，其余大部分省份的官员都没有引起重视，清政府也无其他补充措施。及至一年以后的1898年4月，清政府才又颁布上谕，再次强调：“商务为富强要图，自应及时举办。前经该衙门议请由各省会设立商务局，公举殷实绅商，派充局董，议定章程，但能实力遵行，自必日有起色。即著名督抚率员绅认真讲求，妥速筹办，总期联络商情，上下一气，毋得虚应故事，并将办理情形迅速具奏。”[4] 尽管如此，各省督抚仍持观望、搪塞态度。直至戊戌变法时期，在维新派的鼓噪下，清政府才比较重视起来。1898年7月，康有为上条陈商务折指出：设商务局虽早已奉谕旨施行，“惟各省督抚，多未通时变，久习因循，故奉旨两年，各省未见举办。顷虽再下明诏，疆臣亦惟置若罔闻。”康有为建议“令各省皆设立商务局，皆直隶于总理衙门，由商人公举殷实谙练之才数人办理”，“令其立商学、商报、商会，并仿照日本立劝工场及农务学堂，讲求工艺农学，所有兴办详细章程，令于两月

① 《愚斋存稿》，卷1，第3页。

② 《光绪朝东化录》（四），总第3722 － 3723页。

③ 《光绪朝东化录》（四），总第3723页。

④ 《光绪朝东化录》（四），总第4096页。

内妥议，呈总理衙门，恭递御览”。康有为特别强调：“上海为天下商务总汇，各商专业，若丝茶银钱，皆有公所，常有商董，尤易举办”，应速设商务局。[①] 数日之后，清政府再次就设立商务局颁发上谕，命两江总督刘坤一、湖广总督张之洞“拣派通达商务明白公正之员绅，试办商务局事宜”，要求“先沿江沿海如上海、汉口一带查明各该处所出物产，设厂兴工，……应如何设立商学商报商会各端，暨某省所出之物产，某货所宜之制造，并著饬令切实讲求，务使利源日阔，不令货弃于地，以期逐渐推广，驯致富强”[②]。8 月份，清政府又根据康有为请立农工商总局于京师，立分局于各省的奏议，谕令在京师设立农工商总局，派直隶霸昌道端方、直隶候补道徐建寅、吴懋鼎等督理，“各直省即由该督抚设立分局，遴派通达时务公正廉明之绅士二三员总司其事，所有各局开办日期及派出办理之员，并著先行电奏。”[③] 终于，张之洞于 9 月奏准设立汉口商务局，并拟定了振兴工商的 8 条措施。刘坤一因行动迟缓而受到清政府训斥，随后邀请张謇主持创办上海商务局。创设商务局或农工商局，虽然清政府从甲午战后不久就开始提倡，但大部分商务局或农工商局直到戊戌变法之后的 20 世纪初才开始设立。直到 1904 年，商部的一道奏折还在说明：“现在各省已先后设立商务等局，派员总办诸务。”[④] 有论者将清末商务局、农工商局的作用归纳出 8 条，即发展工商业；联络工商；调查商情；保护工商；奖商恤商；兴商学、通商智；办商报、通商情；立商会、振工商。[⑤] 但这些作用到底发挥得如何，实在令人怀疑，至少至 20 世纪初年以前基本没有发挥作用。

实行“以筹饷练兵为急务，以恤商惠工为本源”的清政府并未要走发展民间私人资本主义道路，把发展民间私人资本作为基本的国策，这一点还可以从甲午战后的铁路政策中看出。修建铁路是清帝“下诏自强”后的首要任务之一。当时，清政府中对如何修建铁路有三种意见，最后同意按照广西臬司胡燏棻的主张商办，即由民间自招股本，自立公司，“而一切窒碍之处，如买地堪界等类，必须官为保护”[⑥]。1895 年 12 月 6 日，清政府颁布上谕，宣布各省富商如有集股千万两以上者，准其设立公司承办卢汉铁路，并强调：“事归商办，一切赢绌官不与闻。如有成效可观，必当加以奖励。”[⑦] 但到 1896 年，清政府又改为借洋款而官督商办。

---

① 《康有为政论集》上，中华书局 1981 年，第 329 页。

② 《光绪朝东化录》（四），总第 4142 页。

③ 《光绪朝东化录》（四），总第 4160 页。

④ 《东方杂志》1903 第 1 卷第 1 期，第 119 页。

⑤ 朱英：《晚清经济政策与改革措施》，华中师范大学出版社 1996 年，第 166 － 171 页。

⑥ 《光绪政要》，卷 21，第 16 页。

⑦ 《清德宗景皇帝实录》卷 378，第 7 页。

关于这一变化的原因，有论者提出是因为华商资金有限，难以承办，借洋债官督商办是迫不得已的办法，而不赞成清政府商办铁路是表面文章的说法，认为是清政府根据当时的实际情况不得不作出的实际调整。[①] 华商为什么不愿意承办？当然事出有因，但主要的原因并不在于资金问题，而在于清政府并未真心让华商承办而有意设阻。何启、胡礼垣曾直接论及这一事情。他们在1898年的《新政始基》中说道："当新政之初，君上方欲溥其利于国中，谓欲与庶人共享，非欲专其利于一己，……是以首愿商民合资创建，广招股份，用集大成。盖既知铁路之利实为国内人民之利，亦知君上之财无以拨为建铁路之财也。是其意本无差忒也。既而言利之臣，利害未明，是非未审，以仇民之计，为误国之谋，以假公之名，为济私之实；民之未敢承办也，则多方招致以遂其求；民之既欲承办也，则故为把持，以居其间。恐铁路之利或致广流于民也，则委曲其言而使之终归于官；惧铁路之财未能遽行攫取也，则矜持其说而使之重贮保项盖济则党臣独遂其私，不济则君上独住其咎也。此商民承办，须先贮户部银一千万两之诏所由降也。此诏既降，中国商民，嗒然气丧，以为今之所谓振作者乃以其诈，非以其诚，今之所欲致富者，乃为私图，非为公利。向以为官民犹有相洽之机，今即铁路而观，则无复望其能相洽矣！"[②] 华商要承办铁路，需先存户部银一千万两。华商资金本有限，还要在户部存银一千万两才准承办，只好望而却步。这才是商民不愿承办的真正原因。

有论者提出："清廷准允铁路商办的上谕发出之后，华商因为资金有限，且当时尚对铁路商办缺乏信心，故相应者为数寥寥，致使铁路商办根本无法进行。与此同时，还出现了不法之徒以华商名义出面为外国侵略者揽办铁路的现象。在这种情况下，清朝统治集团内部借款官办的主张转而占了上风。"从而把结束商办的责任完全推给了华商。[③] 华商为什么对商办铁路缺乏信心？主要在于对清政府缺乏信心。当时确有拥有巨资的华商意欲承请商办铁路，但最终都因对清政府缺乏信任而退却了。如广州两位属于一家实力雄厚的辛迪加的华商曾投标修建京汉铁路。这个辛迪加是由一些加利福尼亚、澳大利亚、新加坡和爪哇的豪富华侨组成的，已在外国银行中存有现款300万两，在中国的三家银行中存有价值200万两的证券。据说这一数目是当时修建这条铁路所需款项的半数。其余半数将在其取得必要的权限后六个月内从国内各条约口岸和省会的绅商以及海外华侨中筹足。但这两位华商花了3万两银子才辗转反撤地把他们的条陈送到目的地，结果

① 朱英：《晚清经济政策与改革措施》，第137页。
② 何启、胡礼垣：《新政真诠》第2编，第13－14页。
③ 朱英：《晚清经济政策与改革措施》，第137页。

不得不退却了。[①] 另华商对清政府竭力筹办的卢汉铁路系主要考虑军事用途而不感兴趣，而愿意承办粤汉铁路。当湘、鄂、粤三省绅商要求批准成立铁路公司，由三省华商集股粤汉铁路时，张之洞以“权可分，利可共，章程不可不贯通，纲领不可不划一”为词加以反对，主张卢汉、粤汉统一办理，集股、借债并举，由官督商办。[②] 这是强行要商民承办卢汉线。又如粤商何献墀谋办两广铁路，也因与清政府着眼于军事用途的铁路计划不符合，被清政府以莫须有的理由拒绝。[③] 这些例子说明，华商虽然资金有限，但建造几条铁路的钱还是可以筹措到的，若清政府主持得力、引导有方，不至于“应者寥寥”。有外国学者估计，甲午战后的近半个世纪，中国的铁路投资每年不过占国民收入的 0.1%，即使不借外债，中国也完全有能力自己修建。[④]

清政府为什么不愿真正的铁路商办？张之洞在 1896 年初奏请苏沪铁路商办官商合办时说的一段话，道出了其中的真情。他说道：“查外洋凡商办铁路，国家必与议定期限，给价收回；亦有年久收回，不复给价者；更有未及期满，即行收回者。盖铁路为全国利权所关，不甘让利于商，更不肯让权于商，非他项公司可比。中外固无二理。现在开办铁路，臣详加筹议，若统归商办，则利权固嫌下移；……若统归官办，则经费较巨，筹款不易”，张之洞主张官商合办。[⑤] 张之洞把国外的一些特殊例子当做一般情况，并加以曲解，一语道破了不愿商办的实质，即“利权不能下移于商”。

1898 年 8 月，清政府在维新派的鼓噪下下令成立京师设立矿务铁路总局，“所有各省开矿筑路一切公司事宜，俱归统辖，以专责成”[⑥]。不久，路矿总局制定了《矿务铁路公共章程》共 23 条。章程的基本精神有两个，一是由清政府主导铁路事项，二是倾向于商办，华商得借洋款，或招洋股，但需将赢余的四成上交给清政府。[⑦] 这个章程虽然提出了将四成赢余上交清政府的苛刻条件，但由于维新派的作用，总算是倾向于商办铁路的。但是，在变法失败后，清政府立刻就改变了态度。同年 12 月 13 日。清政府根据总理衙门的禀请，下达了这样一个饬令。饬令中说道：现各铁路线路均已责成铁路总公司盛宣怀及其他地方官员承办，“此外与各国定有成议，及近干要支地不过百里，款不出百万者不在停办之列外，凡华洋各商请

---

① 《北华捷报》，1896 年 1 月 10 日，第 55 页。

② 《张文襄公全集》，电牍，第 33 卷，第 7 － 8 页。

③ 宓汝成编：《中国近代铁路史资料》第 1 册，第 241 － 246 页。

④ R.W.Huenemann, The Dragon and The Iron Horse:The Economics of Railroads in China, 1867-1937. 此处转见许涤新、吴承明主编：《新民主主义革命时期的中国资本主义》，人民出版社 1993 年，第 825 页。

⑤ 《张文襄公全集》，奏议，第 42 卷，第 23 － 24 页。

⑥ 《清德宗景皇帝实录》卷 421，第 17 页。

⑦ 宓汝成编：《中国近代铁路史资料》第 2 册，第 527 － 529 页。

办各支路，此时概不准行”[1]。自此以后，筑办铁路只有清政府借洋款筑路和列强直接筑路两种形式，华商再也不能染指铁路，除非将资金入股于清政府所办铁路。这种情况，至1903年后才开始改变。

清政府的矿务政策也说明了“以筹饷练兵为急务，以恤商惠工为本源”并不以发展民间私人资本和走私人资本主义道路为目的的。1896年1月，监察御史王鹏运奏请通饬开办矿务，主张允许民间开矿。他在奏折中说道：“中国五金各矿，藏地下者不可胜数，徒以封禁，大利不开。”他呼吁“应请特谕天下，凡有矿之地，一律准民招商集股，呈请开采，地方官吏认真保护，不准阻扰”。“俟矿利既丰，然后数十取一，酌抽税课，一切盈绌，官不与闻。”[2]清政府可能被可抽税课、一切赢绌官不与闻所打动，即著户部、总理衙门议奏。户部、总理衙门会同上奏，认为“既与公帑无亏，尤与国课有益，自应照准”，清政府遂下旨“如所议行”[3]。此后，清政府虽然从名义上不再禁止民间开矿，但在实际执行过程中，总是以种种方式给民间开矿设置障碍，使民间开矿不能顺利进行。清政府的具体做法是，民间资本可以开矿，但往往只能开那些不重要或者矿质较差、开采条件也较为恶劣的矿藏，若能盈利，清政府也可多得一些税课，不能盈利，也不至使官方有所亏损；而那些重要的或矿质较好、开采较易，能获丰厚利润的矿藏，则由官开采，也可官督商办或官商合办；商办矿产发现矿质好、能获丰厚利润的，也要收归官办、官督商办或官商合办。这样，就能保证矿产之利掌握在清政府手中，而不会流于民间。1902年由外务部和路矿总局奏准施行的《筹办矿务章程》就明确规定，任何矿藏，“倘该地关系国家必须开办之故，其地主虽有不从之权，也应听国家之意，由官公平发给地价，任凭开办”[4]。

如江苏金陵等地煤矿，甲午战前就有商人申请开采，清政府都未允许。甲午战后，为贯彻清政府“以恤商惠工为本源”的允许民间开矿以扩利源的政策，两江总督刘坤一和江苏巡抚赵舒翘委派熟悉矿务之员认真勘查，拟定开采办法。刘坤一知道“非广兴矿产不足以资利用”，但“必须先行由官勘验确实，然后再分官商办法”。结果，“查有青龙、石澜两山，验系烟煤，煤质有油，火力也足，堪供轮船、机器厂之用，多资洋产”，“该两处现定酌拨经费，由官开采”，“其余各矿，

① 《戊戌变法档案史料》，第91页。

② 中国史学会编：《戊戌变法》（二），第291页。

③ 《光绪朝东华录》（四），总第3742页。

④ 《矿务档》（一），第88页。这一章程给华商开矿设置了极为复杂的手续，美公使照会称：“查此矿章过于繁难，恐不能鼓励矿商，振兴各矿，中国政府与商民难期获利，直与禁止开矿，所差无几。”（见同上书，第91页。）

或产柴煤，或系铁煤，种数不一，定为商办”[①]。未久，官办两矿支用7万余两资金后，难以为继，改为官督商办。[②]广东曲江东硬岭地方，向产煤斤，曾由冯姓商人等集股挖采，获利甚丰。“旋为官场查知该矿之畅旺，勒令交出，改归官办。”[③]张之洞曾饬堪路人员勘查官办川汉铁路沿线之煤矿，得知沿途煤矿甚多，矿苗丰富，于是“特为奏请该路两旁三十里内之煤矿，统归该铁路采取，他人不得侵越”[④]。江苏上元县佛宁门山产有煤矿，经验较日本二号马崎煤为佳，可用于铸造，两江总督端方即饬由江南财政局筹拨官款兴办煤矿，名曰官办阜宁煤矿，并将与阜宁矿地毗连之商办宝华煤矿并入办理。[⑤]直隶承德府有建平、永平两金矿，由徐润集股开办，前后六七年，用去款项不下六七十万两，至1897年始获余利，每月能得万两。荣禄到北洋任职后，即以该矿获利优饶，于公中用项有裨，将二矿改为官办。[⑥]类似的例子可以说是不胜枚举。

清政府虽然名义上允许民间商人开矿，但实际上在甲午战后从未放弃对矿业的统制，而藉以统制矿业的机构就是各省矿务局或矿务总公司。关于各省矿务局，《大清国矿务章程》是这样规定的：“各省城设立矿务总局一所，例应归该所藩司总办，如因藩司事繁，本省督抚亦可另委本省道员一人驻局，会同办理该局事物。所司系发给堪矿执照，划分矿界，增减矿界，委派稽查矿务委员等事业，并收验图册，随时详由本省督抚核定咨报商部，及章程所载各项矿务均归该总局管理。”[⑦]按照这个规定，各省矿务局应当是一个管理全省矿务的机构，但在实际实施过程中，它却成了一个经营全省矿产的机构，许多省份甚至还在矿务局之下成立了矿务总公司，作为直接经营矿产的机构。如湖南从1895年就开始设立官矿局，并设南路、西路、中路三公司，经营官办、官商合办各矿，商办各矿亦属矿务局管辖，是为官督商办。1900年合并诸公司，成立全省矿务总公司，规定所有湖南全省矿产，皆归总公司经理，以后本省、外省、外埠各绅商，有愿意承办湖南矿产者，只准指一矿作为总公司之分公司，不得另设总公司，一切章程必须遵守总公司所定。[⑧]又如福建矿务总公司于1894年成立后，即行规定：“通省产矿山场，统归总公司主持管理，不准他人包揽。”“遇有堪获佳矿，查系官地，应归公司注册官业；如系民地，即由公司定价收购。”“将来或招商承办，分设公司，或酌派

---

① 汪敬虞编：《中国近代工业史资料》第2辑，上册，第538－539页。
② 《时务日报》1898年5月5日第5版。
③ 《东方杂志》1904年第2卷第9期，第167页。
④ 《时报》1907年9月24日第4版。
⑤ 汪敬虞编：《中国近代工业史资料》第2辑上册，第553页。
⑥ 《时务日报》1898年7月28日第3版。
⑦ 《东方杂志》1906年第4卷第6期，第128－129页。
⑧ 汪敬虞编：《中国近代工业史资料》第2辑上册，第549－550页。

员绅，自筹开采。”“所有本省外省绅商人等，有愿筹集资本请办各路矿务者，只准指定一矿，作为总公司之分公司，按照总公司所定章程，切实遵守；无论何人，盖不准迳自请办，以一事权。”[①] 清政府对于矿权的控制比对路权的控制严格得多。铁路在 1903 年以后还曾有一个短暂的放权阶段，而矿权则实际上始终没有真正放权过。

在航运业方面，清政府也没有放弃控制。甲午战后，清政府虽然逐渐放开对航运业的限制，但针对的只是内河小轮运输业，而对长江和沿海航线及各通商口岸之间的航线则仍然不对华商开放，致使华商只能设立小轮公司，而长江、沿海及各通商口岸航线则为轮船招商局和外国航运公司所垄断。华商自办大中型轮船公司以同中外垄断势力作斗争的活动，直到 20 世纪初才开始，但由于中外势力的压制和破坏，殊难成功，结果只有或者走原来的老路，继续托庇于外国资本之下，或者在中外垄断势力控制力量比较薄弱的地方，获得狭小的发展空间。1905 年以前创办的比较成功的民族资本大中型轮船公司主要有两家。一家由有张謇等人创办的大达轮步公司，1903 年初创时为为小轮公司，次年由张謇、汤寿潜、许鼎霖等一批浙江著名绅商出头，正式组建大达轮步公司。[②] 所用轮船初始只有“大生”一只，到 1907 年又建造了一只 204 吨的“大新”轮船，1908 年再添“大安”（795 吨）、“大和”（549 吨）两轮船，四只轮船共计 1634 吨，是一个略具规模的中型轮船公司。[③] 大达轮步公司是依靠张謇、汤寿潜等上层绅商与清政府的特殊关系才得以创办的。另一家是 1905 年由张本政创办的政记轮船公司。该公司创办时共有五只轮船（含租用日本船只），每只皆在千吨以上，靠悬挂日本旗得以生存。至 1911 年，政记公司除租用日本船只以外，自有轮船 3 只，总吨数达 3328 吨，在当时华商轮船航运业中已算是颇具规模的中型公司了。[④] 从 1906 年起，民族资本创办成功的中型轮船企业才逐渐增多起来，这与全国收回利权运动的高涨有直接关系。从 1901 年到 1911 年的 11 年间，本国资本先后共创办了 46 家大中型轮船企业，但到 1911 年底能够继续经营的，只有 31 家。其中具有民族资本性质的有 28 家中型企业，共有资本约 610 万元，自有轮船 53 只，约计 4 万吨。[⑤] 这是一个十分可怜的数字。因为这还比不上轮船招商局一家企业的吨位数（49536 吨），也不及官僚资本汉冶萍联合企业附设轮船吨数（46000 吨），只略当太古、怡和

① 汪敬虞编：《中国近代工业史资料》第 2 辑上册，第 549 － 550 页。
② 《东华续录》卷 195，第 15 页。
③ 《时报》1918 年 3 月 18 日第 4 版；《交通史航政编》第 2 册，第 534 － 539 页。
④ 《交通史航政编》第 1 册第 321、334 － 335 页，第 2 册第 534、547、554、565 页。
⑤ 樊百川：《中国近代轮船航运业的兴起》，第 419 － 420 页。

公司的一半。[①] 这既是外国资本轮船航运公司压迫的结果，也是清政府不仅不施保护，而且还实行统制政策，限制民族航运业发展的结果。

与清政府对民族资本不鼓励不支持的态度相反，民族资产阶级则热切地期望清政府能够转变态度，支持民族资本的发展。民族资产阶级期望清政府能够实现自身的近代变革，变成一个支持民族资本发展的近代资产阶级国家政权。代表民族资产阶级这一立场的政治派别就是以康有为为首的维新派。与此同时，清政府中以光绪皇帝为核心的开明派帝党也产生了利用维新派进行一些制度上的变革以适应新的历史趋势的愿望。两股潮流一结合，发生了戊戌维新运动。

在戊戌维新期间，康有为和维新派代表民族资产阶级从政治和经济两个方面向清政府提出了要求。政治上的要求是“兴民权”“设议院”和“立宪法”。当然，这种真正的资产阶级的要求，是决不会为光绪皇帝所接受的。但是，这只是民族资产阶级的最高和长远的要求，是“变法之全体”[②]，康有为认为由于“守旧盈朝”和“民智未开”的原因，并不是眼下就可以实行的。[③]眼下所应做的，是“乾纲独断”、“以君权雷厉风行”，也就是在光绪皇帝的主导下进行改革。这就为维新派与光绪皇帝的合作提供了基础。康有为认为，作为“变法之纲领，下手之条理”的，是“开制度局以议新政”，而不是“设议院”和“立宪法”。具体说就是“开制度局于宫中，征天下通才二十人为参与，将一切政事制度重新商定”，并在制度局下设立法、度支、学校、农、工、商等 12 个局，分司其事。[④] 康有为充分考虑了光绪皇帝的立场，向光绪作了充分的让步。康有为之所以这样做，是试图通过维新派人士进入制度局达到逐步改造清政府的目的。[⑤] 但是，军机处和总理衙门抓住制度局成员非民选和无议决权的弱点，建议皇帝从延见的廷臣和翰詹科道各部门中留意选拔人才，以备任使，[⑥] 结果使“制度局一条了矣”[⑦]。对此，光绪皇帝也无可奈何。作为其补充措施，光绪接受康有为的建议，拟开懋勤殿以议制度，但也受到慈禧的严斥。慈禧及后党不仅接受不了维新派的主张，连光绪皇帝的改革也不能接受。光绪皇帝和清政府对于康有为经济上的改革建议除废除厘金一项外，在形式上大都予以接受。如关于振兴农工商业，不仅命各省设立商务局，而且在京师设立了

---

① 《国营招商局七十五周年纪念刊》所载“江海轮数量表”；樊百川：《中国轮船航运业的兴起》第 419、421 － 422 页。

② 《日本变政考》卷 9，“按语”。

③ 《日本变政考》卷 11，“按语”。

④ 《上清帝第六书》，见汤志钧编：《康有为政论集》，中华书局 1981 年，第 214 － 216 页。

⑤ 军机大臣世铎称：“开制度局是废我军机也。”（参见中国史学会编《戊戌变法》（四），第 153 页。）

⑥ 《戊戌变法档案史料》，第 10 页。

⑦ 《康南海自编年谱》，《戊戌变法》（四），第 153 页。

农工商总局；又如关于劝励工艺奖募创新，颁布了《振兴工艺奖给章程》；再如关于开矿筑路，命在京师设立路矿总局，颁布《矿务铁路章程》，鼓励商办铁路，等等。但这些都没有完全按照康有为的原意，因而其效果不能不大打折扣。如设立农工商总局，康有为要求“由商人公举殷实谙练之才数人办理”[①]，而光绪却按照顽固守旧者的举荐，派端方、徐建寅、吴懋鼎主其事，农工商总局于是成了一个清政府的官僚机构。又如《振兴工艺奖给章程》，主要鼓励的是制造船械枪炮，以及开河、筑桥、电线、电话等与军事有关的工业，而对“人生日用之需”则未见真正“振兴庶务”。再如设立路矿总局和鼓励商办铁路，如前所述清政府在《矿务铁路章程》颁布后不久，又颁布了一个饬令，除盛宣怀的铁路总公司以及清政府责令主办的干路之外，“凡华洋各商请办各支路，此时概不准行”。光绪皇帝对于康有为废除严重阻碍民族资本主义发展的厘金制度的要求则干脆予以拒绝。他认为当时的理财之道在于“整顿厘金，严杜中饱”[②]。光绪皇帝之所以没有完全满足康有为的要求，一方面是由于他是一个软弱的皇帝，不得不受到慈禧和后党的制约；另一方面还在于他从根本上来说是一个清王朝的皇帝，他虽然锐意改革，力图使清王朝从当时的危机中解脱出来，并因此与维新派相联合，但他考虑的毕竟是清王朝的利益，而不是民族资本主义的利益，因而必然与康有为的主张相去甚远。然而，就是这点改革也为后党所不容，戊戌维新只一百天就失败了。民族资产阶级第一次促使清政府实行自身的近代变革的尝试就此失败。

“庚子之变”后，清朝统治集团终于认识到“厉行新政”、发展民族工商业的重要性。从 1903 年 4 月起，清政府以设立商部为契机，开始了以“振兴工商”为名的奖励工商实业的政策，民族资本获得了一个前所未有的发展机会。首先，清政府放弃了产业垄断政策，放手让民间资本开采矿产，并向民间资本开放铁路建筑权。清政府还制定了各种经济法规，劝导和奖励民间私人资本兴办工商实业。经济法规大体分为三类：一是保障商人权益的综合性法规，如《商律》；二是行业管理方面的法规，包括经济社团方面的法规；三是奖励和实业教育方面的章程。[③]这些法规保障了商人的合法权益，促进了民族资本的发展。据考察，从 1904 年到 1910 年，总共设立工矿企业 332 家，年均增设 47 家，投资资本 81366 千元，年均投资 11624 千元。[④]此前十分薄弱的民营江海航运业和几近空白的民营铁路业在此一时期也得到一定的发展。从 1903 年到 1910 年设立的华商轮船公

① 《戊戌变法》（二），第 249 页。

② 《戊戌变法》（二），第 39 页。

③ 从 1903 年到 1911 年，清政府共制定各种法规计 60 余部。（参见徐卫国：《论清末新政时期的经济政策》，载《中国经济史研究》1997 年第 3 期。）

④ 汪敬虞编：《中国近代工业史资料》第 2 辑，下册，第 657 页。

司有资本可查的，共25家，资本额达9274千元。[①] 自1903年清政府颁布《铁路简明章程》开放路权后至1910年，全国15个省的绅商共设立18家民营铁路公司。[②] 由于此一时期清政府正处于整顿和缩小国家资本的时期，新设立的工矿企业基本上都是民间私人资本，因而此一时期构成了我国民族工业发展的又一个高潮，[③] 是我国民族资本初步发展的时期。

与清政府经济政策的开放和民族资本的初步发展、民族资产阶级的初步壮大相对应，民族资产阶级第二次争取清政府自身的近代转化的政治活动也随之展开，这就是立宪运动。立宪运动开始于1904年日俄战争之后，其推动者主要是民族资产阶级的上层人士，他们被称之为立宪派。另外，清政府当中的一部分官僚也鼓噪实行立宪。1906年清政府下诏宣布预备立宪。立宪运动是民族资产阶级立宪派和清政府相互作用的结果，不过他们的目的却截然相对。清政府是想以此向民族资产阶级作出一些让步，以拉拢立宪派，孤立革命派，达到防范当时日益高涨的革命运动、巩固其专制政权的目的。而立宪派则试图以此获得一定的参政权，削弱君主专制统治，达到改造清政府，实现清政府自身向资产阶级政权转化的目的。不过，民族资产阶级很快就失望了。1906年的官制改革完全背离了民族资产阶级的要求，立宪派看出清政府的预备立宪只不过是“假立宪名义，阴行专制之实”[④]。立宪派为了迫使清政府实现立宪，先后举行了四次请愿运动，但都归于失败了。

清政府是一个顽固不化的反动政府。它不仅在政治上拒绝变革，在经济上也在实行了一段“新政”之后很快开始逆转。清政府1906年的官制改革中设立了邮传部，管理原商部的轮船、铁路、邮政事务，专门负责三部门的国有化。三部门中，以铁路一项与民族资本的关系最为紧要。其实，清政府所谓的“振兴工商”，只不过是在当时的民族危机和社会舆论的压迫下所采取的迫不得已的举措。在民族资本略有发展之后，他们就不免害怕起来，并开始收缩。以铁路为例，从1906年起，清政府就开始考虑将其收归官办的问题。是年湖南奏请铁路商办，张之洞就说“铁路以运兵马，转饷械，查载客、禁物、书信三端，最为有关国家利害之事”，提出不能任由民间办理，而要实行官督商办。他认为“铁路乃政权

① 许涤新、吴承明主编：《旧民主主义革命时期的中国资本主义》，人民出版社1990年，第674－675页表4－46。

② 宓汝成：《帝国主义与中国铁路》，上海人民出版社1980年，第189－190页。

③ 第一个高潮为1895－1898年，甲午战争的失败震惊了国人，从而兴起了第一个设厂高潮。这一时期四年共设厂80家，年均20家，投资资本17310千元，年均4453千元。此后开始回落。（参见汪敬虞编：《中国近代工业史资料》第2辑，下册，第657页。）

④ 《论今后之朝局》，《时报》1906年12月5日第1版。

所系，故不能永属民间”[①]。岑春宣也说：“铁路关系政权，不能永为商业”[②]。李经迈则强调：“以军事便利而言，全国干路自应统归官办”[③]。张之洞甚至建议清政府“将商办铁路定章三十年后由官收买一半”。他强调“此例似宜早定，悬为明文，免致将来流弊已形，难于挽救”[④]。1911 年清政府与“四国银行团”签订铁路借款协定，将民营铁路收归国有，一般认为是“四国银行团”的胁迫和干预造成的，但清政府对铁路一直心存官办之意，实为其根本的内在动因。

“皇族内阁”的登场和铁路国有化政策的实施，意味着清政府在政治和经济两个方面都拒绝了民族资产阶级的要求，民族资产阶级促使清政府实行自身的近代变革的尝试再一次失败了。资产阶级立宪派不得不与清政府分道扬镳，走上了与资产阶级革命派一道推翻清王朝的反动统治的辛亥革命运动。

与民族资本主义现代化模式在与官僚垄断资本主义现代化模式的交织中努力争取其向自己一方演变不同，由孙中山领导的资产阶级民主主义现代化模式从一开始与官僚垄断资本主义现代化模式相对立，与其进行着不妥协的斗争。孙中山从 1894 年就开始资产阶级民主主义革命活动。但是，由于孙中山没有正确地认识到农民阶级是他的现代化模式的阶级基础，没有积极地去联系和发动农民阶级，而作为其另一阶级基础的资产阶级中下层的力量则过于微弱，因而找不到其阶级力量。孙中山不得不寻找其它的力量。在 1908 年以前，孙中山的革命活动主要依靠会党和绿林，1908 年以后则主要依靠新军。会党不是农民的组织，依靠会党并不等于依靠农民阶级。会党的宗旨一般有两种，一种是反满，一种是相互扶持和周济，而鲜有反对封建土地制度的内容。如天地会，据平山周的《中国秘密社会史》和施格列的《天地会研究》所载三十六誓和二十一则，其内容都是胪列关于洪门兄弟相互扶持周济的条文，所有誓词和会规中没有与封建土地制度下的小农经济有关的，诸如耕田力作、安土重迁等一类词汇也没有体现农民与地主阶级的矛盾，反映农民渴求土地的条文。[⑤]一个土地问题，一个捐税问题，是农民反抗封建统治的两大主要问题。是否涉及这两个问题，是判断一种斗争是不是农民斗争的主要根据。在近代，农民反抗封建统治的斗争具有明确的资产阶级民主革命性质。清末的会党都不涉及这两个问题，所以会党并不是农民用以反抗封建统治的组织，会党的斗争活动不属于固有意义的反抗封建统治的农民斗争。有些

① 《张文襄公全集》，奏议，第 68 卷，第 16、17 页。
② 《清末筹办立宪档案史料》（上），第 16 页。
③ 《清末筹办立宪档案史料》（上），第 17 页。
④ 《张文襄公全集》，奏议，第 68 卷，第 17 页。
⑤ 参见林增平：《会党与辛亥革命》，《文史知识》1984 年第 9 期。

会党有排满宗旨，但单纯的排满也不具有资产阶级民主革命的性质。孙中山与农民的革命斗争在潮惠钦廉起义中曾经有过结合，但孙中山只不过是在这几次起事中借助和利用农民革命斗争的形势，而不是把农民斗争作为他的革命的基本力量。在此后的革命斗争中，这种结合便未能得到继续。

依靠会党，主要是利用会党的反满主义。革命派对会党做了大量的工作，力图将它们的斗争活动引导到资产阶级民主主义革命上来，但实际上效果并不明显。如同盟会成立不久爆发的萍浏醴大起义中的两支队伍各留下一份文告，其中一份明确讲到“勿狃于立宪、专制、共和之成说，但得我汉族为天子，即稍形专制，……尤当仰天三呼万岁，以表困忱爱戴之念”[①]，完全是一种单纯的反满思想。另一份提到要“破除数前年之专制政体”，“建立共和民国”[②]，表明接受了孙中山的民权主义思想，但这个文告是由同盟会的知识分子代为起草的，到底在多大程度上为其所接受，还很难说。革命派曾试图对会党进行改造，但这种改造是很不成功的。会党从革命派那里接受的，主要是单纯的反满思想。自 1908 年以后，革命派开始主要运动新军，虽然并没有放弃运动会党。孙中山及其资产阶级革命派长期脱离农民阶级的情况直到 20 年代以后才开始改变。

不仅如此，在革命派甚至是他们当中的领导层当中，思想也是混乱的，并不是大家都统一在三民主义理论中，按照三民主义理论进行行动的。三民主义是孙中山接受西方的资产阶级民主主义思想和社会主义思想，结合鸦片战争后中国半殖民地半封建的具体情况，经过艰苦的理论思考的产物，是当时中国社会最高深、最先进的思想。正是孙中山创立了完整的理论，确立了一整套关于中国社会的革命和建设的蓝图，才使三民主义成为一种现代化模式，一种与官僚垄断资本主义现代化模式和民族资本主义现代化模式相对应的资产阶级民主主义现代化模式。但是，这种先进而高深的理论不容易为当时的人所完全理解和接受，加上孙中山本人比较注重革命的行动而忽视革命理论的宣传，其三民主义理论并没有为革命派中的所有人，甚至没有为领导层当中的一些人所完整地理解和接受。所以说，“辛亥革命是没有明确的思想准备基础的”[③]。一般来说，接受民族主义思想的人为数

① 《辛亥革命》第 2 册，第 479 页。

② 《辛亥革命》第 2 册，第 477 页。

③ 何香凝回忆说，从《民报》上发表的文章来看，辛亥革命发生之前在同盟会中存在着三种思想：一是推翻清朝的单纯民族主义思想。持这种思想的人对于推翻清朝后中国往何处去，思想上还是完全模糊的，甚至还可以说根本没有接触到这个问题。二是准备在推翻清朝后将中国引上资本主义道路，也就是欧洲或日本式资产阶级民主的道路。代表人物如胡汉民、汪精卫、邹鲁、居正。三是如朱执信、廖仲恺等人，接受了早期社会主义思想，他们宣传“细民”（无产阶级）与“豪富”（资产阶级）的斗争。何香凝指出：“中国究竟往何处？问题是提出来了，也有过争论，可是在那种情况下不可能得到解决，而彼此的见解也极不一致。”因此，辛亥革命可以说是没有统一的思想基础的。（何香凝：《回忆孙中山和廖仲恺》，三联书店 1978 年，第 10 页。）

最多，接受民权主义思想的人次之，能够同时理解和接受包括民生主义的三民主义思想的人极少。比较好地理解和接受三民主义思想的，只有朱执信和廖仲恺等极少数人，即便是胡汉民和汪精卫，对民生主义也是一知半解。章太炎和光复会的一班人只接受民族主义思想。[①] 宋教仁及同盟会中部总会和共进会的一班人也只接受了民权主义思想，而对民生主义则很不热心。黄兴对民生主义也有所保留。不过，有一点是大家都统一的，这就是推翻清政府，建立资产阶级共和国。革命派正是以此进行宣传教育和鼓动的。孙中山把同盟会纲领写进《革命方略》的文件之一《军政府宣言》中，对革命志士起了重要的宣传和警示作用。正是这一共识使辛亥革命具有了资产阶级民主主义革命的性质，使辛亥革命成为为资产阶级民主主义现代化模式开辟道路的一次历史运动。

辛亥革命是由资产阶级革命派发动和推进的，但就推翻了清王朝的封建统治这一伟大成果来说，资产阶级立宪派也起了重要的作用。[②] 立宪派在武昌起义爆发之前就逐步产生了革命的倾向。立宪派追求对清政府进行改造，使清政府实现自身的近代变革，但立宪派经过四次请愿仍不能遂，使得立宪派开始背弃清政府。清政府的顽固立场“激起了他们的愤怒，不知不觉从缓和的立宪里扭转而走向激烈的革命途径”[③]。他们“主张不要信清廷，要推倒它，由人民自己组织政府”[④]。立宪派中甚至有人加入了同盟会，如于右任、王震等。“皇族内阁”的出台和铁路国有化政策的实施，进一步使得立宪派全面革命化。迨政府“施其践踏手段逼人民至无可如何地位，而人民乃遂不得不铤而走险矣”[⑤]。武昌起义爆发后，各地的立宪派人都纷纷自觉地加入到革命的行列中来，壮大了革命力量。特别是在湖南、江苏、浙江、云南、四川等省份的独立过程中，立宪派起了比较重要的作用，其中湖南、浙江、云南和四川四省由立宪派人作了都督，湖北、湖南、江西、福建、

---

① 章太炎是一个单纯的民族主义者，而对民权主义和民生主义则并不真正地理解和赞同。他之所以要进行革命，目的“始志专欲驱除满洲”，之所以要赞同共和政体，是因为“念时无雄略之士，则未有能削平宇内者，如是犹不及废帝制，则争攘不已，祸流民生，……故逆定共和政体以调剂之，使有功者得更迭处位，非曰共和为政治极轨也。”（《太炎先生自定年谱》，《近代史研究》1957年第1期。）他的“田不自耕者不得有”“凡露田，不亲耕者使鬻之，不仇者鬻之有司”（《章太炎政论选集》上，第189页。）的思想，也是从小生产者的立场出发的简单平均思想，和孙中山的资产阶级“平均地权”思想截然不同。

② 台湾学者张玉法在谈到立宪派对于革命运动的作用时，曾提出立宪派与革命运动具有相反相成的关系。“立宪团体的活动，在手段上与革命团体对立，但不可否认的，二者实有相反相成的关系。当革命的活动激烈之际，清廷对立宪的要求易作让步；当清廷立宪的措施不满人望时，革命的势力便与日俱增。立宪团体公开的活动与宣传，使士民了解了政府的本质和政府与人民的关系，并号召了不少士民关心国事，这些关心国事的士民，当正当的要求不遂其意时，乃不得不另辟途径。辛亥之际，革命势力所以突然壮大，与此有关。”（张玉法：《清季的立宪团体》，台北中央研究院近代史研究所印行1985年再版本，第510－511页。）

③ 张钫：《河南辛亥革命的回忆》，《辛亥革命回忆录》（八），第223页。

④ 杨学羔：《华北协和书院师生的革命活动》，《辛亥革命回忆录》（五），第442页。

⑤ 《论今日之趋势》，《盛京时报》1911年7月27日第1版。

安徽、广东等省份则由立宪派出任民政长。[①] 南京临时政府成立后，也有立宪派担任政府的国务委员（张謇、汤寿潜）。在“南北和谈”中，立宪派也支持共和，反对立宪，连最稳健的张謇也认为“舍共和无可为和平之结果”。但是，立宪派转向革命，与革命派合作，并不等于他们放弃了原来的纲领而接受了革命派的纲领，并不等于他们放弃了民族资本主义现代化模式而接受了资产阶级民主主义现代化模式。他们只不过是放弃了清政府，放弃了对清政府的改造，而开始寻找另外的代理人。他们认为已经找到了新的代理人，这个人就是袁世凯。

立宪派之所以相中袁世凯，是因为他们认为袁世凯最能代表他们的利益、路线和纲领。袁世凯在任直隶总督兼北洋大臣时，不遗余力地推行清政府的“北洋新政”，客观上促进了直隶民族资本主义的发展，[②] 博得了各地资产阶级的青睐。[③] 在立宪运动中，袁世凯迎合民族资产阶级的愿望，充当了统治集团内倡导立宪的头面人物，因而被资产阶级称赞为“伟哉足以伯仲大久保”[④]。袁世凯于 1909 年初被开缺回籍，更使资产阶级产生了袁世凯是清政府的对立面的错觉，甚至连革命派中的一部分单纯反满主义者也把袁世凯视为“同种”，而与“异种”的清政府区别开来。立宪派主张共和而反对君主立宪，目的是要袁世凯出来当总统，成为他们新的政治代理人，来继续推行民族资本主义现代化模式。

袁世凯不仅为立宪派所看重，同时也是帝国主义列强的意中人。武昌起义一爆发，帝国主义原以为是一场不成气候的叛乱，因而准备派兵镇压。当各省纷纷独立后，帝国主义意识到这是一场大规模的革命时，就开始打着中立的幌子干涉中国革命。帝国主义干涉中国革命经历了一个由支持帝制到赞同共和的过程，但其目的只有一个：由袁世凯来掌权。支持君主立宪制，只不过是要建立袁世凯实行军事独裁的大清帝国，而赞同共和，也只不过是要让袁世凯掌握政权。帝国主义之所以中意袁世凯，是因为袁世凯掌权能够维护帝国主义的在华利益。帝国主义的在华利益是什么？濮兰德的一段话对此作了明确的说明。他说：“不列颠在中国有两种利益，一种是国民的利益，它在于保护和扩展我国的商业；另一种是帝国的利益，它在于维持现状和保卫我国在亚洲的强国地位。为了促进这两种利

---

① 台湾学者张玉法通过研究认为在10个省份的独立过程中，立宪派担任了主力角色。（参见张玉法：《清季的革命团体》，台北 1976 年版，第 454 － 458 页。）

② 天津的民族资本工厂在 1900 年以前只有 4 家，资金总共不过 110 万两，但到 1907 年，新设的民族资本工厂仅千元以上的就有 20 家，资本总额也增加了近 5 倍。（参见《天津文史资料选辑》第 1 辑，第 145 页。）

③ 连孙中山也说：袁世凯在“做了山东巡抚和直隶总督以来，我认为他是为国家的最高利益行事的。他的确一直献身于他对革新的信念。”（《孙中山全集》第 2 卷，第 142 页。）

④ 《张季子九录》，“政闻录”卷 4，第 145 页。

益，关键问题是在北京维持一个强有力而又集中的政府。”[①] 濮兰德所说的两种利益当然不仅是英国的利益，同时也是帝国主义列强的共同利益。为了“在北京维持一个强有力而又集中的政府”以维护帝国的上述两种利益，帝国主义选中了袁世凯。因为袁世凯“普遍地被认为是目前中国最有能力的人物”[②]。“我们除了支持袁世凯，再也没有别的选择”[③]。帝国主义对自己利益的认识是很清楚的，在寻找自己的代理人的问题上也是目光敏锐的。因为袁世凯所代表的是大地主大资产阶级的利益，而大地主大资产阶级在当时的中国还是最有势力的阶级力量。与此相对，而民族资产阶级的力量则还很孱弱，而且其上层和中下层还具有不同的利益要求，在政治上分成由革命派和立宪派所代表的不同的政治分野。

耐人寻味的是，革命派也选择了袁世凯。革命派提出只要袁世凯支持共和就推举他为民国大总统，甚至比立宪派还要早。[④] 当时由革命派所掌握的两家报纸《民立报》和《神州日报》，在不到两周的时间内发表了许多鼓吹争取袁世凯做第一任大总统的言论。1911 年 12 月 2 日，独立各省都督府代表联合会在汉口开会，以决议的形式通过了袁世凯如反正即举为总统的方针。12 月 9 日，黄兴致电汪精卫说：“项城雄才大略，素负全国众望，能顾全大局，与民军为一致之行动，迅速推倒满清政府，令全国大势早定，外人早日承认，此全国人人所仰望。中华民国大统领一位，断推举项城无疑。”[⑤]12 月 23 日，也即南北和谈开始后的第五天，黎元洪、伍廷芳二人又分别发表公开声明，只要袁世凯“不再迟延承认共和政体，必可选为共和国总统”[⑥]。在孙中山回国以前，在革命派中也已经形成了只要袁世凯反正就推举其为大总统的大氛围。不过，革命派虽然与立宪派一样主张举袁世凯为大总统，但他们的目的却大不一样。立宪派竭力推举袁世凯为大总统，是因为他们认为袁世凯是他们的利益的代表，希望通过袁世凯来推进他们的纲领

① 濮兰德：《中国的最近局势与现行对华政策》第 284 页，此处转见辛亥革命史研究会编：《辛亥革命论文选》，三联书店 1981 年，第 333 页。

② 《美国外交文件》(1912年)，第61 － 62页，此处转见辛亥革命史研究会编：《辛亥革命论文选》第350页。

③ 《法国外交文件》第 3 集第 1 卷，辛亥革命史研究会编：《辛亥革命论文选》第 492 页。

④ 据考察，在革命派方面，明确公开表示袁世凯如反正就可推举其为总统的，是1911年10月28日的《民立报》。该报在《敬告袁项城》的“短评”中劝导袁世凯说：“人心思汉，公不宜妄自菲薄，至辜物望”，“虽今日世界不能容有子孙帝王万世之观念，但以渺然之功，代表四万万众，为第一期之大政长，与环球总统、君主周旋于玉帛坛坫之上，抑最快意也。公其勉之。”而在此前，还未见有立宪派公开发表过这样的言论。（参见胡绳武：《孙中山让位于袁世凯的历史环境》，《历史研究》1987 年第 1 期。）

⑤ 《黄兴集》，中华书局 1981 年，第 94 页。

⑥ 上海《神州日报》1911 年 12 月 25 日第（四）(4) 页。

和现代化模式，而革命派则除了像章太炎这样的变节分子之外，[①]大都明确认识到袁世凯并不代表自己的纲领和路线，他们之所以同意举袁，原因不外出于两种。一种原因是为了争取袁世凯反正，早日实现推翻清王朝，建立共和国的目标。如黄兴认为：“袁世凯是一个奸黠狡诈、敢做敢为的人，如能满足其欲望，他对清室是无所顾惜的；否则，他也可以象曾国藩替清室出力把太平天国搞垮一样来搞垮革命”，只要袁世凯能够放弃君主立宪而赞成民主共和，“以免生灵涂炭”，那就不妨推戴他做大总统。[②]另一种原因，也可以说是隐藏在上一种原因背后的更深层的思想原因，与革命派的领导人物对三民主义未能完全理解有关。正如前文所述，同盟会领导人的思想是不统一的，除孙中山外，能真正理解和赞同三民主义的，只有廖仲恺和朱执信等极少数人，其他大多数人的思想都仅停留在推翻清王朝，建立共和国的程度。在这种思想下，只要推翻了清王朝和建立了共和国，革命就算成功了。如中部同盟会领导人宋教仁等一些人只以建成共和政体为满足，“凡是拥护共和的人，他们都愿意合作。在共和名义下发生的争权夺利事件，只要夺得权力的人仍表示拥护共和，哪怕他有残杀革命分子的血债，也没有人去追究他”[③]。黄兴也觉“暴烈者之只堪破坏，难于建设”，政见“亦日以右倾”。汪精卫则干脆提出“中国非共和不行，共和非公（指袁世凯）促成不行，且非公担任（总统）不行”[④]。同盟会的领导人如此，同盟会的一般成员则更单纯的局限于民族主义。“会旨虽有建立民国、平均地权诸义，而会员大率以驱除鞑虏为唯一目的，其抱有建设之计划者居少。”[⑤]在孙中山归国之前，在同盟会内部，已经普遍形成了一种只要袁世凯反正，就推戴他为总统的氛围。

那么，孙中山怎样呢？孙中山是三民主义的创始人，他对于要在中国彻底实现资产阶级民主主义现代化的目标是十分明确的。但是，阶级力量的对比和当时的社会氛围还不允许他实现自己的目标，他不得不作出巨大的妥协。武昌起义爆发时，孙中山正在美国。当他得知这一消息时，他并不是急于回到国内，亲自指挥革命，而是决定留在海外，为获得欧美列强对新政权的承认和财政支持而奔走。

① 章太炎作为一个单纯的民族主义者，在武昌起义后，其理论局限性终于在行动上反映了出来。他并不真心拥护共和。他说：“民主立宪、君主立宪、君主专制，此为政体高下之分，而非政事美恶之别。专制非无良规，共和非无秕政。”（《章太炎政论选集》，中华书局1977年，第537页。）由于他笃信“强人政治”，终于沦落为袁世凯的积极支持者，并与立宪派和旧官僚这些拥袁势力拥在一起，成了革命派阵营的蜕变分子。

② 李书城：《辛亥前后黄克强先生的革命活动》，载全国政协文史资料研究委员会编：《辛亥革命回忆录》（一），第200页。

③ 吴玉章：《辛亥革命》，人民出版社1961年，第24页。

④ 张国淦：《辛亥革命史料》，龙门书店1958年，第115页。

⑤ 宋教仁：《我之历史》（民国9年石印本）“蔡元培序”。

这不是孙中山的失误，而是他经过认真思考后作出的、在当时来说是正确的行动。因为帝国主义是当时中国最强大的势力，如果得不到帝国主义的支持或者默许，革命是不可能成功的。孙中山并正确地预见到财政问题将是关系到革命政权存亡的大问题。因此，争取列强的外交承认和取得贷款成了孙中山海外外交斡旋的两大主要内容。一开始，孙中山相当自信，他认为，“如得财力支持，我绝对能控制局势”[①]，对领导革命取得胜利充满信心。但是，在他得知帝国主义的意中人是袁世凯，并且不会给新生的革命政权一分钱的贷款时，特别是在他得知国内正在组织政权，而且“闻黎（元洪）有拥袁之说”[②]后，对掌握政权问题的态度发生了巨大的变化，违心地表示“余与共和国大统领毫不介意”[③]。但是，孙中山并不简单地认输。在所有的外交活动均告失败之后，孙中山回到了国内。他要为实现自己的目标作最后的抗争。孙中山知道，政权将为袁世凯所攫取，他的推行资产阶级民主主义现代化模式的目标已不可能完全实现，因此，如何将袁世凯限制在资产阶级民主政治的范围内，以实现民族主义和民权主义两大目标，向资产阶级民主主义现代化目标推进一大步，就成了他的奋斗目标。此时，袁世凯还在为国体问题向革命党人讨价还价，坚持要用国民会议“公决”国体。孙中山果敢地采取两项行动，以迫使袁世凯赞成共和。一项行动是成立临时政府，自己出任临时大总统，另一项行动是毅然决定北伐。果然，袁世凯被迫就范，与革命党人达成了逼迫清帝退位，实行共和体制，然后孙中山辞去临时大总统职位，由袁继任的协议，不再坚持召开所谓的国民会议了。为了能够制约袁世凯，维护共和成果，孙中山进一步提出两点条件：一、临时政府定都南京，俟参议院所举新总统到南京就职之时，大总统方行解职；二、新总统必须遵守参议院制定的临时政府约法。[④]此后，孙中山花了一个月左右的时间，领导参议院制定了一部《临时政府约法》并予颁布。孙中山相信，只要把袁世凯调动到革命力量占主导地位的南方来，并用一部《临时约法》制约着他，就能保证共和成果不受侵害。而袁世凯则从一开始就没有把《临时约法》当做一回事。对于袁世凯来说，《临时约法》只不过是一张纸，随时都可以把它撕毁。到是定都南京，使他离开他的老巢，并置身于革命派的势力中心，使他倍感威胁，因而决计要推翻此条。为此，袁世凯不惜使出了假“政变”的卑劣手段，终于达到了其目的。这样，孙中山在内外交困中，无可奈何地将政权交给了袁世凯。袁世凯在旧官僚、旧军阀、原立宪派人和革命变节分子的拥戴

① 《孙中山全集》第1卷，第559页。

② 《孙中山全集》第1卷，第547页。

③ 《孙中山全集》第1卷，第559页。

④ 参见《临时政府公报》第17号，载中国科学院近代史所编：《辛亥革命史资料》，中华书局1961年。

下，在大部分革命党人稀里糊涂地妥协下，窃取了革命的果实。一纸《临时约法》，成了辛亥革命仅有的成果，孙中山力图使他设计的资产阶级民主主义现代化模式占据统治地位的斗争归于失败。然而，推行资产阶级民主主义现代化模式的尝试虽然失败了，孙中山却成了中国近代民主革命的先行者，成了资产阶级共和制度的开创者。因为如果没有孙中山的奋斗，连仅有的共和成果也不可能得到。

追求资产阶级民主主义现代化模式在中国占据主导地位的努力失败了，辛亥革命只取得了部分的胜利。导致这一结局的根本原因有两个。一是资本主义经济发展的程度还不够。资本主义经济的薄弱导致了资产阶级的力量过于弱小，不足以同获得帝国主义支持的大地主大资产阶级相对抗并取得胜利。资本主义经济如此微弱，资产阶级的力量如此弱小，要想实现完整的资产阶级性质的变革，显然是困难重重的。[①] 这一点与英国的资产阶级革命形成了鲜明的对照。[②] 二是没有发动农民阶级。资产阶级在自身力量不足的情况下，可以发动农民阶级以补充自己力量的不足。但是，中国的资产阶级分成了两个部分。它们的上层（以立宪派为代表）与农民阶级是对立的，中下层（以革命派为代表）虽然也代表着农民阶级的利益，却一直没有认识到农民阶级的作用并去发动它们，所以不得不处于孤立无援的地位，最后导致了自己的失败。

---

① 有外国学者将中国辛亥革命的这一特点概况为“没有资产阶级的资产阶级革命”。这一命题虽不很准确，但却很形象。参见白吉尔：《中国资产阶级的黄金时代：1911 － 1937》，上海人民出版社 1994 年。

② 有论者认为，“辛亥革命拥有的物质前提，并不逊色于他们的西方先驱者”，理由是英国资产阶级革命的物质前提“也不过是采矿、冶金、金属加工、制盐、玻璃、造纸、制硝、啤酒等行业中的资本主义手工工场”，产业革命直到资产阶级革命过后一个世纪才发生，“而且它开始使用的机器还是木头制作的”，而中国在辛亥革命时期，“已有一百九十三家纺织工厂、一百家食品工厂、七十二家矿冶工业及一百五十多家其他工厂，资本总额达一亿元以上”。（章开沅：《辛亥革命与江浙资产阶级》，载《历史研究》1981 年第 5 期。）这种论点没有搞清楚，中国资本主义的发生机制与英国资本主义是不一样的，它们的发达程度不能这样对比。英国的资本主义是从农村经济中自然而然地发展起来的，是一种自下而上的发展，当进入资本主义工场手工业阶段时，包括农村经济的整个社会经济都基本上过渡到了资本主义，只是上层建筑还掌握在封建王权手中，资产阶级革命只不过是资本主义的经济基础打倒了封建的上层建筑而已。这一点欧洲的大部分地区都是这样，英国只不过更早、更典型而已。例如罗伯特·杜普莱西斯在其《早期欧洲现代资本主义的形成过程》一书的结束语中一开头就说道：“几个世纪的早期现代时期结束时，资本主义生产结构和关系已经在欧洲大部分的农村和城市深深地扎下了根。地主剥夺了许多农民的土地和对共有资源的要求权，企业家控制了许多原先由工匠掌握的工场、工具和原材料。在农场和工场里，欧洲人都集中精力生产供市场销售的商品。土地、劳动和资本市场，越来越多地分配生产要素。基于新的租佃和雇用劳动形式的降低成本的组织创新，得到广泛的普及。所有这些变化很早就开始了，但是在整个 18 世纪，国内外具有深远意义的发展加速了这些变化，使这些变化得以推广普及。”（罗伯特·杜普莱西斯：《早期欧洲现代资本主义的形成过程》，中文版，辽宁教育出版社 2001 年，第 390 页。）而中国的资本主义是在包括农村经济的整个社会经济还没有发生大的变化的情况下，受到西方资本主义的冲击后自上而下地培植的，虽然创办了一些机器工厂，但这点机器工厂根本不足以改造整个社会的经济基础。在经济基础未演变为资本主义的情况下，要想建立名副其实的资产阶级共和制度，是不可能的。辛亥革命的物质前提与英国资产阶级革命的物质前提大不一样，因此，它们的结局也就完全不一样了。

第四章

1912年至1927年间民族资本主义现代化模式的发展和官僚垄断资本主义现代化模式的式微

辛亥革命未能使以孙中山为代表的资产阶级革命派掌握政权，代表大地主大资产阶级利益、力图推行官僚垄断资本主义现代化模式的袁世凯窃取了革命果实。但是，袁世凯并不能马上就建立一个纯粹的大地主大资产阶级政权。在袁世凯政府当中，大地主大资产阶级未能实现单独执政，以原立宪派为代表的民族资产阶级上层和以革命派为代表的中下层资产阶级势力也参与到了政权中去，它们共同制约着袁世凯推行官僚垄断资本主义现代化模式。在初期，民族资产阶级特别是民族资产阶级的上层在政权中发挥着重要的作用，特别是在经济政策的制定与实施上甚至起着主导作用。因此，袁世凯北洋集团虽然窃取了政权，但他还不能按照自己的意志推行官僚垄断资本主义现代化模式，在他从政治上排除民族资产阶级特别是革命派势力的影响之前，他还不得不允许推行有利于发展民间私人资本主义的经济政策。另外，以袁世凯为首的北洋军阀集团单靠封建经济已经不能赖以生存，在财政竭绌无力发展官僚垄断资本时，为了增加财政收入，本身也有发展私人资本主义工商业的愿望和要求。以上两方面因素作用的结果，使得民国初年出现了一个民族资本主义发展的良好环境，民族资本主义现代化模式获得了较大的发展。①

在袁世凯政府当中，除军事和外交被北洋军阀占据以外，其它如工商、司法、教育、农林及交通都为资产阶级的代表人物所占据。第一任内阁的工商、司法、教育、农林各部的总长均是同盟会员，因而有"同盟会内阁"之称。第二任陆征祥内阁的财政总长熊希龄、教育总长蔡元培、司法总长王宠惠、农林总长宋教仁、工商总长王正廷都是资产阶级在政府中的代表人物。特别是直接主管工商业的工商及农商总长一职，在袁世凯政府时期基本上都是由资产阶级的政治代表担任，

① 从试图将轮船招商局等一些商办企业收归国有来看，袁世凯并不是没有发展官僚垄断资本的意图，只不过是力不从心而已。在他于二次革命中排除了革命派的力量之后，就急急忙忙地登上了皇帝的宝座，其作为大地主大资产阶级的代表而力图推行官僚垄断资本主义现代化模式的丑恶嘴脸便暴露无遗了。

如陈其美、王正廷、刘揆一、张謇等，他们都是资产阶级革命派和原立宪派或与他们有联系的人物。资产阶级革命派虽然因辛亥革命的失败而不能推行平均地权和建设国家资本等资产阶级民主主义现代化模式所特有的内容，但在发展民族资本主义经济这一点上与原立宪派人是一致的。因此，在袁世凯政府中，主导着经济政策的，应当是由革命派和原立宪派所共同代表的民族资产阶级，他们的共同目标是鼓励民间兴办实业，发展民族资本主义工商业。在北洋政府期间，在由资产阶级代表人物主持的工商部和农商部的主导下，制定了一系列经济法规，共计76项，其中有47项是在袁世凯政府时期颁布的，而由刘揆一和张謇担任工商、农商总长的1912年8月至1915年9月这段时间，则是比较有系统地制定与颁布经济法规则例的主要时期。① 这些法规则例的核心就是要提倡和保护民间兴办实业，发展民间资本主义。张謇在袁世凯政府中任职工商和农商总长时间最长，影响也最大。他一上任就决定将部属的所有官营企业一律招商承办。他说："凡隶属本部之官业，概行停罢，或予招商承办。惟择一、二大宗实业，如丝、茶改良制造之类，为一私人或一公司所不能举办，而又确有关于社会农工、商业之进退者，酌量财力，规划经营，以引起人民之兴趣，余悉听之民办。"对于国家政权之与民间企业的关系，张謇认为"舍余向所主张之提倡、保护、奖励、补助以生其利，监督制限以防其害而已"②。张謇主持制定的工商法规始终体现着"民办官助"的思想。鼓励民间私人企业的政策法规的颁布和实施，使得民间办企业形成了一股热潮。据统计，从1913年6月到1915年12月的31个月份中，在工商部或农商部登记注册的私人公司200家，平均每月达6.5家。③

民间设厂办企业的热潮不仅局限于袁世凯政府期间，而且在北洋军阀统治的17年中自始至终地存在着。虽然袁世凯政府垮台以后，北洋政府再也不能确立稳定和有效的统治，但民族工业仍在快速的发展。据统计，自1912年至1927年11月止，由工商部或农商部注册的工商业企业共1627家，平均每年102.8家（包括开设、增资、变更、改正的注册），所注册的企业内容包括纺织、矿业、化工、机械、银行、保险、电业、航运、火柴、医药、文化以及农、林、牧、渔、水利等，民族工业获得了全面的发展。④ 民族工业的发展不仅体现在开办企业的大幅提高上，而且也体现在资本额的大幅增长上。据推算，我国民族产业资本的资本额1913年为15498.7万元，到1920年已增至42987.4万元，仅七年就增长了1.77

① 汪敬虞主编：《中国近代经济史 1895 － 1927》（中册），人民出版社2000年，第1533页。

② 《宣布就部任时之政策》，《张季子九录·政闻录》。

③ 沈家五根据北洋政府农商部档案与《农商公报》、《政府公报》统计，见其论文《从农商部注册看北洋时期民族资本的发展》，《历史档案》1984年第4期。

④ 同上沈家五文。

倍。虽然自1923年出现了危机，但从1925年下半年起又开始好转，从1920年到1928年，新投入的工业资本在三亿元以上。[①] 通过这一期的发展，我国民族资本逐步形成了几个较大的资本集团。如以申新纺织厂和茂新、福新面粉厂为中心的荣家资本集团，以大生纱厂为中心的大生资本集团，以楚兴纺织公司为中心的裕大华资本集团，以阜丰面粉厂为中心的通孚丰资本集团，以启新水泥厂和新华纱厂为中心的周学熙资本集团等，都是在这一阶段的后期陆续出现的较著名的民族资本集团。

民国政府成立之后，我国民族资本之所以能够出现较长时间的发展，原因是多方面的。在袁世凯政府时期，资产阶级参与国家政权，制定了许多有利于民族资本主义发展的政策和法规，以及辛亥革命诱发了长期以来被反动落后的清政府所压制的民间兴办实业的热潮，是1915年以前民族资本发展的根本原因。袁世凯政府垮台以后，中国虽然失去了稳定而有效的政府，民族资本难以获得国家政权的支持，但缺乏稳定和有效的政府，同样也使得民族资本不再会受到国家政权的压制和限制。加上其它许多因素都有利于民族资本的发展，所以这一时期我国民族资本还是获得了较大的发展，是我国民族资本发展的“黄金时期”。

考察1915年以后促进我国民族发展的其他因素中，一个主要的因素是第一次世界大战给我国民族资本的发展提供了一个良机。大战爆发，各主要资本主义国家纷纷从中国撤走大量资本，向中国的商品输出也大大减少，于是为国内民族资本腾出大片市场，给国内民族资本的发展提供了良机。以棉织品为例，1913年中国从国外进口1900万匹棉布，250万担棉纱，但至1919年则减少为1400万匹棉布，130万担棉纱，[②] 从而为中国民族资本腾出了500万匹棉布、120万担棉纱的市场。这使得国内民族资本获得了一个大发展的机会。从注册企业数和资本额来看，大战前（1912年－1914年7月），纺织公司注册只有十家，资本额300多万元，而大战期间（1914年8月－1918年）注册的公司有五十家，资本额达到2500多万元。由于大战的有利影响到1921年下半年才结束，1919年－1921年6月仍有四十二家企业注册，资本额达3140多万元。[③] 另外，面粉工业、煤炭和金属采掘业、交通运输业都获得了较大的发展。民族工业的发展使得国内对钢铁机械和生产资料的需求大为增加。这一时期，消费资料和轻工业产品的进口额都有不同程度的下降，只有钢铁机械等生产资料的进口是增加的。钢铁和机

① 吴承明：《中国资本主义与国内市场》第124、126页。

② 严中平：《中国棉纺织史稿》第81、151－152页。

③ 参见《五四爱国运动档案资料》，中国社会科学出版社1980年，第7页。

械及生产资料进口额占进口总额中的比重明显上升。[①] 但由于主要资本主义国家为了战争而对钢铁机械产品的出口实行控制，我国民族工业发展所需的工业设备仍然得不到满足。在近代工业不能满足市场需要的情况下，手工业获得了发展的机会。尤其是北方冀鲁豫等省份的乡村手工业获得了较大的发展。[②]

促进民族资本发展的另一个重要因素是国际银价的变动。大战开始后，纽约和伦敦市场的银价出现下跌趋势，纽约市场的银价由大战前（1912 年）的每盎司 0.620 美元下跌到 1915 年的 0.511 美元，伦敦市场上的银价则由大战前的每盎司 28.03 便士下跌为 1915 年的 23.69 便士，分别下跌了 17.5%和 15.5%。[③] 这使得进口货物价格猛烈上涨，有利于抑制进口促进出口。进口货物价格的上涨还带动了国内工业品价格的上涨，对民族工业的发展十分有利。由于战争促使国际市场对有色金属需求的增加，有色金属价格的提高也带动着国际银价的回升，从 1916 年开始，国际银价开始上涨。到 1920 年，伦敦银价比 1915 年上升 1.5 倍，使中国货币汇价升值，英汇升 195%，美汇升 100%。但由于 1915 年以后，英、美、日等国的物价猛烈上涨，其上涨幅度超过了银价上涨的幅度，银价的上涨并没有逆转上述有利条件。[④] 相反，银价的上涨却提高了中国货币在国际市场上的购买力，还减少了对外债的支付额，因为外债是以外国金本位货币作为计算单位的。1917 年的 7000 万元就足够偿付上一年度所需的一亿元债款。[⑤]

第三，抵货运动也在一定程度上促进了民族资本的发展。抵货运动的有利作用是明显的。以航运业来说，轮船招商局和日本日清公司的营业状况就说明了这一点。日清公司向比招商局势力雄厚,但在抵货运动中却势力日弱。至 1918 年 6 － 10 月的五个月中，招商局的轮船次数达 79 次，总吨数达 23899 吨，日清公司的轮船次数虽有 115 次,但总吨数只有 16210 吨。到 1919 年 6 － 10 月的五个月中，招商局的轮船次数又增至 91 次，总吨数达 31860 吨，而日清公司的轮船次数虽还有 116 次，而总吨数则降为 521 吨。[⑥] 抵货运动收益最大的是棉纺织业，许多织布工厂都是在抵货运动中建立的，高阳等地的“爱国布”也是在抵制日货运动中兴起的。但抵货运动的作用是有限的。一方面，当时的许多爱国布实际上仍然是用日纱来织造的，如 1917 年蒙自的海关报告说中国织布厂用进口的 16 支日纱

---

① 参见许涤新、吴承明主编:《旧民主主义时期的中国资本主义》第 524 页表 4 － 5、第 722 页表 5 － 3。
② 参见从翰香主编:《近代冀鲁豫乡村》，中国社会科学出版社 1995 年。
③ 参见许涤新、吴承明主编:《旧民主主义革命时期的中国资本主义》第 851 页表 5 － 34。
④ 同上书，第 850 页。
⑤ 白吉尔:《中国资产阶级的黄金时代：1911 － 1937》，上海人民出版社 1994 年，第 80 页。
⑥ 马寅初:《如何提倡中国工商业》，《总商会月报》第 5 卷第 7 号。

织造汗衫，用20支和42支日纱织造爱国布。① 另一方面，抵制了日纱但又使印度纱的进口大幅增加，结果是进口纱反而增加了。如在1919年的抵制日货高潮中，输入上海的日纱减少了52%，而进口印度纱却增加了154%，两相抵销，进口货反而增加了57%。② 因此，抵货运动的作用是非常有限而短暂的。如1918年中国进口的日本棉纱为695万担，1919年因抵货运动减至469万担，但从1920年起，进口数量又趋回升。③ 抵货运动对中国民族工业的发展有促进作用，但不是这一期民族资本发展的主要原因。

这一时期民族资本主义发展的一个重要方面是银行业获得了较大的发展。我国的银行业发展较晚，第一家银行中国通商银行成立于1897年，名为商办实为官督商办，是为官办铁路筹措资金的。甲午战后，清政府的财政格外穷绌，当政者终于有了通过银行来缓解财政困难和藉银行以印造钞票、调剂汇解官款的设想。④ 如果说设立中国通商银行的目的还在于发展官僚垄断资本的话，1904年设立的户部银行则明确是为了举借内债、解决清政府的财政困难的。正如盛宣怀所说："中国银行既立，使大信孚于商民，泉府因通而穷，仿借国债，可代洋债，不受重息之挟持，不吃镑价之亏损，所谓挽外溢以足国者"⑤。1908年设立的交通银行，是为轮、路、邮、电四业官僚资本的金融周转的。辛亥革命前，各省还开设了不少官钱局和省银行，目的都是为了发行地方钞票以解决地方财政困难。我国第一家私营银行——信成银行的出现，要晚于通商银行10年，于1906年在上海开业。其创办人周廷弼原先是一个经营丝厂的民族资本家，他开办银行，想必与产业资本的发展紧密相关。辛亥革命前设立的私营银行，最有名的是1907年设立的浙江信业银行。它是在民办铁路高潮中，由浙江全省铁路有限公司创办的。1908年设立的四明银行，由宁波商人陈熏、虞洽卿等创办，主要业务为投放于商业和航运业并发行银行券，是宁波财团的支柱。据统计，在辛亥革命前，共成立私营银行约17家(通商银行除外)⑥。此一时期私营银行的一个重要特点是与国家财政无关，而大都与商业或产业资本的发展密切相关，它们的发展在一定程度上适应和促进了民族商业资本或产业资本的发展。银行业发展较慢，是因为此一时期民族工商业发展较慢的缘故。

辛亥革命后，特别是欧战爆发以后，我国的民族工商业进入了发展的"黄金

① 关册，1917年，蒙自口，第1457页。
② 许涤新、吴承明主编：《旧民主主义革命时期的中国资本主义》第857页。
③ 张白衣：《中国纺织业论》，在《中国经济评论》1940年第2卷第10号。
④ 盛宣怀：《请设银行片》，载《皇朝经世文新编》卷2。
⑤ 盛宣怀：《愚斋存稿》卷1，奏疏1，第6－7页。
⑥ 参见杜恂诚：《民族资本主义与旧中国政府》，上海社会科学院出版社1991年，附录46表。

时期”，银行业也进入了大发展的时期。民国成立的头一年，也即1912年，就有24家成立，而清末十余年间包括地方银行才不过成立了30多家。[①]从银行已缴资本来看，1912年为3625万元，1916年涨至3780万元，第一次世界大战结束时的1920年涨至5199万元，到1925年则进一步涨至15816万元。[②]据上海银行周报社在当时的统计，至1921年底，银行总数为106家，资本总额为32769万元，实缴资本额为14460.6万元。[③]从历年实存银行数来看，1911年中国本国银行实存共16家，实收资本总额2155.5万元，到第一次世界大战开战时，实存47家银行，实收资本总额达8808.4万元，到1925年时，已有158家银行，实收资本总额达16914.0万元。[④]

中国银行业这期间的发展主要是由民间私营银行实现的，因为这一期作为官僚垄断资本的官办和官商合办银行正日趋式微。[⑤]1912－1927年间中国民族银行资本之所以能够得到比较快速的发展，原因是多方面的。从外部环境条件来说，辛亥革命后票号基本消失，钱庄也一度萎缩，同时，世界大战爆发后，外资银行有的停业，有的停兑，这就为国内私营银行业的发展提供了条件。从内部条件来说，首先一个原因是它适应了这一期民族资本主义工商业的发展。这一期是民族资本主义经济发展的“黄金时期”，民族资本主义经济的发展必然要求银行业的发展，要求银行业为其提供融通资金的服务，这一时期民族资本主义经济的发展是与民族银行业的发展密切相关的。以江浙财团为例，这一时期沪宁、沪杭一带规模较大的民族资本近代企业，大都同财团所属的各银行有着金融往来和投资关系。如浙江实业银行对上海鼎新纱厂和杭州电器公司都有直接投资。浙江兴业银行的100万元创办资本中，有44.53%属于浙江铁路公司。该行同丝绸工业关系密切，对恒丰纱厂、豫丰纱厂、汉口第一纱厂、中兴煤矿也有大量放款。1917至1926年间，该行上海行对工商业的放款总额，从92.6万元猛增至371.9

① 张郁兰：《中国银行业发展史》，上海人民出版社1957年，第40页；杜恂诚：《民族资本主义与旧中国政府》，第159页。

② 吴承禧：《中国的银行》，商务印书馆1935年，第18页。

③ 《上海金融市场论》，上海银行周报社1923年刊行，第12页。

④ 唐传泗、黄汉民：《试论1927年以前的中国银行业》，载《中国近代经济史研究资料》（4），上海社会科学院出版社1985年。

⑤ 据考察，自1912年到1925年，官办和官商合办银行的发展极其缓慢，银行数只增加了16.7%，资本增长不到两倍，而商办银行数增长了9倍，资本增长了11倍以上。从实收资本的比例来看，官办和官商合办银行的实收资本占华资银行实收资本总额的比重1912年为72.5%，到1925年则下降至45%，而商办银行实收资本所占比重则从1912年的27.5%增长到1925年的55%。（参见唐传泗、黄汉民：《试论1927年以前的中国银行业》，载《中国近代经济史研究资料》（4），上海社会科学院出版社1985年。）

万元，1926 年的工业放款占全部放款的 46.3%。[①] 上海银行更加注重对民族工商业的放款，该行在 1926 年的放款总额中，工商业放款占 74.7%，其中的 3 / 4 放给了荣家企业集团和大生集团。[②] 荣家企业集团几乎完全是靠银行的贷款建立和发展起来的，其福新系统的面粉企业的借入资本对自有资本的比例，1913 年为 130%，1920 年为 92%，1923 年为 184%；申新系统的棉纺企业的借入资本与自有资本的比例，1916 年为 189%，1920 年为 138.4%，1923 年为 177.7%。[③] 上海银行对大生集团历年都有巨额放款，1922 年，大生纱厂欠上海银行的各类借款的本金就约达 72 万元，大生三厂欠上海银行借款最高时曾达 200 万两。[④] 四明银行是三北轮船公司和宁绍轮船公司等民族航运业的金融后台。中国实业银行则是以周学熙为中心的启新、华新资本系统的金融机构。中孚银行是由上海面粉业巨擘阜丰面粉厂的投资人投资的，其主要服务对象是阜丰以及与阜丰有联系的河南通丰面粉厂、烟台通益精盐公司等。中国银行上海分行在与北京总行形成半独立状态后，也逐步增加了对工商业的放款。属华北财团的银行与民族工商业的关系虽然没有江浙财团密切，但对这一时期华北新办的工矿企业也有大量的放款和投资，其中尤以北四行较为突出。如金城银行 1919 年的放款户为 16 户，放款额 83.4 万元，1923 年陡增至 113 户、425.9 万元，1927 年增至 125 户、699.6 万元，八年间增加 74 倍。[⑤] 在该行的工矿企业放款中，华新、裕源、恒源、北洋、裕大、鲁丰等几家大厂几近半数。久大精盐公司和永利化学工业公司是该行放款的重点。1925 年放款额达 92 万元，1926 年更高达 117 万元。[⑥] 该行还对一些近代企业进行直接投资甚至直接经营企业。如 1920 年设立经营贸易的通成公司，1921 年设立后来成为我国保险业巨擘的太平洋保险公司。至 1927 年，该行投资企业的资金已达 164 万元。[⑦] 大陆银行也注重支持大中型民族工业企业，它对常州纺织公司、上海长丰面粉公司、中兴烟草公司、苏州华盛纸厂的放款都遇到厂家“营业失败”，所欠款项“无收回希望”的局面，但大陆银行并未因此改变对大中型民族工业企业的支持，不仅未同这些企业打官司，而且仍积极开展对南京大同面粉厂、上海

① 中国人民银行上海分行金融研究室编：《浙江兴业银行简史》（打印稿），此处转引自黄逸峰、姜铎：《中国近代经济史论丛》，上海社会科学院出版社 1988 年，第 179 页。

② 中国人民银行上海分行金融研究室编：《上海商业储蓄银行历史剖述》（油印稿），此处转引自姜铎：《略论旧中国三大财团》，载《社会科学战线》1982 年第 3 期。

③ 参见上海社会科学院经济研究所编：《荣家企业资料》（上册），上海人民出版社 1980 年，第 113 － 114、540 页。

④ 中国人民银行上海分行金融研究室编：《上海商业储蓄银行史料》，上海人民出版社 1990 年，第 155 页。

⑤ 中国人民银行上海分行金融研究室编：《金城银行史料》，上海人民出版社 1983 年，第 155、160 页。

⑥ 《金城银行史料》第 167 页。

⑦ 参见中国人民银行上海分行金融研究室：《关于金城银行的若干史料》，《学术月刊》1962 年第 10 期。

信大面粉厂和汉口既济水电公司的放款。[①] 盐业银行对华北各近代企业也投放了大量资金，并且也是每年有增加的趋势。华南财团各银行则是港、粤、闽系工商业界金融活动的中心，这些银行同当时范围最大的四大百货公司永安、先施、大新和新新关系密切，不仅有放款，而且互有投资。如广东银行大股东和董事长李煜堂，同时又是新新公司的大股东和监督，国民商业储蓄银行的创办人马应彪是先施公司的大股东和创办人。这些银行还联系着一部分归侨所主办的近代企业，上海粤商主办的永安、鸿裕、伟通、鸿章等纱厂也是这些银行放款和投资的对象。总之，这一时期，我国银行业的发展与民族资本主义工商业的发展有着较为密切的关系，银行资本的发展在一定程度上适应并促进了民族资本主义工商业发展。

但是，这一时期我国银行业的发展与民族资本主义工商业的发展又不完全是适应和促进的关系，或者说对民族资本主义工商业的适应和促进并不是此一时期我国银行业作用的所有方面。此一时期我国银行业还有一个重要的作用，或者说我国银行业发展所适应的还有一个重要的方面，就是军阀官僚的资金出路和北洋政府对财政的需要，它们与北洋政府和军阀官僚们的联系十分的密切。

在与北洋政府和军阀官僚的关系上，以华北财团各银行最为突出。中交两行及其它官办官商合办银行系直接由北洋政府投资并服务于北洋政府的，其资金来源主要是政府投资和发行钞票，[②] 业务则以向政府放款和购买经营公债为主。其它私营商业银行也大多是由军阀官僚投资并为他们的资金谋求出路的。辛亥革命失败后，尤其是在十余年的军阀混战中，北洋政府中的军阀官僚们利用手中的权力，浑水摸鱼，化公为私，一个个积累了巨大的财富。据估计，北洋政府主要军阀官僚 72 人，拥有 66540 万银元之巨，其中拥有千万元以上私产的共有 23 人。[③] 另外，大大小小的地方军阀也搜刮了大量的民脂民膏。这些财富，除了大量存入外国银行，或直接投资于土地、典当、房地产和近代工业以外，投资于银行是一条很好很重要的出路。可以想象，这样的银行与产业发展的联系是不大的。“中国银行业由于不是建立在巩固的产业发展的基础上的，因此在资金构成上，纯粹工商业的投资很少，而军阀官僚地主们的投资却占了相当大的比重。在银行的行政管理上，军阀官僚也居于支配地位。”[④] “中国银行业之存款的主要来源，不是工商企业，

① 沪银大陆档，此处转引自汪敬虞主编：《中国近代经济史》（下册），人民出版社 2000 年，第 2287 页。

② 以中交两行来说，发行无准备的钞票是其资金的主要来源。如中国银行 1918 年的发行准备率为 27.89%，交通银行同年的发行准备率为负 14.18%，即使把两行拥有的有价证券算作发行准备，中国银行也只有 47.89%，交通银行仅有 16.77%。（根据《银行周报》第 106、107 号两行民国七年资产负债表计算。）地方官办银行发行钞票更滥，准备更差。这种几无准备的发钞，是对国内人民的直接盘剥。北洋政府就是通过这种手段维持其财政的。

③ 来新夏：《北洋军阀对内收刮的几种方式》，载《史学月刊》1957 年第 3 期。

④ 张郁兰：《中国银行业发展史》，上海人民出版社 1957 年，第 56 页。

不是政府机关，而是私人及私人团体。”而“官僚军阀们的存款，在私人存款之中，居首要地位。”[①] 在华北、江浙和华南三大财团的银行中，由北往南，与北洋政府和军阀官僚的关系越来越小，而与买办和买办商人的关系则越来越强。[②] 不过，银行业与政府及军阀官僚之间的关系在这一时期的后期（1920 年以后）开始变弱，而与资本主义工商业的关系则有越来越紧密的趋势。主要表现在新开设的银行中，由军阀官僚和买办创办或主要投资的越来越少，而由纯粹工商业者创办或主要投资的则越来越多。如在 1915 年前开设的 38 家商办银行中，可查明创办人或主要投资者身份的有 14 家，其中由军阀官僚和地主买办投资的占 8 家，且资本额都在百万元以上；而到了 1920 年，在查明创办人或主要投资人身份的 46 家银行中，由军阀官僚和地主买办创办或投资的只有 8 家，且资本额也较小，而由工商业者和金融界人士投资创办的银行则达 33 家，它们在 1921 － 1925 年间新设立的银行中，占有明显的优势。[③]

购买和经营公债以适应北洋政府的财政需要是此一时期银行业发展的另一重要的促进因素。北洋政府的财政是破落的财政，岁入与岁出严重不抵是其基本的特征。北洋政府财政出现岁入与岁出严重不抵的主要原因是军事费用和债务费用过于庞大，一般每年要占岁出的 70%至 80%。[④] 不抵之数历年到底有多少，并无确切和系统的数字。以 1916、1919 和 1925 三个年度来说，根据贾士毅考察的数字，1916 年的岁出有 47151.9 万元，而不含内外债的岁入却只有 45212.5 万元，收支不抵 1939.4 万元；1919 年岁出有 49576.3 万元，而岁入只有 43947.3 万元，收支不抵达 5629.1 万元；1925 年岁出达 63436.2 万元，而岁入仍不过 46164.4 万元，结果收支不抵达 17271.8 万元。[⑤] 为弥补所缺部分，北洋政府不得不大肆举借内外债，而举借的对象就是各类银行。北洋政府举借外债是通过外国银行和中外合办银行进行的，[⑥] 而举借内债则是通过本国华资银行进行的。据统计，从 1912 年到 1926 年 6 月止，北洋政府共发行国内公债 61206.3 万元，[⑦] 另外还有国

① 吴承禧：《中国的银行》，商务印书馆 1935 年，第 27 页。

② 姜铎：《略论旧中国的三大财团》，载《社会科学战线》1982 年第 3 期。

③ 唐传泗、黄汉民：《试论 1927 年以前的中国银行业》，载《中国近代经济史研究资料》（4），上海社会科学院出版社 1985 年。

④ 杨荫溥：《民国财政史》，中国财政经济出版社 1985 年，第 13 页表 1 － 7。

⑤ 参见贾士毅：《民国财政史》（下册），商务印书馆 1917 年，第 51 － 70 页《民国五年度岁入岁出总预算表》；《民国续财政史》（上册），商务印书馆 1934 年，第 58 － 62 页《民国八年岁入岁出总预算表》，第 65 － 67 页《十四年度国家岁入岁出总预算表》。

⑥ 从 1912 年到 1927 年，北京政府及各省军阀所借外债共达 127962 万元，实收 92530.5 万元。（参见徐义生编：《中国近代外债史统计资料》，中华书局 1962 年，第 240 页。）

⑦ 千家驹编：《旧中国公债史资料》，中华书局 1984 年，第 11 页。

库券、短期借款、盐余借款和银行垫款共 27000 万元，[①] 两项合计达 88206.3 万元，平均每年 6300.5 万元。这些内债绝大多数都是由国内银行所承购的。由于公债折扣大，利率高，因而获利很大，常在三分以上，因此，在承购和经营国内公债中，国内银行获得了巨大的利益，并由此获得了巨大的发展。但是，北洋政府的公债大部分由官办和官商合办银行所承购，其中又主要为中交两行所购，私营商业银行只有一些较大的银行才能直接参与承购。不过，直接承购公债的银行，特别是中交两行，总是因寸头不足而向私营商业银行拆款，于是不少私营银行也参与到了公债投机当中，形成了中交两行吃政府，私营银行吃中交两行的局面，一大批投机银行应运而起。[②] 这一点可以从开设银行数的变动中看出。辛亥革命后，特别是第一次世界大战爆发后，我国银行业也获得较大发展，但在 1918 年以前，开设银行数除 1912 年为 23 家以外，其余年份都在 8 － 10 家左右，而自 1918 年始，开设银行数开始陡增，1918 年为 16 家，1919 年 22 家，1920、1921、1922、1923 年各为 22 家、33 家、36 家和 30 家，1924、1925 年又降为 13 家和 11 家。而且新开设银行按所在位置来划分的话，除我国民族工商业最发达的上海为最多以外，其次就是北京和天津（占 25%）。[③] 其中的主要原因是北洋政府的公债主要是 1918 年以后发行的。在北洋政府所发行的公债当中，1917 年以前发行的占 13.59%，1918 年以后发行的占 86.41%。[④] 而其它借款则以 1920、1921、1922 年为最滥。[⑤] 正是这些公债和借款促使了金融投机的盛行和大批投机银行的出现。这几年，我国银行业的发展主要是公债投机的影响，是畸形的。但是，投机公债毕竟不是银行发展的根本之计，银行开设的多，倒闭的必然也多。据统计，1918 － 1920 年，全国共倒闭银行 22 家，1921 － 1925 年又倒闭了 69 家。1925 年实存银行为 158 家，实收资本额 16914 万元。[⑥] 进行公债投机毕竟不是银行业发展的主要因素。据研究，我国 28 家主要银行 1921 － 1926 年所拥有的有价证券额约占资产总额的 6 － 7%左右，占全部放款总额的 8 － 10%左右。[⑦] 从发展速度来看，银行资本的发展速度略高于产业资本的发展速度。[⑧] 因此，可以说，

① 董长芝、马东玉主编：《民国财政经济史》，辽宁师范大学出版社 1997 年，第 86 页。

② 千家驹编：《旧中国公债史资料》，中华书局 1984 年，第 14 页。

③ 唐传泗、黄汉民：《试论 1927 年以前的中国银行业》，载《中国近代经济史研究资料》(4) 表 2 及附表 1，上海社会科学院出版社 1985 年。

④ 根据千家驹编：《旧中国公债史资料》第 11 页的资料计算。

⑤ 参见千家驹编：《旧中国公债史资料》第 12 － 13 页。

⑥ 唐传泗、黄汉民：《试论 1927 年以前的中国银行业》，载《中国近代经济史研究资料》(4) 表 2、表 3，上海社会科学院出版社 1985 年。

⑦ 吴承禧：《中国的银行》，商务印书馆 1935 年，第 74、75 页。

⑧ 以 1913 － 1920 年而论，产业资本额增长了 2.3 倍，而银行业实收资本则增长了 3.0 倍。(银行业数字出自唐传泗、黄汉民同上文，产业资本数字见吴承明：《中国资本主义与国内市场》第 131 页。)

这一时期促使我国银行业发展的主要因素不是对北洋政府财政需要的适应和公债投机，而是民族工商业的发展。或者说，对北洋政府财政需要的适应和经营公债主要促进了官办和官商合办银行的发展，而私营商业银行的发展则主要是适应此一时期民族工商业发展的结果。

与民族资本主义的迅速发展相对照，官僚垄断资本主义在这一期的发展却显得非常的迟缓。主要原因在于北洋政府财政竭绌，无力投资。但是，发展迟缓并不等于没有发展，更不能说已经“中断”①。张謇任农商总长期间曾经将农商部所属的企业“概行停罢，或予招商承办”，但这只涉及农商部所属的12家企业，②其它中央部门不仅没有招商承办，甚至还试图开办新的企业。在北洋政府时期官僚资本企业中，民用工矿业和民用航运业成效极小，处于衰退状态，而与军事和财政密切相关的行业，如军事工业、金融业、铁路建设和邮电通信事业，则有一定程度的发展。

军事工业是北洋军阀政府创办官办工业的重点。北洋政府除了从清政府手中接收了十多家军事企业外，还新建了汉阳兵工厂（由湖北枪炮厂改建）、巩县兵工厂、湖南兵工厂，其中巩现兵工厂系袁世凯为其称帝而建，也是北洋后期较为重要的一个兵工厂。另外，一些地方军阀也办了不少兵工厂，其中以阎锡山创办的军人工艺实习厂和张作霖创办的东三省兵工厂较为出名。北洋政府从清政府手中接收的军工企业当中，以湖北枪炮厂和江南造船所规模较大，并有一定发展。湖北枪炮厂在民国初期被改称汉阳兵工厂，并进行了改建和扩建，1913 − 1917年间能造枪弹万余颗，流炮弹两千余枚，步枪150余支，过火炮十余尊，陆路炮三四尊。③其资本1911年为389万元，1920年达639万元。④江南造船所一直按商务化方针经营并由外人进行管理，第一次世界大战期间获得大发展，营业额由1911年前的每年80 − 90万元，增至二三百万元以上，1921年达1800万元。⑤除此之外，其它的军工企业，包括江南制造局、福州船政局，则始终处于停滞状态。

北洋政府时期，除官办军事工业以外，还有一些官办的民用工业。同军事工业一样，也是从清政府手中继承了一部分，自己新创建了一部分。据统计，1911 − 1927年间资本在10万元以上的民用工业大约有35家，其中由北洋政府新创办的有19家，资本总额达3300多万元。资本在1万元以上的官办矿业有40家，

① 杜恂诚：《民族资本主义与旧中国政府》第189页。
② 沈家五：《张謇农商总长任期经济资料选编》，南京大学出版社1987年，第83页。
③ 陈真编：《中国近代工业史资料》第3辑，三联书店1961年，第259页。
④ 许涤新、吴承明主编：《旧民主主义革命时期的中国资本主义》第2卷，第1057页。
⑤ 上海社会科学院经济研究所：《江南造船厂史》，江苏人民出版社1983年，第110 − 115页。

其中由北洋政府新创办的有15家，开创资本总额达2800多万元。[①] 这些企业不是“连年亏损”“亏损甚巨”，就是“被迫停业”“被迫中止”，甚至于“一蹶不振”“陷于瘫痪”，只有极少数厂矿“稍有余利”。据第六次农商统计表，北洋政府的直属工厂，1912年为58家，1915年上升到80家，1917年又下降到68家，但这68家企业的煤炭消费额只有1912年58家企业的37.9%，职工人数也减少了。[②] 这其中虽然包括军工企业，但衰退的主要是民用企业。

北洋政府的铁路建设进展十分缓慢。民国初年，民族资本家和海外华侨商人投资铁路的热情曾一度高涨，但由于北洋政府的压制，他们都未能得以实现。[③] 北洋政府继承了清政府的铁路统制政策。北洋政府歪曲孙中山的铁路“国有即民有”理论[④]，并利用局部铁路因修筑难度大、资金耗费过巨等困难要求收归国有的事例[⑤]，强行将全国商办铁路全部收归国有。自1912年11月至1915年1月，除江西南浔铁路因有日资而不能及外，北洋政府将各省铁路公司全部解散，各地已建成或正动工兴建的铁路全部收购国有，它们包括川汉铁路、粤汉铁路、沪杭甬铁路、陇海铁路、同成铁路、宁湘铁路等重要铁路。[⑥] 根据北洋政府与各省铁路公司签定的合约，各地民营铁路收归国有后，政府应发还各铁路股款本金利息共6800余万元，发还办法是政府给予一种“有期证券”，分期兑现。但北洋政府往往是延期兑付。1924年，北洋政府干脆宣布不再兑付，使尚未兑现的证券成

① 参见黄逸平、虞宝棠主编:《北洋政府时期经济》，上海社会科学院出版社1995年，第228－230、232－233页。

② 《第六次农商统计表》第320－321页。

③ 如1912年，福建籍侨商黄怡益等禀呈北洋政府交通部，要求准办福州、管头间铁路；同年烟台市商会呈请交通部，要求兴建烟台、德州间铁路；1913年江苏实业会要求集资兴筑无锡至安徽广德间铁路；同年广东商人梅毅年呈请设立公司，修筑新宁至阳江铁路；1914年云南个旧绅商李光翰、朱朝瑾等要求兴筑个旧、鸡街、蒙自、滇越间铁路。但都被北洋政府压制了下去。（原见《铁路协会杂志》第1期、《铁道年鉴》第2卷，转见杨勇刚:《中国近代铁路史》，上海书店出版社1997年，第86页。）

④ 孙中山主张铁路国有，提出了“国有即民有”的观点。但是，孙中山的铁路国有主张，意在防止铁路为“大资本”所占有，防止“大资本”的垄断。他说道:“倘或不归国有，譬如一省有一大资本家，将一省之铁路包办，大权独揽，垄断商业，彼时国民受其影响，岂不大哉！”（《孙中山在浙江五十一团体欢迎会演说》，载《孙中山全集》第2卷第552页。）

⑤ 川汉铁路由于工程难度大、耗资过巨无力承担，公司不得不向北洋政府交通部提出收归国有。“川汉铁路为长江中枢至西南部一大干线，民国前一年，因收回国有问题，激动风潮，演成革命。然事实上，系人民借此为题，推翻专制而已。民国成立以后，川中人士，因该路工程之困难，徒恃民力，难期藏事。本年三月，特开会议，将川路请归国有。”在公司与交通部和合约中规定具体收购办法是：凡公司直接间接用于路工之款，均由交通部给予定期期票，自接收之日起，年息6厘，每年付息一次；其直接用于工程之款，自1912年8月，分十年摊还；其间接用于工程之款，自接收后第11年起，分五年摊还。（参见《东方杂志》1912年第9卷第7期“国内大事记”。）川汉铁路要求收归国有，主要原因是工程难度大，使公司无力继续承担，它只是一个个案，并不等于民族资本已经放弃了对铁路的投资要求。而且，仅从川汉铁路公司与交通部签定的还款协议来看，也基本上是合情合理的。

⑥ 杨勇刚:《中国近代铁路史》，第87－88页。

为废纸。据统计，北洋政府实际已发还的民营铁路股本利息仅占应发还总数的48.5%，尚欠3500余万元。[①]北洋政府将铁路收归国有的根本目的，在于以路权抵借外债。在将铁路收归国有后，北洋政府就陆续将路权全部抵给了各帝国主义国家。袁世凯向国际银行团套取了一笔总额达3000万元的垫款，作为镇压革命和复辟帝制的费用，袁之左右更利用借款有大宗回扣，中饱私囊。[②]由于铁路借款大部分被挪用或贪污，北洋政府真正用于建设铁路的款项极少，因此，北洋政府时期中国的铁路建筑进展极为缓慢，甚至连清政府都不如。北洋政府所借铁路外债与清政府所借相差无几，但所筑铁路却比清政府所筑少一半。清政府16年借铁路外债总额45924万元，平均每年2870万元，筑铁路总长5107公里，平均每年319.2公里，而北洋政府15年借铁路外债38840万元，平均每年258.9万元，但其所筑铁路却只有3186公里，平均每年229.1公里。[③]北洋政府时期铁路建设进展缓慢，但由于机车、客车和货车车辆的有较大增加，铁路的运载能力有较大提高。从1912年到1925年，铁路长度从5750公里增至8436公里，只增长了47.6%，机车由600台增至1131台，机车牵引力增长了124.1%，客车由1067辆增至1803辆，客车容量增长了123.8%，货车由8335辆增至16718辆，货车载重量增长了146.8%。[④]另外，北洋政府及一些地方军阀出于军事需要，先后修建了一些公路，至1921年，全国公路里程1000公里左右。[⑤]

北洋政府时期，官办电信工业有了较快的发展。大清邮政自民国以后改为中华邮政。中华邮政由于被外国人所控制，不受军阀的干扰和破坏，内部实行一整套资本主义经营管理制度，工作效率极高，1915年以后年年有结余。还开展汇兑业务，1925年突破一亿元，每年可收汇费五六百万元。以小额为主的邮政储蓄，开办十年，储蓄金额超过1800万元。至1929年，中华邮政资产达2000万元。[⑥]相反，电报局在清末洋务派手中颇有成效，至北洋政府时期由于受军阀的干扰破坏，境况每况愈下。北洋政府在电信事业上的一大进步是创建了无线电台。1905年，清政府即购买了火花无线电机，开设筹设电台，主要供军用。民国以后，北洋政府交通部于1912年向德国订购火花式电台5部，分别装设于张家口、吴淞、广州、武昌和福州等地。1918年，交通部又向英商马可尼公司借款17万元，设电台于兰州、乌鲁木齐、喀什尔等地。同年，陆军部又与英商马可尼公司订立借

① 《交通史总务篇》第548－549页。
② 参见谢彬：《中国铁道史》，中华书局1929年，第28页。
③ 参见宓汝成：《帝国主义与中国铁路》，上海人民出版社1980年，附录一、二。
④ 严中平：《中国近代经济史统计资料选辑》，中国科学出版社1955年，第194、196页。
⑤ 黄逸平、虞宝棠主编：《北洋政府时期经济》，上海社会科学院出版社1995年，第248页。
⑥ 许涤新、吴承明主编：《旧民主主义革命时期的中国资本主义》第833页。

款 60 万英镑的合同，用于建立军事电台。海军部则与日本三井洋行鉴定了双桥无线电借款合同，并允许三井洋行 30 年的电台管理权，使国家主权受到了损害。1923 年，在张学良的主持下，在沈阳设立了无线电国际电台。有线电话在北洋政府时期也有较大发展。除市内电话继续发展外，还建设了一些长途电话线路。至 1925 年，上海－无锡、天津－沈阳、北京－绥远、太原－包头、长沙－湘潭都建有长途电话线，总长达 4000 余公里。[①]

在北洋政府时期，官僚垄断金融业也有一定程度的发展。北洋政府时期官办金融业发展的一个重要特点是出现了国家银行资本民间化的趋势。中国银行和交通银行是北洋政府时期主要的两家国家银行。在 1915 年 9 月以前，中国银行的股本完全是官股，银行一切事物处于北洋政府的完全控制之下，从职能上来说，在发行钞票和代理国库之外，经理政府公债发行处于极为重要的地位。从 1915 年 9 月始，中国银行需要增加股本，但政府方面又无款可筹，于是不得不开始招募商股。同年底，商股已占资本总额的 17.2%，以后增长极快，1917 － 1920 年商股占资本总额的比率达 59.3%，1921 年更达 72.6%，1922 年为 89.3%，1923 年达 93.4%，1924 － 1926 年达 97.5%，[②] 中国银行的股权几乎全部从政府手中转到了私人手中。以此为基础，中国银行开始谋求从北洋政府的控制中独立出来。在 1916 年的停兑风潮以及以后的京钞整理中，中国银行特别是上海分行表现出与北洋政府相脱离的强烈愿望。而 1917 年 11 月对旧则例的修改，则是中国银行试图独立于北洋政府的真正起步。[③]1918 年 2 月，中国银行股东会在北京正式成立，逐步向民营股份公司转化，并力求业务也“由政府转移于商业”[④]。但是，中国银行并没有真正摆脱北洋政府的控制，它仍然被作为北洋政府解决财政困难的工具。中国银行的资本虽然民间化了，但对政府的垫款不仅没有减少，反而在进一步增加。其对财政部的垫款，在 1915 年以前约数百万元，至 1916 年 7 月底增至 1520 万元，1917 年底更增至 4540 万元，致使银行资金周转发生困难。[⑤]1918 年以后每年保持在 4000 余万元的水平。1923 年以后对政府垫款又有增加，达 5 ～ 6

① 沈家五：《北洋时期工商企业登记表》，载《近代史资料》第 58 期。

② 参见许涤新、吴承明主编：《旧民主主义革命时期的中国资本主义》，第 840 页。

③ 按旧则例，中国银行的正副总裁均由政府简任，而政府简任的正副总裁则对政府的垫款要求唯命是从。1917 年 11 月 5 日，中行呈文要求修改则例，提出银行董事应由股东总会选任，常务董事应由董事推选，正副总裁应由政府于常务董事中任命，另在招股一千万元后成立股东总会。22 日，政府发布大总统敕令，基本满足了中国银行的这一要求。（姚崧龄：《张公权先生年谱初稿》，台北传记文学社印行 1982 年，上册，第 37 页；《中国银行二十四年发展史》，台北传记文学社印行 1976 年，第 49 页。）

④ 《中国银行民国十八年营业报告》，中国银行总管理处 1929 年，第 6 页；《张公权先生年谱初稿》上册，台北传记文学出版社 1982 年，第 38 页。

⑤ 《中国银行第一届董事会报告书》，《银行月刊》1922 年第 2 卷第 6 号。

千余万元。加上给地方政府的垫款，1918 年以后中行对政府的垫款额常在 6 ~ 7 千万元以上。若再加上所持有的政府公债面额，1918 － 1924 年间，中国银行所持公债和垫款总额占其资本和存款的比率常在 50 ~ 60%以上。[①] 可见，中国银行在其资本民间化的过程中，功能并未发生明显变化。交通银行也存在着民营化的趋势，但同样也始终没有摆脱军阀政府的控制。交通银行 1908 年由清政府创办，创办时官股占四成，其余六成为商股，但邮传部对行务和人事有监督和审核的权力，总理也由邮传部简任。民国以后，交行隶属于交通部。1914 年 3 月，交通部制定并颁布了交行则例，规定交行为股份有限公司，股本总额 1000 万两，官四商六，总理和协理由股东会公选产生。[②] 交行不仅积极承购政府公债，为政府垫款，而且还积极支持袁世凯复辟帝制，至 1915 年，先后向政府垫借 3115 万元，竟占该行全部存款的 80%。[③] 在 1916 年的停兑风潮中，中行拒绝执行政府停兑命令，表现出相当的独立性，而交行则执行了北洋政府的停兑命令。在 1921 年第二次挤兑风潮中，中行全部兑现，而交行则筹款无着，陷入困境。经过两次挤兑风潮，交行的后台交通系的政治势力大减。1922 年 6 月，交行召开股东总会，选举张謇为总理，钱新之为协理，决定增收商股，并制定了脱离军阀政治、趋重工商实业的新方针。[④]1924 年，交行将一些重要部门陆续迁至工商业较为集中的天津。直奉战争以后，梁士诒再任交行总理，张謇、钱新之被迫辞职。政局变幻，交行虽力图独立于北洋政府，但始终不能得逞。1923 年，政府欠款加所持有政府公债等有价证券的数额占交行放款总额的 56.1%，1926 年仍达 55.0%。[⑤] 交行始终是北洋政府的财政工具。

北洋政府时期官僚资本金融业发展的另一个特点是地方政府官办金融机构的迅速发展。地方政府官办银行是为了解决地方政府财政困难而兴办的，具有资本少、信用低，重在敛财的特点。这些银行主要是各地军阀控制的省银行，它们是军阀出纳银钱的私库，是军阀筹措军费，盘剥人民的有力工具。它们的主要业务是：（1）发行钞票；（2）代理金库，为军阀垫付庞大的军政开支；（3）垄断地方金融，压迫私人金融机构；（4）兼营工商事业，操纵省内经济。据统计，北洋政府时期设立的地方银行加上从前清继承下来的地方银行，共有 90 多家。[⑥] 据估计，1911

① 许涤新、吴承明主编：《旧民主主义革命时期的中国资本主义》，第 841 页表 5 － 33。

② 《交通银行 1914 年则例》，载《交通银行史料》，交通银行总行、中国第二历史档案馆编，中国金融出版社 1995 年。

③ 许涤新、吴承明主编：《旧民主主义革命时期的中国资本主义》，第 845 页。

④ 《交行月刊》1 卷 12 号，此处转引自杜恂诚：《民族资本主义与旧中国政府》，第 202 页。

⑤ 汪敬虞主编：《中国近代经济史 1895 － 1927》，人民出版社 2000 年，下册，第 2246 页。

⑥ 黄逸平、虞宝棠主编：《北洋政府时期经济》，第 240 页。

年地方银行资本总额为1100万元，至1920年，就增至2000万元，9年中增长了82%。[①]

总之，在北洋政府时期，官僚资本金融业有了一定的发展。据考察，1911年以前，历年开设的官办官商合办银行只有11家，而1912年一年新设的就达11家，该年底实存官办官商合办银行24家，占全国华资银行总家数的64.9%，实收资本总额共1966.6万元，占全国华资银行实收资本额的72.4%。至1925年底，实存官办官商合办银行28家，占全国华资银行总家数的17.7%，实收资本总额7605.3万元，占全国华资实收资本额的45.0%。[②]虽然在华资银行中的比重在商办银行大发展的背景下有了明显的下降，但实收资本总额却增长了近三倍，其发展速度是非常明显的。

从以上论述来看，北洋政府时期的官僚垄断资本，除了官办民用工矿业和航运业有明显的停滞和衰退外，其它与军事和财政相关的行业都有一定程度的发展，虽然其发展的速度非常缓慢。综合起来看，北洋政府时期官僚垄断资本还是有一定的发展的。据估计，官僚资本的估值在1911年约为52296万元，至1920年已增至90205万元，9年中增长了72%，其中产业资本增长了40%，银行资本则增长了4.2倍。当然，这样的发展速度远远地落后于民族资本的发展速度。就产业资本来说，1911－1914年，官僚资本的年均增长率为3.81%，而民族资本的年均增长率则达10.54%。[③]但是，北洋政府官僚垄断资本的发展缓慢并不意味着北洋政府放弃了发展官僚垄断资本的意图。北洋政府对前清官业的处理和意欲对效益较好的商办企业收归国有的动向无不反映了其时刻想发展官僚垄断资本的强烈愿望。“只有当政府军政力量涣散，推行经济政策的能力衰微时，民族资本主义喘息和崛起的所谓黄金时代才会到来。”[④]北洋政府时期是民族资本主义现代化模式取得较大发展和官僚垄断资本主义现代化模式转趋式微的时期。

经过1912年以后特别是第一次世界大战期间的经济发展，我国的民族资本主义经济得到空前的发展，并形成了几个大的资本主义经济财团。我国近代经济史上的著名的“三大财团”——华北财团、江浙财团和华南财团，就在此一时期

① 许涤新、吴承明主编：《旧民主主义革命时期的中国资本主义》，第1058页。

② 唐传泗、黄汉民：《试论1927年以前的中国银行业》，《中国近代经济史研究资料》（4），第65、88页。

③ 许涤新、吴承明主编：《旧民主主义革命时期的中国资本主义》，第1057－1058、1047页。

④ 参见徐建生：《官产官业处置、收归国有取向与民初经济政策》，《中国经济史研究》1998年第2期。

形成。[①] 在早期阶段，主要依靠政治势力发展起来的华北财团占优势，但是，经过第一次世界大战期间的经济发展，以上海为中心的苏、浙、皖一带成了全国的经济中心，江浙财团的势力逐渐地压过了华北财团。特别是北洋政府四分五裂之后，华北财团的政治优势越来越削弱，其经济力量也逐渐南移，向江浙财团靠拢。如中国银行上海分行在1916年抗拒停兑令以后形成半独立状态，特别是在张公权调任中国银行副总裁以后，逐步加入了江浙财团。交通银行的商股势力操纵在江浙财团手中，在1916年停兑风波之后，与江浙财团接近的浙江籍的钱永铭担任了上海分行经理，交通银行在江浙财团的支持下维持了业务。1922年钱永铭调任北京总行总经理，上海分行经理一职由原任浙江兴业银行上海分行经理的盛竹书担任，交通银行实际上也加入了江浙财团。北四行的经济实力也逐渐南移，在上海成立了四行储蓄会和四行联合准备库，并一度拉拢江浙财团的钱永铭担任协理，主持四行在上海的统一活动，同江浙财团拉上了关系。华南财团实力较小，不足以与江浙财团相竞争，甚至还有待于江浙财团的支持和援助。这样，经过第一次世界大战期间的经济发展，以上海为中心的苏、浙、皖一带就成了全国的经济中心，而江浙财团则成了执全国近代资本主义经济之牛耳者。

随着民族资本主义经济的发展，民族资产阶级的阶级力量也获得空前壮大，民族资产阶级越来越以独立的姿态出现在政治舞台上，并要求主导国家政治，即所谓的“国民自决”。1922年的“国是会议”和1923年建立“民治委员会”的举动，就是民族资产阶级发展壮大后试图独立主导国家政治的两次尝试。

从清末到民国成立后的头10年间，民族资产阶级曾醉心于议会政治。他们试图通过资产阶级进入国会来改革政府，实现封建半封建国家政权自身向近代资产阶级国家政权的转化。但是，北洋军阀统治政权倒行逆施的种种作为逐渐打破了民族资产阶级力图促使封建半封建国家政权实现自身的近代转化的幻想。他们“失望于议会政治”[②]，加上他们自己政治经济力量的渐趋强大，因而开始探索由民族资产阶级直接主导国家政治的新型国家政权形式，这个新型国家政权形式的理论基础就是“直接民权论”，即人民（当然是指资产阶级）不必经过议会，而可以“直接指挥政治”、“决定国家事情”，也就是“国民自决”[③]。在这种精神指导下，由全

① 三大财团以各自所属的银行为基础。华北财团所属的银行有政府系的中国银行、交通银行、新华信托储蓄银行，北四行系的金城银行、盐业银行、大陆银行、中南银行，以及直鲁系的边业银行和东来银行。江浙财团所属银行有南四行系的中国银行上海分行、上海商业储蓄银行、浙江实业银行、浙江兴业银行、宁波系的中国通商银行、四明商业储蓄银行和安徽系的中国实业银行、中孚银行。华南财团的银行有港粤系的广东银行、东亚银行、国民商业储蓄银行、和丰银行和福建系的中兴银行。

② 《议会政治之失望》，载《东方杂志》1920年第17卷第17号。

③ 《朱执信集》，中华书局1979年，下册第518页。

国商会联合会（以上海总商会为核心）和全国各省教育会发起，于1922年3月在上海召开了各省议会、商会、农会、银行公会、报界联合会和工会八团体“国是会议”。这是民族资产阶级的第一次“国民自决”运动。[①]会议发表宣言称必须“国民自动，建造一合法统一之政府”[②]。会议还制定了一个“宪法草案”，定中华民国为“联省共和国”，提出了“联省自治”的要求。[③]虽然联省自治在当时军阀混战的情况下，实际上是“联督自治”，是“替武人割据的现状加上一层宪法保障”[④]，但它反映了民族资产阶级在力量壮大之后反对北洋军阀统治，试图独立和直接决定国家政权形式的要求，具有进步的意义。上海总商会于1923年7月组织“民治委员会”是民族资产阶级展开的第二次“国民自决”运动，也是民族资产阶级第一次试图独立组织政府的正式尝试。1923年6月的曹锟政变把民族资产阶级逼上了忍无可忍的境地。在上海工商学各界的敦促下，上海总商会勇敢地担负起领导“国民自决”运动的重任。6月23日，上海总商会召开临时会员大会。大会宣布，不承认北京政府有代表国家的资格，不承认国会议员有代表民意的资格，并决定就有关的种种建设问题组织一个“民治委员会”，规定“民治委员会”的任务是在中央政府中断期间代表国家行使外交权力、管理国家财政及依法组织国会等。[⑤]“国民自决”运动发展成了“民治运动”。上海总商会会长冯少山明确指出“民治运动”就是“商人革命”[⑥]。“民治委员会”开幕会议临时主席方椒伯在讲话中说道：“十年以来，前车之覆，非止一端，然其荦荦大者，则彼军阀与官僚各有一共同之目的，共同之结合，而国民对于政治虽系有片断之主张，并无共同

① 民族资产阶级所谓的“国民”，自然指的是民族资产阶级，而不是包括工人阶级和农民阶级的全体国民；所谓的民权，当然也是指的民族资产阶级的权力，而不是全体国民的权力。国是会议八团体中的农会实际上也不过是农村的地主阶级或绅士的代表，而不是真正的农民。《民国日报》在国是会议召开前夕就发表评论指出，国是会议明确“排斥了工人”，而其背后“真有农人吗”？（楚伧：《送国是会议的开幕礼》，载《民国日报》1922年2月10日第2版。）国是会议甚至连一般商人也不能代表。“现在的国是会议组织，只有几个都市中有钱的商人，和洋场上的买办，试问为何能代表全国商人呢？”（楚伧：《国是会议的本身组织》，载《民国日报》1922年2月12日第2版。）之后，迫于社会压力，不得不允许工界加入，但工界拒绝加入，并发表声明说：“变七团体之国是会议为八团体国是会议，更未得我工团之加入，而居然用此名义。……通电全国各界，声明反对。”（《工团拒绝加入国是会议》，《民国日报》1922年3月21日第10版。）因此，八团体会议实为七团体会议。

② 茹玄：《国是与国是会议》，见《上海总商会月报》1922年第2卷第1号。

③ 《东方杂志》1922年第19卷第21号，“附录”。

④ 陈独秀：《对于现在中国政治问题的我见》，《民国日报》1922年8月26日第2版。此前，邵力子也早已指出联省自治在中国难以行通。他说：“联省自治，是一个很好的名目，并且也是中国将来必趋的途径。然而，真要实现联省自治，第一要件，必须人民能自治，不复为武人或官僚所操纵。否则，联省其名，割据其实，愈讲自治，而去政治愈远，人民的痛苦将日甚一日，国家的前途也更加危险。”（力子：《论联省自治》，载《民国日报》1921年4月14日第2版。）

⑤ 《总商会临时会员大会记》，《申报》1923年6月24日第13版。

⑥ 《商总联合会会议》，《申报》1923年6月20日第13版。

结合之团体，所以势孤力涣，不能为彻底之解决。本会之以上海商界开其先，而希望各省区各界人士之继其后，盖亦以既应为标识，则政权自不容垄断于少数人之手。势非结合全国人民为一大团体，断不足于挽已倒之狂澜。此本会敢以质直坦白之精神，向中外表示，并冀全国各界之声应气求者也。”[①]民族资产阶级的革命行动获得了人民的广泛支持。[②]有论者提出“民治运动”显露出民族资产阶级有“从旧民主主义革命阵营向新民主主义阵营靠拢的趋向”[③]。但是,民族资产阶级毕竟是一个目光短浅、自私自利的阶级，他们不能胜任领导中国人民完成建立新国家的重任。7月24日，“民治委员会”由上海总商会组成。可是，这个所谓的“民治委员会”的成员完全由总商会的会董和会员组成，把其它各界甚至其它商人的组织都排除在外。“民治委员会”立刻失去了民众的支持，一度使人振奋的“民治委员会”就这样自我扼杀了。由民族资产阶级进行的“民治运动”也因此而寿终正寝了。

---

① 《总商会民治委员会昨行开幕式》，《民国日报》1923年7月5日第3版。

② 如《民国日报》发表“时评”说:这“是对军阀官僚宣战,是做民治运动的先驱,是抱牺牲主义的,是报革命精神的。”(时评:《总商会今日大会》，《民国日报》1923年6月23日第11版。)甚至中共中央也在第二次对于时局的主张中提出，如果国民党不能承担政治建设的责任，那么，“民治委员会即应起来肩负此责任，号召国民会议，以图开展此救国救民的新局面。”(见《中共中央第二次对于时局的主张》，载中央档案馆编:《中共中央文件选集》中央党校出版社1982年，第1册，第133页。)

③ 虞和平:《商会与中国早期现代化》，上海人民出版社1994年，第331页。

第五章

1912 年以后孙中山为推进资产阶级民主主义现代化模式所作的努力及由旧民主主义现代化模式向新民主主义现代化模式的过渡

以孙中山将临时大总统一职让位于袁世凯为标志，辛亥革命在未能实现孙中山所期望的那样使资产阶级民主主义现代化模式在中国占据主导地位的状况下结束。但是，如前所述作为大地主大资产阶级代表的袁世凯窃取了临时大总统的职位,并不意味着辛亥革命结束后所建立的国家政权就是大地主大资产阶级的政权，并不意味着袁世凯就可以按照他的意愿推行官僚垄断资本主义现代化模式，并不意味着官僚垄断资本主义现代化模式已经占据主导地位。在民初的袁世凯政府中，内阁由同盟会和原立宪派的人员占主导地位，参议院则由同盟会占一定的优势地位。特别是革命派还继续保留着七八个省的地盘（虽然很不巩固）和十几万军队(虽然很不可靠)，原立宪派也在梁启超的活动下直接或间接地控制着云贵两省。这些力量都是对袁世凯实行大地主大资产阶级统治和肆意推行官僚垄断资本主义现代化模式的制约。在民初的政治格局中，并存着三种政治力量，一是以袁世凯为代表的封建买办性官僚军阀集团，一是以孙中山为代表的资产阶级革命派，再一是代表民族资产阶级利益的原立宪派，他们分别试图在中国推行官僚垄断资本主义现代化模式、资产阶级民主主义现代化模式和民族资本主义现代化模式。三种政治力量中的任何一种力量都不可能很快地取得优势，从而完全按照他们的意愿推行自己所主张的现代化模式。三种政治力量中，由于革命派和原立宪派在主张发展民族资本主义这一点上能够取得一致，而袁世凯的北洋军阀势力又未能在政权中取得主导地位，因而在民国初年由袁世凯政府制定和颁布了一系列有利于民族资本主义经济发展的政策和法规。应当说，在民初袁世凯政府时期，中国的国家政权结构是多元的和混合的,中国会走上哪一条现代化道路也还是不明确的。

但是，总统的职位毕竟已经为袁世凯所窃取，而原立宪派党人又与袁世凯勾结在一起，在政治上共同反对资产阶级革命派，这就为以孙中山为代表的资产阶级革命派推行自己的现代化模式设置了难以逾越的障碍。尽管客观环境是如此的不利，孙中山以及以他为代表的资产阶级革命派还是在进行着艰苦卓绝的斗争，力图使中国能够沿着资产阶级民主主义现代化模式前进。

前文中已经指出，孙中山之所以让位与袁世凯，一个重要原因是当时革命党人革命意志衰退，背离了孙中山。他在后来回忆说："民国建元之初，予则竭力主张施行革命方略，以达革命建设之目的，实行三民主义，而吾党之士多期期以为不可，晓谕再三、辩论再四，卒无成效。"[①] 袁世凯窃权以后，孙中山的思想状况发生了微妙的改变，对是否采用革命手段表现出谨慎的态度，对是否做大总统也表现出非常淡漠的态度，也希望"率同志为纯粹在野党，专从事扩张教育，振兴实业，以立民国国家根本大计，而尽让权于袁氏"[②]。促使孙中山产生这种变化的原因在于他认为在当时的政治环境下，任何人执政都不可能有太大的作为，因为国力太弱，又有帝国主义的压迫，与其身为总统而受制于各种势力，不如以在野的身份，从事经济建设，这样反而更有益于推行三民主义，推行资产阶级民主主义现代化。他对铁路建设尤为热衷。孙中山在 1912 年 8 月间致书宋教仁时即表明了这种心迹，他说："民国大局，此时无论何人执政皆不能大有实施。盖内力日竭，外患日逼，断非一时所能解决。若从政治方面下药，必致日弄日纷，每况愈下而已。必先从根本下手，发展物力使民生充裕，国势不摇，至政治才能活动。弟刻欲舍政事，而专心致志于铁路之建设，于十年之中筑二十万里之线。"[③] 正是基于这种想法，孙中山反而开始支持袁世凯担任总统，而把自己执政的时间推后了十年。他说："为中国目前计，此十年内仍宜袁氏为总统，我尽专力于社会事业。十年以后，国民欲我出来服役，尚不为迟。"[④]

孙中山对袁世凯的态度也发生了某种变化。这主要是因为袁世凯数度宣誓忠于《临时约法》，善于表演的袁世凯迷惑了孙中山的眼睛。孙中山在应邀北上时说道："无论如何不失信于袁总统，且他人皆谓袁不可靠，我则以为可靠，必欲一试吾目光。"[⑤] 特别是在孙中山北上与袁世凯会谈时，袁世凯对孙中山的主张无不"推诚接纳"，甚至对孙中山"耕者有其田"的主张也表示"肯定以为事属当然"后，孙中山已对袁世凯信任有加，一再表示对袁世凯深信不疑，要求革命党人"对袁

① 《孙中山全集》第 6 卷第 205 页。
② 邹鲁:《中国国民党史稿》，商务印书馆 1938 年，第 1 编第 268 页。
③ 《孙中山全集》第 2 卷第 404 页。
④ 《孙中山全集》第 2 卷第 440 页。
⑤ 《孙中山全集》第 2 卷第 401 页。

总统万不可存心猜疑。”[①] 孙中山甚至欢迎袁世凯加入国民党。[②] 孙中山在辞去临时大总统时就对革命的结果颇为满意，认为“今日满清退位，中华民国成立，民族、民权两主义俱达到，唯有民生主义尚未着手，今后吾人所当致力的即在此事。”[③] 此后，他对前途更加乐观，多次谈到“民族、民权两主义俱达到”，“今后吾人所应致力”于民生主义，并表示他和他的同志有诚意同“今日的朋友”袁世凯合作，“以当年经营革命之精神，用温和稳健之手段，共谋民国之事业”[④]。事实证明，孙中山对袁世凯的认识是不正确的，完全被袁世凯的假象所迷惑，孙中山对民初中国前途的乐观态度也是以这种不正确认识为基础的盲目乐观。

孙中山的这种乐观态度在同盟会（及后来的国民党）中并不占主流。占主流的是以宋教仁为代表的所谓“稳健派”。以宋教仁为代表的稳健派对袁世凯抱有深深的不信任感，也即孙中山所说的“疑袁总统有帝制自为之意”[⑤]。宋教仁主张实行责任内阁制，打算利用《临时约法》规定的约法实施后十个月内选举国会、制定宪法争取大选胜利，建立国民党责任内阁，以钳制野心家袁世凯，把袁世凯置于虽有总统之位而无总统之权的地位。孙中山虽然错误地信任袁世凯、主张用温和的手段和与袁世凯合作的方法推进民国建设事业，但对三民主义中的民生主义极为看重。孙中山自解职之日起至该年底的九个月时间内，共发表了四十余次演讲和谈话，其中有关民生主义和铁路建设的就占一半以上。而宋教仁虽然在对袁世凯的认识上比孙中山要进一步，但对民生主义的重要性认识不足，他甚至在同盟会改组为国民党之时，为使统一共和党和社会国民公党等党派并入国民党而答应其放弃三民主义的要求，并在国民党成立宣言中只言明“采用民生政策”[⑥]。虽然根据宋教仁自己的理解，“民生政策”就是三民主义，[⑦] 但是，加入国民党的原统一共和党和上海国民公党等党派却不会这样理解。这样，由于受到原统一共和党和上海国民公党等党派人物的牵制，对民生主义的贯穿肯定会受到制约。另外，以宋教仁为代表的稳健派希冀通过议会政治去实现需要用革命手段才能达到的目的，也只不过是一种不切实际的幻想。应当说，同盟会改组为国民党之后，

① 《三水梁燕孙先生年谱》（上），此处转见胡绳武、金冲及：《辛亥革命史稿》（第四卷），上海人民出版社 1991 年，第 380 页。

② 《孙中山全集》第 2 卷第 440 页。

③ 《孙中山全集》第 2 卷，第 319 页。

④ 《孙中山全集》第 2 卷，第 319、485 页。

⑤ 《孙中山全集》第 2 卷，第 485 页。

⑥ 《孙中山全集》第二卷，第 399 页。

⑦ 如宋教仁在论及国民党党纲时说：“国民党之党纲，……第四，民生主义。……夫民生主义者，在欲使贫者亦富，如能行之，即国家社会政策，不使富者愈富，贫者愈贫，致有劳动家与资本家之冲突也。”（《宋教仁集》，中华书局 1981 年，第 477 页。）

其革命性和战斗性大大地减弱了，其政治立场明显后退，孙中山的领袖地位也受到一定程度的削弱。正因为孙中山和宋教仁之间存在着这种区别，所以孙中山对宋教仁把同盟会改组为国民党一事并不十分热心。他只不过是被动接受而已。他说道："此次欲组织坚强之大政党，既据五大政党之政见，以此条（指民生主义——引者注）可置为缓图，则吾人以国家为前提，自不得不暂从多数取决。"① 不过，孙中山对国民党还是赞同和支持的，只不过他的赞同和支持是以国民党与袁世凯合作为前提的，他不赞成国民党去钳制袁世凯。孙中山从北京回到上海之后，全体内阁成员都加入了国民党。对此，他说道："今阅报，国务员已加入本党。是今日内阁，已为国民党内阁，民党与政府之调和，可谓跻于成功。此后国民党同志，当以全力赞助政府及袁总统。"② 孙中山也不反对宋教仁领导的争取国民党成为国会第一大党并组成国民党内阁的活动，因为他也是赞成政党政治和实行责任内阁的，只不过是他认为这不是当务之急。孙中山认为的当务之急是从事经济建设，特别是铁路建筑，以实现民生主义。

但是，刺杀宋教仁的枪声惊醒了孙中山和平建国、和平推行资产阶级民主主义现代化模式的美好梦想，也打碎了稳健派希冀通过议会政治和政党内阁巩固资产阶级共和国的善良愿望。孙中山是一位意志坚强、百折不挠的伟大革命家。他虽然一度被袁世凯的假象所迷惑，一度陷于难以自拔的幻想之中，但是，一旦事实证明了自己的错误，他就会勇敢地改正错误，并以坚韧不拔的毅力推行他从自己的错误中认识到的正确主张。刺宋的枪声惊醒了孙中山，他毅然支持激烈派，主张兴师讨袁。但是，稳健派却仍然没有从教训中认识自己的错误。宋教仁虽死，但放弃革命的妥协精神还在影响着国民党中的稳健派人。他们反对用暴力革命手段，而主张通过议会活动，用法律手段解决与袁世凯之间的冲突。如黄兴称："民国已经建立，法律非无效力，对此问题宜持以冷静态度，而待正当之解决。"③ 这就产生了由孙中山与原激烈派组成的"武力解决"派同原稳健派组成的"法律解决"派之间的分歧。1913 年 4 月间，孙中山在上海召开军事会议，征询讨袁方略，但由于武力解决派及地方实力派的消极，会议只是议决进行战争准备。4 月 26 日刺宋案证据公布，27 日袁世凯"善后大借款"成立，孙中山和革命党人愤怒至极，孙中山再次主张速兴问罪之师，但依然未能成功。黄兴说："兴对于宋案，纯主法律解决，借债（指善后大借款）要求交国会通过，始终如一。"④ 但是，早

---

① 《孙中山全集》第 2 卷，第 408 － 409 页。

② 《孙中山全集》第 2 卷，第 485 页。

③ 1915 年孙中山致黄兴函中追叙黄兴语，此处参见张其昀编：《国父全书》，台北国防研究院 1960 年，第 591 页。

④ 《民立报》1913 年 5 月 14 日第 6 页。

已散失革命性的许多国民党人在袁世凯的收买下纷纷脱党，国民党在国会中的多数党地位岌岌可危。国民党已经四分五裂，法律解决只不过是一句空话。相反，袁世凯却始终在准备战争。至善后大借款成立，袁世凯以为时机已经成熟，遂决定与革命党人公开决裂。革命党人不得不仓促应战。而此时却是革命党人最涣散和战略上处于南北停战议和以来最不利地位的时候，“二次革命”很快就失利了。“二次革命”失败后，革命党的势力几乎被袁世凯全部消灭。孙中山率一部分革命党人吸取国民党失败的教训，在日本成立中华革命党，继续进行反对袁世凯的武装革命斗争。

袁世凯在击败了革命党人之后，开始逐步暴露出作为大地主大资产阶级代表的面目。他逐步放开手脚，开始复辟封建专制主义的倒行逆施。他首先强迫国会选举他为正式总统，然后又宣布取缔国民党。1914 年 3 月，袁世凯召开约法会议，公然废除《临时约法》，制定了一部袁氏约法——《中华民国约法》。1914 年 12 月又出台修正的《大总统选举法》，实际上确立了终身总统制和传子（或传贤）继承制。对此，袁世凯还感到不满足。新的《大总统选举法》的墨汁还未干，袁世凯就公然复辟帝制，登上了皇帝的宝座。

袁世凯复辟帝制，激怒了民族资产阶级。民族资产阶级（立宪派）在辛亥革命时期曾一度与资产阶级革命派相联合推翻了清王朝的封建专制统治，但旋即抛弃孙中山而选择了袁世凯。他们不能接受孙中山提出的资产阶级民主主义现代化模式，他们以为袁世凯是他们所主张的民族资本主义现代化模式的支持者，所以他们选择袁世凯作为他们的代理人。在民初政局中，他们强烈排斥资产阶级革命派，处处与革命派作对。他们支持袁世凯建立所谓的“开明专制”统治体制。他们认为，在严重民族危机的形势下，只有通过像袁世凯这样强有力的人物，建设一个强有力的中央政府，运用“开明专制”的手段，才能把中国真正引上“宪政”的轨道，才能在中国推行民族资本主义现代化模式，从而使中国真正走上独立的资产阶级共和国道路。他们强调“国权”而忽视“民权”。共和党和进步党都把“国家主义”作为其纲领的首条。他们的精神领袖和政治代表就是梁启超。在消灭革命党势力之前，袁世凯为了拉拢民族资产阶级，不得不装出一副民族资产阶级代言人的角色，因而不断地骗取了民族资产阶级的信任。当袁世凯消灭了革命派并解散国会、迫使熊内阁垮台，从而独揽了大权之后，“袁世凯分给梁启超和进步党人的一杯羹越来越小了”①。梁启超的一些同人开始要求梁启超考虑“出处”问

① 朱宗震：《民国初年的权威主义》，《孤独集》，上海书店出版社 2001 年，第 147 页。

题，也即不与袁世凯合作的问题。[①]但梁启超此时尚未从“开明专制”理论中摆脱出来，还在继续容忍袁世凯借“开明专制”之名而行野蛮专制之实。袁世凯公然复辟帝制，终于使梁启超和民族资产阶级愤怒了，他们毅然与袁世凯决裂，走上了武装护国的道路。在“二次革命”中，资产阶级革命派曾经想获得民族资产阶级的支持，但未能达到目的。如国民党试图通过张謇调停乞和，张謇却装病不加理睬。“二次革命”时是进步党与袁世凯打得最为火热的时期。但是，袁世凯复辟帝制超越了民族资产阶级的利益范围。因此在护国战争中，民族资产阶级（梁启超和进步党）又与资产阶级革命派（孙中山和黄兴）走到了一起，反对他们的共同敌人袁世凯。但是，同辛亥革命后民族资产阶级并未改变其原先的立场而抛弃了孙中山一样，护国战争胜利后，民族资产阶级仍没有改变他们的立场，再一次地抛弃了孙中山。1916 年 6 月，袁世凯死去，黎元洪继任大总统，宣布恢复《临时约法》，但实际权力则掌握在国务总理、皖系军阀段祺瑞手中，梁启超与进步党人又投到了段祺瑞的怀中。孙中山回到国内，继续进行着维护共和、推行资产阶级民主主义现代化模式的斗争。

1917 年 7 月，张勋复辟失败，段祺瑞重掌政权后拒绝恢复《临时约法》和召集国会。为此，孙中山发动了第一次护法战争。7 月中旬，在桂系军阀陆荣廷和滇系军阀唐继尧的支持下，孙中山南下广东护法。孙中山在广东召集国会非常会议，通过《中华民国军政组织大纲》，并建立了军政府，亲自出任大元帅。但是，桂系军阀陆荣廷只不过以护法之名，想利用军政府的牌子专擅军民财政，孙中山的军政府既无兵也无饷，只不过一空头政府而已。陆荣廷和唐继尧不仅在军事上与冯国璋和段祺瑞勾结，致使北伐成果得而复失，而且在政治上拆孙中山的台。1918 年 2 月，他们拉拢政学系议员，在国会非常会议上提出一个《中华民国军政府组织大纲修正案》，改元帅制为七总裁会议制，从法律上根本取消了孙中山所担任的大元帅职务。孙中山被釜底抽薪。孙中山悲愤的对国会议员们说：“今日余对于改组一事，根本反对。即于改组后欲以余为总裁者，亦决不就之，惟有洁身引退也。”[②]辞去了大元帅职务。他沉痛地说：“顾吾国之大患，莫大于武人之争雄，南与北如一丘之貉。虽号称护法之省，也莫肯俯首于法律及民意之下。”[③]“武人之争雄”是“吾国之大患”，且“南与北如一丘之貉”，这是孙中山通过护法运动的失败所得出的一个新认识。

---

① 如刘复礼写信给梁启超说：“出处去就之义，固宜素讲，而迷谬濡滞如此，北螟之鹏縻于尺寸之丝，窃为足下痛之。”（丁文江等编：《梁启超年谱长编》，上海人民出版社 1983 年，第 692 页。）

② 《孙中山全集》第 4 卷，第 422 页。

③ 《孙中山全集》第 4 卷，第 471 页。

正当孙中山沉湎于护法运动失败、找不到革命的力量的苦闷，慨叹“行易知难”之时[1]，五四运动爆发了。五四运动的爆发及所取得的胜利，使孙中山的眼睛顿时一亮，他突然看到了一股新的力量，这股力量就是国民。正是国民的力量使得北洋政府不得不在巴黎和会上拒绝签字，取得了反帝反封建运动的胜利。孙中山一直以为需要“先知先觉”者们去开智的国民，一夜之间突然涌现在他的眼前，这使孙中山感到无比的兴奋。但是，此时的孙中山仍然只看到了青年学生的力量，而真正构成国民主体的工人和农民，仍然没有进入孙中山的视野。他对学生们说道：我孙中山“同属国民一分子，对诸君爱国热忱，极表同情，当尽能力之所及以为诸君后盾。日来亦屡以此意提撕同人，一致进行。尚望诸君乘此时机，坚持不懈，再接再厉，唤醒国魂。民族存亡，在此一举，幸诸君勉力图之。”[2]他看到了与学生相结合的重要性：“试观今次学生运动，不过因被激而兴，而于此甚短之期间，收绝伦之巨果，可知结合即强也。如使诸君即时以正当方法结合，要求在国会政治之下回复诸君自己之权，吾敢断言诸君之必成功也。前此主张国会必须恢复者，仅吾及吾党数人耳。以此当大多数之反对，独力支持，二年于兹矣。”[3]五四运动使孙中山前进了一步，但前进的步伐显然还不够大。

孙中山的这种踯躅也反映在他的思想和行动上。1919年10月，孙中山将中华革命党改组为中国国民党。不久，他在上海寰球中国学生会上作关于《救国之急务》的演讲。对于今后的行动方针，他对学生讲了这么一段话：“吾人欲救吾国，所可采者惟有两途：其一，则为维持现状，即恢复合法国会，以维持真正永久之和平也；其二，则重新开始革命事业，以求根本改革也。”他在叙述了如何恢复国会之后，说道：“如曰此非所可得致，则救国之业仅能出他一途，即重行革命也。”也就是“南北新旧国会，一概不要它，同时把那些腐败官僚、跋扈武人、作恶政客，完完全全扫干净它，免致它再出来捣乱，出来作恶，从新创造一个国民所有的新国家，比现在的共和国还要好的多。”“救国的方法，就是这两条。诸君要把这两条认定清楚，看哪一条可以做到，就要积极去做。”[4]在这里，孙中山设想了革命的两种方法。一是“维持现状”、“恢复合法国会”，也就是原来的护法道路，其结果必然是恢复到“二次革命”以前的状况。这是一条老路。另一种方法是新旧国会一概不要，打倒一切军阀和官僚，建立一个新的国家。这是一条新路，是

① 孙中山从广州回到上海后，闭门著书，写出《孙文学说》一书，提出“行易知难”的哲学思想。
② 《孙中山全集》第5卷，第54页。
③ 《孙中山全集》第5卷，第140页。
④ 《孙中山全集》第5卷，第139、148页。

孙中山看到新的力量之后所产生的新的想法。[1] 新的想法有了，但信心还不够足，还没有勇气去做；对老的方法有怀疑、有不满，但在实施新的方法之前又不舍得放弃。这就是孙中山在五四运动之后的思想状况。孙中山还需要经历进一步的挫折，才会走上新的道路。

1920 年 10 月，粤中各地为陈炯明所率粤军所占领，广州突然出现了好形势。于是，孙中山重走老路，于 11 月 25 日启程南下，开始了第二次护法运动。“若犹是不能达到目的，则惟有进而为革命耳。”[2] 孙中山还想再作一次尝试。结果，孙中山的第二次护法运动因陈炯明的叛变而遭受惨重的失败。他说道：“文率同志为民国而奋斗垂三十年，中间出生入死，失败之数不可偻指，顾失败之惨酷未有甚于此役者。”[3] 面对一次又一次惨痛的失败，在俄国和中国共产党人的耐心帮助下，孙中山终于决计开始走新的道路，这就是“联俄、联共、扶助农工”的道路；他要建立一个新共和国，这就是类似俄国的“新式共和国”。[4] 在此之前，孙中山所依靠的力量主要是军阀，而主要的目的则是维护他的那个《临时约法》以及根据《临时约法》产生的所谓国会，结果招致了一个比一个更为严重的失败。现在，孙中山终于下决心抛弃老的作法，寻找新的朋友，开始新的革命。他说道：“我对从前所信仰的一切几乎都失望了。而现在我深信，中国革命的唯一实际的真诚的朋友就是苏俄。”[5] 由此，孙中山开始酝酿与俄国和中国共产党进行合作，由旧三民主义向新三民主义过渡，开创资产阶级民主主义现代化模式的新阶段。[6]

---

① 孙中山在 1919 年 5 月发表的《护法宣言》中还在说：“今日言和平救国之法，惟有恢复国会完全自由行使职权一途。”（《孙中山全集》第 5 卷，第 60 － 61 页。）

② 《孙中山全集》第 5 卷，第 397 页。

③ 《孙中山全集》第 6 卷，第 555 页。

④ 孙中山在与马林会谈后的在一次演讲中说道：“法、美共和国皆旧式的，今日惟俄国为新式的。吾人今日当造成一最新式的共和国。”（《孙中山全集》第 6 卷，第 56 页。）特别是当他得知俄国改行新经济政策，而新经济政策的内容与他的民生主义有许多相似之处之后，更相信俄国与他有共同之处。他说：“此种新经济政策，其精神与余所主张之民生主义不谋而合。”但是，为了避免刺激英国和顾忌党内的反对意见，孙中山在《孙文越飞联合声明》中还是坚持写上了“共产组织，甚至苏维埃制度，事实均不能引用于中国”等字样。（《孙中山全集》第 7 卷，第 51 － 52 页。）孙中山对达林说：“你认为国民党所有党员都赞同苏联？没有的事，甚至在我的政府和议会里都有苏俄的敌人。”并且说：“请你不要忘记了，香港就在旁边，如果我现在承认苏俄，英国人将采取行动反对我。”（达林：《中国回忆录》，中国社会科学出版社 1981 年，第 103 页。）

⑤ 达林：《中国回忆录》，第 126 页。

⑥ 何香凝后来总结道：“孙先生由于自己没有军事力量，不得不利用军阀的军队，以保护民主主义的旧约法为名，进行革命斗争，是以有护法之举。可是，这些军阀官僚却利用孙先生的名义去扩大自己的势力，发展到一定时期，又排斥孙先生。所以孙先生一面不断和军阀进行斗争，一面不断研究摸索中国革命在下一步应该走什么样的道路。孙先生后来改组国民党，实行联俄、联共、扶助农工三大政策的思想，恰恰就是在他这样一次又一次地和军阀作斗争当中，一次又一次地不断加深和巩固起来的。”（何香凝：《回忆孙中山和廖仲恺》，第 18 页。）

1921年7月，在中国诞生了中国共产党，这是中国现代化史上的一件具有划时代意义的大事。因为它开辟了中国现代化的新纪元。在中国共产党的领导下，中国人民逐渐探索出一种新型的、符合中国国情的新资产阶级民主主义现代化模式——新民主主义现代化模式。新民主主义现代化模式的发现并不是一蹴而就的，而是中国共产党经过艰难探索才找到的。新民主主义现代化模式是在与孙中山的旧式资产阶级民主主义现代化模式的交织中，在国共合作中逐渐形成的，是对孙中山领导的旧式的资产阶级民主主义现代化模式的继承和发展。

中国共产党成立之初，对中国国情的认识还很肤浅，对中国革命的方式的中国现代化的道路还没有正确地把握。中共一大通过的《中国共产党的第一个纲领》强调要发动社会主义革命，以无产阶级专政为直接斗争目标。在第一个决议中“对现有政党的态度”一节规定“只维护无产阶级的利益，不同其他党派建立任何关系。”①自1922年6月，中国共产党对中国的国情和中国革命有了新的看法。在中国共产党中央执行委员会发表的《第一次对于时局的主张》中说道：“依中国政治经济的现状，依历史进化的过程，无产阶级在目前最切要的工作，还应该联络民主派共同对封建式的军阀革命，以达到军阀覆灭，能够建设民主政治为止。”对国民党及其他政党也有了新的认识，认为“中国现存的各政党，只有国民党比较是革命的民主派，比较是真的民主派。”主张“邀请国民党等革命民主派及革命的社会主义各团体”，“共同建立一个民主主义的联合阵线，向封建式的军阀继续战争”②。7月，中国共产党召开第二次全国代表大会。大会制订了明确的反帝反封建的民主革命纲领。大会宣言指出：“各种事实证明，加给中国人民（无论是资产阶级、工人或农人）最大的痛苦的是资本帝国主义和军阀官僚的封建势力，因此反对那两种势力的民主主义的革命运动是极有意义的。”宣言强调：“只有无产阶级的革命势力和民主主义的革命势力合同动作，才能使真正民主主义革命格外迅速成功。”③大会指出“我们共产党应该出来联合全国革新党派，组织民主的联合阵线，以扫清封建军阀推翻帝国主义的压迫，建设真正民主政治的独立国家为职志。”④为此，大会制订了中共的最高纲领和最低纲领。最高纲领是“组织无产阶级，用阶级斗争的手段，建立劳农专政的政治，铲除私有财产制度，渐次达到一个共产主义社会。”最低纲领是“引导工人们帮助民主主义的革命运动，

① 中央档案馆编：《中国共产党第一次代表大会档案资料》，人民出版社1984年，第10页。
② 《中共中央第一次对于时局的主张》，中央档案馆编：《中共中央文件选集》第1册，第19、25、26页。
③ 《中国共产党第二次全国代表大会宣言》，中央档案馆编：《中共中央文件选集》第1册，第76、77页。
④ 《关于“民主的联合战线”的决议案》，中央档案馆编：《中共中央文件选集》第1册，第38页。

使工人和贫农与小资产阶级建立民主主义的联合战线”，以达到“消除内乱，打倒军阀，建设国内和平”，“推翻国际帝国主义的压迫，达到中华民族完全独立”，“统一中国本部（东三省在内）为真正民主共和国”等目的。[①] 最高纲领是共产党人长远奋斗的终极目标，而最低纲领是目前应当奋斗的目标。最低纲领的制定为中国共产党与孙中山的合作准备了前提。8 月下旬，中共中央在西湖召开特别会议，会议决定共产党员以个人身份加入国民党，与孙中山的国民党实行“党内合作”。1923 年 6 月中国共产党召开第三次全国代表大会，大会决定全体共产党员加入国民党，但提出要把国民党改组为左翼的政党，同时保持共产党在思想上、政治上和组织上的独立性。[②]

同时，孙中山也开始领导国民党进行改组，为国共合作准备条件。1921 年 12 月，孙中山在桂林会见经李大钊介绍前来的共产国际代表马林。1922 年 8 月，正当孙中山处于危难之际，中国共产党人向他伸出援助之手。李大钊专程赴沪和孙中山长谈，广泛地讨论了“振兴国民党以振兴中国”的问题。孙中山当即欢迎李大钊加入国民党，表示“你尽管一面作第三国际党员，一面加入本党帮助我。”[③] 西湖会议以后，更多的共产党人加入了国民党。这一期间，为了促进国共合作的实现，共产党还通过《向导》周刊加强了对国民革命的宣传工作，并对孙中山的一些错误主张进行了善意的批评和劝告。主要批评了孙中山的如下一些错误主张：试图联合一部分军阀去反对另一部分军阀；幻想同帝国主义合作，得到帝国主义的支援；偏重于军事活动，忽视对群众的宣传工作等等。[④] 这些批评对促使孙中山认识自己的错误，彻底地抛开“护法”的老做法，实行与共产党的合作，起到了一定的促进作用。[⑤]1922 年 9 月，孙中山召集在上海的胡汉民、汪精卫、廖仲恺、张继、于右任、谭延恺、程潜、陈独秀等 53 人讨论国民党改组问题。由于国民党是一个成分非常复杂的、革命色彩日益后褪的政党，因而讨论的成分也相

① 《中国共产党第二次全国代表大会宣言》，中央档案馆编：《中共中央文件选集》第 1 册，第 77 － 78 页。

② 《关于国民运动及国民党问题的议决案》，中央档案馆编：《中共中央文件选集》第 1 册，第 115 － 116 页。

③ 汪精卫：《中国国民党第二次全国代表大会政治报告》，《政治周报》1926 年第 5 期。

④ 如陈独秀：《怎么打倒军阀》，《向导》第 21 期（1923 年 4 月 18 日）；陈独秀：《资产阶级的革命与革命的资产阶级》，《向导》第 22 期（1923 年 4 月 25 日）；孙铎（即马林）：《国民运动、革命军和革命宣传》，《向导》第 9 期（1922 年 11 月 8 日）；孙铎：《吴佩孚与国民党》，《向导》第 24 期（1923 年 5 月 9 日）等。

⑤ 面对这些批评，孙中山一开始由于还没有完全认识到自己的错误而难以接受。如他在一次与马林谈话时说道：“像陈独秀那样在他的周报上批评国民党的事再也不许发生。如果他的批评有支持比国民党更好的第三个党的语气，我一定开除他。”（见《马林与第一次国共合作》，光明日报出版社 1989 年，第 294 页。）只是他在广州的军事行动受到挫折，也即在广州遭受了“第三次失败”，并认识到“三次失败皆因军人持权，党员无力，故党之主张无力”（转见李云汉《从容共到清党》，台北 1966 年，第 228 页）之后，孙中山才意识到共产党的批评是不无道理的，从而接受了共产党的批评。

当的复杂，但由于孙中山在党内有着巨大的威望，会议一致赞同进行改组。[①] 孙中山还指定包括陈独秀在内的九人为国民党改革起草委员会。经过反复的讨论、研究和修改，孙中山决定于1923年1月1日发表《中国国民党宣言》。《宣言》对三民主义初步作了重新解释，如民族主义强调“力图改正新约，恢复我国国际上自由平等之地位”；民权主义强调应“实行普选制度”；特别阐发了“革命事业，由民众发之，亦由民众成之”的思想。[②]1月2日，孙中山召集国民党改进大会，公布《中国国民党党纲》和《中国国民党总章》。26日，发表了《孙中山与越飞联合宣言》。《宣言》认为：“中国最紧要之问题，乃在民国的统一之成功，与完全国家的独立之获得。”对于此项大事业，“中国当得俄国国民最挚热之同情，且可以俄国援助为依赖也。”[③] 此宣言的发表标志着孙中山的联俄联共政策最后确立。到1924年1月，正式改组国民党的时机业已成熟。20日至30日，在孙中山亲自主持下，召开了中国国民党第一次全国代表大会。这次大会通过的宣言，对民族主义、民权主义、民生主义进行了新的解释，在三民主义加入了反对帝国主义和扶助农工的内容，这就使三民主义由旧三民主义发展成了新三民主义。大会确定了“联俄、联共、扶助农工”的三大革命政策。大会还通过了《中国国民党章程》，承认共产党以个人名义加入国民党，实现了第一次国共合作。孙中山在对大会宣言进行说明时，意味深长地说道：“此次我们通过宣言，就是从新担负革命的责任，就是计划彻底的革命，终把军阀来推倒，把受压迫的人民完全来解放。……我们有此宣言，决不能又蹈从前的覆辙，做到中间又来妥协。以后应当把妥协调和的手段一概打消，并且要知道，妥协是我们做彻底革命的大错。”[④] 在俄国和共产党的帮助下，在历经无数次失败之后，孙中山终于找到了拯救中国的正确方法，走上了中国革命的正确道路。

在一大期间，孙中山在两个重大问题的认识上达到了高峰。一是对帝国主义有了全新的认识，明确提出了打倒帝国主义的口号。他在一次发言中说道：“现在因应帝国主义来谋革命的成功的时代已经成为过去了，现在是拿出鲜明反帝国主义的革命纲领来唤起民众为中国的自由而独立而奋斗的时代了。”[⑤] 在一大宣言中则明确指出：“民族解放之斗争，对于多数之民众，其目标皆不外反帝国主义而已。”“盖民族主义对于任何阶级，其意义皆不外反帝国主义而已。”[⑥] 二是对工

① 国民党总务部长居正说，会上大家“交换意见，一致赞同”。(《革命文献》第8辑，第31页。)

② 《孙中山全集》第7卷，第2－3页。

③ 《孙中山全集》第7卷，第52页。

④ 《对于国民党宣言旨趣之说明》，《孙中山选集》第600页。

⑤ 《中国国民党第一次全国代表大会史料专辑》，第212页。

⑥ 《中国国民党第一次全国代表大会宣言》，《孙中山选集》第591－592页。

人、农民的力量有了清楚的认识，强调国民革命必须依靠工农阶级方可取得胜利。在一大宣言中明确写道："国民革命之运动，必恃全国农夫、工人之参加，然后可以决胜，盖无可疑者。"孙中山以往历次革命之所以归于失败，主要原因就是没有认识到农民才是他的主要阶级基础，没有动员农民的力量。现在，孙中山终于认识到了这一点。他在一大后的一次讲演中说："农民是我们中国人民之中的大多数，如果农民不参加革命，就是我们革命没有基础。国民党这次改组，要加入农民运动，就是要用农民来做基础。"①

国共合作的成立，标志着中国近代史上第一个反帝反封建的民主革命联盟的形成。此时的中国国民党已经不再是一个严格意义上的政党。因为一个政党，只能是以一个阶级或几个利益相近的阶级为基础，而不能有利益不仅不同甚至相冲突的阶级同时存在。而此时的国民党是一个有着共产党人参加的，代表着工人阶级、农民阶级、小资产阶级和民族资产阶级利益的革命联盟，其中甚至还有地主买办阶级利益的代表。②在这样一个革命联盟中，必然会在代表各个不同阶级利益的群体之间形成不同的政治分野，而在这些不同的政治分野之间则既存在着共同的利益和目标，也存在着不同的甚至是对立的利益和目标。因此，在他们之间必然是既有统一性，又有分歧和矛盾；既有合作的一面，也有斗争甚至由对立而走向冲突的一面。在一个时期或在一种条件下，可能是统一性和合作的方面占主导地位，而在另一个时期或在另一种条件下，则可能是分歧、矛盾、对立和冲突占主导地位。在国民党一大前后，联盟中至少存在着以下四个政治分野，存在着以下数种分歧、矛盾，甚至对立和冲突。

第一个政治分野是中国共产党。中国共产党是工人阶级的先锋队，彻底忠实地代表工人阶级和农民阶级的利益，他们希望首先通过与国民党中的革命民主派合作，取得反帝反封建的资产阶级民主革命的胜利，建立无产阶级领导的人民民主共和国，然后通过新民主主义现代化为社会主义革命准备条件。第二个政治分野是孙中山。孙中山主要代表民族资产阶级中下层和小资产阶级的利益，同时也在一定程度上代表工农阶级的利益。孙中山是与共产党合作的决策者和积极推行者，他希望通过与共产党的合作，将反帝反封建的民主革命进行到底，最终建立一个资产阶级领导的人民民主共和国，推行资产阶级民主主义现代化模式。第三个政治分野是国民党左派。国民党左派介于共产党与孙中山之间，代表着小资产

---

① 《在农民运动讲习所第一届毕业礼的演说》，《孙中山选集》第935页。

② 马林认为在国共实现合作以前，国民党就不是一个资产阶级政党，而是一个"多阶级的联盟"。他认为国民党的阶级成分包括：1、知识分子领导成员（其中大多数都参加过辛亥革命）；2、华侨资产阶级分子；3、南方军队中的士兵；4、工人。（《马林在中国的有关资料》，人民出版社1980年，第39页。）

阶级和工农阶级的利益，他们是孙中山联俄联共政策的大力促进者和积极实践者。国民党左派是一个逐渐由小资产阶级政治派别向彻底代表工农阶级利益的共产党靠拢的政治分野。第四个政治分野是国民党右派。国民党右派代表地主、买办和民族资产阶级上层的利益，他们的目标是建立一个半封建的地主与资产阶级相结合的国家。他们只是在打倒军阀统治，建立一个统一的民族国家这一点上，与前述几个政治分野具有共同性。他们对共产党抱着天生的敌意，自始至终从事着反对和排斥共产党的活动。这个政治分野很容易投入帝国主义和封建主义的怀抱，是革命的动摇派和变节者。在由以上各种政治分野组成的革命联盟中，必然存在着各种严重程度不同的矛盾和斗争。

革命联盟中矛盾和斗争首先是在国民党右派与共产党和国民党左派之间展开的。这是一种性质非常严重的革命与反革命的斗争。在国民党一大会议上，这一矛盾和斗争是围绕着是否接受共产党加入国民党，是否要制定一个反帝反封建的民主革命纲领展开的；在一大之后是围绕着是否坚持国共合作，是否要提出反帝反封建的民主革命纲领展开的。国民党右派企图排斥共产党加入国民党，反对提出反帝反封建的民主革命纲领，而国民党左派则坚决支持孙中山制定的欢迎共产党加入国民党，建立国共合作的民主革命统一战线，推进反帝反封建的民主革命斗争的政策。[①]结果在共产党和孙中山的支持下，国民党左派取得了胜利。但是，孙中山却看不出这一斗争的严重性。孙中山直至逝世以前，在国民党右派同共产党和国民党左派的矛盾斗争中，总是在支持共产党和国民党左派的同时，试图安抚国民党右派，调和他们之间的矛盾和冲突，而不是从根本上排除国民党右派的影响。孙中山把国民党左右派之间的斗争归结为"猛进思想"和"稳健思想"的区别，二者之间的分歧是可以通过提高认识而消弭的。在国民党第一次全国代表大会上的一次发言中，孙中山说道："全体同志现在思想可分为两种：一属于老同志，一属于新同志。老同志为稳健思想，新同志为猛进思想。稳健者，可说是不及；猛进者，可说是太过。其实，过与不及之两种思想，均未明白民生主义之真谛。……本党旧同志骤闻共产党员加入本党消息，顿起怀疑，盖恐本党名义被彼利用也。"他说道："共产主义与民生主义毫无冲突，不过范围有大小耳。诸君既能明白民生主义生〖生字衍〗真义，则新旧同志误会、怀疑而生之暗潮，从此便可打消。"[②]孙中山的这一错误认识和做法，是导致国民党右派反动势力一直得

① 关于国民党右派同共产党和国民党左派斗争的论述很多，比较详细的见周兴梁：《浅论国民党"一大"前后左、右派的斗争》，载《孙中山研究论丛》第二集。

② 《总理关于民生主义之演说》，载中国第二历史档案馆编：《中国国民党第一、二次全国代表大会会议史料》上册，江苏古籍出版社1986年，第21、23页。

不到遏制和排除、孙中山去世后国民党右派势力迅速抬头、国共合作迅速破裂、革命民主联盟迅速瓦解的根本原因。

在革命联盟中，还存在着另一种矛盾和分歧。这种分歧和矛盾并不具有根本的意义，是在统一和合作的大前提之下的、可以通过实践而达到进一步统一认识的。也即这种分歧和矛盾是统一中的分歧和矛盾，是可以通过实践而消弭的分歧和矛盾。这种分歧和矛盾就是孙中山与共产党人之间的分歧与矛盾。产生孙中山与共产党之间这种统一之中的、可以通过实践而消弭的分歧与矛盾的根本原因在于三民主义与社会主义、共产主义之间的统一和矛盾。正如孙中山所说的，三民主义与社会主义、共产主义是朋友的关系。既然是朋友，必然具有统一性，否则便不可能成为朋友。孙中山一再强调，民生主义和社会主义、共产主义都是以解决人民生计为中心，二者在这一点上是一致的，只“不过范围有大小耳”，所以二者之间是“好朋友”。他甚至还说：“我们国民党的民生主义就是要把社会上的财源弄到平均”，“所以民生主义就是社会主义，也就是共产主义”[①]。但是，二者之间又存在着分歧。按照孙中山所说的，就是“办法各有不同”。“我今天来分别共产主义和民生主义，可以说共产主义是民生主义的理想，民生主义是共产主义的实行；所以两种主义没有什么分别，要分别的还是在方法。”[②]孙中山认为，社会主义、共产主义用的是“阶级战争”的方法，而他用的则是“调和”的方法，而用于“调和”的最好手段就是“节制资本”和“平均地权”。他认为，这样就不会出现“社会问题”，因而也就不会导致出现“阶级战争”。社会主义、共产主义者强调用“阶级战争”来解决社会问题，是“倒果为因”。[③]孙中山和共产党之间之所以会产生这种区别，根本原因在共产党坚持唯物史观，而孙中山则主张民生史观。更深入一步说，共产党是无产阶级的先锋队，是工人阶级和农民阶级利益的彻底代表；而孙中山是站在中下层资产阶级的立场上看问题，他在代表工农阶级的利益的同时，总是要照顾小资产阶级和民族资产阶级中下层的利益。因此，孙中山除了搞“调和”之外没有别的出路。正因为存在这种区别，所以共产党要通过新民主主义现代化为社会主义准备条件，要建立一个无产阶级领导的新民主主义共和国；而孙中山则坚持资产阶级民主主义现代化模式，要建立一个资产阶级共和国。孙中山与共产党之所以能够实现合作，是因为共产党制定了最高

---

① 《孙中山选集》第836、937页。

② 《孙中山选集》，第830页。

③ 孙中山说道：“社会之所以有进化，是由于社会上大多数的经济〈利益〉相调和，不是由于社会上大多数的经济利益有冲突。社会上大多数的经济利益相调和，就是为大多数谋利益。大多数有利益，社会才有进步。社会上的大多数经济利益之所以要调和的原因，就是因为要解决人类的生存问题。”（《孙中山选集》第816、819页。）

纲领和最低纲领，孙中山的新三民主义与共产党的最低纲领之间具有共同性。“孙中山先生在1924年《中国国民党第一次全国代表大会宣言》里解释的三民主义的基本原则，同我党在现阶段的纲领即最低纲领里的若干基本原则，是互相一致的。”[①] 所以共产党愿意加入国民党，帮助孙中山实现新三民主义。但是，共产党的目的决不仅限于此。共产党帮助孙中山实现新三民主义，目的在于建立新民主主义共和国，而最终目的在于将中国引向无产阶级的社会主义革命。“我们参加民族运动，是为了全民族的解放，并且是为了自己的利益，决不是为了资产阶级的利益，若是忘了无产阶级的经济组织及党的工作，若是忘了民族运动中无产阶级的经济争斗，若是忘了无产阶级在民族革命中自己阶级革命之准备，而沉溺在资产阶级性质的民族德谟克拉西运动中，便遗无产阶级以不容易挽回的大害，并且足以减少民族运动之革命性。”[②] 而孙中山的目标是实现他的新三民主义，为此，他不会同意把革命联盟的领导权让给共产党，而会自始至终地力图将领导权掌握在他自己手里，使革命运动按照他要求的方向发展。

正因为孙中山知道他与共产党之间的这种分歧，所以他在欢迎共产党加入国民党的同时，非常注意要求共产党要遵守“国民党的主义”，也即服从于他的三民主义。对于国民党右派对共产党的攻击和排斥，孙中山一方面支持共产党，另一方面又不断安抚国民党右派，并时时规约着共产党。例如，胡汉民曾对孙中山说：“凡共产党员以个人名义加入本党的，如果真正信仰本党的主义，共同努力于国民革命的，才可以收容。收容以后，如果随时发现了他们有旁的作用，或有旁的行动，足以危害本党的，我们应该随时加以淘汰。”对此，孙中山回答胡汉民说：“假如我们严密了我们的组织，严密了我们的纪律，昌明了我们的主义，任何分子加进来合作，我们都不怕的。”[③] 孙中山曾对共产国际代表说：共产党加入国民党，就应服从国民党，“共产党若不服从国民党，我便要开除他们；苏俄若袒护中国共产党，我便要反对苏俄。”[④] “与共产党人水火”的刘成禺对孙中山强调共产党跨党居心不良，孙中山当即表示，“共产党能守吾党范围，吾默化之！不能，吾自有处理之法。”[⑤] 在国民党一大前后，孙中山任命了相当一批共产党人充任国民党要职，但对反对国共合作的国民党右派，虽然予以严厉的批评，但在一大上还是指定邓泽如、吴稚辉、李石曾、张继和谢持五人充任中央监察委员，其意在于

① 毛泽东：《论联合政府》，《毛泽东选集》第4卷，第1061页。

② 《对于民族革命运动之议决案》，中央档案馆编：《中共中央文件选集》第1册，第274、277页。

③ 胡汉民：《革命与反革命最显著的一幕》，载《革命理论与革命工作》，南京民智书局1932年，总第1306－1307页。

④ 《马林与第一册国共合作》，第294页。

⑤ 转见李云汉：《从容共到清党》，第224页。

严防共产党人不合于国民党之主义的活动。[①] 一大结束后，邓泽如、张继和谢持等右派分子又于 6 月 18 日提出对共产党的弹劾案。对此，孙中山一方面予以阻止，另一方面又对邓泽如等说道："如果中共分子借本党的名义来推行其共产主义，从事阶级斗争，来破坏革命，本党自易加以制裁。就算是陈独秀想要破坏本党的组织，本党也不难加以制裁，而弃绝他于国民革命阵营之外。"[②]

对于国民党右派的反对和孙中山的提防，共产党为了实现国共合作的大局，一开始表现出十分谨慎和克制的态度。李大钊在国民党一大上发言时表示："本人原为第三国际共产党员，此次偕诸同志加入本党，是为服从本党主义，遵守本党党章，参加国民革命事业，绝对不是想把国民党化为共产党。"他强调："我等之加入本党，是为有所贡献于本党，以贡献于国民革命的事业而来的，断乎不是为了取巧讨便宜、借国民党的名义作共产党的运动而来的。"李大钊并保证："我们留在本党一日，即当执行本党的政纲，遵守本党的章程及纪律；倘有不遵守本党政纲、不守本党纪律者，理宜受本党的惩戒。"[③] 李大钊的表态，对反击国民党右派的攻击和打消孙中山本人的疑虑，促使国共合作的实现，起到了很大的作用。[④] 共产党的这种态度，实际上在此前的中共三大上就已经基本确定。中共三大虽然强调共产党在国共合作中需保持独立性，但却明确表明"我们须努力扩大国民党的组织于全中国，使全中国革命分子集中于国民党，以应目前中国国民革命之需要。"[⑤] 但是，国民党一大之后，随着国民党右派的攻击越来越激烈，共产党对孙中山打击右派措施的不力越来越感到不满。在中共四大上，共产党对孙中山表示了强烈的不满："国民党中派，是些小资产阶级知识阶级中革命分子，他们在数量上虽不甚重要却站在国民党领袖地位，他们总是在我们和右派之间，操纵取利。""中派的领袖们（指孙中山——引者注），因为受了我们的指摘，颇想引用右派攻击我们，然他们自知其力量不及右派，在种种实际利害上，又不得不和我们有相当的联合，以发展己派的力量。"[⑥] 中共决定对国民党的态度是，承认国民党在民族革命中的重要作用，扩大左派的力量，揭露右派的发动性质，使中

---

① 《中国国民党第一次全国代表大会会议录》第 4 号，见二档馆编：《中国国民党第一、二次代表大会会议史料》上，江苏古籍出版社 1986 年，第 73 页。

② 转见蒋介石：《苏俄在中国——中国与俄共三十年经历纪要》，载《蒋总统集》第 1 册，台北国防研究院印行 1961 年再版，第 272 页。

③ 《中国国民党第一次全国代表大会会议录》第 12 号。

④ 对于李大钊的表态，蒋介石后来评论道："李大钊的声明好象是很坦白的。这是因为共党分子要加入本党，就不能不接受国父所确定的条件和范围。这容共的范围，是国父对莫斯科历次派来的代表胡定斯基、马林、越飞、鲍罗廷等郑重而周密的商讨，而确定下来的。李大钊的意见，不过是公开加以申述。"（蒋介石：《苏俄在中国——中国与俄共三十年经历纪要》，载《蒋总统集》，台北国防研究院印行 1961 年再版，第 270 页。）

⑤ 《关于国民运动及国民党问题的议决案》，中央档案馆编：《中共中央文件选集》第 1 册，第 116 页。

⑥ 《对于民族革命运动之议决案》，中央档案馆编：《中共中央文件选集》第 1 卷，第 278 － 279 页。

派离开右派而与左派结合。中共还提出了无产阶级领导权的问题。“无产阶级的政党应该知道无产阶级参加民族运动，不是附属资产阶级参加，乃以自己阶级独立的地位与目的而参加。”并指出：“越是上层阶级越富于妥协性。最受压迫而最有集合力的无产阶级是最有革命性的阶级”，因此，“中国的民族革命运动，必须最革命的无产阶级有力的参加，并且取得领导地位，才能够得到胜利。”①

但是，孙中山与共产党之间的分歧和矛盾毕竟是一种革命联盟之中谁为主导的争论，是新三民主义与新民主主义之间的分歧和矛盾，它与国民党右派同共产党和国民党左派之间的分歧和矛盾具有根本不同的性质。后一分歧和矛盾是反革命与革命之间的对立和斗争，而前一分歧和矛盾则是革命内部之间关于革命的手段、范围和程度的争论，是可以在实践中逐步统一认识、最后消弭的分歧和矛盾。正如前面所指出的，在孙中山与共产党之间之所以会产生这种分歧和矛盾，根本原因在于孙中山坚持民生史观，主张阶级调和，而共产党则坚持唯物史观，主张阶级斗争。实践证明，在近代中国，搞阶级调和是一条走不通的死路。在近代中国，阶级矛盾是如此的尖锐，剥削阶级从来就不会同被剥削阶级讲调和。若讲调和，实际上就是要被剥削阶级向剥削阶级妥协，让剥削阶级继续剥削被剥削阶级。孙中山深切地同情工农阶级，但由于拒绝阶级斗争，坚持阶级调和，因而找不到解放工农阶级的路。在国民党一大宣言中，尽管明确提出了“农民之缺乏田地沦为佃户者，国家当给以土地，资其耕作”②，但对于国家如何获得土地来给予农民，在宣言的政纲中却没有明确的规定。后来，他又说道：“中国以农立国，而全国各阶级所受痛苦，以农民为尤甚。国民党之主张，则以农民之缺乏田地沦为佃户者，国家当给以土地，资其耕作，并为之整顿水利，移殖荒徼，以均地力。”强调要仿效俄国的公平办法，实行耕者有其田。但又不同意采用俄国的激进方法。他说：“如果我们没有预备，就仿效俄国的激进办法，把〈所〉有的田地马上拿来充公，分给农民，那些小地主一定是起来反抗的。”③孙中山对农民的承诺于是成了一句空话。对于工人的困苦，孙中山提出的方法也是调和资本家与工人之间的利益分配，其具体做法“最好的是分配之社会化，消灭商人的垄断，多征资本家的所得税和遗产税，增加国家的财富，更用这种财富来把运输和交通收归国有，以及改良工人的教育、卫生和工厂的设备，来增加社会上的生产力。……象这样看来，资本家改良工人的生活，增加工人的生产力，工人有了大生产力，便为资本家多

① 《对于民族革命运动之议决案》，中央档案馆编：《中共中央文件选集》第1卷，第274页。

② 《孙中山选集》第593页。

③ 《孙中山选集》第937页。

生产，在资本家一方面可以多得出产，在工人一方面也可以多得工钱。”[①] 孙中山这种理想主义的阶级调和论在近代中国除了碰壁以外，不可能有其他结局。因为资产阶级不可能接受他的主张。在近代中国，民族资产阶级从来就没有支持过孙中山。孙中山对于这种基于错误历史观的阶级调和论，只有在进一步的革命斗争实践中，才能认识到它的错误。孙中山是一位伟大的民主主义者，对劳动人民具有深切的同情和热爱，是中国人民的伟大儿子，因而一定会在实践中达到正确的认识，与中国共产党走到一起来。在这个方面，国民党左派只不过是比孙中山先行了一步而已。可惜的是，孙中山过早地去世了，未能实现生命中的最后飞跃。这是孙中山的遗憾，也是近代中国革命和现代化的巨大损失。

孙中山去世后，国民党右派开始更加猛烈、更加明目张胆地攻击共产党，从事破坏国共合作的活动。但是，在共产党与国民党左派的团结、合作和斗争下，依然能够抑制右派的攻击，维护国共合作的大局。左派领袖廖仲恺在共产党人的支持下，成为“国民革命运动的健将”、“领导革命群众实行革命的首领”[②]。廖仲恺集党政军权于一身，成为当时国民党的“重心”和国民政府中“勇于革命运动”的“积极领袖”[③]。他“高举孙中山的旗帜，不顾右派势力的诽谤和攻击，坚持三大政策，领导国民党左派继续进行国民革命”[④]。不幸的是，1925 年 8 月 20 日，廖仲恺被右派分子暗杀了。[⑤] 在国民党第二次全国代表大会上，由于假左派汪精卫和新右派（或中派）蒋介石还没有暴露出真面目，所以老右派的进攻仍然被遏制着，国共合作的大局继续得以维持。自“中山舰事件”之后，国民党新右派（或中派）才开始逐渐显现出反共反三大政策的真面目。1925 年 5 月，中国共产党在广州召开了第二次全国劳动大会，此后工农运动在全国蓬蓬勃勃地展开。省港

---

① 《孙中山选集》第 816 页。

② 亦农：《廖仲恺遇刺前后的广州政局》，《向导》1925 年第 130 期。

③ 周恩来：《勿忘国仇》，载仲恺先生纪念筹备委员会编：《廖仲恺先生哀思录》，第 28 － 29 页。

④ 邓颖超：《在缅怀廖仲恺先生、纪念何香凝先生逝世十周年大会上的讲话》，载《人民日报》1982 年 8 月 30 日。

⑤ 廖仲恺在被暗杀以后，《民国日报》发表了不少纪念和颂扬廖仲恺的文章，戴季陶和胡汉民也在报纸发表文章和谈话，纪念和哀悼廖仲恺。其中有两篇文章比较切题，基本阐述了廖仲恺的地位和作用。一篇署名侠夫，一篇署名师狂。署名侠夫的在文章说道：“廖仲恺是中国国民党及国民政府的重要人物，当这向帝国主义和军阀宣战之际，忽然被刺死，不特是中国国民党底不幸，并且是中华民族的不幸啊！廖先生从孙先生奔走革命二十余年，孙先生倚之如左右手一样。他不但是孙先生革命的宣传者，并且是孙先生革命的实行者。……数月之间，既掉失了国民革命的伟大领袖（指孙中山），又掉失了一个国民革命的指导者。”（侠夫：《苦廖仲恺先生》，《民国日报》1925 年 8 月 24 日《觉悟》副刊）。署名师狂的在文章中说道：“仲恺先生是国民革命的指导者，尤其是工农阶级之指导者。在这以工农利益为基础的国民革命正在发展的时候，忽然失掉这样伟大的一个导师，这是国民革命的不幸，这是中国前途的厄运！后死的我们，前途茫茫，怎不为之泫然泪下！”（师狂：《哀悼廖先生》，《民国日报》1925 年 8 月 26 日《觉悟》副刊。）

大罢工、上海工人三次武装起义、湖南湖北的农民革命，沉重地打击了帝国主义和封建主义势力，也威胁到国民党新老右派所代表的阶级利益。以蒋介石为核心的新右派（或中派）与老右派合流，终于在帝国主义和上海资产阶级的支持下，发动了“四·一二”反工农政变，走上了背叛工农、背叛人民的道路。接着是“宁汉合流”，假左派也叛卖了革命。

打倒帝国主义乃是由孙中山亲自确定的国民革命的主要内容。孙中山在北伐宣言中明确指出：“此战之目的不仅在推倒军阀，尤在推倒军阀所赖以生存之帝国主义”。并明确强调，要“重新审订一切不平等之条约，即取消此等条约中所定之一切特权，而重订双方平等互尊主权之条约，以消灭帝国主义在中国之势力。”① 但是，蒋介石为了获得帝国主义的支持，不惜背叛孙中山的遗志，承认了帝国主义在华的一切特权。当然，帝国主义也投桃报李，支持蒋介石叛卖中国革命，并成了蒋介石反动政权的总后台。②

以江浙财阀为核心的中国金融资产阶级在20年代初期，曾以领导国民自决运动而表现出反对北洋军阀统治的民主革命精神。对此，中国共产党也曾给予高度的评价。毛泽东曾特地撰写《北京政变与商人》一文，给予了热情地赞扬，认为这是“商人出来干预政治的第一声”，是“三年不鸣，一鸣惊人的表示”③。当时正值孙中山专注于广州的军事行动而使国民党改组陷于停顿之时，中共甚至在第二次关于时局的宣言中称：如果国民党不能担负起政治建设的责任，那么，“由上海总商会发起的民治委员会即应起来肩此巨任”④。但是，在革命运动中阶级矛盾激化、革命与反革命的斗争白热化的时候，民族资产阶级的上层就开始动摇起来。在革命力量与反革命力量相比相差十分悬殊的时候，民族资产阶级就自觉不自觉地倒向反革命一边，跟着受帝国主义支持的大地主大买办资产阶级势力跑了。民族资产阶级上层曾为是投靠北方的孙传芳还是投靠南方的蒋介石而发生争论。但是，随着蒋介石的节节胜利，以虞洽卿、王一亭、吴蕴斋为代表的主张投靠蒋介石的一方取得了胜利，以傅筱庵为代表的主张投靠孙传芳的一方归于失败，上海总商会也被从上海总商会中分裂出来的上海商业联合会所接收。虞洽卿在1926年11月就到南昌会见蒋介石，提出“以反共灭共为条件，答应给蒋介石

① 《孙中山选集》第944页。

② 埃德嘉·斯诺在其所著的小册子《委员长夫妇的私人生活》中这样评论道：“国民党政府，在古迭达（政变）以后成立，放弃了群众运动，把政治基础置于帝国主义的妥协协定上。这一转变，自然引起了中国革命分子的反对。”（参见史诺等著、张雪怀译：《委员长夫妇的私人生活》，上海建国图书馆1945年出版，第4页。）

③ 毛泽东：《北京政变与商人》，《向导》1925年第31、32期合刊。

④ 《中共中央第二次关于时局的主张》，中央档案馆编：《中共中央文件选集》第1册，第133页。

以财政上的援助”[1]，在财力上给蒋介石以有力支持。1927年3月蒋介石一到上海，即向虞洽卿表示：“此次革命成功，商界暗中助力，大非浅鲜，此后仍以协助为期。至劳资问题，在南昌时已议有办法，所有保商惠工条例，不日当可颁布，决不使上海方面有武汉态度。”[2]暗示虞洽卿：他就要对共产党采取行动了。民族资产阶级上层支持蒋介石，是促使蒋介石新右派叛卖工农的一个重要原因。

国共合作破裂以后，中国出现了一次阶级大分裂：以蒋介石为代表的国民党逐渐演变为地主买办和大资产阶级势力，在帝国主义的支持下，占据城市及较先进的农村地带，而中国共产党则代表工农阶级的利益退居边缘农村，进行土地革命。与这种阶级大分裂相适应的是现代化模式的大分裂：由孙中山开创的资产阶级民主主义现代化模式自此被分裂成两种截然对立的现代化模式：官僚垄断资本主义现代化模式和新民主主义现代化模式。前者自称继承孙中山的资产阶级民主主义现代化模式，实际上却利用孙中山理论与实际之间的一些矛盾和缺陷，拒绝实行耕者有其田并发展官僚垄断资本，结果使资产阶级民主主义现代化模式退化成了官僚垄断资本主义现代化模式。而后者则通过坚持唯物史观和阶级斗争论，克服了孙中山民生史观和阶级调和论的错误和缺陷，真正继承了孙中山资产阶级民主主义现代化模式中的合理因素，使资产阶级民主主义现代化模式发展成了新民主主义现代化模式。官僚垄断资本主义现代化模式与新民主主义现代化模式在阶级基础、基本内容和目标等各个方面都存在者根本的对立。二者之间谁胜谁负、谁将成为中国未来发展方向的斗争，成了1927年以后中国革命和现代化的主要内容，或者更直接地说，成了1927年以后中国历史的主要内容。

① 穆烜：《“四·一二”前后的上海商业联合会》，《学术月刊》1964年第4期。
② 上海市档案馆编：《一九二七年的上海商业联合会》，上海人民出版社1983年，第48页。

第六章

1927－1937年上半年间民族资本主义经济的发展与陷入危机

蒋介石在帝国主义和江浙金融资产阶级的支持下确立了资产阶级性质的国民政府之后，不久就开始向大地主大资产阶级政权转化，并开始系统地有计划地推行官僚垄断资本主义现代化模式。其基本步骤是，在1935年以前，确立官僚垄断资本在金融领域的统治，自1935年开始，逐步确立官僚垄断资本在产业领域的统治地位，1937年以后，国民党政府利用抗日战争中的经济统制和通货膨胀政策，将农民和民间私人资本的财富大量地转移到国民党政府和四大家族官僚私人资本手中，抗战结束以后，国民党政府通过接收敌伪资产和恶劣的通货膨胀政策，使得官僚垄断资本畸形膨胀，最终形成了农村经济极度溃坏、民间私人资本严重萎缩、官僚垄断资本畸形膨胀的头重脚轻型经济结构。

国民党政府在确立统治地位的初期，基本代表了民族资产阶级的利益，并且由于政权还不巩固，还要进行与各路军阀的战争，因此还来不及进行建立官僚垄断资本的尝试。特别是，国民党政府是在江浙资产阶级的扶助下成立的，而且以后还要不断获得江浙资产阶级的支持。江浙资产阶级在蒋介石反动“四·一二”反工农政变之前就开始向其输血。上海银钱两业公会于4月1日、25日两次垫给蒋介石共600万元款项，上海商业联合会等团体自动认捐500万元，中国银行上海分行则垫给蒋介石1000万元。[①]1927年5月，南京国民党政府发行“二五库券”共3000万元，但在扣除上述款项之后，只剩下900万元。于是，国民党政府又于1927年10月和1928年1月两次发行“续发二五库券”共4000万元。[②]在巩固南京政权的过程中，蒋介石除了连续反动“围剿”红军和革命根据地的反共内战以及继续北伐外，还在1929年至1930年先后发动了大规模的蒋桂战争、蒋冯战争和中原大战。这些战争耗费了国民党政府的大量钱财，以致使其财政收支出现严重的亏短。据统计，1927年至1931年的五年之间，每年都要亏短1

① 《上海金融史话》，上海人民出版社1978年，第112、113页；《一九二七年的上海商业联合会》，上海人民出版社1983年，第63页。

② 千家驹编：《旧中国公债史资料》第150－151页。

亿元左右的资金，五年间共亏短资金 6.011 亿元，占其实际支出总额的 24.5%。①为了弥补财政上的亏短，不得不依靠大量地发行公债。据统计，1927 － 1931 年的五年中，国民党政府共发行各类公债 25 种，债额多达 10.85 亿元，比北洋政府 16 年内所发行的 6.12 亿元公债，增加近一倍。②这些债款都被强行摊派到江浙金融资产阶级身上。③在自己羽毛尚未丰满前，国民党政府为了继续获得江浙资产阶级的支持，不得不按照主张发展私人资本主义的江浙资产阶级的要求，而采取一些有益于私人资本主义发展的政策和措施。国民党政府只有侵蚀和吞并了江浙资产阶级之后，才有可能着手建立官僚垄断资本。国民党政府侵蚀和吞并江浙资产阶级和建立官僚垄断资本实际上是同一事情的两个方面。国民党政府侵蚀和吞并江浙资产阶级和建立官僚垄断资本需要有一个过程。而在国民党政府确立官僚垄断资本之前，民族资本主义还是能够比较自由的发展的。特别是在 1931 年之前，由于各种有利条件的作用，民族资本主义经济获得了非常好的发展。此后由于受世界资本主义经济危机的影响，陷入了危机状态，至国民党政府币制改革以后才又恢复发展。

自 1927 年国民党政府建立到 1931 年，是中国民族资本主义经济发展的一个继第一次世界大战时期“第一个黄金期”之后的“第二个黄金时期”。这一时期，我国的民族资本棉纺织、机器面粉、机器缫丝、卷烟、火柴、水泥、电力工业以及机器制造等各个有代表性的行业都获得了一定程度的发展。如棉纺织业 1927 年全国华商民营共有纱厂 73 家，纱锭 2018588 枚，线锭 65470 枚，布机 12109 台，到 1931 年，华商民营纱厂工厂增至 84 家，纱锭增至 2453304 枚，线锭增至 113338 枚，布机增至 17629 台，它们分别比 1927 年增长了 15%、22%、73%和 46%。④机器面粉业 1927 年有工厂 153 家，资本额 4071.9 万元，日产能力 381620 包，1931 年增至工厂 179 家，资本额 5145.6 万元，日产能力 454987 包，分别增长了 17%、26%和 19%。⑤机器缫丝业 1927 年有工厂 93 家，丝车 22168 部，1931

① 据统计，1927 年亏短 73.5 百万元，1928 年亏短 80.1 百万元，1929 年亏短 100.9 百万元，1930 年亏短 216.6 百万元，1931 年亏短 130.0 百万元。（参见杨荫溥：《民国财政史》，中国财政经济出版社 1985 年，第 43 页。）

② 千家驹编：《旧中国公债史资料》第 21 页。

③ 在以上债额中，真正是江浙金融资产阶级自愿认购的，大概只有 4 月底上海银钱两业公会提供的 600 万元和上海商业联合会等团体提供的 500 万元。当 5 月份开始发行 3000 万元的“二五库券”时，上海金融资产阶级还对刚刚建立的国民党政府寄予希望，还没有太多的牢骚。但随后发行“续二五库券”时，江浙金融资产阶级就开始采取抵制的态度。于是国民党政府就采取了恐吓、威逼等高压手段逼迫江浙金融资产阶级承购公债。（参见小科布尔：《上海资本家与国民政府：1927 － 1937》，中国社会科学出版社 1988 年，第二章。）

④ 严中平：《中国近代经济统计资料选辑》，科学出版社 1955 年，第 135 页。

⑤ 根据上海市粮食局等：《中国近代面粉工业史》，中华书局 1987 年，附录十一计算。

年增长为工厂105家，丝车25394部，分别增长了13%和15%。[①] 卷烟业1927年上海有华商工厂67家，卷烟机344台，1929年增至工厂100家，卷烟机416台，1931年工厂数减至79家，但卷烟机增至540台，卷烟机1931年比1927年增长了57%。[②] 火柴业七省华商产量（约占全国产量的85%）1927年为496万箱，1931年增至684万箱。[③] 水泥工业总产量1931年比1927年增长30%。[④] 电力工业1927年设备容量117054千瓦，发电量22915万度，1931年达设备容量182136千瓦，发电量41569万度。[⑤] 与上述各工业部门的发展相适应，为其提供机器的机器制造业也获得了较大发展，机器制造厂家由1924年的284家，增长为1931年的457家，增长了61%。[⑥]

这一时期民族资本主义经济之所以能够获得一定程度的发展，根本原因在于国际银价的下跌和国内工农业产品价格剪刀差的扩大。[⑦] 中国虽是银本位国家，但并非产银国，所需白银皆靠进口，银价的变动完全听命于国外。19世纪以来，银价的总趋势是下跌的。仅就银价下跌本身来说，会导致进出口物价的上涨，既可抑制进口，又可鼓励出口，因而对中国的经济发展是有利的，但其实际效果可

① 据《上海市年鉴》1937年，第N 32页。

② 上海社会科学院经济研究所：《南洋兄弟烟草公司史料》，上海人民出版社1980年，第254－255页。

③ 许涤新、吴承明主编：《新民主主义革命时期的中国资本主义》第155页。

④ 严中平：《中国近代经济史统计资料选辑》第130页。

⑤ 《申报年鉴》（1936年），工业，第724－725页。

⑥ 《上海民族机器工业》上册，中华书局1979年，第455页。

⑦ 不少学者提到国民政府初期的一些政策对这几年经济发展的促进作用。这些政策包括颁布法律扶植和奖励民营企业、实行关税自主、裁厘改统、提倡国货等等。我们认为这些措施对本期民族资本主义的发展并未产生明显的作用。关税自主自1929年才开始实施，由于日本的反对，实施是局部的，税率也不高。根据郑友揆的研究，1929年“应有税准”仅为10.9%，1931年提高至16.3%，1933年才达25.4%，而且主要目的是增加财政收入，而不是保护国内民族工业。在1929－1930年间税率对进口没有发挥任何阻止作用，因而对国内工业未起任何保护作用。第二个国定税则自1931年1月1日才开始实施，税率有所提高，但“竞争性进口商品”税率的提高幅度大大低于“非竞争性进口商品”的税率，因而对增加财政收入作用较大，而对保护民族工业所起的作用极小。1933年5月颁行的第三个国定税则对民族工业具有一定的保护作用。总的来说，关税自主对国内民族工业发展的促进作用并不大。（参见郑友揆：《中国的对外贸易和工业发展》，中国社会科学出版社1984年，第74、78、84页。）白吉尔也认为：“就实行关税自治的主要后果而论，与其说有助于保护民族工业的发展，毋宁说增加的国库的收入。”（白吉尔：《中国资产阶级的黄金时代1911－1937》，上海人民出版社1994年，第325页。）裁撤厘金始于1931年1月，而且很不彻底，一些厘卡迟迟未撤且重复征税现象极为严重。统税在裁厘之前就开征，而且税额极高。厘改统之后民族资本企业的负担反而增加了，变化只不过以前缴给地方，现在缴给中央。奖励民营企业的力度也很有限，至1936年底，不过批准专利13件，减免税款41件，减低水陆运输费81件。（转见陆仰渊、方庆秋主编：《民国社会经济史》，中国经济出版社1991年，第347页。）提倡国货对民族资本主义的发展当然是有益的，但不会产生很大的作用。总之，民国政府对这一期的民族资本主义发展的贡献是极低的。唯有一点是明确的，即由于政权还不巩固，国民党政权还没有精力顾及社会经济，没有对民族资本实施压迫政策。

能由于其他因素会被不同程度的抵销。[1] 第一次世界大战期间，银价陡涨，1919年达到最高峰，这本应使进口物价剧烈下跌，对中国经济发展产生不利影响，但由于国外物价也猛涨，完全抵销了银价上涨的负作用，所以对中国经济发展未产生不利影响。此后银价开始调整性下降，至 1928 年恢复到战前水平。[2] 银价上涨的不利影响也告结束。1929 年，主要资本主义国家发生经济危机，国际银价空前猛烈地下跌，至 1931 年跌落 45.6%，同期汇率跌落 46.9%。这本来应使进口物价猛涨，进口萎缩，出口增长，但危机中国外物价水平也大幅下跌，故进口物价上涨幅度很小，而出口价格由于为洋商所控制，涨幅也不很大。据国定税则委员会的记载，1929 － 1931 年出口物价指数上升了 40.0%，进口物价指数上升了 1.3%。[3] 这一时期国际银价下跌对民族资本主义经济发展的有利影响主要不是通过进出口物价的上涨，而是通过扩大国内工农业产品价格剪刀差来实现的。[4]

在国际银价下跌的总背景下，国内进出口物价的上涨幅度是不一致的。由于进口商品必须用外币支付，为了弥补成本，以银币计算的市场价格立即上升，虽

① 银价下跌、金价暴涨对于银本位币制的中国来说，虽然对于国民生活和社会经济会产生一些不利影响，但对于中国的工业发展来说，却是十分有利的。《申报》发表时评说银价下跌、金价暴涨是中国工业发展的一个机遇。评论说道："从国民本身着想，则今日唯一希望，惟在中国工业界能立时投袂奋起，努力振兴，以堵塞漏卮自任。何以故？盖中国以往工业不振之大原因，在关税不能自主，使外货得以低廉价格在中国境内与土货竞争，倘一旦外货价搞，销路自不能如以前之畅旺。今以金价暴涨，外货之价格当然随以增高，在其销行上，必受一重大障碍。更加以七级税制之实行，虽未含极端保护性质，然较之往日平均税率，当不无进步。故今日实予我全国工业界以绝好自奋之机会。"（时评：《论金价暴涨与中国工业前途》，《申报》1930 年 1 月 10 日第 6 版。）银价下跌、金价上涨对当时的国民生活和社会经济产生的不利影响主要在于：(1) 需要用更多的货币才能换回同等的外汇，对于进口生产器材极为不利；(2) 进口物价上升带动国内物价上升，致使国民生活费用提高；(3) 对外结算中支付外债、赔款的额度以及利息都大幅上升，政府财政支出加大。（《中宣部提倡投资内地生产事业》，《申报》1930 年 1 月 19 日第 10 版。）

② 本书关于银价和汇率的数值均请参照郑友揆：《中国的对外贸易和工业发展》，上海社会科学院出版社 1984 年，第 342 － 343 页。

③ 参见郑友揆：《中国的对外贸易与工业发展》第 108 页。

④ 有人强调了这一期银价跌落导致抑制进口刺激出口对中国经济发展的有利作用，认为由于中国出口商品价格是以外汇（金币）计算的，而在中国国内是以银元或银两支付的，外汇率上升，进口货付出的银价增高，其成本加重，使得过去有利的商品变为无利、甚至亏本，必然抑制进口；反之，中国出口货物所得外汇折合银币数超过国内销售商品所得数，出口货物自然会增加。（参见石毓符：《中国货币金融史略》，天津人民出版社 1984 年，第 254 页。）我们认为，这一点从理论上来说，是完全正确的，但从半殖民地半封建中国的实际来看，则不一定完全正确。如按照银价下跌的幅度，中国进口商品的理论价格应当上涨 43.4%，而出口商品价格则应当上涨 56.6%。但实际上进口商品价格上涨了 40.0%，而出口商品价格只上涨了 1.3%。（参见上引郑友揆书第 108 页。）可见，在近代中国，由于受半殖民地因素的影响，这一有利因素会被大大的抵销（见下文）。从进出口贸易值来看，这一期间我国的进口贸易额并未见下降，出口贸易额也未见增长。如 1927 － 1931 年间进口值由 10.13 千万关两增长为 14.33 千万关两，物量指数也增长了 18%，出口值则由 9.19 千万关两下降为 9.09 千万关两，物量指数也下降了 13%。（参见许涤新、吴承明主编：《新民主主义革命时期的中国资本主义》第 23 页。）也就是说，这一期的银价下跌对中国经济的促进作用不是通过阻止进口刺激出口来实现的，正如下文分析的，它是通过扩大国内工农业产品价格剪刀差来实现的。

然 1919 － 1931 年间国外物价下跌抵销了进口物价的上涨幅度，但进口物价指数仍有较大提高（上涨 39.5%）。而出口物价的情况则与此大不相同。因为中国的出口产品主要是原料和半成品的农产品和矿产品。这些产品的生产者多是对市场毫无所知的分散的个体劳动者。而出口则大多为洋商所控制，他们有从事远东贸易的丰富经验，在本地中间人的协助下，用贬值了的银币，按几乎与过去同样的价格付款给生产者。只有在出口商之间为收购出口商品而进行半垄断性的竞争后，价格才略有上涨。而这种情况只有在相当长一段时期之后才会发生，而且价格上涨的幅度与银价下跌的幅度之间存在着极大的差距（1929 － 1931 年间只上涨 2.2%）。据考察，1931 年当银价跌至最低点时，进口物价上升至 150.2%，而出口物价只上升至 108.2%。① 进出口物价上涨幅度的这种不一致性，最终会影响到国内工农业产品价格上涨的不一致性。因为在近代，我国国内物价的决定权已落入西方发达工业国手中，工业品和农产品的价格都决定于通商口岸城市，工业品逐级由沿海流向内地，农产品则由沿海大都市向内地逐级减价。② 进出口物价上涨的不一致必然造成通商口岸批发价格上涨的不一致，从而导致国内高于产品和农产品价格上涨的不一致：工业产品价格上涨的速度将大大超过农业产品价格的上涨。这一情况的结局就是导致国内工农业产品价格剪刀差的进一步扩大。

工农业产品价格剪刀差就是在工农业产品进行交换时，农业产品价格小于价值，工业产品价格大于价值。工农业产品价格剪刀差在任何一个工业化国家都不同程度的存在过，其根本原因在于在工业化过程中，工业生产的劳动生产率的提高速度大大快于农业生产的劳动生产率的提高速度，致使工业产品的单位价值的下降大大快于农业生产的产品，而市场上工业产品价格对于其价值下降的反应则要慢的多，这样就会导致工业产品价格的下降慢于价值的下降的情况。而农业产品则由于其不易储藏，生产者过于分散，在市场上处于不利地位等因素的影响，其价格总是低于价值。这就出现了工业产品价格高于价值、农业产品价格低于价格的情况。这是工农业产品价格剪刀差产生的一般原因，或者说是使工农业

① 郑友揆：《中国的对外贸易和工业发展》，上海社会科学院出版社 1984 年，第 101 页。

② 吴承明：《中国资本主义与国内市场》第 276 － 280 页。

产品价格剪刀差普遍存在的基本原因。[①] 在中国，由于价格决定权和对外贸易都掌握在通商口岸的洋商手中，所以工农业产品的价格剪刀差被进一步扩大了。自1929年始的国际银价猛跌，使我国国内工农业产品的价格剪刀差猛烈扩大，从而为这一期民族资本主义工商业的发展提供了很好的机会。因为工农业产品价格剪刀差的一个直接结局是通过交换使农业产品的一部分价值转移到工商业部门中去，这种转移是通过使农产品也即工业生产所使用的原材料的价格降低，从而使

① 在我国经济史学界，一直存在着一个是否存在以及如何确定工农业产品价格剪刀差的问题。按照最早的认识，工农业产品价格剪刀差的存在与否，完全看工农业产品价格指数的变动，只有工业产品价格指数增长快于农产品价格指数的增长，才能确定存在工农业产品价格剪刀差。以往研究所用资料都是某一时期的资料，确切地说，大都是20世纪20年代末至30年代的材料。这一时期工业产品价格指数的增长确实是快于农产品价格指数的增长的。也就是说，即使是按照最早的关于工农业产品价格剪刀差的定义，20年代末和30年代也是存在工农业产品价格剪刀差的，其余时间则不一定存在。这种方法是完全错误的，因为它完全脱离价值谈价格剪刀差。黄达、陈其广及吴承明都试图从价格与价值的偏离来谈剪刀差，这是正确的。但他们在分析具体问题时，又采用价格指数法，结果不得不认真选择比较的基期年份。因此，他们的研究有进步，但没有完全脱离传统方法。（黄达：《工农产品比价剪刀差》，中国社会科学出版社1990年；陈其广：《中国近代工农产品交换比价及其理论思考》，中国社会科学院研究生院博士论文1988年，该论文2003年由社会科学文献出版社出版，题《百年工农产品比价与农村经济》；许涤新、吴承明主编：《新民主主义革命时期的中国资本主义》，第236-239页。）最近，南开大学的王玉茹教授对中国近代是否存在工农业产品价格剪刀差的问题提出了新的看法。她根据唐启宇编1867-1913年全国批发物价指数和南开经济研究所编1913-1937年天津批发物价指数，算出1867-1937年间，农产品的批发物价指数由59.6增长为182.7，增长了2.1倍，而工业产品批发物价指数则由108.0增长为196.5，仅增长了0.8倍，由此得出结论说自19世纪70年代至20世纪30年代，农产品价格指数增长快于工业产品价格指数的增长，并确定在中国近代存在着工农业产品价格剪刀差的结论是“不能成立的”。（刘佛丁、王玉茹：《中国近代的市场发育与经济增长》，高等教育出版社1996年。）王玉茹完全回到了以前完全用价格指数说话的方法，尽管结论是新的，但却是错的。农产品价格上涨幅度大于工业产品价格上涨幅度，并不意味着不存在农产品价格向下偏离价值、工业产品价格向上偏离价值的现象。在近代中国，农产品价格上涨幅度大于工业产品价格是由于单位农产品价值量减少得没有单位工业产品价值减少那样快引起的，在货币流通量增长使价格上扬的情况下，就表现为农产品价格上涨幅度大于工业产品价格上涨幅度。工农业产品单位价值量的减少主要是通过工业劳动生产率和农业劳动生产率的提高来实现的。工业劳动生产率近代以来由于机器工业的建立而有了巨大的提高。以近代工业的代表性产业棉纺织业来说，纺纱业的效率在鸦片战争前夕用单锭纺车每人每日只能纺5两左右，用三锭脚车每人每日也只能纺纱1斤左右，而到1929年时，中国企业平均每个工人每小时即可纺纱4.51-5.26市斤，到1935年时更提高至每人每小时7.52-8.27市斤，外国在华企业的效率要更高一些，纺纱劳动生产率提高了100多倍。（徐新吾主编：《江南土布史》，上海社会科学院出版社1986年，第451、462页；高村直助：《近代日本棉业与中国》，东京大学出版会1982年，第181页。）织布业的劳动生产率提高得要比纺纱业慢一些。相反，农业劳动生产率在近代中国则无明显提高，从粮食平均单产下降以及所谓内卷化或过密性农业生产的形成来看，劳动生产率毋宁说是下降的。（黄宗智：《华北的小农经济与社会变迁》，中华书局1986年；《长江三角洲小农家庭与乡村发展》，中华书局1992年。）工农业劳动生产率的这种变化必然使得单位工业产品所包含的劳动或价值量减少几十倍或十几倍，而单位农产品所包含的劳动或价值量则不仅不会减少，反而是增加的。这就意味着用货币表示的农产品价格上涨幅度会大于用货币表示的工业产品价格上涨幅度几十倍或十几倍。但是，实际情况是，从1867年至1937年的70年间，农产品批发物价指数增长了2.1倍，工业产品批发物价指数增长了0.8倍，农产品价格上涨幅度只比工业产品价格大了不到0.3倍，无论如何是不能反映它们之间的价值变化情况的。这意味着，农产品价格向下偏离价值、工业产品价格向上偏离价值的情况是绝对存在的，而且偏离的程度非常严重。也就是说，在整个近代，工农业产品之间存在着严重的交换价格剪刀差，只不过各年份、各个时期存在着大小程度的差别而已。

工业生产的成本降低，而工业产品的出售价格则提高，从而工业生产的利润得以提高实现的。[①]在 1927 － 1931 年间，由于工农业产品价格剪刀差的猛烈扩大，[②]使得农业部门向城市工商业部门的这种价值转移也即工业部门的纯收益的增加更加剧烈。[③]所以说，1927 － 1931 年我国民族资本主义经济的繁荣是以牺牲农业为代价的。这种繁荣也必然是短暂的，因为农业的过度牺牲必然要使农村经济最终陷于破产，从而使城市工业化所需的国内市场趋于缩小，城市工业化最终将陷入危机。1927 － 1931 年工农业产品价格剪刀差的剧烈扩大是此后几年中我国农村经济趋于崩溃的重要原因之一。

从 1931 年秋开始，我国经济整体陷入了危机之中，进入了 1931 － 1934 年的经济危机时期，民族资本主义经济也随之结束了 1927 － 1931 年的繁荣阶段，进入了 1931 － 1934 年的严重衰退时期。据中国银行经济研究室的调查，1934 年比 1931 年，全国各类工业营业额普遍严重下降，其中棉纺织业下降 55.1%，面粉业下降 58.3%，缫丝业下降 43.8%，卷烟业下降 30.5%，机器制造业下降 41.6%，搪瓷业下降 39.9%，化妆品业也下降 29.2%，染织业下降 36%，针织业下降 50%，只有火柴业上升了 11%。[④]据中国银行 1933 年报告，全国纺织等 16 个民营工业的营业额，1933 年比 1931 年，只有三个行业上升，其余 13 个行业均下降。具体下降幅度若以 1931 年为 100 的话，至 1933 年棉纺业下降为 45，棉织业下降为 86，染织业下降为 64，毛织业下降为 96，丝织业下降为 56，棉纺业下降为 42，搪瓷业下降为 60，化妆品业下降为 71，调味品业下降为 89，针织业下降为 50，卷烟业下降为 70，橡胶业下降为 40，机器制造业下降为 58，只有火柴业上升为 116，油漆业上升为 145，热水瓶业上升为 150。[⑤]，到 1934 年，情况变得更糟。如棉纺织业纱锭虽增 15 万枚，但棉纱产量却较 1933 年减少 45 千

---

① 关于工农业产品价格剪刀差所导致的农村和农业产品价值向城市和工业生产领域转移，以及它对中国近代工业化的作用和影响，可参阅拙文：《略论近代中国工业化的农业条件》（载《近代史研究》1998 年第 3 期。）

② 20 世纪 20 年底末至 30 年底，我国的工农业产品价格剪刀差猛烈扩大，其程度达到历史最高水平，已为多人的研究所确定。（参见黄达：《工农业品比价剪刀差》，中国社会科学出版社 1990 年；陈其广：《中国近代工农产品比价及其理论思考》，中国社会科学院研究生院博士论文未刊稿，1988 年；吴承明：《中国资本主义与国内市场》，中国社会科学出版社 1985 年，第 274 － 280 页。）

③ 以纱厂的资本纯益率而言，在 1927 年以前，民族资本纱厂的年资本纯益率一般在 10% 以下，1927 年以后陡增至 16% 左右，1930 年竟达 22% 以上。（参见许涤新、吴承明主编：《新民主主义革命时期的中国资本主义》第 138 － 139 页。）

④ 转见孙健主编：《中国近代经济史》，中国人民大学出版社 1989 年，第 488 页。

⑤ 《中国银行报告》（1933 年），第 48 页。原为 1930 － 1933 年数字，以 1930 年为 100，这里调整为 1931 年为 100。

包，棉纱则较1933年减少50.8千匹。缫丝业上海108厂，不过23家开车，无锡50厂只有33家开车，浙江全省只有16家开车，四川、山东、广东各丝厂也衰败异常。机制面粉产量比1933年增加8%，但销售量却减少了8%。卷烟业产量只有1933年的70%。火柴业原为营业额增加者，1934年产量也增长了10%，但销售量却比1933年下降了8%。水泥业1933年产量约22.8万担，本年则剧减为13万担。[①]这一时期，尽管有的行业设备有所增长，但开工率却下降了，这说明设备闲置率增长了；有的行业产量有增长，但销售额却在下降，这说明库存有增长。如棉纺织业，在1932－1935年间，工厂数，纱锭数和布机数都有增长，但开工率却下降，全国纱厂纱锭开工率1932年上半年为76.8%，1933年上半年为88.8%，1934年上半年为87.4%，下半年为85.1%。[②]纱厂的资本纯收益率也由1931年的16.6%下降为1934年的－2.8%。[③]

考察这一时期民族资本主义经济出现严重危机的原因，应该是多方面的。这场危机的导火索是1931年“9·18”事变导致东北沦陷。东北三省，物产丰富，它的沦陷，使中国工业散失了30%的煤产量，71%的铁产量，99%的石油产量，26%的发电量，47%的水泥产量。[④]东北是历史上中国唯一的贸易出超地区，每年出超达数千万至1亿余关两，1931年出超近1.7亿关两。伪满政府成立后，日货大量涌入，1933年转为入超，到1935年，入超超过1亿关两。[⑤]东北沦陷使中国工业失去了大宗平价原料来源和广阔的商品市场，对民族资本主义经济是一个沉重打击。

但是，导致这一时期民族主义经济发生危机的更深层原因是世界资本主义国家转嫁经济危机、国内农村金融的枯竭和农村经济的破产，而后两个原因则又是根本性的原因。

1929年，世界资本主义国家陷入经济危机，物价猛跌，但中国由于用银，物价反而上涨，故世界资本主义国家的经济危机不仅未殃及中国，中国反而收益。1931年以后，世界资本主义国家为了转嫁危机，一方面将国内过剩的产品廉价地向中国和其他落后国家倾销，另一方面故意将本国货币贬值，通过汇率使中国的银价由下降转为上涨。白银价格的上涨一方面（在国外廉价商品倾销的共同作

① 《中国银行报告》（1934年），第41－48页。

② 陈真编：《中国近代工业史资料选辑》第4辑，第32页。

③ 许涤新、吴承明主编：《新民主主义革命时期的中国资本主义》第138－139页。

④ 转见汪敬虞：《第二次国内革命战争时期的中国民族工业》，《新建设》1953年12月号。原据《中国矿业纪要》（第5次）和巫宝三《中国国民所得1933年》（下册）。

⑤ 以上数字散见郑友揆：《中国的对外贸易和工业发展》第60、62、249、250页。

用下）使中国的物价出现猛烈下跌趋势，[①] 另一方面又使白银外流，银根收缩，[②] 在商品价格下跌和银根收缩的双重压力下，民族资本主义经济陷入了危机之中。值得注意的是，与由银价下跌导致的国内工农业产品价格上涨不一致一样，由银价上涨导致的国内工农业产品物价下跌也存在着不一致性：农业产品价格下跌的速度和幅度均大于工业产品价格。因为“在银价上涨的阶段里，进口商希望尽可能长久地维持其商品的原有的高价。结果，进口物价下跌的程度远较白银汇率变化所允许的为小。在出口方面，与前一阶段相反，由银价上涨造成的银币损失，立即被转嫁到生产者身上。由于银价将进一步上涨，出口商品的价格，有时甚至被迫降到比白银汇率及国外商品价格两者合计的结果更低的程度。”[③] 进出口商品价格下降的这种不一致性使得农业产品价格下降在速度和幅度上都大大快于工业产品价格，结果导致工农业产品价格剪刀差的进一步扩大。[④] 农民在工农业产品交换过程中蒙受了更大的损失。[⑤] 不过此时工农业产品价格剪刀差的扩大已不再成为城市工商业部门得以扩张的一个途径，因为此时农村和农业部门已经破产，工业生产也陷入了危机之中。

但是，即使是世界资本主义国家通过货币贬值转嫁危机，也只不过是导致这一期民族资本主义经济陷入危机的一个重要因素而已，或者说，只不过是一个使中国民族资本主义经济危机进一步加深的因素而已。造成这一期民族资本主义经济发生危机的根本原因在于这一期国内农村金融的枯竭和农村经济的崩溃导致国内购买力的散失和国内市场的严重萎缩。在农村金融的枯竭和农村经济的崩溃中，农村经济的崩溃是问题的实质，而农村金融的崩溃则是农村经济崩溃在金融上的表现。

农村经济崩溃是我国半殖民地半封建社会经济状况的必然结局。农村经济崩溃虽然发生于20世纪30年代上半期，但促使农村经济崩溃的因素则是从近代以来就开始发生作用了。这些因素包括工农业产品价格剪刀差、高额地租、苛重的

---

① 如1931－1934年上海批发物价总指数下降了23.4%，同期天津批发物价总指数24.7%。（参见上海社会科学院经济研究所：《上海解放前后物价资料汇编》，上海人民出版社1958年，第126页；南开大学经济研究所：《南开指数资料汇编》，北京统计出版社1958年，第11页。）

② 国内银币流通量1935年比1931年减少了5.94亿元，同期货币总流通量减少了3.65亿元。（参见许涤新、吴承明主编：《新民主主义革命时期的中国资本主义》第73页。）

③ 郑友揆：《中国的对外贸易与工业发展》第104页。1931－1934年间进口商品价格下降了121%，而出口商品价格则下降了333%。（参见同上书第108页。）

④ 如1931－1934年间，上海工业品批发物价下降了20.5%，而农产品批发物价则下降了26.8%；同期天津工业品批发物价指数下降了20.7%，而农产品批发物价则下降了32.8%。（参见上海社会科学院经济研究所：《上海解放前后物价指数汇编》第135页；南开大学经济研究所：《南开指数资料汇编》第13页。）

⑤ 据乔元良分析，在30年代初期，农民在出售农产品过程中会因工农业产品价格剪刀差而损失出售部分的40－50%。（转见薛暮桥：《旧中国的农村经济》，农业出版社1980年，第126页。）

田赋和苛捐杂税、高利贷资本及外国资本主义深入农村对农民的剥削，以及国民党政府反动的公债政策等等。

工农业产品价格剪刀差对农业、农村和农民的剥削已如前述，这里需要强调说明的是外国资本主义是如何通过工农业产品价格剪刀差来剥削中国的农业和农民的。首先，在近代中国，最初的工农业产品价格剪刀差实际上就是从外国资本主义国家输入中国的工业产品与中国的农业产品之间的价格剪刀差。因为中国居民（包括农民）最早消费的工业产品都是从西方资本主义国家输入的，之后才出现进口替代性质的中国本国工业，才出现本国工业产品与本国农业产品之间的价格剪刀差，随着外国资本输入中国，又进一步出现了国内外资企业产品与中国农业产品之间的价格剪刀差。其次，外国工业产品及资本输入中国，使中国国内工农业产品价格之间的剪刀差更加扩大了。我们已经知道，工农业产品价格剪刀差是由工业产品价格高于价值、农业产品价格低于价值产生的，而工业产品价格高于价值是由工业产品价格的下降速度低于工业劳动生产率的上升速度形成的。而在本国工业生产和外国工业生产之间，国内外资企业与本国企业之间，外国工业生产和国内外资企业的劳动生产率提高得比本国工业生产的劳动生产率要更快[①]，所以外国工业产品和国内外资企业产品与国内农业产品之间的价格剪刀差，要比本国工业产品与国内农业产品之间的价格剪刀差更大。第三，如前所述，西方发达资本主义国家还通过控制中国的工业和农业产品的价格决定权进一步扩大中国的工农业产品价格剪刀差。正是由于西方资本主义入侵对中国工农业产品价格剪刀差的影响，使得近代中国的工农业产品价格剪刀差比一般工业化国家，甚至比同样是后发工业化国家的日本还要大。[②]在危机期间，资本主义国家进一步向中国倾销廉价的农产品，使中国的农产品价格暴跌，中国农民遭受了重大损失。[③]可以说，西方先进资本主义国家是中国工农业产品价格剪刀差的最大收益者，同时也是对中国农村和农业的最大剥削者。

如果说工农业产品价格剪刀差对农民的剥削是无形的、看不见的，是一把暗剑的话，那么高额地租、苛重的赋税和高利贷对农民的剥削则是有形的、看得见的，是一把明剑。以地租论，在整个近代中国，地租一般要占收获量的一半左右，

① 如纺纱业，1929年时国内华资企业每人每小时产纱4.51 － 5.26市斤，日资企业为7.52 － 8.28市斤，而日本国内企业为15.79市斤，英国兰开夏则更达22.55市斤。（参见高村直助：《近代日本棉业与中国》，东京大学出版会1982年，第181页。）

② 参见拙文：《略论近代中国工业化的农业条件》，《近代史研究》1999年第5期。

③ “农民因农产品市场价格的低落，收入激减。但，一切日用品的购办，所有价值，有的未见低落，有的虽有低落之势，但决不如农产品市价低落之速。”如出口原料品价格指数若以1931年为100，到1934年则降为70.6；进口生产资料价格指数若以1931年为100，1934年则为93.3，进口消费资料价格指数若以1931年为100，1934年则为88.9。（金轮海：《中国农村经济研究》，中华书局1937年，第218 － 219页。）

有些地区甚至要占六到七成。据国民党主计处统计，分租和定额租一般占产量的47.87%，钱租占地价的11.05%，个别地区苛刻条件更大。据国民党中央农业研究所的调查，钱租在地价中占11%，谷租占12.9%，租组占14.1%。若用购买年（即多少年的租额可抵地价）计算，英国和德国的购买年一般是25年，美国更长一些，而中国根据22省的计算，购买年在10年以下，货币地租为9年，实物地租是7年。[①]可见中国地租剥削之重。中国的田赋在近代以来也是逐年增加的，而且愈往后增加率愈甚。据材料，自民国元年（1912年）至1927年，田赋正税的税率增加了1.393倍。南京国民政府成立后，税率增加更甚，以号称征税模范县的无锡县来说，1927－1933年的七年中田赋税率增加了1.26倍，其余地方就更甚了。正税之外还有附加税，税额大多在正税的一倍以上。[②]还有田赋预征。在1937年以前，田赋预征主要集中在四川、河南、山东、陕西、湖南等省份，其中尤以四川最烈。在四川，田赋预征五年的有2个县，预征七年的有1个县，预征八年的有2个县，另有32个县被预征九年以上，其中被预征30年以上的有9个县。[③]有的县每亩田赋数额甚至接近和超过了产值的一半，如丹陵县田赋占产值的46%，眉山县田赋占产值的66%，江安县田赋竟占产值的99%。[④]一般来说，军阀战争越多，或军阀更替越频繁的省份，预征田赋就越烈。1934年，国民党政府第二次全国财政会议决定减赋，议定从会议闭幕之日起，附加税要分期减除，至数额使不超过正税。但实际仍是在增加的。如据中央农业实验所调查，1934年全国田赋对地价的比率，水田为3.05%，旱地为3.26%，山地为3.46%，到1935年，水田增至3.09%，旱地增至3.49%，山地增至3.79%。[⑤]不仅如此，除田赋之外还有名目繁多的苛捐杂税，在此不再详述。对于沉重的赋课及苛捐杂税给农民所造成的负担及对农村经济的破坏作用，张嘉璈评论道："政府当局的人，不问民力减到什么程度，总说是财政入不敷出，只有增加人民负担。不知负担尤增，生产费尤大；生产费不敷收入，只好停业停耕，政府税收更短。因税收短再加捐税。捐税愈加，人民愈穷，政府税收更短。尤少则尤加税。如此循环不已，不待共产之到农村，农村早已破产无余了。"[⑥]

以上这些苛重的田赋和苛捐杂税毁灭着农村的再生产，使农村不能有任何积

---

① 实业部中央农业实验所：《农情报告》1935年第3卷第6期；何干之：《中国社会经济结构》，生活书店1939年，第14－15页。

② 参见农村经济研究会编：《农村经济论辑》，华北书店1943年，第72页。

③ 参见《中国农业危机诸问题》，出版处不明，1937年，第1章第1节。

④ 参见薛暮桥：《旧中国的农村经济》，农业出版社1980年，第77页。

⑤ 《农情报告》1936第4卷第8期。

⑥ 张嘉璈：《中国经济目前之病态及今后之治疗》，世界编译所刊行1932年，第11页。

累，农民的生活陷于十分困难的境地，入不敷出成了中国农民家庭的普遍现象。于是，借债就成了中国农民度日不可或缺的手段之一。据中国银行经济研究所调查，在1932－1935年间，我国本部18省及察绥宁夏新疆共有农户约5520余万户，其中每年不得不举债者至少在50%以上。[①]《农情报告》也指出，在全国总农户中，借现金者占56%，借粮食者占48%。[②]这些借债，借粮食者毫无疑问系用于生活支出，借现金者也主要地被用于生活支出，而非用于生产支出。如中国银行经济研究所在紧接着上述调查中指出：农民借得之资金，"大部分均用于日常生活及婚丧等费，或用以弥补因天灾、租税、田租旧债而发生之亏空；至用以改良土地农具及其他生产条件者，反居少数。"[③]金陵大学农业经济系对河南、湖北、安徽、江西4省14区852户农民之借款用途的调查也证明，将借款用于生产性支出的仅占8.4%，而用于非生产性开支的则达91.6%，而且越是生活贫困的农民，用于接济生活的比例就越高，其中自耕农为92.6%，半自耕农为93.4%，佃农为94.2%。[④]农民普遍地借债，又使农民广泛地陷入了高利贷的剥削之中。因为由于农村金融业的不发达和银行的远离农村，使得农民借债不得不主要地依靠商店和私人等非正式金融机构，而向商店和私人借贷的利息远高于正式的金融机构。据国民党中央农业试验所对1934年全国22省农民现金和粮食借贷来源及利息的调查，得知农民借贷来源于银行、合作社、典当和钱庄等正式金融机构的，仅占19.3%，而来源于商店和私人的，则占80.7%，其中月利1－2分者仅占9.4%，2－3分者占36.2%，3－5分者竟占41.5%，甚至还有5分以上者12.9%，计月利在3分以下者占45.6%，3分以上者占54.4%，月利3分以上者非商店即私人。[⑤]

在封建租税、高利贷和外国资本主义通过上述种种无形和有形途径的剥削下，中国的农村经济和农业生产遭到了严重地破坏，到1933－1934年间，中国的农村经济终于陷于破产，中国农民的生活陷于极度贫困的境地。笔者曾经分析指出，在鸦片战争后，从劳动生产率来看，我国的农业生产比鸦片战争前有严重的衰退，但自19世纪末20世纪初开始有所恢复，20世纪20年代为近代以来农业生产的最好时期，30年代后又出现危机，自1935年开始从危机中恢复，但在1937年前并未恢复到近代以来的最好水平。[⑥]最近又有论者研究指出，在1927－1937年间，全国的农业生产呈现继续恶化趋势，1932年发生农业大恐慌，最终导致

---

① 中国银行经济研究所编：《中国农业金融概要》，商务印书馆1936年，第4页。

② 《农情报告》1934年第2卷第4期。

③ 中国银行经济研究所编：《中国农业金融概要》，第5页。

④ 章有义编：《中国近代农业史资料》第3辑，第762页。

⑤ 《农情报告》1934年第2卷第4期。

⑥ 参见拙文：《略论近代中国工业化的农业条件》，《近代史研究》1999年第5期。

全国农业和农村经济破产，1935 年农村经济开始恢复，但至抗战爆发前并未恢复到恐慌前的水平；1931 － 1937 年的农业总产量、亩产量和人均拥有量都呈现明显的马鞍形，1934 年为鞍底。[①]1931 年后农业生产之所以会出现严重的衰退，根本原因在于农民在封建租税、高利贷和外国资本主义的剥削下，日趋贫困，越来越无力对农业生产条件进行维持和改善，致使农业生产条件日益恶化，终于在资本主义国家的倾销下爆发了总的危机。据研究，在 1927 － 1937 年间，中国农业总体上经历了一个水利设施恶化、役畜和农具减少和经营规模缩小的过程。[②]由于农业生产的衰退，农民家庭不得不依靠家庭副业和手工业来增加收入，以勉强度日，家庭副业和手工业在农民的家庭经济中占有十分重要的位置。据考察，旧中国苏南农村是商品经济比较发达的地区，其家庭副业和手工业收入在农民家庭收入中的比重，大致要占到 20% － 70%，平均约占 40%左右，土地越少越贫困的家庭其副业和手工业收入在家庭收入中的比重就越高。[③] 在其他地区，这一比率无疑要低一些，其中华北比华南又要低一些。[④] 但是，30 年代的经济危机不仅表现在农业上，而且也波及了农村家庭副业和手工业。许多家庭手工业因产品找不到销路和价格暴跌而减产、停产甚至破产，许多农家副业报酬剧减。如河北高阳县 1920 年有织机 33800 架，至 1933 年减至 12600 架，宝坻县 1923 年织布 480 万匹，到 1933 年只有 130 万匹。[⑤] 华北冀鲁豫三省柞绸出口量 1931 年为 23.14 千担，至 1934 年骤降至 10.22 千担；草帽辫出口 1931 年为 3.07 万担，至 1934 年则下降为 2.31 万担；花边业也于 20 世纪末 30 年代初一度衰落，自 1935 年才开始恢复。[⑥] 江苏南通、如皋、东海、启东等县几乎每户都有布机，1931 年“9·18”事变后，“销路大减”[⑦]。江苏江阴、常熟的妇女织布从前每匹布可得铜钱 20 枚，到 1934 年时只能得 5 枚。[⑧] 苏州手工丝织业在“9·18”事变后也“一落千丈”[⑨]。根据中央农业实验所在 1935 年的调查，全国 22 个省份的各种农村副业中，在近几年只有帮佣和兼业小商贩有发展的迹象，其它如养蚕、养鱼、养蜂、纺纱织布、编草鞋草绳、制土砖、编织草帽缏、割柴草、兼业木匠、兼业裁缝各业趋于衰退。[⑩]

① 刘克祥：《1927 － 1937 年农业生产与收成、产量研究》，《近代史研究》2001 年第 5 期。

② 参见刘克祥上引文。

③ 曹幸穗：《旧中国苏南家庭农场农产商品率研究》，《中国农史》1992 年第 2 期。

④ 华北农民家庭副业和手工业收入约占家庭收入的 14%。(参见卜凯：《中国的土地利用》，金陵农业大学 1941 年，第 404 页。)

⑤ 《中国近代农业史资料》第 3 辑，第 651 页。

⑥ 从翰香主编：《近代冀鲁豫乡村》，中国社会科学出版社 1995 年，第 388、398、410 页。

⑦ 《中国近代农业史资料》第 3 辑，第 648 页。

⑧ 《中国近代农业史资料》第 3 辑，第 792 页。

⑨ 《中国近代农业史资料》第 3 辑，第 655 页。

⑩ 《农情报告》1936 第 4 卷第 11 期。

在农业生产衰退、农村家庭副业和手工业都急剧衰落的情况下，农民生活陷入了极度贫困的状态之中。根据华洋义赈会30年代初对浙江、江苏、安徽、河北四省九县6000余户农民家庭的调查，年收入在200元以上的家庭在总家庭的比例，浙江省鄞县为36.1%，江苏义征、吴县、江阴为37%，安徽宿县为20.7%，河北遵化、邯郸、唐总（原文如此，疑为行唐）和冀县为12%，而占总数56%的家庭年收入在100元以下。[①]而当时农民家庭最低生活标准应为187元。[②]可见，在30年代初期，中国的大部分农民家庭已不能维持最低的生活水平，更不用说维持简单的再生产。在这种情况下，不能不说农村经济已经崩溃和破产。

农民长期地遭受苛重的地租、田赋、高利贷和工农业产品价格剪刀差的剥削，必然使农村的现金大量地流入城市，同时由于农业生产的衰退和家庭副业手工业收入的剧减，农民无以通过出售农副产品使城市的资金回流，使农村获得资金的补充，其结果必然是现金从农村大量地单向地流入城市特别是像上海、天津这样的通商口岸大都市，出现农村现金大量出超、城市特别是像上海、天津这样的通商口岸大都市则现金大量入超的现象，最后出现农村现金奇缺、农村金融枯竭的局面。[③]“内地经营状况良好，商业繁荣，则内地需要之资金增加。苟内地出口兴旺，则国外必须支付内地之款项，此种款项多先交于上海再支付于内地。……反是内地经济衰落，则金融宽裕，资金无用，而现货必将逐渐回至金融中心上海。此外苟内地出口减退，或国外进口增加，则中国需要支付国外之款项较多，而国外需要支付中国之款项较少，故上海之内汇指数必须跌落而外汇指数必须升涨，内地之现货将先流入上海，而上海之现货则将输出国外。”[④]当时有评论一语中的：“数十年来内地与都市之贸易，常据入超地位，都市运输机制品者，只知吸收内地之金钱，同时内地之生产者，苦于无法以挽回既溢之漏卮，以致农村贫瘠，每况愈下。”[⑤]章乃器说道：“近年以还，农产品输出减退，而工业品之输入农村则旦夕滋

① 转见乔元良：《中国农村经济的一般观察》，载《新创造》1935年第2卷第1、2期合刊。

② 当时北平协和医院教授BemardE.Read对中国农民最低生活标准此作了一个估计。根据这个估计，中国农民家庭（五口之家）的最低生活标准为年收入187元，其中粮食为150元（食量按英国人的三分之一算，以萝卜和白菜为主，不包括鱼肉鸡蛋等），衣着20元，住房5元，医药、交际、教育、娱乐及其他杂费7元，合计187元，人均37.4元。（参见乔元良上引文。）

③ 其中尤以上海为最。“上海一埠入超之数，约当全国百分之八十，但上海对国际固为入超，而上海对于内地则为出超，内地不仅由上海输入洋货、洋布、煤油等日用品，且因近年中国农村的破产，甚至米、麦、面粉、杂粮亦须由外国输入。内地以什么方法来抵补上海的输入呢？那就全靠丝、茶、土货与信用。”（金轮海：《中国农村经济研究》，中华书局1937年，第220页。）

④ 吴大业：《近六年来中国经济之变迁》，载南开大学经济研究所编：《政治经济学报》（原《经济统计季刊》）1934年第3卷第1期。

⑤ 天津《大公报》1936年10月2日第2版。

长。农村入不敷出之结果，现金一味外流，而甚少运回农村之机会。”[1]有论者评论道：“银货由内地流入都市，并非由于都市经济发展，实因内地经济崩溃，于是都市乃感游资过剩，产生目前畸形之经济发展，益暴露我国经济恐慌之加剧。”[2]农村金融的枯竭是农村经济破产的必然结局，是农村经济破产在金融领域的表现。

许多资料反映了农村现金出超、大城市现金入超问题的长期存在以及农村金融枯竭的严重性。甘祠森整理了1891年重庆设海关以来到1935年四川省对外贸易的海关统计，显示出在四川省的进出口贸易中，商品（输入主要以棉布、棉纱、纸烟、煤油为主，早期主要是洋货，民国以来逐渐为国内产品所取代，输出主要以生丝、药材、猪鬃、桐油为主）一直是入超的，1891－1910年平均每年入超400万关两，1911－1920年入超约为700万关两，1925－1930年增至1500万关两。[3]这些入超值也就是四川省农村在对外贸易中由于输出的农副产品和手工业制品价值不能与输入的工业产品价值相平衡而导致的现金出超。这种输出值与输入值的不平衡显然只能由两种原因造成：一是农副业和农村手工业生产能力不高，输出的物量不够；再一是受工农业产品价格剪刀差的影响，输入物品的价格过高，输出物品的价格过低。而这仅仅是从农民手中通过贸易而流出省外的部分，还不包括通过地租、赋科和高利贷而从农民手中流入本省地主、官僚、军阀和商人手中的部分。这不仅仅是四川省的情况，而是全国各地的情况。如湖南省“输出者多原料，输入者多制造品，自民国元年以至二十年，入超净数共有三千五百余万关两，现金亦源源流出，是以近年农村金融极呈衰落之象，农民生活日趋困难之境。”[4]陕西省“就全省而言，每年输出省外款项不下四千余万元，内中以输出布匹为大宗，约占一千七百余万元，其他煤油、卷烟、京广洋货颜料，多者不下数百万元，少者亦各不下一百余万元，而输出货物，则只有煤炭棉花等项，尚不及出款之半数，农村安得不濒于破产。”[5]

有材料说明1932年国内各地对上海输出及从上海输入银元数，显示输出数大大超过输入数，因而出现了巨大的出超数。具体情况如下表（单位万元）[6]：

① 转见《中国近代农业史资料》第3辑，第677页。

② 方英才：《民国二十三年中国经济之变迁》，载南开大学经济研究所编：《政治经济学报》（原《经济统计季刊》）1935年第3卷第3期。

③ 甘祠森：《最近四十五年来四川省进出口贸易统计》，此处转见许涤新、吴承明主编：《新民主主义革命时期的中国资本主义》，第239页。

④ 中国银行经济研究所编：《中国农业金融概要》，商务印书馆1936年，第52页。

⑤ 同上书，第125页。

⑥ 参见张一凡：《中国农村金融病态之论断》，载《中国经济》1933年第1卷，第4、5期合刊。

表 1　1932 年国内各地对上海银元输出入情况

埠别	向上海流出银元数	从上海流入银元数	出超数
无锡	30	0	30
常州	20	0	20
苏州	10	5	5
杭州	553	80	473
温州	355	0	355
宁波	40	5	35
清江	85	0	85
徐州	115	20	95
蚌埠	15	90	159
海门	55	0	55
嘉兴	5	0	5
扬州	15	0	15
香港	165	90	75
南京	198.2	120	78.2
镇江	145	20	125
芜湖	559	43	516
安庆	35	0	35
宜昌	79	5	74
南昌	140	0	140
九江	652	15	637
长沙	12	0	12
洛阳	105	0	105
重庆	174	0	174
合计	**3706.2**	**403**	**3303.2**

表中显示，各地农村在 1932 年的一年间就通过以上 23 个商埠向上海输出了 3706.2 万元的银元，而一年中从上海输入的银元只有 403 万元，共出超银元 3303.2 万元。而这仅仅是银元的出超，另外还有各地对上海的银两出超未在其中。如同年汉口对上海出超银两 243 万两，天津出超 163 万两，广东出超 1100 万两，九江也出超 3 万两。① 而到 1933 年，仅 1 － 3 月三个月的时间，就由汉口、宜昌、温州、青岛、洛阳、芜湖、重庆、南京、镇江、蚌埠、徐州、牛庄等商埠流入上海银元达 2080 万元，而同期自上海流出之银元只有流向大连、天津、秦皇岛、杭州、淄博等地的 330 万元，前者为后者的 6 倍有余。② 据国民党政府主计部统计局对（南）京沪和沪杭甬两铁路运输现金出入的统计，在 1929 年，输入上海之现银为

① 参见张一凡同上文。

② 转见董成勋：《中国农村复兴问题》，世界书局 1935 年，第 55 页。

9663余万元，而由上海输出之现银为11055万元，输入少于输出，但从1930年开始，从上海向外输出的现银骤减，导致输入超出输出，1930年超出956万余元，1931年超出776万余元，1932年超出3930万余元，1933年1688万余元，四年共超出7350万余元。从全国来说，1929年向上海输入现银12379余万元，由上海输出18190余万元，输出大于输入，1930年向上海输入10906余万元，由上海输出14117余万元，输出仍然大于输出，1931年向上海输入11140余万元，由上海输出16444余万元，输出继续大于输入，到了1932年开始逆转，向上海输入16284余万元，由上海输出则只有1994余万元，1933年向上海输入9950余万元，由上海输出1761余万元，合计五年中向上海输入60661余万元，由上海输出52509余万元，输入大于输出8151余万元。①

全国各地对上海的现金出超，使得全国的现金大都集中到了上海。张嘉璈在1932年的一次演说中讲到："最近一年来最特殊的现象，就是内地现货陆续集中通商口岸，尤其是集中上海。从正月至六月底，海关进口到上海的银元五千三百五十万元，出口六百万元，就是银元入超四千七百五十万元。此外民船火车输入的数目尚不在内。上年六月底上海存银元只有一万四千四百五十万元，本年六月底有二万三千九百十万元，几增一万万元。不但是银元增加，银两亦增加。一月底上海存银两不过六千一百万两，六月底有八千六百万两，增二千五百万两。……所以上海一埠，足足加了一万三四千万元。"张嘉璈估计当时上海所存银两银元两项约3.5亿元，而当时全国共有现银也仅约22亿元，其中用于流通的不足四分之一，也即不到6亿元，也即全国供流通用的现货，已有一半多集中到了上海。② 有论者还将现金的流动方向描绘成一个图示，根据这个图示，现金流动的终点为上海，直接流向上海的商埠有温州、宁波、杭州、镇江、南京、芜湖、广州、厦门、汉口、胶州、天津和大连，汕头、拱北、梧州、九龙和江门则经广州中转后流向上海，重庆、宜昌、沙市、九江和长沙经汉口中转后流向上海，哈尔滨、牛庄和安东经大连中转后流向上海。这样，全国各地的现金都源源不断地向上海集中。③

农村地区普遍和大量的现金出超，使得农村现金竭绌。例如"浙省向为富庶之区，除产米麦豆棉等重要农产品以外，复有丝茶之大利，农业金融素称灵活。

① 国民政府主计部统计局编印：《上海现银移动状况》，载中国第二历史档案馆编：《中华民国史档案资料汇编》第五辑第一编财政经济（四），第163－171页。

② 张嘉璈：《中国经济目前之病态及今后之治疗》，世界编译所刊行1932年，第7－9页。上海银行业现银存底以1926年为100（147万元）的话，1933年底增至303（44676万元），1934年6月底增至396（58289万元）。（参见常文熙：《农村金融破产声中农村金融问题之研究》，载《中国经济》1936年第3卷第8期。）

③ 李焕文：《国民经济建设方案》，载《经济学季刊》1937年第8卷第1期。

不幸近年以来，因种种关系，农村金融之枯竭，已成全省普遍之现象；农民因困于资金，田不能施肥，茧不能购种，丧婚之需，更无论矣。”[①] 农村金融枯竭致使“农民积蓄，俞耗愈尽，中等农家之积蓄，不逾一二十元，其下者竟至求一元之现金而不可得。”[②] 甚至有的县全县“不见一块银元，不见一枚铜元，其买物也多者用米，少者用鸡蛋。”[③] 在江苏盐城，“一般农人，奇窘异常，即买油盐，亦无现款，大都以稻易之。”[④] 在福建莆田，“任何一个村庄里想要借到十元现洋，已是非常困难的事了。”[⑤] 在安徽太湖，“金融异常枯涩，市面流通只有较大商店所发行的一种钱票。”[⑥] 山西“金融枯竭到了惊人的程度”[⑦]，寿阳县“虽出百分利，跑遍全村，也借不到一元钱”[⑧]。在山东临朐“银元与铜元几乎断绝了踪迹。”[⑨] 农村经济的破产和农村金融的枯竭终于使得占人口80%以上的农民无力购买工业制品。为工业化所需的国内市场几近完全散失，这才是1931年以后民族资本主义经济陷入危机的根本原因。以棉纱业而论，棉纱大王荣宗敬具体讲述农村经济崩溃、农村棉纱销路锐减时说：“湖南、江西在昔日可销纱三百数包，今则减为百件以至数十件。安徽近亦减半。四川本销华纱，每日约四五百包，今以内乱仍频，不及百包。”[⑩] 上海棉纱业“由于内忧外患，天灾人祸，农村破产之影响，（棉纱）销路锐减，以至存货山积，整个基础动摇”，历年4月日销棉纱三四千包，1933年只有二三百包。[⑪] 正如中国银行所说：“若占人口百分之八十之农民，求最低之生活而不可得，尚何购买力而言。本年布厂营业亏损，即农民无力增添衣着之一证。今后即一切生活必须之工业制造品，亦恐销路日狭，价格日跌；其他较有奢侈性质者，更不待言。”[⑫]

面对农村经济的破产和农村金融的枯竭，国民党政府不得不采取一些措施来

---

① 中国银行经济研究所编：《中国农业金融概要》，第36页。
② 《中国银行报告》（1932年），第36页。
③ 中国银行经济研究所编：《中国农业金融概要》，第46页。
④ 马乘风：《最近中国农村经济诸实相之暴露》，载《中国经济》1933年第1卷第1期。
⑤ 朱博能：《福建莆田的农村金融》，载《东方杂志》1935年第32卷第8号。
⑥ 余醒民：《安徽太湖县农村经济概况调查》，载《中国经济》1934年第2卷第7期。
⑦ 荫萱：《山西中路农村经济的现阶段》，载《中国农村》1937年第2卷第11期。
⑧ 冯和法：《中国农村经济资料续编》，黎明书店1935年，第279页。
⑨ 高启方：《几年来临朐农民的生活》，载《中国农村》1937年第3卷第3期。关于农村金融枯竭的情况，全国各地都有报道，详见王方中：《20世纪30年代农村金融濒临枯竭问题初探》，载上海中山学社主办：《近代中国》第7期。
⑩ 上海社会科学院经济研究所编：《荣家企业史料》上册，上海人民出版社1980年，第363页。
⑪ 《上海市棉布商业》，中华书局1979年，第144页。
⑫ 《中国银行报告》（1932年），第36页。

进行挽救。1933 年 5 月，国民党政府设立农村复兴委员会，目的是统一农村救济工作。[①] 农村复兴委员会下设技术、经济和组织三组，技术组负责改良农产品、增进生产，经济组负责农村金融和农产品价格调剂，组织组负责农村自治。三组中，对农村复兴最有直接意义的是经济组。由张嘉璈任召集人的委员会经济组计划：(1) 每省设一合作指导委员会，指导各县之合作；(2) 每省设一农民银行，省内各地尽可能设支行；(3) 农民银行需在各县设立农业仓库；(4) 商请上海银行公会发起设立农村金融调剂委员会，以调剂农村金融；(5) 各省尽力扶持已有之典当业；(6) 由本会设立专门委员会，就丝、茶、米、麦、棉五项研究生产成本、税率、生产量、需要量及运费，建议农产品价格之调剂办法。[②] 但这些措施大部分都委于银行业，政府所做的事并不多，并且做事拖沓，并未发生明显效力。[③]1934 年 6 月，国民党政府行政院通饬各省，永不再增田赋附加，永不再抽不合法之税捐。但是如前所述，赋税实际也是增加的。国民党政府救济农村有一件值得“夸口”的事情，就是所谓改良和推广稻种和棉种。改良稻种就是所谓的“帽子头”稻种。据说，这种稻种比普通种子的产量高出 10 － 15%，但至 1936 年，在全国不过推广了 3 万余亩。[④] 改良棉种也即由棉业统制委员会所属棉产改进所通过试验获得的新品种——斯字棉。据称这种品种可使平均每亩增收籽花 42 － 53 斤。但在 1934 － 1935 年间，这一新品种在江苏、河南、陕西、山西、河北五省也只不过推广了 180 万余亩。[⑤] 据曾担任国民党政府农本局总经理和农产调整委员会主任的何廉评论国民党政府 1927 － 1937 年间的农业推广时说：“农业推广是这十年中中国农业发展上最弱的一个部门。远落后于研究、教育及实验之后。有些推广工作是由教育机构开始的，如金陵大学、东南大学；有些由教会人士开始；但规模很小，效果也是象征性的。……在农业推广方面，一九二七至一九三七年间在

① 在5月5日举行的农村复兴委员会第一次会议上，行政院长汪精卫说明成立宗旨时说道：“我国农村凋敝，产业衰微。以此抗日，则实力不济；以此剿匪，则滋蔓难图，故行政院设立农村复兴委员会，集中朝野力量，筹集巨款，分途救济，充实金融，改良技术，发展交通，调剂粮食。期于抗日为巩固后方之图，于剿匪收釜底抽薪之效。”(《申报》1933 年 5 月 6 日第 9 版。)

② 《复兴农村会议闭幕》，《银行周报》，1933 年第 17 卷第 17 期；《申报》1933 年 5 月 7 日第 9 版。

③ 姚崧龄：《中国银行二十四年发展史》，第 163 页。

④ 《全国稻麦改进所就成立一年来推进农业改良实况至实业部呈》，载中国第二历史档案馆编：《中华民国史档案资料汇编》第五辑第一编财政经济（七），第 408 页。

⑤ 参见《全国经济委员会关于 1936 年份全国棉业蚕丝业改良与统制状况的函呈》，载二档馆编：《中华民国史档案资料汇编》第五辑第一编财政经济（七），第 426 － 428 页；国民党中央党部国民经济计划委员会主编：《十年来之中国经济建设》，上编第 5 章“水利、公路、蚕棉”，第 37 － 38 页。

中央方面，一切都未超过计划阶段。”①

国民党政府救济农村的另一个重要项目就是建立农村金融机构，加强农贷，缓解农村金融恐慌。1930年，国民党政府由农矿部主持召开农村金融讨论会，拟定并通过了“农业金融制度计划”、“修正农业金融制度及实施方案”等决议案，决定加强农村金融组织机构的建设和农贷工作。但是，由于国民党政府建立农村金融机构的真正目的是控制农村金融，而不在于缓解和救济农村金融恐慌，所以在救济农村金融方面的行动上是十分缓慢的。除农村信用合作社成立较早以外，其余方面都开展得很晚。②唯有农贷，国民党政府虽然是假惺惺地在做，但在银行业的积极响应下，具有一定的效果。国民党政府的农贷机构可以分为上下两层，上层以中国农民银行（1935年4月1日前为豫鄂皖赣四省农民银行）和农本局为代表，是政府控制的向农村发放贷款的机关，下层机构以信用合作社、农业仓库和农业贷借所为主，直接为基层农村提供资金。中国农民银行成立于1935年4月，由1933年设立的豫鄂皖赣四省农民银行发展而来，而四省农民银行的前身是国民党政府的“剿共司令部”下设的农村金融处。四省农民银行的目的名义上是农民银行，但实际上同“剿共司令部”的农村金融处一样，完全是为蒋介石“剿匪”反共内战服务的，蒋介石的“剿匪”军队开到哪里，四省农民银行的分支机构就设到哪里。③而之所以将四省农民银行扩大为中国农民银行，是因为

① 何廉对沈宗瀚《中国农业科学化之开始》一文的《评述》，见《革命文献》第75辑，第43页。何廉是亲身经历者，他在后来回忆其工作时，对中央农业实验所、国家稻麦改进所和国家棉产改进所的工作都给予了高度的评价，但对政府的推广却给予了完全的否定。他说：“当时我在观察他们（指中央农业实验所、国家稻麦改进所和国家棉产改进所）的工作中，看到他们在改进稻、麦、棉、高粱、大豆等农作物的育种方面取得了很大的成功，改进的种子不但收成高，而且抗病力强。但这又有什么用呢？实验工作的结果停留在暖房里，如何将这些改进结果推广到农民手里的问题还是得不到解答。政府在农业推广上作了一些纸上谈兵的工作，但单纯纸面上的东西不会有什么效果。”何廉在指责政府推广不力时，也指出了推广受阻的另一个原因，这就是农民的贫困：“贫农即使想种植改良的种子，也没有能力做，他们没有财力。”（参见《何廉回忆录》，中国文史出版社1988年，第140页。）

② 建立农村信用合作社的方案最早见之于孙中山领导的南京临时政府财政部制定的庶民银行(实际就是农村信用合作社）则例，后因袁世凯篡权而未能实施。南京国民党政府较早地开展农村信用合作社活动，得益于民间人士的大力推动。1919年，薛仙舟先生在上海复旦大学创办上海国民合作银行，开创了我国信用合作运动的先声。随后，华洋义赈总会于1923年在河北省试办信用合作社。1928年，在薛仙舟先生的积极倡导下，得到国民党政府的俯允，政府并每年拨款5万元资助此项事业，信用合作社开始有规模的发展。1931年，国民党政府立法院颁布了合作条例，实业部制定了合作法规，从而把信用合作推向全面发展。

③ “二档馆”藏中国农民银行档案，此处转见孙修福：《蒋介石与中国农民银行》，见《民国档案》1996年第1期。据自1933年1月参加四省农民银行的筹备工作，后来一直在农民银行工作，曾任该行信托部副理的马克义后来回忆说：“四省农民银行是在‘围剿’和‘反围剿’激烈斗争中成立的。蒋介石认为，军事进攻必须附之以经济上的‘安抚’。经济上的‘安抚’原是农村金融救济处搞的。但救济处不能发票子，故成立中国农民银行。”（转见中国人民银行金融研究所编：《中国农民银行》，中国财政经济出版社1980年，第15页。）

"剿区扩大，觉得四省农民银行不足以济事，于是乃将四省农民银行改为中国农民银行"[①]。可见，中国农民银行的宗旨虽然在其《条例》上写明是"供给农民资金，复兴农村经济，促进农业生产之改良进步"[②]，但实际上与四省农民银行一样，是名副其实的"剿匪"银行，是为蒋介石"剿匪"筹集资金并帮助地主豪绅阶级恢复统治的。[③] 到 1937 年，中国农民银行的分支机构已由原来的 16 处增加到 87 处，特别是云南、贵州、四川、西康、陕西、甘肃、青海等省的机构都是为征收鸦片特税和"追剿"中国工农红军而设。其业务除了发行钞票以外，主要包括三个方面：(1) 直接参与鸦片贩卖活动；(2) 承做特货押款、押汇业务；(3) 经营商业、投机倒把。[④] 对此，任行长的孔祥熙曾予以承认。他说："过去，我们对于国内金融没有完全尽责，有许多应做的事情尚未切实做到，因之有人说我们挂羊头卖狗肉。还有人说本行虽是农民银行，但经营商业。人家有此口实，当然也许有此事情。不过，过去中国农民银行或许经营，是没有办法。因为，一方面农业没有什么事情可做，只得做些商业；另一方面，本行需要放款，……所以有此口实。"[⑤] 中国农民银行在条例上规定农业放款不得少于放款总额的 60%，而事实上即使在抗战前额数最多的 1937 年，农业贷款也只有 1960 万余元，只占放款总额的 13.4%。[⑥] 农本局成立于 1936 年春，是国民党政府控制农贷的国家专职农业金

---

① 《孔祥熙告别该行同人的"训词"》，见中国农民银行《本行通信》1935 年第 117 期。

② 《财政年鉴续编》下，时事新报社 1935 年，第 319 页。

③ 中国农民银行放款的地区是以国内矛盾最尖锐、革命火焰最炽烈的陕、甘、川、黔、赣等省为重点，放款的对象主要是地主豪绅阶级。中国农民银行对于其收复区实施《战区农村救济贷款办法》，其所谓的"农村救济"，据称"实际上就是对还乡的地主、豪绅，在经济上给以支持，使其在农村站得住脚。"(《沈士盛 1975 年 7 月的谈话》，见中国人民银行金融研究所编：《中国农民银行》第 169 页。) 中国农民银行试图通过这种"安抚"作用，资助地主豪绅阶级"还乡"统治，"俾免流离"。(参见张郁兰：《中国银行业发展史》，上海人民出版社 1957 年，第 93 页。) 也有少部分贷款到了一般农民的手中，但由于这些贷款大都是通过农村信用合作社发放的，而信用合作社又为地主豪绅所操纵，一般农民不但不能从中得到益处，反而进一步遭受了地主豪绅的高利剥削。从中国农民银行 1933 － 1937 年发放的五种农村贷款类型（农村合作社放款、农仓放款、农场放款、特种农业放款和动产抵押放款）来看，以农村合作社放款比重最大，五年共计 2443 万余元，占五年间全部农贷的 68%。(《最近八年来各种农村贷款统计表》，见《中农月刊》1941 年第 2 卷第 2 期。) 但是，"一些农村的小地主、富农、保甲长和他们所豢养的亲信们组成了信用社的理监事会，银行农贷就是通过他们发放的，也是受他们操纵的。"(《李秉枢 1977 年 9 月谈话记录》，见中国人民银行金融研究所编：《中国农民银行》第 152 － 153 页。)"农村合作社往往为土豪劣绅所把持，他们利用合作社的名义，以不到一分的利息，向金融机关借得贷款，又把他们所借的款项以三分至七分的利息，借给贫苦的农民，无孔不入地发挥高利贷的作用。"(《新华日报》1940 年 3 月 19 日第 2 版，社评：《农业贷款问题》。)"农贷的作用，并未能供给农民以低利资金。乡村中的地主豪绅，往往借信用合作社之名，向银行借得低利贷款，再用以转借于农民。一转手间，利息便提高。这种合作社非特无益于农民，反造成剥削农民的新式工具。"(孙晓村、张锡昌：《民元来我国之农村经济》，载《银行周报》1937 年第 31 卷第 2 期。)

④ 参见孙修福同上文。

⑤ 中国农民银行《本行通信》第 6 期。把不愿投资于农业说成是农业无事可做，实属厚颜无耻。

⑥ 中国农民银行总管理处编：《中国农民银行三十一年度业务报告书》，第 16 页。

融机构。农业仓库和农民贷借所也都成立于1933年以后。1936年12月，国民党政府又通令全国，规定在中央、省、县三级设立隶属于农本局的“合作金库”，进一步控制农村金融业。至此，国民党政府的农业金融统治网络最终形成。

在国民党政府建立农村金融机构和加强农贷之前，民间就已经开始救济农村金融的活动。除上述薛仙舟先生和华洋义赈总会的一些活动外，银行业也早就开始了救济农村的行动。

前文中已经指出，在北洋政府时期，我国银行业具有一定程度的脱离资本主义工商业的现象。到了国民党政府时期，我国银行业取得了进一步的发展，但与资本主义工商业脱离的现象也得到了进一步的发展。中国银行业不仅与资本主义工商业有着较为严重的脱离现象，与农村和农业则更是几无联系，只是到了30年代以后，在农村和农业不断趋于衰败，农村金融出现严重枯竭的情况下，银行业才开始考虑救济农村和农业。

在国民党统治时期的前十年，中国的银行业有了很大的发展，但主要集中在通商都市，而内地和广大农村则严重不足。据统计，1936年全国银行总数为164家，分行1332家，其中除去设在香港及海外的10家总行、30家分行外，国内银行总数为总行154家，分行1299家。这其中，上海一地即达总行58家，占总数的37%，分行124家，占总数的9%；其次为江浙两省，总行36家，占23%，分行300家，占23%；再次为南京、北平、天津、广州、武汉五大城市，合计共总行23家，占14%以上，分行210家，占16%；至于西北五省（陕西、甘肃、宁夏、青海、新疆）则只有总行5家，占2%，分行65家，占5%；西南五省总行8家，占5%，分行96家，占7%；华中及华南六省总行9家，占5%，分行258家，占19%；东北和华北或陷于敌手，或受敌人严重破坏，数量也很少。① 这些银行的主要业务是城市地产、公债、标金等投机业，其中特别是公债投机，是此时银行业的最热门、最具赢利性的事业。内地银行少，农业银行则更少。据1934年《全国银行年鉴》统计，全国有各种银行146家，实缴资本2.65亿元以上，而冠名为农工、农业或农民银行的，仅13家，实缴资本1440万元，且其经营重点也如同其他银行一样，在发行钞票、承办公债而不在农业。② 而且农民银行的设立，往往是在农民尚未得到实惠时就已经加重了农民的负担，如江苏省农民银

① 杨荫溥：《五十年来之中国银行》，载中国通商银行编：《五十年来之中国经济》，六联印刷股份有限公司1947年，第44－45页。

② 《全国银行年鉴民国二十三年》，转见宫玉松：《三十年代农村金融危机述论》，《中国经济史研究》1995年第4期。

行的基金是由“亩捐”的附征而收集的，浙江的县农民银行的资本也是出在田赋附加上的。[①]

30年代初期以后，中国的银行业之所以特别热衷于投资公债，是有其客观背景的。首先，由于农村经济的趋于破产和全国各地现金向上海等大城市的流入，银行的存款在不断地增加。如上海银行业同业公会24家银行的存款，在1926年尚为9.18亿元，到1929年已增加为12.22亿元，到1932年则进一步增加为17.13亿元，比1926年增加几近一倍。[②]同时，由于在1931年以后资本主义工商业又陷入了衰退和危机之中，银行存款的投资和放款去路受到了严重的阻滞。有经济学家评论说：存款数字增加这么大，以致使银行家们“为了怎么使这么多的存款使用的更为有利的问题而感到为难。”《申报》也报道说银行界正为怎样使用他们的投资更有利的问题而感到苦恼。“各银行以政局不宁，工商凋疲，均不敢投资于实业，以助长其发展，坐拥巨资，虚耗利息，深感无法消纳之苦。”[③]有论者指出:“银行界见农村已濒破产，重轻工业亦落没落之厄境，国内外商业极呈不景现象，均无投资之保障，且所获利润亦至微薄，然又不能运用此大宗游资，于是遂利用之购买地皮，与投资公债。”[④]“上海一埠，所集中之现金数，占全国流通资金二分之一以上。此巨量现金均积滞于都市之金融机关；去路既阻，遂群集于公债库券之投机经营。”[⑤]其次，南京国民党政府的公债政策将银行业的投资取向吸引到了公债投机上来。如前所述，国民党政府在成立初期为了维持连绵不断的反共内战和军阀混战，在财政收入有限的情况下，只有靠发行国内公债来筹集其军费。自1933年孔祥熙继任宋子文为行政院副院长暨财政部长之

① 张郁兰:《中国银行业发展史》，第90页。
② 吴承禧:《中国的银行》，商务印书馆1934年，第22页。
③ 潘文安:《今年之上海银行业》，载《申报》1933年11月20日第16版。
④ 李焕文:《国民经济建设方案》，载《经济学季刊》1937年第8卷第1期。
⑤ 王雨桐:《过去之金融业与今后之动向》，载《申报》1933年10月9日第18版。

后，更是变本加厉地利用发行公债来筹集内战经费。[①] 继 1927 － 1931 年的五年间发行了 10.85 亿元公债之后，又于 1933 － 1935 年的三年间发行了 5.78 亿元的公开公债，另又发行不公开债务，三年间实际举债 8.62 亿元，外加 150 英镑。[②] 这些资金有 85%被用在了与国计民生绝无利益的军政费支出上。[③] 为了吸引银行业和社会资金投资于公债，国民党政府采用高利率和大折扣，以使大获利的方式。公债利息通常在一分五六厘以上，且还可以打四至五折，所以通常可获利三四分以上。[④] 于是，银行和社会资金多竞相投资于公债。有论者说道："银行虽为都市之重要金融组织，然我国银行之业务亦未及于都市工商界，而呈畸形发展，年来银行多以购买公债为主要业务，二十二（1933）年各行所购有价证券共达二六一;三二五,一八零元，与其实收资本总额相埒，其中几完全为政府公债，为额庞大，盖可想见。"[⑤] 据资料，以上 8 亿多元的国债中，约有 3.3 － 3.4 亿元为银行界所购买,约占其资本总额的 13.78%,银行资金就这样"群趋于套利之一途"。[⑥] 而对工商业和农业的投资当然就不是银行的热心事业了。因为"如果将银行安排了去对工业、商业和农业进行积极的投资的化，那么其所需要的利率就得比一

---

① 宋子文于 1933 年 10 月 28 日辞去行政院长暨财政部长职务，由孔祥熙继任。宋子文辞职的主要原因就是由于不能满足蒋介石为打内战（主要是剿共）而对财政提出的无边无际的要求。"宋部长以国库窘迫，无法应付，提出辞职。时国库每月收入一千五百余万元，支出二千二百余万元，其中军费一项每月即达一千八百余万元，每月不敷数目约八百万元之谱。库存仅有现金三百余万元及尚未发行之公债库券二千七百余万元，黄金外汇全无。即使二千七百余万元的公债能全部顺利发行，也不过维持三个月的开支而已，因此，宋部长坚决求去。时军事委员会委员长蒋中正坐镇南昌，主持剿共军事，围剿政策成功，陷区次第收复，残共也成瓮中之鳖，如此时财政发生波折，则剿共军事功败垂成。蒋委员长遂于 28 日飞回南京，当面敦请孔氏出任财政部长，以稳定政局。"（郭荣生：《民国孔庸之先生祥熙年谱》，台湾商务印书馆 1981 年。第 83 － 84 页。）当然，宋子文辞职与外交及政见也有关系。（评坛：《宋子文辞职》,《申报月刊》1933 年第 2 卷第 11 期。）孔祥熙上台后，为给蒋介石提供内战经费，开始变本加厉地发行公债及各种政府债券。为此，孔祥熙专门颁布了一个所谓《储蓄银行法》。按照该法第 9 条规定，所有银行必须把它们资产的四分之一投资到政府债券或证券上，而这些债券或证券又必须交存中央银行"托管"。(《储蓄银行法》,《国民政府公报》1934 年 7 月 5 日第 1480 号。）对此，张嘉璈气愤地骂道："孔祥熙是个恶棍！这简直就等于是抢劫！"（转见沈国仪：《孔祥熙传》，台湾国际村文库书店 1996 年，第 140 － 141 页。）

② 千家驹：《旧中国公债史资料》，第 22 页。

③ 千家驹：《中国的内债》，北平社会调查所 1933 年，第 47 页。而所谓的政费每年不过二三千万元，所以其中的绝大部分都被用在了军事上。（参见同书第 46 页。）

④ 千家驹：《中国的内债》，第 61 － 62 页。据朱偰估计，1927 － 1931 年间，国民党政府财政部发行了 10.06 亿元公债，实际收入为 5.387 亿元，折扣约在 54.3%。（朱偰：《中国财政问题》，国立编译馆 1934 年，第 232 页。）杨格估计的折扣率略低，他估计政府公债的实际收入约占票面额的 64%。（杨格：《1927 至 1937 年中国财政经济情况》，中国社会科学出版社 1981 年，第 651 页注 23。）

⑤ 何廉：《中国经济病症之解剖与诊断》，载南开大学经济研究所编：《政治经济学报》(原《经济统计季刊》) 1936 年第 4 卷第 2 期。

⑥ 银行界公债持有数和资本额见千家驹同上书第 73、71 页。前文中已经说明，北洋政府时期的同一比例为 6 － 7%。现在这一比例增长了一倍。

般的生产项目或企业所提供的利息要高一些”[①]。有论者估算上海各银行的大约三分之一或更多一些的赚取收益的可能完全依赖于它们与国民党政府的关系。[②]这就出现了工商和农业一片衰败，而唯独银行业却由于投机公债而一片繁荣的不正常现象。银行业“几乎完全脱离了与一般产业的联系，而担负不起国民建设的任务”[③]。有论者一针见血地指出：“我国农工商各业无不呈衰落凋敝之现象，何以近数年来国内银行之未见少，反有猛进之发展。……此种发展与进步，纯为畸形发达之状态，因在实际上，已脱离与实业生产之关系，不能形成有利之互助与合作，而以收入之资金，完全作为公债之购买，与地皮之投资。”[④]

但是，有银行业之领袖地位的中国银行却认识到了政府赤字财政政策及银行业趋于“套利之一途”对国民经济的严重危害性。在1931年度营业报告中，张嘉璈称：“盖公债代表一种制造之信用，其所得资金，若不用于生产之途，徒增消费之膨胀，物价之腾贵，……使多数中间人抬高价值，促进交易，竟取无生产之利润造成虚伪之繁荣，均非增加真实之资产，故一旦市面变动，其反动愈大。”张嘉璈对公债膨胀现象进行了强烈的指责：“循是以往，信用愈缩，现金愈贵，现金愈缺，信用愈减，必致工商业成本愈重，物价愈落，购买力愈弱，工商业之衰败愈甚。此乃世界市面消沉一定之结果，中国自亦不能免此影响。”[⑤]张嘉璈认为：“银行在国家社会中所占之地位，无异工厂中凡百机械之一种，而机械之装置，必须地盘坚固，方可运转自如”，而在当今农村经济崩溃、城市工商业衰退，社会几濒破产的情况下，“而谓银行能独自滋长繁荣，何异装置机器于泥沙之上，冀其行使不息，安可得乎？”[⑥]张嘉璈要求“政府立即停止一切不必要的和浪费的支出，有效地厉行节约，将储备用于建设，以增加国家的生产”[⑦]。1931年11月，在全国财政委员会会议上，中国银行与其他各界领袖及知名人士向政府提出紧缩开支、发展经济的意见，规定政府军费限定每月1800万元，党政费不得超过400万元，每月不敷1300万元由发行公债抵补，此外不再发行公债。[⑧]在中国银行1932年营业报告中，张嘉璈提出银行业要改变政策，并要求中国银行减少公债投资，增加对工商业和农业的投资和放款。他说道：“向之投资视线集中于通

① 丁佶：《中国的现代银行与政府金融及工业》，原载南开大学经济研究所编：《南开社会经济季刊》（英文版）1935年第8卷第3期，此处转见小科布尔：《上海资本家与国民政府》中译本，第199页。

② 小科布尔：《上海资本家与国民政府》，第199页。

③ 郑森禹：《民国二十四年度的中国银行界》，载《东方杂志》1936年第33卷第11期。

④ 李焕文：《国民经济建设方案》，载《经济学季刊》1937年第8卷第1期。

⑤ 《中国银行报告》（1931年），第45、46页。

⑥ 《中国银行报告》（1931年），第1页。

⑦ 姚崧龄：《张公权先生年谱初稿》上册，第122页。

⑧ 姚崧龄同上书，第122页。

商口岸者，今既知非内地健康无以增进国民经济之繁荣，宜寻觅安全之途径，以集中之资金，散而还诸内地。向之博什一之利，以图自身之生存者，今既知非产业之复兴无由谋金融发展，宜共同参加各种改良生产工作，以求资金之生产力与物产之生产力同其升降。”他并向同业呼吁道：“希望吾同业由上述消极自卫性质之合作，进而谋积极改进社会金融之合作。实以不如是必因市面衰败，营业之途径愈狭，而相互之竞争愈烈，终至同受其困，而丝毫无补于社会。”①在中国银行1933年营业报告中，张嘉璈对公债膨胀现象进行了进一步的抨击，他说：“社会仅有之资金，悉为厚利之公债所吸收；而人人叹息痛恨于建设生产资金之缺乏。无生产资金，何以求生产之改良增进而得贸易之平衡？无经济建设，何以裕人民之购买力而促物价之提高？”他提出：“补救之策，唯有政府切实大减军费，屏除不急之支出；减少公债发行，增加生产建设资金；金融界应减轻利率，减低成本，谋实力之积蓄，为不时之准备……。”②在张嘉璈的领导下，中国银行开始减少对政府公债的投资，逐渐与政府的公债脱离。中国银行持有的投资用证券储备，从1931年12月的7200万元，逐渐减少为1932年的6450万元，1933年的3200万元，1934年进一步降至2540万元，下降幅度达60%多。而同期交通银行所持有的投资用证券储备则由1931年的2140万元增加为1934年的2930万元。上海银行业企业公会的其它银行的同一数字也由1931年的14580万元增加为26550万元。中央银行则更由1932年的30万元陡增至1934年的15540万元。③在减少公债投资的同时，中国银行还增加了对工商业的放款。如对工业的放款所占资本总额，1931年为10.14%，1932年为11.46%，1933年为12.08%，1934年为13.25%；对商业的放款所占资本总额，1931年为21.73%，1932年为22.38%，1933年为27.02%，1934年为29.77%。④中国银行还对农村和农业进行了一定的援助，尽管它的业务并不涉及农村和农业。1932年，中国银行开始农产品抵押放款和合作社放款，1933年开始农民小额放款。⑤1933年，中国银行向农村放款数占资本总额的4.81%，1934年这一数字又增长为5.38%。⑥

在中国银行的带动下，加上农村经济日益衰败，农村金融日见枯竭，中国银行业终于认识到救助农村的重要性。“上海各华商银行，认复兴农村为当前急务，

① 《中国银行报告》（1932年），第37页。

② 《中国银行报告》（1933年），第28页。

③ 刘大钧：《上海工业化研究》，商务印书馆1940年，第300页；徐农：《中国国民经济的全貌》，载《新中华》1936年第4卷第4期。

④ 参见中国银行1931－1934各年度营业报告中之统计数据。

⑤ 姚崧龄：《中国银行二十四年发展史》，第163、164页。

⑥ 《中国银行报告》（1932年），第3页；《中国银行报告》（1934年），第39页。

故有贷款银团之组织。其贷款办法何如，虽未具体商定，而放款农村之原则，已为金融界所赞同，并视此为救济农村有效方法之一，可谓认题已真。”[①]1934年，交通、金城、浙江兴业、上海商业等银行也开始向农村贷款。1935年2月，交通、金城、浙江兴业、上海商业及四省农民等五行联合成立农业合作贷款团，决定该年度向农村贷款的额度为300万元。[②]1936年，国民党政府成立农本局，取代了中华农业合作贷款团。农本局除固定资本由财政部拨给以外，要各银行按本行储蓄存款的1%认定农业贷款，交由农本局统一运用。规定上海30家银行每年认放600万元，五年认足3000万元。其中认定300万元以上的银行有：四行储蓄会840万元，中国银行701万元，交通银行651万元，储金汇业局540万元，金城银行518万元，盐业银行497万元，上海商业银行366万元。[③]国民党政府的农本局不仅来得太晚，而且多依赖于银行界，自己的付出太少。至于在此之前银行业对农村和农业贷款的数额，吴承禧曾对此作过一个考察。据此可以了解到，在1933年，只有江苏省农民银行、中国农民银行、中国农工银行、浙江各县农民银行、上海银行和中国银行六家银行进行了农贷，总额为612万余元；1934年共有11家银行进行了农贷，总额为1878万余元，其中贷款数最多者为江苏省农民银行，贷款总额752万余元，其次为上海银行，贷款总额444万余元，再次为中国银行，贷款总额310万元，第四是中国农民银行，贷款总额200万元。[④]银行业对农业的投资方式分为农业仓库、农民抵押贷款和合作社贷款，以合作社贷款最为风行，多以物品作抵押。合作社贷款由社借款，分贷给农户，收获后以农产品交还贷款，风险较小，银行较易接受。银行业的农贷对农业生产起了一定的有益作用。如有的地方经过几年的贷款，经济生活发生了一些可喜的变化，主要是借款为用于维持简单再生产（购买肥料、种子、农具）的比率在减少，而借款用于购买牲口、车辆从事运输的比率在增加。[⑤]但是，银行业的这点贷款对嗷嗷待哺的广大农村来说，毕竟不过是杯水车薪。如据农情报告，1931年22省850县报告，由合作社贷款的农户只占贷款农户的1.3%，而从地主、富农和商人手里获取高利贷的农户占贷款农户总数的71.4%；1934年22省1700县报告，由合作社贷款的农户占贷款农户的比率为2.6%，而自地主、富农和商人处借高利贷的农户仍占贷款农户总数的80.7%。[⑥]实际上，银行业用于农贷的资金额占其

① 时评：《农村放款》，载《申报》1935年2月8日第8版。
② 《农业贷款团昨成立》，《申报》1935年2月10日第12版。
③ 《金城银行史料》第470－471页。
④ 吴承禧：《中国银行业的农业金融》，载《社会科学杂志》1935年第6卷第3期。
⑤ 沈祖彝：《江浙冀鲁四省之信用合作》，载《钱业月报》1933年第13卷第1期。
⑥ 转见黄鉴晖：《中国银行业史》，山西经济出版社1994年，第168页。

放款总额中的比率微乎其微，除中国农民银行达17.77%（中国农民银行放款的主要目的不是救济农业，而是帮助地主豪绅阶级恢复统治，已如前述），上海银行为2.84%，中国农工银行为1.75%外，其余银行均不足1%。[①]银行业之所以惜于农贷，主要是因为农贷利息低，而成本却很高，往往都要亏损。[②]章乃器曾坦白地说："救济农村……是金融业分内的事情，然而，在救济农村上面，听说又损失了几百万元。"[③]不仅如此，章乃器对于在其他条件不能得到改善的情况下，农贷对于农民生产所起的作用也给予极为消极的评价。他说道："如果农民依然是呻吟在捐税负担和农作损失的两重压迫之下，把资金用贷款的方式送到农村里去，结果只有加重农民的负担，而加速他们的贫穷化。农民借不到钱，减少农作还可以减少损失；借到了钱，增加耕种面积反而增加损失。农民没有借款，还只有捐税和农作损失的两种负担；有了借款，反而增添了一种利息的负担。这种救济，是连'治标'都谈不到的。"[④]

① 参见吴承禧：《中国银行业的农业金融》，载《社会科学杂志》1935年第6卷第3期。

② 农贷的利息最多一分，通常都是八厘九厘，而农贷的成本却一般高达10%左右。(参见吴承禧：《中国银行业的农业金融》，载《社会科学杂志》1935年第6卷第3期。)

③ 章乃器：《金融恐慌中金融制度的演变》，载《东方杂志》1935年第32卷第13期。

④ 章乃器：《币制改革后金融政策之重估》，载《经济学季刊》1936年第7卷第7期。

第七章

1934 - 1937 年间国民党政府乘民族资本主义经济危机建立官僚垄断金融资本的活动

民族资本主义经济陷入危机，急需得到国民党政府的救济以摆脱危机，走上正常发展的轨道。但是，国民党政府却利用危机，对民族资本主义经济进行了一系列控制、渗透和侵蚀的活动，确立了官僚垄断资本的统治地位，把中国逐渐地引向了官僚垄断资本主义现代化道路。国民党政府建立官僚垄断资本的活动从金融和工商业两个不同的领域同时进行。国民党政府建立金融官僚垄断资本的过程实际上就是侵蚀和吞并江浙资产阶级的过程。下面先叙述建立官僚垄断金融资本的过程，在下一章中再叙述建立官僚垄断工商业资本的过程。

上面提到银行界救济农村活动的力度很微弱，但是，它与南京国民党政府假惺惺地摆出一副关心农村的样子，而实际却漠不关心，一心想借此机会建立官僚垄断金融资本，要强得多。

国民党政府最为关心的，是银行界必须大力购买公债，以使政府有足够的经费用于内战。虽然张嘉璈多次向国民党政府提出要削减军费，增加对农业和工商业支助的力度，但国民党政府不仅不加以采纳，反而变本加厉地增加公债发行。中国银行自行将公债持有量减少，而加大对农业和工商业的投资力度的做法，使国民党政府十分愤怒。1934 年 7 月，国民党政府公布了《民国二十三年储蓄银行法》，要求银行界彻底改变银行的组织和活动，其中第九条强硬地要求所有的储蓄银行都要用相当于它们存款的四分之一来购买政府的公债或核定的证券，这些证券要开立特殊帐号存放在中央银行，以作准备金之用。[①] 到 1934 年底，由于受美国白银政策的影响，国内银根趋于紧缩，公债市场也出现了严重的波动，银行界对购买政府公债的热情从整体上冷却了下来，整个“江浙财团”都开始支持张嘉璈的立场。[②] 于是，孔祥熙和蒋介石决定对中国银行和交通银行进行袭击，

① 参见中国银行经济研究室编：《全国银行年鉴》（1937 年），第 919 - 921 页。

② 艾萌：《两朝国舅宋子文秘史》，香港寰球内幕秘闻社，第 56 页。

将二行掌握在政府手里。[①] 为了肆无忌惮推行反动的公债政策，以解决政府财政困难，是国民党政府打击中交两行，将它们控制在政府手里的主要理由。[②] 为了给他们的行动寻找一个正当的口实，孔祥熙采取了制造银行界与工商界的矛盾，以工商界压银行界的做法。孔祥熙找了一些工商企业家，专门设宴招待他们。他对这些不满的企业家含沙射影地说：困扰中国的一切问题全部是大银行家的所作所为造成的。为什么工商企业家无法得到贷款？为什么银根这样紧？为什么利率这样高？根子就在这里。孔祥熙对这些工商企业家说道：如果南京政府取得对银行业资产的新控制权，完全是有益于金融的。于是，这些急躁的工商企业家就把不满宣泄到了银行家身上。[③]

1935 年初，许多民族工商企业倒闭或面临倒闭，工商界急切地请求国民党政府和银行界给予救济。"在过去一年中，工商业方面可以说是无时无刻的不在那儿想法向银行通融——它们再三再四的向银行声请借款，要求展期结账，要求政府拿公债来给它们作保，要求减低利息……总而言之，它们要求比往年更多量

---

① 交通银行虽然不像中国银行那样独立于国民党政府之外，但对购买政府公债却不够积极努力。1934年，交通银行只比中央银行略小一点，但其所持公债却不到中央银行的五分之一。（参见徐农：《中国国民经济的全貌》，载《新中华》1936 年第 4 卷第 4 期。）

② 姚崧龄说道："民国廿二年十一月，孔祥熙继宋子文任财政部长后，每月筹款，弥补收支不足，必须向中央、中国、交通三行通融借款。中央银行虽在财政部掌握之中，而实力较逊，中国银行实力虽丰，惟不能事事听命，取求如意。正值银价续涨，金融枯竭，乃计划改革币制，统一发行，自必须先置中央、中国、交通三行，于财政部直辖之下，庶几进行顺利，乃决定三行一律增资改组。"（姚崧龄编著：《张公权先生年谱初稿》上册，第 140 － 141 页。）《国闻周报》在记述中交二行增资时写道："今春适因沪市金融风潮猛烈，政府财政复陷于困顿，当局与前财长宋子文氏等商讨结果，认为一方固因救济上海市面，一方对于政府金融机关中央银行应充实其力量，俾政府多获伸缩运用之便利。而中央银行一行之力终较单薄，政府有官股之中国、交通两行实应使之与中央银行合作，造成三行共同受中央控制之局面，然后财政上乃能有所发展。此议商定，孔祥熙、宋子文两氏乃于二月二十八日联袂赴汉，晋谒蒋委员长面陈，蒋氏极韪其议，于是即商定发行二十四年金融公债一万万元，及增加中国、交通二行官股。……此三大银行合作以后，于政府财政上自然立刻获有无限之便利，即金融界亦当呈现稳固之景象矣。"（《国闻周报》1935 年第 12 卷第 13 期"大事述要"。）蒋介石在给中交二行增资前给孔祥熙的密电露骨地反映了这一点。蒋介石在密电中说道："……致此之由，其症结乃在金融币制与发行之不能统一，其中关键全在中交两行固执其历来吸吮国脉民膏之反时代之传统政策，而置国家社会于不顾，若不断然矫正，则革命绝望，而民命亦被中交二行所断送，此事实较军阀割据破坏革命为尤甚也。今日国家险象，无论为政府与社会计只有使三行绝对听命于中央，彻底合作，乃为国家民族唯一之生路。"（中国银行总行、二档馆合编：《中国银行行史资料汇编》上编第 1 册，档案出版社 1991 年，第 385 页。）后来编著的孔祥熙年谱也直接地反映了国民党政府增资中交二行的真正目的。其中这样叙述道："中国交通两银行，历史悠久，信用卓著，在国内金融界居于权威地位。惜在北洋政府时代养成恶习太深，目无政府。且恃其财势，操纵政府，剥削国库，危害民生。国民政府成立后，两行仍积习不改，未肯与中央银行竭诚合作，甚至加以种种制肘，致使中央银行不能尽量发挥国家银行之功能，而财政部发行公债，亦往往受其阻碍，致使财政金融政策不能顺利推行，贯彻主张。……官股加入后，政府自然有说话权利，随即把两行人事，分别加以调整，使能配合国家财政政策，作为中央银行的辅助银行。"（郭荣生：《民国孔庸之先生祥熙年谱》，第 93 － 94、96 页。）

③ 沈国仪：《孔祥熙传》，台湾国际村文库书店，第 143 页。

的信用与更便利的条件。”[①] 但是，国民党政府却把救济民族工商业的责任完全推给了银行界，要求中央银行、中国银行和交通银行组成三行小组，负责对工商界进行贷款，而银行界则力图推脱这个责任给政府，建议由中央银行直接给工商界贷款。[②] 在国民党政府和工商界的共同压力下，银行界终于同意提供五百万元的贷款，给工商界以救济。[③] 同时，国民党政府还利用工商界对银行界的压力，以救济工商业为名，压迫银行界同意承受政府发行一亿元的公债。[④]1935 年 3 月，孔祥熙宋子文同赴汉口，与蒋介石商定，将新发行的一亿元公债，以 3000 万元交中央银行充实基金，再以 2000 万元交中国银行，1000 万元交交通银行充作增加官股，剩余的 3500 万元用作弥补政府的欠债，而对工商界的救济则一分钱也没有。[⑤] 国民党政府并解释说：“此举完全为增厚银行实力，以便通融资金，安定市面。中央、中国、交通三行，向为工商通融资金之中心，唯博施济众，难于应付，故政府发行公债以充实三行资本。”[⑥]3 月 29 日，中国银行董事会在开会时，各董事纷纷提出异议，主要有四点：(1) 政府何以能以未上市之公债缴充股本；(2) 政府如希望中行增资，理应先尽商股股东认购；(3) 原颁中行条列无异官商合股之契约，何以未经股东同意即予修改；(4) 中行资金并不缺乏，放款总额达 4 亿元以上。董事会认为即使增股 2000 万元，商股也能募足，政府以不上市之公债抵充股本，无异虚值，势必贬低银行信用。张嘉璈发言道：孔财长已决定派宋子文主持中国银行，调他为中央银行副总裁，部行对抗，难免不牵动市面，他本人已决定辞职，望各股东予以谅解。董事会于是不得不接受官股。[⑦] 中国银行增资后，张嘉璈被迫辞去中国银行行长职务（调任中央银行副总裁），李馥荪被迫辞去常务董事和董事长职务，由宋子文任中国银行董事长，宋汉章任总经理。[⑧] 这样，中交两行就完全落入了国民党政府的控制之中，而对工商业的救济则仍然是一句空话。所谓救济工商只不过是国民党政府增资三行藉以控制的一个掩人耳目

① 吴承禧：《民国二十四年的中国银行界》，载《东方杂志》1939 年第 36 卷第 7 期。

② 《新闻报》1935 年 2 月 13 日，第 13 页。

③ 《新闻报》1935 年 3 月 16 日，第 13 页；1935 年 3 月 17 日，第 11 页。

④ 以陈光甫为首的银行委员会以此项公债必须用作商业上的抵押贷款为条件，不得不接受了发行新公债的要求。(《新闻报》1935 年 3 月 21 日，第 10 页；1935 年 3 月 22 日，第 10 页。)

⑤ 艾萌：《两朝国舅宋子文秘史》，第 56 页；《申报》1935 年 3 月 22 日第 9 版《发行一万万元公债》、24 日第 10 版《增三银行资本》。

⑥ 姚崧龄：《中国银行二十四年发展史》，第 194 页。

⑦ 姚崧龄：《中国银行二十四年发展史》，第 193 － 195 页。

⑧ 《申报》1935 年 4 月 2 日第 9 版。

的借口而已。[①] 对于国民党政府以为工商界通融资金为借口，发行公债增加官股以控制中交两行的做法，当时有论者评论道："银行对实业界通融资金，绝非靠自身资本来实现的。（增加）资本虽然可以博得人民的信用，但是银行所通融的资金，另有它的来源——存款通货。假使三行不善利用存款通货，资本虽大，金融还是不能活泼的。"[②] 吴承禧则一针见血地指出：国民党政府用公债充实中交两行资本，"于市面的救济，却未见得有很大的作用，因为政府在以增加官股的方式强化了对于中交的统制以后，在国库的调度上自将有无限的方便——这是我们所不用讳言的，但于市面金融的紧张，却未见得能够松懈了多少，因为，三行的资本虽然增加，但所增加的却是公债而不是现金，而公债又不能在市场流通，三

---

① 国民党政府财政部在宣布对中行进行增资的训令中冠冕堂皇地说道："比年以来，世界经济恐慌波及吾国，物价跌落，百业衰颓。去岁复受美国提高银价影响，国内存银巨量流出，益令金融枯竭，市面周转维艰，大有岌岌不可终日之势。本部顾念及此经令饬该行会同中央、交通两行拆放巨款，藉资调剂。工商各业各团体环请救济，亦以该行等尽量押借，为应急之必要。顾体察内外经济情绪，凋敝之深，杯水车薪，何济于事？复兴无象，来日方长。以三行现有资金力量，维护或有难周。……若不熟筹远虑，及时充实资本，增厚信用，势将捉襟见肘，应付难以裕如。"（姚崧龄：《张公权先生年谱初稿》上册，第140页。）三行增资后，孔祥熙于4月5日专程到上海，在与上海工商界人士谈话时说道："三大银行增资后，国内工商业及农村自可得到救济，政府更以合理化科学化之方式，督率三银行救济工作之进行。"（《中央日报》1935年4月6日第2版。）但实际情况如何呢？4月15日下午，孔祥熙召集金融各界领袖，商讨决定向工商界发放2000万元救济贷款，其中1500万元为抵押贷款，500万元为信用贷款。（《申报》1935年4月16日第10版。）但是，这2000万元款项的来源却无着落。"该二千万元数额之来源，各界颇为注意。……据谈，二千万元放款，须待财部训令到沪后，由中央银行主持，会同中交两行及银行公会会员银行讨论进行办法。至该款来源，将以中央、中国、交通三行为基本，而以其他各行为殿军。至将来是否组织银团，抑或由三行负责办理放款，尚待商讨后，再行决定。"（《申报》1935年4月17日第10版。）不久，华商银行各界领袖经商讨后，决定由中国银行单独承领900万元，中国、中央、交通三行联合放款800万元，交行及四行准备库约500万元，其他上海、中南、金城、大陆各银行也各有500万元放出，放款总额已超出2000万元。（《申报》1935年4月27日第12版。）但直至6月初，2000万元救济贷款实际仍大部没有到位。提倡国货大同盟委员会代表顾锡元等人不得不前往财政部，谒次长徐堪，要求迅速实行贷款。银行业同业公会主席陈光甫回复，1500万元抵押贷款并无分文到位，500万元信用贷款已筹400万元，可先行贷放。（《申报》1935年6月8日第9版。）这就是国民党政府所谓增资三行以救济工商业的实情。6月8日，顾锡元等人再次拜访徐堪，徐谓此项贷款，财政部早经令饬中国、中央、交通三行与银钱两公会会同进行，并开始贷款。顾锡元等将陈光甫所言相告，徐复谓财政部为救济工商起见，决于日内指拨相当基金，作2000万元抵押及信用贷款之担保，以切实促进其实现云云。（《申报》1935年6月9日第10版。）银行界之所以承诺后又迟迟不肯注资，主要是因为风险太大。次日，财政部拨发国库凭证200万元，作为银行业工商贷款第二担保，并聘请蔡增基（上海市财政局长）等11人为保管委员会。（《申报》1935年6月10日第8版。）6月14日，财政部组成贷款审查委员会，由蔡增基任主席，杜月笙、吴醒亚为副主席，陈光甫、宋子良等四人为常务委员。（《申报》1935年6月16日第11版。）但贷款却迟迟不能正式开办。原定7月5日以前开办，后又延至8月1日。（《申报》1935年6月26日第9版、7月23日第10版、8月1日第13版。）由于贷款条件苛刻，而且只能以原料和产品作抵押，实际被批准的贷款额极小，至1935年12月中旬，总共只批准贷出40万元。至旧历年底，为过年底关，又特别批贷了7.5万元。（《申报》1935年12月19日第9版、1936年1月27日第13版。）这就是国民党政府所谓的救济工商。

② 允恭：《金融恐慌和金融公债》，载《东方杂志》1935年第32卷第8期。

行的‘实力’增进有限，怎能祈其以大量资金以与工商业者相周旋呢！”[①] 有论者更明确指出了增加三行官股的意义：“三行官股增加以后，财政部调拨起军费来，就可方便不少，所以对中央政权的维护及剿共工作的进行，到具有很大的力量。”[②] 在三行被国民党政府控制之后，市传政府即开始实施统制经济。对此，宋子文予以否认。“宋氏对外间所传中央中国交通三银行增加资本后，将进行经济统制云云，加以否认。且谓政府此次增加三银行资本，乃系根据民国十八年所定之政策，盖中央银行系国家银行，代理国库收支，中国银行注意国际汇兑，交通银行发展实业，迄未变更也。”[③] 蒋介石则称，中中交三行增资是所谓国民经济建设运动一环。他在论及国民经济建设运动时说道：“国民经济建设运动，乃以振兴农业、改良农产、保护矿产、扶助工商、调节劳资、开辟道路、发展交通、调剂金融、流通资金、促进实业为宗旨，而以革除苛捐杂税、减免出口税则、要求新矿法之实施、禁止纸币之滥发为建设国民经济之初步。今日政府增加中央中国与交通三银行之资本，以谋社会经济之安定与农工商业之进步，亦即此国民经济建设运动中之一种也。”[④]

在实现了对中交两行的强行注资以后，中国银行中的官股比例达到50%，交通银行中的官股比例更达60%。“至此，中交两行已完全置于国民政府直接控制之下，性质发生了改变，成为南京国民政府的国家银行。”“南京国民政府要清除不听命的障碍，以便利用中交两行的财力，弥补政府的财政赤字，实现其金融统制的目的已初步达到。”[⑤]

在控制了中交两行之后，国民党政府又设法控制了中国实业银行、四明银行和中国通商银行。具体做法是，乘1935年端午节前后金融风潮扩大之际，嗾使中央、中国、交通三行囤积大批中国实业银行、四明银行和中国通商银行的钞票，一次趸数持向三行兑现，至令该三行措手不及，无法应付。[⑥] 这三行的领导只好“称病”辞职，由国民党政府委派“他人”取代。中国通商银行的傅筱庵由杜月笙和中央银行业务局长顾诒谷取代，四明银行的孙衡甫由财政部国税局局长吴启鼎和中央银行常务理事叶琢堂取代，中国实业银行的龚心谌由傅汝霖和中央银行董事周守良取代。[⑦] 次年，国民党政府又向三行增投官股，规定每行总资本为400万

---

① 吴承禧：《民国二十四年度的中国银行界》，在《东方杂志》1939年第36卷第7期。

② 秦伯瑞：《民国二十四年上半期的中国经济》，载《中山文化教育馆季刊》1935年第2卷第3期。

③ 《宋子文发表政府增资中行原因》，《申报》1935年4月10日第11版。

④ 《中央日报》1935年4月2日第3版。

⑤ 吴景平主编：《上海金融业与国民政府关系研究》，上海财经大学出版社2002年，第251、252页。

⑥ 谢菊曾：《一九三五年白银风潮概述》，载《历史研究》1965年第2期。

⑦ 《中国重要银行最近十年营业概况研究》，中国银行经济研究室1933年，第84、237页；中国银行经济研究室编：《全国银行年鉴》（1937年），第210、225页。

元，并以原资本亏蚀殆尽为由，将原资本每百元折新股15元，结果中国通商银行原资本被折为52.5万元，四明银行原资本被折为33.75万元，中国实业银行原资本被折为52.611万元，然后分别投入官股337.5万元、366.25万元和347.389万元，三行总资本同达400万元，其中官股分别占资本总额的86.87%、91.57%和86.85%。而所谓的官股，均以公债拨充，无一分现金加入。① 国民党政府就这样不费一文就完全控制了三家银行。这三行加上实际上已在国民党政府控制之中的中国国货银行，② 构成了国民党政府垄断银行的所谓“小四行”。再加上1930年3月设立的邮政储金汇业局 ③、1935年8月设立的中央信托局 ④，国民党政府组成了一个“四大行”（中央、中国、交通和农民）、“四小行”（实业、通商、四明和国货）加“二局”（中央信托局和邮政储蓄汇业局）的庞大的金融垄断体系。⑤ 另外，国民党政府还设法在浙江实业银行、浙江兴业银行、上海银行、新华银行加入了政府或四大家族官僚私人资本的股份，从而控制了这些银行。还有一些私营银行如金城银行、大陆银行等，虽未被直接控制，但无论在业务上、资金上都失去了独立的地位。⑥ 这样，中国的主要私营银行就几乎被国民党政府一网打尽了。

不仅如此，国民党政府还利用金融风潮控制了钱庄业。在1935年的金融风潮中，上海的钱庄业遭受了前所未有的危机。在1935年一年中，就接连倒闭了7家钱庄，并有11家钱庄歇业，“这是辛亥革命以后从未有过的事情” ⑦。于是，国民党政府出面“救济”。具体办法为：（1）由财政部拨发金融公债2500万元以

① 黄鉴晖：《中国银行业史》，第154－155页；虞宝棠：《国民政府与民国经济》，华东师范大学出版社1998年，第133页。

② 中国国货银行40%的股份掌握在政府手里，60%的股份掌握在私人手中，而所谓的私股也多数是在国民党政府的官员手中。该行董事长孔祥熙，总经理宋子良。宋子文的小弟宋子安是该行的监事。其他一些政府官员如陈行、叶琢堂、徐堪、吴启鼎和周守良等都是该行的董事或监事。（中国银行经济研究室编：《全国银行年鉴》（1937年），第353页。）

③ 邮政储金汇业局以邮政机构兼办银行业务。由于它的触角可以伸展到全国任何偏僻角落，在中、中、交、农四行所不及之处为其办理业务，所以为国民党政府所重视。在1935年实行法币政策时，它为推行法币出了大力。“政府颁布新法币政策，规定一切公私款项之收付，概以法币为限，不准行使现金，本局对此曾协助进行，所有中央、中国、交通三银行未设有分支行之地点，均由本局转饬当地邮局代为代收硬币，换给法币，再将硬币转交邻近中、中、交三银行。”（《银行周报》1936年总第986号。）

④ 中央信托局的作用是承办中央银行所不便办的一些事。孔祥熙在中央信托局开幕时说：“因为政府方面有许多事件要委托一商业机关经理，同时中央银行限于国家银行代理国库地位，事实上和手续上诸多不便，故将在中央银行之下组织一信托事业独立机关，承办一切信托局所做业务，为办理各种信托及保险并提倡储蓄……。”（《银行周报》1936年总第920号，“国内要闻”。）

⑤ 1936年，光中、中、交、农四大行实收资本就占全国164家银行实收资本总数的42%，资产则总资产的59%，存款占总存款的59%，发行兑换券占总数的78%，纯收益占总收益的44%；为国民党政府所控制的全部银行的资本额占银行业资本总额的72.8%，而民营银行则只占27.2%。（参见《全国银行年鉴》（1937年）第818－823页。）

⑥ 张郁兰：《中国银行业发展史》，第112页。

⑦ 谢菊曾：《一九三五年上海白银风潮概述》，《历史研究》1965年第2期。

为各钱庄向各银行借款时之第二重担保，并由政府派员组织钱业监理委员会负责办理贷款事宜；(2) 凡欲借款之钱庄，首先将压品如道契、公债、货物送交钱业准备库，由钱库送交钱业监理委员会审查，合格后即可向中央、中国和交通等银行所组之放款委员会抵借现款，以钱库之压品为第一担保，财政部所拨之公债为第二担保；(3) 各借款钱庄每七日须将资产负债情形造报监理会，以便随时审核，以昭核实。这样，钱业的力量就“往上集中而不再向下分散了”①。也就是说，钱庄业逐渐地落入了国民党政府的控制之中了。不过，这样一来，钱业周转顿行活跃，钱庄业终于得以渡过难关。但是，国民党政府对于钱庄业的救济纯粹是一种技术的处理，而并未从根本上改善钱庄业的经济基础。②而且，国民党政府救济钱庄业的目的仍然在于解决他们自己所面临的财政危机，而不是为了救济民族工商业。对此，吴承禧评论道：“政府对于金融恐慌的救济，其热忱虽然可佩，但技术上的改良毕竟克服不了本质的恐慌；钱业的基础，这次虽因政府的协助而免于崩溃，但地产的冻结与工商业信用的紧缩毕竟使钱业的现状难以突然好转，在十（月）底结账的时候，二千五百万的公债借款，仅仅还了一小部分，在二十四年各业总结束的前夜，钱业对于中、中、交三行的借款一千八百万依然是在要求拖欠，且要求减息。”吴承禧还揭露了国民党政府救济银行和钱庄的本质。他说：“政府统制银行，银行救济钱业，银行与钱业都稳定了以后，财政的危机也就过去，财政也就暂时得救了。至于工商业，是否能够在金融业稍舒喘息的时候得到一些支助，那当然是另外一个问题。”③

国民党政府在控制了银行业之后，便可以按照自己的意愿发行公债，而不会受到任何限制了。首先，国民党政府对公债进行所谓的“整理”，实际上就是拖延还债的期限。国民党政府从 1933 年到 1935 年的三年间，又举借了 8.62 亿元加 150 万英镑的新公债和借款，平均每年举债 2.87 亿元。④这样，国民党政府在此期间的到期未尝公债额达到 12 亿元，仅是 1936 年支付这大笔债券的本息就要

① 吴承禧：《民国二十四年度的中国银行业》，《东方杂志》1936 年第 33 卷第 7 期。

② 《申报》指出，1935 年下半年上海市“金融状况尚难乐观”。同时发表银行公会秘书长林庚侯的谈话称：“本市金融状况，经财部及银钱业竭力挽救，上半年度安然度过，表面上已渐趋安定，实际上危急仍深。以往救济，尚属治标，以后须着重治本，否则不免崩溃。”（《申报》1935 年 7 月 4 日第 9 版。）

③ 吴承禧同上文。国民党政府对工商业还是出手进行了“救济”，这就是前文中已提及的，孔祥熙于 1935 年 6 月 8 日宣布政府愿意发行 2000 万元国库券作为紧急救济的贷款。但是，申请救济数额仅从上海商店业主到 6 月底的申请书上统计的，就已超过 3000 万元。国民党政府将 2000 万元的救济款项中，分出 500 万元作为小宗信用贷款之用，另 1500 万元作为大宗的抵押贷款。而小宗信用贷款正是广大中小企业所渴求的。在 1935 年 8 － 12 月间，国民党政府审查了 591 家企业对小宗信用贷款的申请，结果只有 86 家获得批准，269 家获得批准的数额只有申请数额的一般，152 家所获款项不到申请数额的一半，78 家被拒绝贷款。（参见《上海市年鉴》（1936 － 1937 年）第Ⅰ－ 88、89、91、92 页。）

④ 千家驹：《旧中国公债史资料》，第 22 页。

1.26亿元。[1]为了拖延公债的偿付时间，1936年2月，孔祥熙宣布发行14.6亿元的“统一公债”，换偿所有旧有公债。旧有公债被分为甲、乙、丙、丁、戊五类，还偿以后，还本期限甲种定为12年，乙种定为15年，丙种定为18年，丁种定为21年，戊种定为24年。[2]尽管利率同为六厘，但还期的延长使国民党政府每年的还债支出减少了约8500万元。[3]这次公债整理与1932年公债整理时的情况已经完全不一样。[4]由于国民党政府已经控制了金融业，江浙金融资产阶级已经成了国民党政府的附庸，所以这次公债整理虽然也使金融资产阶级受到了很大损失，但金融资产阶级却未敢发出一丝怨言。[5]并且，国民党政府紧接着又发行了3.4亿元的复兴公债及铁路建设公债、四川善后公债和整理广东金融公债合2.8亿元。这些公债不用流通就立刻为银行界所全部吸收了。[6]

国民党政府统治前十年末期所做的事情中，还有一件非常重要的、对其建立国家金融垄断资本具有重大意义的事情，就是1935年的币制改革。币制改革的直接起因是由美国“购银法案”引起白银大量外流，导致中国银本位货币体制趋于崩溃。但是，国民党政府也趁机垄断了货币发行权，加强了对金融的垄断。币制改革的成功和法币政策的实施标志着国民党政府国家金融垄断资本的基本确立。

在1929 － 1933年的世界经济危机中，各主要资本主义国家都认真检讨了世界的货币体制。为了加速摆脱世界经济危机，各资本主义国家决定放弃金本位制，采用银本位制。1933年7月，主要资本主义国家在伦敦召开国际经济会

---

① 杨格：《一九二七——一九三七年中国财政经济情况》，第116页。

② 千家驹：《旧中国公债史资料》，第22 － 23页。

③ 杨格：《一九二七——一九三七年中国财政经济情况》，第117页。

④ 国民党政府在1932年也进行了一次“公债整理”，主要内容是降低利息、延长还期。（参见千家驹：《旧中国公债史资料》第214 － 217页。）那次公债整理虽然受到上海金融资产阶级的反对，但由于考虑到东北事变和上海战事，“持票人既因国难牺牲个人利益，竭诚拥护国家”，上海金融资产阶级还是接受了损失。不过，上海金融资产阶级向国民党政府提出了一系列条件，迫使国民党政府予以接受。这些条件包括：（1）“自此次减息展本之后，无论政府财政如何困难，不再牵动基金及变更所定”；（2）“应将财政彻底整理，完全公开，财政委员会由各团体参加，取节缩主义，现在收入范围内确定概算，不得稍有逾越”；（3）今后“政府不再向各商业团体举债为内战及政费之用”。（《持券人会对于内债之宣言》，载《中国债券汇编》，中央银行1935年。）这项宣言获得了国民党政府的谅解，口头承诺“四年内不发内债”，行政院并发布命令：“此系政府与民众维持债信、调剂金融之最后决定，一经令行，永为定案。”（《银行周报》1932年第16卷第8期。）虽然国民党政府不久就推翻了此项承诺，在一年以后就开始发行新的公债。由于“共匪”在江西的活动已十分“猖獗”，国民党政府急于要筹集军费反动第五次“剿匪”战争，这也符合金融资产阶级本身的利益。但这也表明，上海金融资产阶级在1932年之际，还是有一定的能力同国民党政府相抗衡的。

⑤ 参见曹必宏：《“九·一八”事变后民族资产阶级与国民党政权关系》，载《民国档案》1989年第4期。

⑥ 千家驹：《旧中国公债史资料》，第374 － 375页；小科布尔：《上海资本家与国民政府》，第244页。

议，签订了一项旨在主要由美国承担稳定世界银价责任的国际白银协定，以维持白银的较高价格，为采用银本位制作准备。1934 年初，美国政府向国会提交“购银法案”，提出美国应该增加货币发行保证的白银份额，达到“金三银一”的比例。按照这一法案，美国应有相当于 28 亿美元的白银作准备，但美国政府所拥有的银条、银币以及正在流通的所有银币的总额，不过 14.5 亿元，还差大约 14.17 亿美元的白银准备,这个差额大约是 1933 年世界白银总产量的六倍以上。[①] 因此，用高价从国外购入白银已事成必然。1934 年 6 月，美国会通过了“购银法案”，美国政府开始实施“购银法案”。“购银法案”实施后，国际银价急剧上涨，每盎司纯银由 1932 年的 0.282 美元陡涨至 0.483 美元，1935 年底更涨至 0.646 美元，与 1932 年相比上涨了 129%。[②] 伦敦和纽约市场银价上涨得更为厉害。据统计，1935 年 4 月 26 日的伦敦银价比 1931 年时上涨了 3.0 倍，同一天纽约的银价比 1931 年高出 3.3 倍。[③] 与银价的急剧上涨相比，国外物价上涨的幅度则远远落后。若以 1932 年的物价为 100，1934 年为 116，1935 年为 123，只上涨了 23%。[④] 银价上涨幅度大大高于物价，使得白银在世界市场上的购买力大大提高，从而使得中国国内的白银不仅急剧地流向美国政府，而且也向世界市场大量的流出。在上海，由于现金的单向流入，银行的存银在 1933 年以期一直是呈增长趋势的。1929 年上海银行界的存银不过 2.40 亿元，至 1933 年增至 5.47 亿元。但由于白银向国外的大量流出，从 1934 年起，上海银行界的存银量开始急剧的减少，1934 年减为 3.35 亿元，1935 年更减至 2.76 亿元。[⑤] 将白银输出以牟利的，主要是外资银行，华资银行输出白银数并不多。1934 年 3 月，上海的外资银行共有存银 2.52 亿元，6 月降至 2.453 亿元，到 12 月已降至 0.547 亿元，至 1935 年 12 月更降至 0.118 亿元。华资银行 1934 年 3 月的白银存量为 3.376 亿元，至 6 月反而增至 3.376 亿元，此后开始减少，9 月减至 3.10 亿元，12 月减至 2.803 亿元，至 1935 年 12 月更减至 2.638 亿元。[⑥] 这样，由美国“购银法案”所导致的银价暴涨，使得原先由全国各地向上海集中的白银，开始向美国和国外市场急剧地流出。为了阻止白银的流出，国民党政府宣布于 1934 年 10 月开始征收白银出口税，对银本位币、厂条、银元宝、大条及其它银类出口，分别征收 7.75%和 10%的

① 石毓符:《中国货币金融史略》，天津人民出版社 1984 年，第 267 页。
② 郑友揆:《中国的对外贸易与工业发展》，第 343 页。
③ 参见周伯棣编:《白银问题与中国货币政策》，中华书局 1936 年第 8 － 9 页。
④ 郑友揆:《中国的对外贸易与工业发展》，第 343 页。
⑤ 杨格:《一九二七至一九三七年中国财政经济情况》，第 217 页。
⑥ 郑允恭:《银价腾贵与中国》，载《东方杂志》1935 年第 32 卷第 13 期。

出口税，若国外银价与中国汇兑的比价发生差额时，再征平衡税。[①] 但是，白银出口税和平衡税的征收，对正常的白银出口起到了一定的抑制作用，但白银的走私出口却愈演愈烈，白银流出的势头并未得到遏制。

白银巨额外流，给中国的金融造成了严重的损害，国民经济陷入了更严重的危机之中。首先，白银外流造成了中国的通货紧缩。在此之前，我国存在着农村金融枯竭现象，但在通商口岸城市特别是上海，由于集中了全国的白银，银根毋宁是非常宽松的，利息率也不高。但是，在白银大量外流之后，通货骤然紧缩，利息率也急剧提高。“通货紧缩如此剧烈，以致迫使银行信贷骤形减少，银根紧张以达极点。”[②] 银行和钱庄不仅不愿向工商界贷款，而且还催促工商企业加速还款。上海的拆息（每千元百日之利息），1934 年 1 月最高为 0.20 元，最低 0.02 元，至年底涨至最高 0.60 元，最低 0.20 元，此后有所下降，但在 1935 年 7 － 8 月份仍达最高 0.20 元，最低 0.18 元。[③] 钱庄向客户索取的一般利率 1934 年上半年以来为年息六厘，至 1935 年 1 月即涨至二分六厘。[④]1934 年，工商企业和和银行钱庄倒闭数与 1933 年相比骤然增加。仅上海一埠，工业企业倒闭数 1933 年为 83 家，1934 年骤增至 218 家；商业企业倒闭数 1933 年为 254 家，1934 年骤增至 496 家；金融业倒闭企业数 1933 年为 44 家，1934 年骤增至 104 家；交通业倒闭企业数 1933 年为 7 家，1934 年骤增至 27 家。[⑤] 通货紧缩还使对外贸易出现大幅下降，1934 年下半年的对外贸易总额比上半年下降 16%，1935 年又比 1934 年下降了 4.5%。通货紧缩并使政府和实业债券的价格下跌 10%，上海中心地价下跌 15%。通货紧缩同时还损害了政府的财政收入，因为银行几乎无法放款，税收特别是关税也遭受了严重的危害。[⑥] 在这种形势下，实行币制改革，以摆脱财政收入上的困难及银价变动对中国经济的不利影响，成了国民党政府和全社会所考虑的首要问题。

在经过一段时间的酝酿和与美、英、日的磋商之后，国民党政府于 1935 年 11 月 3 日发布《关于币制改革紧急命令》，宣布实行法币政策。[⑦] 新币制规定白

---

① 《孔祥熙关于征收白银出口税及平衡税以防止白银外流提案》，载二档馆编：《中华民国史档案资料汇编》第五辑第一编财政经济（四），第 173 － 175 页。

② 杨格：《一九二七至一九三七年中国财政经济情况》，第 244 页。

③ 王世鼐：《新货币政策实录》，上海财政建设学会 1937 年，第 6 － 8 页。

④ 中国人民政治协商会议全国委员会文史资料研究委员会编：《法币、金元券与黄金风潮》，文史资料出版社 1985 年，第 6 页。原据《中央银行英文档案》。

⑤ 王世鼐：《新货币政策实录》，第 12 － 13 页。

⑥ 中国人民政治协商会议全国委员会文史资料研究委员会编：《法币、金元券与黄金风潮》，第 7 页，原据《中央银行英文档案》；《中国银行报告》（1936 年），第 13 页。

⑦ 参见《财政部关于施行法币的布告》，载二档馆编：《中华民国史档案资料汇编》第五辑第一编财政经济（四），第 314 － 315 页。

银国有，即白银集中到政府手中，以此为准备金发行法币，作为全国流通的本位币。这一措施，使中国货币的币值与银价脱钩，币值不再受世界银价的影响，银本位制自此宣告结束，代之而起的是一种管理通货制度。在美、英压力下，后又不得不将法币与美元和英镑挂钩，用白银购买美元和英镑，政府银行无限制买卖外汇。通过币制改革，国民党政府统一了货币发行权，集中了对准备金的保管，强化了对全国金融的控制，但同时也加深了对美元和英镑的依赖，实际是一种管理的汇兑本位制。

实行法币政策的一个客观结果是通货紧缩得到了有效的缓解，银根松动，货币供应量扩大，满足了社会对通货扩大的需求。按照公告规定，全社会所有白银均应按时价交售给政府，但因在实施改革之际，国外银价比国内高出三分之二，国民党政府采取了准许各银行在领取法币的时候，向中央银行缴存60%的白银和40%的政府债券（银行还可以继续领取已交债券的利息两年）的办法，以使各银行在交售白银时不致遭受重大损失。① 优惠条款当然也适用于外商银行。花旗银行就提出："移交存银，须给补偿，否则碍难答应。"② 但是，由于外商银行没有政府债券，国民党政府就采取了另一优惠办法，即由中央银行和外商银行分别订立互存契约，在外商银行以现银向中央银行兑换法币时，各以三分之二作为互存款项，外商银行存入中央银行的款项，给年息六厘，二年为度；而中央银行存入外商银行的款项，年息为一厘，外商银行多得五厘利息。当时外商银行有存银4088.4万元③，交中央银行兑换法币时以三分之二即2725.6万元作为存款，二年共得利息272.6万元。由于国民党政府都是用发行通货的支付上述款项的，所以国内银行每向中央银行交售银元1元，就可获得1.67元的通货。仅此一项，国民党政府就向银行多发法币1亿元。④ 而外商银行在向中央银行交售银元时，也多得了170万元的通货，这就使各银行可支配的通货大大增加。同时，除了中、中、交三行在1935年11月3日以前已经发行的钞票4.27余亿元为当然法币以外，政府银行还必须将经财政部核准的各商业银行及省银行发行的钞票2.22余亿元及未经财政部核准发行之省银行发行的钞票2.31余亿元，共4.53余亿元的钞票兑换成新法币。⑤ 于是通货就大大膨胀了。据杨格估计，政府银行发行的钞票数

① 杨格：《一九二七至一九三七年中国财政经济情况》，第268页。

② 周伯棣编：《白银问题与中国货币政策》，第157页。

③ 周伯棣编：《白银问题与中国货币政策》，第159页。

④ 马寅初：《中国之新金融政策》，商务印书馆1936年，第256页。

⑤ 至1935年11月3日止，中中交三行发行的纸币数为427414916.92元，经财政部核准的各商业银行及省银行发行纸币数为222684642元，未经财政部核准发行之各省省银行发行纸币数为231605149元，三者合计共881704707.92元。（参见中国人民银行总行参事室编：《中华民国货币史资料》第2辑，上海人民出版社1991年，第234－235页。）

额1935年11月2日以前为4.88亿元法币，1937年6月30日增长为16.8亿元法币，共增长了11.92亿元，其中约9.25亿元用于收回白银、收回广东省银行所增发的钞票及收回政府银行以外的其它银行发出的钞票。[①] 其余2亿余元中的1亿元为币制改革后中国农民银行以“救济农村”为名发行的钞票。[②] 剩下的约1.67亿元大约被用于“抽出窖藏起来的各式大小银币”[③]。有论者估计，至1936年底，单纯地用于兑换收回的白银和换回其它钞票，大约只需7亿元法币，但实际发行额却在12亿元以上，多发法币约5亿元左右。[④] 这些增发的通货不外都是通过以下三种途径实现的：（1）集中民间储藏现银，使储藏银变为流通货币，导致通货扩大；（2）政府将集中的现银用作准备金，按六成准备率，每集中100元现银，就可发行167元法币；（3）用法币充作存款准备，并降低存款准备率，导致通货扩大。[⑤]

通货扩大的一个直接结果是银根松动，金融也趋于活跃。通货增加、银根松动的直接表现就是利息的降低。从上海来看，拆息如前所述，1934年底最高达0.60元，最低达0.20元，1935年后有所下降，但在7、8月份仍达最高0.20元，最低0.18元。上海的利息率1935年8月为0.569%，11月有所下降，但仍为0.444%。[⑥] 币制改革后，拆息大幅下降，1936年1月最高为0.09元，最低为0.05元，此后一直到年底，一直稳定在最高0.08－0.10元，最低0.06－0.08元。[⑦] 利息率也大幅下降，1935年12月降为0.322%，1936年后降到0.250%以下。[⑧] 金融活跃的主要表现是银行票据交换额的增加和钱业公单收解的频繁。银行票据交换和钱业公单收解以1935年2－6月最为清淡，银行票据交换总额在2.60－2.90亿元之间，钱业公单收解总额在0.50－0.90亿元之间。币制改革以后，银行票据交换额和钱业公单收解额都大幅提高，银行票据交换额至1936年1月升至4.80亿元以上，至10月更升至6.43亿元以上，钱业公单收解额至1936年1月升至1.25亿元以上，至10月更升至1.61亿元以上。[⑨]

通货扩大的第二个有利影响是物价的回升。物价下跌是30年代初以来的一般趋势，它致使农民收入减少，工业生产出现严重亏损。白银大量外流导致银根

① 杨格：《一九二七至一九三七年中国财政经济情况》，第282页。

② 王世鼐：《新货币政策实录》，第33页。

③ 杨格：《一九二七至一九三七年中国财政经济情况》，第268页

④ 余捷琼：《中国的新货币政策》，商务印书馆1937年，第86－87页。

⑤ 马寅初：《中国之新金融政策》，第244－245页。

⑥ 《中外商业金融汇报》，1936年第3卷第9期，第44页。

⑦ 王世鼐：《新货币政策实录》，第35－36页。

⑧ 《中外商业金融汇报》，1936年第3卷第11期，第41－42页。

⑨ 参见《上海银行业同业公会票据交换数目表》、《上海钱业公单收解数》，载《中央银行月报》1937年第6卷第1号、第12号。

紧缩之后，这一现象更加严重。币制改革以后，银根松动，通货增加，物价也开始逐渐地回升。以上海、华北、南京三地的批发物价指数而论，自 1934 年开始下降，上海至 1935 年 7 月时降至 30 年代以来的最低水平，为 90.0（以 1926 年为 100）；华北 1934 年 6 月最低，为 90.9（以 1926 年为 100），此后也在 92 － 96 之间；南京 1935 年 9 月最低，为 75.0（以 1930 年为 100）。实行币制改革的当月（11 月），物价就开始大幅回升，上海升至 103.3，华北升至 100.9，南京升至 82.8。1936 年 1 月以后，物价进一步回升，至 12 月，上海升已至 118.8，华北升至 122.7，南京升至 91.5，除南京外，都恢复到了 1930 － 1931 年的水平。[①] 全国物价至 1937 年初大致恢复到了 1931 年的水平。[②] 在物价上涨的过程中，有两个现象值得注意。一个现象是农产品物价的上升大于工业产品物价的上升。以上海来看，从上文可知，自 1935 年 10 月最低至 1936 年 11 月，物价总水平上升了 20.1，而据国定税则委员会的统计，农产品中粮食的物价水平从最低的 1934 年平均到 1936 年 10 月，上升了 36.8，其它食物的物价水平从最低的 1935 年 9 月到 1936 年 10 月，上升了 20.0，纺织品原料的物价指水平从最低的 1935 年 9 月到 1936 年 10 月，上升了 23.8。[③] 农产品价格上升快于工业产品价格的上升，使长期以来日益扩大的工农业产品价格剪刀差有所缩小，对于增加农民收入、改善农业生产条件是有意义的。另一个现象是生活费上涨幅度慢于物价上涨幅度。以上海为例，1935 年 11 月至 1936 年 12 月，批发物价上涨了 15%，而生活费只上涨了 7.6%。[④] 这说明币制改革后居民的生活水平有了一定的提高。

银根的松动和物价水平的提高，对工农业生产产生了非常有利的影响。从农业生产来看，全国粮食生产 1935 年比情况最坏的 1934 年有所好转，总产量 18.56 亿担，比 1934 年增加了 1.12 亿担，但比 1933 年减少了 0.32 亿担。棉花总产量 1935 年 13.4 百万担，比 1933 年减少 2.4 百万担，比 1934 年减少 1.5 百万担。而农产品销售则由于“去（1935 年）秋乡村信用紧缩，农产商贩，缺乏接济至农民欲售却农产以偿债而有不能，市场萧条，而农产之价亦跌”，农民生活愈发困难。[⑤] 至 1936 年，一方面农产品的产量有了提高（粮食总产量 19.34 亿担，比上年增长 0.78 亿担，棉花总产量 20.0 百万担，比上年增长 6.6 百万担），另一方面由于银根松动、通货增加，使农产品价格有了较大提高，农民的收入有了较大

① 《各重要城市趸售物价指数表》，载《中央银行月报》1937 年第 6 卷第 12 号。

② 罗敦伟：《新币制政策对于全国经济之影响》，载中国经济研究会主编：《中国经济》1937 年第 5 卷第 1 期；王世鼐：《新货币政策实录》，第 46 － 47 页。

③ 转见罗敦伟：《新币制政策对于全国经济之影响》，《中国经济》1937 年第 5 卷第 1 期。

④ 《各重要城市生活费表》，《中央银行月报》1937 年第 6 卷第 12 号。

⑤ 《中国银行报告》（1935 年），第 27、28 页。

的增长。据中国银行估计，农村每年因出售主要农产品之收入，在前三年平均为39亿元，而1936年为56亿元，增长了17亿元，若将丝、茶、羊毛、花生、桐子等次要农产品之收益合并计算，1936年比前三年平均收入增长当在20亿元左右。[①]农民收入的大幅增长，使农民对工业品的购买力有了较大的提高。“农村的购买力恢复，乃是农村复兴，并促进工商业发展之兆。”[②]1936年“出现了以购买力迅速增加为标志的内地的复兴”，商品销售量在秋冬两季有了很大的增长，情况在向着“恢复的路上发展”[③]。加上银行贷款能力的增长和利息率的下降，工业生产也随之出现好转，呈现出增长的势头。根据中央银行的统计，国内工业生产指数在币制改革后有较大增长，情况最坏的1935年7月的生产指数只有75.3（以1933－1935年每月平均数为100），而12月已增至107.4，1936年6月为105.7，1936年12月更增至126.5，为1932年7月以来的最好时期。[④]

除此之外，对外贸易也有了较大的改善。首先是贸易总额有了较大的增长。1936年贸易总额16.48亿元，比1935年的14.95亿元增长了1.53亿元，计增长10.2%。其次是入超额也获得大幅度地缩减。1936年的入超额为2.36亿元，比1935年的3.43亿元减少1.07亿元，缩减了31.2%，比1934年的4.95亿元减少了2.59亿元，缩减了52.3%。[⑤]入超额的大幅缩减，主要得益于在物价上涨的过程中，出口物价提高的幅度大于进口物价的提高幅度。如自1935年9月至1936年10月，出口物价指数提高了27.5%，而进口物价指数只提高了17.9%。[⑥]如前所述，在币制改革后的物价上涨中，农产品价格上涨幅度大于工业产品，而我国的出口产品主要就是农副产品，农产品价格的较快提高改善了贸易值的平衡，使得即使出口同样多的货物，也增加了出口的价值。同时，农产品价格上升较快，本应是有利于外国农产品的进口的，但是，由于汇率的关系，外国农产品折合中国法币之后，价格更贵，中外产品的差价进一步扩大，因此国人更乐于购买本国农产品，从而抑制了外国农产品的输入。[⑦]如米、麦、棉、烟草等主要进口农产

---

① 《中国银行报告》（1936年），第23页。

② 范苑声：《一年来之中国经济》，《中国经济》1937年第5卷第1期。

③ 王宗培：《最近之中国金融业》，载《申报每周增刊》1937年第2卷第23期。

④ 《中国生产指数表》，载《中央银行月报》1936年第5卷第3号，1937年第6卷第12号。中央银行的数字是从统税税额中推算出来的，推算的对象是棉纱、面粉、卷烟、水泥、啤酒、工业酒精七种主要的工业产品。（见傅汝霖：《中国生产指数之修正》，《中央银行月报》1936年第5卷第6期。）

⑤ 《进出口货物总值表》，载《中央银行月报》1937年第6卷第12号；《中国银行报告》（1936年），第13页。

⑥ 王世鼐：《新货币政策实录》，第47页。

⑦ 以米、麦、棉花来看，自1934年到1936年，西贡一号米由953元涨至1098元，而江西机晚米则由944元涨至1042元，差价由9元扩大至56元；美国一号麦由383元涨至603元，而本国标麦则由341元涨至509元，差价由42元扩大至94元；米特林棉花由5001元涨至6041元，而本国标棉则由3549元涨至4267元，差价由1452元扩大至1774元。（《中国银行报告》（1936年），第24页。）

品在前三年平均进口总价值为2.66亿元，1936年减至0.94亿元，减少1.72亿元，减少了65%。[①]

国民党政府的币制改革取得了一定的成效，也获得了朝野的广泛支持。在当时，除极少数人士外，社会各界和国内外舆论，甚至工商界和银行界人士，对国民党政府的币制改革都是持欢迎态度的。国民党政府的币制改革方案一公布，国内外舆论就给予了高度的评价。华盛顿合众社、美国经济学家路易斯、美国白银派参议员汤姆斯、伦敦《每日电讯报》、《曼彻斯特卫报》、上海国际贸易局、《晨邮报》等都发表言论或评论，对币制改革方案极其作用给予了高度的赞扬。[②]许多银行界和商业界的组织包括上海市商会和上海钱业同业公会以及上海市民联合会等在内，也都在报纸上或拍电报给国民党政府表示支持。[③]中央银行称："（新货币政策）自公布以来，国内外经济专家，一致赞许，认为救时良图，而国内金融界，尤竭诚拥护，不遗余力，即国外金融界，亦多极力协助，鲜持异议者，是诚一极可幸之事也。"[④]特别是在一年以后，工商业局面出现好转，金融局势也趋于稳定。面对经济形势好转的实际情况，工商界发出赞誉道："（1936年）国计渐纾，民生渐裕。新币制之成功，殆为中外所同钦，金融建设方面举其荦荦大者，如白银准备之集中，发行数额之扩大，标金外汇之平稳，内外债信之提高，市场利率之低落，银行事业之稳定，金融组织之进展等，影响所及，不独国内经济有昭苏之像，即国际地位，亦日臻巩固，故去年在中国金融史上当为最有进步之一年。"[⑤]后来甚至有论者将币制改革的成功与日本侵略中国联系起来，说"灿烂辉煌的金融建设成绩，新币制政策的成功，系促成日本对我国侵略之一主要因素，亦为增强抗战能力之最大因素"[⑥]。

那么，对国民党政府的币制改革的成效极其意义应作如何评价？应当说，国民党政府的币制改革是应对当时中国因银价暴涨、白银大量流出所造成的货币问题的一个有效措施。币制改革后，虽然货币发行量大大增加，但在当时并未引起通货膨胀。这可以从在1937年中以前，全国的物价水平只不过是恢复到1930－1931年的水平可以得到印证。可以说，国民党政府扩大通货发行的措施在客观上缓和了因白银大量外流导致的通货紧缩问题，满足了社会经济生活对增加货币

① 《中国银行报告》（1936年），第24页。

② 参见马季廉：《对于改革币制批评的批评》，载《国闻周报》1935年第12卷第45期。

③ 参见《时事新报》1935年11月10日第2版，1935年11月12日第3版，1935年11月24日特别增刊；《申报》1935年11月6日第9版，1935年11月7日第9版。

④ 郭志陶：《新货币政策对于我国工商业之影响》，载《中央银行月报》1935年第4卷第11期。

⑤ 受白：《新币制下金融之进展》，载《商业月报》1937年第17卷第1期。

⑥ 交通银行总行管理处编：《各国银行制度及我国银行之过去与将来》，交通银行经济丛刊1943年，第375页。

流通量的要求。币制改革后，银根放松，货币供应量增加，利率降低，物价水平上升，汇价稳定，对外贸易改善，农村金融枯竭得以缓解，工农业生产得到恢复和发展等等，都是事实。我们不赞成解放以后学术界对国民党政府币制改革持完全否定的态度。① 同意币制改革并不是搞通货膨胀，不是进行封建掠夺的观点，同意币制改革是有益于经济发展的观点，认为在1937年中以前确实是促进了经济的发展。② 但是，我们不能同意对币制改革作过高的评价，不同意如果没有抗日战争的爆发，中国的经济会将1936年至1937年上半年经济发展的好势头持续下去的观点。③ 对于币制改革，我们认为必须结合当时中国政治经济的整体情况，给予综合的、恰如其分的评价。准确地说，币制改革仅仅是解决了当时中国存在的货币危机问题，而没有解决中国的金融制度问题，更没有解决中国的整个经济问题。

正如前面已经分析指出的那样，中国的经济危机特别是农村经济危机，从1931年就开始了。促使中国经济陷于危机的主要因素，是封建租税的剥削、外国资本主义的侵略、国民党政府反动的公债政策和日益严重的工农业产品价格剪刀差。正是这些因素，导致了农村经济的破产和农村金融的枯竭，致使农村购买力散失，工业产品的国内市场萎缩，城市民族资本主义工商业陷入危机。这是由经济结构引起的经济危机。但是在农村经济崩溃和城市民族资本主义工商业陷于危机的背后，通商口岸大都市主要是上海的房地产和公债市场却由于资金的充斥而处于异常繁荣的状态。银行业也因进行房地产和公债投机获得大量利润而畸形发展起来。由1934年美国实施购银法案引起的白银大量流出，只不过是使原先集中于通商口岸大都市主要是上海的白银急剧地流出国外，致使这些地区也出现

---

① 这种观点的主要不足在于将后来的通货膨胀归咎于国民党政府的币制本身，用后来的现象反推币制改革。法国著名史家白吉尔也持有相近的看法。她认为，通过币制改革，国民党政府能够利用增发货币来摆脱财政上的拮据，从而为以后的通货膨胀奠定了基础，因此，币制改革的效果是恶劣的。（白吉尔：《中国资产阶级的黄金时代，1911 － 1937》，中译本，上海人民出版社1994年，第324 － 325页。）我们认为，中国后来的通货膨胀并不是改革后的币制本身使然，而是由国民党政府的性质所决定的，是国民党政府故意推行的反动财政金融政策的一部分。当然，在原有的银本位币制下，国民党政府的发行确实受到了客观的限制，新的管理通货制确实去除了这种限制，但对于对人民负责任的政府来说，管理通货制度是最有利的制度，那种利用管理币制搞通货膨胀的政府无疑是恶劣的政府。宋子文在1947年辞去行政院长时，在立法院发表讲话谈及通货膨胀提到这次币制改革。他说："英国财政部的李滋罗斯爵士，当时是实施政策的顾问，他曾说过，法币制度无疑是可采用制度中最好的一种，但政府必须能够自加约束，因为自纸币兑现取消之后，对于通货膨胀的自然限制，也已经同时消失了。许多年来，这个忠告，本人永远不忘。"（《申报》1947年3月2日第1版。）可惜，宋子文并不能决定国民党政府的财政金融政策。

② 慈鸿飞撰文认为初期法币并非不兑现的政府纸币，并非"具有买办性基本特点"的货币，并无具有封建掠夺的性质，我们认为是有道理的。（慈鸿飞：《初期法币性质辨析》，载《中国近代经济史研究资料》（5），上海社会科学院出版社1986年。）

③ 见董长芝、李帆：《中国现代经济史》，东北师范大学出版社1988年，第98 － 99页。

了通货紧缩，房地产和公债市场也随之陷入危机，银行业也结束了一枝独秀的势头，开始纷纷倒闭。这是由通货紧缩引起的货币危机。所以，从1934年中到1935年10月，中国是经济危机加货币危机。从1935年11月开始实施的币制改革应对说是取得成功的，但它只是解决了通货紧缩问题，克服了货币危机。至于经济危机问题，由于通货扩大的影响，得到一定程度的缓解，但由于经济结构没有发生任何变化，我们前述导致1931－1935年民族资本主义经济危机和农村经济崩溃、农村金融枯竭的主要因素一个也没有获得根本改善，所以整个经济危机并未从根本上获得解决。1936及1937年上半年的经济景气除了通货扩大所带来的有利影响之外，还得益于1935、1936两年特别是1936年的农业丰收及这两年工农业产品价格剪刀差缩小对农民收入增加的促进作用。而农业丰收和工农业产品价格剪刀差的缩小都不是恒常和确定的因素，都不意味着经济结构的改善，如果国民党政府不在改善经济结构上下功夫，不改变以往的军事财政优先和滥发公债的政策，用不了多久就会使农村经济崩溃、农村金融枯竭的情况重演。事实正是如此。国民党政府在1936年又发行20.82亿元的公债，除其中14.60亿元系掉换旧债外，新债发行额6.22亿元，是历年来举债最多的一年。是年，国民党政府的债务负担达到了18亿元以上。① 政府的财政赤字也在1936年达到历史最高峰的2.56亿元，1937年更达2.97亿元。② "孔祥熙解决赤字的办法就是靠发行法币，实际就是印刷钞票。"实际做法就是发行大量公债放在政府银行中，然后用这些债券作为银行发行大量钞票的保证准备，这些新钞票又送交国库作为支出公债和弥补政府其它债务之用。为此，孔祥熙在1936财政年度几乎动用了3.29亿元的银行贷款。③ 虽然在1936至1937年上半年，这种发行法币的办法在客观上达到了解决通货紧缩的结果，但国民党政府的目标决不在于此，通货膨胀势不可免，只不过是迟早的问题。而且，管理通货制度的确立，使国民党政府可以更加不受制约地推行恶劣的公债政策和毫无节制地向银行索取垫款。那种认为如果没有抗日战争的发生，1936年至1937年上半年的经济景气将会继续下去的论点只是一种肤浅的猜测，是不能让人信服的。

实际上，在当时，在国内外的一片赞誉声中，已经有一些人从各种不同的角度看到了国民党政府新货币制度的局限性，有的人甚至一开始就预见到了国民党政府必然要用新币制搞通货膨胀及新货币制度必然归于失败的结局。例如朱偰对新币制的作用表示怀疑。他说："通货膨胀并非有害无利"，不过"通货膨胀之利，

① 千家驹编：《旧中国公债史资料》第23、375页。
② 杨格：《一九二七至一九三七年中国财政经济情况》第165页。
③ 小科布尔：《上海资本家与国民政府》第244页。

在中国未必可以实现”。他认为中国并非工业国家，工业垂死，物价上涨并不能使之欣欣向荣，相反，中国为农业国家，出口多为原料，当此世界物价一再跌落之时，汇兑跌落，是否可以收增加输出之利，殊成疑问。所以他认为“通货膨胀之利既难必期，而通货膨胀之害，却至为严重”。他表示了以下几个担忧。首先担忧政府迫于财政，增发纸币，“如是，则各种纸币，将以不同之速度，向下跌落，币制统一之利未著，而金融大紊乱之像已呈”。其次担忧三行不能无限制买卖外汇，故汇价难以安定。第三担忧毫洋不能完全收回，铜元不能妥善处置，洋价日趋跌落，政府纵可以取缔，然法律之力量，是否可以抹杀经济之事实，殊成疑问。第四担忧外国银行利用租借，增发钞票，“国币回跌，外钞日增，加之资本逃亡，多购买外汇，或存入外国银行，如此则去金融大紊乱之日，当亦不远矣。”[①]朱偰看出国民党政府必然要用新币制搞通货膨胀，指出“放弃银本位，实为通货膨胀的第一步”。他警告国民党政府“勿利用放弃银本位而滥发纸币，以弥补财政亏空”。他说：“通货膨胀如从财政动机出发，不加制止，结果愈趋愈深，终至病入膏肓，无法救济；……譬之为一时兴奋而吸食鸦片，固可收一时之效，无如烟瘾愈吸愈深，体力愈趋愈弱，终至不可收拾。”[②]朱偰所指出的问题及其担忧，虽然有些在后来并未出现，但主要部分在后来都有了应验。如政府迫于财政而增发纸币以至导致恶性通货膨胀，三行不能无限制买卖外汇等，都对中国的经济和金融造成破坏性的影响。

另外，一篇署名壮行的文章批驳了新币制可以解决中国经济问题的论点。他认为中国的经济问题并非单纯的货币问题，中国不可能从通货膨胀中获得益处。他说：“我们且不管我国今后的通货是否膨胀，单就通货膨胀一层来说：通货膨胀的作用，在有些经济学家看来，对内可以提高物价，促进生产；对外抑低汇价，促进进口贸易。这两种作用合并起来，就可以扫除当今的经济恐慌。因为他们以为当今的经济恐慌的唯一重大原因是通货收缩，货币价值上涨，致物价大跌，生产衰落，外汇高涨，出口贸易萎缩；所以只要通货膨胀，使货币价值贬低，一切经济恐慌的问题，都可以解决。”他认为，“我国的经济情形与欧美不同，我国当今经济恐慌的唯一重大原因是购买力的减少，只要能够恢复购买力，经济恐慌便容易解决。膨胀通货的作用只能刺激购买力，而不能生产购买力。”[③]

金融学家章乃器也指出国民党政府的新货币制度不能解决中国的经济问题。他从民族解放和金融市场两个角度指出了新币制的缺陷。他认为：“货币问题是

① 转见马季廉：《对于币制改革批评之批评》，《国闻周报》1935 年第 12 卷第 45 期。
② 朱偰：《放弃银本位以后》，载天津《大公报》1935 年 11 月 8 日第 3 版。
③ 壮行：《币制改革以后》，载《申报月刊》1905 年第 4 卷第 12 号。

中国的一个重要问题，然而不是中国的基本问题。中国的基本问题是民族解放问题。中国民族解放问题解决，货币问题的解决是不成问题的。”他不赞成货币第一主义者和货币中心主义者认为货币问题的解决，民族就可以得着出路的论点。他指出，在一个半殖民地的中国，没有完整的国权，像统制货币，统制金融，以至整个经济统制，都是不可能的。他对通货膨胀的作用提出了自己的看法。指出如欲使工商业收到通货膨胀之利，必须把金融市场中的两大机构——短期资金市场和长期资金市场健全起来，否则，通货膨胀的结果，只有引起又一个公债和地产投机的高潮，造成一个危害国民经济的虚伪繁荣。所以他坚持认为，中国的金融问题决不是就金融以言金融所能成功的。①

中山大学教授黄元彬也对国民党政府的新币制持强烈的否定态度。他认为新货币制度是否成功，可从三个方面进行判断，这三个方面就是预算平衡、中央银行独立和准备与发行集中。但是，他说实际情况却大相径庭：预算每月差两千万，中央银行仍为财政部之附属机关，外国银行仍在发行钞票。他对币制改革后产生的一些经济现象提出了一些异议。如一般认为币制改革后出口价格水平要高于进口价格水平，但黄教授认为虽然进口价格水平有所降低，出口价格水平有所提高，但进口价格水平仍然高于出口价格水平。因为中国进口的是工业制品，出口的则是农产品，而长期以来农产品价格水平远远低于工业制品，币制改革后虽然有所改善，但并未改变进出口价格水平的基本状况。况且进出口价格水平的改善是由汇价降低形成的，与新币制本身没有关系。再如对于币制改革后中国的对外贸易由逆势转入顺势的观点，黄教授表示不信。他根据海关贸易报告对各口进出口额进行了统计，发现只有天津和胶州有出超，其余各口虽有好转，但仍为逆势。他指出，天津胶州的出超实为走私过多所至，走私一多，进口自减。黄教授承认外贸逆势有好转，但他认为这是由以下两个因素引起的，而并非新币制的功劳。这两个因素一是汇价的降低，二是“有巨资者”在白银流出受阻以后将出口国货作为资金流出的一种方式。即“有巨资者”既不能运白银出口，即乘汇价跌落之际，收买国产，运销外国，将货款存放国外。这是资本逃亡的一种方式。而资本何以逃亡？黄教授认为是国人对新币制尤存疑虑之故。这样，出口增加不但不能归功于新币制，反而可以怪罪于新币制。又如生活费指数低于物价指数，黄教授认为主要原因有两个，一是国内通货虽有扩大现象，但尚未形成通货膨胀，二是生活费中如房租、电灯、自来水、电车等项，有固定性质，一时还不致提高故也。综合以上各点，黄教授认为难以期望新币制会给中国经济带来有力的促进

① 章乃器：《币制改革后金融政策之重估》，载《东方杂志》1936 年第 33 卷第 1 期。

作用。[1]

中央研究院的余捷琼先生对于新币制对中国经济发展的作用也持相当悲观的态度。他在《中国的新货币政策》一书中专门讨论了这一问题。[2]在书中，余先生直截了当地指出："中国的经济恐慌，是多种因子造成的结果，其中有货币方面的原因，有为经济结构的根本缺陷，至于运用货币手段所能解决者，恐只为整个问题的一部分。"他说：中国的币制改革，在基本的作用上，可谓与各国的放弃金本位相同，"在于减低利率，增加产业界对于投资前途的希望，再进而推进投资的活动。"但是，中国的产业发展十分落后，"新式产业的创办，虽已有数十年的历史，但各部门的产业组织，仍无基础可言。就工业方面看，所有的工厂，均属小规模的轻工业性质，至于基本的重工业，可谓完全缺乏。就农业方面而言，到现在还是靠天吃饭的自然农业性质，至于科学的经营，可谓绝无仅有。"因此，"中国的经济发展，吾人认为只有从推进长期的产业投资入手，而其条件，则为低率政策的推行，资本物成本的减低，与投资收益前途的有确定保障。"而与以上三者"关系的方面甚为复杂，如外汇的稳定政策，物价变动的趋向，财政收支的平衡，中央银行的保障，银行组织的改造，及外资的利用等。"余先生非常重视财政收支平衡和中央银行的保障问题。他说道："财政基础的健全是绝对必要的，盖财政收支不能平衡，不问采取者为何种弥补方式，其结果均足以导成不能制止的通货膨胀。"而"中国财政，要于短期内达到收支的完全平衡，事实上恐甚困难。在财政收支不能彻底平衡以前，即随时有成通货膨胀的危险。在此情形之下，要希望人民能放胆投资，扩张产业，实为极端难能的事。"所以他说"吾人固深望政府以金融前途为重，竭力节缩开支，若待币制发生剧烈变动以后，再图挽救，恐已无及。"关于中央银行对于产业投资的保障问题，余先生说："一国的中央银行，应以安定金融，推进经济发展为目的，保障中央银行的独立，具体言之，就是使全国的信用伸缩，不和政府财政发生关系。政府向中央银行借款，可以影响信用，政府发行公债或向普通银行借款，亦同样可以影响信用，是以这几方面，均应加以限制。"关于政府向中央银行的借款，余先生认为要作四个方面的限制。第一，政府向中央银行的透支借垫各款，应规定一个最高数，超乎法定限度以外的借款，中央银行应完全加以拒绝；第二，政府向中央银行借款，应严定归还期限（以一年最妥），倘上年度款项未还清，中央银行应拒借新款；第三，政府向中央银行所借款项的用途，亦应加以严格的限制，使其专以发展生产为目的，非生产目的的借款，中央银行应随时加以拒绝；第四，中央银行的资产中，政府的债券票据

① 黄元彬：《新货币政策成功之关键》，载《银行周报》1936年第20卷第15期。

② 余捷琼：《中国的新货币政策》，商务印书馆1937年。

应确定其最高成数，以为消极方面的限制。“总之在吾国目前，要推进产业的发展，则不能不先健全中央银行的组织，要保障健全的通货政策，则不能不严密限制政府与中央银行的关系。中央银行的信用活动，应完全以发展正常的生产事业为目的。假如中央银行再和财政打成一片，通货数量随财政亏空的情形而伸缩，则吾人绝不能希望经济有安定的一日。”余先生强调，当前必须尽快解决上述问题，如不解决上述问题，所谓的币制改革无非是“造成另一次公债和地产的膨胀，基本的产业仍旧不能发展，其结果，中国经济，将更陷于不堪设想”。他在最后的结论中对中国经济的前景表示了悲观的态度。他说：“中国经济前途如何，将完全视国内生产投资推进的情形而定。但生产投资的增进，有其必要的条件，中国目前，政治情形极不安定，国交关系，随时可以发生变化，财政收支未能切实平衡，政府统制金融管理外汇的力量仍嫌薄弱，信用制度的改造，又尚未有如何进步，凡此均足以为投资事业推进的障碍，是以中国经济的发展，实乃未容吾人多存乐观。”在以上种种条件中，余先生特别强调财政平衡及国内政治的安定的意义。他说：“吾人特别指出平衡财政收支及维持国内政治局面安定的必要，至于汇价政策的适当运用，银行制度的改造，以及物价的维持适当等，乃技术上的问题，其得失对于国内投资事业的影响，远不如政局变动与财政情形关系的重要。”①

在这里，还有必要介绍一下日本著名的经济学家高桥龟吉对中国的币制改革的看法。高桥氏在中国实行币制改革的11月，来到中国，专门考察了中国的政治经济情况和币制改革问题，回国后写成了《中国币制改革之成败》一文，发表于日本《改造》杂志1936年新年号上。高桥氏认为，在中国当时的政治经济情况下，中国的币制改革必定归于失败。高桥氏说要判断中国的新币制将来能否成功，应从两个角度加以考察：一是从纯粹的金融技术角度来考察，二是探讨中国最近通货危机的原因何在，新币制是否是适当而有效的方法。高桥氏认为，从纯粹的金融技术角度来看，中国的新币制法案是一种最巧妙最理想的币制，但是由于中国的政治、财政、金融等各种机构，尚处在半封建状态，政权尚未统一，同时既无优秀廉洁的人才，又无防止财政滥用的新机构，加之治外法权尚未废除，要想统一币制，集权中央，实行管理通货与不兑换纸币制度，是不可能的。他认为“中国财政机构之发展阶段与新币制之发展阶段，程度相差太远了。”高桥氏讨论了中国货币危机的本质与对策。他认为引起最近中国货币危机的，有财政经济本身的原因（经济问题），也有银本位货币与美国白银政策向冲突两方面的原因（货币问题）。他说中国要想真正克服货币危机，需采取能妥善处理两方面问

① 余捷琼先生的上述论述及所引言论均见其所著《中国的新货币政策》一书中的第三部分：“今后的货币问题”。

题的根本对策，而此次币制改革，仅能对应后一方面的原因，只解决了货币问题，并未顾及内部的财政经济的根本原因。所以他认为，中国的新币制，既在技术上有很多缺点，又对应对通货危机的根本对策认识不足，因此新币制的前途，非常不安。他说此次币制改革因中央银行保证一定汇率之汇兑市价，故中国的汇兑前途，绝无涨到现状以上之虞，只有中央银行实力用尽而跌落的危险。若新币制一旦发生破绽，则于汇兑投机家有莫大的利益。若通货不安达到某种程度以上，则可以用少数资本作大规模的汇兑投机，故中央银行必感难于支持。中国的通货稍有不安，就将引起汇兑不安，因此，新币制不安、崩溃的危险性很大，而新币制一旦崩溃，则将为中国经济的全面崩溃。高桥氏还对币制改革后的汇价和对外贸易以及新币制对工业生产的影响进行了评论。他说中国政府之所以决心进行币制改革，其中有两个基本期望，一是可以增加输出，减少输入，改善贸易关系，二是可以缓和金融困难，恢复以上海为中心的生产事业。但是他认为中国的经济、财政、金融本非健康状态，已陷入饥饿状态，农产品的输出决不会因汇兑跌落而增加，汇价跌落反而会引起物价腾贵、社会不安。而工业品也难期待输出的增加，因为中国的高率关税完全是以弥补财政困难为目的，并没有助长产业发达，即使关税低落，也少有发生输出竞争力的余地。目前虽有输出增加的现象，这与政府的物价压抑政策和政局不安有关。汇价虽然跌落，物价并未腾贵，故由外国看来，实为变态的贱价，以至形成一种饥饿输出，并不是一种有余力的输出。且汇价跌落，不久将使生活昂贵、工价高涨，原料腾贵。故新币制的实行，很难期望增加输出减少输入的效果，对于救济产业不特无效，恐将会给濒死的产业以致命的打击。[①]高桥氏在中国只逗留了很短的时间，其对中国新币制的评论虽然交杂着傲慢的态度和夸大其词的吹嘘，但问题的基本点是被抓住了，有一种旁观者清的效果。

从上述评论可以看出，在当时对国民党政府币制改革的一片赞扬声中，还是有一部分学者看到了币制改革的严重局限性，即它虽然解决了当时中国所面临的货币问题，但却没有从根本上解决整个经济问题，更没有解决政治问题。这种经济问题和政治问题，才是制约中国的经济发展的根本障碍。而这种经济问题和政治问题又都是由蒋介石和国民党政府所一手造成的，它是与国民党政府的性质和路线紧密相关的。我们决不能从币制改革后暂时的经济景气中得出如果没有抗日战争的爆发，中国经济就会顺利发展的结论。

国民党政府的币制改革虽然对解决中国的经济问题没有实质的意义，但对其建立国家垄断金融资本，却有着重大的意义。币制改革的完成使国民党政府不仅

① 高桥龟吉:《中国币制改革之成败》，原载日本《改造》杂志1936年第1期，译稿载《国闻周报》1936年第13卷第3期。

控制了中国的主要大银行，而且垄断了货币发行权。它标志着国民党国家垄断金融资本的开始确立，当然也就表明国民党政府实现了对江浙金融资产阶级的侵蚀和吞并。从此后，江浙金融资产阶级作为独立的私人资本主义的代表，从中国的经济舞台和政治舞台上消失了。他们成了国民党政府的附庸。他们的上层人物和领导者如中国银行的宋汉章、张嘉璈，交通银行的钱永铭，上海银行的陈光甫、浙江兴业银行的叶景葵，浙江实业银行的李馥荪、通商银行的傅筱庵，盐业银行的吴鼎昌等，都不得不脱离原来的银行，到国民党政府中做了受支配的官吏，成了官僚垄断资本的账房和门客。江浙财团中幸存下来的几家主要银行，之后也外而饱尝日美等外资银行的侵凌，内而继续受四大家族的排挤和压抑，特别是吃了通货膨胀的苦头，业务和势力都日趋衰微。[①]江浙金融资产阶级当初扶助国民党蒋介石上台，目的是想在国民党蒋介石的支持下发展私人资本主义，最终却反过来被国民党蒋介石所吞并，成了官僚垄断资本的垫脚石。这是江浙金融资产阶级的悲剧，也是中国民族资本主义的不幸。

① 关于抗战期间江浙财团及整个金融资产阶级在国民党政府的压迫和通货膨胀政策的侵蚀下趋于没落的情况，杨培新作了简短而精辟的描述："当局的通货膨胀政策，清算了江浙银团、四川银团，也清算了所有的金融界的力量。战前江浙的十二家大银行发行钞票约在二亿五千万，各行庄拥有存款十八亿，国家行局钞票约四亿五千万，存款二十六亿。这力量是不太悬殊的。但抗战后，剥夺了商业银行的发钞权，便剥夺了商业银行创造信用的大能力。发行权先则集中在四行，后来则集中到中央银行。各商业银行所执有的只是中央银行的法币。随着通货膨胀，各银行的实际财富日日削弱。同时战争信用膨胀所引起的庞大的军费政费存款，又不准存入商业银行，统由中央银行监管。既剥夺了创造信用第一方式的发钞权，又剥夺了创造信用的依赖——存款，商业银行实际力量便日益削弱，不论江浙财团四川财团在抗战过程中，都被削弱了，喘息于数个权贵的淫威之下。"（杨培新：《中国通货膨胀论》，生活书店 1948 年，第 88 页。）抗战胜利后，国民党政府对商业银行的剥夺不仅没有停滞，反而变本加厉了。有论者说道："在胜利以前，经过七年半的时期底通货膨胀，（商业银行）存款资力百分之九十以上是牺牲了，谁知胜利后的二年半，这个牺牲还没有停止。今日商业行庄已被用胜利前仅五分之一的时间，在恶性通货膨胀和人为的管制下，将由政府全部吞噬去了。"论者列举了具体的数字：1946 年 6 月商业行庄的存款数字为 2300 亿元，相当于战前的 5000 万元，只为战前资力的 1.25%；1947 年 6 月存款为 14300 亿元，合战前币值 3860 万元，为战前资力的 0.965%；1948 年 5 月存款 23 万亿元，合战前币值 3300 万元，资力降至战前的 0.825%，至 6 月份则进一步降至 0.5%左右了。（盛慕杰：《为被窒息的商业行庄申诉》，载《经济周报》1948 年第 7 卷第 5 期。）

第八章

1927－1937年间国民党政府建立国家垄断工业资本的活动

在国民党政府统治的前十年中，国民党政府还试图在工业领域中建立国家垄断资本，以建立国家垄断产业资本。这种建立国家垄断产业资本的步伐，在30年代民族资本主义经济危机中开始，在控制了银行业，确立官僚垄断金融资本之后有了明显的加快。

国民党政府在口头上是支持私人资本主义的发展的，而且也确实做过一些有益于私人资本主义发展的事情。其中的原因之一在于，正如前面所说，国民党政府是由江浙资产阶级扶助上台，而且为了继续获得江浙资产阶级的支持而必须实行一些有益于私人资本主义的政策方针。除此之外，国民党政府以孙中山三民主义的继承者自居，并声称要以民生主义为国家经济建设的基本指导方针。而孙中山的民生主义纲领中在强调要发展国家资本外，明确表明是要支持私人资本在不控制国民生计的范围内的发展的，因此，国民党政府也不得不至少在口头上声称支持私人资本主义的发展，并且在行动上情愿不情愿地做一些有益于私人资本主义发展的事情。同时，由于孙中山在确立国家资本的范围时，犯有一定程度的“左倾”冒进错误，将国家资本的范围定得过于宽泛，也给国民党政府曲解孙中山的原意，大搞国家垄断资本留下了后根。

蒋介石在国民党政府建立之初就强调：“我们革命以后，一切建设的方向，就是要把（孙中山的）建设大纲整个地实现出来，一切政治制度必须以建国大纲为基础，遇到实际上困难莫决的问题，也要以建国大纲为最高准则，拿来作解决一切的准绳。”[①] 在国民党政府的《建设大纲草案》中也说道：“国民政府对于中华民国之物质建设，当根据总理所著建国方略之实业计划为原则，集中全国财力，期于最短期间实现之。”[②] 这说明，国民党政府是准备以孙中山的建国方略为国家

① 蒋中正：《一切政治制度要以建设大纲为基础》，民国17年1月16日在南京中央党务学校的讲话，见《革命文献》第22辑，第197－201页。

② 孙科：《建设大纲草案及其说明》，《中央周报》1928年总第24、25期；《革命文献》第22辑，第367－380页。

经济建设的指导方针的，具体说，就是要按照孙中山制定的“实业计划”来进行国家经济建设。我们在前文中已经分析指出，孙中山是支持民间私人资本主义的发展的，同时，孙中山也主张发达国家资本，以限制私人资本过度发展造成社会矛盾的激化，避免社会革命的发生。但是，正如我们也已经指出的那样，孙中山在制定“实业计划”时，为国家资本确定了相当大的范围，这个范围已经远远地超出了节制私人资本的需要。按照孙中山的“实业计划”，私人资本主义不仅是被节制，甚至是被取消了。孙中山犯了“左倾”错误。况且，孙中山的“实业计划”只是一个国家建设的总的计划，并没有确定必须在多少年限内实现。同时，按照孙中山设想，建设国家资本的资金来源主要是地租和借用外资两项。孙中山认为革命胜利后不出十年，国家就因地价上涨而使地租一项即可达 80 亿的收入，“以从事于铁道、矿山、邮便、电信、自来水等一切事业，而不虞其不足”[①]。正是这种对于革命后政府收入过于乐观的估计，使孙中山制定了一个过于庞大的国家资本范围，犯了“左倾”冒进的错误。国民党政府在声称继承孙中山的三民主义、按照孙中山的“实业计划”进行国家经济建设时，没有继承其正确、合理的方面，而是继承了孙中山错误的、不合理的方面。概括地讲，国民党政府在工业建设上犯了一个根本性的错误，那就是确定了过大的国家资本范围，在政府收入严重不足、无力进行国家资本投资时（国民党政府将财政收入的主要部分用于军费，加剧了这种倾向），便主要地依靠发行公债来进行国家资本建设（而公债的大部分也被用作了军费）。国民党政府也试图利用外资，如在《建设大纲草案》中即强调“国民政府为实现建设计划，得以平等互惠不损主权为原则，尽量利用外资”。但是，正如有评论指出：“各国的资本家，在中国不能对于各国投资都用确切收入如关盐税之类作为担保品之外，在中国经济形势未能使各国资本家认为满意之前，决不会把不含政治性的资金送到中国，让中国去打经济建设的基础。”[②] 如国民党政府曾“将钢铁厂、汽车厂、硫酸铔厂等，与各外商公司接洽合办，协商多次，因其条件苛刻、利少弊多，终未能实现。于是乃舍利用外资，在国内筹款举办。”[③] 国民党政府借用外资的计划是失败的。在各种资金来源枯竭的情况下，国民党政府常常采取吞并、没收民间私人企业的方式来扩大国家资本。纵观国民党政府的财政金融和工业政策，其对孙中山的“实业计划”进行了囫囵吞枣式的接受，继承并且扩大了将孙中山的非合理方面，从而歪曲了孙中山国家资本的真正

① 参见民意：《告非难民生主义者》，《民报》第 12 号第 75 页。

② 《中国建设银公司的前途》，载《社会新闻》1934 年第 7 卷第 22 期。

③ 国民党中央党部国民经济计划委员会主编：《十年来之中国经济建设》，南京扶轮日报社 1937 年，上编第二章“实业”，第 89 页。

含义，最终使作为节制私人资本的国家资本变成了国家垄断资本。[①]

孙中山虽然在制定具体的建设计划时有冒进倾向，但在理论上是支持不具独占性质的私人资本的发展的。[②] 由于国民党继承了孙中山实业计划中的非合理方面，而对其合理方面则一知半解，因此，在国民党政府的整个时期当中，在经济理论或者说口头上和具体的经济活动上充满着矛盾。国民党政府在经济理论或者说在口头上始终强调支持私人资本的发展，并以是否具有独占性质来划定国家资本和私人资本的范围，但在实际过程中总是压制、排挤甚至吞并私人企业。

国民党政府在理论或口头上是支持不具独占性质的私人资本的发展的。如在《国民政府训政时期施政宣言》中强调："惟进行经济建设之原则，必依个人企业与国家企业之性质而定趋向，凡产业之可以委诸个人经营，或其较国家经营为适宜者，应由个人为之，政府当予以充分之鼓励及保护，使其获得健全发展之利益。……若夫产业之有独占性质，而为国家之基本工业者，则不委诸个人，而当由国家经营之。"[③] 在《建设大纲草案》中则强调：凡关系全国之交通事业、有独占性质之公用事业、关系国家前途之基本工业，悉由国家建设经营之，而"由政府批准个人经营之建设事业，政府当予以充分之法律保障，除受法律上应有之节制外，政府不得无故收回管理。"[④] 在《关于建设之方针案》中指出："中国之普通工业，在政府之提倡农业、增加原料、减轻原料之价格，及政府施行税则之范围内，准其自由发展"，"中国之特种工业，在总理实业计划内所规定，应新创之厂，均由政府计划办理"[⑤]。"九·一八"事变后，中国已明显感觉到了战争的威胁，为此，国民党政府提出了《国家建设初期方案》，试图以此应付战争的威胁。即使在这个文件中，国民党政府也只是提出要对"人民"所办事业中"可供国防上使用者""厘

---

① 孙中山之所以将国家资本的范围确定地如此之大，可能与他在根子上忽视私人资本主义的作用有关。胡绳曾这样评论孙中山，他说：孙中山说过，"趁资本主义还少，甚至还没有的时候，赶快搞社会主义革命。这样做，比以后资本主义多了时再搞社会主义容易得多。""我们不能责备孙中山，他不可能懂得，资本主义不能只被看作一种罪恶，他能为社会主义提供必要的物质准备。"（胡绳：《毛泽东的新民主主义论再评价》，载《中共党史研究》1999 年第 3 期。）胡绳对孙中山的评论不一定完全准确，但他指出孙中山忽视私人资本主义的作用，而这一缺陷在共产党的新民主主义论中得到了克服，这一点是正确的。

② 这在《实业计划》中也有体现。在《实业计划》的"第一计划"中，孙中山开篇就说道："中国实业之开发应分两路进行，（一）个人企业、（二）国家经营是也。凡夫事物之可以委诸个人，或较国家经营为适宜者，应任个人为之，由国家奖励，而以法律保护之。……至其不能委诸个人及有独占性质者，应由国家经营之。"（《孙中山选集》，第 217 － 218 页。）

③ 《国民政府训政时期施政宣言》，1928 年 10 月 26 日国民政府第四次国务会议通过，载《中央周报》1928 年总第 23 期；《革命文献》第 22 辑，第 339 － 343 页。

④ 孙科：《建设大纲草案及其说明》，载《中央周报》1928 年总第 24、25 期；《革命文献》第 22 辑，第 367 － 380 页。

⑤ 《关于建设之方针案》，1930 年 3 月 3 日中国国民党第三届中央执行委员会第 3 次全体会议通过，载《革命文献》第 23 辑，第 532 － 533 页。

定战时征用法规”，仍强调要“予以保障及补助”[①]。在后来的国民政府对第四次全国代表大会政治报告和行政院对四届五中全会工作报告中，都强调要“扶助”“奖励”“救济”民营工业。[②]1935年后，战争的阴影明显越来越近，国民党政府感觉到了发展重工业的重要性，但是，由于政府资金短绌，国民党政府不得不提出要积极发展民营重工业。在《请积极发展民营重工业以充实国力案》中，国民党政府称：“查重工业为现代立国骨干，一切工业发展之基础。”“重工业欲谋积极发展，端在运用民间财力，奖励民营。”“我国为从事经济建设，应速完成重工业，中央予以指导，令各省分别举办，以民营为主，或官民合办以助成之。”[③]重工业实际上就是国民党政府所称“具独占性质”或“不宜个人举办”者，现居然提出要“以民营为主”，也算是国民党政府在特殊情况下深明大义。但是，到1937年，蒋介石亲自提出一个《中国经济建设方案》，又修改了这一原则，将重工业复又收归由中央政府主办。蒋介石在《方案》中说：“实业之建设，凡有关全国计划，如重工业、基本化学工业、基本矿业及需要高深之技术者，原则上由中央负责举办。但若干部分，也得斟酌情形，与地方政府及人民合办。……至一般普通工业，各种农产加工事业，农林、垦殖、鱼牧等营利事业及本方案未列举事业，原则上由人民投资经营，中央与地方政府处于监督保护之地位。”[④]

国民党政府一再声称要支持私人资本在不具独占性质的普通工业方面的发展，那么，国民党政府到底在多大程度上支持了这种私人资本的发展了呢？纵观国民党政府至1937年上半年前对私人资本的所谓支持，常被人提起的不外乎以下几个方面：（1）颁布《现行奖励工业技术条例》，奖励创造发明；（2）实行工业奖励法，鼓励私营企业改造技术设备；（3）奖励私营小手工业及手工艺制造业；（4）对私营企业实行扶持和救济；（5）提倡国货。1932年9月，国民党政府颁布了《现行奖励工业技术暂行条例》，决定对民间的技术发明和工业生产创新进行奖励。规定凡获得创造发明奖，其新技术或新产品在全国区域内享有5年或10年的专利权。[⑤]但是，对创造发明的奖励，实际上并不是什么特别的奖励，而是在全世界都普遍存在的对创造发明的一般保护。没有这种保护，技术就不可能有任何进

① 《国家建设初期方案》，1931年11月21日国民党第四次全国代表大会第7次会议通过，见《革命文献》第76辑，第154页。

② 《国民政府政治报告中关于实业者》（对第四次全国代表大会报告），见《革命文献》第75辑第135、136页；《行政院工作报告关于实业者》（对四届五中全会报告），见《革命文献》第75辑第264－266页。

③ 《请积极发展民营重工业以充实国力案》，1935年11月22日国民党第五次全国代表大会第六次会议通过，载《革命文献》第76辑，第264页。

④ 《蒋中正汪兆明两委员拟定中国经济建设方案》，1937年2月国民党第五届中央执行委员会第三次全体会议文件，见《革命文献》第30辑，第918页。

⑤ 《现行奖励工业技术条例》，参见《革命文献》第26辑，第5637－5640页。

步，但仅有这种保护，是不可能促使技术和生产出现较大的进步的。从 1932 年颁布奖励工业技术条例到 1935 年，呈请核准专利者，共有 300 余起，但国民党政府核准的，只有 70 余起，已发给证书实行专利者，只有 40 余起。至 1936 年底，又填发了 6 起。[①]除创造发明外，国民党政府还鼓励私人企业采用新技术和新设备。早在 1929 年，国民党政府就颁布了《特种工业奖励办法》，1934 年经由立法院修正，定名为《工业奖励法》，奖励对象分为两类：一是“应用机器或改良手工制造货物，在国内外市场有国际竞争者”；二是“采用外国最新方法，首先在本国一定区域内制造者”。奖励办法是：（1）减低或免除出口税；（2）减低或免除原料税；（3）减低国营交通事业之运输费；（4）给予奖励金；（5）准在一定区域内享有 5 年以下之专利权。[②]此项奖励，数量也极少。自 1929 年颁布至 1934 年，计先后依法核准奖励案件，不过 30 余起，至 1936 年底，又核准 36 件，共 60 余件。[③]关于奖励小工业及手工艺，国民党政府饬由实业部于 1931 年订布《小工业及手工艺奖励规则》，至 1935 年，呈请奖励经核准者有数十起。[④]

1931 年后，我国民族工业开始陷入危机，国民党政府对民族工业作了一些扶持和救济工作。国民党政府所谓对私营企业的扶持和救济，主要集中在蚕丝业和棉纺织业，其中最为国民党政府所津津乐道的，就是对蚕丝业的救济。国民党政府对蚕丝业的救济主要集中在浙江和江苏两省，主要内容是原料茧的改良和茧行与茧价的统制。[⑤]至 1934 年，蚕丝业危机更甚，上海丝厂大半停闭，仅存十余家也岌岌可危。国民党政府又出台办法五项：（1）由上海市政府发行丝业公债；（2）减免蚕茧转口税；（3）提高人造丝进口税；（4）减免蚕茧及丝织品运费；（5）组织丝业统制委员会统制全国丝业。[⑥]总的来说，国民党政府对蚕丝业救济的力度不大，效果虽然不能说完全没有，但确实并不明显。如从国民党政府着力救济的江苏、浙江一带的蚕丝业的出口来看，其机械丝所由出口之上海港，1927 − 1930 年间出口量一般在每年 40 − 50 余千担，占全国机械丝出口的 40 − 50%以

---

① 《行政院工作报告关于实业者》（对第五次全国代表大会报告），载《革命文献》第 75 辑，第 326 页；《行政院工作报告关于实业者》（对第五届三中全会报告报告），载《革命文献》第 75 辑，第 389 页。

② 《工业奖励法》，载《革命文献》第 28 辑，第 186 − 188 页。

③ 《行政院工作报告关于实业者》（对四届五中全会报告），载《革命文献》第 75 辑，第 256 页；《行政院工作报告关于实业者》（对五届三中全会报告），载《革命文献》第 75 辑，第 389 页。

④ 《行政院工作报告关于实业者》（对第五次全国代表大会报告报告），载《革命文献》第 75 辑，第 326 − 327 页。

⑤ 具体情况参见《全国经济委员会关于 1936 年份全国棉业蚕丝业改良与统制状况的函呈》，载二档馆编：《中华民国史档案资料汇编》第五辑第一编财政经济（七），第 430 − 433 页；国民党中央党部国民经济计划委员会主编：《十年来之中国经济建设》，南京扶轮日报社 1937 年，上编第 5 章“水利、公路、蚕棉”，第 45 − 47 页；陈慈玉：《近代中国的机械缫丝工业》，（台北）中央研究院近代史所 1989 年，第 106 − 110 页。

⑥ 《行政院工作报告关于实业者》（对四届五中全会报告），载《革命文献》第 75 辑，第 265 页。

上，到1932 － 1934年间，出口量降至每年10 － 20余千担，占全国出口的比重也有下降，1934年降为30%。自1935年，上海港出口的机械丝有所恢复，但从未恢复到1928 － 1930年间的水平。而国民党政府的所谓救济并不多的华南一带的蚕丝业所由出口之广州港，1928 － 1930年间出口量也在40 － 50千担，自1931年后开始下降，但在1931 － 1934年间最低也未降至20千担以下，所占全国出口之比重在1934年反而上升至69%。此后，华南的机械蚕丝业一直处于衰退之中，到1937年，广州的机械丝出口量只有19余千担，占全国出口的比重下降为38%。而上海港的出口量虽也只有32千余担，但占全国出口的比重则达62%。[①] 这，也许就是国民党政府救济蚕丝业的“成果”？如果它确实也算是国民党政府支持民间蚕丝业的成果，那么，与日本相比，这种成果也太可怜了。在1906 － 1910年间，中国和日本在生丝出口量上平分秋色，大约都在700万公斤左右，此后中国的出口量一直呈递减趋势，至1934年已减至不到300万公斤，1935 － 1936年有所恢复，但也仅有400余万公斤；而日本的出口却一直呈增长趋势，至1934年以后已增至3000万公斤以上。[②] 国民党政府到底在多大程度上支持了民间蚕丝业，由此可见一斑。

国民党政府对于棉纺织业的救济，主要是“借拨英庚款担保商民订购纱锭布机”。1934年，国民党政府为扶助棉纺织业发展起见，由政府在水利工程项下借拨英庚款余额，担保商民向英商分批订购纱锭60万枚、布机5000台，拟定规则由厂商认购。但厂商方面认为原定认购办法过严，纷纷呈请变通担保手续。1935年，国民党政府简化了担保手续，交由水利机关办理。[③] 但是，众所周知，在1933 － 1935年间，民族棉纺织企业面临的主要困难是由通货紧缩引起的流动资金严重不足，而不是纱锭和布机。而对于民族棉纺织企业的资金需求，国民党政府则一直置若罔闻。如荣宗敬向国民党政府提出由政府向华商纱厂提高巨额低利垫款，[④] 在国民党四届五中全会上也有人提出要政府给予华商纱厂低利贷款之事，棉业统制委员会于1935年提出的救济方案中也允诺：“由政府联络金融界，使与全国纱厂互相提携，并实行低利贷款，以济其资本之不足”[⑤]，但直至1936年底，也不过“（至金融上之救济）亦曾经政府拟定办法，一俟各方同意，即可决定施

① 参见陈慈玉：《近代中国的机械缫丝工业》，（台北）中央研究院近代史所1989年，第170页表4 － 1。

② 参见陈慈玉：《近代中国的机械缫丝工业》，第14页表1 － 2。

③ 《行政院工作报告关于实业者》（对四届五中全会报告），载《革命文献》第75辑，第256页；《行政院工作报告关于实业者》（对第五次全国代表大会报告），载《革命文献》第75辑，第325页。

④ 《荣宗敬报告上海华商纱厂危机并拟具救济方案至行政院呈》，载二档馆编：《中华民国史档案资料汇编》第五辑第一编财政经济（六），第17页。

⑤ 《全国经济委员会棉业统制委员会关于设法救济全国纱厂案的具体办法》，载二档馆编：《中华民国史档案资料汇编》第五辑第一编财政经济（六），第80页。

行”[1]。我们在前文中已经分析指出，到1935年，国民党政府已经借救济工商业之名垄断了国内金融业，但在垄断了金融业之后，对民族工商业的危机又坐视不管。国民党政府对棉纺织业的所谓“救济”，只不过是一种做给别人看的花样文章。

我国民族面粉业从1932年以后就开始陷入危机，但国民党政府到1935年才对面粉业给予了一定的救助。主要内容是变通出口面粉原料退税办法、对于运销东三省之面粉实行全数退税、整顿铁路运费、制定小麦检验标准。[2]显然，这些措施并未触及面粉业危机的根本问题。

与支持私营企业上的敷衍了事和逢场作戏不同，国民党政府在建立国家资本上，要努力得多。但是，由于在1937年以前，国民党政府的主要精力集中在建立国家垄断金融资本上，而对于国家垄断工业资本的建立尚难以倾注更多的精力。特别是国民党政府财政短绌，收入又被主要用于军费和政府的经常支出上，利用外资又遭受失败，所以国民党政府虽然在这一时期特别是在这一时期的最后两年，已经开始在工业领域进行建立官僚垄断资本的活动，但这种活动只是局部的，成效也是初浅的。国民党政府大规模建立官僚垄断资本的活动还要等到抗日战争开始以后。

国民党政府在成立之初就开始制定建立国家垄断产业资本的计划与步骤。1928年11月，国民党政府在《建设大纲草案》中规定，要在关系全国之交通事业如铁路、国道、电报、电话、无线电等，有独占性质之公用事业如水力电、商港、市街、市公用事业等，关于国家前途之基本工业及矿业如钢铁业、基本化学工业、大煤矿、铁矿、煤油矿、铜矿等各种行业中建立国家资本。[3]1929年4月，国民党三届一中全会通过的《训政时期物质建设之实施程序及经费案》，提出关于国家资本的建设，以交通开发为首要，其次为煤铁及基本工业。[4]1930年3月，国民党三届三中全会通过了孔祥熙提出的筹办基本工业的提案。孔在提案中九项“需要而迫切”建设的基本工业：(1) 举办国营钢铁事业，谋国防及交通上原料之供给；(2) 举办国营水电事业，以减轻动力之代价；(3) 设立国营机器厂，以谋自制各种工业需要之机器；(4) 设立国营精盐厂，以改良人民食盐之卫生；(5) 设立国

---

① 国民党中央党部国民经济计划委员会主编：《十年来之中国经济建设》，南京扶轮日报社1937年，上编第2章“实业”，第97页。

② 国民党中央党部国民经济计划委员会主编：《十年来之中国经济建设》，上编第2章“实业”，第97页；《行政院工作报告关于实业者》（对第五次全国代表大会报告），《革命文献》第75辑，第327页。

③ 孙科：《建设大纲草案及其说明》，载《革命文献》第22辑，第367－380页。

④ 《确定训政时期物质建设之实施程序及经费案》，1929年4月国民党中央第四次常务会议通过，载《革命文献》第23辑，第439－440页。

营酸碱工厂，以谋化学工业基本原料之自给；(6) 设立国营细纱工厂，以应我民族生存最大之需要；(7) 设立国营纸浆工厂，以塞漏卮而维文化；(8) 设立国营酒精工厂，以谋医药及化学工业之进步；(9) 设立国营汇兑银行，以谋国际贸易之发展。① 会议提出《关于建设之方针案》，具体列示了国家资本建设的项目，除农业矿业部分外，在工业上，国民党政府拟在两年之内筹设大规模之制铁炼钢工厂、造船厂、电机制造厂。②1931 年 5 月，国民党中央举行第三届中央执行委员会临时全体会议。张静江在会上提出议案，针对国民党政府对电力建设重要性认识的不够，强调要加强电力建设。他认为电力可以解决民生衣食住行之全部，“诚应为建设之中心也”③。会议采纳了张的提案。会议在最后通过的《实业建设程序案》中指出：“电气有关各种农业、工业，筹办刻不容缓。至于钢、铁、酸碱等项，各国均认为基本工业，非此则它项工业无由发展。此必须政府国民一致尽全力从事者也。”强调交通运输、钢铁、煤炭、电力等部门应摆在优先的地位，国家应全力以赴投入这些工程的建设。《实业建设程序案》还分铁路、水利、商港、公路、航空、航运及基本工业等十个方面的建设程序作了具体的规定。④ 此后，国民党政府还对实业建设通过了多次决议，但其内容都与这个方案基本一致，只不过有的根据情况进行了一些补充的规定。如在《国家建设初期方案》中规定工业建设“应注意于重工业之举办”，“而于原料之采取，煤铁石油各矿场之开发，尤应先期经营”⑤。就是 1937 年由蒋介石亲自提出的中国经济建设方案，对于实业建设的基本内容也未作明显的变动。⑥ 直至抗战前夕，国民党政府的一切国家产业资本建设活动，基本上都是按照这个程序案进行的。

国民党政府具体负债国家产业资本建设的机构较多，各机构的职能不一。其中有的是专职行政管理机构，如实业部、铁道部和交通部；有的是经济建设的协调指导机构，但又兼有管理职能如建设委员会、全国经济委员会；有的是专职的建设和经营机构，如资源委员会。而且各机构之间在职能和业务范围上并无明确的分工，而是各行其是，甚至互相拆台。它们反映的是国民党政府内不同派别的

---

① 《孔委员祥熙报告筹办基本工商业之经过并请议决促其实施案》，国民党第三届中央执行委员会第三次全体会议通过，载《革命文献》第 26 辑，第 150 － 152 页。

② 《关于建设之方针案》，国民党第三届中央执行委员会第三次全体会议通过，载《革命文献》第 23 辑，第 532 － 533 页。

③ 张静江：《以铁道电气水利事业为建设中心案》，载《革命文献》第 26 辑，第 108 页。

④ 《实业建设程序案》，1931 年 5 月 2 日国民党中央第三届执委会临时全体会议通过，载《革命文献》第 26 辑，第 177 － 184 页。

⑤ 《国家建设初期方案》，1931 年 11 月 21 日国民党第四次全国代表大会第七次会议通过，载《革命文献》第 76 辑，第 153 页。

⑥ 《蒋中正汪兆明两委员拟定中国经济建设方案原提案》，国民党第五届中央执行委员会第三次会议通过，载《革命文献》第 30 辑，第 915 － 923 页。

各自利益。但是，它们当中无论是哪个机构，最终都转化成了管辖甚至直接经营企业的机构，演变成了国家垄断资本的经营机构。在本书中，为节省篇幅起见，我们主要分析和论述一下实业部、建设委员会、全国经济委员会（主要以中国建设银公司的活动为核心）和资源委员会关于工矿和商业方面的活动情况，而对以铁道部和交通部为核心的关于铁路、公路、航运、空运、邮电通信方面的活动情况则不作具体的分析和论述。

在1935年4月资源委员会成立以前，国民党政府主要经营所谓实业的机构，就是实业部。国民党政府于1927年7月开始设立实业部，以作为发展全国实业的统筹机关，1928年2月，实业部改名为工商部。1931年，农矿部与工商部合并，重新恢复实业部的名称，负责全国工商业的发展和经济资源的开发。但是，实业部只不过名义上是一个经营实业的机构，实际上由于经费无着，直至抗战爆发以前，并未经营出多大的“实业”。孔祥熙是实业部第一任部长，他在1929年3月向国民党第三次全国代表大会提出过要创办国营钢铁工业、棉纺工业、酸碱工业、机器制造业等方面的计划。[①] 在1930年3月由向国民党三届执委三次会议提出创办8个方面的国营企事业的计划。[②] 但是，由于财政竭绌和毫无节制的军费开支，使得实业部根本没有经费用以实施各项建设计划。1932年陈公博继任部长后，由于蒋介石与汪精卫之间的矛盾，实业部受到了明显的冷落，经费更难得到了。1935年吴鼎昌任部长之后，情况有所好转。1936年6月起，吴鼎昌打着“国民经济建设运动”的旗帜推行工商业发展计划，获得蒋介石的支持。总之，实业部作为一个主持全国工商业发展的主管机关，所发挥的作用非常有限，它的许多职能被建设委员会和资源委员会所取代了。纵观实业部在1937年抗战爆发以前的建设活动，包括已经着手筹办的和计划筹办的企业，有中央机器制造厂、国营钢铁厂、硫酸铔厂、中国酒精制造厂、中国植物油厂、温溪造纸厂、国营酸碱工厂、国营汽车工厂、国营瓷业工厂、国营细纱工厂和国营毛织厂等10余个工厂，其中实际筹办完成投入运营的，只有中央机器制造厂、国营硫酸铔厂、中国酒精制造厂和中国植物油制造厂四个企业，已经着手筹办但至1937年中尚未完成的，有国营钢铁厂、温溪造纸厂、国营毛织厂和国营瓷业工厂等企业，其余则仅仅处在计划过程中，根本没有付诸实施。

中央机器制造厂系官办机器制造厂，在工商部时代就已经开始计划，但由于经费无着，一直未能开始筹设。后经国民党二届五中全会、三届三中全会及行政

---

① 见《革命文献》第25辑，第43－44页。

② 《孔委员祥熙报告筹办基本工商业之经过并请议决促其实施案》，载《革命文献》第26辑，第150－152页。

院会议，决定由退还英庚款内拨付筹备及购买设备费310万元。1932年签订拨款合同，着手开办，厂址最后决定设于上海真茹北新泾，全部建厂工程于1936年完成，投入生产。工厂分为铸铁、铸钢、机器三个分厂（车间），初定出产的机器有蒸汽锅及附件、柴油机、冷藏器、小型船舶、工作母机、筑路机及建筑用机器、各种铸件锻件、各种精密工具等。后因设备和其它原因，改制无缝管子、车轮车轴、铸钢铸铁及机器工具等。①

硫酸铔厂系官督商办性质的化学原料制造厂。起初计划与英国帝国化学有限公司及德国谒奇染料工业公司合营。1931年6月开始筹设。原定资本额1500万元，中国方面占有股份800万元，占53%，英德两公司占股份700万元，为47%。中国方面的800万元中，500万元为官股，由中英庚款下拨付，另300万元集商资。但由于英德两公司缺乏诚意，谈判未果。后经行政院同意，由商人范锐等承办此项工程，设计产量每年5万吨，资本额1000万元。由于集资不易，该商决定将创办十余年之永利制碱公司改组，扩充原有资本至1000万元，厂址设在江苏六合县。工程至1936年底完成，设备主要部分为硫酸厂、硝酸厂、合成铔厂和水煤气厂等，出品为硫酸铔。②

中国酒精制造厂系名为官商合办、实际完全由商人出资的企业。由于酒精为国防及工业上的重要用品，实业部在成立中央工业实业所后，即令该所试制酒精并获得成功，但苦于无资金一直不能建厂。恰有侨商黄江泉具呈愿与政府合资创办酒精工厂，官股部分，可由商方借拨。经国民党中央政治局通过，于1933年10月21日正式鉴定合同，规定资本总额100万元（后又增资至150万元），官股占十分之一。官股由商方借拨，将来在官股所得盈余及官息项下分年平均偿还。

① 参见国民党中央党部国民经济计划委员会主编:《十年来之中国经济建设》,上编第2章“实业”,第89－90页;实业部工业司编:《实业部工业施政概况》,华东印物局1934年,第2章(一)“中央机器制造厂”;实业部统计处编:《民国二十五年全国实业概况》，实业部统计处1937年，第64页；实业部经济年鉴编撰委员会编:《中国经济年鉴》（1935年续编），商务印书馆1936年，第（A）7页；实业部经济年鉴编撰委员会编:《中国经济年鉴》（1936年第三编），商务印书馆1937年，第（A）6页。

② 实业部工业司编:《实业部工业施政概况》,华东印物局1934年,第2章（二）“硫酸铔厂”;《行政院实业报告关于实业者》（对四届三中全会报告），载《革命文献》第75辑，第134页；《行政院工作报告关于实业者》（对第五次全国代表大会报告），载《革命文献》第75辑，第323－324页；《民国二十五年全国实业概况》，实业部统计处1937年，第64页；实业部经济年鉴编撰委员会编:《中国经济年鉴》（1935年续编），第（A）7页；实业部经济年鉴编撰委员会编:《中国经济年鉴》（1936年第三编），第（A）6页。

厂址上海浦东。装置于1934年12月完成并投入生产，日产量18200公升。①

中国植物油料厂系实业部发起，实业部与四川、湖南、湖北、浙江、安徽、江西六省官商合办的植物油（主要是桐油）加工厂。1936年8月15日成立，资本额定为200万元，实业部承担50万元，川鄂湘皖浙赣六省各承担20万元，但实业部和各省都未凑足此数，开业时仅得资本100万元，各省股份大都为商股。总办事处设在汉口，另在上海、汉口、长沙、常德、重庆、杭州、芜湖等七地设分处。实业部宣称成立这个厂是为了增加油料生产、提高油料品质，但实际上只有一家炼油厂，其主要精力在从事商业活动，并垄断了中国植物油的出口贸易。自1936年10月开业到1937年7月，共销售植物油17000吨，价值1300万元，主要销往美德英三国。②

国营钢铁厂自工商部时期就开始筹设，但由于巨资难集，一再展延。1931年，实业部决定向德国喜望公司借款合办。1932年草签合同。按合同，中方向喜望公司借款额1600－2000万美元，以长期债券为担保，中国方面则发行4000万元公债作为开办经费。厂址最后定在安徽马鞍山。筹办计划由喜望公司主持制定。计划兴建化铁炉厂、炼焦炉厂、原动力厂、炼钢厂、轧钢厂、机器厂等作业部门，预计开始生产后每年生产生铁9万吨、钢料7.5万吨、焦炭12万吨、硫酸铔苛尔太油1.3万吨。但由于勘察和筹办工作一直不顺，德方以中国“时局不稳”为由，一再推迟签订正式合同，借款也迟迟不到位。直至1936年底，实业部不得不“另行筹划办理”。③

温溪造纸厂也是自工商部时期即开始计划，但由于经费无着，无由筹办。1932年，实业部派员赴浙江温州调查，开始筹备建厂。后决定设厂址于温州马湾地方，集资450万元开办。其中官股占80%，借用中英庚款34万余镑充之，

① 参见国民党中央党部国民经济计划委员会主编:《十年来之中国经济建设》,上编第2章“实业”,第93－94页；实业部工业司编:《实业部工业施政概况》，华东印物局1934年，第2章（二）“酒精制造厂”;《民国二十五年全国实业概况》，实业部统计处1937年，第64页;《民国二十二年之实业》，载《革命文献》第75辑，第177页;《行政院工作报告关于实业者》（对四届五中全会报告），载《革命文献》第75辑，第262页;《行政院工作报告关于实业者》（对第五次全国代表大会报告），载《革命文献》第75辑，第323－324页；实业部经济年鉴编撰委员会编:《中国经济年鉴》（1935年续编），第（A）8页；实业部经济年鉴编撰委员会编:《中国经济年鉴》（1936年第三编），第（A）6页。

② 参见国民党中央党部国民经济计划委员会主编:《十年来之中国经济建设》,上编第2章“实业”,第95－96页；陈真编:《中国近代工业史资料》第3辑，第797－800页；行政院秘书处编:《中华民国二十五年行政总报告》，出版社不明，“中央之部”第72页。

③ 参见国民党中央党部国民经济计划委员会主编:《十年来之中国经济建设》,上编第2章“实业”,第90－91页；陈真编:《中国近代工业史资料》第3辑，第812－816页;《实业部工业施政概况》，华东印物局1934年，第3章（一）“钢铁厂”；实业部经济年鉴编撰委员会编:《中国经济年鉴》（1935年续编），商务印书馆1936年，第（A）7页。

商股由申报、新闻报、商务印书馆、中华书局、浙江兴业银行、通易信托公司等共认。计划该厂分为木纸料部、制纸部、动力部三大部分，每年生产制卷及散令新闻纸2250砘。由于股本一直不能收齐，至1937年5月，只收到310余万元，抗战起即废止。①

除上述工厂外，实业部还曾与美国福特汽车公司磋商，拟合资创办一汽车工厂；派员赴湘赣两省调查瓷业原料及设厂合适地址，拟建立一瓷业工厂；还计划设立国营细纱工厂、国营酸碱工厂和国营毛织厂。②但是，由于没有资金，这些工厂只能一直停留在计划阶段。汽车厂的计划也因为福特汽车公司所出条件过于苛刻而未能付诸实施。在1937年以前，国民党政府的主要精力并不在实业建设上，而在军事和建立国家垄断金融资本上，对实业建设只愿意投入很少的资金。实业部在国民党政府中属于很弱而不受重视的部门。如上所述，实业部筹办成功的几个工厂，其资金除一部分从退还英庚款中拨付以外，主要还是利用私人资本，真正从中央财政获得款项的几乎没有。

实业部还屡次利用政府的权力压制和吞并民营企业。企图吞并申新纱厂就是其中的一个典型例子。申新纱厂由中国棉纱大王荣宗敬兄弟创办经营。由于经营得法，生产不断扩大，1929－1931年又增设申新七、八、九厂。1933年受世界资本主义危机影响，企业陷入困境，资金周转呆滞。荣氏兄弟亲赴南京，请求实业部予以救济。不料，实业部偕同棉业统筹委员会对申新资产进行调查。调查中故意贬低申新价值，指责申新无组织无管理，提出迅速“清理债务”，“改换经营组织”，并成立临时管理委员会，由政府借款300万元作营运资金，企图以此接办申新纱厂。同时又在报端制造舆论，散布要将申新收购国有，以此胁迫申新。后因荣氏兄弟严词反驳，加上申新实力较厚，同行业各资本家也群起反对，申新才幸免于难。1934、1935年，申新因无法偿还债务而将七厂抵于汇丰银行，实业部又伙同中央银行和中国银行，企图用300万元向汇丰银行赎回七厂产权，由

① 参见国民党中央党部国民经济计划委员会主编:《十年来之中国经济建设》,上编第2章“实业”,第94－95页；陈真编:《中国近代工业史资料》第3辑，第816－817页;《实业部工业施政概况》，华东印物局1934年，第3章（二）“新闻纸厂”;《行政院工作报告关于实业者》（对四届五中全会报告），载《革命文献》第75辑，第262页;《民国二十五年全国实业概况》，实业部统计处1937年，第64页；实业部经济年鉴编撰委员会编:《中国经济年鉴》（1935年续编），第（A）7页;实业部经济年鉴编撰委员会编:《中国经济年鉴》（1936年第三编），第（A）6页；行政院秘书处编:《中华民国二十五年行政总报告》，“中央之部”第72页。

② 参见《工商部工作报告暨计划概要》(对第三次全国代表大会报告),载《革命文献》第75辑,第43页;《行政院实业报告关于实业者》（对四届三中全会报告），载《革命文献》第75辑，第135页;《实业部工业施政概况》，华东印物局1934年，第3章（三）“毛织厂”，（四）“瓷业工厂”；实业部经济年鉴编撰委员会编:《中国经济年鉴》（1936年第三编），第（A）6页。

国家经营。由于社会人士强烈反对，才未能得逞。[①] 实业部还于 1932 年没收了蚌埠军事善后工厂的余款 25000 元，以作平民工厂的开办基金，但至 1936 年基金殆用尽也未办成。[②] 中国酒精制造厂是抗战前实业部办成功投入运营的仅有四个企业之一。但是，中国酒精制造厂投入运营后，政府不仅给予垄断特权，而且还故意跌价倾轧民营企业。[③] 其时国际市场上酒精售价在两元以上，国内市场也在 1 元 5、6 角左右，而中国酒精制造厂却将价格跌至 8 角 5 分以下，致使夏光、中华两民营酒精厂无法维持而歇业。[④]

除实业部之外，还有一个以从事"实业"建设为名的机构，这就是建设委员会。建设委员会设立于 1927 年底 1928 年初，主席张静江。据说，设立建设委员会，是蒋介石为报答张静江对他的忠实支持。建设委员会在成立之初，几乎没有什么建设经费，到 1931 年时，财政部每年给它的拨款不过 10 万元，除去行政开支和人头费外，没有多少结余。[⑤] 既无经费，又要搞"建设"，于是，掠夺民间私营企业就成了建设委员会起家的重要手段。

建设委员会成立之初的第一件事就是接管金陵电灯厂。金陵电灯厂原名金陵电灯官厂，创设于 1908 年，1911 年竣工发电。1912 年清政府被推翻以后更名为江苏省立南京电灯厂。1927 年，国民党政府接管了该厂，改名为南京市电灯厂。建设委员会成立后，国民党政府将该厂划归建设委员会管辖，厂名更为首都电厂。1930 年，建设委员会发行"8 年短期电气公债"，对原厂进行改造扩建。经过改造后，首都电厂达到装机容量 5700 千瓦，年发电量 3900 万度。[⑥] 不久，建设委员会又接收了另一家私营电灯厂——戚墅堰电厂。戚墅堰电厂原名震华制造电机厂，营业区跨有武进、无锡两县。在 1928 年 6 月与无锡耀明公司合并为永兴公司时发生纠纷，酿成停电事件，建设委员会即以此为由用武力强行接管，并改名为戚墅

---

① 参见《申报》1924 年 8 月 1 日，收入陈真编：《中国近代工业史资料》第 3 辑，第 790 － 701 页；上海社会科学院经济研究所编：《荣家企业史料》上册，上海社会科学院出版社 1980 年，第 285，404 － 413 页。

② 参见《国民党经济部合办事业机关概况表一》1938 年 8 月，收入陈真编：《中国近代工业史资料》第 3 辑，第 793 页。

③ 实业部与中国酒精制造厂签有一合同，其中一条是：十年内在江苏、浙江、福建三省内不得另有新设之酒精制造公司或工厂成立，其现有之各公司或工厂，也不得新设制造酒精部分，如该公司能于合同发生效力起，两年内在河北、山东两省设立分厂时，得适用于本项规定。（《申报》1934 年 3 月 6 日，收入陈真编：《中国近代工业史资料》第 3 辑，第 795 页。）

④ 《申报》1936 年 9 月 10 日，收入陈真编：《中国近代工业史资料》第 3 辑，第 796 － 797 页。

⑤ 据石柏林：《凄风苦雨中的民国经济》，河南人民出版社 1993 年，第 207 － 208 页。

⑥ 《中央日报》1937 年 4 月 27 日，收于陈真编：《中国近代工业史资料》第 3 辑，第 774 － 775 页；行政院秘书处编：《民国二十五年行政总报告》，"中央之部"第 139 页；实业部经济年鉴编撰委员会编：《中国经济年鉴》（1935 年续编），第（A）106 页；实业部经济年鉴编撰委员会编：《中国经济年鉴》（1936 年第三编），第（A）63 页。

堰电厂。[①]1937年5月，建设委员会将首都电厂和戚墅堰电厂合并，组成扬子电气公司，股本定为1000万元，建设委员会保留400万元，其余作为商股由中国建设银公司筹足。扬子电气公司成立后，拟扩大营业范围，在武昌筹建一座资本为1000万元的发电厂。[②]

建设委员会在成立之初还吞并了一家私营煤矿——长兴煤矿。浙江长兴煤矿是一家完全商办的煤矿公司，创设于1918年，创设时资本220万元，是较大型的私人企业。除1924年受齐卢战事影响有所停顿外，经营一直很好。1927年冬，建设委员会借词取消了该公司矿权，派员将该矿强行吞并。后经长兴煤矿股东多方呈请，建设委员会才同意以收取63万元的价款将长兴煤矿发还。[③]1928年，国民党政府将原属国民革命军总司令部的无线电报厂移归建设委员会续办，取名电机制造厂，专门制造无线电发报机。常年经费4万元，由国库拨付，并从退还庚款中拨付7万英镑（约合140－150万元）归厂应用。[④]在有了一些经费之后，建设委员会在经过两年的勘探之后于1930年春成立淮南煤矿局，开始开采淮南煤矿。该煤矿总投资150余万元，月均产煤7400余吨。[⑤]后为了扩展业务，建设委员会又用事业盈余和银行贷款510万元投资兴建淮南铁路，以利煤炭的运输。[⑥]恰值民营大通煤矿于淮南煤矿相毗邻，建设委员会收购了该公司4.57万元股权，将其收为官商合办。由于淮南煤矿负债累累，所负债务超过投资额的一倍半，1937年5月，张静江请求将淮南煤矿改为商办，并成立淮南路矿股份有限公司以招商股，招商事宜委托给中国建设银公司。资本总额定为1000万元，建

① 《新闻报》1929年11月27日，1930年5月3日，收于陈真编：《中国近代工业史资料》第3辑，第777－780页。行政院秘书处编：《中华民国二十五年行政总报告》，第139－140页；实业部经济年鉴编撰委员会编：《中国经济年鉴》（1935年续编），第（A）106－108页；实业部经济年鉴编撰委员会编：《中国经济年鉴》（1936年第三编），第（A）64页。

② 《中央日报》1937年5月20日，收于陈真编：《中国近代工业史资料》第3辑，第788页；经济资料室编：《宋子文豪门资本内幕》，光华书店1948年，第11－12页。

③ 《新闻报》1930年11月19日，收于陈真编：《中国近代工业史资料》第3辑，第776－777页；

④ 《时事新报》1931年9月12日，收于陈真编：《中国近代工业史资料》第3辑，第789－790页；实业部经济年鉴编撰委员会编：《中国经济年鉴》（1935年续编），第（A）108页；实业部经济年鉴编撰委员会编：《中国经济年鉴》（1936年第三编），第（A）64页。

⑤ 淮南煤矿的具体情况请参阅实业部经济年鉴编撰委员会编：《中国经济年鉴》（1935年续编），第（A）121页；陈真编：《中国近代工业史资料》，第3编，第782－783页；行政院秘书处编：《中华民国二十五年行政总报告》，“中央之部”第141页。

⑥ 淮南铁路的具体情况请参阅实业部经济年鉴编撰委员会编：《中国经济年鉴》（1935年续编），第（A）128－131页；实业部经济年鉴编撰委员会编：《中国经济年鉴》（1936年第三编），第（A）120－123页；陈真编：《中国近代工业史资料》第3辑，783页；行政院秘书处编：《中华民国二十五年行政总报告》，“中央之部”第142－143页。

设委员会保留20%的股份，其余商股由中国建设银公司凑足。①

淮南路矿公司和扬子电气公司是同时成立的。在淮南路矿公司和扬子电气公司发起人会议上，宋子文就两公司的转让，讲了这么一段美丽的辞藻。他说："建设委员会为提倡人民投资以扩充国内建设事业起见，拟将已有成效之事业招收商股，组织公司，继续经营，其招得之资金，则以之倡办其他事业，俟将来办有成效再为开放，商股如此循环，在政府固得资金易于周转之效，在人民亦投资有正当稳固之途，开政府与人民共同建设之先河。"② 宋子文似乎为我们描绘了一幅这样的景象，即国民党政府的建设委员会将历经艰难经营成功的企业，转手给民间私人资本家，然后又用所得资金继续筹备其他企业，待卓有成效后又转让给民间私人资本家，以此推动民族工业的发展。宋子文真是说的比唱的好听。实际上，正如后文将要分析的那样，中国建设银公司自称是一家"纯粹商业性的企业"，但实际不过是以民营公司的面貌出现的半官方企业，它的根本特点是将公与私搅和在一起，达到化公为私、用政府的力量为官僚个人谋取私利。③ 建设委员会将企业转让给建设银公司决不意味着其在支持和促进民间私人资本的发展，而仅仅意味着由国家垄断资本向官僚私人资本转化，它仍然未能脱离官僚垄断资本的范畴。

国民党政府又一经营国家垄断资本的经济机构就是全国经济委员会。全国经济委员会成立于1931年11月，初期由蒋介石亲任委员长，宋子文任副委员长，职能是统筹全国的经济发展，为全国的经济开发与建设提供指导和发展规划，实际是一个咨询机构。1933年10月，宋子文主持全国经济委员会的工作后，对经济委员会进行了较大的改组，其职能也有了较大的拓展，除了原来的职能外，还

① 原自国民党经济部档案《经济部合办事业机关概况表二》，收于陈真编：《中国近代工业史资料》第3辑，第782－786页；经济资料室编：《宋子文豪门资本内幕》，第15页。与淮南路矿公司一同转手给建设银公司的，还有扬子电气公司。关于建设委员会将扬子电气公司和淮南路矿公司转手给建设银公司的原因，据说是张静江在1936、1937年深感自己年迈力衰，后继无人，考虑日后不知被哪位官僚接任，不如化公为私，在"国营事业应限于国防工业干线铁道水利发电，此外改归民营"的理由下，将两公司转手给他自己作为大股东的建设银公司代为经营。（经济资料室编：《宋子文豪门资本内幕》，第12页。）

② 《申报》1937年5月15日，收于陈真编：《中国近代工业史资料》第3辑，第789页。同样美丽的辞藻也在蒋介石的中国经济建设方案中出现过。蒋介石说道："惟政府有时为提倡起见，中央及地方政府与人民得合资举办某项大轻工业及其他资本巨大之事业，以官资为事业保障与民股保息之用，以资奖励。待事业相当成功时，官股即可逐渐让与人民，完全由人民经营，腾出资力以举办新事业。"（《蒋中正汪兆明两委员拟定中国经济建设方案原提案》，载《革命文献》第30辑，第918页。）

③ 有论者将中国建设银公司的这种性质称作"化国为家"，主张必须予以"铲除"。（傅孟真：《论豪门资本之必须铲除》，载《观察》1947年第2卷第1期。）

可以直接进入经济建设的活动领域。[①]经济委员会改组后的主管范围为公路建设、水利建设、农业建设、棉业统制、蚕丝业统制等。[②]不久，宋子文又被任命为中国银行的董事长，这使他有机会对国家银行总资产将近四分之一的支配权。于是，宋子文在全国经济委员会的名下，同时充分调动和利用中国银行的资金，开展了一系列大规模控制工矿商业的活动。宋子文用以进行控制工矿商业的工具就是中国建设银公司。建设银公司是宋子文在全国经济委员会的名下，充分利用中国银行的资金（主要是通过建设银公司以私人资本的名义进行投资），并调动其它与政府有关系的银行的资金和国民党政府官僚私人及与四大家族有关系的金融资本家的资金，大肆进行工矿商业垄断活动的典型案例。建设银公司在其章程中说明自己的职责道："本公司以协助并联同政府机关、中外银行及其他组织，扶持公私各类企业，发展农工商业，办理关于是项事业之投资及管理事物与信托公私之一切事物为业务范围。"[③]这里所说的政府机关指的就是全国经济委员会。在此，我们主要论述一下宋子文以全国经济委员会的名义，利用建设银公司的组织机构，调动以中国银行为核心的银行资本，进行控制工矿商业的活动情况。

中国建设银公司的全称是"中国建设银股份有限公司"，成立于1934年6月，总部设在上海，全国各地和海外设有许多分公司，董事长孔祥熙，总经理宋子良，宋子文只是一名执行董事，但掌握实权。[④]公司资本定为1000万元，是辛迪加性质的信贷公司。从银行学的角度看，信贷公司与信托公司并无本质的区别，都是集资代为经营，获取企业利润。建设银公司的股东分为两个部分，一部分为银行团体，一部分为个人。加入建设银公司的银行团体计有中央、中国、交通、金城、中南、上海、浙江实业、中国实业、聚兴诚、垦业、中国通商、大陆、江浙、四明、东莱、国货、国华等，个人有孔祥熙、宋子文、张公权、李馥荪、陈光甫、贝淞荪、张慰如、徐辅荪、李石曾、叶琢堂、宋子良、徐堪等数十人。[⑤]从公司成员

① 改组后的全国经济委员会的职能主要有四个方面：一、关于国家经济建设或发展计划之设计及审定事项；二、关于国家经济建设或发展计划应需经费之核定事项；三、关于国家经济建设或发展计划之监督指导；四、关于特定经济建设或发展计划之直接实施事项。（参见《修正全国经济委员会组织条例》，收于《国民政府公报》第1244号，1933年9月25日。）

② 参见《全国经济委员会工作报告》，载《全国经济委员会报告汇编》第7集，全国经济委员会丛刊第18种，1935年11月；《1934年4月1日以来中国全国经济委员会工作概况及国联与中国技术合作之情形》，载《全国经济委员会报告汇编》第9集，全国经济委员会丛刊第21种，1936年1月；国民党中央党部国民经济计划委员会编：《十年来之中国经济建设》，上编第5章"水利、公路、蚕棉"。

③ 《申报》1934年6月3日第12版。

④ 据张公权回忆，这个方案是由蒋介石亲自定的。（姚崧龄：《张公权先生年谱初稿》上册，第134页。）这样的安排，除了蒋介石要排除宋子文专权以外，可能还为了避免日本人的猜疑。

⑤ 《申报》1934年6月1日第13版。关于建设银公司第一届董监事名单及其背景，请参阅郑会欣：《中国建设银公司的创立：官僚与财阀结合的一个实例》，载《改革》（重庆）1999年第2期，第111 – 112页。

来看，银行成员股东以国家银行和与四大家族有关系的江浙财团银行为核心，个人成员股东以国家财政金融官僚和江浙财团银行界的代表人物为核心。由此可以看出，建设银公司实际上是国民党政府与中国金融资产阶级相结合，利用金融资产阶级来控制工矿商业的银行托拉斯。

宋子文组建建设银公司的初衷据他自己说有两个：一是考虑“如何能在国人可以接受之条件下，鼓励大量外资之输入，及如何获取外国技术管理之协助”；二是考虑“为如何促进国内资本市场之发展。”[①] 由此可以看出，宋子文组建建设银公司的目的实际上是考虑到国民党政府财政竭绌、资金有限，因此想组建一个有英美公司参加的信贷公司，发挥引进外资、帮助国民党政府搞实业建设的作用。宋子文原拟将建设银公司建成一个有英美公司参加的联合投资公司，但由于日本的反对而未能遂愿。虽然公司后来得到了外国的贷款，但公司的资本只限于中国人认购。“内中虽有外人，但都是技术人员，并非股东。”[②] 建设银公司公开声明道：“该公司在现在或将来并无希望外资直接加入公司之意，但公司系取公开态度，如有相当企业外资，即可联合中国投资家与公司合作，亦可经由公司代为投资各项企业。”[③]

建设银公司自称是一个“纯商业性质的企业”。如孔祥熙在公司成立之前就强调，建设银公司“完全为商业性质”。宋子文在公司成立的预备会议上也说：“这个公司将是一个纯商业性质的企业。”[④] 但是，依靠与政府的特殊关系，运用政府的权力谋取私利始终是该公司得以急速发展的根本原因。公司的股东和董监事不是政府官僚就是与政府有密切联系的人，公司可以利用这一点取得特殊的利益。例如在公司成立不久的 1934 年 11 月，财政部就指定其为销售 3000 万元的烟草税印花票的代理机构，公司从中即获得了 8%，也即 240 万元的佣金。[⑤] 正如有论者所指出的那样：“建设银公司是一个半官方的公司或经济委员会的一个外委”，“若不是这样，那么它的商务规模怎么会有这么广大呢？”[⑥] 建设银公司在 1935 年国民党政府对银行界进行袭击以后骤然发展了起来。因为此时那些投资于公司的

① 《华北日报》1947 年 9 月 19 日，收于陈真编：《中国近代工业史资料》第 3 辑，第 1024 页。

② 经济资料社编：《宋子文豪门资本内幕》，第 7 页。

③ 《新闻报》1934 年 5 月 11 日，收于陈真编：《中国近代工业史资料》第 3 辑，第 1020 － 1021 页。建设银公司在抗战前获取国外贷款从事国内实业建设主要有三笔：1936 年一笔是向英国汇丰银行和中英银公司协议贷款以完成杭宁段铁路之用；1937 年与英国成立贷款两笔，一笔拟用于建筑自浦口至襄阳之铁路，一笔拟用于建筑自广州至梅县之铁路，但由于抗战爆发而中止。（参见《华北日报》9 月 19 日“宋子文关于捐献银公司资产的报告”，收于陈真编：《中国近代工业史资料》第 3 辑，第 1024 页。）

④ 《申报》1934 年 4 月 20 日第 11 版。

⑤ 《经济统计月志》1934 年第 1 卷第 1 期。

⑥ 《中国建设银公司的前途》，载《社会新闻》1934 年第 7 卷第 22 期。

主要银行，包括中国银行、交通银行、四明银行、通商银行和中国实业银行都变成了官方银行，于是，那些故意将业务指定让该公司来承办的政府官员，既是公司的股东又是公司负责人，三者基本是同一伙人。国民党政府甚至利用建设银公司来进行借款。当财政部要向政府控制的大银行手中商定一笔大的贷款时，得要通过建设银公司来安排。如 1937 年 2 月，建设银公司就借给了财政部一笔以印花税和烟酒税为抵押的 6000 万元的贷款。由于公司本身只有不多的资本，于是公司就向与它有联系的中国银行、中央银行和交通银行来借款。也就是说，财政部向国家银行借款也要通过建设银公司为中介，因为财政部长孔祥熙是建设银公司的董事长和大股东。①

建设银公司不仅具有独特的官方背景，而且还有其独特的经营方式。据揭露，建设银公司举办一个事业，一般都要从中外拉股，自己只出 50%，以掌握事业管理权，待其经营成功，股票大为升值后，再将股票售出 20 － 30%，获取巨利，同时其所留 20 － 30%的股权，仍然可与管理人员配合，控制原有公司。这样，以极少量的资金，即可举办无数事业，结成一个康采恩。② 正是凭借着这种独特的官方背景和独特的经营方式，建设银公司得以在极短的时期内急速地发展了起来。它的资产从 1934 年底的 1260 万元迅速扩展到 1936 年 6 月时的 11500 万元，而在这 11500 万元中将近有 9000 万元是以银行辛迪加名义组成的贷款。③ 公司 1936 年的纯利润达到 190 余万元，等于其资本 1000 万元的 20%左右。④ 在 1937 年 6 月以前，建设银公司在全国经济委员会的名下，靠调动和利用主要是中国银行的银行资本，通过入股增资、改组接办、加股合作等手段，吞并和掠夺了不少企业，加上它资金创办的一些企业，形成了一个庞大的工矿商业垄断体系。据王宗培归纳，这个体系包括渤海化学工业公司、广东银行、中国保险公司、中国棉业公司、恒丰纺织新局、南洋兄弟烟草公司、华南米业公司、中国国货联营公司、首都国货公司、恒中纺织公司、扬子电气公司、淮南路矿公司和川黔铁路特许公司。王宗培认为这是一个中国银行“体系”。⑤ 其中除了广东银行和中国保险公司以外，都是工矿商业方面的大型企业。

民营汉沽渤海化学公司于 1937 年春因资不抵债而破产了，全部无担保债额共近 120 万元，宋子文通过中国银行出面，只按 1 成的比例，付给债权人 12 万

① 参见小科布尔：《上海资本家与国民政府》，中国社会科学出版社 1988 年，第 265 页。
② 经济资料室编：《宋子文豪门资本内幕》，第 20 页。
③ 中国银行经济研究室编：《全国银行年鉴》（1936 年），第 587 页。
④ 经济资料室编：《宋子文豪门资本内幕》，第 21 页。
⑤ 王宗培：《最近之中国金融业》，载《申报周刊》1937 年第 2 卷第 23 期。

元作为偿付，就接管了该公司。[①]中国棉业公司的主要活动是商业交易和投机活动，1936年4月由宋子文开始组建，1937年5月时资本1000万元，分1万股，其中中国银行占4430股，交通银行占3000股，建设银公司自己占1000股。中国棉业公司在商业市场上非常活跃，1936年一年的交易额就超过了2000万元，其中原棉交易额1300万元，棉纱交易额500万元，是中国最大的商业企业之一。[②]恒丰纺织新局是中国棉业公司在接收濒临倒闭的恒丰纱厂的基础上扩建的。恒丰纱厂成立于清末，由聂云台所创。至1936年初，因华贵纱贱、不能支付利息而暂行停工。中国棉业公司与债权人中国通商银行商谈，将该厂接收了过来，除从利润中扣出5%给原来的业主外，其余部分由中国棉业公司和中国通商银行平分。[③]南洋兄弟烟草公司是我国最大的华商烟草公司，在20年代中期获得空前发展，但由于强大的英美烟草公司的竞争，自1928年开始出现亏损，经营非常困难。1932年，国民党政府对烟草业施行有利于外商不利于华商的两级税率，使南洋兄弟烟草公司陷入了更为严重的困境，当年资本由1500万元降至1125万元。厂主简氏兄弟考虑再三，认为挽救这个厂子的唯一希望只有将宋子文招来做厂的大股东，虽然这样做会失去企业的管理权，但只有这样才能获得国民党政府的特殊优惠和照顾，使厂子免遭倒闭。1937年双方商讨结束，宋子文以低于市价三分之二的价格购买该厂一半股票，并逼迫同意其运用另一半股权，从而实际上获得了该厂的全部产权。公司董事长由宋子文担任，总经理则由宋子文推荐人选担任。一家著名的民营烟草公司就这样被宋子文所侵占。[④]之后，国民党政府即修改了烟草税率，使之有利于该公司。华南米业公司是1937年3月创办的，资本额1000万元，流动资金2000万元，是一个独家经营洋米进口的庞大组织，其股份据说是由“高级官员和金融界领袖人物”购买的。[⑤]“华南米业公司是国民党政府官员们将公司目的搅混在一起的一个主要例证。”[⑥]中国国货联营公司是由实业部于1936年开始筹办的，资本暂定200万元，政府认购三分之一，各国货工厂公司合认三分之二。但在1937年4月改组后，宋子文加入了股份，取得了该公

---

① 天津《大公报》1937年6月10日第6版。

② 中国银行档案材料，收于陈真编：《中国近代工业史资料》第3辑，第950页；艾萌：《两朝国舅宋子文秘史》，香港寰球内幕秘闻社，第78页；东方明：《宋子文有多少财产》，重庆《工商导报》1947年12月5日，收于陈真编：《中国近代工业史资料》第3辑，第1040－1042页。

③ 《大沪晚报》1936年9月15日，收于陈真编：《中国近代工业史资料》第3辑，第1054页。

④ 上海《工商半月刊》1930年第2卷第8期，第43页；简日林：《惨痛的回忆，愉快的展望》，收入陈真编：《中国近代工业史资料》第1辑第499－501页；《南洋兄弟烟草公司史料》，上海人民出版社1958年，第499－500、502、506－507页。

⑤ 东方明：《宋子文有多少财产》，收于陈真编：《中国近代工业史资料》第3辑，第1040－1041页；艾萌：《两朝国舅宋子文秘史》，第78页。

⑥ 小科布尔：《上海资本家与国民政府》，第277页。

司的实际控制权。中国国货联营公司企图独营全国从新式工业、手工业一直到土产的国货的买卖。6月，中国国货联营公司又开设了首都国货公司为国民党政府服务。[①]恒中纺织公司由湖南省政府与中国银行及当地绅商合办的，资本315万元，官股2成，由河南省政府认购，其余商股8成由中国银行和当地绅商认购。[②]除了上述宋子文在全国经济委员会名下，通过建设银公司，将中国银行的资金以私人资本的面目所从事的事业，建设银公司还以自己的资本经营事业，如从建设委员会手中接收的扬子电气公司和淮南路矿公司。建设银公司于1936年7月接收了这两家公司的管理权。正式移交手续到1937年春才完成。建设银公司分别购买了两家公司60%的股份，给建设委员会留下扬子电气公司40%的股份，淮南路矿公司7%的股份。淮南路矿公司的另23%的股份作为抵欠债务卖给了上海的几家银行。[③]川黔铁路特许公司系建设银公司与铁道部、四川省政府、法国银团合作创设，资本2000万元，抗战前完成内江至重庆段陆基及桥梁涵洞工程。[④]此外，建设银公司还独立筹办了西京电厂、成金煤矿、建川煤矿公司、陕西同官煤矿等事业。[⑤]在抗战爆发前夕，建设银公司还准备与中国银行联合在四川、陕西、甘肃、山西五省开办五个大纱厂，但由于抗战爆发而中断了。[⑥]

全国资源委员会是国民党政府兴建和经营国家重要工矿事业的主要经济机构。在几个经营实业的政府机构中，虽然其成立的时间较晚，开始具体卷入工矿业经营的时间更晚，但由于有蒋介石亲自挂帅和督导，其活动能量和拥有的工矿企业却超过了任何其他政府机构。

资源委员会的前身是1932年11月成立的国防设计委员会，隶属于参谋本部，聘有设计委员和专门委员250余人，均系国内各方面的知名专家。蒋介石自任委员长，翁文灏、钱昌照分任秘书长和副秘书长，并具体主持工作。委员会内设有军事、国际关系、经济和财政、原料及制造、交通运输、文化教育、土地粮食七个组及一个秘书厅，主要任务是：(1) 拟定全国国防之具体方案；(2) 计划以国防为中心的建设事业；(3) 筹拟关于国防之临时处置。[⑦]具体工作是从国防需要的角度，从事有关军事、国际关系、教育文化、财政经济、工业制造、地质矿产

---

① 行政院秘书处编:《中华民国二十五年行政总报告》,“中央之部”第74页;东方明:《宋子文有多少财产》,收于陈真编:《中国近代工业史资料》第3辑，第1041－1042页;陈伯达:《中国四大家族》,第45－46页。

② 《申报》1937年4月29日第9版。

③ 参见艾萌:《两朝国舅宋子文秘史》,第26页;经济资料室编:《宋子文豪门资本内幕》,第11－15页;国民党经济部档案:《经济部合办事业机关概况表二》,收入陈真编:《中国近代工业史资料》第3辑,第784页。

④ 宓汝成:《帝国主义与中国铁路》，上海人民出版社1980年，第291、668页。

⑤ 参见陈真编:《中国近代工业史资料》第3辑，第1025－1027页。

⑥ 参见许涤新:《中国经济的道路》，第70－71页。

⑦ 台湾国史馆编:《资源委员会档案史料初编》（上册），台北1984年，第16页。

资源、交通运输、土地利用、粮食产销等诸方面的调查研究，写出专题报告供国民党政府参考。“委员会决议之计划或方案，由参谋总长呈请政府核定或由各关系机关施行。”[①] 也就是说，此时的国防设计委员会仅是一个调查研究和设计的咨询机构。

1935 年 4 月，国民党政府军事机构改组，国防设计委员会正式易名为资源委员会，并改隶国民政府军事委员会，机构也作了调整，设立秘书厅、办公处、设计处、调查处、统计处，及专员室、矿室、冶金室、电气室，均在秘书厅统管之下，开展各项业务活动。蒋介石仍亲任委员长，秘书长和副秘书长仍由翁文灏和钱昌照担任。按照资源委员会组织条例规定，该委员会的职责是：(1) 关于资源之调查统计研究事项；(2) 关于资源之计划及建设事项；(3) 关于资源动员之计划事项；(4) 关于其他有关资源之事项。[②] 显然，与原先的国防设计委员会相比，资源委员会的工作任务和性质都发生了变化。工作任务除了集中力量对国防资源进行调查研究外，增加了直接创办工矿企业的项目，即所谓资源的“建设事项”，因此，机构的性质也由原来的单纯调查研究和设计的咨询机构演变为兼营工矿企业的经济管理机关。1936 年初，资源委员会设立了钨业、锑业管理处，开始对全国钨、锑事业实行统制。同年中期，资源委员会正式开始兴办工矿企业，走上了经营工矿企业的道路。

资源委员会秘书长翁文灏是北京大学教授、地质调查所所长，应该说是一位具有爱国思想的知识分子。他认为中国工业极为落后，必须进行大规模的投资建设，使国家快速地实现工业化，才能使中国立足于世界之林。“我们四万万五千万同胞要想从穷苦中挣扎出来，赶上欧美人民的水平，必须要走这条路。”[③] 但是，“各项事业经营之责任应归政府，抑归人民，已成为吾国之一问题，自必有确定之方针。”[④] 从翁文灏本人的各种论述当中来看，他在这个问题上似乎秉承了孙中山思想的影响。翁文灏经济论述中的一个重要特点就是非常强调发展国家资本以防私人资本过度发展所带来的流弊，同时主张国营民营共同发展。翁文灏似乎对孙中山的“实业计划”推崇备至，认为孙中山已经确立了实业建设的基本方针，后人应努力将计划具体化并付诸实施。他说：“国父实业计划中对于铁、

---

① 《国防设计委员会组织条例》，转见郑友揆等：《旧中国的资源委员会——史实与评价》，上海社会科学院出版社 1991 年，第 8 页。

② 《国民政府军事委员会资源委员会组织条例》，转见郑友揆等：《旧中国的资源委员会——史实与评价》，第 18 页。

③ 翁文灏“《以农立国，以工建国》，载其所著：《中国经济建设论丛》，资源委员会秘书处印行 1943 年，第 2 － 3 页。

④ 翁文灏：《中国经济建设的前瞻》，载其所著：《中国经济建设论丛》，第 16 页。

煤、油、铜各矿，士敏土及食衣各事，仅言认真开发生产之必要，而对于具体数量及实行办法，则俟之专家考察而后决定。”[①] 翁文灏又强调：“提倡国营决不是看轻民营或妨碍民营”，相反，“国营事业正可以帮助民营，促进民营，而且应该时时在心，使其互相扶助，共同成功。”[②] 可以想见，翁文灏同意出任资源委员会秘书长，其目的似乎在于用亲身去实行孙中山的“实业计划”，做孙中山民生主义的实践者。但是，翁文灏对蒋介石存在幻想，希冀依托蒋介石去实现自己的理想，最后只能违背自己的意愿。其次，翁文灏虽然在具体论述中强调要“帮助民营、促进民营”，但其灵魂深处实际上是一个重国营轻民营者。他认为中国工业化“首宜重者，厥为国营工业”[③]。不仅在抗战前是这样，甚至抗战时期直至抗战结束后，翁文灏也一直强调发展国营而忽视民营，如何廉在回忆录中就说翁文灏在抗战胜利前夕关于战后经济建设国营民营的争论中“倾向于支持政府经营工业”[④]。正因为翁文灏在内心深处是一个国营论者，所以在实际工作中常常过于专注于国家资本的建设而忽视甚至侵害民营资本的利益。特别是国民党政府财政竭绌，即使对蒋介石十分重视的资源委员会也不可能给予充足的经费，为了加速国家资本的建设，翁文灏也就毫不犹豫地开始违背民营资本的利益，甚至运用手中掌握的权力，做了许多侵害私人资本利益的事情，把国家资本的建设建立在侵蚀私人资本的基础上。国家资本发展了，但私人资本却萎缩了。翁文灏没有通过资源委员会的活动实现国家资本和私人资本“互相扶助、共同成功”的目标。资源委员会实际上成了独占工矿业，压制和妨碍私人资本发展的一个垄断机构。

资源委员会在确定要介入工矿业的投资以后，提出了处理国家资本与私人资本范围划分的八条原则：（1）为国防所必须，应成为国家特别经营的事业，由国家经营；（2）在国防上或经济上有统筹之必要的事业，由国家经营；（3）特种产品在国际市场上近乎独占，可以左右国际市场的事业，由国家经营；（4）规模宏大，需要特殊设备和大批人才，私人没有力量办成，或虽有力量办成而由于经济上物把握不愿意去办的事业，由国家经营；（5）精密制品为自给上所必须，技术甚感困难，人才甚感缺乏，目前无利可图的事业，由国家经营提倡；（6）私人经营的事业出品数量不够供应国内需要，为使供应充足，国家可同时经营；（7）私人愿意办而力不及的事业，经国家审查后，酌量予以物资上的协助；（8）所有私

① 翁文灏：《中国经济建设概论》，载其所著：《中国经济建设论丛》，第 60 页。

② 翁文灏：《关于国营事业的意义》，载《资源委员会公报》1946 年第 11 卷第 6 期。

③ 翁文灏：《在外国记者招待会上的讲话》，《中央日报》1945 年 10 月 4 日第 2 版。

④ 何廉在回忆抗战胜利前夕他参与制定战后经济建设计划时说，翁文灏倾向于支持政府经营工业，张嘉璈和卢作孚赞成私营企业，而他则主张混合经济。（《何廉回忆录》，中国文史出版社 1988 年，第 245 页。）

人经营的事业，国家应予以政治上和精神上的协助。[①] 从道理上说，对于国家资本和私人资本范围的这种划分是可以同意，并且也是基本符合孙中山的原意的。但是，如何把握这些标准，却存在着很大的模糊性和伸缩性。显然，受国民党政府的本质所决定和影响，资源委员会在具体工作中总是充分地利用这种模糊性和伸缩性，肆无忌惮地向国家资本方向倾斜，抢夺和侵占了许多私人资本企业。有人将资源委员会的这个标准称作"国营机构要办的，民族资本一律不准办；民族资本可以办的,国营企业却一律可以办"[②]。据翁文灏自己在抗战胜利后对资源委员会工作的总结和回忆，资源委员会与民营资本处理关系时实行的办法是：一、资源委员会将经营已有基础的事业组织股份，容纳民股；二、在民营事业公司具有成绩而亟需扩大资本者，由资源委员会投入资金，俾使国力民利融会贯通。翁文灏把资源委员会的事业分为两大类，一是国营事业，"即依照法律或政策，应归国营，而为此会所主办者"，"此类事业之办法，一依国营事业之正规进行，但仍可组织公司，收容民资"；二是投资事业，"即依法及依政策，应为民营之事业，由此会投入资本，照股东地位共为进行"[③]。翁文灏后来甚至把这两点写入了由他亲自拟定的资源委员会工作应注重的方向中。[④] 这正是资源委员会吞并和强占民营厂矿的惯用办法：或者在应为国营的部门或行业中，将民营厂矿强行收为部分股份，或者在应为民营的部门或行业中，在民营厂矿中强行注入资源委员会的股份以控制之。结果是无论在什么部门和行业，民营厂矿都不断地变成了资源委员会的厂矿。资源委员会独大是真，"国力民利融会贯通"是假。

1936 年初，资源委员会拟制了一份"重工业建设计划"，对各类工业投资额、投资来源、设厂地点、各年产量作了具体的规划。根据这一计划，所要投资的行业涉及冶金工业、染料工业、化学工业、机械工业、电气工业等重工业部门，五年总计要设厂矿数 31 个，共需资金 27120 万元。[⑤] 但是，国民党政府所给予的经费却少得可怜。从抗战爆发前也即五年计划的前两年的情况看，经费主要由以下几个部分组成：一、政府财政拨款。在 1936、1937 两个财政年度中，国民党政

① 钱昌照：《两年半创办重工业之经过及感想》，载《新经济》1939 年第 2 卷第 1 期。

② 吴兆洪：《我所知道的资源委员会》，载《回忆国民党政府资源委员会》，中国文史出版社 1988 年，第 107 页。

③ 翁文灏：《在资源委员会第一届委员会议上的开幕辞》，载《资源委员会公报》1948 年第 13 卷第 2 期。

④ 其中的条款写道："国营事业公司中，应欢迎民股加入，并可对民营事业酌为投资。"（《本会工作应注意之方向》，载《资源委员会公报》1948 年第 13 卷第 2 期。）

⑤ 《试拟主要重工业建设地址及经费一览表、重工业五年经费来源、重工业建设说明书》，转见郑友揆等：《旧中国的资源委员会——史实与评价》，第 24 页。另据钱昌照五年计划需经费 23000 万元，其中 7200 万元要由政府拨款，余近 70%靠利用外资。（钱昌照：《两年半创办重工业之经过及感想》，《新经济》1939 年第 2 卷第 1 期。）

府从预算中拨给经费3000万元，而且由于财政部的实际困难，实际获得的只有1068万元。① 二、钨锑盈余。1936年7月至1939年3月，资源委员会共领得钨锑盈余840万元，平均每年得280万元。② 三、钨锑自销留存。1936－1937年，资源委员会自销钨锑1000万美元，按规定，资源委员会可获得20%，即200万美元的留存，以作业务费用。③ 另外，1936年2月，国民党政府以钨锑、桐油、猪鬃、生丝等农产品为抵偿与德国政府鉴定了1亿金马克周转信用贷款，资源委员会分得了9819114马克（约合法币133万元），但要逐年获得。④ 总计以上各个项目，决不会超过2500万元。⑤ 这些就是资源委员会在抗战前实际获得的经费。这么少的经费，要做出大的事业来，只有靠吞并和掠夺民营厂矿。⑥ 据考察，资源委员会在抗战前计划筹建工矿企业单位数为23个，而根本未建或流产未建成的有12个，吞并或没收前清遗留和私人资本所办企业达8个，资源委员会自己创办的企业只有3个。⑦

资源委员会的五年计划及抗战前工矿建设存在两个特点。第一，以国防为中心，突出重工业建设。1935年华北事变后，国民党政府自知日本全面侵华已经不可避免，所以此后的经济建设也逐渐地转移到了以国防为中心的重工业建设上来，重点放在原煤、钢铁、铜铅、电力、油田、机械等方面。应当说资源委员会是贯彻了国民党政府的这一意图的。第二，在工业区域上，考虑到战争的影响，选择离沿海和江河相对较远的湖南、湖北和江西三省为基地，而又以湖南的长沙

① 其中1936年拨给1000万元，实际获得468万元，1937年拨给2000万元，实际获得600万元。参见资源委员会编：《资源委员会沿革》油印本，1947年，收入陈真编：《中国近代工业史资料》第3辑，第838、839页；吴兆洪：《我所知道的资源委员会》，载全国政协文史资料研究委员会工商经济组编：《回忆国民党政府资源委员会》，第82页。

② 参见钱昌照：《两年半创办重工业之经过及感想》，载《新经济》1939年第2卷第1期。

③ 参见郑友揆等：《旧中国的资源委员会——史实与评价》，第326页。

④ 《德国信用贷款》，转见郑友揆等：《旧中国的资源委员会——史实与评价》，第30页。

⑤ 1936－1938年的三年内，资源委员会的投资总额为2212万元。（参见《资委会各单位历年库拨资金明细表》，转见郑友揆等：《旧中国的资源委员会——史实与评价》，第41页。）

⑥ 除了吞并民营企业外，资源委员会还有其他业务扩展方式，如与国民党中央机关、地方机关和政府银行合办，但这些方式主要在1938年以后才开始出现。（参见吴兆洪：《我所知道的资源委员会》，载全国政协文史资料研究委员会工商经济组编：《回忆国民党政府资源委员会》第94－95页。）

⑦ 原计划筹建的23个单位是：陕北油矿探勘处、中央钢铁厂、茶陵铁矿、灵乡铁矿、江西钨矿厂、彭县铜矿、阳新大冶铜矿、高坑煤矿、天河煤矿、万县煤矿、四川油矿、植物油提炼轻油厂、煤气车推行处、中央机器厂、湘乡煤矿、中央无线电制造厂、电工器材厂、重庆临时炼钢厂、湘潭谭家山煤矿、四川金矿、青海金矿、萍乡煤矿、安庆电厂。根本未建或流产未建成的12个单位是：中央钢铁厂、茶陵铁矿、灵乡铁矿、江西钨矿厂、阳新大冶铜矿、万县煤矿、四川油矿、植物油提炼轻油厂、煤气车推行处、重庆临时炼钢厂、四川金矿、青海金矿。吞并或劫收的8个单位是：彭县铜矿、延长油矿、湘乡煤矿、湘潭谭家山煤矿、高坑煤矿、天河煤矿、萍乡煤矿、安庆电厂。资源委员会自办的3个单位是：中央无线电制造厂、中央机器厂和电工器材厂。（参见陈真编：《中国近代工业史资料》第3辑，第868－869页。）

和湘潭为基地的中心，试图建立一个以长沙和湘潭为中心的重工业体系。资源委员会既不同于建设委员会，也不同于全国经济委员会（中国建设银公司）。建设委员会虽然也是为了兴办工矿企业，但后来却把两个公司都转给了以私营面貌出现的中国建设银公司。全国经济委员会（中国建设银公司）主要对营利较快的轻工业有兴趣，而且主要动用银行业的资金，而不是自有资金。建设委员会和全国经济委员会（中国建设银公司）都不过是为了某个部门、某个派别或某些官僚个人的利益。而资源委员会则是为了整个国民党的利益，为了加强整个国民党的统治基础。

但是，国民党政府和资源委员会对东亚的形势、日本侵华的急迫性和日军的作战能力都没有准确预测到。资源委员会计划用五年的时间建立一个初步的重工业体系，但计划实施还不到两年，日军就开始全面侵华。资源委员会原以为湖南、湖北和江西就是日军所不能到达的纵深之地，但日军长驱直入，很快就逼近了三省，所有厂矿都不得不停顿，只有个别厂矿实现了内迁。“资源委员会自从开始建设起到抗战发生，为时不过一年，当初的一切计划，以湘赣为中心，而战局变化，后方成前方，因之大部分的厂矿，不得不迁移，不得不停顿。”[①] 资源委员会的五年计划几近彻底破产。

除了上述实业部、建设委员会、全国经济委员会和资源委员会之外，中国银行、交通银行这两个政府银行在抗战前也不同程度的介入了对工矿业的投资。中国银行和交通银行主要投资于棉纺织业，主要是利用债务关系霸占和吞并民营纺织厂而来，而这一现象又主要集中在1932年民族资本主义经济发生危机以后。据统计，1931 － 1937年银行界利用债务关系霸占的纱厂及由银行投资创设的纺织厂共有34家。截至1937年上半年，与中国银行有债务关系的民营纺织厂共有18家（其中又有3家兼与交通银行又债务关系），中国银行侵占了其中的7家。同时，中国银行直接投资兴办了4家纺织厂，又通过银团、信托公司和专业公司侵占了4家纺织厂。这样中国银行经营的纺织厂达到了15家，其投入生产的纱锭达35万个，占全国华资纱厂总纱锭数的13%。另外，大陆、金城银行因债务关系经营的天津恒丰纱厂、北洋纱厂、上海新裕纱厂，中南银行经营的大生第三纱厂，虽然这些银行不属于国家垄断金融系统，但它们都投资于汇丰银团、诚孚信托公司或中国棉业公司，而这些公司又都是中国、交通两行所控制的企业。[②] 在抗战爆发前，

---

① 钱昌照：《两年半创办重工业之经过及感想》，《新经济》1939年第2卷第1期。

② 以上主要参见严中平：《中国棉纺织史稿》，第252 － 253页；张郁兰：《中国银行业发展史》，第120 － 121页。

中国银行和交通银行还投资了不少纺织业以外的其它公司。[①]

以上，我们主要论述和考察了国民党政府（由政府）投资和经营工矿业方面的情况。从上述的论述和分析来看，国民党政府投资和经营的工矿企业从一开始就具有压制、侵蚀、排挤和吞并民间私人资本的性质，因此，它们决不是一般意义上的国家资本。同时，它们也不同于孙中山所主张的防止私人资本过度发展的国家资本，因为此时私人资本并未过度发展，而是发展严重不足，不应当对其进行压制、侵蚀甚至吞并，而应当鼓励其进一步发展。国民党政府的国家资本是一种地地道道的国家垄断资本。国民党政府对工矿业的投资和经营过程就是国家垄断工业资本的形成和扩展过程。不过，在抗战爆发以前，国民党政府建立国家垄断工业资本的活动应该说才刚刚开始，它们还不具备垄断整个近代工业的能力。[②]

除工矿业之外，国民党政府还对交通运输和邮电通信进行了大量的投资。在铁路方面，国民党政府继承了清政府和北洋政府修筑的铁路 12782 公里，至抗战爆发前修筑约 3400 公里。公路方面，抗战前全国通车里程 109500 公里。航运方面，招商局在战前船舶最多时有 153 艘 86300 余吨占全国船舶总吨位 576000 吨的 15%左右。航空方面，仅有飞机 29 家。邮电通信方面，到 1936 年底有邮政局、邮站、邮票代售处 57671 处，电信局 1272 处。有论者将上述资产估为 163879 万元。[③]这样，国民党政府的在工矿和交通运输业中的国家垄断资本在抗战爆发前就达到了 184479 万元。

另外，作为官僚垄断资本的另一范畴的官僚私人资本在国民党政府时期也有一定程度的发展。国民党政府的官僚私人资本就是四大家族的私人资本。关于四大家族私人资本在抗战前的一些大致情况，可参阅陈真编《中国近代工业史资料》第 3 辑的第 3 部分。其更具体的情况应当进行更专门的考察研究。

① 这些公司的名称请参见陈真编:《中国近代工业史资料》第 3 辑，第 958 － 963 页，《中国银行投资经营的厂矿一览表》和《交通银行投资经营的厂矿一览表》。

② 据估计，1927 － 1937 年国民党政府投资和经营的工矿业资本总额约 20600 万元，而同期全国工矿业资本总额有 137600 万元，国民党政府的国家垄断工业资本只占其中的 15%。（参见吴承明:《中国资本主义与国内市场》第 130 页；孙健:《中国近代经济史》，中国人民大学出版社 1989 年，第 474 页。）

③ 简锐:《国民党官僚资本发展的概述》，载《中国经济史研究》1986 年第 3 期。

第九章

抗战时期的统制经济及国民党政府借统制经济侵蚀、侵吞民营资本的历史事实

抗日战争爆发后，在经济上面临的首要问题是由平时经济向战时经济的过渡。1931年“九·一八”事变后，朝野都有人提出要作抗日准备，但蒋介石和国民党政府从“攘外必先安内”的考虑出发，把镇压和围剿红军和革命根据地放在第一位，根本没有采取行动。1935年华北事变之后，日本全面侵略中国的野心已昭然若揭，国民党政府为准备抗战，开始进行所谓的“国民经济建设运动”，强调要发展重工业，并准备以所谓的“计划经济”来进行备战。由于政府财力有限，而且主要集中于围剿红军和内战，所以不得不提出发展重工业要“运用民间财力，奖励民营”[①]。在改组了资源委员会之后，国民党政府确定了重工业国营方针，并决定由资源委员会来承担这个任务。1936年初，资源委员会提出了重工业建设的“五年计划”。但是，正如前文所指出的，此时的国民党政府和资源委员会对东亚局势和日军的作战能力仍无正确认识，重工业建设计划和整个国民经济都未向战时经济方面调整。直至蒋介石于“七七”事变后在庐山讲话中，在关于经济建设的部分中，也仍然没有提到向战时经济的过渡和建设抗战后方经济的问题。[②]至1938年4月1日临时全国代表大会通过《抗战建国纲领决议案》，国民党政府才开始注意到战时经济的问题。决议案强调，经济建设应以军事为中心，并推行战时税制，统制银行业务，统制外汇，调整工商业活动。[③]此后，国民党政府才开始转移产业重心，调整经济领导体制，改善金融机构，推进经济建设，内迁战区工矿企业。国民党政府正式确定战时经济为统制经济，是在国民党五届五中全会上的事情。1939年3月，国民党召开五届五中全会，强调了经济建设在取得抗

① 《请积极发展民营重工业以充实国力案》，1935年11月22日国民党第五次全国代表大会第六次会议通过，载《革命文献》第76辑，第264页。

② 蒋中正：《建国运动》，载《中央周刊》1938年第1卷第14期。

③ 《抗战建国纲领决议案》，1938年4月1日国民党临时全国代表大会通过，载国民党中央执行委员会训练委员会编辑部编：《中国国民党历次会议宣言及重要决议案汇编》第2册，第843－846页。

战胜利中的作用，并宣布："经济建设，不仅为抗战纲领所系，亦为建国成败所关，必当依于战时人民生活之需要，分别轻重，斟酌缓急，实行统制经济，调节物质之生产与消费。"[①]不过，此时国民党政府对战时经济的具体认识可以说仍然不是完全清晰的。对战时经济的具体认识达到比较清晰的，是1941年3月的五届八中全会。大会通过了《〈战时党政三年计划〉及〈国防工业战时三年计划〉案》、《在行政院内设置贸易部与粮食部藉以加重其职权而增进其业务效能其原设之财政部贸易委员会及全国粮食管理局应予撤销案》、《积极动员人力物力财力确立战时经济以保障抗战胜利案》、《改进财政系统统筹整理分配以应抗建需要而奠自治基础藉使全国事业克臻平均发展案》、《各省田赋暂归中央接管以便统筹而资整理案》等一系列决议案，明确提出要确立战时经济体系，实行统制经济，务使全国人力、物力集中于战争用途，这才使全国经济全面向战争化转变。[②]

为使经济机构能够符合战时的需要，国民党政府还对政府的经济机构进行了较大的调整。自1938年1月始，前实业部改为经济部，由翁文灏任部长，并将原建设委员会、全国经济委员会、资源委员会、工矿调整委员会、农产调整委员会及主管重工业动员事宜的军事委员会第三部和主管轻工业、贸易、农业等动员事宜的军事委员会第四部，全部或局部并入经济部。经济部下设农林、矿业、工业、商业、水利五个司，并附设中央农业实验所、农本局、资源委员会等20个直属单位。[③]军事委员会的贸易调整委员会改为贸易委员会，改隶财政部。1940年7月后，国民党政府又对经济机构作了部分调整。主要是成立了农林部、全国粮食管理局（次年改为粮食部）、社会部、水利委员会和物资局，将经济部原相

① 《中国国民党第五届中央执行委员会第五次全体会议宣言》，载《革命文献》第69辑，第340页。在此之前，虽然朝野都有人提出或倡议政府实行统制经济，但在国民党和国民党政府的决议和纲领中，从未提到或出现过"统制经济"的概念。指导国民党政府此一时期经济模式的思想，是所谓的"计划经济"。国民党政府大约自1934年1月国民党四中全会通过《确定今后物质及心理建设根本方针案》后，开始追求国民经济的"集中化"，并力图推行所谓的"计划经济"。在《确定今后物质及心理建设根本方针案》中，国民党宣称国民经济应当"统一于中央政府势力之下"。（载《革命文献》第79辑，第325页。）在1935年11月国民党四届六中全会通过的《努力生产建设以图自救案》中，国民党进一步强调"生产事业，贵于集中"，"各项国营事业，设法统一集中"。（载《革命文献》第79辑，第354－359页。）同年12月的国民党第五次全国代表大会，明确提出要"实行计划经济"，并决定增设全国经济计划委员会。（《于中央执行委员会之下设置各种计划委员会案》，载《革命文献》第76辑第216页。）1937年2月国民党五届三中全会通过《国防经济建设案》和《中国经济建设案》，宣布："中国经济建设之政策，应为计划经济，即政府根据国情与需要，将整个国家经济，如生产、分配、交易、消耗诸方面制成彼此互相联系之精密计划，以为一切经济建设进行之方针。"（《革命文献》第79辑，第425、434页。）

② 上述决议案均载于《中国国民党历次会议宣言及重要决议案汇编》第3册。

③ 根据《经济部组织法》，经济部为管理全国经济行政事物的机构，其中的工业司主管国营工业的筹设、管理以及民营工业的保护、奖进和监督事项，矿业司主管国营矿业的筹设、管理以及矿权之特许、撤销和民营矿业的保护、奖进和监督事项，商业司主管国营商业的筹设、管理以及民营商业的保护、奖励、监督和推广事项。（《经济部组织法》，载《经济部公报》1938年第1卷第13期。）

关事宜移交于新的专业化单位。1942 年 12 月，国民党政府又将农林部的农本局改组为花纱布管理局，移交财政部。①

为了实施统制经济，国民党政府颁布了一系列法律和法规。抗战初始，国民党政府虽然对战时经济并无明确的认识，但为了战争的需要，已经开始颁布一些管制经济的法规。1939 年确定实行统制经济后，则开始系统地制定和颁布相关法律和法规，其范围涉及到财政、金融、商业（贸易与物资）、工矿和农业等各个方面。②下面我们从金融、商业和工矿业三个方面论述一下国民党政府统制经济的具体内容，以及国民党政府是如何借统制经济侵蚀和侵吞民营资本的。

金融管制是国民党政府统制经济的一个重要方面。前文已经指出，国民党政府通过 1935 年的币制改革，已经基本确立了官僚垄断金融资本。抗战爆发后，特别是在 1939 年确定实行统制经济以后，国民党政府为适应抗战的需要，对金融体制进行了进一步的调整，从而进一步加强了政府对整个国家金融的控制。

国民党政府加强对金融领域的控制从"八·一三"事变之后就开始了。"八·一三"事变给中国的金融中心上海以巨大的冲击，为防止资金外逃，稳定金融市场，国民党政府财政部迅即于 8 月 15 日公布《非常时期安定金融办法》，规定自次日起，居民个人提取存款，每次只能提取余额的 5%，每星期最多只能提取 150 元；工厂商家提取存款和汇款，一律以法币收付之。③1938 年 3 月伪华北中国联合准备银行成立后，为防止其套取外汇，国民党政府又公布《购买外汇请核办法》，规定购买外汇需由中央银行批准。④国民党政府还对中中交农四行的机构进行了改组，以便进一步加强对金融的控制。"八·一三"事变后，国民党政府即颁布《中中交农四行内地联合贴放办法》，令中中交农四行各派代表，在上海组织联合办事处，组织联合贴放委员会，并在各地设立分处，办理各地贴放事宜。⑤1939 年 3 月确定实行统制经济后，国民党政府又于 9 月颁布《战时健全中央金融机构办法纲要》，将四行联合办事处改组为四行联合办事总处，负债办理政府战时金融政策有关特种业务。四行联合办事总处（四联总处）是四行最高决策机构，蒋介石亲任理事会主席，财政部授权其"在非常时期内对中央、中国、交通、中国农民四银行可为便宜之措施"⑥。同日，还颁布了《巩固金融办法》，规

① 以上参见齐植璐：《十年来之经济建设》，载谭熙鸿主编：《十年来之中国经济》，中华书局 1948 年，下册第 V1 － 8 页。

② 国民党政府关于统制经济的法律、法规十分繁多，具体请参阅财政部财政年鉴编撰处编：《财政年鉴续编》（1945 年版）各编附录和中央训练团编：《中华民国法规辑要》（中央训练团 1941 年）的有关部分。

③ 《非常时期安定金融办法》，见《财政年鉴续编》第 11 篇，第 287 － 288 页。

④ 《购买外汇请核办法》，《财政年鉴续编》第 11 篇，第 278 页。

⑤ 《中中交农四行内地贴放办法》，《财政年鉴续编》第 11 篇，第 331 页。

⑥ 《战时健全中央金融机构办法纲要》，《财政年鉴续编》第 11 篇，第 328 页。

定法币准备金除金银、外汇外，准以短期商业票据、货物栈单、生产事业之投资充实之。[①]1939年10月，四联总处理事会通过组织章程，确定四联总处的职责为设计全国金融网之分布、集中运用资金、审核四行发行准备、联合贴放、审核外汇申请、联合投资战时特种生产事业、调剂战时物资、推行特种储蓄等14项。并确定设战时金融委员会和战时经济委员会。战时金融委员会设发行（主管四行联合发行准备之审核等）、贴放（主管四行联合承做之押款、押汇及透支等）、汇兑（主管四行内地与口岸汇款之调度及外汇申请之审核）、特种储蓄（主管特种储蓄之推行）、收兑金银（主管收兑金银）、农业金融（主管农贷）六处。战时经济委员会设特种投资（主管四行对于战时生产事业之联合投资）、物资（主管物资之调剂）、平市（主管物资之平价事项）三处。[②]1940年，国民党政府又将中央信托局和邮政储金汇业局也归并四联总处管辖。1940年8月，国民党政府颁布《非常时期管理银行暂行办法》，对商业银行（银行、钱庄、银号、信托公司等）实行管制。主要内容为：(1）建立银行准备金制度，商业银行应将普通存款的20%作为准备金，转存当地中中交农四行任何一行；(2）限制银行资金运用范围，以投资生产事业及联合产销事业为原则；(3）限制银行和银行人员经营商业；(4）财政部可随时派员检查银行。[③]1941年12月又公布《修正非常时期管理银行暂行办法》，修正的要点是限制新银行的设立和规定每户押款数目不得超过该行放款总额的5%。[④]这样，金融大权就完全集中到了四联总处，实现了对金融的完全控制。这也是抗战的需要。

商业（贸易和物资）统制是国民党政府统制经济的第二个重要方面。商业统制主要是对贸易（分外贸和内贸）的统制，而统制的落脚点则是物资。所以，商业统制实际上就是对物资流动的管制。

商业统制需要通过特定的机构来进行。对外贸易的统制机构主要是财政部的贸易委员会，经济部的资源委员会也统制部分矿产品的出口贸易。抗战开始后，国民党政府旋于9月13日颁布《增进生产及调整贸易办法大纲》，决定于军事委员会下设农产、工矿、贸易三调整委员会。按照该办法大纲，对于民食农产，应利用原有国营及民营机关办理收买、运输、储藏、转卖等事项，由政府组织的农产调整委员会督促推进计划管理其事物并予以资金运输之充分协助，补助其亏损；对于工业矿业，应利用原有国营及民营机关办理开发、制造、购存原料、输送、

---

① 《巩固金融办法纲要》，《财政年鉴续编》第11篇，第288－289页。

② 《中央中国交通农民四银行联合办事总处组织章程》，载重庆市档案馆、重庆市人民银行金融研究所合编：《四联总处史料》（中），档案出版社1993年，第69－70页。

③ 《非常时期管理银行暂行办法》，《财政年鉴续编》第11篇，第288页。

④ 《修正非常时期管理银行暂行办法》，《财政年鉴续编》第11篇，第288页。

转卖等事项，由工矿调整委员会计划管理督促推进其事物，并予以资金运输之充分协助，补助其亏损；对于出口物资，由原有国营及民营管理出口机关负责收买、输出，由贸易委员会督促管理，并予以资金运输之充分协助，补助其亏损；对于军用及政府所用物品，由资源委员会及军事机关办理，农产、工矿和贸易三委员会应尽力协助。① 从上述情况来看，此时的农产、工矿和贸易三调整委员会都是一种虚体机构，其目的是为了调节和促进、而不是为了统制生产和流通。1938年1月，军事委员会决定将农产、工矿二调整委员会改隶经济部（分别改称农产调整处和工矿调整处），贸易调整委员会改隶财政部，并将原对外易货委员会及农产调整委员会中关于农产输出国外之贸易事宜，划归贸易调整委员会办理，贸易调整委员会同时改名为贸易委员会。此时，贸易委员会才成为一个统制对外贸易的常设机关，其职能为：管制进出口贸易；促进考核国营对外贸易；调整协助民营对外贸易；管理出口外汇；筹划、查核、清算对外借款、购料、易货、偿债事项；调节其他物资供求。②

贸易委员会统制的物资主要是茶叶、桐油、猪鬃、生丝、羊毛等，不仅统制这些物品的出口，而且还统制这些物品的国内购销。1938年6月，财政部公布《管理全国茶叶出口贸易办法大纲》，开始对茶叶实施统制。1939年5月，又公布《管理全国茶叶出口贸易办法大纲》，规定由贸易委员会统制茶叶出口贸易。③1940年4月和6月又公布《管理全国内销茶叶办法大纲》、《管理全国内销茶叶办法大纲实施细则》，授权贸易委员会的中国茶叶公司统制全国茶叶内销。④ 桐油统制始于1939年2月美国第一次借款成立，约定以桐油偿还。同年7月，财政部公布《出口货物结汇领取汇价差额办法》，将桐油、茶叶、猪鬃和矿产列为统购统销物资。⑤1940年10月又同时公布《全国桐油统购统销办法》和《全国桐油统购统销办法实施细则》，授权贸易委员会的复兴公司统制全国桐油的购销业务规定由复兴公司参照生产成本及外销市价，厘定桐油的牌价，统一收购。⑥1939年1月，财政部公布《全国猪鬃统购统销办法》，规定由贸易委员会的富华公司对全国猪鬃实行统一收购，国内猪鬃商号、行栈、合作社等猪鬃产制单位，均应向贸易委

① 《增进生产及调整贸易办法大纲》，《财政年鉴续编》第11篇，第301页。

② 《贸易委员会之组织及工作》，《财政年鉴续编》第12篇，第54页。

③ 《修正财政部管理全国茶叶出口贸易办法大纲》，载《中华民国法规辑要》，中央训练团编印1941年，第8编第421－422页。

④ 《财政部管理全国内销茶叶办法大纲》、《财政部管理全国内销茶叶办法大纲实施细则》，载《中华民国法规辑要》，第8编，第422－426页。

⑤ 《财政年鉴续编》第12篇，第63－64页。

⑥ 《全国桐油统购统销办法》、《全国桐油统购统销办法实施细则》，载《中华民国法规辑要》第8编，第428－434页。

员会委托机关办理登记手续，方准经营。[1]对生丝和羊毛的统制实施得较晚，至1943年3月才公布《全国生丝统购统销办法》,5月公布《全国羊毛统购统销办法》,开始实施统制。[2]

国民党政府还于财政部下设立各专卖局，对盐、糖、卷烟、火柴四种物资实施专卖。国民党政府对这四种物资的专卖，实施得比较晚，自1941年以后才逐渐开始实施，其目的完全在于增加财政收入。[3]1942年1月，财政部公布《战时食糖专卖暂行条例》，对食糖实施专卖。根据条例，食糖专卖由财政部食糖专卖局负责实施，从作物种植到食糖的制作、储运、收购、运销以及价格都要进行控制。[4]1942年5月，财政部公布《盐专卖暂行条例》，对盐（包括食盐、渔盐、工业用盐和农业用盐）实行专卖。条例规定，盐专卖由财政部盐务总司具体办理，对盐的产制、收购、储运、销售以及价格、专卖利益等各个环节实施全面统制。[5]同月还公布《战时火柴专卖暂行条例》，规定在财政部设专卖机构对火柴的制造、收购、运销、价格进行统制。[6]1942年7月，财政部公布《战时烟类专卖暂行条例》，由财政部烟类专卖局对烟叶种植、卷烟的生产运输、储藏、贩卖和价格、利润进行统制。[7]

除贸易委员会外，经济部的资源委员会也统制部分特种矿产品如钨、锑、锡、汞、铜、铋、钼的出口业务，当然也同时统制这些物资的国内购销。钨、锑、锡、汞、铜、锌都是极其重要的战略物资，其生产和流通是国民党政府所必定要加以统制的。其中对钨、锑生产流通的统制，在抗战爆发前就已经由资源委员会开始实施了。资源委员会设有钨业管理处和锑业管理处，并与江西、湖南、广东、贵州等地方政府签定合同，对这些省份钨、锑的生产、流通和出口进行严厉地统制。[8]抗战爆发后，国民党政府于1939年2月公布《钨锑专款处理办法》，缩小了地方政府

---

① 《修正全国猪鬃统销办法》，载《中华民国法规辑要》第8编，第427－428页。

② 《全国生丝统购统销办法》、《全国羊毛统购统销办法》，载《财政年鉴续编》第11篇，第56－58页。

③ 国民党五届八中全会在通过实施专卖的决议文中，在说明专卖制度之必要时说道："以为战时财政支用浩繁，除整顿税收推广公债发行法币以增加国库收入外，为充裕抗战财源控制物价安定民生计，实有迅速筹办日用品专卖之必要。"(《财政年鉴续编》第9篇，第1页。）具体实施专卖的财政部也说道："目前为增加战时财政收入，建立战后财政基础，创造资本，实现民生主义，开始实行专卖。"(《国民政府财政部战时专卖制度实施概况》1942年，载中国第二历史档案馆编：《中华民国史档案资料汇编》第5辑第2编财政经济（九），第86页。）

④ 《战时食糖专卖暂行条例》，载《财政年鉴续编》第9篇，第43－45页。

⑤ 《盐专卖暂行条例》，载财政部财政年鉴编撰处编：《财政年鉴三编》(1948年版），第7篇第96－99页。

⑥ 《战时火柴专卖暂行条例》，载《财政年鉴续编》第9篇，第52－54页。

⑦ 《战时烟类专卖暂行条例》，载《财政年鉴续编》第9篇，第51－52页。

⑧ 抗战爆发前资源委员会对钨锑业实施统制的过程及具体情况，请参阅郑友揆等：《旧中国的资源委员会——史实与评价》，第10章"对钨锑锡等特矿事业的统制"。

对钨锑盈余的控制权，并确定钨锑专款全数留作举办国防重工业之用。[①]1938年初，由于中苏易货借款协定一部分贷款需用汞、锡等矿产品偿还，国民党政府又于1939年先后公布《经济部汞业管理规则》、《经济部资源委员会管理汞业实施细则》、《经济部管理锡业规则》，设立汞业管理处和锡业管理处，对全国汞、锡实施统制。[②]国民党政府还于1939年1月公布《经济部川康铜业管理规则》，设立资源委员会川康铜业管理处，统制川康两省铜业之生产和运销事宜。[③]1939年12月，国民党政府公布《经济部矿产品运输出口管理规则》，统一规定钨、锑、锡、汞、铋、钼六种矿产品的收购、运销由资源委员会进行统制，其他矿产品经济部也得于必要时随时指定资源委员会统制之。按照规定，所有统制矿产品之采炼商应按指定价直接售于资源委员会，不得自由买卖；在内地运输时，应领有资源委员会所发运输护照，报关出口须凭资源委员会添发之准运单。[④]

除出口贸易外，还有更多的物资在国内流通和销售。内销物资主要有粮食、钢铁、铜、煤、水泥、液体燃料、工业器材、花纱布及盐、糖、火柴、烟草、纸张等日用必需品。对内销物资的统制始于1937年12月公布的《非常时期农工矿商管理条例》（1938年11月修正）。[⑤]根据条例，经济部得呈准行政院，管理以下各项物资：(1) 棉、丝、麻、羊毛及其制品；(2) 金、银、钢、铁、铜、锡、铝、镍、铅、锌、钨、锑、锰、汞及其制品；(3) 食粮、植物油、茶、糖、皮革、木材、盐、煤及焦炭、煤油、汽油、柴油、润滑油、纸、漆、酒精、水泥、石灰、酸碱、火柴、交通器材、电工器材、电气机器工具、教育用品、药品、人造肥料、陶器、砖瓦、玻璃等。条例规定，对于指定之物资，经济部可分别设立机关，执行管理。经济部对指定物资具有以下权力：对指定物资之输入输出，在必要时得分别予以限制或禁止，对其消费，得以供求状况分别调节之；对指定物资进行禁售或平价的处分；令指定物资之生产者或经营者将其储藏或移植；得依公平价格收买指定物资之全部或一部。1939年2月，国民党政府又公布《非常时期评定物价及取缔投机操纵办法》，要求各地设立平价委员会办理当地日用品平价事宜。[⑥]办法规定，平价委员会评定日用必需品之价格，应以生产者与消费者双方兼顾为原则。1939年12月，国民党政府复又公布《日用必需品平价购销办法》，确定在经济部成立

① 《钨锑专款处理办法》，载《中华民国法规辑要》第10编，第59－60页。

② 《经济部汞业管理规则》、《经济部资源委员会管理汞业实施细则》、《经济部管理锡业规则》，载《中华民国法规辑要》第10编，第52－53、55页。

③ 《经济部川康铜业管理规则》，载《中华民国法规辑要》第10编，第55页。

④ 《经济部矿产品运输出口管理规则》，载《中华民国法规辑要》第10编，第7－8页。

⑤ 《非常时期农工矿商管理条例》，载《中华民国法规辑要》第10编，第1－7页。

⑥ 《非常时期评定物价及取缔投机操纵办法》，载《中华民国法规辑要》第10编，第8－11页。

平价购销处，主持办理西南、西北各省日用必需品之平价购销事宜。[①]

根据各种管制条例，各种内销物资均由相应的机构进行管制。

粮食由粮食部统制。抗战爆发后，国民党政府即于1937年8月公布《统制战时粮食管理条例》，决定成立在行政院下战时粮食管理局，根据需要在各省市重要地点设立分局，统一管理全国粮食的生产、消费、储藏、价格、运输贸易及统制和分配。[②]1938年4月，国民党政府军事委员会颁布《各战区粮食管理办法大纲》，决定在各战区设战时粮食管理处，隶属于战区司令长官部，直接管理中央及省市县政府在战区内所设之粮食仓库。[③]6月底，又颁布《非常时期粮食调节办法》，对非战区粮食管理进行具体规定。规定要求各省市政府设立粮食调节机关，调节粮食供求；粮食调节机关要对粮食行商、加工厂所及仓库堆栈进行登记；省市县政府或粮食管理机关应于适当地点设立粮食仓库，办理粮食之收购、加工、存储及运销，以调节盈亏、平衡价格。[④]1940年8月，正式的全国粮食管理局成立，战时粮食管理局撤销，粮食管制由全国粮食管理局实施。次年，成立粮食部，粮食管制旋由粮食部实施。

液体染料如汽油、煤油、酒精等的统制和管理，由行政院液体染料管理委员会负责实施。液体燃料管理委员会的职责是负责“液体燃料之购买储藏运输分配事宜”[⑤]，主要工作是“增加生产、统筹分配，监督用途，限制购运。”[⑥]。固体染料则由经济部染料管理处负责统制和管理。

经济部除由资源委员会统制统制矿产品外，还设有其他机构对下列物资实施统制：(1) 花纱布及其他日用必需品如煤炭、食油、纸张等。这些物资的管制原由农本局、燃料管理处及平价购销处分别办理，1942年2月物资局成立，将上述三机构并入，并增设食油管理处与纸业管理筹备委员会，统筹管理上述物资。1942年12月，国民党政府又撤销物资局，将经办之各项事物分别移交于农本局、平价购销处和燃料管理处。1943年1月，又将农本局移交财政，改名为花纱布管制局。[⑦] (2) 工业器材包括工业机器、钢铁、水泥、烧碱、漂粉、盐酸、染料、鞣剂等。1939年5月，国民党政府公布《经济部管理水泥规则》，规定水泥由经

① 《日用必需品平价购销办法》，载《中华民国法规辑要》第10编，第12－15页。

② 《统制战时粮食管理条例》，载《中华民国法规辑要》第10编，第26页。

③ 《各战区粮食管理办法大纲》，载《中华民国法规辑要》第10编，第31－36页。

④ 《非常时期粮食调节办法》，载《中华民国法规辑要》第10编，第27－31页。

⑤ 《行政院液体燃料管理委员会暂行组织规程》，载《经济部公报》1938年第1卷第7期。

⑥ 《战时经济动态辑要》(油印本)，经济部统计处编印1947年，第58页；齐植璐：《十年来之经济建设》，载谭熙鸿主编：《十年来之中国经济》，下册第V85页；行政院编：《国民政府年鉴》(第2回) 1944年初版，“中央之部”第8章，第11页。

⑦ 经济部统计处：《战时经济动态辑要》(油印本)，第54页。

济部与军政部、交通部共同组织水泥管理委员会进行管制。[1]1940年1月公布《经济部钢铁管理规则》，规定钢铁由经济部与军政部共同组织钢铁管理委员会进行管制。[2]1942年2月，二管理委员会撤销，相关事宜移交经济部工矿调整处办理。同时工业机器、烧碱、漂粉、盐酸、染料、鞣剂等也并由工矿调整处管理。[3]

工矿业生产统制是国民党政府统制经济的又一个重要方面。国民党政府对工矿业生产的统制始于1938年10月公布的《非常时期农工矿商管理条例》。如前所述，该条例规定了对各种农工矿物资流通的管制事宜，还同时规定对生产这些物资的企业的生产进行全面的统制。如条例规定经济部对于指定统制之企业或产品，得以规定其如下方面的标准：生产或经营的方法；原料之种类及存量；工作时间及劳工待遇；品质及产量存量；生产费用；运销方法；售价及利润。条例还规定经济部为适应非常时期之需要，得将战时必需之各种矿业、制造军用品之各种工业和电气事业分别收归政府办理，或由政府投资合办；同时，指定之企业或物资，为生活日用之必需者，经济部也得随时分别种类地域直接经营之。条例还规定经济部具有以下权力：对于指定之企业，有令其增资、合并或缩减范围；对于指定之企业，所用原料为军用必需者和制造非必需品而所用原料供给缺乏者，经济部得令其停业；对于指定之企业，因技术或管理上有改善之必要，经令其改善而不改善时，经济部得代管之；对于指定之企业或物资，有特殊发明或专利者，经济部得因必要收归政府利用，或由政府投资合办。[4]

从上述内容来看，这个条例赋予了政府（经济部）以极大的统制权力，特别是在国营民营的关系上，不仅各种矿业、军用品生产工业、电气工业要收归国营，而且生活日用品生产也即轻工业也要由政府直接经营，甚至可以对任何企业令其增资、合并和缩减，发明和专利也可随意收归政府利用，几乎可以说基本没有给民营企业留下多少余地。这显然是行不通的。因为政府没有财力和能力将工矿业建设全部包揽下来。即使有财力和能力全面垄断工矿业生产，也必须等待一个时期，而战争却每天都在进行，每天都需要大量的物资支援。所以国民党政府虽然制定并公布了这个条例，但在国营民营关系上却很难实施之，对工矿业的统制仅在国营民营关系之外的其他内容上实行。例如在1939年1月召开的国民党五届五中全会上，在明确了要实施统制经济的同时，却强调要支持、辅导和奖励民营

① 《经济部管理水泥规则》，载《中华民国法规辑要》第10编，第47页。

② 《经济部钢铁管理规则》，载《中华民国法规辑要》第10编，第56页。

③ 经济部统计处：《战时经济动态辑要》（油印本），第55页。

④ 《非常时期农工矿商管理条例》，载《中华民国法规辑要》第10编，第1－7页。

企业的发展。[①] 在同年 5 月由国民党政府主持召开的第一次全国生产会议上，也提出在工业上，“凡与国防有关之重工业及基本工业，皆以国营为原则，其余大小工业，以民营为原则，而由政府予以督导奖励与协助，如此始能循序发展，以促进战事工业生产及树立战后工业之基础。”在矿业上，应由政府拨款协助民营，“使国营民营各矿同时发展”[②]。在 1940 年 4 月国民党五届八中全会通过的《积极动员人力物力财力以确定战事经济体系案》中，强调“对于金融、贸易、运输、生产等关键事业，以扩大国营、联合民营、加强联系等手段，使成为整个经济抗战集体。”[③] 但是，应当说国民党政府对国营民营关系的基本态度在这个条例中得到了集中的反映，它们之所以在后来又强调要支持民营企业的发展，仅仅是一种策略上的需要，是一种不得已的办法。在 1941 年以前，国民党政府不得不经历一个支持和鼓励民营资本的发展的过程，只是在 1942 年以后国家垄断工矿业体系逐渐建立之后，国民党政府才逐渐放弃对民营资本的支持，从而使国营民营矛盾日益尖锐起来。

对于国民党政府的统制经济应如何评价？我们认为，在抗日战争的特殊时期实行统制经济，是必须的，是为保障抗战取得最后胜利的必要保证。虽然国民党政府统制经济中许多内容已经超出了抗战的需要，而已经具有建立国家垄断资本的性质，如物资统制范围过大，给予民营企业留有余地过小等，但不能从总体上否定统制经济。但是，由于国民党政府是一个一心一意要推行官僚垄断资本主义现代化模式的反动政府，所以在推行统制经济的同时，必然要利用统制经济大做文章，大肆侵吞民间私人资本，大力发展官僚垄断资本，从而使民间私人资本日趋萎缩，而官僚垄断资本则日渐膨胀，最终确立官僚垄断资本在金融、工矿、贸易和商业等各个方面的绝对统治地位。从国民党政府具体实施统制经济的情况来看，其作用都是两个方面的，即一方面动员了全国的物力财力支撑了抗战，另一方面，任何一项统制政策都超出了抗战需要的范围，成为国民党政府侵吞民间私人资本、扩展国家垄断资本的手段。正是通过这些政策，国民党政府得以在 1942 年以后确立了国家垄断资本在工矿业中的统治地位。在 1942 年基本建立了国家垄断资本在工矿业领域的统治地位之后，国民党政府便放弃了对民营资本的

---

① 《第五届中央执行委员会第五次全体会议宣言》，载《中国国民党历次会议宣言及重要决议案汇编》第 3 册，第 917 – 926 页，

② 《全国生产会议宣言》，载全国生产会议秘书处编：《全国生产会议总报告》，生活书店 1939 年，第 93 – 100 页。

③ 《积极动员人力物力财力确立战事经济体系案》，载秦孝仪主编：《中华民国重要史料初编——对日抗战时期》，台北中央文物供应社 1988 年，第 4 编（三）第 250 页。

支持，民间私人资本便迅速走向衰退，国营民营矛盾日益尖锐化。下面我们所要着重分析和阐明的，就是国民党政府统制经济的这种两面性，即在一定程度上支持了抗战的同时，借统制经济侵吞民间私人资本、发展官僚垄断资本。

首先看金融领域的情况。抗战开始后，中国经济进入了非常状态。一些民营的商业银行都采取紧缩政策，大幅度减少放款数量，而以较大的力量把资金投放于囤积货物。各民营银行除了以信托部名义用高利经营比期存放款来间接获取商业利润外，还成立公司、商号来直接获取战时暴利。根据材料，1938 年民营各银行的放款总额减少了 1800 万元，但利润却有增加，1939 年重庆全市各民营银行所获纯利即在 500 万元以上。①战时物资紧俏，物价上涨，进行商业投机较易获利，商业利润大大高于产业利润，所以民营银行在缩小放款的同时，却增加了对商业的放款。1939 年底，重庆 15 家民营银行和钱庄的放款商业放款占放款总额的比重，银行为 86.2%，钱庄为 89.3%。1940 年，重庆银钱业对商业的放款占放款总额的 96.86%，而对工矿业的放款只有 0.84%。②此后，重庆银钱业对商业的放款有所缩小，而对工矿业的放款则有所扩大，但到 1942 年，其对工矿业的放款仍为放款总额的 9.65%，而商业放款比重占 52.19%，若把对同业放款和个人的放款也算入商业放款，则商业放款比重达 76.08%。③

与民营银行看重眼前利益、主要集中于商业放款不同，国家银行则能够从抗战大局出发，做到农工矿商业并重，以发展生产、支持抗战为主旨。1937 年 8 月四行联合贴放委员会成立时，其放款方针为“金融与农工商矿并重”④。不过，从《贴放委员会办理贴放办法》和《四行内地联合贴放办法》⑤两个文件来看，在 1939 年 10 月正式改组为四联总处以前，其贴放对象大都偏重于同业，试图通过对同业的贴放来救济战争初期的农工矿商各业，实际上使许多贷款被用于外汇投机活动。1939 年 10 月改组为四联总处以后，要求多做转抵押转贴现，强调贴放“应以直接从事农、工、商、矿各业为限”，“应注重抗战必要与生活必需各业与物品”⑥。1940 年，四联总处宣布：“发展生产，充实抗战资源，为四行联合贴放之主要目的。”⑦1942 年太平洋战争爆发后，四联总处又通过“理事会关于太平洋战

---

① 许涤新：《论战时金融政策》，载《群众》1940 年第 5 卷第 7 期。

② 据康永仁：《重庆的银行》，载《四川经济季刊》1944 年第 1 卷第 3 期及同刊第 90 页的表格计算。

③ 参见《重庆市资金分配情形》，经济部统计处编印 1943 年，第 2 － 3 页。

④ 郭家麟等编：《十年来中国金融史略》，中央银行经济研究处 1943 年，第 249 页。

⑤ 《贴放委员会办理贴放办法》(1937 年 8 月 9 日)、《四行内地联合贴放办法》(1937 年 8 月 26 日)，载重庆市档案馆、重庆市人民银行金融研究所合编：《四联总处史料》(中)，档案出版社 1993 年，第 342 － 345 页。

⑥ 《投资贴放方针政策的演进》，载《四联总处史料》(中)，第 340 － 341 页。

⑦ 《四联总处关于 1940 年贴放工作情况的报告》，载《四联总处史料》(中)，第 444 页。

争爆发后四行投资贴放方针的决议”，其中在《四联总处核办投资贴放方针》中强调：“为适应太平洋战争爆发后，国内金融、经济上所引起之变动起见，以后投资放款，应以协助国防有关及民生必需品之生产事业为主。”[①]1942年8月，在《四联总处办理战时生产事业贷款实施办法》中又强调：“四行办理战时生产事业贷款，应照本总处投资贴放方针之规定，对国防有关及民生必需品之生产事业，尽先协助。”[②]从徐柏园的报告来看，从1939年10月四联总处成立至1941年6月，四行联合贴放的范围有盐务、工矿、平市及购销、地方财政及金融、粮食、交通事业等诸多方面，共达143800万元，其中工矿业贷款36810万元占25.6%。[③]另据统计，1937－1944年间，四行对经济事业的放款总额达496亿元，其中对工矿业放款的比例逐年提高，1937－1939年占9.3%，1940年占14.8%，1942年占34.6%，1943年上升至59.1%，1944年更达72.1%，总计1937－1944年四行发放工矿业贷款316亿元。[④]这些贷款在1939年前主要用于资助各厂矿内迁，1940－1941年则以资助各厂建筑及设备费用为主，1942年以后则以资助各厂运营为主。[⑤]应当说，它们对维持和发展后方工矿业生产、支持抗战发挥了重要作用。

但是，国民党政府的金融统制不仅在为抗战服务，而且也在为压制民营资本、扩大国营资本，为谋求国营资本在工矿业中的统治地位，谋求建立工矿业中的国家垄断资本服务。国家银行对工矿业的贴放主要地向国营企业倾斜，大部分流向了国营资本，而民营资本只获得了其中的少部分。前面已经指出，在1937－1939年间，国家银行对工矿业的贴放很少，只占贴放总额的9%强，对工矿业的贴放自1940年以后才大幅度增加。1940年，四联总处为国民党政府制定了《经济三年计划》和《金融三年计划》，决定筹措资金，在1940、1941、1942三年中，对工矿业建设投入国币36101万元，美元2475万元。[⑥]在实际制定《经济三年计划实施办法》时，资金缩减为国币20454万元，美元1079万元。其中国币部分国营民营所得之份额，在总共20454万元中，16654万元也即81%被分配给了国营企业，民营企业只获得了其中的19%，也即3800万元。按照这个实施办法，所有资金由国库拨发、四行直接投资和四行贷款三部分组成，其中在国营企业所得之16654万元中，由国库拨发11415.5万元，占69%，四行投资800

① 《四联总处核办投资贴放方针》（1942年1月），载《四联总处史料》（中），第351－353页。

② 《四联总处办理战时生产事业贷款实施办法》（1942年8月13日），载《四联总处史料》（中），第358页。

③ 《徐柏园为报告办理联合放款概况及方针呈稿》，载《四联总处史料》（中），第453－457页。

④ 参见主计部统计局编：《中华民国统计年鉴》（1948年），第262页。

⑤ 行政院编：《国民政府年鉴》，中心印书局1943年，“中央之部”第116－117页；行政院编：《国民政府年鉴》（第2回），中华书局1944年，“中央之部”第7章第6页。

⑥ 《经济三年计划》（1940年3月30日）、《金融三年计划》（1940年3月30日），载《四联总处史料》（上），第156－164页。

万元，占 4.8%，四行贷款 4438.5 万元，占 27.2%；民营企业所得之 3800 万元中，国库拨发者只有 250 万元，占 6.6%，四行投资 1760 万元，占 46%，四行贷款 1790 万元，占 47.4%。[①] 显然，国民党政府对国营工矿业的办法是主要依靠政府的财政拨款，而对民营工矿业的办法是银行投资和贷款。财政拨款的数额巨大，而且不用偿还，连利息也不用交付，可见国民党政府对国营工矿业所投入的力度是多么的巨大。相反，民营企业或政府财政拨款的数额微乎其微，主要靠贷款和投资。而贷款需要还本付息，投资则意味着受到控制。由于受通货膨胀的影响，四联总处对于国营企业和民营企业的贴放数额都大大超过这个计划的规定，对民营企业贷款的超过数更多。如根据四联总处历年关于贴放工作情况的报告来看，1940 年工矿业放款 10954.72 万元，其中国营企业所得贷款为 6640.2 万元，占 60.6%，民营企业所得贷款数为 4314.52 万元，占 39.4%。1941 年工矿业放款 1875.44 万元，其中国营企业所得贷款数为 758.4 万元，占 40.4%，民营企业所得贷款数为 1117.04 万元，占 59.6%。1942 年报告中对工矿业贷款未作国营民营划分，只说明 1 － 11 月份核定工矿贷款总额为 52040 余元。但根据重庆《大公报》的报道，1942 年度四行实际工贷总额为 60000 万元，国营企业所得近 40000 万元，占 80%弱，民营企业所得 10000 余万元，占 20%强。[②]1943 年工矿业贷款 555000 余万元，从报告的划分来看，其中国营企业所得贷款数为 122100 万元，占 22%，民营企业所得贷款 427000 万元，占 88%。但据报告说明，民营企业所得部分中有 220000 万元为购棉借款，而购棉借款实为对政府的贷款，其目的在于加强对物资的掌握，因而不应计入对民营企业的贷款。若将此部分剔除，民营企业实得贷款为 207000 万元，占工矿贷款总额的 37.3%。1944 年工矿业贷款 2382000 万元，其中国营企业所得 233100 万元，占 9.8%，民营企业所得 1093000 万元，占 45.9%，余为省营企业所得。[③]

从这几年工矿业贷款的国营民营比例来看，除 1941 年民营略高于国营外，其余几年都是国营高于民营。1944 年国营企业所得甚少，但省营企业所得比重很大，合计公营所得占 54.1%，公营比重仍大于民营。这说明以前有论者认为抗战期间四行工矿业贷款大部分为国营企业所得、民营企业所得很少的论点是基本

① 《经济三年计划实施办法》(1940 年 4 月 9 日)，载《四联总处史料》(上)，第 166 － 173 页。

② 重庆《大公报》1943 年 2 月 7 日第 3 版。

③ 参见四联总处 1940、1941、1942、1943、1944 年度关于贴放工作情况的报告，载《四联总处史料》(中)，第 444 － 489、594 － 598 页。

正确和符合事实的。[1] 有论者根据不全面的资料就得出国民党政府支持民营工矿业的力度大于支持国营工矿业，从而否认国民党政府压制民营资本、扩展国营资本，在工矿业中大搞国家垄断资本的结论，[2] 我们认为这是不正确的。国民党政府的偏袒国营企业的金融政策是明白无误的。[3]

不仅如此，国民党政府还从财政政策上进一步加大对国营工矿业的支持。四行贷款对于国营企业来说，只不过是其中的极小部分。国营工矿业的资金主要是通过财政拨款获得的，四行贷款主要是供给流动资金。[4] 如资源委员会是抗战时期国民党政府从事国营工矿业建设的主要部门，它在 1936 年 6 月至 1945 年底的期间，每年都要从国民党政府获得政府预算 1 － 2%的拨款，共得预算拨款 119.1 亿元，折合战前币值 9884 万元。四行借款 1943 年以前并不多，但 1943 年以后却陡增，1943 － 1945 年三年共得 90 亿元，折合战前币值约 1200 万元。[5] 另外，国民党政府还向资源委员会拨付外汇，以供其购买进口器材。资源委员会从历次外债中所得外汇 1508 万美元又 61 万余英镑，折合战前币值 6000 万元。国民党政府还从贸易统制的出口易货所得中给予资源委员会以 20%的留成，1941 年以前资源委员会共得留成 247 万美元加 6.8 万英镑，折合战前币值 1200 万元。[6] 以上总计资源委员会从政府获得的拨款共计战前币值 17084 万元，而且这些款项都是不用还本付息的。若再加上 1943 年以后获得的合战前币值 1200 万元的四行贷款，总计资源委员会从政府获得资金总额合战前币值达 18284 万元以上。而民营

---

① 这种观点主要见之中国人民大学编:《中国近代经济史》下册,第 171 页。对于国民党政府金融机构在抗战时期扩张国家资本、挤压民营资本的工贷政策，在抗战结束之后不久就有人指出并进行了批评。如货币和金融问题研究专家杨培新就撰文指出:“工商业在抗战初期，获得的贷款是可观的，例如廿六（1937）年至廿八(1939)年的五万万元,廿九(1940)年的六万万元,对于后方工矿业的重建确有帮助。但抗战后期，政府当局忽然由信用膨胀转回信用紧缩，这时候起，后方的工矿业便不能依靠四联贷款了。四联其后所发的工贷，其中贷给花纱布局、盐务局、粮食部、资委会、各国营工厂、国营公司的为最多，至少占百分之六十以上。国家银行不再哺养民族工业这羸弱的孤儿了。”(杨培新:《中国通货膨胀论》,生活书店 1948 年，第 87 页。)

② 以此否认国民党政府在工矿业中大搞国家垄断资本的论点见丁日初、沈祖炜:《论抗日战争时期的国家资本》，载《民国档案》1986 年第 4 期。另外，刘国良也说国民党政府把 70%的工矿投资和贷款用于民营企业，但他所依据的材料，实际上是经济部除资源委员会以外，也即主要是面向民营企业的工矿调整处的情况，将局部材料引论全局，结论当然是错误的。(刘国良:《中国工业史》(近代卷)，江苏科学技术出版社 1992 年，第 438 页。)

③ 《中央日报》明确强调:“中央银行最主要之任务,在稳定币值及配合国家经济政策调剂各业金融,以发达国家产业。”(社论:《中央银行之将来》,《中央日报》1943 年 4 月 21 日第 2 版。)

④ 经济部在1942年的一份工作报告中说道:“综计国家各事业产品总价为数以至宏钜,必需原料既需源源照购，必需开支亦需如期发付，所需周转款项，自亦随之加多，以已得之银行贷款供此需要，互相衡量，殆仅什一。”也就是说，四行贷款只能供国营工矿业所需资金的 10%左右。(参见《经济部工作报告》1942 年 9 月（油印本)，参报 16 ／报 44、密 61，第 2 － 9 页。)

⑤ 吴兆洪:《资源委员会 1947 年财务报告》，载《资源委员会公报》1948 年第 13 卷第 2 期。

⑥ 参见《资源委员会国外贸易事务所 1948 年度业务报告》，资源委员会国外贸易事务所编印。

工矿业1940、1941、1943、1944年获得的共1315431.56万元贷款，折合战前币值不过5671万元左右，只有国营企业的31%。

再看商业（贸易和物资）统制方面的情况。商业统制在一定程度上也是为抗战所需，并为抗战作出一定的贡献的。以外贸统制而论，对出口物资的统制，其目的在于将出口物资掌握在政府手中，用以偿还为购买抗战所需物资的对外借款。"在抗战时期，国库收入锐减，而支用增多，政府处置此种局势，除一面开辟税源增裕收入并在国内发行债票，以资因应外，复向国外购进大量兵工器材，以及交通建设所需要之机器材料，又必需大量外汇，乃克有济，于是分向各友邦洽商信用易货借款，用以购买抗战所必需之物资，约定由我国运送国内特殊物产，至债权国售价偿还。"抗战期间，国民党政府在1941年以前商定对外借款计有中苏借款三次，共2.5亿美元；中英借款三次，共800万英镑；中美借款五次，共1.2亿美元。[①]这些借款多系易货贸易，不以现款交付，也无需担保品，只制定中方以运售某一种或数种货物售价抵付。这些货物正是由贸易委员会和资源委员会统制的特种矿产品和农产品如钨、锑、锡、桐油、茶叶、猪鬃、生丝、羊毛及皮革等。[②]据财政部统计，1938－1941年间，国民党政府出口钨、锑、锡等矿石金属产品及桐油、茶叶、猪鬃、生丝、羊毛等农产品价值近法币19亿元。[③]它们主要出口于苏美，若按公开市场兑换率折合美元则为8638万元。[④]从1942年开始至1945年，国民党政府又与苏联连续鉴定易货贷款合同用以购买苏联的武器，合同金额1943年美金840万元，1944年美金856万元，1945年美金1148万元，三年合计2844万美元，其所易之货物均为贸易委员会统制之各种农产品。国民党政府1943年交货合美金649万元，1944年交货合美金662万元，1945年交货合美金903万元。[⑤]据统计，1938－1941年间，由国民党政府贸易委员会出口的统制农产品约值4362万美元，由资源委员会出口的统制矿产品约值4276万美元，两项共占本期国统区出口总值11575.7万美元的74.6%。[⑥]余为商人出口，主要为药材、皮革、烟叶及杂品。1942年后，外贸总值急剧下降，政府统制出口物资的出口额也大幅下降，但统制物资出口所占出口份额却从进一步增加。1942年至1945年8月间，仅资源委员会统制出口的矿产品即达6006.7万美元，占同期国统区

① 参见《财政年鉴续编》第10篇，第2页。

② 国民党政府抗战期间几次对外借款及其易货品名请参阅《财政年鉴续编》第12篇第4章"对外易货偿债"。

③ 根据《财政年鉴续编》第6篇第51－53页"出口大宗货品数量价值表"计算。

④ 参见郑友揆：《中国的对外贸易和工业发展》第169页表42"国民党政府统制的主要出口商品"。

⑤ 参见《财政年鉴三编》第11篇，第16－20页。

⑥ 贸易委员会和资源委员会出口总值见郑友揆：《中国的对外贸易和工业发展》第169页，同期出口总值见同书第174页。

出口总额的70.6%。[①] 同期贸易委员会统制出口的农产品价值为资源委员会统制出口矿产品价值的37.5%，也就是说其占国统区同期出口总值的26.5%。两项相加，同期国民党政府统制出口物资价值占国统区出口总值的97.1%。[②] 贸易委员会和资源委员会统制农产品、矿产品出口所得价款，是战时国民党政府用于偿付美、苏、英等国贷款及在国外购买各种战争物资的主要资金。苏联的贷款主要用于购买枪炮弹药和飞机，由军事机关直接办理，苏联交货后，财政部只知每批货物总值，不知种类数量，抗战期间苏联共交货9批，价值1.73亿美元。[③] 美国贷款在抗战初期，以购买紧急军需物品为原则，数量价值以兵工器材为第一位，交通及工业器材次之；1940年后，改采抗战物资与建设物资并重的原则，所购物料大部分为机器及原料，数量价值以工业器材为第一位，兵工及交通器材次之。抗战期间，向美国贷款五次，购料6.23亿美元。[④] 英国贷款偏重于购买工业及交通器材，太平洋战争爆发后，还用于在印缅抢购兵工交通器材和粮食。抗战期间向英国贷款四次，购料1125.4万英镑。[⑤] 以上这些易货贸易显然是抗战和后方经济建设所必需的，国民党政府的贸易统制为此作出了重要的贡献。

但是，国民党政府贸易委员会和资源委员会的贸易统制一方面为抗战和后方经济建设作出了贡献，另一方面也成了国民党政府掠夺私人生产者和民营商业资本、发达国家资本的工具。其基本的方法是压低收购价，甚至将收购价压低生产成本以下，不仅将私人生产者和民营商家的利润，甚至将他们的成本强行剥夺，成为国民党政府推行国家垄断资本的本钱。以资源委员会统制矿产品而论，随着通货膨胀的扩大，钨、锑、锡等矿产品的生产成本不断提高，资源委员会虽然也数次提高其收购价格，但收购价格提高的幅度总是远远低于通货膨胀的幅度，生产商和运销商的全部利润甚至部分生产成本就这样被转移到了资源委员会手中，成了资源委员会举办国营企业的资金。例如，资源委员会1936年8月在江西收购钨的价格为每吨283－465元，抗战开始后出现了日益严重的通货膨胀，钨的生产成本不断提高，资源委员会的收购价格虽也有所提高，但始终落后于物价增长速度。1941年内，资源委员会五次提高收购价格，最高收购价比1936年增加12倍，但同期物价却上涨了20倍。锑价的提高更远远落后于物价上涨幅度，1941年锑价仅比1937年增加182%，锡家提高幅度最大，1941年比1939年提

① 郑友揆：《中国的对外贸易和工业发展》第192－193页。

② 抗战时期贸易委员会统制出口农产品价值与资源委员会统制出口矿产品价值的法币计算值见《中华民国战时财政金融统计》，财政部统计处编印1946年，第84页。

③ 《财政年鉴续编》第12篇，第160页；《财政年鉴三编》第11篇，第20－21页。

④ 《财政年鉴续编》第12篇，第161页；《财政年鉴三编》第11篇，第22－28页。

⑤ 《财政年鉴续编》第12篇，第165页；《财政年鉴三编》第11篇，第29－33页。

高了 5.5 倍，但同期物价上涨了 6 倍。[①] 由于收购价提高落后于物价的上涨，生产成本难以得到回收，生产商出现了严重的亏损。1940 年 10 月，钨业管理处所属 13 个矿场矿工每月平均所得只有 4.39 元，其中 7 个矿场生产成本超过收购价，最差的矿场每个矿工每月竟要亏损 24.85 元。[②] 特别是 1942 年后，由于贸易通道堵塞，许多矿产品不得不转至西北出口，销售商交货地点大大延长，运费大幅增长，销售成本也急剧增加。1936 年赣钨每吨生产和销售费用合计 964 元，到 1940 年 6 月已达 3530 元，1942 年 12 月增至 29358（昆明交货）至 57500（猩猩峡交货）元，1943 年 10 月更达 43588（昆明交货）至 71277（猩猩峡交货）元。锑、锡、汞等产品的销售费用也大幅增加，产销成本中一般有 50%是运费，有的甚至竟占 87%。[③]

由于生产商和销售商亏损日巨，各种统制矿产品的产量自 1942 年前后开始下降。赣钨 1941 年产量为 9561 吨，1942 年大 10027 吨，但 1943 年减为 7626 吨，1944 年更减至 2823 吨。湖南钨砂从 1938 年的 2054 吨减为 1944 年的 184 吨，广西钨砂也从 1941 年的 870 吨减为 1944 年的 91 吨。[④] 资源委员会统制钨砂总产量 1941 年为 12392 公吨，1942 年下降为 11897 公吨，1943 年下降为 8973 公吨，1944 年更下降为 3225 公吨。锑业亏损最巨，从 1940 年开始全面陷入危机，加上国际市场锑产品供过于求，资源委员会只得“丢锑保钨”。资源委员会统制锑产量 1939 年为 11988 公吨，1940 年减至 8471 公吨，1942 年减至 3510 公吨，1943、1944 年则仅为 429 公吨和 204 公吨。纯锡产量 1940 年为最高，达 15099 公吨，1941 年即减至 6995 公吨，1943 年减至 3769 公吨，1944 年更减至 1557 公吨。[⑤] 相反，由于大大压低了收购价格，资源委员会却在统制出口中获得了极高的利润。1936 年，资源委员会每购销一吨赣钨可获盈余 608 元，利润率 63%，1937 年利润率达 146%，1939 年利润率 239%，1940、1941 年利润率分别为 224%和 291%。锑在国际市场售价较低，但锑管理处每购销一吨锑，所得利润一般也在 20%以上。资料表明，1936 － 1941 年，资源委员会钨管理处总盈余 10903 万元，其中资源委员会所得 3893 万元；锑管理处总盈余 1825 万元，资源委员会所得 529 万元；锡管理处总盈余 13400 万元，资源委员会所得 4586 万元。[⑥] 自 1942 年后，资源委员会不得不绕道西北向苏联出口，运费大大增加，资源委员会的营利额也

① 郑友揆等：《旧中国的资源委员会——史实与评价》，第 278 页。
② 曹立瀛：《江西之钨业》（油印本）。
③ 郑友揆等：《旧中国的资源委员会——史实与评价》，第 281 页。
④ 杨景炳：《抗战八年来之钨锑锡汞业》，《资源委员会季刊》1946 年第 6 卷第 1 － 2 期合刊。
⑤ 中国第二历史档案馆编：《中华民国史档案资料汇编》第 5 辑第 2 编财政经济（九），第 67 － 68 页。
⑥ 郑友揆等：《旧中国的资源委员会——史实与评价》，第 279 － 280 页。

因此大幅度减少，甚至出现了账面亏本的现象。1942年12月，在昆明交货的钨砂每吨尚能盈余2475元，其余各种矿产品均出现亏本。到1943年10月，各种矿产品无论在何处交货均要亏本，每吨亏本至少1万元，最多者竟亏损10万元。[①]但是，这是按官定汇率结算的。若要计算资源委员会的盈余情况，实际必须用市场汇率结算。资源委员会在1942－1945年间的易货所得外汇需全部以1美元兑20元法币的官定汇率结算于中央银行。而同期上海的美元市场汇率已从1美元兑328元法币涨至2072元法币，[②]若用市场汇价进行重新计算，结果将出现巨额利润。

同样的情况也存在于贸易委员会统制的农产品当中。与统制矿产品不同的是，国民党政府在制定农产品统制条例时曾明确表示在制定统制农产品收购价格时，将考虑生产者的生产成本并征得生产者的同意。如在《管理全国茶叶出口贸易办法大纲》中称："贸易委员会推销各省茶叶所有销售均征货主同意"，定价"以过去三年该种茶叶所售平均市价或本年必需之生产成本及品质优劣为标准。"[③]在《全国猪鬃统销办法》中称在制定猪鬃收购价格时"应依照各色猪鬃之生产成本及商民正当利益，订定公平价格"[④]。相应法规规定制定桐油价格"由复兴公司桐油之生产成本及运销费用，参照国际市况随时分别拟定"[⑤]。生丝收购价格"依据各地生产成本及农商正当利润随时评定"。"收购羊毛应依据各地生产成本，顾及生产营运者之正当利益。"[⑥]贸易委员会还规定，"出口货物之成本低于国外市场价格时，依据国外市场价格订定该项货物产地及其集散市场收买价格"，"出口货物之成本高于国外市场价格时，依据该项货物之生产成本订定其产地及其集散市场收买价格"[⑦]。

但是，实际情况却完全不是如此，贸易委员会实际上根本不考虑生产成本和产销者的利益。由于受通货膨胀的影响，各种统制农产品的生产成本越来越高，贸易委员会虽然也不断给予提高收购价格，但收购价格却总是远远落后于物价水平。先看桐油价格。1939年湖南桐油的收购价格在每公担102－130元之间，四川在每公担47.5－66元之间。该年度贸易委员会共收购桐油41.2万公担，

① 郑友揆等：《旧中国的资源委员会——史实与评价》，第282页。
② 吴岗：《旧中国通货膨胀史料》，第143－152页。
③ 《修正财政部管理全国茶叶出口贸易办法大纲》，《中华民国法规辑要》第421页。
④ 《修正全国猪鬃统销办法》，《中华民国法规辑要》第427页。
⑤ 《全国桐油统购统销办法》，《中华民国法规辑要》第428页。
⑥ 《全国生丝统购统销办法》、《全国羊毛统购统销办法》，载《财政年鉴续编》第11篇，第57页。
⑦ 经济部统计处：《战时经济动态辑要》（油印本），第70页。

价值3540.1万元，平均价格为每公担85.9元。[①]1940年收购价格有所提高，湖南提至每公担112－140元，四川提至每公担110元左右，分别提高了8.6%和93.8%。该年度在浙江、湖北、湖南、四川、广西、贵州、陕西等省份共收购桐油44.5万公担，价值5881.2万元，平均价格132.2元。[②]1940年平均收购价格比1939年提高54%，但一年中全国批发物价却涨了139%。[③]1941年收购价格也有提高，四川的收购价格提高至每公担140－180元，比1940年提高了45.5%，平均收购也提高了。贸易委员会收购总量为44.1万公担，价值7839.8万元，平均价格每公担177.8元，比1940年提高34.5%，但该年度全国批发物价上涨了151.2%。桐油收购价格被压得如此之低，以致使生产成本也不能弥补。如1941年5月广西桐油每吨生产成本2357元，收购价只有1680元；1943年7月四川桐油每吨生产成本15129元，而收购价只有9156元。[④]由于生产成本难以弥补，桐油生产量从1942年开始大幅减少，贸易委员会的收购数量也大减。1942年贸易委员会桐油收购总量只有8.2万公担，价值2253.3万元，平均价格每公担274.8元，较上年提高54.5%，但该年度批发物价较上年上涨了204.2%。1943年，产量进一步减少，加上川康兴业公司在四川竞购（贸易委员会该年度收购“以川省为主”），导致大量桐油走私，贸易委员会“收购又感困难”。为了易货贸易的正常进行，贸易委员会不得不对桐油收购价格作了大幅度调整，四川的收购价格6月份还是每公担600－700元，比1941年上涨4.1倍，远落后于同期物价上涨幅度的7.0倍，9月陡增至每公担1700－1800元，比6月份增长了169%，而6－9月批发物价上涨了42.7%，桐油收购价格上涨幅度竟是批发物价上涨幅度的近4倍。但是，桐油的市场价格要大大高于平均物价，实际上收购价格仍然低于市价，且总是市价上涨于先，收购价提高于后。“惟因市价上涨于先，收购调整，每仍落后，收效不大，购进油量，终未如理想。”1944年内，贸易委员会又对四川桐油的收购价格作了7次调整，至11月份已提高至每公担7100元，但从总体来看，其上涨幅度与物价上涨幅度相比，仍然是远远落后的。如1944年11月的每公担7100元与1939年的每公担47.5－66元相比，增长了124倍，而同期批发物价（1944年11月与1939年平均相比）却上涨了312倍。

① 《财政年鉴续编》第12篇，第90页。本部分论述中关于统制农产品的收购价格、收购量值的资料1938－1942年的均出自《财政年鉴续编》第12篇第3章第3节“外销物资收购情形”，1943－1945年的出自《财政年鉴三编》第11篇第一章第4节“收购外销物资”，不再说明。

② 价值通过各省收购价值相加所得，各省价值为该年度收购量乘以收购价格（取中位数）而得。

③ 《中华民国统计年鉴》（1948年）第171页。年度价格指数通过月度价格指数平均而得。下同。

④ 原据国民党政府档案，此处转见姜铎：《抗战时期国民党后方经济的作用》，载其所著《洋务运动与改革开放》，上海社会科学院经济研究所1992年，第91页。

再看猪鬃价格。1938 年贸易委员会收购黑白猪鬃 2250 公担，价值 226 万元，平均价格为每公担 1004.4 元。1939 年 7 月猪鬃被确定为统购统销物资，黑猪鬃收购价格定为每公担 850 元，较统制前大幅下降（黑猪鬃价格高于白猪鬃）。1940 年 2 月，黑猪鬃（四川）价格提高为每公担 1200 元，6 月提高至 1400 元，10 月又提高为 1800 元，白猪鬃则为 1300 元。计 1940 年收购各色猪鬃 9260 余公担，价值 1958.3 万余元，平均价格每公担 2114.8 元。1941 年 5 月，四川黑猪鬃价格提至每公担 2000 元，并给予 400 元现售津贴，实际等于每公担 2400 元。同年 11 月，现售津贴提高之 800 元，实际价格等于每公担 2800 元。该年度贸易委员会收购各色猪鬃 12580 公担，价值 4075.8 万元，平均价格每公担 3239.9 万元。1942 年 5 月，四川黑猪鬃价格提高到每公担 3600 元，并给予外销利润 1600 元补贴，实际价格等于每公担 5200 元，比 1940 年 2 月的 1200 元提高了 3.33 倍，但同期批发物价却上涨了 8.41 倍。该年度贸易委员会收购各色猪鬃 16000 公担，价值 13083.5 万元，平均价格 8177.2 元，比 1940 年的 2114.8 元提高了 2.87 倍。1943 年以后价格有大幅度提高，9 月以前为每公担 7000 元，9 月提至 12200 元，12 月又提至 16600 元，1944 年 3 月提至 20400 元，6 月提至 51250 元，9 月 76060 元，12 月 85980 元。1945 年内有三次调整，8 月份价格为每公担 413500 元，比 1940 年 2 月的 1200 元提高了 342.8 倍，但同期批发物价却上涨了 688.6 倍，前者远远落后于后者。

茶叶价格也同样。茶叶的品种繁多，同品种茶叶在不同地区品质也不一样，价格自然也不同。浙江有平绿、遂绿、温红，安徽有祁红、屯绿，江西有宁红，福建有闽红，湖南有湖红。我们以浙江平绿为例。1938 年浙江平绿收购价为每市担 45.48 元，1939 年为每市担 56.77 元，1940 年为每市担 117.43 元，1941 年为每市担 170.00 元，1942 年为每市担 270.00 元。1942 年价格比 1938 年提高了 4.94 倍，但同期批发物价却上涨了 30.1 倍。1943 年以后的价格情况《财政年鉴三编》没有具体说明，但有 1942、1943、1944 年收购总量及价值。1942 年收购总量 92630 公担，价值 3881.1 万元，平均价格每市担 209.5 元；1943 年收购总量为 16574 公担，价值 933.6 万元，平均价格每市担 281.6 元；1944 年收购总量 10569 公担，价值 7719.5 万元，平均价格陡涨至每市担 3651.9 元。即便如此，收购价格的上涨也还是远远落后于批发物价的上涨。因为 1944 年的平均收购价格（3651.9 元）与 1938 年的平均收购价格（66.08 元）相比，上涨了 54.3 倍，而同期的批发物价却上涨了 338.4 倍。

生丝的价格和收购量值资料比较零散，但情况与桐油、猪鬃和茶叶大体相仿，不再具体论述。

国民党政府对其它物资的统制也和外贸统制一样，一方面为抗战和后方经济建设作出了一定的贡献，同时也在为其压制民营资本、扩大国营资本，建立国家垄断资本服务的。

先看工业器材。工业器材主要有三类：(1) 金属材料，包括金属初制品（如各式锭板条丝管等)、小五金杂件、机器配件及工具和电气器材；(2) 非金属材料，包括染料及助染剂、鞣剂、水泥和酸碱；(3) 工业机器，包括动力机、工具机和作业机器。工业器材的管理和统制由经济部工矿调整处实施。工矿调整处成立于 1937 年冬，初始以协助民营厂矿内运工业器材和从国外购买后方不能自给的工业器材为主，在 1941 年太平洋战争爆发以前，管制之物资仅限于钢铁和水泥（钢铁由经济部与军政部共同组织的钢铁管理委员会管制，水泥则由经济部、军政部和交通部钢铁组织的水泥管理委员会管制)。太平洋战争爆发后，对外交通断绝，仅限飞机运输，工业器材的来源大为减少，为了对有限的器材进行有效合理的运营以维持后方生产，国民党政府乃决定对所有器材进行统制，经济部并于 1942 年 1 月公布《管理工业器材规则》，对工业器材实行全面管制，钢铁和水泥也一并移交工矿调整处统一管制。管制内容主要有四项：(1) 登记存量，即对工业器材的存量进行总登记；(2) 凭证购买，凡已实施管制的物资，均必须由工矿调整处核发准购证，方可购买，以此审核其用途，限制其消费量；(3) 核定价格，由工矿调整处按月核查成本，酌加利润，核定价格；(4) 发给运照，使外埠正当用户也能取得所需器材，凡无正当用途者，概不发给，以免物资逃匿。[①] 金属材料方面，自 1942 年至 1944 年的三年中，工矿调整处核准运输钢铁及五金器材 10083.96 万吨，其中钢 1006.79 万吨，铁 7407.33 万吨，机器 330.54 万吨，工具 1949.49 万吨，电料 54.69 万吨；核准购买钢铁 4275.71 万吨，其中钢 541.29 万吨，铁 3388.83 万吨，工具 14.64 万吨，79.47 万吨，电料 451.9 万吨。[②] 非金属材料方面，水泥的分配以军事工程为最优先，其次为交通工程，再次为工业工程，其后为水利、银行和学校。1939 年（6 月起）共分配水泥 179513 桶，其中军事工程 65863 桶（占 36.7%），交通工程 48777 桶（占 27.2%），工业工程 36339 桶（占 20.2%)，水利工程 12350 桶（占 6.9%）；1940 年分配水泥 266768 桶，其中军事工程占 29.3%，交通工程占 38.9%，工业工程占 19.5%，水利工程 17294 桶占 5.8%；1941 年分配 145901 桶，其中军事工程占 48.8%，交通工程占 25.9%，工业工程 20.7%，水利工程 4.4%；1942 年分配水泥 108795 桶，其中军事工程 33.8%，交通工程 18.3%，工业工程 18.0%，水利工程 1.8%；1943 年分配水泥 210249 桶，

① 龙大均：《十年来之物资管制》，载谭熙鸿主编：《十年来之中国经济》下册，第 U53 页。

② 经济部统计处：《战时经济动态辑要》（油印本)，第 60 页。

其中军事工程 23.9%，交通工程 10.5%，工业工程 17.2%，水利工程 18.5%；1944 年分配水泥 225605 桶，其中军事工程 20.3%，交通工程 25.2%，工业工程 20.9%，水利工程 5.2%。[①] 烧碱为仅次于水泥的非金属材料，其管制开始于 1941 年 11 月，重点分配于肥皂业、造纸业、染整业、炼油业，合占分配量的 80%以上。[②] 其它化工材料同样也是先登记存货，然后进行到运登记及凭证购买，以控制来源，限制利用。染料等物由于全凭进口，抗战后期输入不易，多利用国产植物染料代替。余如漂粉、纯碱、盐酸等经积极督导，产量也均有增加。1938 - 1945 年，漂粉增长 5.67 倍，纯碱增长 1.86 倍，盐酸增长 2.5 倍。[③] 工业机器方面，管制始于 1942 年 7 月。依据工矿调整处规定，所有各工厂现有之机器应登记载明其数量、规格及效能；新定制之机器均需事先申请核准，核准以后，承制厂商并应将定制机器图样及制造估计成本送请审核，由调整处颁发制造许可证，始能制造，以免浪费金属材料。其核准制造者，1943 年有动力机 3800 马力，各种大小工具机 2700 部，各种作业机器 2700 余部；1944 年有动力机 830 部各种大小工具机 510 部，各种作业机器 1753 部。[④] 另外，工业材料中还有铜一项。铜由资源委员会川康铜业管理处负责管制。依据 1939 年 1 月公布的《川康铜业管理规则》[⑤]，其管理范围仅限于川康两省，业务以收购旧铜为主，必要时并可自行探采。铜料除供中央造币厂外，余均交电化冶炼厂电炼，所出电铜分别售与中央电工器材厂及兵工署，其中军用约占 90%，工业用约占 10%。[⑥] 国民党政府对于工业器材的统制，保证了战时极为有限的各种器材不被浪费，并被用于最急需的军事需要及与抗战息息相关的工业和交通建设，从而为抗战前方军事和后方工业建设作出了积极的贡献。

国民党政府对日用必需品也实行严格的管制，其中最重要的一项是对花纱布的管制。同工业器材管制一样，花纱布管制也为抗战和后方居民生活发挥了一定的积极作用。

战时国民党政府对花纱布的管制方式，发生了数次变化。最初主持管制者为农本局的福生庄。这是花纱布管制的第一个阶段，即农本局阶段。福生庄成立于 1938 年 6 月，总部设在重庆，各省分别设有分部其对花纱布的管制仅限于供

① 经济部统计处:《战时经济动态辑要》(油印本),第 62 页;行政院编:《国民政府年鉴》,1943 年初版,第 148 页;《国民政府年鉴》(第 2 回)"中央之部"第 8 章第 19 页;行政院编:《国民政府年鉴》(第 3 回),1946 年初版,"中央之部"第 8 章第 5 页。

② 行政院编:《国民政府年鉴》(第 2 回),"中央之部"第 8 章第 19 页。

③ 经济部统计处:《战时经济动态辑要》(油印本),第 62 页

④ 龙大均:《十年来之物资管制》,载谭熙鸿主编:《十年来之中国经济》下册,第 U58 页。

⑤ 《经济部川康铜业管理规则》,载《中华民国法规辑要》第 10 编,第 54 - 55 页。

⑥ 经济部统计处:《战时经济动态辑要》(油印本),第 62 页。

需调节，而没有进行行政干预。1939、1940、1941三年福生庄计购进棉花58.48万市担，机纱1.12万件，土纱0.71万市担，机布3.26万万匹，土布30.89万匹，售出棉花45.32万市担，棉纱1.10万件，棉布12.38万匹。[①]1939年12月，经济部成立平价购销处，业务包括服用品的供销和价格管制，但初始并未积极实施管制，仅委托福生庄向外地采运布匹，交由供应站发售而已。此后，由于纱价逐步上涨，土布价格随之高扬，平价购销处于1940年8月开始以定量之棉纱供给重庆市及其周围织布机户，代为织成土布，藉以增加市场供应，平抑布价。但是，此后特别是1941年后，物价全面暴涨，纱布价也随之猛涨，投机、偷运和盗买之事屡起，平价购销处随即加强了花纱布的管制，主要内容是登记存货、管理纱布市场、统一厂纱规格和调节供需。1940年12月，平价购销处规定各纱号凡交易必须有实货，不得买空卖空、投机牟利。1941年1月、4月对花纱布存货及纱布商号行户仓栈悉数进行登记，发放营业许可证和纱布市场代理人入场证。1941年2月，平价购销处规定所有外埠客商来渝采购棉纱布匹，其应行具领之购纱购布许可证必须由各该业公会转呈平价购销处核准，方得交易。4－5月，平价购销处又连续公布《管理重庆棉纱棉布买卖暂行办法》、《重庆纱布商人运销须知》、《重庆棉布摊贩购布暂行办法》及《管理棉花市场办法》等，规定凡经营纱布买卖者，均须经平价购销处核发执照，方得营业；一切买卖，均须于公开市场行之；商人进货、买卖、提货、存货，外埠商户购货及货运进口转运出境等，皆须随时陈报。并先后三次规定了最高限价。平价购销处还鼓励从上海及各沦陷区抢购内运纱布，以弥补后方生产之不足。[②]

但是，以上管制措施并未能平抑物价、扑灭黑市，国民党政府于是于1942年2月在经济部下成立物资局，对花纱布进行更严格的管制，花纱布管制进入了第二个时期，即物资局阶段。物资局管制花纱布的政策是“以花控纱、以纱控布、以布控价”。自2月14日开始，物资局对重庆附近四大纱厂生产的纱支全部予以限价收购，所有登记之棉纱也一律由物资局收购或派购；收购所获之棉纱统由物资局交由农本局进行“放纱收布”、“以纱换布”，所有川省各地所需棉纱，由征购所获厂纱内供给，各厂之产品由物资局管理。[③]4月9日公布《经济部统筹棉花管制运销办法》，征购各公司银行商号超过政府规定的棉花。10月公布《陕西省棉花统购统销办法》，规定后方最大棉花生产省份陕西的棉花由农本局统购统销，

① 龙大均：《十年来之物资管制》，载谭熙鸿主编：《十年来之中国经济》下册，第U32页。
② 龙大均：《十年来之物资管制》，载谭熙鸿主编：《十年来之中国经济》下册，第U33－35页。
③ 行政院编：《国民政府年鉴》，第142页。

后方各纱厂用棉一律委托农本局代购，各纱厂机关不得自行收购。[①] 物资局对纱布的分配也有严格的管理。1941 年 2 月公布《直接用户请购棉纱暂行办法》，规定对五类用户但在将现有织物、设备、存纱、工人数目、织物名称、组织情形、工作时间、产量、需用棉纱数量等填表报局，待调查核实后给以平价供应所需之棉纱。3 月公布《管理直接用户织制成品暂行办法》，规定各用户之成品，原则上由物资局按价收购、集中分配，但也可呈请设立供应部平价出售。对于布的分配，于 2 月公告实施供应平价布，规定凡中央党政机关公务员工及军事学校之官佐，公私学校之教职员，文化艺术团体的职员及各地方军政机关驻渝办事处职员工役，每人均可购买平价布一丈五尺，以一次为限；一般市民由福生庄发售平价布，机经土纬白布每人每次只准购一丈五尺。[②] 但是，由于物价进一步飞涨，加上棉花减产，物资局面临着棉花供应不敷、军用统筹困难、限价与生产难以兼顾的三重困难。[③] 为此，国民党政府于 1942 年底 1943 年初撤销物资局，将农本局改组为花纱布管制局，改隶财政部，对花纱布进行了更为严厉的管制措施。花纱布管制于是进入了第三阶段，也就是花纱布管制局阶段。

花纱布管制局对花纱布的管制是由“统购棉花”、“以花易纱”、“以纱换布”和“以布控价”四个环节组成。于是国民党政府对花纱布的管制就“成为一个首尾相接的循环圈，花纱布管制局则是操纵这一循环圈的主宰”[④]。首先是统购棉花。花纱布管制局所掌握的棉花，除一小部分为棉田田赋征实外，大部分为统购所得。花纱布管制局初始承接物资局做法，仅对川区各户采用定价征购的办法。1942 年 10 月，国家总动员会议第 21 次常务会议决定由即将成立的花纱布管制局对后方产棉省份主要是陕、豫、鄂、湘、川等省所产棉花，进行全面统购。其次是以花易纱。即由花纱布管制局以定量之棉花向各纱厂换取定量之棉纱（川区各厂每件纱换给棉花 459 市担，陕区各厂则换给棉花 465 市担），按件核给工缴利润，而不计棉价纱价，以排除价格的影响。采取以花易纱后，国民党政府所掌握的土纱数量有所减少，但掌握的机纱数量较农本局和物资局时期有了巨大的增长。如物资局时期的 1942 年 3 月至 1943 年 2 月掌握机纱为 3.68 万件，而 1943 年 3 月至 1944 年 2 月已激增之 8.81 万件，1943 年 3 月至 1944 年 2 月进一步增至 9.85

① 武歌:《国民党花纱布管制政策述评》，载中国现代史资料编辑委员会编:《抗日战争时期国民党统治区情况资料》，时事资料社 1957 年，第 97 － 98 页。

② 龙大均:《十年来之物资管制》，载谭熙鸿主编:《十年来之中国经济》下册，第 U39 页。

③ 《财政年鉴三编》第 11 篇，第 40 页。

④ 武歌:《国民党花纱布管制政策述评》，载中国现代史资料编辑委员会编:《抗日战争时期国民党统治区情况资料》第 98 页。

万件。[1] 花纱布管制局所掌握的机纱和土纱都以以纱换布的形式向各织布厂户换收布匹。在农本局和物资局时期，均采取售纱购布的形式，允许留有一部分布匹供生产厂户自行销售，甚至准予免向一些特殊厂户购回全部成品，完全由其自行销售。花纱布管制局采取以纱换布之后，一切特例均予取消，所有织布厂户在领取棉纱之后必须照标准按期交布，政府给予工缴费用及所谓合法利润。实行以纱换布政策之后，国民党政府所掌握的棉布数量大增，计 1943 年 3 月至 1944 年 2 月一年内，共以纱换布 165.16 万匹，较 1942 年 3 月至 1943 年 2 月的物资局时期内换收布匹 105.35 万匹增加了 57%；1944 年 3 月至 1945 年 2 月一年内以纱换布 241.26 万匹，较物资局时期增加了 129%。[2] 以布控价是花纱布管制局进行花纱布管制的最后一个环节。国民党政府的棉布分配分为两个部分，一是军需，二为民用。民用部分以"平价布"的形式向市民发售。用"平价布"供给公教人员从物资局时期就已开始，之后又以少量供给市民。由于掌握棉布数量的激增，除继续供应公教人员外，国民党政府以比较大量的布匹"平价"供给市民（限于重庆），市民凭身份证半年配售一次，一次一人不得超过三段（一段为一丈五尺）。从 1944 年 10 月起，国民党政府决定将布匹销售农村。国民党政府试图用这种平价布的方式达到重庆市布价的平稳，并以重庆引导全国布价的平稳。国民党政府所掌握的花纱布主要的还是供给军需，无论是以棉花、棉纱还是以棉布供应，总计军用部分约占全部掌握物资数量的 75%，民用不过 25%而已。计 1943、1944 两年，花纱布管制局先后供应陆空军军用棉花 35.6 万担，纱布 559.8 万匹（棉纱折合布匹算入）；1945 年供应军需棉花 17 万担，机纱 5 万件，棉布 40 万匹。[3] 可见，国民党政府的花纱布管制对抗战和后方居民正常生活是起了一定的积极作用的。

煤炭既是一种重要的日用必需品，也是一种重要的工业原料。对煤炭的管制当然也是抗战和后方居民生活所必需的。国民党政府对煤炭的管制始于 1939 年 5 月公布《经济部管理煤炭办法大纲》。大纲规定由燃料管理处管制煤炭，燃料管理处应就各地之生产量与需要量，预为统计化区分配，遇有缺乏之虞时，与生产方面筹商增产方法；对于特种工业所需之煤炭，应妥筹供给；运输不便者，应设法解决，资金不足者，应设法给予救济贷款。[4] 管制实施后，燃料管理处即积极协助各厂增产增运，举办生产贷款、运输贷款和存煤垫款，按各厂所报产运吨

① 《财政年鉴三编》第 11 篇，第 48 页。
② 《财政年鉴三编》第 11 篇，第 48 － 49 页。
③ 《财政年鉴三编》第 11 篇，第 49、50 页。
④ 《经济部管理煤炭办法大纲》，载《中华民国法规辑要》第 10 编，第 46 － 47 页。

量及各用户申请数量，分别登记审核，予以合理分配。对于兵工钢铁工厂、交通事业、公私电业优先分配，其他有关民生各厂及公教人员用煤，也尽量设法供给。[①] 经济部对重庆市区进行了特殊管制。1939 年 2 月，经济部就公布了《管理重庆市煤炭规则》，按照这个规则，凡市区贩卖煤炭之煤商、工厂、轮船等大量用户，及运煤销渝之商人，均应详细开具名称、地址及销售、运输和需用之煤类、煤质、煤量等，呈报燃料管理处，以便该处视供给需用情形加以统筹支配。[②]1939 年 10 月，经济部又公布《管理重庆煤焦实施办法》，规定凡重庆市内之煤焦运输商、工厂、轮船，应将每月所需煤焦种类、数量，先向燃料管理处声报，以凭发给购运证；渝市用煤运到后，归重庆市社会局分配；煤船到渝后，运煤人应将单件向燃料管理处声报，各工厂煤商、公卖机关应将煤焦运到量、消费量、销售量、栈存船存量等，每月三次列表报告燃料管理处。[③] 燃料管理处将后方煤炭矿产分为四川区、湘鄂桂黔区和陕豫区三个区域，并相应设立分处进行管理。按燃料管理处的划分，四川区中，嘉陵江区（包括重庆附近及长江沿岸）及綦江区各矿所产煤炭以供应重庆附近工厂、电力运输及重庆市民所需为主，岷江区各矿产煤多供应犍马乐山盐场及嘉定成都泸县各工厂之用，川东军用、轮船用煤则多取给于万县产区。湘鄂桂黔区产煤主要供应湘鄂桂三省铁路运输，每月产煤仅 5 万余吨，其中 4 万余吨供应铁路用煤，余分配与各工厂。陕豫区产煤的一个重要用项是陇海线的铁路运输（该路军运频繁），计有煤矿 135 家，月产煤 4 万余吨，铁路用煤 1.5 万余吨，加上工厂及炊事用煤共为 3.3 万吨。[④] 至于煤炭各用项的比率，从重庆市及嘉陵江沿岸的情况看，1940 年为运输 8.0%，水电 15.3%，兵工 11.8%，工业 33.2%，炊事 31.6%，1941 年运输 11.7%，水电 14.6%，兵工 18.0%，工业 55.7%，炊事 27.3%。[⑤] 以工业用煤为最，其次为炊事。1943 年 7 月至 1944 年 6 月间，四川区的嘉陵江区工业用煤占 7.7%，炊事占 30.0%，电力占 12.6%，运输占 9.6%，岷江区煎盐占 50.5%，工业占 13.1%，其他占 36.7%；同期湘粤桂黔区铁路用煤占 59.8%，工业占 25.0%，运输占 7.2%，电力占 6.4%；陕豫区电力占 34.0%，铁路占 31.0%，其他占 35.0%。[⑥]

但是，国民党政府对工业器材、花纱布和煤炭等物资的统制同出口矿产品和

① 经济部统计处编：《战时经济动态辑要》（油印本），第 58 页。

② 《经济部管理重庆市煤炭规则》，载《经济部公报》1939 年第 2 卷第 4 期。

③ 龙大均：《十年来之物资管制》，载谭熙鸿主编：《十年来之中国经济》下册，第 U44 页。

④ 经济部统计处编：《战时经济动态辑要》（油印本），第 58 － 59 页；行政院编：《国民政府年鉴》（第三回），第 8 章第 1 － 2 页。

⑤ 行政院编：《国民政府年鉴》第 144 页。

⑥ 《经济部工作报告》1944 年 8 月，参报 21 ／报 68、密 86，第 34 页。

农产品的统制一样，一方面是为战时抗战和后方经济建设所需要的，而且也确实为抗战和后方经济建设起了一定的积极作用，但是，国民党政府同时也在利用对这些物资的统制，压制和掠夺这些领域的民营资本，以扩张其国家资本。国民党政府把对工业器材、花纱布和煤炭等物资的统制也当做了其推行官僚垄断资本主义现代化模式的手段。同对出口矿产品和农产品的统制一样，国民党政府也是通过压低统制物资的价格，将民营企业的利润甚至一部分成本转移到政府手中，以实现对民营资本的掠夺和剥夺的。

先看工业器材。工业器材品种繁多，价格资料也很不详细，我们以钢铁、水泥和烧碱为代表，从钢铁、水泥和烧碱的情况来看工业器材之一斑。工业器材中，最先实施统制的也是钢铁和水泥。在1939年5月公布的《经济部管理水泥规则》中，曾明确表明水泥价格“应按照生产或购入成本及运输起卸等费用酌加利润规定之,但利润不得超过百分之二十”[①]。在1940年1月公布的《经济部钢铁管理规则》中也强调钢铁价格“应按照各制炼厂之成本酌加利润”[②]。1941年6月对工业器材实行全面管制，在公布的《经济部管理工业器材规则》中也强调，“后方能自行生产之水泥、烧碱、漂白粉等，由工矿调整处按月核查成本，酌加利润，核定价格”，“至若五金材及染料等有待于向外埠购运者，其成本不易计算，故准先由各同业公会议价，然后提交该处管理工业材料审议委员会审查核定。”[③]经济部在历次工作报告中也声称自己核定水泥和钢铁价格是按照生产成本酌加利润的原则进行的。如在1940年的一份报告中谈到水泥价格时说：“水泥价格，每月评定一次，依照生产成本，外加利润，至多百分之二十。”[④]在1941年的报告中论及水泥价格时说道：该年度产量减少，“产量减少则成本加高，故公定价格亦不能不按照提高，以维生产。”论及钢铁价格时说：“钢铁价格系由管委会参考成本酌加利润随时规定公布。……妥定价格，颇有功效。”[⑤]在1942年的报告中谈到水泥价格时还称：“价格之管理，则仍由水泥管理委员会根据各厂生产成本，按月规定。惟本年四川水泥公司各项成本费用，每月均有增加。又因空袭关系，产量减少，单位成本加重。故核定价格时，不得不酌量增加，以维持生产。”[⑥]但实际情况却大相径庭。由于通货膨胀的影响，钢铁和水泥的生产成本急剧增加，而国民党政府核定的价格虽有增长，但远不及物价的增长速度，以至出现成本不抵的情况。

---

① 《中华民国法规辑要》第10编，第48页。
② 《中华民国法规辑要》第10编，第56页。
③ 龙大均:《十年来之物资管制》，载谭熙鸿主编:《十年来之中国经济》下册，第U54页。
④ 《经济部报告》1940年（油印本，月份不明），参报11/报26、密39，第7页。
⑤ 《经济部工作报告概要》1941年（油印本，月份不明），参报14/报35、密49，第叁之一页。
⑥ 《经济部报告》1941年10月，政报7/报30、密44，第17页。

如水泥价格，自1939年实施统制后的四年当中，平价每年增长率为16%，而同期建筑材料的全国平均批发价格却上涨了43.7倍。[①] 钢铁价格增长更缓，自1939年至1942年的四年间只上涨了1.92倍，而同期全国金属类平均批发价格却上涨了18倍。[②] 水泥价格在1940年8月至1941年7月的一年间涨幅较大，重庆实际批发价格（川牌）1940年8月为每桶33.5元，至12月涨至74元，1941年7月涨至140元，一年间就增长了3.12倍。[③] 这一年涨幅较大的原因是由于电力不足、轰炸和销路不畅导致产量剧减。[④] 而其它物资则未受影响，如钢板的重庆实际批发价格由1940年8月的每吨7400元增至1941年7月的8900元，一年间涨幅为20%；钢料（蓝牌工具钢）1940年8月为每吨2.8万元，1941年7月为3.0万元，一年间涨幅10%；白口铁涨幅为50%，灰口铁涨幅为100%。[⑤] 太平洋战争以后，通货膨胀愈演愈烈，国民党五届十中全会通过了由蒋介石提出的《加强管制物价方案》，决定对物价进行全面限制。[⑥]1942年12月，国民党政府行政院公布《限价实施办法》，通令物价必须以1942年11月30日的水平为准，进行评定。[⑦] 工矿调整处于1943年1月开始对工业器材按照1942年11月的价格进行限价，之后价格涨幅受到了更严格的限制。由于价格与生产成本之间相差越来越大，生产受到了严重的损害。于是在1943年7月间，国家总动员会议决定划分限价与议价物品办法，工业器材悉列入议价范围。此后钢铁、水泥和其它工业器材的价格涨幅开始有所加大。如从1943年7月到1944年6月，水泥价格由每桶750元增长为1900元，一年间增长了1.53倍；钢（元钢）价格由每吨65000元增至160000元，一年间增长了1.46倍；灰口铁由每吨22000元增至66000元，一年间增长了2倍。[⑧] 这个涨幅已大大高于水泥和钢铁的年均增长率，但与平均批发物价上涨率相比，仍然是落后的。因为同期建筑材料类全国平均批发物价涨幅为2.02倍，金属类全国平均批发物价涨幅为1.91倍。[⑨] 烧碱自1941年11月开始管

---

① 水泥价格涨幅见国民党中央执行委员会宣传部编印:《抗战六年来之工矿》，国民图书出版社1943年，第42页；也见谭熙鸿主编:《十年来之中国经济》下册，第V86页。建筑材料全国批发价格见主计部统计局编:《中华民国统计年鉴》（1948年）第175页。

② 钢铁价格涨幅见国民党中央执行委员会宣传部编印:《抗战六年来之工矿》，第40页；也见谭熙鸿主编:《十年来之中国经济》下册，第V84页。金属类全国批发物价见主计部统计局编:《中华民国统计年鉴》（1948年）第175页。

③ 《经济部报告》1941年10月，政报7/报30、密44，第22页。

④ 《经济部报告》1941年10月，政报7/报30、密44，第21页。

⑤ 《经济部报告》1941年10月，政报7/报30、密44，第21、22页。

⑥ 《加强管制物价方案》，国民党五届十中全会通过，载《革命文献》第80辑，第316页。

⑦ 参见吴宗汾:《十年来之物价》，载谭熙鸿主编:《十年来之中国经济》中册，第M38、39页。

⑧ 《经济部工作报告》1944年8月，参报21/报68、密86，第39页。

⑨ 主计部统计局编:《中华民国统计年鉴》（1948年）第175页。

制以后一年，价格增加不及2倍。① 自1943年7月列入议价物资后，由每公斤19元涨至1944年6月的每公斤80元，一年间增长了3.2倍，涨幅较大，但纯碱的涨幅则较小，1943年7月为每公斤40000元，1944年6月增至80000元，一年间增长了1倍。② 烧碱在一年间猛涨3.2倍，其涨速已超过平均物价的增长，但考虑到基数太低，其价格仍然是低水平的，而纯碱的涨幅则仍然大大落后于平均物价的增长速度。

再看花纱布。1939年12月经济部平价购销处成立正式开始对花纱布进行管制时，初始并未对价格作有力的管制。其后由于纱布价格出现大涨势头，平价购销处于于1940年8月公布《放纱收布办法》，仅在重庆市及其附近向织布机户实行放纱收布，机户每织布一匹，可得工资11元并余纱7两。③ 此时机户尚可稍有盈利。其后由于物价飞涨，平价购销处于1941年2月宣布对纱布实行限价，9月对最高限价作了一次调整。其价格水平若以1940年7月为100，则1941年11月二十支绿赛马牌棉纱为136，美亭阴丹布为192。④ 而同期期全国平均批发物价水平已上涨了2.64倍。1942年2月物资局接管花纱布管制后，先后于2月和10月开始对棉纱和棉花进行统购统销。从1942年2月到1943年10月，物资局对棉纱做过四次核价。第一次，1942年2月二十支纱核价为每件6900元；第二次，同年8月调整为每件8580元；第三次，同年11月调整为每件12500元；第四次，1943年5月调整为每件15600元。第一次核价时的价格只有市价的69%，第二次核价只及成本的66.4%，第三次核价只有成本的88%，第四次核价则只为棉花一项成本的43%。⑤ 从价格指数来看，1943年5月的每件15600元与1940年8月的每件3800元相比，价格上升了3.10倍，但从1940年到1943年，衣着类物品的全国批发价格已经上升了30倍。⑥ 所以，国民党政府自己也不得不说："当时（指物资局时期）政府征购各纱厂所产机纱，每件给价一万一千五百元，各厂所得纱价尚不足以购进半件纱所需之棉花，是无异每生产棉纱一件，即亏去半件

---

① 国民党中央执行委员会宣传部编印:《抗战六年来之工矿》,第42页;也见也见谭熙鸿主编:《十年来之中国经济》下册，第V86页。

② 《经济部工作报告》1944年8月，参报21/报68、密86，第39页。文中标明纯碱价格1944年6月为每公斤200000元，比1944年3月的每公斤65000元增长了135000元，三个月增长了2.1倍，可能有误。而从标明的指数来看，1944年3月为108，6月为133，若3月的价格为65000元，则6月的价格应为80000元。

③ 龙大均:《十年来之物资管制》，载谭熙鸿主编:《十年来之中国经济》下册，第U33页。

④ 《经济部工作报告概要》1941年（油印本，月份不明），参报14/报35、密49，第叁之二页。

⑤ 武歌:《国民党花纱布管制政策述评》,载中国现代史资料编辑委员会编:《抗日战争时期国民党统治区情况资料》第107页。

⑥ 1940年8月二十支纱价格见《经济部报告》1941年10月，政报7/报30、密44，第22页;1940－1943年衣着类商品平均批发物价指数见主计部统计局编:《中华民国统计年鉴》（1948年）第175页。

纱之棉花原料。”[①] 棉花自统购统销以来，物资局确定其收购价格“依照粮食比率决定”，如陕西省为1∶6（即1斤棉花收购价格相当于6斤麦子），河南省则为1∶4。但是，由于粮价没有彻底管制，随时都在上涨，而棉花价格则每年核定一次，所以在核定时棉粮比价相近，而随着时间的延长，棉价就会越来越低于粮价。如1942年9－10月陕棉核价每市担1260元，到1943年4月须提高至3000元始足棉农成本，其价格只为实际成本的42%。1942年棉花核价600元，至1944年8－9月间成本达每市担15000元，而核价只为实际成本的40%。至1944年，甚至出现核价之初其价格即不敷成本的现象。如1944年陕棉成本为每市担15000元，而10月4日财政部公布的价格为每市担11000元，核价只及成本的73%，到第二次核价前，核定价格只及成本的40%。[②] 由于核价远低于生产成本，致使湘西湖北与陕豫沿河一带产区，不少棉花和纱布流入敌区。[③] 自1942年10月花纱布管制局成立后，除继续扩大棉花统购以外，还于1943年10月开始实行“以花易纱”和“以纱换布”。在“以花易纱”和“以纱换布”的情况下，纱厂和布厂同管制局的矛盾不再是成本与核价问题，而变为成本与工缴问题。对于纺纱厂户，国民党政府宣称：“工缴利润之核给，均随时参照成本及一般物价情形予以合理之调整，俾可促进生产。就各大型纱厂而言，川区各纱厂纺纱工缴，系按各厂每月实支平均数目核给，另按工缴数目支给百分之二十利润，其有因特殊原因，某月份工缴数目特高，以致超出平均工缴过多者，均经由（花纱布管制）局查明原因呈（财政）部核准另予津贴，总以不亏成本为原则。……就各小型纱厂而言，经先按各厂机器设备及其他个别情况，于各厂分别商定标准生产量及工缴数目，此后即按此数目，依据各大型纱厂工缴增减比率同样调整。”对于织布厂户，国民党政府宣称：“因各地织布厂户为数过多，无法逐一考察分别核计其个别之成本，只能就一般物价情形，确立一合理之工缴数目，以为标准。”[④] 而实际情况却与此大相径庭。如纺纱厂户的工缴，1944年3月重庆纱厂出纱一包最少需工缴费15000元，而政府所核定的工缴费只有12000元，每包不足3000元。[⑤] 织布厂户的工缴花纱布管制局成立时的1943年2月为每匹140元，至1944年2月仍为140元，3月才增长为580元。[⑥] 而此时重庆布厂出布一匹普通需工缴费

---

① 《财政年鉴三编》第11篇，第40页。

② 以上参见武歌：《国民党花纱布管制政策述评》，载中国现代史资料编辑委员会编：《抗日战争时期国民党统治区情况资料》第101－102页。

③ 刘汉坤：《当前之棉纺织业》，载《西南实业通讯》1943年第8卷第1期，第12页。

④ 《财政年鉴三编》第11篇，第43页。

⑤ 叶民：《关于花纱布的生产》，《新华日报》1944年3月5日第3版。

⑥ 《财政年鉴三编》第11篇，第43页。

已达 760 元。[1] 厂家在成本不敷的情况下，一般都通过降低工资把大部分损失转移给工厂的工人和职员。如根据重庆市一承织军布的工厂的概算，其每织一匹要损失 470 元，但其中的 385.74 元都是由工人和职工承担的，厂家实际承担的，只有 84.96 元。[2]

煤炭的情况也大体如此。煤炭管制始于 1939 年 5 月，关于其价格管理，经济部在 1940 年的一份报告中称："管理处除依照矿商生产成本酌加利润规定矿场码头价格之外，并会同重庆市政府与平价购销处，按照前项价格，加上运至重庆码头之运费、保险费等，规定重庆码头价格。"[3] 在 1941 年的一份报告中也说：煤炭"价格之规定，系按照各产区各矿场成本酌加利润，规定产区价格，并加运费及煤商之合理利润，规定消费市场之价格。"但同时又不得不说："自去年 5 月起，至本年 5 月止，价格曾修改七次。但在过去一年之内，煤炭价格之上涨，不过一倍。本年四月及六月所规定之价格，其中成本关于米粮一项，系以二月及五月之各厂矿所在地之米价为标准。现时米价虽略回跌，惟较之当时所取之米价标准，尚有相当距离。"[4] 若以连曹煤而论，1940 年 8 月为每公吨 94 元，至 1941 年 7 月不过涨至每公吨 133 元，一年间上涨不过 41%。[5] 而同期燃料类物品的全国批发物价指数却上涨了 118%，全国批发物价总指数则上涨了 134%。[6] 即便如此，国民党政府仍然决定于 1943 年 1 月和 3 月对四川区的嘉陵江、岷江及南川各区和云万区实施限价。[7] 嘉陵江区于 1933 年 7 月改定限价，并于 1944 年 3 月调整一次价格；岷江区也于 1943 年 11 月、1944 年 3 月改定价格两次；湘粤桂区于 1943 年 7 月核定限价，并于同年 9 月、11 月、1944 年 3 月三次调整价格。但是，国民党政府自己也称："煤焦限价虽经数度呈准改订，但上涨率较其他限价物品仍属平稳，其频度及涨程均在其他物价之下。"[8] 自管制以后至抗战结束，煤炭价格平均每年增加不过一倍。[9]

同样的现象还存在于其他日用必需品的管制中，为节省篇幅起见，在此

---

① 叶民：《关于花纱布的生产》，《新华日报》1944 年 3 月 5 日第 3 版。

② 武歌：《国民党花纱布管制政策述评》，载中国现代史资料编辑委员会编：《抗日战争时期国民党统治区情况资料》第 119 － 121 页。

③ 《经济部报告》1940 年（油印本，月份不明），参报 11 ／报 26、密 39，第 8 页。

④ 《经济部工作报告概要》1941 年（油印本，月份不明），参报 14/ 报 35、密 49，第叁之二页。

⑤ 《经济部报告》1941 年 10 月，政报 7/ 报 30、密 44，第 22 － 23 页。

⑥ 主计部统计局编：《中华民国统计年鉴》（1948 年）第 171、175 页。

⑦ 《经济部工作报告》1943 年 7 月，参报 19/ 报 59、密 76，第 25 页。

⑧ 《经济部工作报告》1944 年 8 月，参报 21/ 报 68、密 86，第 33 页。

⑨ 国民党中央执行委员会宣传部编印：《抗战六年来之工矿》，第 41 页；也见谭熙鸿主编：《十年来之中国经济》下册，第 V85 页。

不再一一述论。[①]

国民党政府还对盐、糖、火柴和卷烟四种物品实施专卖。与物资统制在一定程度上是抗战和后方经济建设所需要，并且也确实通过控制物资、统筹分配，为抗战和后方经济建设起过一定的积极作用不同，专卖制度则完全是从获取专卖暴利从而增加政府的财政收入着眼，而对后方经济建设基本没有发挥积极作用。国民党政府也没有对盐、糖、火柴和卷烟作过统筹分配和保障居民供应的事情。在四种专卖物品中，盐和糖、火柴、卷烟的情况有所不同。按照四种专卖物品各自的专卖条例，四种专卖物品的产制、储运和销售都控制在政府手中，但对盐的控制更为严格。国民党政府对盐采取的是商制、官收、官运、官售原则，即除产制由国民党政府登记批准的厂商从事外，收购、储运和销售都由专卖机关自行办理[②]，而对糖、火柴和卷烟则实行的是商制、商收、商运、商售、官收专卖利益的原则，即从产制、储运到销售都由国民党政府登记批准的厂商从事，国民党政府只从中收取规定的专卖利益。[③]这种区别的意义在于，国民党政府在对盐的专卖中，可以更大幅度的压低收购价并抬高出售价，从而从中获取更为巨额的利润，获取专卖暴利。在对糖、火柴和卷烟的专卖中，国民党政府虽然不能像盐专卖那样获得暴利，但也采取了一种十分有利于其获取利益的办法，即所谓的“不收购”（或假收购）原则。所谓不收购原则，就是所有收购运销一概委由承销商人办理，承销商可自行向制造商收购，专卖机关并不加以限制，仅在双方发生交易时，须到专卖机关登记，承销商在向专卖机关缴纳了规定的专卖利益后，即可自行运销，并批售于各地之零售商。[④]也就是说，国民党政府在对糖、火柴和卷烟进行专卖时，实际上并不投入一分钱，而只是收缴专卖利益。因为“全部实行收购，需用大量资金，国库首先加重负担，专卖之利益未著，财政之开支先增，财政部为顾及战时财政困难计，决定在三十一（1942）年内，以暂不收购为原则，故除应特殊需要以收购方式获取专卖利益外，余均依照收购价格订定比率，征收专卖利益。”[⑤]

---

① 关于食油、纸张、食糖等日用必需品的情况，可参见《经济部日用必需品管理处三年工作总报告书》1946 年 2 月；行政院编：《国民政府年鉴》1943 年，第 9 章第 3 节“日用必需品之管制”；《国民政府年鉴》（第二回）1944 年，第 8 章第二节“管制概况”；《国民政府年鉴》（第 3 回）1946 年，第 8 章第 2 节“物资管制概况”；以及前引经济部报告中的有关部分。

② 据考察，专卖机关总是把贩运盐的事业委由三类机构从事：一是四大家族的“国家银行”，其次是地方官僚资本所控制的地方银行和省营企业公司或实业公司等，再次是四大家族本身或其旁系商业银行所设立的盐号或公司等。“不论他们采取那种形式，其共同的特点，就是囤积投机，操纵黑市，从而大发国难财。”（参见李建昌：《官僚资本与盐业》，生活读书新知三联书店 1963 年，第 86 页。）

③ 参见盐、糖、火柴和卷烟四种物品各自的专卖条例。

④ 参见陈宏铎：《现阶段之专卖事业与今后政策之商榷》，载《东方杂志》1943 年第 9 卷第 4 号，第 41 页。

⑤ 《财政年鉴续编》第 9 篇，第 28 页。

专卖利益的比率，食糖按收购价格的30%征收（其中5%为代征统税），卷烟按收购价格的50%征收（另再征收80%的统税）。火柴的专卖利益比率没有明确规定，是零售价格减去5%的批发利润再减去12%的零售利润之后的余数。[①] 由于火柴的批发利润和零售利润都是由国民党政府规定不能变的，而零售价格也是由财政部核定的，因此在零售价格确定后，专卖利益的多少就与压低收购价格有密切的关系。由于上述四种专卖物品在专卖方式上的不同特性，国民党政府在它们的价格问题上也有一定的区别，但有一点是共同的，那就是将收购价压低到生产成本以下：在盐上，国民党政府总是一方面尽可能地压低收购价，一方面又尽可能地抬高收购价，从中获取专卖暴利；在糖和卷烟上，虽然专卖利益是确定的，但国民党政府为了实现所谓的平价和限价，也总是尽可能地压低收购价；在火柴上，在零售价确定的情况下，压低收购价当然能够增加国民党政府的专卖收入。

盐专卖从1942年5月财政部公布《盐专卖暂行条例》开始，到1945年1月结束，共实施了三年又一个月，1945年2月恢复征税制度。盐的价格分为场价（收购价）、仓价（批发价）和零售价。虽然国民党政府在《盐专卖暂行条例》中强调盐的场价应“参照标准成本，酌加利润核定之”[②]，但实际上国民党政府在制定场价时根本就不考虑生产者的生产成本。国民党政府对盐在实施专卖之前就实行了统购。和其他统购物资一样，其收购价格不敷生产成本，如1941年12月粤西区等盐场，每担食盐收购价格为场灶商制盐成本的60－80%。实施专卖以后，收购价不敷生产成本的程度更加严重，如1943年4月自贡两场炭巴盐每引实需成本为法币33956元，而核价为11167元，核价仅为生产成本的33%；炭花盐每引实需成本27771元，核价只有8047元，核价仅为实需成本的29%；1943年8月川北区十场中等生产成本每担炭巴盐1484元，炭花盐1314元，柴巴盐1545元，柴花盐1416元，而收购价最高不过760元，不敷生产成本600－700元。[③] 收购价格严重不敷生产成本导致生产的严重萎缩。抗战时期后方产盐数量由1937年的42663千担降至1942年的21768千担，到1944年进一步降至16605千担。[④] 国民党政府三届二次参政会决议中也针对川北盐场萎缩说道，其原因“均由于官收价格过低，不敷成本”[⑤]。而盐的销售价格却惊人的高昂，一般都在收购价的8－10倍，有的甚至达20余倍。[⑥] 国民党政府从盐专卖中获取了巨额的专卖利益，

① 《财政年鉴续编》第9篇，第28、29页。

② 《盐专卖暂行条例》，载《财政年鉴续编》第7篇，第288页。

③ 参见丁长清主编：《民国盐务史稿》，人民出版社1990年，第389－390页。

④ 《中国盐政实录》第4辑，财政部盐物总局1948年，上册统计图表4。

⑤ 《国民参政会第三届第二次大会决议案》，转见丁长清主编：《民国盐务史稿》第391页。

⑥ 李建昌：《官僚资本与盐业》，第82页。

计 1943 年专卖利益（含盐税）达 16.45 亿元，1944 年猛增至 174.47 亿元，1945 年更增至 619.89 亿元。[①] 糖专卖始于 1941 年 2 月的川康地区，5 月公布《战时食糖专卖暂行条例》，对后方食糖实行全面专卖，1944 年 7 月废止糖专卖。糖价也分为收购价、批发价和零售价三等。按照专卖条例，收购价由专卖局按生产成本酌加合法利润核定，批发价由专卖局根据收购价加国家专卖利益核定，零售价由糖业公会拟定，报专卖局批准。但实际上国民党政府也在故意地压低收购价格。如 1942 年四川糖的生产成本为：白糖每百斤 1582.00 元，桔糖每百斤 732.00 元，糖蜜每百斤 432.25 元；若存放一个月，则白糖每百斤之生产成本升至 1651.61 元，桔糖升至 764.21 元，糖蜜升至 451.27 元；若存放六个月，则白糖每百斤生产成本更升至 1860.43 元，桔糖升至 860.83 元，糖蜜升至 508.33 元。而国民党政府核定的价格，白糖为每百斤 1440.00 元，桔糖为每百斤 603.00 元，糖蜜为每百斤 348.00 元，比最低生产成本也相差甚远。[②] 到 1943 年，生产成本进一步提高，6 月间白糖升至每百斤 1860.43 元（不计存放期，下同），桔糖升至每百斤 860.80 元，糖蜜升至每百斤 508.30 元，而政府的核定价则保持不变。这样，白糖的政府核定价只为最低生产成本的 77%，桔糖的政府核定价只为最低生产成本的 70%，糖蜜的政府核定价只为最低生产成本的 66%。[③] 因此，有论者说道："照政府核定价格出售，亏折甚巨，故近年糖业萎缩减产，此为主要原因。"[④] 火柴业中，国民党政府"在核定生产成本时，是以技术较好的工厂作为标准厂，对于原料耗用、成本费用都采取标准厂的水平，甚至把借款利息、机器折旧、停工损失全部剔除，因此核定的成本和收购价格都极低。"[⑤] 如西安中南火柴厂，火柴专卖公司 1943 年 10 月对其的收购价格为钟楼牌每箱 1333 元，而实际成本为 3677 元，收购价只为成本的 36%，雁塔牌每箱 2146 元，实际生产成本为 4465 元，收购价格只有成本的 48%；到 11 月，钟楼牌每箱成本上升至 4470 元，而收购价只上升为 1960 元，雁塔牌每箱成本上升为 5122 元，而收购价只上升为 2560 元；12 月生产成本有所下降，而收购价格未变，但仍只有成本的 50%左右。西安中南火柴厂当年因此亏损 138 万元，1944 年继续亏损 2087 万元。[⑥] 自实施专卖以后，西安火柴收购价格初始为阴火每箱 1460 元，阳火 2146 元；次年进行调整，阳火价格不变，阴火却降为 1333 元；1943 年 11 月调整为阴火每箱 1960 元，阳火 2560

① 《财政年鉴三编》第 7 篇，第 76 页。
② 李汉文：《现阶段四川制糖工业概况》，载《西南实业通讯》1943 年第 8 卷第 1 期。
③ 杨荫溥：《民国财政史》，中国财政经济出版社 1985 年，第 131 页。
④ 李汉文：《现阶段四川制糖工业概况》，载《西南实业通讯》1943 年第 8 卷第 1 期。
⑤ 青岛市工商行政管理局史料组编：《中国民族火柴工业》，中华书局 1963 年，第 144 页。
⑥ 西安市工商行政管理局编：《西安市私营火柴工业历史资料》，第 36 页。

元。“本省各火柴烟厂以此项收购价不敷成本甚巨，迭会商曾向该公司数度提出改善要求。”[①] 同时期四川的民营火柴厂也因工价、物料随时高涨，成本随之增高，同时受限价关系，资金周转维艰”，亏损严重。[②] 四川民营火柴厂在火柴专卖实施后不到半月，就因“估价太低，亏累甚巨，大有难以继续之势”，且有 20 余厂因此停工。[③] 而官僚垄断资本的大中华投资的火柴公司则由于被选为标准厂，确定的收购价格对他们有利，因而连年赢利。卷烟业中收购价格低于生产成本的现象也极为严重，甚至作为标准厂的官僚垄断资本南洋兄弟烟草公司也感觉到了亏本的威胁。烟草专卖局 1943 年 1 月确定的收购该公司五个牌子卷烟的价格至 9 月份也未加以变动，“而制造成本因受物价的影响则日有增高，迨最近更感亏本威胁，实已达于极短严重的程度。”[④] 该公司所出“银行牌”香烟被专卖局压价包销，拿去卖黑市，其出厂价为 35 元，而售价却达 70 元。[⑤] 虽然这反映的是官僚资本之间的矛盾，但对待官僚资本尚且如此，其他民营资本就更不待言了。有论者对国民党政府将生产条件较好的国营工厂为标准厂，并且把股本利息都排除掉，来确定对民营工厂的生产成本，以此故意压低收购价格的做法进行了指责，说道：“利用国营工厂不包括股本利息与其他财务等费用的成本为标准，作为计算民营工厂产品成本的根据，假定‘应得利润’就是社会上各种生产部门应得平均利润的话，愚以为该项物品的制造商不仅在抗战时期恐因无利润可得，而不能维持其营业，结果只得徐图结束，即承平时期是否能够达到平均利润的水平，也成问题。”[⑥] 与收购价格被大幅压低相反，专卖物品的出售价格却被大幅提高，其涨幅大于一般物价的上涨幅度。除盐的出售价已如上述外，食糖、火柴和卷烟也同样如此。以重庆来说，从 1941 年底到 1944 年底的三年中，白糖的出售价由每市担 353 元涨至每市担 14820 元，上涨了 41 倍；卷烟的出售价由每箱 24986 元涨至每箱 850000 元，上涨了 33 倍；火柴的出售家由每箱 1693 元涨至每箱 557600 元，也上涨了 33 倍。[⑦] 而同期重庆一般物价上涨幅度为 31 倍。[⑧] 专卖物品出售价上涨幅度与一般物价上涨幅度之差在桂林表现得更大，桂林《大公报》因此发表社

---

① 《西安火柴业近况》，载重庆《工商新闻》1944 年第 893 号。
② 张圣轩：《三十二年四川工业之回顾与前瞻》，载《四川经济月刊》1944 年第 1 卷第 1 期。
③ 《新华日报》1942 年 5 月 14 日第 3 版。
④ 上海社会科学院经济研究所编：《南洋兄弟烟草公司史料》第 640 页。
⑤ 上海社会科学院经济研究所编：《南洋兄弟烟草公司史料》第 642 页。
⑥ 吴立本：《专卖通论》，台北正中书局 1943 年，第 237 页。
⑦ 杨荫溥：《民国财政史》第 130 页。
⑧ 主计部统计局编：《中华民国统计年鉴》（1948 年）第 177 页。

论说“令人有专卖价格领导一般物价上涨之观感”[1]。《新华日报》也在一则短评中说道：专卖制度往往在破坏国计民生，专卖物资“虽不能例外地在跟着其他物价上涨，但如果不加统制，不作专卖，也许还不至贵到如此程度，至少也不会买不到手。”[2] 就连代表政府利益的中央银行《经济汇报》也不得不承认“专卖实施之后，专卖物品的价格非但不比现在市价低，恐怕还要比现在市价高”[3]。食糖、火柴和卷烟虽然不像盐那样直接由专卖机关直接办理而委托给承销商办理，但这些承销商大多是四大家族官僚或依附于四大家族官僚的特权商人，他们在专卖中谋取巨额私利。而除此之外的一般承销商则“往往还有许多非法的负担，这种负担有时还会超过法定之税负若干倍以上。”[4] 如广西各地火柴承销商公然将每盒 4.1 元的官价提高至 7 － 10 元，其原因是承销商向专卖公司每买进一箱火柴需额外付给手续费 1200 元。[5] 通过这些非法负担，销售利润中的大部分被政府或官僚私人所侵占。食糖、烟和火柴专卖给国民党政府和官僚私人带来了巨额利益，仅国民党政府从正式的专卖利益中就获得了巨大的报酬。1942 年，国民党政府公开宣布获得的食糖、烟类和火柴卖利益就达 31737.5 万元，其中食糖专卖利益 17138.1 万元，烟类专卖利益 10055.2 万元，火柴专卖利益 4544.3 万元。[6]1943 年，国民党政府获食糖专卖利益 48988.8 万元，烟类专卖利益 102209.4 万元，火柴专卖利益 21746.6 万元，三项合计 172944.7 万元。[7]1944 年各项专卖总收益达 440000 万元，其中烟类 360000 万元，火柴 80000 万元。[8]

国民党政府这种单纯以增加财政收入为目的的专卖政策对生产产生了严重的破坏作用。《新华日报》于 1943 年 10 月发表题为《专卖事业应加改进》的社论，说国民党政府的专卖政策包含着财政政策与社会政策的矛盾和生产成本与收购价格之间的矛盾。社论说道：“现在的专卖，显然是以财政政策为推行的主要目的，而很少计及社会政策的一方面，因之，对稳定物价、增加生产、改良品质等都似乎欠缺配合。”提出专卖“一定要注意到与目前国家经济政策——稳定物价和增加生产相配合，使财政不致在表面得到数字上的满足，而在实际支付上吃到大亏。”

---

① 社论：《论专卖》，桂林《大公报》1943 年 11 月 25 日第 3 版。重庆《工商新闻》也认为是专卖物品价格领导一般物品价格的上涨。（参见重庆《工商新闻》（重庆）1944 年第 970 号经济文粹：《浅论专卖》。）

② 短评：《统制和专卖》，《新华日报》1944 年 5 月 6 日第 3 版。

③ 李海舟：《论专卖价格》，载中央银行《经济汇报》1942 年第 6 卷第 11 期。不过他们把责任归结为一般物价的上涨带动专卖物品的原料价格和人工价格的上涨。试想，如果专卖物品价格高是由一般物价带动起来的话，怎么会出现其价格涨幅高于一般物价涨幅的情况呢。

④ 社论：《论专卖》，桂林《大公报》1943 年 11 月 25 日第 3 版。

⑤ 《论火柴专卖》，载重庆《工商新闻》1944 年第 1008 号。

⑥ 《财政年鉴续编》第 9 篇，第 38 － 39 页。

⑦ 何思眯编：《抗战时期专卖史料》，台北国史馆 1992 年，第 407、410 页。

⑧ 《新华日报》1945 年 1 月 4 日第 2 版。

而财政政策与社会政策相配合的中心就是价格问题，“按成本与合法利润规定合理收购价格的切实办法，是值得重新考虑的。”①

最后来看工矿业生产统制。正如前文中已经指出的那样，国民党政府的《非常时期农矿工商管理条例》对工矿业生产设置了严厉的管制内容。按照这个条例，民营企业基本上没有了发展空间。但是，由于当时国营工矿业还没有发展起来，而战争却日益扩大，国民党政府不得不允许和支持民营工矿业的发展。事实上，由于财力竭绌，国民党政府自始至终也没有能力完全垄断工矿业生产，特别是一个自称为继承孙中山民生主义经济政策的政权，当然不可能明目张胆地取缔民营资本的发展。《非常时期农工矿商管理条例》只不过是国民党政府心迹的一个真实写照，但也仅仅是一个写照而已。也就是说，在整个抗战时期，国民党政府都未能完全按照《非常时期农工矿商管理条例》对工矿业生产实施严厉的统制，其真实作法是允许民营资本一定程度的发展，在民营资本的发展中不断地对其加以侵蚀和掠夺，藉此不断地扩张官僚垄断资本。②

① 社论:《专卖事业应加改进》,《新华日报》1943年10月4日第2版。

② 除了上述的利用价格侵吞民营资本外,国民党政府也对民营企业进行直接的吞并和没收。国民党政府在抗战时期吞并和没收了不少民营企业，如资源委员会在抗战时期拥有的79个企业单位中，有28个是通过吞并和没收民营企业而来的。(参见陈真编:《中国近代工业史资料》第3辑，第869页。)

第十章

抗战时期民营资本的发展、衰落和国民党官僚垄断资本统治地位的确立

抗战开始后，国民党政府一方面大力推进国营工矿业建设，另一方面也在一定程度上奖励协助民营工矿事业。战争初期，国营工矿业几近全无，国民党政府决心大力推进之。经济部在一份工作报告中说道:“国营工业多为国防基本事业，战时需要至切。是以国营工厂之进行，有在加紧生产者，有在迁移者，亦有生产与迁移并行者，要皆审度战事推移形势，顾全建国基础而定其方针，竭尽人力，积极推进并由经济部责成资源委员会对于国营各厂矿，特为努力促进。”同时也强调:“政府对于民营事业，采协助与督促并施之方针，举反民间独力所感困难者，概予协助，设法排除。其遇事经处不力者，则督促其迅赴事功，俾早日达到增进战时生产树立内地建设之目的。”[①] 其协助督促的内容，主要是协助迁移、贷与资金、督促复工、购储工业材料。[②]1938 年 10 月公布《非常时期农工矿商管理条例》后，经济部的工作方针实际上并未因此而改变，除继续推进国营工矿业外，同时继续协助督导民营工矿业的发展，协助督导民营企业的内容除协助迁移、贷与资金、督促复工、购储工业材料外，还增加了协助建设民营基本化学工业。[③]1938 年 12 月，国民党政府又公布《非常时期工矿业奖励暂行办法》，对此前的工业奖励法进行了重大的改进，主要是增加奖励办法和降低奖励标准。在奖励办法上，由原来的五项增加为九项；在奖励标准上，将原来的实收资本 100 万元修改为凡国人在后方所办有关国防民生之重要工矿业，实收资本已达必要数目，即可呈请奖励。[④]1940 年 11 月又公布了《奖励工业技术暂行条例补充办法》，在原来战前规定的受奖者得享受专利权十年或五年的基础上，增加两款奖励办法，即（1）中华民国人民研究机械化学之物品或方法，有发明或创作之具体计划及图式，确

① 《经济部工作报告》1938 年 9 月（油印本），向第一届参政会第二次大会提出，第 9、12 页。

② 同上书，第 12 － 14 页。

③ 详情参阅《经济部工作报告》1939 年 1 月，J106、密件 69 号，第 11 － 22 页。

④ 《非常时期工矿业奖励暂行条例》1938 年 12 月 1 日公布,《中华民国法规辑要》第 10 编第 115 － 119 页。

有成功希望者，经核查后得由经济部指定所属研究试验机关厂场，予以试验之便利；(2) 前项审查合格之呈请人，在实验期间，如有生活困难，经济部得给以半年或一年以上之生活费。[1] 国民党政府还先后公布了《特种工业保息及补助条例》、《经济部小工业贷款暂行办法》、《经济部工矿调整处审核厂矿请求协助借款补充原则》等法规。[2] 国民党政府自称道："以上各种法规之修订，可以表示政府对于建国最重要之经济建设工作，希望人民自动奋发，出钱出力，以完成此艰巨之大举。政府则用种种方法对于人民举办之事业，加以协助，俾人民因得政府之奖励，更加努力，向前迈进，从事建设，以裕民生。"[3]1939 年初，经济部回复国民参政会第二次大会对于经济报告的决议案时说道："本部过去对于后方已具规模之民营事业，不仅避免收归国有，且出力出资尽量协助其发展，曾于上年拟具《非常时期工矿业奖助条例》草案呈请公布……，今后更当本此方针继续办理。……本部所办事业，无论与人民合营或纯由政府经营之各种工业及电厂，均系秉此方针（指民间不能经营之事业，政府应自行举办）办理，且于草拟或制定各种国营事业管理法规中，亦均以人民不能举办为国营事业之主要范围。"[4]1941 年下半年，经济部更进一步明确了国营民营事业的基本标准。经济部在工作报告中说道："政府方针，对于民营事业极为看重，绝无轻视之意，但因直接关系国防，需要迫切，而经营建制较为繁重，则由政府力量促其成功，以期早见功效，或对于若干基本事业，先由政府用力奠定基础，使其他民营事业发展较易，藉以达到工业化之目的。此为国营事业之基本意义。"根据该报告，国民党政府确定国营事业的标准为：(1) 就有关国防之基本矿业及工业，创建新式设备及组织规模，以奠立国防工业之基础；(2) 就后方重要工业区域设立动力工厂，以公平价格供给电力，使工业化计划得以开始推动；(3) 就后方重要富源如煤、铁、油、钨、锑、汞等类，认真建设，以期增加生产，提高品质，使可内增供给，外利贸易；(4) 凡重要物品尤为抗战时代所必需者，如工业机械、电工器材、酒精、油、碱等，各有新式制造基础，以提高自给力量，而减少外购数量。对于民营事业的标准为：(1) 引导并奖助民间资力，用于正当生产事业，而禁阻或尽量避免此项资力为投机操纵扰乱市场之行为；(2) 促进民营正当事业之合理利润，而禁阻其过分高利及居奇垄断等行为；

---

① 《奖励特种工业技术暂行条例补充办法》1940 年 11 月 20 日公布，载《中华民国法规辑要》第 10 编，第 135 － 136 页。

② 《特种工业保息及补助条例》1938 年 5 月 3 日公布，《经济部小工业贷款暂行办法》1939 年 2 月 25 日公布，《经济部工矿调整处审核厂矿请求协助借款补充原则》1940 年 1 月 20 日公布，均见《中华民国法规辑要》第 10 编。

③ 《经济部报告》1940 年（油印本，月份不明），参报 11 ／报 26、密 39，第 2 页。

④ 《国民参政会第二次大会决议各案经济部办理情形报告》（油印本），密件第 109 号，第 28 页。

(3) 在每一时期中就经济建设及时代需要着想，指出亟待生产之物品，尽先协助并督促生产，以裕供应；(4) 政府对于民营事业于辅导奖助之中，即寓监督管制之意，其能指导纳之轨物。国民党政府还要求省营事业应尊重中央法规，并以不与民争利为原则。报告说："国营事业与民营事业，方式虽有不同，实皆为全国经济之主要成分。故政府方针，务使相辅相成，而不使倾挤致害，并盼主持事业之人员亦皆能体国公忠，同心进取。"①

从上述论述来看，从1938年的《非常时期农工矿商管理条例》到1941年国营民营事业新标准，国民党政府对于工矿业生产政策经历了一个几乎不与民营资本留下多少空间到支持民营企业的发展，实行国营民营并重的转变。或者更准确地说，1938年的《非常时期农工矿商管理条例》从公布之日起，就未能获得实施，它虽然反映了国民党政府的内心思想，但由于政府财政竭绌而不可能得到实施。迫于抗战和后方经济建设的需要，国民党政府不得不支持民营企业发展，采取国营民营并重的方针。在国营民营范围划分上，强调国营事业注重有关国防的基本工矿业，以及电力、自然资源、工业机器和原材料的生产和开发，但没有明确规定禁止民营企业涉足这些行业，甚至还支持民营企业进入这些行业。可见，国民党政府抗战时期的工矿业政策甚至比抗战前的十年间还要宽松。这也是国民党政府面对时局所作出的不得已的让步。但是，国民党政府并无意放任民营资本的发展，而是"于辅导奖助之中，即寓监督管制之意"。也就是说，国民党政府对于民营企业的辅导奖助，是要贯彻政府的意图的。"抗战期中，政府对于民营工矿事业，调整支配颇费苦心，虽未开严格统制之名，实已呈切实监理之象。"②

根据上述方针与精神，国民党政府在辅导、协助和支持民营企业上也确实做了不少有益的事情。而主持这些事情的机构，则是经济部工矿调整处。③归纳起来，在工矿调整处主持下，国民党政府对民营企业的协助主要做了以下几方面的工作：

一是协助疏建。自1937年11月起，国民党政府即督促战区厂矿积极内迁，当时上海及沿江下游各埠厂矿即陆续将机器拆迁内地。截至1940年，由国民党政府指定并奖励迁到后方的民营企业共达452家，运送各类机器设备共12万吨，由政府出资迁入内地的技术人才达12万多人。④至1941年低，内迁厂矿共639家，其中得到国民党政府协助与资金援助因此得以尽早复工的，有472家，其中钢铁

① 《经济部工作报告概要》1941年（下半年，月份不明，油印本），参报14／报35、密49。

② 《经济部工作报告概要》1941年（下半年,月份不明,油印本),参报11／报26、密39,第1之5页。

③ 工矿调整处的职责是:(1)工矿资金的筹措协助,(2)工矿材料的供需调剂,(3)工矿设备的迁移补充,(4) 工矿建筑的规划协助，(5) 工矿动力的调剂供应，(6) 工矿物品的运销分配，(7) 工矿调整的其他事项。(《经济部工矿调整处规程》，载《经济部公报》1938年第1卷第3期。)

④ 《经济部的战事工业建设》，载《资源委员会公报》1941年第1卷第2期。

工业1家，机器工业196家，电器工业14家，化学工业41家，纺织工业76家，饮食品工业29家，教育用品工业68家，矿业3家，其它44家。[①]

二是协助资金。协助民营企业资金的方式有保息、补助、给予奖金、贷款、投资、担保借款和定货贷款等7项。保息、补助和给予奖金均系按照《特种工业保息及补助条例》和《非常时期工矿业奖助条例》的规定所给予符合条件的厂矿奖助，数量极少。至抗战结束，被核准保息者，计有永利化学工业公司等数家，核准给予补助者，计有华中水泥公司、妇女指导委员会、松溉纺织厂及西康、湖北、湖南的部分工厂。贷款分为6类：(1) 迁移贷款，系为协助内迁厂矿所需机器运费及技工旅费之用，可分三年归还；(2) 建筑及增加设备贷款，系为协助各厂矿建筑厂房及添购机器之用，期限为3－5年；(3) 营运资金贷款，系为协助各厂矿购买原料、发付薪资及一般管理费之用，期限为六个月至一年；(4) 复工贷款，系为协助各内迁厂矿复工之用；(5) 招募技工贷款，系为协助各厂矿招募技术工人之用；(6) 疏建及保护工程贷款，系为协助各厂矿筹集分厂及建筑防空与保护工程之用。投资就是与民营企业投资合办，工矿调整处把它作为协助民营企业资金的方式之一。担保借款系工矿调整处转请四行给予贷款，多为长期长期贷款，以原材料或成品为地域。定货贷款即工矿调整处于收购各厂矿成品时预付一部分定金，以利周转。[②]计1937－1944年的8年间，工矿调整处向民营企业发付的各项贷款、投资及担保借款累计85391.4万元，年均10673.9万元（见下表2）。[③]其中迁移贷款676.8万元，年均84.6万元，建筑设备贷款11704.1万元，年均146.8万元，营运资金贷款7369.5万元，年均921.2万元，疏建与保护工程贷款1029.1万元，年均16.1万元，贷款合计26146.7万元，年均3268.3万元，事业投资32016.7万元，年均4002.1万元，担保借款81001.6万元，年均10125.2万元。担保借款的资金出自四行，八年中不过8亿余元，实属不多。在贷款和投资中，投资额大于贷款额，说明国民党政府在贷款和投资中，更倾向于投资。这是因为

① 行政院编：《国民政府年鉴》，“中央之部”第7章115－116页。

② 参见齐植璐：《十年来之中国经济建设》，载谭熙鸿主编：《十年来之中国经济》下册，第V58页。

③ 经济部统计处编：《战时经济动态辑要》（油印本），第44页。

通过投资可以控制民营企业，更好地实现对民营企业的统制。[①]若以行业来划分，则化学工业所获资金最多，为24028.4万元，其后依次为公用事业13094.9万元，机械工业12101.9万元，纺织工业6495.2万元，钢铁工业6251.1万元，煤矿业5583.3万元，电器工业2827.7万元，教育用品工业759.0万元，食品工业451.2万元。[②]

表2　工矿调整处历年各项贷款投资及担保借款累计余额（单位：万元）

项别	1937年	1938年	1939年	1940年	1941年	1942年	1943年	1944年
贷款合计：	2.7	440.8	662.4	143.7	2016.3	2514.0	4952.5	15414.2
迁移贷款	2.7	116.2	92.6	60.9	15.4	57.9	56.8	6456.9
建筑设备贷款		172.8	256.8	671.7	973.2	1610.8	2937.4	5081.3
复工贷款		15.9	4.3	405.2				
营运资金贷款		3.8	13.3		659.2	595.4	1800.6	3892.0
招工贷款			0.15	4.2	4.2	2.2	2.2	
疏建保护贷款				222.5	364.1	247.8	150.6	44.0
其他贷款		13.3	17.5	67.1				
事业投资：		17.6	387.7	742.8	1087.8	7395.9	6293.8	16091.1
担保借款：		496.0	499.6	1021.0	2515.0	5985.0	70485.0	
总计：	2.7	898.4	1544.2	3195.5	5619.0	10894.9	31731.3	31505.3

注：各贷款项目相加后数字与贷款合计数字有一定出入，系原文有误。

① 通过投资来控制民营企业是国民党政府的一项重要策略，许多民营企业因渴望获得资金而接受国民党政府的投资，因而被国民党政府所控制。通过投资而为工矿调整处所控制的著名民营企业如中国兴业公司、中国电力制钢厂、滇北铜矿、宣明煤矿公司、明良煤矿公司等，龙章造纸厂甚至因官股占优而被改名为中央造纸厂。（参见许涤新：《论战时中国的民族工业》，载《新华日报》1943年4月23日第3版。）有人否认国民党政府对民营企业投资是为了控制民营企业，而认为是对民营企业的支持，并以资源委员会与民营天府煤矿的合资经营为例，认为天府煤矿在与资源委员会的合资中获得了很大的利益，在抗战结束后，资源委员会就退出资金，天府煤矿又成了私人资本企业。（郑友揆、程麟荪等：《旧中国的资源委员会——史实与评价》，上海社会科学院出版社1991年，第120－121页。）这种论点与事实有很大出入。天府煤矿在资源委员会投入资金改组为“新天府”后，确实受到国民党政府的特别照顾，如“通过贷、借、垫、拨款等各项名目，不断给予天府大量资金”，可以说是“予取予求、俯拾即得”。新天府自成立到1944年的六年中，共取得贷、借、垫各款达4亿多元。但是，新天府已被资源委员会完全控制，其经营权完全掌握在资源委员会的孙越崎手中，原天府的黄云龙虽担任协理，但“他在公司内长期被压抑、歧视，不仅不能过问公司的事情，甚至连办公桌都没有为他安设。”“天府的命运完全也就掌握在国民党官僚的手中了。”资源委员会在控制了天府煤矿之后，就通过燃料管理处的“销售分配权”而不费事地对重庆的煤炭市场进行垄断，“重庆各大型工矿企业的煤炭供应，几乎均为天府所垄断。”（文集成、章体功：《官僚资本主义的天府煤矿》，载《四川文史资料》第9辑。）抗战胜利后，资源委员会之所以退出天府煤矿，并不是他们开始鼓励私人资本的发展，而是因为收复区有大量的敌伪资产需要接收，无暇顾及。资源委员会自己称：战事结束以后，“收复区内有待本会接办事业种类既多，规模亦大，若再维持后方零星事业，财力人力均感不足，……故不得不早事收缩，以免日后之累。”（《资源委员会关于战后办理后方工业建设紧缩概况及今后建设方针》，载中国第二历史档案馆编：《中华民国史档案资料汇编》第五辑第三编财政经济（四），江苏古籍出版社2000年，第71页。）资源委员会“将其矛头移向收复区，大量接管华中、华东、华北、东北之敌伪大型厂矿，对于战时后方的企业，兴趣不浓。”对于天府煤矿，“因各方面均投有资金，资源委员会乃决定任其‘自行经营、自行维持’。”（文集成、章体功：《官僚资本主义的天府煤矿》，载《四川文史资料》第9辑。）

② 经济部统计处编：《战时经济动态辑要》（油印本），第44页。

另外，工矿调整处还对小工业进行贷款，贷款以实收资本 5 万元以下 1 万元以上的纺织、造纸、金属制炼、化学陶瓷、农业制造等工业为对象，凡产品能供应军需及民生必需或运销国外、原料大部分为国产、能用现代方法或改良之土法、营业上有发展前途、有新发明或新意匠创作等条件，均可请求贷助。计 1939 －1942 年的 4 年间，共有 100 家小工厂，获得 205.6 万元贷款。①

三是供应器材。工矿调整处为接济各厂矿器材起见，于 1939 年 3 月成立材料库，并向国内外购运各种五金及化学器材。1942 年因缅甸战事逆转后，国际路线阻断，国外购运，殊属不易，于是采取三项补救办法：(1) 凡重量较轻而需用较急的外国器材，仍由工矿调整处设法积极购运，供应民营厂矿；(2) 奖励国内自行制造各种代用物品；(3) 向国内优良器材制造厂定制器材，由工矿调整处拟定规格，预付定金，购买后核售民营各厂。计自 1939 年至 1944 年的六年间，工矿调整处向民营厂矿核售工业器材价值 56360.5 万元，其中 1939 年 149.6 亿元，1940 年 598.8 亿元，1941 年 767.7 亿元，1942 年 7636.8 亿元，1943 年 10360.4 亿元，1944 年 41847.2 亿元。②

四是技工训练。各厂矿内迁后，技工缺乏成了影响生产的一个重大问题。国民党政府决定帮助培训技术工人。1940 年 9 月开始筹备技工训练处，10 月组成，初始隶属于国防工业委员会，1942 年国防工业委员会改组为中央设计局工业设计委员会，技工训练处也随之改隶。1943 年 2 月改隶经济部主持技工训练事宜。服务对象包括国营民营及国立大学实习工厂，训练种类分特别、普通、速成三种。特别技工训练期为三年，由兵工署指定工厂训练；普通训练期两年，面向国营工厂及国立大学实习工厂；速成训练期一年，面向民营工厂。计 1940 年 10 月至 1945 年 12 月共训练五期，训练技工 12756 人。③

五是奖励技术。这是根据《奖励工业技术补充办法》之规定，对发明创造的一项奖励。根据该办法，关于物品或方法首先发明者，给予专利权五年或十年的奖励；关于物品之形状构造或装置配合而创作合乎实用之新型者，给予专利权三年或五年的奖励；关于物品之形状色彩或其结合而创作适于美感之新式样者，给予专利权三年的奖励。计自 1938 年至 1945 年，首先发明类获五年专利者 206 件，年均近 26 件，获十年专利者 74 件，年均不到 10 件；创造新型类获三年专利者 254 件，年均近 32 件，获五年专利者 389 件，年均近 49 件；创造新式样类获专

① 经济部统计处编：《战时经济动态辑要》(油印本)，第 45 页。
② 经济部统计处编：《战时经济动态辑要》(油印本)，第 45 页。
③ 经济部统计处编：《战时经济动态辑要》(油印本)，第 46 页。

利三年者 2 件。[1]

从上述国民党政府对于民营企业的援助和协助的各项内容来看，国民党政府对于民营工矿业支持的力度是非常弱的。在协助内迁上，国民党政府只协助了 472 家厂矿，还有 167 家厂矿未获得协助。而且从工矿调整处迁移贷款上看，在最重要迁移期的 1937 － 1940 年，其贷款数额只有 272.5 万元，在 472 家厂矿中，平均每厂矿只有 5773 元。从资金协助上，抗战八年中，工矿调整处对民营企业的贷款平均每年只有 1 亿余元，尚不及对民营企业的所谓投资多。国民党政府更倾向于投资而不是贷款，显然是要扩大对民营企业的控制。在供应器材上，国民党政府在 1939 － 1944 年的六年中共销售供应器材 56360.5 万元，平均每年不到 1 亿元。而且，专门负责协助民营企业的工矿调整处在向民营企业提供器材的同时，却还向本身具有向外购运器材业务的资源委员会和兵工机关提供器材，六年中，工矿调整处共向资源委员会和兵工机关提供器材 7887.7 万元。[2] 这显然是对民营企业应得器材的挤占。另外的训练技工和奖励技术，都是一种不很重要、力度很轻的协助。所以，有论者代表民营企业家表示了强烈的不满："我们期望工矿调整主管当局改变漠视民营工业的心理。调整民营工矿业，本为经济部工矿调整处之主要任务，但各地主管当局，往往漠视民营工业，特别对于中小工业存在着不屑协助的心理。"[3]

但是，无论如何，国民党政府已经放弃了《非常时期农工矿商管理条例》中规定的对民营企业的种种限制，并未有意地为民营企业设置障碍。特别是在抗战时期，尤其是抗战前期，除石油及其制品外，国民党政府不仅不限制甚至还鼓励民营资本投资重化工业，致使民营资本在重化工业领域获得了较大发展。据经济部民营重要工厂登记，自 1938 年至 1942 年，后方各类民营工厂数占第一位的是化学工业，共有 847 家，其次是机器工业，有 812 家，第三是纺织工业，有 624 家，第四是食品工业，有 231 家，第五是冶炼工业，有 172 家，第六是电器工业，有 82 家。[4] 此后，随着国营重化工业的发展，民营重化工业与轻纺工业相比有所退缩，但在资本额上仍占优势。据统计，1944 年民营资本在冶炼、机器、五金、

---

① 经济部统计处编:《战时经济动态辑要》(油印本)，第 47 页。

② 经济部统计处编:《战时经济动态辑要》(油印本)，第 45 页。

③ 作者还示例道，桂林市大小工厂 112 个单位，其中民营资本占全市工业资本总额 16.19%，厂数 88 家，占工厂总数 18.58%，其中至 1941 年底向经济部工矿调整处以及经由该处介绍而向四联总处先后借得迁移、添建、购料等贷款者，只有 9 家，全部贷款额 63 万余元。文章说道："比之于桂林市公营工厂之动辄可以向四联总处商借或向银行透支数百万元者，其资金获得之难易，相距诚不可以道里计。"(秦柳方:《论工业贷款》，载重庆《中国工业》1942 年第 4 期。)

④ 翁文灏:《中国工商经济的回顾与前瞻》，载桂林《新工商》1943 年 7 月创刊号，《资源委员会公报》1943 年第 5 卷第 2 期转载。

电器、化学五大行业的资额占资本总额的60%以上。[①] 也就是说，抗战时期民营工业竟是以重化工业为主的。从历史的实际来看，自抗战爆发到1941年间，我国后方的民间私人资本是获得较大的发展的。其中的原因是有多方面的，譬如战时后方经济中没有帝国主义的压迫、战时经济对物资的巨大需求、全国各地资金和物资向后方的流动和集中等等，但是，其中的一个重要原因是在1941年以前，国民党政府在后方还没有能够确立官僚垄断资本在产业领域的垄断地位，为了抗战和维持后方人民的生活必需，国民党政府不得不依靠和支持民间私人资本的发展，甚至在重工业（包括兵器工业）上也不得不依赖民营工业。国民党政府的基本策略是在民营资本的发展当中，采取相应的金融、税收和产业政策，一方面逐渐地对民营资本进行侵蚀和掠夺，同时大力发展国营资本，最终确立官僚垄断资本的统治地位。

表3　抗战时期后方工矿业主要产品产量

产品	1938年	1939年	1940年	1941年	1942年	1943年	1944年	1945年
电力　千度	73622	91494	111931	127302	136850	146437	154220	196695
内民营	69621	81895	100828	112997	112217	111292	102093	125885
煤　千吨	4700	5500	5700	6000	6314	6617	5502	5238
内民营	3995	5060	5164	5064	5133	5046	4127	3928
生铁　吨	52900	63730	45000	63637	96000	70000	40134	48495
内民营	49832	57837	39825	53964	71328	34300	17658	17070
钢　吨	900	1200	1500	2011	3000	6800	13361	18234
内民营	720	840	885	921	570	564	1069	656
特种矿产　吨	40392	38903	39109	39437	31994	17741	10730	4347
内民营[①]	26816	22993	21533	19421	14328	6026	2571	186
石油　吨	75	559	1662	12879	60888	67035	75723	72336
内民营	0	0	0	0	0	0	0	0
代用油　千加仑	0	40	460	1110	2010	3660	1800	3720
内民营	0	20	20	723	1134	1675	794	1488
机器电器　万元	567	1418	2214	3531	4071	4176	3465	2891
内民营[②]	472	995	1374	1814	1832	1830	1367	987
水泥　吨	21498	48794	50479	25429	39843	35088	40644	42230
内民营	21489	48794	50479	25429	39763	34842	35767	35895
酸　吨	272	198	595	685	1006	1007	1193	600
内民营	272	198	589	671	905	876	1014	492
碱　吨	520	940	1486	2079	2263	3251	6101	3242
内民营	520	940	1456	1954	2127	3023	5613	3089
酒精　千加仑	304	812	4590	6157	9352	10715	10731	16222
内民营	228	520	3213	4495	5835	5893	6167	9408
机纱　件	24515	27451	29518	111500	114100	116681	145000	69200
内民营	18386	17843	16234	49060	40040	41538	46400	19376
棉布　千匹	1400	1570	1684	2623	2797	2334	2066	1663
内民营	1274	1382	1443	1967	1947	1484	1446	1114
火柴　箱	12000	12000	14000	19000	26000	24000	33000	22000
内民营	11400	11400	13160	15770	22620	19920	26400	16720

注：①特种矿产包括钨、锑、锡、汞、铜、铅、锌七种统制产品，总产量和民营企业产

① 李紫祥：《大后方的民营工业》，载《经济周报》1946年第2卷第7期。

量均为各种产品产量的合计；②机器电器产品包括工具机、作业机、动力机、发电机、发动机、电动机、交换机、电子管、变压器、收发报机、电子管、灯泡、电池等，因单位不同不能直接相加，故换算成产值后再合计，单位万元。由于产值系按1933年不变价格计算而得，故产值的变化完全反映产量的变化。

表3是1938－1945年民营工矿业中能够作为其标志的主要产品的历年产量情况。[①] 首先，我们可以从表中看出，在抗战开始后的头两年，除了石油以及代用油以外，包括电力、钢铁、化学和机器工业的几乎所有种类的工矿产品，都主要是由民营企业生产的，有的甚至全部都由民营企业生产（如水泥、酸、碱等）。正如在前面已经分析指出的那样，这是因为在抗战前十年中，国民党政府把主要精力集中在金融领域，集中在建立官僚垄断金融资本上，而对工矿领域还未来得及插手，只不过由全国经济委员会、建设委员会、国家银行及后来的资源委员会对建立官僚垄断产业资本做了一些初步的工作。迁渝以后，国民党政府才在资源委员会的主导下，开始大规模地建设工矿事业。国民党政府的国营工业要在1940、1941年以后才开始大规模的出产产品。在抗战的头几年，民营企业是抗战和后方经济建设的主体力量。民营企业不仅提供经济建设和人民生活必需的产品，初始还以为前方部队提供武器和军需产品为主。如至1938年4月，内迁各厂复工者已有66家，复工仅一、二个月，其兵工器材军需用品之产量总值已达170余万元，其中兵工类35万余元，军需类28万余元，防毒消防类36万余元，交通用具类67万余元。至1938年底，迁至内地复工者，计四川54家，湖南18家，其他省区9家，“均以军需用品之制造为其主要工作”，产品价值400余万元，其中兵工器材类200万余元，军需用品类100万余元，防毒消防类36万余元，交通用具类91万余元。[②] 随着国营企业不断建成和投入生产，民营企业各类产品产量占后方工矿业产品产量的比重也开始逐渐缩小。民营企业产量在后方主要工矿产品产量中所占的比率，电力1938年为90%，至1942年减至62.4%；煤1938年为85%，至1942年减至81.3%；生铁1938年为94.2%，至1942年减至74.3%；钢1938年为80%，至1942年锐减至19%；统制矿产1938年为66.4%，至1942年减至44.8%；机器电器1938年为83.2%，至1942年减至45%；水泥1938年为100%，至1942年略减至98%；酸1938年为100%，至

① 参见吴太昌:《抗战时期国民党国家资本在工矿业的垄断地位及与民营资本的比较》，载《中国近代经济史研究》1987年第3期；《国民党资源委员会垄断活动述评》，载《中国近代经济史》1986年第3期。原根据国民党政府统计部编《中华民国统计年鉴》(1948年)，并参照经济部工矿产品统计及经济部、资源委员会有关档案综合整理而成。

② 中国第二历史档案馆:《抗战初期民营工矿辅助军需生产的一件史料》，载《民国档案》1986年第3期。

1942 年减至 90%；碱 1938 年为 100%，至 1942 年减至 94%；酒精 1938 年为 75%，至 1942 年减至 62.4%；机纱 1938 年为 75%，至 1942 年减至 35%；棉布 1938 年为 91%，至 1942 年减至 69.6%；火柴 1938 年为 95%，至 1942 年减至 87%。

其次，我们从表中还可以看出，民营工矿业企业绝大多数产品的产量在 1942 年达到了最高峰，自 1943 年产量开始转为下降；钢、机纱和棉布三项产量 1941 年就达到顶峰，自 1942 年即开始下降；生铁和代用油两项以 1943 年为顶峰，1944 年开始下降；只有碱和酒精两项是一直增长的。也就是说，自 1942 年前后开始，后方民营工矿业从总体上出现了衰退的趋势。有论者对抗战时期后方主要产品（表 3 中的产品加上汽油、煤油、柴油、润滑油、机制纸和面粉）按 1933 年不变价格计算成产值，得出结论：若以 1938 年的产值为 100.0，抗战时期后方总产值指数至 1942 年达到顶峰，为 213.5，比 1938 年增长 1 倍余，此后逐年下降，至 1945 年降至 166.5；民营工矿业产值 1941 年 155.9 为顶峰，比 1938 年增长 56%，1942 年略降为 154.3，至 1945 年降为 102.4，几与 1938 年相等；公营（包括国营和省营）工矿业产值增长迅速，至 1943 年增长至 477.4，比 1938 年增长了 3.8 倍，1944 年开始下降，1945 年为 405.4。[①] 由此可以看出，民营工矿业自 1942 年总体上出现了衰退，并带动着后方工矿业从 1943 年开始下滑，1944 年国营工矿业也出现衰退，后方工业生产自 1944 年出现了全面衰退的倾向。

1943 年 12 月 17 日，经济部长翁文灏在国民党中宣部举行的记者招待会上坦言后方工业出现了困难。他说："自抗战开始以后，吾国后方工业在民国二十七年至三十年之间，新厂繁兴，产额骤增，始呈突飞猛进之势。至三十年下半年，因物价续涨，工业已渐见疲倦，嗣是实际困难与年俱进，全赖热诚人士不畏艰苦，认真努力，刻苦奋勉，精益求精使工业生产尚能继续支持，以充实对敌抗战之力量。"他在将 1943 年的生产情况与 1942 年相比较后把后方工业划分为三种类型：一是产量继续增长者，如烟煤、汽油、柴油、代用油、钢（国营工厂产量大增，民营工厂产量则锐减）等产品属此类，二是产量与上年相去无多尚能维持者，如酒精、煤油、生铁、水泥、烧碱、纯碱、盐酸、火柴、机制纸和电力等属此类，三是事业尚在、产量也可维持，但实际上销路减少、生产过剩、资金短绌、维持实已不易者，主要存在于民营企业中，如四川省内之钢铁、川滇湘桂之机器两业。他说，钢铁和机器皆为生产资料中之主要物品，"销路之困难独多"，而消费资料如棉纱、毛呢、火柴、水泥、纸张等都能够继续相当的生产，化学工

① 吴太昌：《抗战时期国民党国家资本在工矿业的垄断地位及其与民营资本比较》，《中国经济史研究》1987 年第 3 期。

业也能继续维持。[①]当然，翁文灏在这里所说的情况是包括国营企业的整个工业的总体情况，而民营企业所遇到的困难远比国营工业要大，此时实际上已进入全面衰退的境地。

对于1942年以后后方以钢铁和机器业为主的民营工业所遇到的困难，许多报刊都作了不少报道和评论。关于钢铁业，桂林《大公报》说：近一年来“民营土炉纷纷停闭，公营机构亦无法展开销路，长此拖延，后方钢铁事业之基础行将动摇。”[②]《新华日报》则发表《从挽救钢铁业说起》的社论，将钢铁业的困难归纳为三个方面。“第一是产品的价格，未能随其他物价和税率之升腾而平行升腾；第二是流动资金不够；第三是销路不畅，成品停滞。”[③]有论者进一步把钢铁业的困难归纳为五个方面：一是炼钢的技术仍显不够，二是生产设备不够，三是原料供应困难，四是产品销售呆滞，五是资金不够运用。[④]关于机器工业的困难，重庆《大公报》报道“机器工业急待救济”，说“机器工业生产，近数月来多陷于停顿或半停顿状态。机器工业各厂家近联合商讨并拟具机器工业现状救济纲要，呈请有关当局，希望政府拨厂专款救济，并改善工贷方针，发展机器纲工业。”[⑤]《中国工业》发表文章说：“以前机器工业以时势及环境关系相当繁荣，为年来因工业不景气，机器工业首当其冲。本年二三月间（重庆）各区工厂已渐有停工歇业者，至六月底止，调查确实倒闭者已达42家。六月以后，险象更著，……估计目前全体工厂，正式非正式停工者，总数已在50%左右。”[⑥]《新经济》则发表文章说：近来“机械成品滞销，订制预货者寥寥，各厂工作，时虞停顿，业务日渐萧条，同业竞争，日趋激烈，价格率多低减至无利可图之程度。”此种现象“自去年底开始，迄今已有极显著之迹象。全国各地，均无例外，而重庆区，且为更甚。”文章并指出机器的停滞衰退之所以更甚于其他一般工业，原因在于其为基本工业，因而受其他一般工业出现停滞而订货减少的不利影响。文章说道：“比年国家预算紧缩，政府对新兴事业，颇少举办，机械工业遂不能自政府机关或国营事业获得大量订货，致其他有关联之各种工业，亦均受影响。而机械工业又系基本工业，与各种工业，关系均极为密切，各工业所受影响，又复波及机械工业，是以所受之影响，亦为最大。”[⑦]也就是说，其他行业的衰落大大减少了对机器的订货，导

① 翁文灏：《后方工业现状》，载《中央日报》1943年12月18日第3版。
② 桂林《大公报》1943年9月6日第2版。
③ 社论：《从挽救钢铁业说起》，《新华日报》1943年9月8日第2版。
④ 龙季子：《目前炼钢业的困难》，载《新华日报》1943年10月28日第3版。
⑤ 重庆《大公报》1943年12月9日第3版。
⑥ 薛明剑：《重庆民营机器工业之危机及救济方法》，载重庆《中国工业》1944年第23期。
⑦ 周茂柏：《机械工业当前之困难及其改进办法》，载《新经济》1943年第9卷第1期。

致作为母业的机器工业出现更严重的困难。机器工业的这种基本工业性质，当然也是钢铁工业所共有的。贵州企业公司四川区工矿参观团1943年底的调查报告则反映了四川民营工业的总体状况。报告称四川实际工业生产力仅达到应有生产力的1／2甚至1／5。报告列举几家规模较大的工厂平均每月实际生产力占应有生产力的比率为：裕华纱厂66%，申新第四纺织公司蓉厂33%，四川丝业公司第一厂42%，四川水泥厂50%，建川电仪公司15%，犍为焦油厂20%，永利化工公司油厂完全停产，四川酒精厂30%，中国兴业公司57%，天府兴业公司75%,南洋烟草公司36%。[①]《工商新闻》则呼吁“抢救工业危机”:“自卅（1941）年下半年起，后方工矿业之发展，进入了一个严重的阶段；假如我们用‘危机起伏’来形容它，也不为过。抗战最初两三年的产业蓬勃一时的发展机会，已经过去了，继之而起的，是新设工厂数目的减少，和旧有各厂的出顶和合并，其所能勉强维持努力挣扎的，也大都削减再生产的规模。”[②]

抗战时期后方工业生产从1943年开始总体上出现了下滑，是由民营工矿业的衰退带动的。那么，为什么民营工矿业从1942年前后就开始衰退了呢？这是一个值得深究的问题。

促使1942年后民营工业出现停滞和衰退的原因是多方面的，归纳起来，主要有以下几种。

一、流动资金不足严重限制民营企业的再生产。

导致民营工业流动资金不足的根本原因是日益严重的通货膨胀。由于物价的恶性膨胀，民营工厂每经一次生产过程，其产品销售之后所得的价款都不能再以之作同样规模的再生产,因此,每经历一次生产,企业的流动资金就短少一次。“无论消费者或生产者只要手中存有现款、存款、货款或证券，当物价继涨时手中现款的购买力自须减少。当物价上涨率超过利率，则证券或银行存款之所得，其购买力亦将减低。所以生产者与消费者即使要维持原有的生产或消费规模，也常会

① 中国工业经济研究所编:《工业经济参考资料》1944年第6号《四川工矿业调查》,第1、7－9页。抗战时期后方的工矿业主要集中在以重庆为中心的四川省。据经济部民营重要工厂登记，至1942年，四川集中了1341家工厂，占2807家登记工厂的近一半（而1341家企业中又有781家集中在重庆），其次为湖南省508家，再次为广西和陕西，分别为264家和233家，江西省108家，其余省份均多者只有70余家，少者只有十几家，有的只有五六家。（参见翁文灏:《中国工商经济的回顾与展望》,《资源委员会公报》1943年第5卷第2期，第135页。）四川是战时后方工业的中心，而重庆又是四川的工业中心。四川和重庆当然也是后方民营工业的中心。“重庆是抗战以来，后方民营工业最发达的一个区域。各工厂在数量上，约占全后方民营工厂总数26.4%，后方较大的民营工厂，差不多80%以上在重庆。”（参见建子:《近年来重庆民营工业之动向》，载重庆《中国经济》1944年第2卷第2期。）因此，以重庆为中心的四川民营工业的困难实际上就是后方民营工业的普遍困难。

② 《抢救工业危机》，载《工商新闻》1944年第1002号。

感到资金的短拙。”[①] 因此，资金短绌不仅存在于个别民营企业，也不仅存在于民营企业的某些行业，而是所有民营企业的普遍现象。成都工业考察团以其实际调查情况说明了通货膨胀导致资金短绌的缘由：在抗战初期，物价高涨曾给工商业发展带来较大的益处，但是，“殆物价涨度愈剧且久，操奇计赢之商场固得利如故，而工业则受兹影响乃成江河日下之势。盖工业有一定之生产过程与时间，原料之涨价往往较制成品为速。以致出售制品之所得，已不能购回所需等量之原料。周回数四，帐面之币额虽增，而实际之物资已减，夙昔所备之流动资金，逐渐贴入，犹告不足。故各厂无有不感资金之短绌者。”[②]

以冶炼业而论，有论者以五吨热化铁炉和一吨贝色麻钢炉为例，指出资金短绌、周转困难是冶炼业“未能达到十足生产的主要原因”。文章指出，五吨热化炉应经常存储铁矿石及焦煤各 1 千吨，而以时价计算，欲存储千吨铁矿石，约需资金 60 万元，存储千吨焦煤，需资金 250 万元，共 300 万元，此外石灰石及矿工之食米、灯油、火药、工具等的存储又需资金 300 万元以上。也就是说，以现有物价经营五吨热化炉，应有流动资金 600 万元以上。而实际月产铁以 150 吨计，售价不过每吨 12000 － 13000 元，所得价款只有不到 200 万元，流动资金短缺达 400 万元。而（中国制钢公司）经营一吨贝色麻钢炉若按每月生产 100 吨计，月需营运周转资金达 650 万元，若发挥全部生产力，需周转资金 5200 万元，这是中国制钢公司加上国家银行贷款也远远不能达到的数字。[③] 民营机器工业也同样，“资金不足,因而使各厂难于周转运用”[④]。酒精工业在流动资金上不仅存在同样的困难，而且还有特殊困难。“酒精厂所需原料、工资、修理及工需材料，因普通物价之波动，其困难与一般工业相同，而所担负特种之处，则为其原料均在特别税制之列，各厂之资本，无法与原料价格及税率数额同时增加，数次周转之后，再购原料之资力日见缩减。”因此，“资金周转困难实为酒精生产业最大障碍。”[⑤] 据西南实业协会的调查，1941 年度四川被调查的 692 家工厂就有 187 家出现资金困难，占总数的 27%。[⑥] 有论者估计，1942 年后方厂矿的固定资金和流动资金总额只有 15 亿元，这 15 亿元的资本分配到 500 以上的工厂，每单位的平均所得极为有限，而其中的大部分又为国营企业所得，民营企业所得更少。文章指出：“物价飞速跃涨，表面上出品价涨，但到购买新原料从事再生产时，将吃物价高涨的苦，

---

① 吴大业：《物价继涨的经济学》，商务印书馆 1946 年，第 158 页。
② 《成都工业考察团报告》，1943 年 12 月，出版者不明，第 90 页。
③ 毕天德、余蕴兰：《冶炼业概况》，载《西南实业通讯》1943 年第 8 卷第 1 期。
④ 马雄冠：《后方民营机器工业过去及现在概况》，载《西南实业通讯》1943 年第 8 卷第 1 期。
⑤ 杨公庶：《酒精工业生产及困难情形》，载《西南实业通讯》1943 年第 8 卷第 1 期。
⑥ 中国西南实业协会编：《四川工厂调查录》附录：“各工厂困难内容项别厂数统计”，1942 年 4 月。

有限的资金，势难继续周转。”文章接着说道：求助于金融机关吗？国家金融机关，以四联总处而论，1940 年公营民营工矿的贷款共为 10954 万余元，占该处贴放总额的 19.33%，1941 年上半年该处的工矿贷款共计 11300 万余元，占该处贴放总额的 14.33%，而这其中的大部分又为公营所得。[①] 贵州企业公司四川工业区参观团认为：“资金调度不灵之障碍生产”，首要原因在“原料涨价之速度超过成品，致使售出成品所得之现金，不足购入原有生产规模所需之原料”，而这乃是一般的现象。[②]

二、国民党政府的物资统制和限价政策窒息了民营企业的生机。

国民党政府商业和物资统制的具体内容，已见前章内容所述。国民党政府的物资统制政策对民营企业的最大伤害是在统购统销和专卖中故意压低收购价，致使民营企业的几乎全部利润甚至相当一部分成本被政府或与政府有联系的特权商人所侵夺。具体作法是在严重的通货膨胀下，故意滞后对收购价的提高。这一情况及其对民营企业利润和成本的剥夺作用，在前一节中也已作了全面的考察和分析。下面我们还想阐明的是，国民党政府的物资统制政策除了剥夺民营企业的利润和部分成本外，对民营企业发展还有一个破坏作用，就是使得民营企业在原材料补进方面产生了严重困难。[③]

国民党政府物资统制政策对民营企业补进原材料上的影响主要是通过两方面引起的。一是国民党政府对制成品价格的限制大为严格于原材料价格的限制，致使民营企业制成品的收购价格远远落后于由原材料价格上涨所带来的生产成本的提高。根据南开大学经济研究所对原材料和制成品价格上涨情况进行了分析和研究，在 1940 年以前，是制成品价格上涨速度快于原材料价格的上涨，这是民营工业发展的有利条件；但自 1941 年开始，原材料价格上涨速度就超过了制成品

① 陈文川：《克服当前物资增产的困难》，载重庆《中国工业》1942 年第 7 期。

② 中国工业经济研究所编：《工业经济参考资料》1944 年第 6 号《四川工矿调查录》，第 10 页。

③ 正是因为物资和限价政策对民营企业产生了多方面的破坏作用，所以有人说：“当前的限价，已经成了工业生产的桎梏。”（关梦觉：《限价与工业》，载重庆《中国工业》1943 年第 17 期。）陶大镛也撰文说“物价窒息了工业”。他说道：“实施限价后，后方工业甚至连喘息的余地都没有了。这不但是我国产业界空前的大危机，更可说是抗战建国途程中的一阵暴风雨。”（陶大镛：《限价声中的工业》，载重庆《中国工业》1943 年第 21 期。）

价格的上涨，这就成了民营工业发展的不利条件。[①] 因为在后一种情况下，“制成品出售后的所得，用以购买原材料，其所购进的原材料，已不足以维持再生产了。”[②] 在成品售价不能补进原材料的情况下，民营企业的生产规模不得不普遍萎缩。

国民党政府物资统制和限价政策对民营企业补进原材料方面的第二个不利影响，就是统制和限价导致原材料生产出现严重萎缩，致使民营企业即使有资金也难以从市场上获得足够的再生产所需的原材料。由于收购价格低于成本以及统制措施的不合理，国民党政府一对什么物资实施统购统销或专卖，这种物资的生产就立刻下降，而这种现象由主要集中在原材料生产部门，所以原材料不足成了阻止民营企业维持正常生产又一个严重障碍。例如棉花，由于统购价格太低，一般农民只好尽量把棉田改种其他农作物，据陕西农业推广所对陕棉种植面积的统计，从 1937 年的 483 万亩下降到 1942 年的 139 万亩，使后方纺织工业主要原料来源之一的陕棉在 1941、1942 两年从 100 余万担骤减到 30 余万担。由于煤价过低，1944 年岷江区煤产量由年产量 60 万吨减至 30 万吨，以致重庆等地出现煤荒。[③] 桐油战前全国产量约 150 余万担，战时后方尚应产 70 － 80 万担，自被统购统销以来，几等于零。……蚕丝全国约 10 万担，战时后方应产 2 － 3 万担，自统购统销以来，每年减至 2000 余担，不及十分之一。猪鬃全国年产 12 万担，战时后方应产 7 － 8 万担，自被统购统销以来，年产不过 2 万余担。[④] 代表民营企业的报纸《新新新闻》愤怒地指责道：“我们感到许多生产，已因统制与管理而萎缩了。例如花纱布的管制，管制花，花减少了；管制兰布而兰布为之绝迹。又如管制生丝，农民便群起伐桑；管制煤炭，许多矿场便纷纷歇业；管制食盐，许多灶户便以停煎作为对策；管制糖业，许多蔗农便把蔗种也当柴薪烧掉。”[⑤] 据中国西南实业协会的调查，四川民营企业 1941 年就有 228 家企业因缺乏原材料而使生产出现困

① 据此研究，原材料价格指数除制成品价格指数的比若以 1937 年为 100，1938 年以后逐年增长，至 1940 年为 205，但 1941 年却骤降至 82。（参见吴大业：《抗战以来的物价与生产》，载方显廷编：《中国战时物价与生产》，商务印书馆 1946 年，第 18 页。）南开指数关于抗战时期制成品与原料价格变动指数的详细资料可参见孔敏：《南开经济指数资料汇编》，中国社会科学出版社 1988 年，第 335 － 339 页。据此，若以 1936 年 7 月至 1937 年 6 月的价格水平为 100，则至 1939 年“制造品”的价格上涨为 357，“食物及原料”的价格上涨为 152，前者快于后者，但自 1939 年以后，“食物及原料”价格上涨速度就大大快于“制造品”。若以 1939 年的价格为 100，则至 1941 年“制造品”上涨为 563，“食物及原料”上涨为 1000，至 1944 年“制造品”上涨为 12100，“食物及原料”上涨为 19276。

② 参见康永仁：《当前工业资金问题的症结及其解决》，载《经济建设季刊》1943 年第 1 卷第 4 期。

③ 转见黄立人、周天豹：《抗战时期国民党政府开发西南的历史考评》，载《历史档案》1986 年第 3 期，第 120 页。

④ 《新华日报》1945 年 7 月 22 日第 2 版。

⑤ 社评：《贪污新论》，《新新新闻》1944 年 12 月 12 日第 5 版。

难，占调查厂数的33%。[1]重庆五工业团体也将“后方原料生产不敷”作为后方工业困难的“外在因素之一”。他们说道：“除若干原料如机制五金之类，有赖自外输入”外，“后方棉花益产区域甚广，而产量不足供应棉纺织业！酒精炼油原料，概为农林产品，随地可产；煤铁矿产，虽行零碎，蕴藏量则无虞匮乏；而何以酒精、炼油、钢铁、机器各工业，俱感原料困难？……管制未尽妥善与政策之未尽明确贯彻，不能不谓为各种外在因素之一。如物价之管制不尽合理，物资管理与原料统制之不够灵活，以致租税制度、信用政策，均未能充分尽扶植生产之责。”[2]贵州企业公司四川区工矿参观团则说道：“由于限价核价而至原料减产之实例不胜枚举，如棉花之限价收购，棉花减产则纺织工业之原料均感拮据，如煤价限制过低，煤商转售黑市，致犍为焦油厂之原料缺乏，糖专卖后，内江糖类有行无市，新旧糖厂或停工减产，或存货待价，以致酒精厂均感原料供应之不足。”[3]

三、国民党政府的捐税政策遏制了民营企业的发展。

抗战开始后，因军费急剧增长，国库支出浩繁，而由于关税基本丧失，盐税和统税也大减，政府财政不平衡更为加剧。为扩大税收，国民党政府决定修改税收政策。首先是改从量征为从价征。在1941年以前，国民党政府对于关税、盐税和统税都是按照货量征收，即所谓从量征税，抗战开始后，特别是1939年以后，随着通货膨胀的发生和加剧，从量征的统税的实际水平也开始随着物价上升而急剧减少。因此，在1941年以前，国民党政府的税收是很轻微的。这也是1941年以前民营企业获得较大发展的因素之一。自1941年9月，国民党政府“援照新开办糖类饮料品等税，采用从价征收实例，将其余统税及烟酒税税率，一律改用从价征收”[4]。其次是改革盐税，扩大统税征收范围，将统税改为货物税。根据国民党政府1941年7月公布的《货物统税暂行条例》，货物税包括烟、酒、火柴、糖类、水泥、棉纱、麦粉等10个货物品种，税率也比统税时期大为提高。[5]再次是举办直接税，开辟新税种。1938年4月，国民党政府决定举办直接税，主要有印花税、所得税、营业税、非常时期过分利得税和遗产税五种，其中印花税、所得税和营业税自战前就开始由地方政府征收，1938年以后逐渐收归中央政府，过分利得税和遗产税则为新设税种。[6]印花税是国家对商事、产权行为所设立或使用的凭证征收的税，采用在凭证上贴印花税票的办法征收。1937年印花税率

① 中国西南实业协会编：《四川工厂调查录》附录：“各工厂困难内容项别厂数统计”，1942年4月。
② 中国工业经济研究所编：《工业问题丛刊》1944年第1号《工业问题座谈纪要合辑》，第5页。
③ 中国工业经济研究所编：《工业经济参考资料》1944年第6号《四川工矿调查录》第10页。
④ 《财政年鉴三编》第8篇，第1页。
⑤ 《货物统税暂行条例》，载《中华民国法规辑要》第8篇，第271－275页。
⑥ 各种相关条例或法律均参见《中华民国法规辑要》第8篇“丙租税”部分。

提高一倍，1940 年划归中央政府。印花税实际征收额 1943 年度 3.69 亿元，1944 年度 8.91 亿元，1945 年度 33.98 亿元。[①] 所得税是国家对个人或企业的各种所得征收的税款，1936 年开征，1939 年 4 月划归中央政府，1943 年提高税率。所得税实际征收额 1943 年度 9.90 亿元，1944 年度达 16.99 亿元，1945 年度则达 34.90 亿元。[②] 营业税是国家对工商业户的营业事物所征收的税，以营业总收入为科征标准，战前为各省办理，1941 年划归中央政府，1942 年提高税率，以营业额为标准者科 3%，以营业资本额为标准者科 4%。营业税实际征收额 1943 年度 18.92 亿元，1944 年度 32.19 亿元，1945 年度更达 59.00 亿元。[③] 过分利得税是国家对工商户和个人在战时所获过分利得（营利事业资本 2000 元以上，利得超过资本额 20%者，财产租赁利得超过财产价额 15%者）所征收的税，税率分六级，从 15%到 50%，1939 年开征。过分利得税实际征收额 1940 年度仅 2900 万元，1943 年度迅速提高为 12 亿元，1944 年度达 19 亿元，1945 年更达 37 亿元。[④] 遗产税是对动产和不动产及有财产价值的权力所征的税，起征点 5000 元，税率分 16 级，从 1%到 50%。遗产税实际征收额极低，1943 年度为 4900 万元，1944 年度 1.44 亿元，1945 年度为 3.60 亿元。[⑤]

在各项税收当中，直接税中的所得税、过分利得税和营业税由于不能转嫁只能由工商企业直接负担，因而与民营工商企业息息相关（战时由于没有做好向个人征收的准备，所以实际只向工商企业征收）。而商业企业由于政府很难把握，征税也相当困难，所以所利得税和营业税实际主要向民营工矿企业征收。而在严重的通货膨胀条件下，所利得税和营业税成了国民党政府剥夺民营工矿企业的又一手段，并成了 1942 年后民营企业趋于衰退的又一个重要原因。

所利得税和营业税成为剥夺民营企业的又一手段，根本原因在于在通货膨胀下，固定资产的账面价值随着物价的高涨而增长，即所谓“资本盈余”，而这种资本盈余都成了国民党政府征收所利得税和营业税的对象。特别是过分利得税，由于规定赢利超过资本额的 20%就成为征收对象，而国民党政府对资本额的计算又是按照通货膨胀之前的原资本额计算，并规定按固定资本原值和法定折旧率提取折旧，所以一家工厂无论实际是否赢利，单就固定资产因通货膨胀而增值，就会出现大量的帐面盈余，从而被科以重税，甚至根本没有开工，固定资产也会随着通货膨胀而增值，也会成为课税的对象。杨荫溥举了一个例子：商务印书

① 《财政年鉴三编》第 4 篇，第 44 页。
② 《财政年鉴三编》第 4 篇，第 30 页。
③ 《财政年鉴三编》第 4 篇，第 47 页。
④ 《财政年鉴三编》第 4 篇，第 32 页。
⑤ 《财政年鉴三编》第 4 篇，第 41 页。

馆1945年的资本额为500万元，但由于通货膨胀的作用，其同年的营业额则有7.17亿元，按营利率30%计算，即有2.10亿元属于利润，此项利润，除资本额的20%即100万元以外，其余均为过分利得，按照过分利得税法，超过300万元的部分要课50%也即2亿元以上的税。[1] 由于所谓的资本盈余仅是账面上的盈余，而非实际上的盈余，是虚的，而非实的，而政府的课税则是实在的，因此叫做“虚盈实税”。“亏损分为平常商业亏损和非常资本亏损，如商货销售之损耗谓之平常商业亏损，如房屋机器因跌价而受之出售损失，谓之资本亏损，反过来说，从商货销售之盈余为正常纯所得，从机器房屋等固定资财（涨价）所获之盈余，谓之资本盈余，前者为经常的，后者为一时的，前者一定为现实的，而后者多未实现的。依多半未实现的固定资本的所谓盈余而课税，谓之虚盈实税。”[2]

显然，在通货膨胀下，直接税（主要是所得税、过分利得税和营业税，其中又尤其是过分利得税）又成了国民党政府对民营企业的剥夺形式，成了阻碍民营企业发展的又一个严重障碍。对此，许多人都进行了严厉的批评和指责。有论者指出，直接税系根据实际所得而进行的课税，以不能转嫁为特点，本为一现代之良好税制。但是，“惟直接税之科征，各国大多以个人所得为对象，亦即对人税，负税能力大者多纳，小者少纳，而我国则因个人所得不易调查，多以公司或商号等组织为对象，……因而工业界对于现行直接税的征收方法，认为颇有损害组织之嫌。同时工业生产因受物价高涨影响，常有虚盈实税之感。”[3] 有论者指出了同样的道理：“直接税未顾及到再生产成本。直接税原以币制稳定为其先决条件。币值稳定，产生实际纯益，始可得而计算，但际此币值贬值，物价暴涨之时，工业生产势不可以按以前支付银数，核其成本，征其赋税。然我国目前之直接税，未能顾及此点，以致虚盈实亏，已成工厂之普遍现象，而不合理之税款累积之下，工厂乃不得不以期资本缴其税款，于是工业萎缩之险环生。”[4] 千家驹指出：“直接税原以币值稳定为其先决条件”，“今则货币贬值，物价暴涨，工业生产势不能按照以前生产成本计算盈亏，以故发生虚盈实税现象，工厂乃不得不以资本缴纳税额，于是工业流动资金，日益短绌，工业之再生产随而萎缩。”而“税收机关为谋税收之增加，对于资产价值以照原价计算为原则。……虚盈实税之结果，如不变卖机器原料，即须现金以纳税。”[5] 重庆《大公报》则发表《论直接税》的社论，其中指出：“各国之所得税多为对人税，我国则非对人税，故我国所得税法及过

---

① 杨荫溥：《民国财政史》，第113页。
② 刘文藩：《论虚盈实税》，载《财政评论》1943年第10卷第6期。
③ 秦柳方：《税捐与工业》，载重庆《中国工业》1943年第14期。
④ 蔡经济：《我国工业受赋税制度之影响》，载重庆《中国工业》1943年第12期。
⑤ 千家驹：《低调的经济主张》，载重庆《中国工业》1943年第21期。

分利得税法第一类均规定以‘公司、商号、行栈、工厂’为征课之对象。至于个人，则月入百数十元公务人员及教职员尚不能幸所得税之课征。而对于月入千百万元之富商大贾、名优及暴发户以其收入无可稽查，反无分文之负担。”社论进一步指出：而在工商业当中，“受直接税影响至深且钜者则为工业，以现行之直接税法，对工商业之税率一视同仁，同等待遇，其结果一方面适足为商业资本‘为渊驱鱼’，另一方面由于‘虚盈实税’之结果，已使若干厂家呻吟于重税之下而卖厂关门。”“在各国以豪富阶级为对象之直接税，至我国乃一变而为工业组织为对象，则损害产业发展者多，而影响个人财富者微。”[①] 重庆三工业团体发表文章沉痛地陈述道：“工厂所有资产，多数为日损夜耗之房屋及机器，以法定百分率提存折旧准备，则原价与限价之悬殊，势将无法除旧以布新，再执此以计算盈余，缴纳税款，则虚盈实税之结果，流动资金日绌，将使生产逐步低落，而终于无以为继。”[②]《新华日报》发表的社论则进行了委婉的批评，其中说道：新税法以产业组织为对象，“是值得商讨的”。“为了使目前工矿业的资金积累能提高，我们也认为所得税与过分利得税，须以个人所得及利得为对象。只有这样，才能使大后方贫弱的产业资金，有扩大之可能。”[③]

四、通货膨胀使社会资金出现由工业资本向商业资本和囤积居奇的逆向流动，导致后方产业资金出现整体不足，限制了后方民营工业资本的形成。

战时通货膨胀对后方民营工业发展的破坏是多方面的，上述三个方面的因素，每一个方面都与通货膨胀直接相关。企业流动资金不足，是由通货膨胀引起的；利润甚至成本被剥夺，是由通货膨胀引起的；原材料不能补进，也是由通货膨胀引起的；直接税成为发展的桎梏，还是由通货膨胀引起的。下面我们要指出的是，通货膨胀还导致出现工业利润和商业利润的差别，导致商业利润大大超过工业利润，从而使社会资金不断逆向地由工业部门流向商业部门，从而出现商业资本和社会游资扩张，而工业资本则萎缩的结果。

通货膨胀致使工业利润大大低于商业利润，其原因一方面是由于国民党政府借通货膨胀剥夺工业资本的政策，如压低制成品出售价格、物资统制和捐税政策等对工业资本的不利影响要比对商业资本的不利影响大得多，因为工业的活动及其营利较易稽查，而商业的活动及其赢利则难以稽查，也即“工业生产有固定之地址与设备，原料之储存与产品之出入，皆易受政府之监视与检查，不似商业之

① 重庆《大公报》1943年12月28日第2版。

② 中国西南实业协会、迁川工厂联合会、重庆市国货厂商联合会：《工业界之困难与期望》，载重庆《中国工业》1942年第6期。

③ 社论：《所得税的几个问题》，《新华日报》1943年3月10日第2版。

能任意预屯货物”[①]，另一方面，通货膨胀本身也会导致商业利润大大高于工业利润。以上两种因素相互作用，就会导致工业利润缩减而商业利润则膨胀，社会资金涌向商业和囤积居奇，最终出现工业资本萎缩和商业资本畸形发展的局面，民营工业资本的形成因此遇到了严重的障碍。

为什么通货膨胀本身会导致商业利润高于工业利润？这与工业与商业的不同性质有关。例如有论者指出："在平时，工商业间的利润率本常倾向于平均化，并无显著的优劣"，"但是到了战时，尤其是中国抗战初数年内，物价飞涨，市场的管制又无效果，工商业间的利润，便显出很大的不同来。这时物品的供给减少，需要增加，决定价格之竞争已远非完全（竞争），买者间之竞争，远超过于售者间之竞争，更加货物之购买者又多为囤积者或作转手买卖者，每转手一次价格即提高一次，迨达消费者手中时，其价格已远高过生产成本或输入成本，由此即产生巨额利润。而且商业之经营因不须长期与繁杂之准备，不致滞留多额之开办费用，货物一入手即可随时出售，使资本的周转与回收更极迅速，于是更可增大其利润。"[②]也就是说，通货膨胀之所以导致工商业间利润率的不同，原因在于：一、在战时通货膨胀的条件下，由于需求总是大于供给，作为直接与需求方相连的商业可以通过囤积居奇获取暴利；二、由于商业资本的固定资本小，资金周转速度也远快于工业资本，从而使商业资本获利比工业资本既快且易。有论者也指出了通货膨胀对工商业利润的影响及工业资本变相成为商业资本的现象：战时我国后方"商业资本特多，以致工业资本发生困难，推考原因，乃由于商业利润优于工业利润所致，利润平均法则，在战时经济剧烈变动之下，已失去调剂作用。""因战时物价不断高涨，工业生产者每因边际生产成本之限制，无利可得，而再生产成本之估计，亦至为困难，同时因经营工业之风险极大，不但不能获得可靠之利润，甚至或有亏本之虞，而商业经营则无此种风险，物价上涨愈烈，利润之获得愈大。"在这种情况下，"加工制造产品，反不如原料之买进卖出为有利，故工业经营者为维持其利润计，多从事于原料之囤积，于是工业经营成为变相之商业经营，失去了原来之本性。"[③]有论者对在通货膨胀条件下，工商业资本的资金周转速度对于其利润率的影响，作了数字说明。据此，在没有通货膨胀的平时，按照平均利润率规律，工业资本和商业资本的年利润应当是一致的，设如6%，又设工业资本每年转一次，商业资本每月周转一次，那么，工业资本一年周转一次获利润6%，商业资本的月利润率应为0.5%，一年周转12次后共得6%的利润。但是，在通

① 刘鸿万：《物价与工业资本》，正中书局1944年，第13页。

② 刘鸿万：《物价与工业资本》第11－12页。

③ 贺知新：《如何平衡工商业利润以疏导游资论》，载中央银行《经济汇报》1944年第11卷第2期。

货膨胀情况下，利润率就发生了变化。设通货膨胀率为2%，那么商业资本每周转一次的利润率就会由0.5%增长为2.5%，年利润率则增长为30%，而工业资本每周转一次的利润率则由6%增长为8%，年利润率当然也只有8%。文章说道："这只是物价上涨率2%的计算，现在物价上涨率大后方各地平均在500倍以上。"① 有论者则经研究后提出，"一般物价上涨的可以增加生产，仅以上涨率等于利率为限，物价的上涨若再行加速而超过利率，则仅能增加存货投机的利益而不能再增加制造的利益。"而1940年以后的情形正是物价上涨率大大超出了利率的上涨，因而导致了工业利润下降而商业和囤积的利润上涨。② 据考察，战时商业利润不仅远远高于工矿和交通运输业的利润，甚至比银行利润也要高得多，特别是囤积物资进行商业投机的利润更大，低者70%，高者则达百分之几百甚至上千。③ 所以有人说："物价高涨后，产业资本会变成被遗弃的孤儿，而商业资本竟能跃为天之骄子。"④

工业利润的缩减和商业利润的高涨必然导致社会资金不断地由工业领域逆向地流向商业领域，导致工业资本的不足和商业资本的膨胀，因为从利润低的行业流向利润高的行业是资本流动的客观规律。"社会投资的方向，决定于其投资在现在或将来所能获得的利润的大小。在战时物价飞涨的时期，土地和商业的投资现在所能获得的利润皆高于工业，其将来获得利润的可能亦较工业确实。所以社会上的储蓄，大多数都用在商业上，除了一小部分外不易流到工业中来；因此工业建设便不易获得充足的资本。"⑤ 有论者甚至将民营企业1942年前后陷入困境的原因主要归结于社会资金因工商业利润差别而不愿意流入工业领域。他们说道："后方工业最近所以停止其飞跃的发展，原因很多，要以社会人士不能协助工业为主因。社会人士不将资金投入工业，以致二十九（1940）年已经有长足进步的工业，刚跨进三十（1941）年，便呈疲惫之势。到了三十二（1943）年及现在则更发生一部分钢铁、机器工业都陷于资金短绌的状态。我们固知社会人士所以不将资金投入工业，一半是因为物价日升，而工业投资又为长期性质，深恐其投入的资金将随币值变动而受损失的缘故，但另一半恐惧，也因为有些拥有资金的人们，正忙于囤积居奇、投机取巧，而不协助抗建生命线的后方工业。"⑥ 戴世光、鲍觉民和费孝通等著名学者也谈到了通货膨胀导致工商业利润差别对工业生

① 《关于民营工矿业》，载重庆《工商新闻》1944年第969号。
② 吴大业：《抗战以来的物价与生产》，载方显廷编：《中国战时物价与生产》第29页。
③ 钱升：《战时经济之轮廓》，第41页。
④ 陶大镛：《限价声中的工业》，载重庆《中国工业》1943年第21期。
⑤ 刘鸿万：《物价与工业资本》第82页。
⑥ 《论后方工业资金问题》，载重庆《工商新闻》1944年第873号。

产的不利影响。他们指出："在高度通货膨胀之下，工业利润不如商业利润，正常商业的利润又不如投机买卖的利润。结果工商业的活动和资金的运用遂群趋于投机。甚至从事于制造业的人们也每以囤积原料及物资为务。这自然使工业生产减退。"[①]

社会资金不断流向商业的结果，必然是工业资本的萎缩和商业资本的膨胀。以重庆市为例，1937 年重庆市已登记的商业企业不过 1007 家，其中资本额在 2000 元以上的不过 700 余家。[②] 但到了 1941 年，据经济部统计处的统计，重庆市商业各行业企业总数已达 14262 家，资本总额为 12583 万元，每家平均资本额近 1 万元。到 1942 年，商业企业更增至 25920 家，资本总额 49535 万元，平均每家近 2 万元，商业资本额占重庆各业资本总额的比重达 73%，而工业资本的比重则只占 26%。[③] 与此相应，银行资金也大多流向了商业领域。据经济部统计处统计，1942 年 3 月重庆 60 家银钱业对各业的放款，工业只占 7%，矿业占 3%，而商业则占 52%。另外个人贷款占 4%，其他贷款 15%，经济部认为也大都属于商业贷款，因此，经济部认为，所有贷款有 80%属于商业贷款。[④] 不仅民营商业银行以商业贷款为主，就是政府银行的许多名为工矿贷款的放款，也有不少被特权人物隐秘转化为商业放款。如参政员黄宇齐等九人在四届一次参政会议提出议案说道："查渝市商业资金约只有 20 亿元左右，但最近每月交换总数曾达 2 千亿。其溢出之数字，大多为国家银行放款票据，其数之大，至可惊人。如以此或一部分资金变为商业资本，用于不正当经营，其害之大，不难想象。"[⑤] 另外，除正式登记的商业企业资本外，还有数额更大的社会游资，从事囤积居奇和商业投机，以期谋取暴利。据考察，1940 年西南后方社会游资达 50 亿元之巨，[⑥] 1943 年增至 100 亿元，[⑦] 至 1944 年更达 1000 亿元左右，他们中的大部分"不透过银行系统，经常由甲地汇往乙地，复由乙地汇往丙地，随时移动，向极安全有利方向发展"[⑧]。

五、国营企业的排挤和压迫也是导致民营企业于 1942 年前后走向衰退的一个重要因素。

国营企业对民营企业最直接的排挤和压迫是挤占了民营企业原有的市场和销路。前面文中已经提到过，在抗战初期，大多数国营企业还没有建成，极少数国

① 戴世光、鲍觉民、费孝通等：《现阶段的物价及经济问题》，载重庆《大公报》1945 年 5 月 20 日第 2 版。
② 《重庆工商行政管理志·资料汇编》第 44 页。
③ 《重庆市资金分配情形》第 1 － 2 页。
④ 《重庆市资金分配情形》第 3 页。
⑤ 中国人民银行金融研究所编：《中国农民银行》第 232 页。
⑥ 张锡昌：《中国工业化的当前问题》，载重庆《中国工业》1943 年第 13 期。
⑦ 吴古道：《略论游资的吸收与利用》，载《新华日报》1943 年 11 月 29 日第 3 版。
⑧ 李荣廷：《论市场游资》，载中央银行《经济汇报》1944 年第 11 卷第 2 期。

营企业远不能满足抗战前方军需，更不能满足后方民用的要求，国民党政府不得不主要依靠民营企业来满足这些需要。抗战初期，战事激烈而频繁，军需浩繁，内迁民营企业主要集中于军工生产，这使民营机器和钢铁两业获得了急速的发展。据李本哲的回忆，“当时后方（主要是重庆）的钢铁和机器这两个行业，每天要为政府制造手榴弹30万个，迫击炮弹7万发，各式炸弹和炮弹引信7万枚，飞机用炸弹6000余枚，机枪零件1000套，水雷引信1000余枚，及一定数量的军用仪器、炮表、大小圆锹、子弹机等。在任务如此紧迫的情况下，凡能生产兵工器械的工厂，全被动员起来搞兵工生产。”1938年政府对民营机器钢铁两业的军工订货占这两个行业生产总值的80%，到1939年更占90%。[①]“兵工署各厂，在抗战初期，迁徙流转之中，工作尚不足以应全部军事需要时，曾向后方民营各机械工厂，委制各种兵器零件，其时全国机械工业几全部均以兵工制造为其主要业务。”[②]自1939年以后，后方民营机器和钢铁业在承担军需物资生产的同时，又开始制造各类工业（包括资源委员会所属企业）所需的机器设备和零配件，在抗战中得到迅猛发展的纺织、化学、冶炼、造纸、轮船等行业也是机器和钢铁工业的重要主顾。如纺织机器的制造，战时后方纱布产量远不能满足需要，必需大量纺织机器，在进口路线被切断的情况下，重庆民营机器五金企业从仿制人力或动力哥施式纺织机到创制小型动力纺棉机和梳棉机，进而由恒顺、公益、顺昌合作等大中型厂家制造出大型动力纺织机，为大型纺织企业提供了全部成套设备。又如炼油设备，战前中国石油靠进口，抗战时期资源委员会甘肃玉门油矿1941年有两口井出油，在美国订购的炼油设备因交通封锁无法运入，孙越崎向重庆民营机器业求助，重庆机械厂家在三个月内便造出了24座甑式炼炉，使玉门油田终于炼出了汽油。在发动机动力方面，中国汽车制造厂成功制造了柴油发动机汽车，随后又研制出桐油、酒精、木炭、煤气代替汽油的汽车。在钢铁生产方面，渝鑫钢铁厂于1941年研制出含磷标准符合美国战时要求的灰口铁，质量不亚于进口洋铁，并研制出耐磨钢、不锈钢、耐热钢及高低碳素钢等各类合金钢。顺昌机器厂生产的大量造纸机器，使四川机器造纸厂生产设备得到更新，许多国营民营造纸厂的机器均由该厂生产。[③]

但是，自1941年开始，随着兵工署、资源委员会及政府其他部门所属国营兵工和民用企业的不断建成投产，民营企业的订货和销路日益缩小。如兵工署各

---

① 李本哲：《重庆钢铁机器业主体的形成及其兴衰》，载中国人民政治协商会议西南文史资料协作会议编：《抗战时期内迁西南的工商企业》，云南人民出版社1988年，第104、105－106页。

② 周茂柏：《机械工业当前之困难及其改进办法》，载《新经济》1943年第9卷第1期。

③ 以上参见吴培荣等：《重庆钢铁机器业概述》，载《重庆工商史料》第5辑。

厂的建成投产，“不特兵器制造不必假手其他工厂，即各种工具工作机等，亦均能自行供应”，兵工署甚至明令限制所属各厂向外订购机器，“如有所需，应先向署内各厂调配应用”[①]。由此，“过去民营厂所承担的大量兵工订货任务，此时便被大幅度削减，1943 年从原来占民营厂总产值的 80%、90%下降到 50%，次年更下降到 30%以内。”[②]资源委员会所属各厂于 1942 年前后大量投产，也对民营企业造成了巨大的压迫。资源委员会战时经营的事业包括电力、石油、煤炭、钢铁、铜铅锌、机械、电器和化工等行业，其中除了石油和铜铅锌属资源委员会垄断者之外，其余行业都是民营企业经营的主要行业（前文已说明，战时民营工业是以重工业为核心的）。与民营企业相关各业产量若以 1939 年的产量为 100，至 1943 年分别增长为：电力 493，煤炭 407，钢铁 718，机械 158，电器 149，化工 1021。[③]除机械和电器增长幅度较低外（机械主要由兵工署生产），其余都增长了四倍以上，其中钢铁为七倍，化工达一千余倍。资源委员会所属企业的大量投产严重挤占了民营企业的市场，对民营企业整体都形成了压迫。有论者认为战时国营工业与民营工业不具竞争关系，国营工业的发展并不压迫民营工业，是完全错误的。[④]李本哲在回忆时说道：“在‘国营’厂和民营厂之间，又没有按合理分工、各得其所的原则进行生产，而是‘国营’厂除了自己完成兵工任务不再委之民营

① 周茂柏：《机械工业当前之困难及其改进办法》，载《新经济》1943 年第 9 卷第 1 期。

② 李本哲：《重庆钢铁机器业主体的形成及其兴衰》，载《抗战时期内迁西南的工商企业》第 109 页。

③ 《资源委员会公报》1946 年第 9 卷第 3 期，第 40 页。

④ 如刘国良认为：“国民党统治区私营工业的发展，是与国家工业资本的迅速发展共同进行的。因为两者有各自不同的市场，所以公营工矿业的发展并没有以牺牲所以工矿业为前提，尽管公营资本的平均年增长率高达 53.3%，但私营工业的发展速度仍然高于以往任何时候，且在 1942 年之前的五年中，私营资本的年增长率要在 40%以上。”（刘国良：《中国工业史》（近代卷），江苏科学技术出版社 1992 年，第 437 页。）刘国良故意忽视了私营工业的高速发展是在 1942 年以前，而公营事业的高速发展与私营工业的衰退是同时并存这一事实的意义。又如程麟荪说道：“资委会战时企业活动的重点是重工业部门，私人资本一般则集中经营轻纺工业。轻重之分使两者竞争的机会和程度相对来说比较少和比较轻了。”“如果在某些地区某些行业中，私人资本已有一定程度的发展，资委会就避免设立同样的工矿企业。”并以化学工业为例，说当时吴蕴初等人在后方经营的化工厂已具规模，再设新厂势必与其发生举例竞争，“因此资委会不再开设新厂，而是在吴蕴初所办的天原电化厂资本里，投入 49%的股份，经营管理大权仍操吴蕴初一人之手，资委会不予干预。”（郑友揆、程麟荪等：《旧中国的资源委员会——史实与评价》第 119 页。）程氏歪曲了这个例子的意义。天原电化厂原本是吴蕴初独立经营的，吴蕴初是在“天原厂内迁之后，前途未卜，为了保障股东的利益”而被迫将 49%的股份卖予资源委员会的。吴蕴初之所以还能掌握经营权，并不是资源委员会照顾私人资本的利益，而是因为吴蕴初是名望颇大的企业家，还身兼着资源委员会委员、国民参政员、经济部计划委员会委员等职务，显然不同于一般的私人资本家，资源委员会自然不可能将其吞并。（吴志超：《吴蕴初及其化学工业》，载上海《文史资料选辑》1978 年第 2 期。）程氏说资源委员会考虑到吴蕴初的化工厂在后方已具规模，为不与其竞争，不再在后方设立化工厂，也是不对的。资源委员会在后方开设的化工厂很多，产品包括酸、碱、酒精、水泥及代用油，其中酸、碱也正是吴蕴初的化工厂生产的产品。（资源委员会战时化工产品产量可参阅《资源委员会档案史料初编》上册，台北国史馆 1984 年编印，第 127－128 页。）

厂外，还生产许多民用产品投放市场与民营厂争利。”[①]

抗战时期国营资本之所以能够获得迅速的发展，并对民营资本形成压迫，根本原因在于国民党政府抑制私人资本、发展国家垄断资本的反动工业政策。前文已经指出，国民党政府为了发展国家垄断资本，运用国家财政拨款和银行贷款，投入了大量的资金。不仅如此，国民党政府还在运输、捐税、价格、原材料、技术设备等各个方面给予国营企业以优惠待遇。例如捐税，所有民营企业需要缴纳的直接税（其中主要是营业税、所得税和过分利得税），国营企业都是被免除的。在原料上，国民党政府所谓的“掌握物资”，除了供给军需以外，主要是为了供给国营企业的。因此，在战时特别是 1942 年以后原材料供给极其困难的情况下，“一般国营厂多储备两三个月的原料，民营工厂则储备甚少，甚至毫无储备”[②]。对此，《新华日报》发表社论说：“为了扩大国营事业的发展，主管机关便努力于抢购物资了。……因为公家机关握有种种便利条件，其所购得的物资，自然是多且宏的。可是，这又形成‘大树之下蕨草不生’的局面了。为了公家事业之发展，而使民营事业无所措手足，这不也是一个矛盾吗？”[③] 在器材上，国民党政府从国外购入的有限的器材主要分配给兵工署和资源委员会，连工矿调整处的进口器材也有很大一部分被兵工署和资源委员会所占用，这在前文中已有说明。“资源委员会掌握了大后方大部分的金属矿产、特种矿产、机器电器、化学工业、液体燃料与动力。”[④] 不仅如此，国民党政府还在后方强行购置器材，使民营企业获取器材更为艰难。如 1942 年，兵工署在重庆购入五金器材达 6000 万元以上，民营厂所需小工具及钢材，几被搜集殆尽，一时之间，民营厂的原材料问题，“至形急迫”[⑤]。“五金电料自军政部征购后，民营工厂，困苦万状。”[⑥] 国民党政府在交通工具上也是先国营企业，后民营企业。为了使国营事业免受通货膨胀的影响，国民党政府还对国营企业的产品实行特殊加价制，只是到了 1942 年通货膨胀愈益严重，国民党政府决定开始全面限价之时，才决定“国营、公营事业机关生产之出品或供给之服务不再加价”，但仍坚持在“必要时政府得予以补助或津贴”[⑦]。因此，

① 李本哲：《重庆钢铁机器业主体的形成及其兴衰》，载《抗战时期内迁西南的工商企业》第 109 页。

② 秦柳芳：《当前工业的苦闷》，载重庆《中国工业》1945 年新第 2 期。

③ 社论：《保护产业的生机》，《新华日报》1943 年 1 月 20 日第 2 版。

④ 许涤新：《论掌握物资》，载《新华日报》1944 年 5 月 14 日第 2 版。

⑤ 参见韩渝辉主编：《抗战时期重庆的经济》，重庆出版社 1995 年，第 85 页。

⑥ 中国西南实业协会、迁川工厂联合会、重庆市国货厂商联合会：《工业界之困难与期望》，载重庆《中国工业》1942 年第 6 期。

⑦ 《国家总动员会议第九次常委会原则通过之全面限价实施方案》，载四川联合大学经济研究所、中国第二历史档案馆编：《中国抗日战争时期物价史资料汇编》，四川大学出版社 1998 年，第 82 页。原据国民政府国库署档案。

有人对国营事业不加价也表示出十分的担心，因为政府给予补贴，必使政府“赔累过巨，增加国库负担”，从而“势必加甚财政收支之失衡，而引起通货之增发”①。《新华日报》发表社论说：“国家经营的企业，年来颇有进展。从煤铁、冶炼、机械、水泥、酒精、火柴、棉织以至面粉，国家资本皆占相当的数量。国营各厂矿所具有的条件远较私人资本为优越。国家资本越扩大，私人资本就会越减少其存在的机会。”② 之后，《新华日报》又发表署名文章说：“目前国营工业在运输、税捐、资金、技术设备方面所受的优待远过于一般民营工业，而资本雄厚、关系广阔有力的民营工业（指官僚私人资本和与政府或官僚私人有特殊关系的私人资本）又远过于其他民营工业。……这些受优待的就成了天之骄子，离开了优待就无法和别的厂矿竞争。”③ 李本哲说：“‘国营’厂规模大，技术设备齐全，还享有原材料和交通工具优先分配的特权、工业贷款的优惠权与免税权等等，可以说得天独厚，占尽便宜。而民营厂不但享受不到这些特权，还要饱受关卡的刁难和盘剥，因而其产品成本必然高于‘国营’，在市场上根本无力与‘国营’厂进行竞争。”④ 中国全国工业协会、迁川工厂联合会、重庆国货厂商联合会、中国生产促进会及西南实业协会五团体则召开座谈会，向政府提出：“国营民营事业，应从立法上促成同等待遇，国营工业（军火工业除外）应依法缴纳赋税，与民营站在同等地位，彼此竞争，促成工业之进步。”⑤

战时民营工业自 1942 年前后进入衰退期，原因是多方面的，上述五个方面，只不过是其中的主要因素而已。正因为国民党政府在财政、金融、物资、产业等各个方面采取了扩张国家垄断资本、压制和剥夺民间私人资本的政策，才导致

① 徐继庄：《国营事业限价问题之探讨》，载重庆《大公报》1943 年 2 月 8 日第 2 版。
② 社论：《后方产业的光明前途》，《新华日报》1943 年 4 月 18 日第 2 版。
③ 龙季子：《实行工业化的条件》，载《新华日报》1943 年 10 月 16 日第 2 版。
④ 李本哲：《重庆钢铁机器业主体的形成及其兴衰》，载《抗战时期内迁西南的工商企业》第 110 页。
⑤ 重庆《大公报》1943 年 12 月 16 日第 3 版。

了 1942 年以后民营工业的全面萎缩，国家垄断资本急剧扩张的现象。[①] 当然，民营资本萎缩、国家垄断资本扩张虽然从 1942 年就开始了，但国家垄断资本还不能立即占据主导地位，国家垄断资本占主导地位还要等到 1944 年前后。如在后方工矿生产的 28 种主要产品的产值中，1938 年国民党政府的国家垄断资本的产值只在其中的 21%，至 1942 年，其比重达到 43%，1943 年上升到 50%，1944 年达到 54%。[②] 从资本额来看，1942 年国民党政府的公营资本占资本总额的 40.5%，1944 年才扩展为 52%。[③] 早在 1943 年 4 月，重庆《大公报》就已经感觉到国家垄断资本将要在后方占统治地位。它在关于《经济与建设今后发展趋势》的报道中说道："公营事业已代替私人事业，国家资本已占工矿事业资本半数以上，似象征国家资本主义已在发展，但私人资本投入生产事业者则大感不足，而专卖企业（指国营企业的垄断专卖行为）和混合式企业（指受国营企业投资和控制的

① 郑友揆教授对抗战后方民营工业生产衰退的原因提出了自己的看法。他提出："导致私营工业生产停滞的主要原因，……是在一个管理不完善的战时经济体制下，通货膨胀所造成的结果。"他认为："由于没有明确的条款规定最后成品的增加额，政府对私营企业发放的所谓生产贷款，一开始即背离了其原来的目的。获得这些低息贷款的工厂主们，不是将它用来在商品市场上囤积居奇，牟取快速易得的利润，就是故意延长投入－产出的时间，在通货膨胀的经济中坐获厚利。……这大概就是 1942 年之后，尽管政府援助不断增加，私营工业生产依旧踏步不前，甚至衰退的基本原因。""另一方面，在过去常常被斥为缺乏积极性的国营企业，情况却不相同。它们在通货膨胀的情况下，经营得相当正常。一般而言，它们对实际生产比对利用政府资金获取暴利更感兴趣。之所以如此，是因为国营企业的职工领取的是固定工资，它与企业的货币利润没有直接的关系。只有当计划的生产指标完成后，他们才能获得奖励或加薪。战时国营企业所得的拨款为数虽不多，但它们却是国统区内以工业生产支援抗战的主要动力和稳定因素。"（郑友揆：《中国的对外贸易和工业发展》第 143 － 144 页。）按照郑友揆教授的解释，民营工业的衰落是由于政府管理不善，在通货膨胀的情况下没有给民营企业规定最后成品的增加额就贷给了大量的低息贷款，致使民营企业不是用这些贷款去增加生产，而是将其用于囤积居奇；相反，国营工业则由于不计利润，因而能够在通货膨胀下仍专注于生产事业，所以生产能够不断增加。郑友揆教授的论点显然是十分错误的。我们在前文中的分析已经证明，民营企业不能专注于生产，甚至不得不从事一些囤积居奇的活动，主要原因是国民党政府的掠夺政策所致，而与利润没有关系则恰恰是导致国营工业效率低下的主要原因（参见下文）。郑友揆教授认为政府的资金大部分给了民营企业，而国营企业所得资金较少的观点也是错误的。国民党政府用从效率较好的民营企业那里剥夺而来的资金来发展效率极为低下的国营工业，从根本上破坏了抗战后方的工业生产。国民党政府之所以要这样做，主要目的就是为了发展国家垄断资本。在 1942 年以前，是民营企业用生产支撑了前方的抗战和后方的生活，1942 年以后，国民党政府又用民营企业的肉养活国营企业，到底谁是"国统区内以工业生产支援抗战的主要动力和稳定因素"，不是很明白吗！

② 参见吴太昌：《抗战时期国民党国家资本在工矿业的垄断地位及其与民营资本比较》，载《中国经济史研究》1987 年第 3 期表 7 － 2。原出处见本书表 3，表 3 未将汽油、煤油、柴油、润滑油和面粉列入，并将部分同类产品合并。每种产品的产值系按战前不变价格计算，故具有可比性。

③ 1942 年公营资本额出自经济部统计处编：《后方工业概况统计》（1943 年）。原统计中比重为公营占 69.58%，民营占 30.4%，但其中有通货膨胀因素的影响，若按战前币值计算，则公营为 40.5%，民营为 59.5%。1944 年公营资本额出自李紫翔：《从战时工业论战后工建的途径》，载《中央银行月报》1946 年复刊第 1 卷第 1 期。原文中公营比重为 40%，民营比重为 60%，在按战前币值计算并剔除了民营企业为躲避"虚盈实税"而虚报资本数之后，则实际为公营占 52%，民营占 48%。（参见许涤新、吴承明主编：《新民主主义革命时期的中国资本主义》第 519 － 520 页。）

民营企业）之趋势，是否有兼并垄断之嫌，已引起注意。”[①] 抗战期间国民党政府的国家垄断资本的发展是以牺牲民间私人资本为前提的，是在剥夺民营资本的基础上发展起来的。

国民党政府用掠夺民营工业的方式发展国家垄断资本，代之而起的生产效率极为低下的国营工业。国民党政府的国家垄断资本的效率大大低于民营资本。以1942年来说，该年度公营（国营和省营）资本额134925.1万元，民营资本额58977.5万元，前者为后者的2.29倍，但该年度公营资本的产值为10036.7万元，民营资本产值为13294.9万元，前者仅为后者的75.5%。从冶炼工业来看，1942年冶炼工业中公营资本额27489.2万元，民营资本额2742.8万元，前者为后者的10倍，但该年度公营企业的生铁产量只有民营企业生铁产量的34.6%，钢产量只有民营企业产量的4.3倍。从机器制造业来看，该年度机器和电器制造业中公营资本额32790.4万元，民营资本额10253.9万元，前者为后者的3.19倍，但该年度机器和电器制造中公营企业产值只有民营企业产值的1.22倍。[②] 虽然公营企业与民营企业的效率相差这样大，可能还存在着其他的因素，但差距是如此之大，而且存在于每一行业，其中肯定存在着经营机制问题。[③] 由于公营冶炼工业和机器制造业基本上都是由资源委员会经营，所以，这里所显示的公营企业效率差实际上就是资源委员会效率差。[④] 有论者提出公营事业（指资源委员会）效率差于民营企业，是因为资源委员会经营的是重工业，而民营企业大都经营轻工业，而重工业“风险大、资金周转速度缓慢，又很难赢利”，并根据陈真编《中国近代

---

① 重庆《大公报》1943年4月17日第3版。

② 资本额数字据经济部统计处编：《后方工业概况统计》，产量和产值数字同表3。

③ 四联总处重要官员徐柏园曾发表谈话说：“国营和规模较大的公营事业，多不免成本高、效率低、人事繁杂、工作懈弛等毛病。”（《财政评论》1942年第7卷第2期。）当时在国民党政府中任职的杨荫溥于1943年7月就在《中央日报》上撰文说：“确有许多公营事业机关，组织不健全，管理不得法，不计成本，任意浪费，而假借行政力量，取得若干优异的待遇或独占的权利，以维持它们的业务。”并说：“任何事业，不能按最经济的原则经营，必然成本增高，即使表面上的收支并不亏折，实际上浪费的人力物力，已颇可观。”他呼吁道：“要提高公营事业的效率，使公营事业不能不力求组织健全，管理进步，以节约其消耗，减低其成本。”他甚至还提出：“公营事业的组织和管理，仍应仿照私人企业的办法，分别组织董事会和监事会。”（杨荫溥：《健全公营事业》，载《中央日报》1943年7月13日第3版。）但是，国营事业中的这些问题却始终得不到解决。1945年2月，《中央日报》又发表署名文章，承认国营工业存在着经营机制问题，并且影响了国营工业的效率。文章说：国营工业纷纷举办，“其办理优良者固属多数，而成绩不彰尚应改进者亦属难免。”认为国营工业在业务方针、理财、人事和效率四个方面都存在着问题。（参见汪礼缲：《国营事业之四大问题》，载《中央日报》1945年2月6日第3版。）

④ 资源委员会的赢利能力极差。根据资料，1941－1945年间，资源委员会向政府缴纳的资本官息与红利共计52518万元，折合战前币值仅为67万元。（根据《复员以来资源委员会工作述要》第37、39－40页的数据计算。）与资源委员会的投资额相比，区区赢利可以说不足挂齿。

工业史资料》第1辑第657页关于“后方各业利润统计”，证明重工业利润率大多为负数，而轻工业利润大多相当优厚，有的甚至达90%以上。[①]对此，我们已经指出，抗战后方民营企业也是以重工业为主，认为民营企业主要集中于轻工业，重工业主要由资源委员会经营的论点是错误的。就从这位论者所引用的这则资料本身来看，资料前一页已经说明，这则资料是从121家厂矿中总结出来的，而这121家都是当时较大的厂矿，它们“大部分是民族资产阶级经营的”，也即大部分是民营企业。[②]论者有意忽视这则资料的性质，而用以证明资源委员会与民营企业在效率上的差别，显然是站不住脚的。

由于以掠夺民营工业为基础，国民党政府的公营事业在1942年民营工业转入衰退之后，仍然保持着发展趋势，1943年达到高峰。但是，正如前文中已经指出的，至1944年，国营工业也出现了衰退，生产总值开始下降。这是由于国营工业虽然依靠从政府手中获得的大量从民营工业那里掠夺来的资金而发展了起来，并侵占了大部分民营工业的市场，但是，国营工业中除兵工企业外，都是要面对市场的。国营工业的许多原材料及动力都必须来自市场，随着民营工业的衰落和人民受通货膨胀的掠夺而日益缩小购买力，除兵工企业以外的国营工业也必然要趋于衰退，即使是兵工企业也要受到一定程度的不利影响。[③]资料显示，1944年开始的国营工业衰退主要存在于市场取向的工业企业，而兵工企业的生产则至1945年也是一直增长的，但中间也有一些波动。如后方最大的面向兵工的钢铁企业钢铁厂迁建委员会，从1942年投产到1945年，中间虽有些微波动，但产量一直是稳步增长的。[④]资源委员会经办企业的产量也有增有降，与1943年相比，1944年在9类41种产品中，有21种产量下降，20种产量上升，但至1945年又有13种由上升转为下降。[⑤]郑友揆教授也认为：“工业生产是密切相关的，

① 郑友揆、程麟荪：《旧中国的资源委员会——史实与评价》第117页。

② 陈真编：《中国近代工业史资料》第1辑，第656页。

③ 如有文章说道：“国营或省营工厂由于原料的困难，资金周转的不敷，生产效率已经大大低落。例如桂省的煤荒，影响到发电机的燃料不继，以致电厂宣告停炉，甚至若干国营工厂也不得不因此减产停工。广西企业公司火柴厂因为买不到白药，曾一度停工。军政部在柳州鸡喇附近办的一个酒精厂，一切设备是照每天生产二千加仑的计划进行的，因为桔水来源缺乏，不得不减为每天五百加仑的产量。广西企业公司的酒精厂甚至以三花酒为原料，勉强维持其原有生产。”（张锡昌：《如何挽救工业生产》，载重庆《中国工业》1944年第23期。）

④ 钢迁会的主要产品和产量如下：发电量1942年3454千瓦，1943年5894千瓦，1944年6023千瓦，1945年8457千瓦；生铁1942年12994吨，1943年13393吨，1944年2255吨，1945年12988吨；钢锭1942年10000吨，1943年4089吨，1944年6559吨，1945年7826吨；铸品1942年877吨，1943年1138吨，1944年1633吨，1945年1513吨；型钢1942年961吨，1943年2416吨，1944年2893吨，1945年6523吨。（参见重庆档案馆、四川省冶金厅等编：《抗战后方冶金工业史料》，重庆出版社1988年，第126页。）

⑤ 《资源委员会档案史料初编》上册，第127－128页。

如果私营工业的生产不是这样远远落后于国营工业，则国营工业就能以更快的速度发展；如果不是私营工业生产在1943年就开始下降的话，国营工业的生产在1944年是可能避免走下坡路的。”[①]

民营工业在国民党政府反动政策的作用下日趋衰退，引起了民营企业家的广泛焦虑和不安，它们呼吁国民党政府从抗战建国的大政出发，改正错误政策，给予民营工业一定的发展空间。1942年6月，《中国工业》杂志第6期上发表了由中国西南实业协会、迁川工厂联合会、重庆国货厂商联合会联合署名的文章《工业界之困难与期望》，文章从捐税、资金、原料、运输和管制五个方面论述了民营企业面临的困难，并向国民党政府提出了相应的改进意见。[②]该文编者按说：“这是最近工业界的一个重要文献，是陪都工业界同人经过了几个月的研讨而完成的，并经迁川工厂联合会、西南实业协会及重庆国货厂商联合会三工业团体通过，联名送本刊发表，不但可以代表现陪都的工业界，也正是我全工业界所一致感觉与迫切要求的。”关于捐税，文章反对所得税和过分利得税以产业组织为对象，要求改为对个人课征，提出“先改为对分派利润课征（即对固定红利及职工酬劳金课征），将来再进一步对个人之综合所得利得课征”。关于资金，文章表示“深知政府不欲通货过度之膨胀，与夫金融业不愿资金之多数冻结，均有其不得已之苦衷”，提出“正本清源之道，端在吸收社会游资”，而为吸收社会游资，又需建立产业证券市场，“然治标之计，仍非扩充工贷不谓功”，要求政府扩大工贷，并在税捐改以个人为对象之前，对于重估资产价值而表现的虚盈，免予课征所得税及过分利得税。关于原料，提出所有后方缺乏之工业原料，应有一地位较高之机关，负统筹之责，“不问国营、省营、民营工厂，均须报告存量于此统筹机构并接受其支配，使能调度自如”，“尽调剂盈虚之能事，使民营工业稍得便利”。关于运输，提出“关卡之设置，不应仅以增加税收为目的，而须同时顾及对于物资及物价之影响”，因此，“内地关卡，应尽量移设外线”。关于管制，提出“民营、省营以至国营工业，须有统一平衡之管制”，以达“原料因统筹而充裕”，“产品不至因资金之困难或核价过低而减少”。这篇文章发表于1942年6月，但早在1941年6月就已写作完成。文章发表之后，并未引起国民党政府的重视。文章发表又一年后，《新华日报》发表题为《发展产业的关键》的社论，指出：“去年六月间迁川工厂联合会等三团体曾发表了〈工业界之困难与期望〉一文，距今虽已一年，但是，时间并没有使这个文件失去其实际意义。物价在上涨，生产在停滞，眼光

---

① 郑友揆：《中国的对外贸易和工业发展》第142页。

② 中国西南实业协会、迁川工厂联合会、重庆市国货厂商联合会：《工业界之困难与期望》，载重庆《中国工业》1942年第6期。

远大的厂家在奔走呼号，这一切，证明着去年这个文件所提出的问题，仍是崭新的。”[①]《大公报》于1943年4月发表署名文章，提出要民营企业资产要按现价予以重估，指出“资产按现价估值，可使各工业资产有公平现实之表现”。具体作法是在资产负债表之借方增列“资产增值”科目，在贷方另设“资产增值准备”和“资产增值折旧准备”以平衡之，“资产增值准备”随物价的增长而扩大，平时并不对此征税，在工业改组清结时，再将“资产增值准备”转入盈余，作为利得征税，因为此时已经转为股东收益了。这样一来，民营企业就不再为虚盈实税所困了。[②]《新华日报》从1943年1月至4月，连续发表三篇社论，讨论税制、原料及产业资金问题。关于税制，提出工商业税率必须有别，征税对象必须改为个人，起税点必须再事提高。关于原料，提出要国营民营公平合理分配。关于产业资金，提出资产重新估值的增值部分不应立即视为利润而予征税，应把增值部分转入资本，或在依法纳税之后将所收部分发还，作为补助费。[③]

在民营工业日趋衰落的前景下，在民营企业家的强烈呼吁下，国民党政府终于于1943年6月1日至9日，在重庆召开第二次全国生产会议，与民营企业家一道讨论民营工业所面临的困难及其解决方法。出席这次会议的共有282人，其中有中央各机关代表、各省市代表、工矿业代表、各业团体代表和各业专家代表。关于召开这次生产会议的缘由，《会议始末纪要》说道：“自二十八（1939）年五月举行第一次全国生产会议以来，四年之间，因生产界员工之努力，农业生产，已有相当成绩；工矿事业，亦已规模粗著。惟时异境迁，抗战物资之需要，更加迫切，生产事业之困难亦较前加重，我国生产事业，原负抗战建国之双重任务，际兹胜利在望，检讨过去，策励未来，实为切要之图。”[④]蒋介石亲临会议并发表演讲，信誓旦旦要为民营工业解决困难。他在演讲中说道：“当前生产事业所遭遇的困难极多，例如战事与物价的影响，资金的短绌，物料的缺乏，技工的流动，再生产成本的不易维持，处处都足为经营的障碍。我们要使工业发展必须先维持已有的工业基础，因此我认为这次生产会议，必须对于巩固目前的工业基础，特别注重。对于资金，应研究如何调整工业资本，增加工业贷款，谋机器设备及周转金之补充与扩大。对于原料，要设法增加田亩面积，提高农业技术，便利交通运输，认真登记管理，谋原料之补给与充裕。……对于产销营业，要设法压低生产成本，增加产量，谋物资之合理的供应。这种问题，决非本质上不能解决的问

① 社论：《发展产业的关键》，《新华日报》1943年5月30日第2版。

② 李崇淮：《健全工业基础刍议》，载重庆《大公报》1943年4月10日第3版。

③ 社论：《保护产业的生机》，《新华日报》1943年1月20日第2版；社论：《所得税的几个问题》，《新华日报》1943年3月10日第2版；社论：《产业资金的一个问题》，《新华日报》1943年4月20日第2版。

④ 第二次全国生产会议秘书处编：《第二次全国生产会议总报告》，中心印书局1943年，第1页。

题，只要彻底商讨，排除障碍，必能获得合理的答案。”[①]《中央日报》在社论中强调，这次生产会议的目的“在使政府与人民能充分合作，增进战时生产，由此可见此次会议的主旨，在促进官民合作，共谋增加生产”[②]。《大公报》也认为这次会议的目的是“把握时机，完成战时生产的任务；官民合作，解除产运销的困难”[③]。会议共收到提案 450 件，按性质分为六类：一、农林；二、工业；三、矿业；四、金融税制；五、运输管制；六、其他。主题分为资金运用、价格统制、原料来源、过分利得税、工业管制等。处理办法分为送请政府办理、送请政府参考和保留三类。[④]据《中央日报》刊载《全国生产会议之收获》一文，会议对产业界感到的种种困难，都议有适当的解决办法。例如对于原料问题，决定由政府会同国家银行，或督导各业公会统筹购买、统筹分配，对公营与民营事业一视同仁；关于设备问题，决定由政府协助购办并督促装置完成，同时鼓励国内自制机器；关于动力问题，决定一面由政府统筹增设新电厂，扩充旧电厂，并鼓励各厂自备动力；关于运输问题，决定请政府增加运量，并办理负责运输和举办负责联运；关于资金问题，决定由政府指拨专款，长期低利贷款，有国家银行增加贷款数额，并改善手续，一面由政府会同国家银行及各业团体组设产业证券市场，由各产业单位联合组织票据承兑所，推行票据承兑贴现办法，一面请求政府修改公司法，将公司债发行限额放宽，以便生产界获得长短期资金；关于资本问题，决定请求政府准许工矿业重估固定资产，免征所利得税；关于价格问题，决定部分依其成本、品质及合理利润为标准予以调整，部分施行生产补贴金制度，以资鼓励；关于产品销路问题，请政府放弃高税率政策，并确定关税保护政策。[⑤]据《中央日报》报道，会议议决各案至 11 月 8 日经各主管机关复核完毕，由国家总动员委员会分转各机关执行，有 20 余件付诸实施。关于产业资金部分，除资产重估值一案外，如证券市场案已决定采用产业证件推进会办法办理。扩大工贷案照原案实施，四联总处将贷款抵押品扩大，贷款时间放长，贷款数额增加，使民营企业较易获得较长时期贷款。[⑥]

虽然国民党政府说议案有 20 余件付诸实施，但实际上不是嘴上说说而已，就是实施力度非常小，根本不能解决实际困难。例如关于工贷，《工商新闻》于 1944 年初发表文章说：“目前工业界的一个大难关，是资金不足。为了补充工业资金，国家银行已于本年实行工业贷款，其贷出数目且达五万万元，但国家银行

① 《第二次全国生产会议总报告》第 6 页。
② 《中央日报》1943 年 6 月 1 日第 2 版。
③ 社评：《生产会议》，重庆《大公报》1943 年 6 月 1 日第 2 版。
④ 参见《第二次全国生产会议总报告》第 43 － 70 页“提案目录”及第 309 页“处理办法”。
⑤ 社论：《全国生产会议之收获》，《中央日报》1943 年 6 月 11 日第 2 版。
⑥ 《中央日报》1943 年 11 月 8 日第 3 版。

的贷款数虽巨，而工业所需资金却远多于此数，因此若干重要工业仍有资金短绌的现象。”[①] 关于设立证券市场，国民党政府决定下令中交农三行及信邮两局，联络产业金融各团体，筹设产业证券推进会，并附设证券市场，中央信托局又定于1944年1月发行第一期投资证券1亿元。在恶性通货膨胀的情况下，这1亿元资金能起什么作用呢？对此，《新华日报》发表《产业资金与证券市场》的社论说：“在战时的中国后方，证券交易所能否为枯涩的产业打通资金的道路呢？”“从设立证券市场与发行投资证券的本意来说，那是很可赞同的，因为这些办法，总是想减轻当前生产事业的资金上的困难。不过，从实际的情况而论，从产业资金的要求而论，这些办法的效果并不能估计太高。”社论说道：“为了使当前后方的产业能从枯涩的处境苏醒回来，我们认为主要的办法是：政府对于产业界的合理要求，应予以金融上的便利。在这里，工贷就是一件很重要的事情。今年的工贷诚比去年增加，但因执行工贷政策的原则是重点主义，所以，民营工业所受的惠，远不及国营工业。”[②]

由于国民党政府所采取的措施力度极小、效果极微弱，因此，自第二次全国生产会议之后，民营工业的困难状况不仅没有得到丝毫地改善，甚至进一步加重了；导致民营工业衰退的因素也并未消失，反而进一步严重化了。如《新华日报》并于1943年底发表社论《后方产业在困难中》的社论说：“目前产业界的困难，是五月前举行生产会议的时候所不能比拟的。以钢铁业来说，重庆十八家铁厂竟有十四家停炉，四家制钢厂中一家已停顿，三家只能勉强支持；以机器业来说，重庆三百六十余家中，宣告停业的已有四十二家，以酒精业来说，停业、出卖牌照的时有所闻，甚且有放弃而出让者；以棉纺业来说，减少生产已成为显著的趋势。”后方产业的困难“是越来越重了”，不仅“旧的症结深刻化”，而且“产生了一些新的现象”[③]。1943年11月，重庆五工业团体（全国工业协会、迁川工厂联合会、国货厂商联合会、西南实业协会和战时生产促进会）人士举行座谈会，其中论及近一年来重庆工业困难情形。据此，加入重庆区钢铁工业同业公会的22家钢铁企业（只有两家未加入），18家铁厂有14家停炉，4家钢厂有1家完全停顿，其余3家勉强开炉，也难以为继；机器工业，参加同业公会的有365家，1943年11月调查歇业者155家，停工者13家，其余也在紧缩；酒精与炼油工业也“难于支持”；棉纺工业处于“危机”中；航业也“几至难于继持之境

① 《论后方工业资金问题》，载重庆《工商新闻》1944年第873号。

② 社论：《产业资金与证券市场》，《新华日报》1943年12月5日第2版。

③ 社论：《后方产业在困难中》，《新华日报》1943年11月22日第2版。

地”。[①] 至于导致民营工业继续处于衰退的因素，则仍然与第二次生产会议以前的基本相同，《工商新闻》指出“当前工矿业之一般问题”仍然是：(1) 原料问题，(2) 资金不足问题，(3) 限价与物价问题，(4) 动力问题。[②]《四川经济季刊》发表署名文章，指出1944年四川工业仍然存在着衰退的一般趋向，而导致四川工业仍然存在衰退的一般趋向的原因则有原料供应不济、资金不足、销路滞塞、管制与税务负担过重等老因素。[③]《新华日报》发表署名文章说，摆在工业家们面前的困难，最显著的有七点，即资金周转不灵、税则太重、限价与实际成本相差太远、成品滞销、运输困难、动力不足。文章接着说道，如果进一步追究这些困难产生的因素，可以归纳为四点，即物价波动的影响、税制的规定尚未臻合理、管制对工业的桎梏、政府对扶植民营工业的政策没有一个明确的规定。文章说：“如果再要归纳的话，那就简单极了，一切都应该归属于国家的财政政策与经济政策，无论是物价、税则、管制、或者对民营工业的辅助问题。”[④] 也就是说，第二次全国生产会议之后，那些导致民营工业衰落的因素不仅没有获得缓解，甚至更加严重化了，其根本原因，在于国民党政府财经政策的错误，不从根本上改变财经政策，靠一些枝节皮毛性的措施是解决不了问题的。更为严重的是，到1944年初，这些因素开始进一步影响国营和省营工业，公营工业也出现了严重衰退的迹象，战时后方工业呈现出全面衰退的趋势。《工商新闻》发表经济文粹说：“根据最近的观察，整个工业生产已陷入危机临头的局面。国营或省营工厂由于原料的困难，资金周转的不敷，生产效率已经大大低落。”[⑤] 经济部发表的1944年工业生产指数表明：生产资料生产总指数1944年较上年下减6.39%，而下半年较上半年下减10.57%。消费资料生产总指数（不包括出口矿产品）1944年较上年下减5.06%，下半年较上半年下减9.06%。经济部在说明中说道：“（工业生产）指数一般的继续下落，并在下落程度上逐渐加甚的现象，实是我国迅速发展起来的战时工业生产第一次遭遇的严重情势。”它表明国内工业生产下落的趋势“已汇成一个共同的逆流”。经济部不得不承认：“国内生产的逆流，终于抵消甚至淹没了（第二次全国生产会议后）政府和企业家对于维持基本工业生产的多种努力。”[⑥]

正当后方工业陷于全面衰退的时候，美国战时生产局局长纳尔逊奉命于

① 中国工业经济研究所编：《工业问题丛刊》1944年第1号《工业问题座谈会辑要合辑》，第1－4页。
② 《当前工矿业之一般问题》，载重庆《工商新闻》1944年第936号。
③ 刘敏：《三十三年四川年之工业》，载《四川经济季刊》1945年第2卷第2期。
④ 昆吾：《甚么时候是工业的春天》，载《新华日报》1944年4月21日第3版。
⑤ 《如何挽救工业生产》，重庆《工商新闻》1944年第896号。
⑥ 经济部统计处编：《三十三年工业生产指数（附说明）》，载《经济建设季刊》1944年第3卷第2期。

1944 年底来到中国，筹设战时生产局，协助中国战时工业生产，试图挽救中国整个工业生产的危机。[①] 美国派遣纳尔逊来华帮助中国组建战时生产局，根本原因在于对中国在整个反法西斯战争中的作用的重视及对国民党政府的战时经济政策的严重不满，用意在于将美国的战时经济政策引入中国，使中国经济能够在短期内摆脱危机，支撑起抗战重任。美国战时生产经验的根本点在于，无论国营民营（美国企业绝大多数为民营企业，少数国家企业也大多委托私人经营），以与战争关系的密切程度确定优先次序，供给资金和原材料，政府以定货的形式，事先付给企业预付款，企业产品由政府完全收购。[②] 所以，纳尔逊在来华后一见蒋介石就说道："吾人之中曾在美国政府之战时生产部门工作，即将以吾人战时生产之经验，贡献于中国政府。……如一切能获顺利，中国不久即能生产远多于目前之某种重要工业作战物资。"[③] 在战时生产局成立座谈会上，纳尔逊进一步介绍说，美国战时生产经验主要在建立优先制度，规定并考核生产数量及改造生产技术，认为在美国战时生产可以成功，在中国亦能成功。[④] 战时生产局在 11 月 24 日进行会商时强调，该局"第一步工作，在于建立优先制度，一切生产，将视其对战争关系之深浅定其缓急先后。"[⑤] 何廉在回忆战时生产局的工作时说纳尔逊在与他交谈时同他说道，在美国战时最有效的增加生产的方法是给工业家资金作为产品的预付款，我们也能在中国这样做。何廉对此表示同意。他说战时生产局"所用的方法实际上和美国所用的一样，只是规模较小。"[⑥]

战时生产局成立于 1944 年 11 月 16 日。根据《战时生产局组织法》，战时生产局为综理战时生产事物之最高机关，隶属行政院，并受军事委员会之指挥监督。战时生产局以达到军用及主要民用物资之最大生产为目的，对公营私营生产机构负指挥监督及联系之责。战时生产局的管理范围为：关于军用及主要民用物资的生产、运输及进出口事项；关于国内外主要器材的购办、支配及建置工业设备所需资金的决定事项；关于生产之优先次序事项等。《战时生产局组织法》并规定：战时生产局所定有关战时生产之计划及办法和有关战时生产之优先次序、采办及建造方案，各公私战时生产机构及政府管制机关均应照办，所定有关战时生产之

---

① 纳尔逊在来化后会见蒋介石时称："余在此期间之主要工作，乃协助中国以其现有之工业设备获得较大之出产量。"（重庆《大公报》1944 年 11 月 19 日第 3 版。）

② 参见吴景超：《美国工业动员的方法》，载《新经济》1943 年第 10 卷第 12 期；吴景超：《美国的战时经济》，载重庆《大公报》1945 年 1 月 23 日第 3 版。

③ 重庆《大公报》1944 年 11 月 19 日第 3 版。

④ 重庆《大公报》1944 年 11 月 23 日第 2 版。

⑤ 重庆《大公报》1944 年 11 月 25 日第 3 版。

⑥ 《何廉回忆录》第 257、258 页。

物品运输方案，各运输机关均应照办。[①]翁文灏强调："战时生产局自身并不直接办理上列各项工作，但是凡与战时生产有关的事项，战时生产局的决定对各有关机关有拘束的效力。""金融财政都必需与战时生产密切配合。"[②]《大公报》报道说：设立战时生产局"目的在于统一管理，增加生产，故一切有关战时生产之机关，均将归并在内"[③]。从这些论述来看，战时生产局是凌驾于政府各经济部门的战时经济最高指挥机关，它虽然不直接从事生产活动，但它所制定的计划、政策和措施，包括财政部、经济部等政府各经济部门都必须严格执行。也就是说，战时生产局成立后，原属于政府各经济部门的指挥职能都被集中到了战时生产局，而这些政府经济部门则成了执行战时生产局指令的执行机构。

对于战时生产局，包括民营企业家的社会各方人士都寄予了很大的希望。《战时生产局组织法》以及纳尔逊及翁文灏等局务负责人在提到生产机构时，都是将公私生产机构相提并论，表明战时生产局此后将对国营民营企业一视同仁，而不再对民营企业有过多的歧视。《中央日报》把战时生产局称作是"合作的枢纽"，说为了提高战时生产能力，有一个关键是"多方面最密切的合作"，"是政府机关、工业家人士及军事方面人员的精诚合作"，而生产局则是广泛而密切合作的"标志和枢纽"[④]。《大公报》在报道战时生产局即将成立时说，据记者获悉，战时生产局成立后，民营生产单位可以"通过公会组织，精密分工，各求专业化，并由政府给以装备之补充，供给原料，订购成品，以协助其生产之进行。"[⑤]《大公报》并在题为《确定经济大计并论生产局的任务》的社论说道："在二十世纪的五十年代谈经济建设，苏联的经验当然应该取鉴，而英美战时生产的实情也更值得注意。在这次大战中，英美的生产效能真已发挥到顶点，而最有成绩贡献最大的却往往是民营事业。……在这当中，使我们认识了培植民营事业就是培植国本，而国营事业与民营事业善为配合，更是相得益彰，大利于国。"[⑥]此后，《大公报》在报道战时生产局对促进生产的作用时又说道："战时生产局成立后之新政策，凡后方所能生产之工业品，尤其与军需有重要关系者，（无论国营民营）皆尽量给予物料器材之补充及生产资金，以求生产力之高度发挥。在此项原则下，后方工业产品，不论其成本高低，政府将尽量收购。过去因各种重要工业产品之滞销而造成的工

① 《战时生产局组织法》，1944年12月16日公布，载《资源委员会公报》1945年第8卷第2期。
② 重庆《大公报》1944年11月23日第2版。
③ 重庆《大公报》1944年11月10日第3版。
④ 本报资料室：《使命重大的战时生产局》，载《中央日报》1944年12月23日第4版。
⑤ 重庆《大公报》1944年11月10日第3版。
⑥ 重庆《大公报》1944年11月17日第2版。

业不景气，或将因此新措施而成为陈迹。”①《新华日报》也发表署名文章说道：“战时生产局的成立，十分必要，该局对于增产，有新的决心，有周密的筹划，全国生产机构的‘集中指挥’，以及‘优先制度’的实施，都是适当的措施，此外生产局需要的资金技术器材等，有盟邦的积极帮助，所以生产局的成功，我们对它怀着十分热望。”②

正是基于对战时生产局的这种期望，民营企业家对如何通过生产局来提高和促进生产提出了系统的建议。中国工业协会、迁川工厂联合会、中国战时生产促进会、西南实业协会、国货厂商联合会等五工业团体于11月23日召开座谈会，拟定战时生产局成立后政府对于工业应有措施之建议书，分别送请战时生产局局长翁文灏及纳尔逊参考。建议书内容包括：甲、关于工业再编组，乙、关于集中支配生产原料，丙、关于执行定货政策，丁、关于充实资金来源，戊、关于管制及物价政策，巳、关于运输及税制等六个方面。关于工业再编组，五工业团体主要建议生产局利用时机，根据过去痛苦经验，实行工业再编组，以提高效率，奠定战时生产之基础；以全部国营民营工业为对象，严格执行精密分工，彻底合作，达到产品标准化。关于集中支配生产原料，主要建议政府以全部国营民营为对象，集中管理和支配现存稀有工业器材；集中申请和支配租借物资项下之工业器材。关于执行定货政策，主要建议政府对外申请租借物资及在国内定货须全部集中于生产局，籍使两者密切合作；定货必须采取公开招标制，无极端之理由不得发生价格上的偏差。关于充实资金来源，主要建议对于经政府核定之新增工业资本，应予保本保息之特惠，藉以引导游资投入生产，并提高金融界对于工业家之信用；成立产业界渴望已久的产业证券市场，藉以吸收在黄金及外汇市场上投机的游资。关于管制及物价政策，主要建议管制手段应采取积极的引导方式，而尽量减少消极的阻碍；同业公会组织健全、能负一部及全部管制之责者，即应赋以适度管制工作之权，而仅由政府从旁加以督导；现行物价政策必须重加检讨，俾生产能得到正常之发展，除8类限价物品外，议价须尊重同业组织之议决。关于运输及税制，主要建议生产所用交通工具必须与军事上所用者配合运用，统一管制，使能互济盈虚；废除以生产机构为主要征收对象之所利得税，代之以以个人为征收对象的综合所得税；层层转嫁节节征收之货物营业税须合并于消费税，以利于平价。③

但是，民营企业家所提之上述建议，显然大部分都超越了战时生产局的权限。

① 重庆《大公报》1944年11月25日第3版。
② 李夫：《从生产萎缩的原因说起》，载《新华日报》1945年1月20日第2版。
③ 重庆《大公报》1944年11月30日第3版；《中央日报》1944年11月30日第3版、12月1日第3版。

因为战时生产局只不过是一个集中指挥生产的机构，其主要工作是确定优先次序和实行定货政策，关于管制问题、物价政策、税收政策、产业证券市场问题等都不是战时生产局的职责范围之内的事情，是战时生产局所不能解决的。而且，即使是其职权范围内的事情，受国民党政府财政金融经济总体政策的制约，战时生产局也不可能如民营企业家所期望的那样，能够成为民营企业摆脱困境、回复生计的有效机构。它对战时生产的促进作用是很有限的，不可能扭转生产衰退的总趋势。

1944 年 12 月 7 日，国民党政府作出一个自战时生产局成立后的最为重大的举措，即由四联总处决定向生产局贷款 100 亿元，作为战时生产专款，向民营工厂定制产品，此后民营工厂成绩优良者，皆由生产局考核后，指定其制造某项产品，给予资金并予器材之帮助，所出成品全部由政府收购。① 据称，生产局将首先协助与战事直接有关的生产，民营各厂，多被分配生产数量，如中国兴业有被指定炼钢百吨之说。② 翁文灏称："此项资金之运用，以扶助战时生产为目标，凡有关战时之公私生产，均应权衡轻重缓急，分别优先垫助资金，使其能增加生产之效果。"③ 战时生产局促进生产的方式分为三类：一是定购产品，由生产局直接向厂家定购。首先进行的，有兵工器材之定购，由中国兴业公司、渝鑫钢铁厂、中国制钢公司及资渝钢铁厂分别承造。二是添置设备。如生产机构为执行该局规定之生产计划，必须添置设备时，由该局核定后，分别向国外或国内设法取得。三是购储成品。如某种产品因季节性或其他关系必须先为预储者，即由该局直接购储，或通知主管机关购储，以使生产得以持续。④1944 年 12 月 30 日，翁文灏在记者招待会上介绍战时生产局工作时称，战时生产局"目前已签定之合同有六，共定制工兵器材六十八万具，由中国兴业公司、资渝钢铁厂、渝鑫钢铁厂及中国制钢公司分别承制此数。国营及民营工厂实已积极参加军品之生产，以弥补兵工厂产量之不足。"⑤1945 年 3 月 12 日，翁文灏在记者招待会上谈及战时生产局工作时，提到战时生产局向民营企业定购兵工器材，说生产局曾向各厂家定购迫击炮弹、地雷、刺刀、军剪、军斧、十字镐、圆锹等物，并称制造此项军用物品需要大量钢铁及其他金属，因此钢铁本年度之生产将比去年增加 3 倍，铜铁锌在可能限度内，也将设法增产。⑥ 稍后，兵工署第十厂厂长庄巽行在星五聚会上谈到要加强

---

① 重庆《大公报》1944 年 12 月 9 日第 2 版；《金融导报》1944 年 12 月 11 日，第 33 号第 1 版。
② 重庆《大公报》1944 年 12 月 14 日第 2 版。
③ 《金融导报》1945 年 1 月 16 日，第 45 号第 1 版。
④ 重庆《大公报》1944 年 12 月 23 日第 2 版。
⑤ 《中央日报》1944 年 12 月 31 日第 2 版。
⑥ 《中央日报》1945 年 3 月 13 日第 2 版。

兵工生产与民营工业配合的问题。在检讨过去及目前兵工业与民营工业不能配合的原因时，第一点就指出政府对兵工与民营工业采取隔离政策，深恐武器由民间生产会造成社会的不安。庄氏末称愿今后兵工业与民营工业有较好的配合。①

战时生产局的工作对挽救民营工业的衰退趋势、促进战时工业生产起到了一定的积极作用。《中央日报》在1月13日的题为《重庆市场二三事》的社论中说道："在工业不振和商业萧条之国历年关，钢铁工业忽呈活跃，煤矿业也有活跃的趋势。市场上存储的机器，价格昂腾，有至四倍者。这是战时生产局开始工作的初步影响。去年一年，钢铁工业在工业之中最为惨淡，机器价格跌落，五金也随之跌落下来。煤矿减少出产，造成今日的煤荒。到了岁尾年头，战时生产局宣布了定购政策，并着手签订定货合同，介绍银行借款，挽回了煤铁事业的颓运。"②《金融导报》报道说战时生产局自1944年12月26日与四行二局订立生产贷款100亿元后，至1945年3月2日止，先后向各厂家定货及协助复厂垫款约70家，计发出六次定货，共支用23.5亿元，"民营工厂受之灌溉，颇呈欣欣之象。"③据《中央日报》报道，至1945年4月底，主要原料品产量从战时生产局1944年11月成立时的34.72亿元增长为41.98亿元（以1944年11月价格折算），增长了21%。《中央日报》因此说"吾等对主要原料品之增产努力，已获初步具体结果"④。截止5月底，战时生产局贷款总额已逾63亿元，其中以贷给定购成品者为最多。⑤

但是，战时生产局对战时生产的促进作用仍然是十分有限的，区区不足百亿元的资金对于嗷嗷待哺的后方工业来说，不过是杯水车薪，而且百亿元资金名为主要供给民营企业，实大部为国营企业所得。《新华日报》在1月19日的《经济圈内》报道说：自战时生产局成立以来，"工矿业困难依然，资金、原料、煤荒三者，在目前工矿业方面更显得严重。纱厂因为原料不够，准备减产三分之一，有些钢铁、电器制造厂、航运业如民生公司，都因燃料不够，不能全面开工。他们希望生产局对目前民营事业赶快拿出办法。"⑥《中央日报》在一篇署名文章中这样说道："自生产局成立已还，积极策动，疲弊已久之钢铁业，乃渐臻活跃，惟其生产效率之低减，生产成本之高昂，迄今仍成严重之事实。""目前后方钢铁厂生产效率，铁产率仍仅为其设备能力百分之五十四，钢锭产率仍仅为其设备能力百分之三十五，钢材生产率仍仅为其设备能力百分之四十，其生产能力之未能充分发

① 重庆《大公报》1945年3月24日第3版。
② 《中央日报》1945年1月13日第2版。
③ 《金融导报》1945年3月20日，第66号第3版。
④ 《战时生产进度》，《中央日报》1945年4月28日第3版。
⑤ 《金融导报》1945年6月18日，第96号第2版。
⑥ 《经济圈内》，《新华日报》1945年1月19日第3版。

挥，自属显然。”[①]《商务日报》评论战时生产局工作时说道：“战时生产局定货方式极为谨慎，一百亿元资金之运用，仅供周转而已。即如兵工署当某项制品，苦于无法支付资金时由生产局垫付，生产局并无自行定购之计划，百亿元可谓垫款基金。因此，在接收定货之工厂，感杯水车薪无补于工业不景气之挽救，如中国制钢、渝鑫等厂定货，均未过生产能力十分之一二，谈不上重工业之繁荣。且此项定购，被分配者都为国营厂家，民营厂家所得甚微。”[②]《大公报》报道酒精业的情况说道：“去年甚多酒精厂，一年内三易其主人，辗转卖牌子，皆未能走上生产正轨。时下酒精每加仑限价八百七十余元，然成本已达一千三百元以上，原料自阳历年后波动激烈，官方向酒精厂之定货，每多存而不提，以至不少厂家，无空桶可用。”[③]不久，《新华日报》在署名文章中说道：“最近又闻第一区酒精业（包括资中、内江、泸县、江津、重庆等四十一厂）因亏累过多，已奉液体燃料管理委员会命令，减产百分之四十。”[④]也就是说，酒精业虽然也有战时生产局的定货，但定货大都存而不提，加上限价的不利影响并未解除，因而出现了极严重的减产现象。

为什么战时生产局在促进战时生产方面所起的作用如此轻微呢？关键在于导致战时生产陷于危机的原因涉及国民党政府的财政金融和工业政策等各个方面，可以说，只要不按照上述五工业团体所建议的那样，从各方面综合的改变经济政策，而单靠战时生产局的优先和定货制度，以及不能完全兑现的一百亿元资金，是不可能从根本上解除战时后方的经济困难，不可能从根本上扭转战时后方经济的衰退趋势的。而国民党政府恰恰就是回避财政金融和工业政策的整体改革，试图单靠战时生产局来挽救战时生产的危局，显然是不可能达到目的的。战时生产局成立后，原先那些导致工业生产危机的制度因素并没有被撤除，而是被继续保留着，民营企业家也仍在继续呼吁加以革除。如重庆市商会等四公会要求废止统购统销。[⑤]工商界月刊社邀请重庆市工商界人士座谈工商业管制问题时再次吁请政府改善管制制度。[⑥]《新华日报》又在署名文章中说道：“为什么工业的增产会存在着这样的困难？这是谁都明白的，症结是在不合理的统制政策的施行。统制政策没有解除，不管怎样改变收购办法，都是无济于事的。”[⑦]4月17日，迁川工

① 德炎：《如何增进战时钢铁生产及降低生产成本》，载《中央日报》1945年2月11日第3版。
② 重庆《商务日报》1945年3月4日第2版。
③ 重庆《大公报》1945年2月1日第3版。
④ 黄醒：《谈财政改革》，载《新华日报》1945年3月15日第3版。
⑤ 《新华日报》1945年1月21日第3版。
⑥ 重庆《大公报》1945年3月21日第3版。
⑦ 黄醒：《谈财政改革》，载《新华日报》1945年3月15日第3版。

厂会员代表大会请求政府核减工业捐税。[①] 全国工业协会负责人则呼吁所利得税征收“应以涨价利润为对象”，认为“如仍依帐面资本数字与利润比例而定，流弊甚多。”[②]《大公报》5月20日署名“星期论文”继续抨击通货膨胀的恶劣作用。[③]《新华日报》在社论中说道：“物价是一个老问题。谈，实在是谈得够腻的。谈来谈去，还不是那一套？但这个问题是天天在发展，天天在给与人民以痛苦的，这就使我们不得不注意它。”[④] 这些老问题一个也没有解决，单靠生产局能起多大的作用呢？《新华日报》在1月20日的署名文章中明确说道：“当前经济危机的克服，增加生产的重大任务，是否即可完全责成生产局解决呢？……我们认为，当前生产障碍重重，涉及的方面太多，不是一个孤立机构就能担负这重任的。”[⑤]

在本节的最后，我们必须对战时通货膨胀的原因、性质和作用作一点简单地分析和说明，从中我们可以了解到国民党政府战时经济政策甚至在政治上的反动性。

通货膨胀是战时经济一个最突出和最严重的现象，前述导致后方民营经济趋于停滞和衰退的五个主要因素中，除了第五个因素以外，其余四个因素都与通货膨胀具有直接和间接的关系。通货膨胀是战时经济的普遍现象，并非中国所独有。战时由于物资消耗大，国家财政产生严重赤字，加上管理不易，一定程度的通货膨胀是不可避免的。但是，如此严重的通货膨胀，以及对后方经济造成如此严重的破坏作用，则是中国独有的现象。中国的通货膨胀既有战时经济的一般因素，也有国民党政府实行反动经济和政治政策的独特因素。

导致中国战时恶劣通货膨胀的独特因素是国民党政府用滥发毫无准备的纸币弥补巨额的财政赤字。中国的通货膨胀可以划分为三个阶段。第一阶段自1937年7月至1939年中，为一般通货膨胀时期。这一时期，国民党政府虽然用增发通货的方式来增加国库收入，但增发的通货还是按照规定的比例保证准备金的。此期，“四行发行法币之程序，依法令之规定，事先由财政部请求发行，经核准后，即委托中央信托局印制。印成后，由发行准备管理委员会代为保管。至于正式领发，仍需向财部请准，同时缴纳法定数额之准备金。此项准备金交由发行准备管理委

① 重庆《大公报》1945年4月18日第3版。

② 《所利得税征收》，《中央日报》1945年4月16日第3版。

③ 戴世光、鲍觉民、费孝通等：《现阶段的物价及经济问题》，载重庆《大公报》1945年5月20日第2版。文章在对通货膨胀对于战时经济的破坏作用作了详细分析之后说道：“我国战时经济的危机已在军事和政治上显露出来。这些恶化的趋势，目前不但没有停止，而且还加速进展，致使经济变动转入一个新的险恶阶段。”

④ 社论：《物价在狂奔》，《新华日报》1945年3月15日第2版。

⑤ 李夫：《从生产萎缩的原因说起》，载《新华日报》1945年1月20日第2版。

员会保管，指定中央银行代为收存。”[①]至1939年4月，通货发行额由战前1937年4月的14.07亿元增至28.07亿元，增长了一倍。[②]同期物价指数由100增长为185，增长不足一倍。[③]这说明本期通货发行增长速度大幅度加快，已经开始致使出现通货膨胀现象，但其中约15%的增发通货是符合战时经济对货币的需求的。1939年6月至1942年6月，是战时通货膨胀的第二阶段，也即初期无准备的纸币性通货膨胀时期。1939年3月，国民党政府决定发行“以金公债充作现金准备”的法币,并作“另案登记”[④]。这就为发行无现金准备的货币开了口子。9月，国民党政府财政部公布《巩固金融办法纲要》，对法币发行准备作出修改，规定:“法币准备金除原来金银外汇之外，得加入（1）短期商业票据;（2）货物栈单;（3）生产事业之投资（即股票）充之。”[⑤]这样，法币准备金就由原来的只能是金银外汇而变成了票据、栈单、股票，甚至政府向银行借款的单据也可充作准备了。自此，国家银行仅凭政府向银行借款的单据就可以发行货币，毫无准备的发行的制度障碍被排除了。国民党政府四行自1939年6月开始“另账”发行，至1942年3月，共“另账”发行货币269.1亿元，发行指数则由191.9（1937年6月为100）增长为1244.3。[⑥]此期物价指数则由205（1937年上半年为100）增长为2954。[⑦]物价指数高出发行指数一倍有余，说明除了货币发行量外，货币流通速度加快、敌占区法币向抗战后方的流入也进一步加剧了通货膨胀。1942年7月以后为战时通货膨胀的第三阶段，也即恶性无准备纸币性通货膨胀时期。1942年6月，四联总处决定自7月1日起，所有法币之发行通由中央银行集中办理，中国、交通、农民三银行至1942年6月30日止所发行之准备金，限于7月31日以前全数移交中央银行接收。[⑧]自此以后，国民党政府只要向中央银行开具借款单据，中央银行就可毫无节制地要中央信托局印制钞票，提供给国民党政府使用。据统计，国民党政府的通货发行量自1942年的343.6亿元急剧增加为1945

① 《财政部1937年至1941年对四行业务分析报告》,参见中国人民银行总行参事室编:《中华民国货币史资料》第2辑，第289页。

② 孔祥熙:《最近财政实况》,参见中国人民银行总行参事室编:《中华民国货币史资料》第2辑,第287页。

③ 《中华民国统计年鉴》（1948年），第171页。

④ 《中央银行常务理事会决议——增加发行另账登记》,1939年3月28日,载中国人民银行总行参事室编:《中华民国货币史资料》第2辑，第285页。

⑤ 财政部《巩固金融办法纲要》，1939年9月8日，载《财政年鉴续编》第11篇，第288页。

⑥ 参见《财政部1937年至1941年对四行业务分析报告》,载中国人民银行总行参事室编:《中华民国货币史资料》第2辑，第289、290－291、294页。

⑦ 《中华民国统计年鉴》（1948年）第172页。

⑧ 《统一发行办法》，四联总处第130次理事会议记录，载重庆市档案馆等编:《四联总处史料》（中），中册第40－41页。

年的10319.3亿元，三年间增长了30倍。[①] 此期物价指数由3900增长为163160，物价上涨了41倍。[②]

上述通货膨胀的基本情况说明，战时我国如此恶劣的通货膨胀的起因主要在于国民党政府的滥发纸币，而不是由于物资短缺。“物价上涨往往被（国民党政府或相关人士）归咎于主要为货物缺乏和运输困难，可是尽管有了战争，但自由中国各地方的基本必需品的生产还能够相当地维持下去，而且许多货物还能从敌占区运入。因此，物价不断上升之主因，显然是由于钞票泛滥，而不是由于货物普遍缺乏或运输困难的普遍增加。”[③] 而国民党政府之所以要如此滥发纸币，目的当然是为了弥补巨额的财政赤字。战时国民党政府的财政赤字是惊人的，而赤字主要是由军费支出浩繁引起的。据统计，国民党政府的财政赤字自1937年至1945年，各年分别达到15.32亿元、8.72亿元、22.82亿元、39.71亿元、88.19亿元、192.42亿元、422.00亿元、1354.73亿元和10650.24亿元，历年赤字占总支出的比率分别为73.3%，74.6%、74.4%、75.1%、88.2%、78.5%、71.9%、78.9%和87.7%，历年军费支出所占总支出的比重则分别达到66.4%、59.7%、57.6%、73.9%、66.2%、62.1%、73.0%、76.3%和87.3%。[④]

国民党政府的巨额财政赤字并不是由收入减少引起的，而是由于军费开支巨额增加引起的。抗战开始后，由于统治区的缩小和关、盐、统三税的大部散失，国民党政府的税收大幅度减少，后虽开办了所谓的“新三税”，但仍不能弥补所失部分。据学者估计，抗战后期国民党政府的税收折合战前币值，仅为战前税收的20%左右。但是，国民党政府通过其他增收手段弥补了这部分损失。主要有：(1)通过田赋征实、征购、征借等所得收入，平均为税收的3－4倍；(2)专卖所得有些年份达税收的四分之一或二分之一；(3)统购统销所得约合税收的3－6倍；(4)黄金政策在其实行的年份，所得约合税收的50%左右。合计以上四项收入，约合税收的7－11倍。因此，抗战时期国民党政府的“实际财政收入不是减少了，

① 参见吴岗：《旧中国通货膨胀史料》，第92－95页。

② 《中华民国统计年鉴》（1948年），第172－173页。

③ 杨格：《中国的预算和通货膨胀(1937－1945)》，载中国人民银行总行参事室编：《中华民国货币史资料》第2辑，第360页。

④ 根据《财政年鉴三编》第3篇，第129－150页的数据计算。另据当时任财政部简任秘书的朱偰根据1947年财政部国库属的保密数字，自1939年至1945年，国民党政府每年靠增发货币以弥补的赤字分别为23.1、38.3、94.4、200.8、408.6、1400.9、10432.6亿元，各占年度总支出的76.0%、70.1%、86.7%、75.5%、64.5%、76.6%、82.4%。（朱偰：《我所看到的通货膨胀内幕》，载中国人民政治协商会议全国委员会文史资料研究委员会编：《法币、金元券与黄金风潮》第93－94页。）

而是增加了。"[①] 国民党政府的财政赤字是由军费开支过巨引起的。

军费开支过巨导致财政出现巨额赤字，是否可以由此得出结论说国民党政府的通货膨胀政策是合理的呢？不能。首先，如果巨额军费支出完全是为了抗战，当然是迫不得已的，当然具有其合理性。但是，国民党政府的军费支出实际上并不是完全用在抗战上面，而有相当大的部分被用在了与正在艰苦抗战的共产党军队的对抗和作战上面。国民党政府是消极抗日、积极反共。美国学者易劳逸曾对国民党政府的抗日与反共作了透彻的考察和分析。他说：蒋介石"1938 年之后对于共产党人的敌意已经产生。尤其是 1941 年 1 月的新四军事变后，国民党领导人感到他们正在进行两条战线的战争。在美国参战后，国民党即把共产党看作为两个敌人中更为危险的敌人，因为他们预计，拥有巨大物资的美国能够单独击败日本，中国再作牺牲是不必要的。""日本偷袭珍珠港之后，他彻底放弃了任何对日进行持续攻势作战的念头。""国民党的对日作战在本质上来说是防御性的和反应性的，而他们对共产党的作战实质上是进攻性的，涉及到众多的部队，产生了更为重大的伤亡。"[②] 国内研究抗日战争的学者也大部分在不同程度上指出并批判了国民党自 1939 年 1 月五届五中全会特别是太平洋战争爆发后消极抗日、积极反共的倾向。[③] 总的来说，在 1939 年以前，国民党的抗日是积极的，其军费都是用于抗战的，在皖南事变前甚至还要每年向八路军拨付一定的经费。皖南事变后，国民党政府拨付八路军经费完全停止，还不断制造事端进攻八路军和新四军。自 1942 年开始，国民党政府已经不把日寇作为主要敌人，而把坚持抗战的共产党当做主要敌人，军费支出越来越具有反人民性质。1945 年是抗日战争胜利之年，但该年度国民党政府的军费却大增，显然是在为反动内战作准备。国民党政府抗战"后期军费的膨胀实由兵员过多所致。1941 年对日战役已不多，而

① 参见杨荫溥：《民国财政史》，第 146 － 147 页。我们在本书前文中已经分析指出，战前国民党政府单靠税收也是不能支持其财政的。国民党政府在税收之外的增收手段是通过发行公债。战时，由于国民党政府的债信已经破产，发行公债已不能作为增收的重要手段。

② 易劳逸：《蒋介石与蒋经国》（原名《毁灭的种子：1937 － 1949》），中国青年出版社 1989 年，第 172、174、176 页。据该书作者在中文版序言中所说，他的分析依据了非常翔实的材料。"通过与台湾的中国国民党党史会和调查局档案馆分广泛合作，我得以阅读了大量的国民党政府出版的书籍、文章和报告，如兵役部公布的报告以及国防部对反共战争的正式讲评。"因此，作者的分析和结论应当说是有权威性的。

③ 国内学者对抗战进入相持阶段后国民党战场的地位和作用的认识主要存在六种观点，即分阶段评价、两面论、次要战场论、主战场分阶段转移说、基本肯定说、消极作用说，六种观点都不同程度地指出并批判了国民党自 1939 年 1 月五届五中全会特别是太平洋战争爆发后消极抗日、积极反共的倾向。虽然有极少数人持有不同的看法，甚至有人认为太平洋战争爆发后，蒋介石和国民党的抗战意志不是削弱而是加强了，但显然并不是建立在充分的史料上的。（参见中共中央党史研究室第一研究部编：《抗日战争史研究述评》，中共党史出版社 1995 年，第 287 － 296 页。）

兵员增加约350万人，主要用于包围共产党领导的边区。”[①] 国民党政府的反共军费主要是通过蒋介石的手谕，从中央银行的“特别支出”中支付的，这种“特别支出”从1939年开始，其占政府总支出的比率起初不过2－3%，1943年陡增至13.21%，1945年抗战胜利之年竟达38.33%。[②] 有论者评论道:“抗战期间，中国财政支出向以军费一项支出占其最大比重，原不足异，但在战争快要结束的一九四五年度，属于‘紧急命令拨支’（也即特别支出）项下的支出，竟也超过原预算支出总额的一倍半以上，足见其支出分配的破坏性。”[③] 其次，国民党政府压制和侵蚀民营企业的反动经济政策进一步加重了其财政困难，使得其不得不把发行纸币作为弥补财政赤字的主要手段。国民党政府压制和侵蚀民营资本的一个严重后果是使得许多社会资金不断地脱离工矿业部门而流向囤积居奇、牟取暴利的商业部门，不断地由工业资本转化成社会游资。前文中已经说明，1940年抗战后方的社会游资达到50亿元，1943年社会游资达到100亿元，到1944年，社会游资更达1000亿元，这些游资不经过银行而自由移动。如果国民党政府能够放弃侵蚀民营资本、扩展国营资本的作法，采取鼓励和促进民营资本发展的经济政策，将这些游资吸引到工矿业建设上来，吸引进银行成为储蓄存款，不仅会大大促进民营企业的发展，从而增加政府税收、增加政府的财政收入，使财政赤字大幅度减少，而且也使银行用存款而不是用增发纸币的方式向政府垫款提供了广阔的空间。这样一来，无准备的纸币发行至少可以大幅度减少，通货膨胀的幅度也将大幅度缩小。[④] 国民党政府试图用侵蚀民营资本的方法增加财政收入，是一种竭泽而渔、杀鸡取卵作法。国民党政府之所以会采取这种极其短视的经济政策，根本原因在于其政治的反动性，在于其一意推行官僚垄断资本主义现代化模式的顽固本性。

通货膨胀政策是一种最反动也是最残酷的掠夺财富的方式。抗战八年中，随着通货膨胀的发展，法币1元的购买力在1938年底尚合战前币值6角，到1939年底只值2.8角，到1940年底降到0.8角，到1943年底只合0.5分，到1945年6月只值战前币值5毫。也就是说,1945年6月的2000元法币才合战前法币1元。也就是说，战前2000元法币中，在经历了八年后，有1999元已被国民党政府用

---

① 许涤新、吴承明主编:《新民主主义革命时期的中国资本主义》，第467页。

② 夏晋熊、余壮东:《中央银行经理国库破产真相》，载《中央银行史话》，中国文史出版社1987年，第82－84页；吴冈编:《旧中国通货膨胀史料》，上海人民出版社1958年，第153页。

③ 姜庆湘:《当前中国的财政恐慌》，载上海《中国建设》1947年第3卷第5期。

④ 国民党政府至1944年底的通货发行总额为1895亿元，而1944年的社会游资竟达1000亿元左右，为发行额的53%。可见如果能够将游资吸引到正当的用途上来，必将会大大改善国民党政府的货币发行情况。（1944年底通货发行额见吴冈:《旧中国通货膨胀史料》，第95页。）

通货膨胀的方式所掠夺，最后所剩的只有 1 元。[1] 当然，由于正如上文所分析的，导致通货膨胀的因素除了政府的发行纸币以外，还有囤积居奇和投机等其他因素，所以上述财富并不全是为国民党政府所掠夺，还有一部分落入了官僚私人和投机商人的腰包中。总之，通货膨胀是以一种以全民为对象的掠夺，前述对于民营企业的掠夺，只不过是国民党政府对于全民之掠夺的一部分而已。

① 杨荫溥:《民国财政史》第 159 页。

第十一章

1946 - 1947 年间国民党官僚垄断资本工业的膨胀和民营资本工业的危机

抗战前国民党政府基本确立了官僚垄断资本在金融领域的统治地位，抗战时期又趁机建立了官僚垄断业资本在重工业领域的统治地位，抗战结束后，国民党政府公然违背自己关于重工业国营、轻工业民营的原则，又进一步将官僚垄断资本的触角延伸到了轻工业领域，从而建立了官僚垄断资本在金融、重工业和轻工业各个领域的全面统治地位。

据何廉回忆，自珍珠港事件之后，蒋介石开始考虑战后经济建设问题，并责成中央设计局于 1944 年开始拟定战后经济建设计划。[①]1943 年 4 月，国民党政府在重庆举行工业建设计划会议，蒋介石亲自出席会议并发表讲话。蒋在谈话中谈到战后建设中之国营与民营关系问题。他说道："今后工业建设，应由国家经营，抑国营与民营并重？……以我国目前所处之环境及现有之经济条件与社会情形而言，本席以为抗战结束后之最初十年间，我国重要工业建设，尚不能全部国营，必须采取国营与民营并行之方式，且有若干工业，民营较之国营尤为便利者。但民营工业，必须在国家整个计划之下，受政府之统制，以应国防民生之需要。""所谓经济条件者，即指政府之财政情形与社会经济状况。何种工业宜于国营，何种宜于民营，皆必斟酌于经济条件，然后决定。如其由政府经营尚不及民营发展之迅速而顺利，皆应交由民营。总之在战后十年中之工业建设，当要求其进行之迅速与成效之普遍，初不必拘执于国营之一途。国营之外，果以民营为便利，政府便应加以管理，予以扶助，以求其发展。"[②] 蒋介石在这个讲话中异乎寻常地强调在战后经济建设中要充分重视民营工业的作用。当然，蒋介石之所以要强调民营工业的作用，不在于他多么重视民营工业，而实在是缘于他自己所指出的"经济条件"上的原因，即政府财政不能将所有工业全部揽为国营。1944 年夏天，中央设计局拟定了《(战后) 第一个复兴期间经济事业总原则草案》。该草案对战后

---

① 参见《何廉回忆录》第 239 页。

② 中国国民党党史会编:《总统蒋公思想言论总集》卷 20 演讲，第 144 - 145 页。

中国的经济建设特别是国营民营的范围问题提出了完整的计划。草案提出，战后中国的工业发展应沿着两条路线进行：(1) 由私营企业，(2) 由国营企业。草案主张由国家独占的种类不应太多，这类独占只应包括邮政电讯、军工、造币、主要铁路、大规模水力发电厂五类，同时对一些私营企业未能充分发展的行业，或政府认为特别重要的行业，诸如大规模的油田、钢铁厂、空运及水运，政府可以自行或和中国的或外国的资本合作经营。草案并强调所有政府经营的企业，它们的权利和义务应和同样性质的私营企业同等对待。① 显然，这个草案与以前相比，对国营工业的范围进行了很大的限制，而民营工业的范围则获得较大的扩张，而且前所未有地在叙述工业发展的两条道路时将私营企业置于国营企业的前面，表明对私营企业的重视甚至超过了国营企业。1944 年 12 月，国民党国防最高委员会通过了以这个草案为基础而设定的《战后第一期经济建设原则》。《原则》中强调："我国经济建设事业之经营，必须遵照总理遗教为有计划的实施，以有计划的自由继续发展，逐渐达到三民主义经济制度之完成。对于经营方式应在不违背节制资本之原则下，尽量鼓励民营企业。"《原则》同中央设计局拟定的《(战后) 第一个复兴期间经济事业总原则草案》一样，主张中国事业之开发应分为两路进行，一为民营企业，二为国家经营；强调除了邮政电机、兵工厂、铸币厂、主要铁路和大规模水力发电厂五类应由政府独营之事业外，其余未经指定政府独营之事业，均可由人民经营；同时凡民力有所不胜或政府认为须特别重视之事业，如大规模石油矿、钢铁厂及航运事业等，政府仍得单独经营或与民资、外资合办；而且政府所经营之事业，除甲项独营者外，无论单独经营或与民资、外资合办，其具有商业性质者，均与同类民营事业之权利义务同一待遇；政府与民资合办之事业应采公司制度，政府除依法行使行政监督权外，对于公司业务及人事之管理权应以股东地位行使之。② 也就是说，《原则》将国营工业独营并限制民营的范围限定于邮政电机、兵工厂、铸币厂、主要铁路和大规模水电站五类，另如大规模石油矿、钢铁厂和航运业政府虽可独营或与民资、外资合办，但民营资本也可单独经营，其他则均为民营资本独营的范围。这是一个国民党政府自成立以来民营范围最为宽泛、为民营资本的发展提供最为宽广条件的规定。抗战胜利后，蒋介石在 1945 年 11 月 26 日最高经济委员会成立后的一次记者会中，甚至一反国民党政府以前强调要搞计划经济，提出了一个"有计划的自由经济"的概念。他说道："战后中国的工业发展前途将采取私营及国营的方式。最高国防会议决定：国家公营

① 《何廉回忆录》第 239、245 － 246 页。

② 《第一期经济建设原则》，国防最高委员会 1944 年 12 月 29 日颁布，载中国第二历史档案馆编：《中华民国史档案资料汇编》第 5 辑第 2 编财政经济（五），第 34 － 35 页。

事业不可过多。国营事业包括邮政、兵工厂、硬币，最重要的铁路及大型的水利工程事业。私人资金可自由参与这些公营事业。简而言之，中国经济建设的目标是‘有计划的自由经济’。”①

国民党政府为什么会突然制定出这样一个给民营资本以较大发展空间的规定呢？据说是由于内外压力的结果。如李紫祥这样说道：“(抗日）战争后期，所谓国营事业的范围逐渐扩大，国家资本的力量尽量扩张时，亦遭受了内外夹击：首先是国内民营工业家，由于事业对象被剥夺，和器材、销场和资金的不平待遇，激起了国营与民营事业范围的激烈争论，另一方面，战后有意于来华投资的外商，对于独占性质的国家资本更给予了有力的批评。”他举例说美国政治家巴洛区说道（此话并为美国进出口银行贷款审查委员会负责人高斯特别引用过）：“我们应该在给予别国以援助时十分小心，不要使它把别国工业‘国家化’来抵制我们，摧毁我们自己的自由竞争制度。”李紫祥说“这是我国醉心于国家资本的发展，特别是打算借用美国资本发展国营事业的当头打击。为了缓和这种反对，国防最高委员会于一四八次会议，依据中央设计局的建议，通过了第一期经济建设原则。”②也就是说，国民党政府之所以在此时制定这样一个原则，是国内民营资本家和美国意欲在战后投资于中国的资本家共同反对的结果。其中尤以美国资本家的反对更为起作用，这从《原则》的内容也可以看出。《原则》中给予外国资本中外合资事业以非常便利的条件，如规定外人投资数额之比例，应不加固定拘束，公司组织除董事长外，其总经理人选亦不限定为本国人；外人在呈经国民党政府政府审核特许之后即可在中国直接投资单独经营事业；经政府按照建设总计划审核后，不仅国营事业可由主管机关洽向国外借款或洽由国外投资，而且民营事业亦得自行洽商，呈请主管机关核准备案。③同时，国民党政府制定这个原则，也是对事实的一种不得已的承认。国民党政府一直对民营资本的范围给以较严厉的限制，特别是抗战时期的《非常时期农工矿商管理条例》，把民营资本的范围限定在一个非常狭小的范围之内，但实际上由于政府资金的有限，都未能如规定的加以实施。战时民营资本除了石油和燃料之外，各个工业部门中都有民营资本涉足，民营工业甚至是以重化工业为主。这次的《原则》不过是对这一事实的追认而已。

给予民营企业一最大范围的是《第一期经济建设原则》。但是，《第一期经济建设原则》通过后，可能是由于遭到了党内国营论者的强烈反对，在 1945 年 5

---

① 转见黎东方：《蒋公介石序传》，第 300 － 301 页。

② 李紫祥：《自由经济是中国的唯一出路》，载重庆《西南实业通讯》1947 年第 15 卷第 7、8、9 期合刊。

③ 《第一期经济建设原则》，国防最高委员会 1944 年 12 月 29 日颁布。

月的国民党第六次全国代表大会第 19 次会议上，复又通过了一个《工业建设纲领实施原则》，其中的内容对《第一期经济建设原则》进行了修改。《纲领》共有纲领 16 项，实施原则 91 条，其主旨是将战后工业建设完全掌握在政府手中，完全按照政府的计划实施。[①]《纲领》对国营民营的范围划分进行了新的界定，核心是强调国营工业的重要性，扩大了国营工业的范围，同时缩小了民营工业的范围。《纲领》是对《第一期经济建设原则》的立场的一次重大修正和后退。《纲领》强调："工业建设，根据实业计划而为有计划的实施，由政府统筹之。""为发展国家资本，必须规定国营事业之制度，以树立民生主义之脊柱，同时辅导鼓励人民资本，在国家整个计划下，参加工业建设工作，达成规定之目标。"《纲领》规定，工矿交通事业经营方式分为五种，即：一、国营；二、民营；三、政府与人民合营；四、中外合营；特许外资独营。关于国营民营范围的划分，《纲领》写道："工矿交通事业中，不能委诸民营者，应为国营。"国营的具体范围为：一、直接涉及国防秘密者，其种类为海陆空军器弹药等制造业；二、有独占性质者，其种类为铁路邮电公用事业及动力工业；三、其原料为有限之国防资源不能任人开采致妨碍国防安全者，其种类为冶金焦煤石油铁铝铜锌铅镁镍及硫；四、在国际市场有卡迪尔（即卡特尔，国际价格和销售同盟之意——引者注）关系者，其种类如染料工业等；五、特种矿产，有关国防贸易者，其种类为锑钨锡。在这五个项目当中，第一项为军工生产，是《第一期经济建设原则》也确定为单独国营的。第二项中，铁路、邮电及动力工业中的大规模水力发电厂原来就规定为单独国营，这次又加上了公用事业及除大规模水力发电厂的所有动力工业。第三项中的石油、钢铁原系国营和民营可同时经营或合资经营，这次则规定只能国营，并且还加上了焦煤和所有冶金。第四项规定在国际生产上有卡迪尔关系者均为国营。第五项特种矿产，在《第一期经济建设原则》中未被列入国营范围，这次则规定只能由政府经营。可见，这个《纲领》国营工业的范围界定得非常宽泛和笼统，几乎占据了所有的军工、重工和金属工业和特种矿业，而且其解释具有相当的随意性，为以后国营工业的进一步延伸提供了余地。这样，根据这个《纲领》，民营工业被压缩到了一般轻工业范围之内，处于次要的地位。尽管如此，由于根据这个《纲领》，一般轻工业都主要由民营资本经营，民营工业还是具有一定的发展空间的。

《工业建设纲领实施原则》通过后，1945 年 8 月，战时生产局美籍顾问杰克逊通过翁文灏向蒋介石本人递交了一份对战后工业生产的意见书，意见书中强调"应即决定政府所拟积极参加之各种工业种类"，提出"政府可决定将所有工业，

① 《工业建设纲领实施原则案》，参见《革命文献》第 76 辑，第 424 － 437 页。

除电力及铁路外，均划归民营范围”[①]。但蒋介石对这个意见基本置之不理。11月，蒋介石就确立战后经济事业制度及贸易制度向资源委员会发了一个代电，其中谈到经济事业的经营方式，也对国营民营的范围作了划分，其基本精神与《工业建设纲领实施原则》基本类似。按照这个代电，战后经济的经营方式也被分为国营、民营、政府与人民合营、中外合营、外资单独经营五种。其中原则上应由政府独占经营的事业有三类：(1) 直接涉及国防秘密者，其种类为海陆空军器、弹药等制造工业；(2) 有独占性质者，种类为主要铁路、邮电、大规模动力厂及其他公用事业；(3) 国防关系密切之大规模炼钢、炼焦、炼油（石油等）。[②]

也就是说，从《第一期经济建设原则》到《工业建设纲领实施原则》和蒋介石的《代电》，国民党政府在对待民营工业的范围问题上，作了很大的后退。[③] 不过，按照这两个文件，国营工业仍没有进入轻工业领域，广大的轻工业仍然属于民营资本经营的范围。按照翁文灏的说法，就是“实际上大多数轻工业全归民营，赢利较多，对于人民投资的利益已特为顾全。”[④]

但是，国民党政府在战后的具体经济建设工作中，并没有按照这些原则去做，在实际上又将国营工业的范围进一步延伸到了一般轻工业，严重侵占了按照《工业建设纲领实施原则》应该由民营工业经营的工业领域，从而把民营工业压缩到了更加狭小的范围之中。

国民党政府在经营范围上肆意扩张国营工业、压缩民营工业的做法首先表现在对后方国营民营工业的调整和对收复区敌伪资产的接收处理上。

先看在调整后方国营民营工矿事业扩张国营工业、压缩民营工业的情况。战争胜利前夕，国民党政府经济部就制定了一个《经济部工矿商业复员计划》，拟定调整国营民营工矿业的原则和办法是其中的主要内容之一。对于后方国营工矿业，《计划》讲道：“后方国营工矿业依据需要，分别扩充、整理、改组、合并或迁移。”“后方国营工矿事业皆以择要扩充设备增加生产为原则。”也就是说，后方国营工矿业在原则上是要扩张的。而对于后方民营工矿业，《计划》则称：“后

① 参见《中华民国史档案资料汇编》第五辑第三编财政经济（四），第79页。

② 《蒋介石关于确立战后经济事业制度及贸易制度的代电》，1945年11月26日，载《中华民国史档案资料汇编》第5辑第3编财政经济（一），第6－7页。

③ 但是，《中央日报》却睁着眼睛说瞎话，说《工业建设纲领实施原则》及蒋介石的态度与《第一期经济建设原则》并无二致。它说道：“蒋介石在去年双十节的广播里，力主民营事业范围的扩大，又在国防最高委员会成立的训词里，力主国家应扶植人民的经济自由。而中国国民党六全代会决定的政纲，更确定国营事业的范围，与第一期经济建设原则毫无二致。”（社论：《国营·省营·民营》，《中央日报》1946年3月23日第2版。）

④ 翁文灏：《关于国营事业之意义》，载《资源委员会公报》第11卷第6期。

方重要民营工矿业，依其能适应战后需要之程度，分别维护及指导其变更经营方法，其需迁移者，并须经过政府之核准。”“惟以物资缺乏，资金困难，一切设备不无简陋，将来复员时应视其本身所具备条件及后方需要，予以合理之调整。”也就是说，后方民营工矿业在原则上是要压缩的。根据这个计划，调整后方国营工矿业将投入资金 32712 万元，而调整后方民营工矿业所投入的资金只有 6606 万元。[①] 但是，战争结束以后，由于收复区内有大量的敌伪资产可供接收，国民党政府于是放弃了投入大量资金扩充后方国营工矿业的计划，而将目光投向了敌伪资产，采取收缩后方国营工矿业，直接接收收复区敌伪资产用以扩充国营工矿业的方针。如资源委员会在给蒋介石和宋子文的签呈稿中说道：“现在战事结束，收复区内有待本会接办事业种类既多，规模亦大，若再维持后方零星事业，财力人力均感不足，且自国际贸易复常以后，后方产品势难与欧美大规模生产事业之制品争雄市场，故不得不早事收缩，以免日后之累。”资源委员会并确定了后方国营工矿业处置的两条基本原则：一、今后业务有望可以自足者，继续维持，惟仅能在□（原文如此—引者注）年度经费内再提资本，以后不再增资；二、为适应战时需要而设置之事业，战后无以自存者，概行结束。[②] 资源委员会原定整理和扩充后方国营工矿业的计划自此基本废弃。对于后方民营工矿业，国民党政府则更是弃如敝屣，不屑一顾。后方民营工矿业是在抗战前期适应战时要求创建起来的，为抗战作出了巨大的贡献和牺牲，虽然抗战后期由于国民党政府的错误经济政策而陷入了停滞和衰退，但总的来说在一定程度上开辟了内地的工业基地，若能善加整理、扶持，发挥其优势，必能发挥发展内地工业、改善全国工业结构的作用。但是，由于国民党政府目光短浅，没有从国民经济一盘棋的角度考虑问题，加上他们所重视的只是政府本身和官僚私人的利益，而不是全体人民的利益，所以对后方民营工业表现出极其轻视的态度，对内迁工厂的复员要求也置若罔闻。1945 年 8 月下旬，内迁工厂代表 130 余人群集行政院请愿，要求给予贷款，协助复员。据说行政院长宋子文答称：“中国以后的工业，希望寄托在美国的自动

---

① 《经济部编后方国营民营工矿业调整计划》，载《中华民国史档案资料汇编》第五辑第三编财政经济（四），第 271、301、333 页。

② 《资源委员会关于战后办理后方工业建设紧缩概况及今后建设方针签呈稿》，载《中华民国史档案资料汇编》第五辑第三编财政经济（四），第 71 页。资源委员会具体处理和收缩战时后方工矿事业的方针有四条：一、事业之纯为适应战时需要而设者，战时结束后因需要紧缩，予以停止；二、事业之规模不大，为供应当地需要者，尽量转让地方政府或当地人民经营，腾出人力财力，致力于其他基本工矿事业之建设；三、事业虽仍有经营价值，但以需要减少，全部生产不易销纳者予以适当之紧缩；四、确为国防基本工业，有继续经营之必要者，仍予维持。（资源委员会编：《复员以来资源委员会工作述要》第 17 页，1948 年 1 月。）调整结果，结束者共 15 单位，转让地方政府或当地民营厂家经营者共 24 单位，予以适当之紧缩者，共 4 单位，继续维持并力谋发展者共 36 单位。（《钱委员长对国民参政会驻会委员讲词》，载《资源委员会公报》1947 年第 12 卷第 3 期。）

化机器上，你们这些破破烂烂的废铜烂铁，济得什么事呢？”[①] 经济部长翁文灏也说：“你们这些破破烂烂的手工业，有什么用途？”[②] 后来，蒋介石怕事情闹大，才同意贷给 50 亿元，实际只贷给了 38 亿元，对于 300 余家工厂来说，这无异杯水车薪。[③] 有人愤怒地说道：“在政府这种势利与近视的观点下，许多后方工厂因无法维持而停工、倒闭或破产，从沿海内迁的工厂则直到胜利一二年之久还不能够复员，从后方回来的失业工人，也被收容在难民所里找不到工作。”[④] 有内迁工厂代表叹道：“当年艰难辛苦而去，今日倾家荡产而回。”[⑤] 中国标准铅笔厂经营者吴羹梅说：“蒋介石告诉我们，工业界对国家有贡献，国家不会忘记我们。但我们实际得到什么呢，只有遣散费，叫我们把工厂关门而已。”[⑥] 据统计，在战时后方工业最集中的重庆，自抗战胜利到 1946 年 5 月，在其 368 家民营工厂中，就地改组者 11 家，增资者 5 家，内迁者 3 家，而歇业者竟达 349 家。[⑦] 至 1946 年秋天，全四川中小工业共 1200 余家，倒闭者达 80%；工业协会重庆分会会员 470 余家，停工者占三分之二；迁川工业联合会 390 家会员，开工者仅 20 家。[⑧]

后方国营工矿业建设计划虽然基本废弃，但国营工矿业在接收和整理收复区敌伪资产的过程中却获得了空前的扩张和膨胀，而民营工矿业在处理敌伪资产的过程中所获无几，加上国民党政府推行了错误的财政、金融和经济政策，基本陷入了停滞和衰退的悲惨境地。

日寇投降后所遗留的敌伪资产，是一笔数额巨大的资产。据国民党政府经济部粗略估计，至 1946 年 11 月，苏浙皖区接收敌伪资产达 1270 余亿元，湘鄂赣区接收敌伪资产达 97488 余亿元，鲁豫晋区接收敌伪资产达 559 余亿元，粤桂闽区接收敌伪资产达 1975 余亿元，冀察热绥区接收敌伪资产 5904 余亿元，台湾区接收敌伪资产达 1000 余亿元，东北区接收敌伪资产达 12579 余亿元，全国共达

① 参见胡西园：《抗战胜利时内迁工厂陷入困境》，载《工商经济史料丛刊》1983 年第 2 辑，第 99 页。
② 参见季崇威：《论工业政策》，载上海《工商天地》1948 年第 3 卷第 6、7 期合刊。
③ 胡西园：《抗战胜利时内迁工厂陷入困境》，载《工商经济史料丛刊》1983 年第 2 辑，第 201 页。
④ 季崇威：《论工业政策》，载上海《工商天地》1948 年第 3 卷第 6、7 期合刊。
⑤ 李烛尘：《工业危机之成因与挽救》，载成都《工商导报》1946 年 7 月 25 日。
⑥ 参见徐新吾、黄汉民主编：《上海近代工业史》，上海社会科学院出版社 1998 年，第 291 页。
⑦ 李紫祥：《胜利后的中国工业》，载《中央银行月报》1946 年新 1 卷第 9 期。
⑧ 张奇瑛：《三十五年之中国经济》，载《东方杂志》1947 年 43 卷 10 期。

120775余亿元，折合战前币值达18.33亿元。[①]根据国民党政府制定的《收复区敌伪产业处理办法》，对于接收的敌伪资产，其基本的处理原则是：(1) 产业原属本国盟国或友邦人民，经查明确实证据，系由日方强迫接收者，应发还原主。(2) 产业原属华人，曾自愿与敌伪合办者，其主权均收归中央政府；产业原为日侨所有，或已归日侨出资收购者，其产权亦归中央政府所有。(3) 前项由敌伪收归中央政府所有之产业，其处理可分为两种途径：(1) 为具有特殊重大关系之事业，由行政院分别性质，交由专管机构负责经办，如与资源委员会所办国营事业性质相同者，交该会接办；纱厂及其必需之附属工厂，交由纺织委员会接办；面粉厂交粮食部接办等；(2) 除此之外，各项事业及资产，则采标售民营办法由处理局邀集专门人才，评定价格，并由四联总处订定复工贷款办法，以助民力之不足。该《处理办法》规定工厂矿场设备原料成品即工矿事业由经济部负责处理。[②]据此，经济部根据《收复区敌伪产业处理办法》，确定了五种处理接收之敌伪工矿事业的方法：(1) 直接经营，(2) 移管，(3) 标售，(4) 发还，(5) 保管。直接经营就是由经济部自己经营。移管就是经济部将产权已归中央政府所有的工矿事业移归性质相同的机构管理运用，如与资源委员会所办国营事业性质相同的厂矿，移交该会接管，纱厂及其必需附属工厂，移交纺织事业管理会接管，面粉厂移交粮食部接管。标售就是将规模较小，无法运用或不属移交其他机关接收范围以内之敌伪产业，由敌伪产业处理局标价出售。发还就是产业原属本国盟国或友邦人民所有遭敌伪强占没收，或强迫收买合作者，由经济部特派员办公处先行接收，一俟申请查明确证者，发还原主，但原料成品及增益设备收归国有，分别标卖。保管就是产业性质未明，处理办法尚未十分决定者，暂时由特派员办公处指派驻厂人员负责保管，一方酌情恢复生产，一方尽速设法处理。据经济部统计处的资料，至1946年11月，经济部接收工、矿、电、商四部门共2243个单位，其中直接经营者219个单位，占9.8%，移管其他单位经营者798个单位，占35.6%，标售者480个单位，占21.4%，发还原业主者298个单位，占13.3%，暂行保管

---

① 按照国民党政府的划分，接收敌伪资产共分苏浙皖区、湘鄂赣区、粤桂闽区、冀察热绥区（以上中国内地）和东北区、台湾区七个区。其中苏浙皖区、湘鄂赣区、粤桂闽区、台湾区接收数字见《经济部统计处编接收处理敌伪产业初步统计报告》，载《中华民国史档案资料汇编》第五辑第三编财政经济（四），第689－692页（原统计数字中粤桂闽区的单位同其他地区一样是千元，但根据行文来看应为元，故在此确定为元）。该报告中列有冀察热绥区，但无统计数据，这里的数字采自简锐的估计。（参见简锐：《国民党官僚资本发展的概述》，载《中国经济史研究》1986年第3期。原文中为“河北平津区”。）东北区接收数字也采自简锐上述论文。折合战前币值用1946年11月全国零售物价指数见《中华民国统计年鉴》（1948年）第174页。

② 《收复区敌伪产业处理办法》，载《资源委员会公报》1946年第9卷第6期。

者 448 个单位，占 20.0%。[①] 五种处理方法中，直接经营、移管和保管三种实际上都成了国民党政府的国营资本，合计占 65.4%，实际成为民营资本的标售和发还原业主者合计只占 34.6%。而据经济部长王云五在 1947 年 7 月的报告，至 1947 年 6 月底，经济部共接收敌伪工厂 2411 个单位，其中直接经营者 642 个单位，占 26.63%，移管其他部门经营者 577 各单位，占 23.93%，而转化为民营的发还（127 个单位）和标卖（114 个单位），只占 10%，未处理者高达 951 个单位，占 38.44%。[②] 而这还是工厂数，如果从价值角度来看，考虑到标售者都是"产业规模过小，或停工已久，机件损坏，不堪使用，或产品无何价值者"[③]，而发还的标准又卡得非常严格[④]，可以说接收之敌伪工矿业的主要部分或有价值部分都被转化成了国营资本，而其次要部分或无太大价值的部分则被转化成了民营资本。[⑤] 不仅如此，即使是标售和发还的敌伪企业，也有许多由于其贵重器材和原料被国民党的接收大员大批盗卖，民营企业获得的只是破旧的厂房和机件。如在天津标售给民营企业的 192 家工厂，能够勉强开工的只有 29 家，其余的都由于设备被卖或下落不明等原因而不能开工。[⑥] 冀晋察绥区和鲁豫区特派员办公处在接收中华全国火柴产销联营社在北京、天津和青岛的财产后，将中国厂方应得部分发还时，联营社在天津所存火柴及火柴原料大部分被盗卖或使用了，到 1947 年 1 月正式发还时，已只剩一堆破烂。[⑦] 迁川桂工厂联合会上海办事处会员共 250 多家，截止 1948 年初承购的 29 个敌伪工厂，只有 3 个是可以开工的，其余 26 个是只

① 《经济部统计处编接收处理敌伪产业初步统计报告》，载《中华民国史档案资料汇编》第五辑第三编财政经济（四），第 692 － 700 页。

② 狄超白主编：《中国经济年鉴》1947 年，第 2 页。

③ 《经济部工业复员工作办理情形》，载《中华民国史档案资料汇编》第五辑第三编财政经济（四），第 643 页。有人在回忆处理接收来的棉纺织业资产的情况时就指出，政府总是把好的留给国营企业，把坏的出售给民营企业。"在接收管理过程中，自然把各生产单位的家底摸清楚，到估价出售时容易上下其手。把那些生产效率差、存底不丰的厂，看来赔本趋势大的厂，尽量让别人承购，去当冤大头吧！同时也点缀门面，似乎公开地还之于民。他自己却从容不迫择肥而噬。"（袁雪崖：《束云章与雍兴公司中纺公司》，载《工商经济史料丛刊》第 4 辑，第 180 页。）

④ 按规定，在日伪统治时期被敌伪政权抢购的工厂，只有原主能提出确实证据证明其售价在当时市价 50%以下者，才得被认为是"强迫售卖"，而且还需由敌伪产业处查明情节及原主没有勾结敌伪情事，所有者方得提出申请赎回，申请赎回关卡重重。据统计，上海一地经查明发还业主的敌占工厂及房地产（包括敌伪增益的资产设备）计价值法币 44704 亿多元，仅占接收全部敌伪产业总值的不足 4%。（参见华东通讯社编：《上海年鉴》1947 年，B22 － 23 页。）

⑤ 有论者估计转化为国家垄断资本的部分占全部接收敌伪资产的 90%（包括以民营面貌出现者）。（许涤新、吴承明主编：《新民主主义时期的中国资本主义》第 609 页。）就上海一地来说，国民党政府出售无甚经营前途的敌伪工厂价值达 17.3 万元，占全部敌伪产业总值的 13.6%，加上发还的仅 4%，转化为民营资本的资产约占敌伪产业总值的 17%，其余均转化为国营资本。（华东通讯社编：《上海年鉴》1947 年，第 B22 － 23 页。）

⑥ 《北国春秋》1960 年第 2 期，第 23 页。

⑦ 青岛市工商行管理局编：《中国民族火柴工业》，中华书局 1963 年，第 147 页。

有物资，缺乏设备的单位。[①]

在接收了巨大的敌伪资产之后，国民党政府的国家垄断资本获得了急剧的扩张和膨胀，其范围也延伸到了轻工业领域。

—

国民党政府垄断重工业的代表机构就是资源委员会。[②] 如前文所述，资源委员会在抗战胜利前夕曾计划扩充后方的工矿事业，但胜利后不久就将目光转向接收收复区的敌伪产业。1945 年底，资源委员会在后方主办的生产性企业有 93 个，复员后移交地方或租给民营的 13 个，结束或基本停工者 33 个，继续经营者 47 个，但仅电力、煤、石油、电工等较大企业正常生产，其余的收缩归并。[③] 截止 1946 年底，资源委员会接收敌伪产业 292 个单位，资产 11568 亿元，折合战前币值 326588 万元。[④] 通过对这些产业改组和整理，资源委员会在内地、台湾和东北成立了跨及各个行业的工矿业企业群，形成了中国前所未有的工矿业垄断体系。电力方面，有冀北电力公司、青岛电厂、石微电厂、鄂南电气公司武昌水电厂、大冶电厂筹备处、安庆电厂、江南电力筹备处、广州电厂、海南电厂、东北电力局、台湾电力有限公司等单位；煤矿方面，有井陉煤矿公司、淄博煤矿、大同煤矿、抚顺煤矿局、阜新煤矿有限公司、本溪湖煤铁有限公司、西安煤矿有限公司、北票煤矿有限公司及营城煤矿；石油事业，有中国石油公司、东北炼油厂；钢铁事业，有华北钢铁有限公司筹备委员会、华中钢铁有限公司筹备处、华中矿务局、鞍山钢铁有限公司、本溪煤铁有限公司和东北金属矿业有限公司；机械工业，有中央机器有限公司（下设天津机器厂、天津制车厂和上海机器厂）、中央汽车配件厂、沈阳机车车辆制造有限公司、中央机器有限公司沈阳制车厂、沈阳机器厂、台湾机械造船有限公司；电工事业，有中央电工器材厂之天津分厂、上海分厂和汉口分厂、中央无线电器材有限公司天津分厂、中央电工器材厂沈阳分厂、中央绝缘器材公司抚顺分厂；化工方面，有天津化学有限公司、中央化工厂上海分厂、耀华玻璃股份有限公司、沈阳化工厂、沈阳橡胶厂和葫芦岛硫酸厂、台湾有台湾制碱有限公司、台湾肥料有限公司；水泥事业，有华北水泥有限公司、辽宁水泥有限公司、华北水泥有限公司锦西厂、台湾水泥有限公司；造纸方面，有天津纸浆

---

① 吴频迦：《内迁工厂回到上海后》，载《工商经济史料丛刊》1983 年第 2 辑，第 110 页。

② 1946 年 9 月，国民党政府公布《资源委员会组织法》，将资源委员会直接隶属于行政院，进一步提高了资源委员会的地位。按照该《组织法》，资源委员会的职能为：一、创办及管理经营国营基本重工业；二、开发及管理经营国营重要矿业；三、创办及管理经营国营动力事业；四、办理政府指定之其他国营工矿电事业。(《资源委员会组织法》，载《资源委员会公报》1946 年第 11 卷第 4、5 期合刊。）这个职责与创办之初的资源委员会没有本质区别。

③ 吴太昌：《国民党资源委员会垄断活动述评》，载《中国近代经济史》1986 年第 3 期。

④ 郑友揆等：《旧中国的资源委员会——史实与评价》，第 155、157 页。

造纸有限公司、东北有辽宁纸浆造纸有限公司、台湾有台湾纸业有限公司；台湾还有台湾糖业有限公司。① 以上各单位均由接收之单位产业改组而来，其中造纸和制糖本属轻工业范围，但也破例被资源委员会接收了。

资源委员会不仅接收了大批单位资产，还获得政府大量拨款和国家银行贷款。1946年有拨款63亿元，1947年更达3280亿元。国家银行贷款1946年有543亿元，1947年达3584亿元，另有外汇借款1500万美元。② 到1947年底，接收改组者加上原有后方续办者，资源委员会共有11个生产部门，96个管理机构，所属291个厂矿，拥有职工223775人。③ 但是，资源委员会的生产恢复却很不尽如人意。主要工业产品中，除电力、煤和汽油比抗战时后方生产有较大增长外，钢铁于1947年才恢复到战时后方的生产水平；机械、电器因美货大量涌进，发展很不理想；水泥产量仅及日本人统治时期的18%强；烧碱产量不及日本人统治时期的一半，盐酸产量也大大落后于日本人统治时期；台湾的化肥、纸浆和糖的生产也都不到日本人统治时期的50%。④ 不仅如此，其实际产量与其计划产量相比也相差甚远。1947年各种产品虽都比1946年有较大幅度的增长，但在39种产品中，实际产量达到计划产量的只有3种，只及计划产量的70%以上的只有12种，另有15种产品的实际产量不及计划产量的50%。⑤ 但是，资源委员会由于其特殊的地位，垄断了全国的钢铁厂、煤矿、石油矿、有色金属、电厂、机械电器、化工、水泥、制糖和造纸。到1947年，资源委员会的石油产量占全国生产量的100%，钨锑等特种矿产品的产量也占全国产量的100%，发电量占全国的54.9%，钢产量占全国的51.8%，煤产量占全国的28.9%，水泥产量占全国的40.0%，糖产量占全国的30%左右，其他如机械之机车、货车、工具机、作业机，以及电工之电线、变压器，化工之烧碱、肥料等的产量也占全国产量的重要部分。⑥

资源委员会通过接收敌伪资产后轻而易举地占据了全国工业的垄断地位，但是，资源委员会的效率却低于一般民营企业。在前面分析抗战时期资源委员会的工作时，我们就指出资源委员会的效率低于一般民营企业，抗战胜利后急剧扩

① 参见《复员以来资源委员会工作述要》第18－19页；《资源委员会收复区各事业单位接办敌伪产业经过情况一览表》，载《中华民国史档案资料汇编》第五辑第三编财政经济（五），第3－19页。

② 吴兆洪：《资源委员会财务报告》，载《资源委员会公报》1947年第13卷第2期。

③ 《复员以来资源委员会工作述要》第3页。

④ 具体产量请参阅《资源委员会沿革》1948年油印本第4节；《复员以来资源委员会工作述要》第33－36页；《台湾工矿事业考察总报告》1946年油印本。

⑤ 《资源委员会沿革》油印本，第4节。

⑥ 《复员以来资源委员会工作述要》第12页。另据吴兆洪的回忆，1947年资源委员会主要产品产量占全国产量的比重为：煤38.8%，电力83.3%，钢90%，水泥51%，石油、铁砂、钨、锑、锡、铜等有色金属及机制食糖达95%以上。（吴兆洪：《我所知道的资源委员会》，《回忆国民党政府资源委员会》第118页。）

大的资源委员会看来也还是这样。例如，1947 年以资源委员会为核心的国民党国家资本占国营民营全部产业资本的 72%，但其产值却只占全国总产值的 42%，其中经营情况最好的电力工业，设备容量占全国的 74%，但发电量却只占 61%。[①] 资源委员会效率低下主要是由于所接收的产业恢复很慢。如 1947 年 6 月，以资源委员会为核心（包括部分部分中国纺织建设公司的轻工业）的国营工业的一般生产率，按其产值加权计算后，仅比处于停止状态的接收时增加 160%，发电量甚至还低 17% ；而与日本投降前的顶峰时期相比，1947 年 6 月的生产率只有那时的 35%，钢铁产量不超过日人占领时的 3.5%，煤和水泥分别只有四分之一和五分之一。[②] 至于为什么资源委员会和国营工业生产恢复较慢，生产效率低下，有论者解释说道："除了用于恢复工矿的资金严重不足之外，一般经济情况的迅速崩溃，无疑是造成战后工业恢复迟迟不前的最重要因素。恶性的通货膨胀在工人和企业中造成了严重的不安和混乱，打乱了成本与价格之间的相互关系，也使工业设备的更新与原料的补给，极为困难。"[③] 但是，这些因素不仅对于国营工业起作用，对于民营工业也同样是起作用的，而且国营工业在摆脱这些因素的影响上，由于有政府给予的特权，显然要比民营工业更为容易，因此，它显然不是导致国营工业效率低于民营工业的根本原因。资源委员会和国营工业效率低下的根本原因只能到它们内部的经营和管理水平上去找。[④] 有论者明确指出战后"国家资本急剧膨胀，但它在生产中的比重反而下降"，主要原因是"在接收敌伪产业基础上建立起来的国营工业生产恢复慢"，而之所以恢复慢，是因为"机构庞大，管理混乱，生产效率极低"。如资源委员会接收了全部敌伪钢铁企业，而设备利

---

① 资本比重见许涤新、吴承明主编：《新民主主义时期的中国资本主义》第 722 － 723 页，产值比重见郑友揆：《中国的对外贸易和工业发展》第 211 页。

② 郑友揆：《中国的对外贸易和工业发展》，第 208 页。

③ 郑友揆：《中国的对外贸易和工业发展》，第 210、211 页。

④ 有论者指出："我国公营事业为何办不好？这抽象的说，由于官僚主义之作祟。官僚主义的基本特性，为权力本位，法规中心，消极性格。因其是权力本位，所以凡事只谋自己的方便，不谋人民的便利；因其是法规中心，所以推拖成性，行政之迟缓，出人意外；因其是消极性格，所以墨守成规不求改良，其行政的浪费，更属意中之事。"（周伯棣：《论公营事业》，载《东方杂志》1947 年第 43 卷第 10 期。）王亚南曾从根本上分析指出国民党政府国营工业生产效率低下的内在原因。他说道："我们这种公经济形态（指国民党国营工业），显然表现了以次两个特征：(1) 形式上模仿先进国家在资本主义后期所采行的统制的或直接国营的方式。(2) 实质上仍沿袭中国数千年来进行公营事业的传统的办法。这就是说：用落后的官僚政府，去经营那些运用更高度科学技术的公营事业。"也就是说所谓的国营事业虽然貌似现代的企业制度，但实际上是用落后的官僚政府去经营具有先进技术的企业。在这样的情况下，"主其事者，既坦白自承'如盲觅针，茫无头绪'，而'类无学识经验'的'职员技师'，又复'暗中摸索'，无怪大家'有心朦混，任意开销'，把公司看作位置'闲散官绅'的'衙门'了。"（转见孟宪章：《中国公营事业论》，载《新中华》1948 年复刊第 6 卷第 2 期。）国营企业当中当然也会有一些兢兢业业的人，但他们只是极少数，并不是国营企业的主流，并不能改变国营企业的总体面貌。

用率只有12%，等于闲置。[①] 至1946年底，国民党政府全部接收工厂分复工率只有35%，至1947年6月也不过复工35.34%，直至1947年底也还是“大都无法维持常态”。[②]

国家资本系统性地介入轻工业领域，是抗战胜利后官僚垄断资本发展的一个新特色或新阶段。如中国纺织建设公司、中国蚕丝公司、中国植物油料厂、中国粮食工业公司都是相应行业的特大垄断性企业。

中国纺织建设公司（简称中纺公司或纺建公司）1945年12月成立于重庆，次年1月总部迁往上海，初属经济部，经济部改组为工商部之后随之改隶，董事长由经济部长或工商部长兼任，总经理束云章。由接收的上海、青岛、天津和东北的日本内外棉、同兴、裕丰、日华、丰田、大康、上海、公大等株式会社共85个工厂组成，涉及棉纺、毛纺、麻纺、绢纺、印染、针织等几乎纺织业的所有部门。[③] 其中仅上海一地就接收了52个单位，纺机941454锭，线机167932锭，布机15958台；在青岛共接收了13个单位，纺机357468锭，线机41088锭，布机7600台；在天津接收了24个单位，纺机325202锭，线机24730锭，布机8517台；在东北接收了23个单位，纺机223208锭，线机134420锭，布机5330台；四地共接收112个单位，纺机1847332锭，线机247170锭，布机37405台。[④] 改组后共有40个单位，纺机1777932锭，线机330256锭，布机39427台。其中上海一地有20个单位，纺机897328锭，线机230116锭，部机18195台，集中了全公司的一半左右。[⑤] 以上设备，按开工数计，纱锭占全国纱厂（不计英商）的39.7%，布机60.1%，居于垄断地位。

中纺公司虽然其设备在全国居于垄断地位，但其经营情况并不佳。1947年纱锭的运转率只有49.6%，布机的运转率只有49.8%；纱的生产量1946年为426万件，占全国产量的32%，1947年为745万件，占全国产量的39%；布的生产量1946年为955万匹，占全国产量的29%，1947年为1612万匹，占全国产量的40%。[⑥] 纱和布的产量所占比重均低于其设备所占的比重，说明其生产效

① 许涤新、吴承明主编：《新民主主义革命时期的中国资本主义》，第625页。

② 张锡昌：《一年来的国内经济》，载《新中华》1947年复刊第5卷第1期；狄超白主编《中国经济年鉴》1947年，第2页；姜庆湘：《一年来中国经济的发展动向》，载《中国建设》1948年第5卷第4期。

③ 顾毓泉：《回忆中纺公司》，载《工商经济史料丛刊》第4辑，第152页。

④ 以上数字散见于《中国纺织建设公司》（行政院新闻局1948年）的相关章节之中。

⑤ 《纺织要览》，中国纺织建设公司董事会编印1948年，第54－55页。

⑥ 以上数据均据中国纺织建设公司工务处编：《中国纺织建设公司工务辑要》（1949年）第棉350－351页“棉纺织各厂运转及生产概况表”，第352页“棉纺织各厂纱布生产总量表”及由上海市棉纺织工业同业公会筹备处编：《中国棉纺统计资料》（《棉纺资料》1950年第14期专号）第65－70页“1947年全国概况统计表”的相关资料计算。

率不及普通民营厂。中纺公司的管理水平也极差。中纺公司拥有职员 5504 人，工人 75000 人，是世界上少见的特大型纺织企业。[①] 但是，一个 5 万锭的纱厂，日本厂管理人员一般用不到 30 人，1932 年我国民营纱厂用 34 人，抗战期间的雍兴实业公司也只用 40 多人，中纺公司则要用 80 － 90 人，有的厂甚至达 100 余人。[②] 中纺公司的每锭产纱量也比战前民营纱厂低得多。1935 － 1936 年，我国一般民营纱厂已达到每万锭每日运转 20 小时，月产出 20 支纱 25 件的生产水平，而中纺公司所属上海的 19 个纱厂中，只有一个"尖子厂"达到每万锭月产 22.5 件纱，而且质量极差，20 支纱的拉力强弱仅达 40 磅，其他厂更可想而知。[③]

中纺公司虽然其生产效率和管理水平都极为低下，但利润率却非常的高。中纺公司青岛分公司所属各厂 1946 年不变资本总额为 8123419 万元，可变资本总额为 2350069 万元，剩余价值为 7126438 万元，利润率达 68%。中纺公司天津棉纺七厂 1948 年不变资本为 3534 万元，可变资本为 142 万元，剩余价值为 2473 万元，利润率达 67%；天津国棉二厂 1948 年不变资本 4224 万元，可变资本 154 万元，剩余价值 1922 万元，利润率达 44%。[④] 在中纺公司中，上海分公司的效益最好，利润率自然也就最高。据称，1946 年 5 月上海分公司全部纱厂每天出纱 1000 包，时价为每包 150 － 190 万元，而每包之成本连税共 60 万元，平均每包可获纯利 60 万元，每天获利 6 亿元，以每月开工 25 天计，每月可获利 150 亿元，每年所获纯利可达 1800 亿元。[⑤] 据中纺公司自编的《纺建要览》记载的数据，1947 年中纺公司总资本 5808 亿元，总纯收益达 5932 亿元。[⑥] 照此计算，中纺公司的总平均利润率当在 100%以上。由于获利极大，中纺公司每年都要向国民党政府上缴大量盈余，以进补政府的财政。据相关人士回忆，1946 年中纺

---

① 《大公报》社论说："中纺不但成为全国第一大纱厂，而且是远东第一大纱厂。"（天津《大公报》1946 年 10 月 12 日第 2 版。）

② 顾毓泉：《回忆中纺公司》，载《工商经济史料丛刊》第 4 辑，第 154 页；袁雪崖：《束云章与雍兴公司和中纺公司》，载《工商经济史料丛刊》第 4 辑，第 180 － 181 页；陈真编：《中国近代工业史资料》第 3 辑，第 1073 页。

③ 陈真编：《中国近代工业史资料》第 3 辑，第 1073 － 1074 页。中纺公司自称每万锭平均用人数较民营厂为少，而产量则较民营厂为多。（《中华民国史档案资料汇编》第五辑第三编财政经济（五），第 412 页。）而根据以上我们对可信数字的分析来看，情况恰恰相反，不知中纺公司自己的数字是如何得出的。其实，国营工业效率低下已是当时的共识。如当时就有论者说道："这些（国营）工厂的生产效率如何，因无资料，难以论断。惟以利润最大的中纺公司为例，其经济情形，并不会比民营纱厂的效率来得高，而且也未达到战前一般纱厂的水平。这是纺织界公认的事实。"（张锡昌：《一年来的国内经济》，载《新中华》1947 年复刊第 5 卷第 1 期。）

④ 陈真编：《中国近代工业史资料》第 3 辑，第 1414、1415、1416 页。

⑤ 上海《民主报》1946 年 5 月 27 日，此处转见徐新吾、黄汉民主编：《上海近代工业史》，上海社会科学院出版社 1998 年，第 265 页。

⑥ 《纺建要览》第 187 － 190 页。

公司向国民党政府财政部上缴盈余391亿元，1947年上缴盈余数上升为5880亿元，1948年（半年度）更达29100亿元。①

中纺公司生产效率和管理水平如次低下，却能获得如此巨大的利润，原因何在呢？根本原因在于中纺公司具有政府给予的特殊地位和垄断权力，它所获得的利润都是垄断利润。一句话，中纺公司获得巨额利润的秘密不在生产过程之内，而在生产过程以外，包括产前和产后两个方面。一般正常的企业，利润均产自生产过程，产前只不过是为准备生产的过程，而产后的销售则是实现生产出来的利润的途径或手段而已，但中纺公司则把两个过程都变作利润增值的过程。

从生产前过程来看，首先，中纺公司不仅无偿接收了敌伪产业的固定资本部分，而且还无偿接收了敌伪时期以统购名义搜刮而来的大量原棉，同时又有政府计划调拨进口的平价优质美棉。中纺公司1947年共购进原棉397万担，羊毛近4万担，麻9.5万担，其中大部分属进口，国产只占小部分。②美棉价格便宜，而且质地也好。如1947年初上海美棉市价为每担约7万元，而南通棉花市价需9万余元。③中纺公司利用特权取得大量美棉用于生产，生产成本自然就大大低于其他民营纱厂。如国民党政府美棉委员会将第一批美棉30万包（约100万市担）全部分配给了中纺公司，以每担便宜2万元，仅此即可便宜200亿元。④其次，政府在配纱上也给予中纺公司以很大优惠。所谓配纱，就是国民党政府规定上海每一纱厂必需按一定比例将所产棉纱平价（价格在市价的半数左右，尚不足以弥补成本）出售给政府。国民党政府对民营厂的配纱率是50%，而对中纺公司的配纱率是33%。⑤这对中纺公司降低成本起了很大作用。再次，中纺公司还可以从政府获得大量的官价外汇和银行的低利贷款，进一步降低了其生产成本。有报纸评论道："（在国营企业中）只有中纺是有盈余供给财政收入的，可是，我们如果将它得自政府用官价外汇购的美棉，农行低利购得的国棉折算一下，那么，中纺单从官价外汇与黑市外汇的差额，以及国行低利与市场一般利息的差额方面，其获利之丰厚，可想而知了。"⑥中纺公司正是从以上诸多方面节省了大量的成本，其生产成本才大大低于民营各厂。据称，中纺公司制纱较民营厂要低20%以上。⑦从生产后过程来看，通过垄断市场谋取暴利是中纺公司获取高额利润的重要手段。

① 顾毓泉：《回忆中纺公司》，载《工商经济史料丛刊》第4辑，第153页。

② 天津《大公报》1948年2月14日第6版。

③ 陈真编：《中国近代工业史资料》第4辑，第280页。

④ 陈荷夫：《论美援棉花的运用》，载《纺织周刊》1948年第10卷第1期。

⑤ 倩华：《从束云章到中纺公司》，载《经济导报》1947年第22期。

⑥ 陈真编：《中国近代工业史资料》第3辑，第1070页。

⑦ 《中国纺织建设公司1946年度工作报告》，载《中华民国史档案资料汇编》第五辑第三编财政经济（五），第414页。

如前所述，中纺公司无论在设备还是在产量上都居于垄断地位。中纺公司正是利用这种垄断地位操纵市场价格，以获得销售暴利的。一般情况是，在市场缺货当口，对市价具有举足轻重影响的中纺公司却持货不售，听任民营厂商以少数产品在市上，这实际上是在抬价；当货价抬到相当高度时，它则打出“平抑纱布市价”的幌子用相对较低的价格抛售纱布，结果较原价已高出不少。而如其他厂子是无法生产的60支纱，中纺公司则更易操纵了。它往往先抛出一二件来叫卖，叫各厂家自由出价竞争，涨到相当高的时候才大量抛出。所以有人指责说：“中纺公司名曰抑价，实为抬价。”“今日纱价之贵，都是中纺有了独占垄断操纵的权限之故，如果没有了这个国营的制度，一任民营厂自由竞争，纱价决不会高到如此程度。”[①]在1946年3月召开的国民参政会四届二次大会上，有参政员质疑政府道：“纱布价自九月已还，涨风最炽，考其原因，系纱布售价乃由中纺公司挂牌规定者，该公司掌握全国纱锭半数，不平抑纱价，反而领导涨价，中纺公司固因此而赢利，然已间接刺激其他物价，殊为失算。”[②]中纺公司为牟取暴利而随意涨落价格，其无定性甚至连国民党政府的社会局长也看不出来。他说道“近来物价上涨可以说全是纱布在领导，中纺随意涨价，而且涨落无定，假如说涨价是为了成本，为什么又要落价？我实在不明白是什么政策。”[③]中纺公司还垄断了中国纱布的出口贸易。外销市场由香港转口至南非、西非、近东、印度、菲律宾及新加坡等地。从1947年到1948年8月底止，中纺公司输出的棉纱计51063件，棉布1946689匹，获外汇收入3791万美元。[④]正因为中纺公司具有从产前到产后的一系列垄断特权，所以才能够在生产效率和管理水平都很差的情况下，仍然获得高额利润。中纺公司的利润是一种垄断利润。从根本上讲，这种利润主要不是靠中纺公司自己生产出来的，而是通过政府所给予的种种特权，将民营厂的利润和消费者的现金转移到了中纺公司账下，是中纺公司侵吞民营厂的利润和盘剥广大消费者的利益的结果。[⑤]在这种情况下，中纺公司膨胀了，而民营纺织厂则受尽其害而不断走向衰弱。《大公报》指出：“目前中纺国营一个最大的弊端就是中纺可以享受政府各种特权

① 潘士浩在《文汇报》召开的星期座谈会发言，《文汇报》1946年6月16日第6版。

② 《中央日报》1946年3月22日第2版。

③ 天津《大公报》1947年10月8日第5版。

④ 顾毓泉：《回忆中纺公司》，载《工商经济史料丛刊》第4辑，第153页。

⑤ 王亚南明确地指出：“凡是独占经营所获得的利益依一般经济原理评判起来，都是由于其他未享有同等优待的同类事业的损失。它是把同类的牺牲作为营养而成长起来的。大家试想想中国纺织建设公司从中央银行所得到的无限制贷款的便利，它在购进原料和添补机件上所获得的外汇和运输上的优先便利，它的厂房公有不付租金的便利，它在运销上与纱布统制密切关联起来的便利，它的极庞大规模的托拉斯组织的便利，以及其他关于纳税方面所定的便利，殆无一不是由于独占。我们由中国纺织建设公司，不难类推到其他名义上公营或半公营事业的发展内情。”（王亚南：《中国半封建半殖民地经济形态研究》，人民出版社1957年，第380页。）

的待遇，如低利贷款、原料、燃料供给及产品运销等，民营纺织业一切处于不利地位。因此中纺产品价格可以擅自决定，依照成本亦可偏低；而其产品数量在纺织品总产量中所占比重甚大，动辄左右市场，阻碍民营事业的正常发展。”①

纺织业属于典型的轻工业范围，无论是按照《第一期经济建设原则》还是《工业建设纲领实施原则》，都应当划归民营，国民党政府为什么出尔反尔，要收归国营呢？对此，行政院长宋子文有其自己的解释。在1946年3月的国民参政会四届三次会议上，宋子文在回答参政员的质询时说道：“大家以为这是轻工业，何以不交人民办理？在我觉得，在抗战以后，人民缺乏资本，无力购买，即使交到市场上出售，绝无问津者，如果降低价格，政府不免吃亏。”②在同会议的政治报告中，宋子文进一步解释道：“在敌人投降之后，工商业均现疲惫，（民间）一时缺乏资本可以承受，即仅能以承购也仍需请由政府贷款，而且因物价及币值关系，机器财产一时无从估价，同时必须急急开工，以救济失业工人，不能延搁，政府因此权衡利害，不得不先令经济部着手开工，再定改归民营办法。”宋子文信誓旦旦地承诺将尽快将中纺公司让与民营：“本人可以负责说，凡不合于国营原则范围之一切工厂，无论工矿及其房屋土地，政府决定于最短时期内悉数招标出卖。政府之所以延迟不即出售的原因，只是为国家保持有秩序的、公平的公开出卖。大家必定能谅解，敌伪产业是国家的资产，也就是全国人民所共有的资产，决不可随意减价变卖的。”③除此之外，中纺公司自己的解释则同宋子文的解释如出一辙。中纺公司在其工作报告中解释中纺公司成立缘由时说道：“当三十四年胜利以后，政府鉴于各地已接收之敌伪纱厂数达170万锭以上，此外尚有毛、丝、麻、印染、修配、机器等厂及其他有关纺织附属事业，范围庞大，一时甚难估定价格。政府出售极感不易；后方各厂承买既感无力、技术人员尤感不敷；若委托代办，又恐承办者专事局部利害，未能统筹国家急需，且为国家着想，极应发展纺织业，以代替日人在东亚及南洋群岛之市场。即以战后国内情况而言，政府亦应控制大量生产纱布之机构，方能挽救国际纱布普遍缺乏之恐慌，并间接相当限制物价之上涨。”④另外，《中央日报》发表题为《论中国纺织建设公司》的署名文章，为中纺公司开列了三条理由，其意思也大体相仿。这三条理由是：（1）公司的资产达2千亿元以上，所需的流动资金每日以10余亿计，绝非现在比较薄弱的民营资本所能胜任；（2）如以没收敌人资产分配或低价售于民营工厂，则不啻

① 方显廷：《论中纺出售民营问题》，天津《大公报》1947年11月4日第3版。

② 《中央日报》1946年3月23日第3版。

③ 《中央日报》1946年3月25日第5版。

④ 《中国纺织建设公司1946年度工作报告》，载《中华民国史档案资料汇编》第五辑第三编财政经济（五），第411页。

将此胜利的果实，任少数资本家独吞，如采用承包或发租等方式交给民营，则分配亦将无法均匀，必将纷争不已；（3）此项纺锭占全国纺锭锭数之五分之二，控制将近全国一半人民的衣料，且已形成具有历史的集团，如发交民营很容易被少数财团所抱持操纵，逐渐形成“私有的”托拉斯，使棉农及消费者均受其害。[①]《中央日报》还发表社论强调其理由说：“政府深知现时人民财力缺乏不能承受接管，经营技术能力也尚不足，而这是社会生产的最重大部分，不可因接收而陷于停顿，所以组织公司，暂时接收经营。”“在今日民间尚无余力负担从敌伪接收下来的纱厂和丝厂的经营，确是事实，为了迅速复工，为了供应社会的需要，政府与人民共谋织造之发展，以裕民衣，于理于事，都是应该。”

从宋子文和中纺公司及《中央日报》的解释来看，他们考虑的似乎是在民营资本力量匮乏的情况下，通过国家力量尽快地复兴中国的棉纺织业，并防止形成私人垄断集团、损害消费者的利益。但是，宋子文、中纺公司和《中央日报》的话实际上都完全是一种托词。他们考虑的实际上都不是真正的恢复中国的棉纺织业，而是通过政府对棉纺织业的控制而将其当做政府赢利的手段，也就是说，他们考虑的实际上是政府的财政收入，而不是民族棉纺织业的复兴。胜利后民营工业“均现疲惫”、无力购买并非事实。据估计，自抗战胜利至1946年底，各地流入上海的游资即达6000亿元，加上上海原有的2000亿元游资，共有游资8000亿元。[②]至1947年黄金风潮结束后的3－4月，据国民党政府估计游资约在7000－10000亿元之间，有学者估计则达20000亿元以上。[③]用这些资金来购买中纺公司2000亿元的资产及用于每日10亿元的流动资金，绰绰有余而绝无不足。是国民党政府执行错误的经济政策，致使社会资金不断地转化为游资。如果国民党政府经济政策运用得当，如将中纺公司的资产分开股售于民营资本，将这些游资引入正当的生产途径，不仅有利于国家的经济建设，对改善政府的财政收入也大有补益。“假如（国民党政府）今天把中纺各单位合理的分开标售，不许人凭势利要求减价，自己也不染指颠倒其办法，则一百五十万锭可以收回之法币之数，大有可观，这是吸收游资最省事的一法。”[④]况且，后方民营工业在抗战时期为全国抗战和经济建设作出了重大的贡献，胜利后政府理应给予重奖，以弥补其在战

① 刘则承、朱石蕴等：《论中国纺织建设公司》，载《中央日报》1946年1月10日第3版。

② 资耀华：《国民党政府法币的崩溃》，载全国政协文史资料研究委员会编：《法币、金元券与黄金风潮》，第48页。

③ 国民党政府估计数参见国民党政府文官处：《最近物价波动之分析》，载《中华民国史档案资料汇编》第5辑第3编财政经济（六），第474页；学者估计数参见楼桐孙：《打倒高利贷》，载《中央日报》1947年3月7日第3版。

④ 傅孟真（斯年）：《宋子文的失败》，载《世纪评论》1947年第1卷第8期。

争中所遭受的损失，促其恢复和发展。不能在抗战时期要民营企业作贡献和牺牲时觉得理所应当，而在胜利后对民营企业进行补偿时则如剜己肉。敌伪资产是日伪统治者剥削和掠夺被占区全体人民的结果，属于全体人民所有，战后将其低价售于民营企业，以支持民族工业的发展，完全符合全体人民的利益。①不能以不能胜任为借口拒绝低价售于民营企业。国家银行低利贷款给民营企业，尽快恢复生产，也理所应当。至于说由国家经营就恢复得快，归民间经营就恢复得慢，实属谎言。前文已经分析指出，国营工业由于机构庞大，管理混乱，生产恢复极慢。相反，如果将敌伪产业低价售于民营企业，并附以低利贷款，其生产恢复的速度和效率无疑都会优于由政府直接经营。有论者认为："胜利之初，政府向敌伪接收了一千多个工厂，如果国内安定，好好交给有技术有经验的工业家来经营，对于中国民族工业的发展，是一个千载一时的机会。"②至于是否形成私人垄断集团，完全取决于政府的经济政策，而不必非要成立庞大的国营垄断企业来与之相对。任何一个工业领域都有可能出现私人垄断集团，如果都要用成立国营垄断企业来抗衡的话，民营企业将何以立足？

宋子文在1947年黄金风潮之后辞去行政院长时在立法院的讲话中，有一段涉及中纺公司的话真实地表明了他执意要成立中纺公司的想法。他说道："中纺公司之成立，当时群起指摘，多主张应将敌有纱厂出卖。如果照此实行，事实上等于牺牲国家全体之利益，以平添少数暴富的人。国库之所得不过二三千亿，而去年中纺公司的盈余，即达四千亿元，今年或可以得到盈余一万亿元。假使实施轻工业归民营之政策，现时将中纺公司估价变卖，其资产仅可得三万至四万亿元，

① 国民党政府不仅不将敌伪产业低价售于民营企业，而且将战时敌伪统治者强迫从民营纱厂征购而至胜利后还残留、被敌伪产业接收处接收的一部分纱布，也即所谓"劫余纱布"，共棉纱13226件、棉布2273551件，迟迟不发还给民营纱厂。这对于民营纱厂来说，是一笔很大的财富，但至1947年初民营厂家还在请愿发还。（叶笑山：《劫余纱布该发还了》，载上海《工商天地》1947年第1卷第1期。）有人愤怒地说道："劫余纱布，是我侪工商业之物资，物权至为明显。政府如以困难而劝令捐输若干，我侪可以谅解。若任处管理局工作，迎合上级长官之意，朦报敌伪产业，以为巧取邀功之地，则我侪要求清查这一笔账。"（潘士浩：《劫余纱布洗冤录》，载上海《工商天地》1947年1卷4期。）

② 张锡昌：《一年来的国内经济》，载《新中华》1947年复刊第5卷第1期。还有论者从管理效率的角度，提出了中纺公司必须让与民营、分散经营的原因。他说道："我们知道，任何工业，在组织上有它适当的规模。当组织扩大，有许多管理费用不必比例增加，单位产品的成本可以减少，这是一个有利的因素；但另一方面，经营的能力有限，驾驶过于庞大的组织时，行政与管理的效能都会减低，或无法使组织严密，因而造成无补于事业的浪费。在这两种相反的力量达到均衡时，工业组织的单位最适合于经济的原则，是谓适度规模。这适度规模是相对于组织能力与管理制度而言的，棉纺织业组织的适度规模，拿英美日等产业先进国的实际情形来看，尚不过十万枚，以我国产业组织与管理经验的缺乏，产业组织的适度规模，只有不及，断无超过之理。因此，缩小中纺组织，改善管理，是合于经济要求的。"（方显廷：《论中纺出售民营问题》，载《经济评论》1947年第2卷第5期。）

是中纺公司之组设，尚无错误之可言。”[①]也就是说，宋子文成立中纺公司，完全是看重纺织业在战后将成为国内最为有利可图的行业，其意在将中纺公司变为一个为政府生财的最佳渠道。宋子文生怕这些纺织设备落入民营资本家手中，成为民营资本家生财的手段。实际上，纺织业在战后确实是利润率最高的行业。但是，正如我们前面已经分析指出的，中纺公司具有如此高的利润，主要是凭借其特权和在行业中的垄断地位取得的，而不是正常的经营所得。有人这样替中纺公司算了一笔账：“去年一年，他平均每月输政府一百亿，全年一千二百亿，今年列的数字是每月三百亿，全年二百六十亿。社会上估计，去年盈余是一万亿。然而仔细看看，何尝有赚钱这回事？第一，美棉以法币结汇，在中纺，利益极大，在国家，担负好大外汇。第二，机器全无代价，房子生财全是拿来的。第三，补充机件，外汇取之裕如。这样算赚钱，以裕财政，欺人乎，欺天乎？政府为他的收入之益，远不如为他的外汇负担之害。”[②]说中纺公司完全不赚钱，或者说其于政府来说收益不如损害，应当说有些言过其实。如果真的不赚钱，或收益不如损害，那么国民党政府决不会这么干。即使没有特权，一如普通民营纺织企业，也是有一定的收益的，只不过利润没有这么大。关键是宋子文和国民党政府真正看重的并不是作为一般纺织企业的收益，而是要给予中纺公司以特权，将中纺公司作为掠夺一般民营企业和广大消费者的工具，使中纺公司成为国民党政府的一个聚宝盆，源源不断地为国民党政府的财政提供支持。这才是宋子文和国民党政府的真实目的。《中央日报》发表的一篇署名文章，基本上反映了国民党政府的这一总体思想。文章说道：“胜利以来，国家财政基本形势，无多更易，而支出之浩繁，则更远逾战时，国营事业之办理，仅中纺公司，每月已可解库一百亿元，而使发行数量得以不增。”文章强调：“发展国家资本，也即发展国营事业，此为今后中国财政必由之路。”[③]从将发达国家资本作为抑制私人资本过度膨胀的手段到将发达国家资本作为解决政府财政的重要途径，是国民党对于国家资本的作用的新解释，也是国民党政府的国营资本在战后大肆进入轻工业领域的思想基础。[④]

除了中纺公司以外，国民党政府在轻工业领域的国营垄断公司还有中国蚕丝

① 《中央日报》1947年3月2日第2版。

② 傅孟真：《宋子文的失败》，载《世纪评论》1947年第1卷第8期。

③ 马大英：《国营事业应该交出吗？》，载《中央日报》1946年8月18日第3版。

④ 国民党政府在轻工业领域建立国家资本与在重工业（基本工业）领域建立国家资本具有不同的目的。区别在于，建立重工业的目的不在于营利，而在于建设政府主导的工业化，以加强政权统治的基础。如钱昌照就曾明确说道：“国营事业（指资源委员会）原不以营利为目的，惟历年收支尚能相抵，稍有盈余，悉数解库。”国营事业的目的在“完成基本工业在建国上应有之任务。”（《钱委员长对国民参政会驻会委员讲词》，载《资源委员会公报》1947年第12卷第3期。）而建立轻工业的目的则完全在于营利，为即时财政提供源源不断的收入。把轻工业作为营利的手段是国民党政府在抗战胜利后的新动向。

公司、中国植物油料厂、中国粮食工业公司等等。[①]它们与中纺公司具有共同的特点，如都是由接收敌伪资产而来或通过接收敌伪产业而得到扩充，都具有政府给予的种种特权，都能获得比民营企业高得多的利润，都能为国民党政府的财政提供很大的支持，等等。我们在此不再一一剖析。

由于国民党政府在处理敌伪产业上的扩充国家资本、压抑民营资本的方针，民营企业在抗战胜利后最终失去了一次补充和恢复元气的机会，再加上国民党政府的其他种种错误和反动的经济政策，民营企业在抗战胜利之初就开始陷入了一场持久的危机之中。

抗战胜利一来到，后方民营工业就立即陷于没落的境地。1945 年 8 月胜利突然来临，后方物价猛跌，屯货者纷纷将货脱手，换取资金东流，市场银根奇紧，而战时生产局又停止加工定货，结果出现了所谓“胜利爆竹一响，工厂便陆续关门”的景象。再加上美货冲击，抗战一结束，后方民营工厂便迎来了一场深刻的危机。据称，到 1946 年底，迁川工业联合会 390 家会员厂中仅存 100 家，开工者只 20 家；中国工业协会重庆分会所属 470 余家工厂，歇业停工者达 80%；四川中小工业联合会原有会员 1200 家，关门者达 80%。从行业来说，制革业原有 432 家，停工 200 家；机器业原有 372 家，停业 141 家，复员 49 家，仅存的 182 家也处在半生产状态中；金属冶炼业停工三分之二，停业三分之一；制酸业仅存 1 家。[②]加上后方国营工业也开始调整和收缩，后方工业出现了急剧衰退的现象。据经济部编后方工业生产指数，1945 年第四季度较第二季度下降 20.9%，其中机器类下降 56.0%，钢铁类下降 45.1%，水泥下降 44.7%，酸碱类下降 41.1%，日用品类下降 18.6%，燃料类下降 14.9%。[③]

面对后方工业的深刻危机，迁川工厂联合会曾于 1946 年 4 月 17 日召开第九届会员代表大会，会议讨论了后方工业界危机及工业复员工作种种困难情形，并向政府提出了如下恳切要求：(1) 将接收之敌伪工厂分配后方工厂经营，厂价由敌人赔偿各厂损失时扣除；(2) 将京沪各地接收后封闭停工之敌伪工厂交由后方工厂接办；(3) 设立工矿机构，协助各厂继续定货以维持工业生产；(4) 迅速召开全国经济会议，延揽民间各业代表，实行朝野合作；(5) 改变外汇价格，奖励出口，保护战后国内工业；(6) 扶持中小工厂，增加生产，救济失业；(7) 拨

① 关于这些企业的基本情况，请参阅《官僚资本各工业单位》，江南问题研究会 1949 年。

② 张锡昌：《民族工业崩溃的一年》，载《经济周报》1947 年第 4 卷第 1 期。

③ 李紫祥：《胜利后的中国工业》，载《中央银行月报》1946 年新 1 卷第 9 期。这显然是一个被大大夸大了的指数，实际生产下降的幅度要比这大得多，因为自 1946 年起，经济部就连这种掩人耳目的生产指数也编不出来了。

款救济抗战从事生产受损失之各厂。[1]但是，国民党政府对这些呼吁却置若罔闻。正如前文已经说明的，国民党政府对后方工业只给予贷款35亿元了事。所以，重庆的工业界比较有办法的都纷纷投向了上海。据统计，到1946年6月为止，想回上海复厂的约有100多家，但经过半年来的奔走策划，能够复厂的仅仅是些基础稳固和神通广大的厂家，总计不到10家，其他绝大多数都感到前途黯淡，苦闷万分。“迁川工厂百分之九十都想迁回原来的地方去复厂，但整个局势使他们不能搬走，同时又使他们不能继续生产。他们侥幸获得了紧急工贷，但在这长期生产停顿状态中，要还债、吃饭和支付工人的遣散费，到今天早已走到不能支撑的境地了。”[2]

进入1947年后，后方工业危机更为严重了。《西南实业通讯》上海版发表编者文章说：“西南工业总崩溃的危机，已经爆发了。”文章强调：要想挽救西南工业于总崩溃，从根本上来说，必须做到两点，一是停止内战，实现统一和平，二是彻底矫正不合理的经济政策。但从目前来看，政府应当立即做以下三件事情：(1)励行定货及收购成品；(2)切实举办工业贷款，解决资金短绌现象；(3)酌量减免捐税，主要是解决虚盈实税问题。[3]但是，由于国民党政府早已决定放弃西南工业，西南工业界的呼声自始至终没有为国民党政府所动。

与后方民营工业相同，沿海城市的民营工业胜利后在经历了短暂的恢复后也由于国民党政府采取了错误的经济政策而陷入了持久的危机。

抗战胜利之后，沿海城市特别是上海一地的民营工业经历了一个短暂的恢复时期。胜利之初，上海等地的物价也曾一度下跌，但不久后方法币蜂拥流入，10月份开始物价即回涨。后方资金的大量流入和物价的温和回涨，为民营工业的恢复提供了有利的条件，于是旧厂复业，新厂开工，民营工业一时显露出了增长的新气象。据经济部的登记记录，1945年登记开业公司347家，登记实缴资本28亿元（应主要集中在下半年），1946年登记公司1496家，登记资本257亿元。[4]但是，由于国民党政府执行了错误的经济政策，这种短暂的恢复气象转瞬即逝，

---

① 天津《大公报》1946年4月20日第3版。

② 高学逵：《瘫痪了的重庆工业》，载天津《大公报》1946年6月5日第3版。

③ 编者：《如何挽救西南民族工业》，载《西南实业通讯》（上海版）1947年创刊号。

④ 齐植璐：《十年来之经济建设》，载谭熙鸿主编：《十年来之中国经济》（下册），中华书局1948年，第V141页前插页“历年公司登记表”。该表显示，1947年仅上半年即有登记公司1256家，登记资本3331亿元，表现出更快的增长态势。但从该表来看，1947年开业公司多，解散公司也多，而且其登记资本额在折算为战前价格后少于1946年。该文作者并有进一步的解释：“近两年新设之公司，以商业公司为最多，盖迩来战乱扩大，物价步涨，生产咸趋萎缩，惟商业利润独高，故一般投资者，对于长期周转始能获利之生产事业，多怀戒心，往往裹足不前，而贸易买卖之业以获利迅速遂成为各种公司活动之中心。”（同上文第140页。）可见，1947年虽然开业公司多，但民营工业实际已成衰退之势。

从 1946 年开始，就出现了一方面有大量工厂新设，同时又有大量工厂倒闭的现象。如 1946 年上半年上海一地就有 1600 多家工厂倒闭，30 多万工人失业。[①]到了年中，危机更趋深刻。《申报》报道说："上海危机，日来渐趋严重，各业工厂，因工资、息金、外货输入等数层压迫，业已呈开始总崩溃现象。……若不设法补救，则全国经济总崩溃之期，指日即届。"[②]1946 年下半年，上海工厂商号倒闭者达 1600 余家，其余因不能维持而在年关前后将要倒闭者，估计也达 30 － 40%以上。[③]

胜利后民营工业的迅速转入危机，引起了民营资本家和社会人士的严重不满，他们纷纷呼吁政府采取措施挽救民营工业于危机之中。《申报》自 1946 年初就开始连续不断的发表社论和署名文章，申述民营工业危机的严重性并要求政府予以挽救。在题为《解救当前的经济危机》的社论中，它这样说道："我们要指出当前经济危机的严重。这经济危机不因抗战胜利而减轻，其严重性却与日以俱增。如果政府不拿出办法来严厉执行，中国的民族经济即将全部崩溃；在事实上，中国的民族经济已濒于崩溃。中国经济这几年来的破产与没落，已使将来中国的经济复兴感到绝大的困难。今天，在日本投降了已逾半年的今天，我们试想一想我们当前的民族经济呈现出何等危机的病象。大后方的生产事业停顿了，收复区的生产事业亦复滞留在停顿的阶段。"[④]在题为《解除民营企业的障碍》的社论中，它说道：民营企业"值兹胜利建国之会，本应活力充沛向复员及建设途中迈进，然而这几个月来的形势，民营企业不但未曾满具生力致力于复员与建设，反而转呈委靡不振之态。这种局势，若是让它长存，丝毫不想法挽救过来，那是复员建国不知要等到何时，中国的工业化的前途也不堪设想了。"[⑤]在题为《如何挽救工业界之危机？》的专论文章中，它指出：近来"厂家纷纷缩小范围，致使资金成为游资，或为洋货之贩卖，以求苟全。循此而进，非致全部工业，重蹈其后方之覆辙不止。"[⑥]在题为《再为中国工业呼吁》的社论中，一开始就说道："本报社论，指出中国工业前途的危机，已非一次，证以近来上海工业界的情势，我们更以为应赶快补救，否则工业岂但艰难，简直将自趋绝路。只要看那绚烂一时的纺织业，近来布厂染厂已经无利可图，纱厂也渐感厚利不会长久，可见其他本来赚钱不多的工业势将更无立足之地，工业险象一天一天的显著，谁也不能否认的了。工厂如逼到新开的绝无仅有，而停闭者纷纷扰扰，那么其时工人将不是要求

① 上海社会科学院经济研究所编：《上海经济 1949 － 1982》，上海人民出版社 1983 年，第 29 页。
② 《申报》1946 年 6 月 15 日第 4 版。
③ 《国内经济动态》，载《经济周报》1947 年第 4 卷第 1 期。
④ 《申报》1946 年 3 月 7 日第 3 版。
⑤ 《申报》1946 年 4 月 5 日第 3 版。
⑥ 《申报》1946 年 4 月 12 日第 1 版。

增加工资，而变为要求发救济金，工人的呼声也将不是罢工而是复工。我们试闭目设想，眼前仿佛有一篇图画就要涌现出来：无数烟突不冒烟的工厂；一群嗷嗷待哺的工人！”①

那么，导致战后民营工业转瞬即陷入危机的原因是什么呢？

导致战后民营工业转瞬即陷入危机的根本原因，在于国民党政府决定进行反共内战的政治大前提下，实行了一套错误和反动的财政金融经济政策，严重破坏了民营工业发展的基础。国民党政府的财政金融经济政策可以简略表述如下：反共内战需要巨额的军事费用，为了筹措这些费用，国民党政府一方面将本应处理于民营工商业的敌伪资产，攫为己有，用以发展国家资本，试图以此增加政府的财政收入；不过，国民党政府增加财政收入的更主要办法是发钞，也即由中央银行向政府垫付纯粹的纸币。但是，发钞必然要引起通货膨胀。为了抑制通货膨胀，国民党政府采取了多种手法。其中主要的有两种：首先是开放贸易政策，大量进口廉价美货，以期压低国内物价；其次是在实行通货膨胀政策的同时，实施对民营工业的信用紧缩政策，以压缩流通领域的货币数量，起到抑制物价涨幅的作用。下面将国民党政府的这个财政金融经济政策分解为几个因素，分析一下它们是如何破坏民营工业发展的。

导致战后民营工业转瞬即陷入危机的首先一个原因，正如上文中分析指出的，是国民党政府在接收和处理敌伪产业时，将其主要部分都转化为国营工业，而只将一些次要的、不能有效开工和利用的工厂和设备标售于民营企业，致使在战时为抗战作出重大贡献和牺牲的民营工业未能从胜利果实获得弥补，民营工业元气大伤后不能获得应有的恢复而缺乏应付此后遇到的种种困难的能力。也就是说，战后民营工业从根本上就底气不足。如果国民党政府能够将敌伪产业按照贡献大小低价售于民营企业，不仅会给民营企业注入一股新鲜血液，使其得以焕发生机，对整个战后经济的恢复也是极为有利的。②

导致战后民营工业转瞬即陷入危机的另一个主要原因，是国民党政府实行错

① 《申报》1946 年 4 月 22 日第 3 版。

② 有论者说道：“新接收的敌伪公私生产事业，并须筹备开工，除带有独占性及人民力量所不能举办事业如铁路、矿产、航空、重工业等以外，其他船舶、农场、盐糖制销、海产、丝、毛、麻，以至粮食、煤油、造纸、木材、纺织等事业，都可采取配额投资方式，由官商合营，或直接让与人民经营，藉使民间的资本人才，充分运用于生产途径。这样一来，一面可以增进生产，吸收游资，使物价抑低，币值安定，一面可以救济失业，使流浪的无产之群，生活有所寄托，更可以此自力更生之生产能力，率以杜绝舶来品之倾销，从而减低进出口之差额，树立我国民族工业基础，这实在是经济措施上的一种有力策动。然而财政当局却计不出此，若干需要开放经营的企业，政府仍在适用着战时的统制政策，只是包而不办，结果形成一团糟的处理，又何怪乎经济危机的日益深化。”（李万章：《如何解救当前的经济危机》，载《中央日报》1946 年 10 月 12 日第 7 版。）

误的开放贸易政策，致使中国成了美货的倾销场地。美货泛滥，沉重地打击刚刚步入复苏的中国民族工业。前文已经说明，宋子文和国民党政府对战后民营工业重要性的认识严重不足，表现出了极其轻视的态度，他们把希望寄托于美元及美国的现代化设备上。加上胜利之后国民党政府手中突然掌握了大量的黄金白银和外汇储备，于是在宋子文的主导下，开始实行开放贸易政策，试图通过输入大量美货，平抑国内物价，快速复兴中国的经济，而广大的民营工业则根本没有进入宋子文的视线。[①]

胜利之初，国民党政府因战时以法币垫付之美军在华开支得以美元结还，联同由美国运来和接收敌伪之黄金白银，共有黄金600万盎司、美汇9亿元以上之储备，仅中央银行自有的储备就达8.58亿美元（包括美元、英镑黄金和白银）。[②]又有美方答应给予20亿美元复兴借款，以为必成。于是在外贸上采取鼓励进口的政策，除汽车等五项商品须领证外，其余均可自由进口，奢侈品也可加征50%的附加税进口。[③]同时与1946年3月4日开放外汇市场，将外汇官价定位1美元兑2020法币，由中央银行向进口商无限制供应外汇。[④]这是一个严重偏离实际价值的外汇比价。因为这个比价是战前比价的600倍，而此时的物价已是战前的3000－4000倍。1946年8月国民党政府将比价调整为1∶3350，约为战前的1000倍，但此时的物价已是战前的6000－7000倍。[⑤]如此高的汇价对进口极为有利而对出口极为不利，结果是美货泛滥，严重打击了国内民族工商业。据统计，

---

① 有论者把宋子文的经济政策称作工业的“殖民地化道路”，指出战后初期的中国工业化面临着两条道路的选择，一是殖民地道路，一是民族资本的道路。“目前在中国经济命运的面前明显地有两个前途：一是继续走上殖民地化的道路，也就是外货充斥，官僚资本发财，买办商人得意，真正的民族产业资本家、民营工厂反而趋于倒闭没落的一途；另一条是发展民族资本，确立民族产业，完全国民经济自立自主的道路，这也就是国家富强，民生充裕的道路。前者当然是整个民族工业的死路，后者是整个民族唯一的出路。”（朱绍文：《如何发展中国的民族产业？》，载《工商天地》1947年第1卷第4期。）国民党政府坚持要把中国引上工业发展的殖民地化道路，是战后中国工业很快就陷入危机的最根本的政治原因。

② 监察院编：《外汇使用及各公司经营情形报告》，载上海《商报》1947年10月13日第2版；张公权：《中国通货膨胀史》，文史资料出版社1986年，第193页。

③ 《进出口贸易暂行办法》1946年2月25日，载《资源委员会公报》1946年第10卷第3－4期。

④ 《开放外汇市场案》，载中国人民银行总行参事室编：《中华民国货币史资料》第2辑，上海人民出版社1991年，第775－776页。该方案规定，进口商只要证明进口货物不属于属禁止的部分奢侈品，即可从中央银行购得外汇。中央银行并应察酌市面情形，依照供求状况随时供给或收买外汇，以资调节。

⑤ 狄超白主编：《中国经济年鉴》1947年，第95页。有论者曾对如何确定汇率水平向国民党政府提出忠告，但未获采纳。他说道：“战事结束，国际路线开放，大量物资可以进口，以帮助稳定国内经济，那时对外汇率的厘定，为关键所在，何等重要。作者当时在美国，即根据那时美国物价和国内物价情形，写成一文，主张对美汇率应定为五千对一，而政府到三十五年三月始公布对美汇率为2020对1。此项汇率距自然水准太远，是以大量入超，产生黑市，到八月已不能维持，乃改订3350对1。按每次所定汇率均过分偏高，如进口不加限制，甚至国外砖石亦可入口。故外货涌进，出口阻塞，国内工商业大受打击。”（吴大业：《如何稳定当前经济》，载《经济评论》1947年第1卷第12期。）

1946年1－9月，全国进口贸易总值达9776亿元，其中由美国进口达5742亿元，占进口总额的58%，由香港进口的为475亿元，占进口总额的5%。由于由香港进口的货物大约有50%也来自美国，所以这一时期的进口大约有三分之二来自美国。相反，同期出口总值却只有673亿元，只有进口总值的不到7%。[①]从全年来看，1946年进口总值为5.61亿美元，而出口总值仅为1.49亿美元，入超4.12亿美元，占进口总值的73%。[②]

对国内民族工业构成严重冲击的，不仅是外货进口的数量，同时进口商品的结构也十分不利于国内民族工业的生存和发展。据统计，在1946年的进口物资当中，虽然还是以制成品和半制成品为主，但其比重已大为下降（57.8%），而食品和原料等初级产品所占比重则大大上升（42.2%），而1936年食品和原料的进口值只占进口总额的24.4%。[③]有文章分析指出，1946年1－9月占进口总值中比重较大的货品依次是：棉花、杂物、汽油、柴油、汽车、卷烟、药品、奶粉、煤油、橘子、润滑油、机器、化学品和汽车零件。“这大批商品的进口，并非包括很多的生产工具，除掉一部分原料外，主要是美国生产过剩的高级消费品”，很多商品“本为国内可以生产的东西”[④]。监察院报告也指出输入货品中在价额上列前八位的分别是棉花及其制品、五金机器、化学药品、烟草香烟、谷类食品和交通器材（包括汽车），而五金器材（包括电器冰箱办公用品等消费用品）和交通器材（包括轿车吉普车等奢侈消费品）这两类部分与生产有关系的货品，其价额总共不过占总额的18%，其余均为完全的消费品。[⑤]有文章则指出：“目前的输入，实在未能适合建国的方针：其一，进口品中，大都不是建设上所需的生产器材，反而只是些消费性的物资；其二，进口商人每不问国内的供需状况，而只问国内外价格差额的多少盲目进行，致成进口过剩之弊；其三，进口商人所定之货，每不问国内是否需要，致大量进口之美棉，在国内的销路很是有限。如是的进口，乱七八糟，绝无规划，既不能改善国内的生产状况，解救物资恐慌，而徒耗有限的外汇基金。”[⑥]战时无论后方还是沦陷区粮食均可自给，战后却需大量进口，上海等地棉纺织业也主要用美棉，这说明国民党政府的开放贸易政策不仅严重打击着国内民族工业，而且严重打击着国内农业。有论者说：“我国经过八年战争的破坏，如果输入的东西大部分是生产工具、机器、主要工业原料，则入超原不足怪，

① 张锡昌：《一年来的国内经济》，载《新中华》1947年复刊第5卷第1期。
② 郑友揆：《中国的对外贸易与工业发展》，第218页。
③ 郑友揆：《中国的对外贸易和工业发展》，第224页。
④ 张锡昌：《一年来的国内经济》，载《新中华》1947年复刊第5卷第1期。
⑤ 监察院编：《外汇使用及各公司经营情形报告》，载上海《商报》1947年10月13日第2版。
⑥ 俞增康：《现阶段的对外贸易问题》，载《申报》1946年5月12日第2版。

因为这些物资有助于中国经济复兴与发展农工业生产”,但观去年全年的入口“实令人痛心”[①]。

美货泛滥给民族工业造成了严重的冲击，民营工业家不得不向国民党政府发出“救救民营工业”的呼声。他们说道:“我国仅存之若干工业基础，抗战中大部损失，胜利后又因交通未复、社会不安，无法复员。迩来外货源源涌入，影响国货销路，我国工厂大至钢铁生产，小如牙膏制造，均无法生存。工业界对此感到焦虑。”[②]迁川工厂联合会也大声呼吁道:“由于外货之大量内侵，国内市场已全部被占，我脆弱之民族工业遭受严重打击，各业产售已无法与之竞争。请政府重视爱用国货运动，迅速采用补贴政策，以维护本国工业生产，应不致坐视我国硕果仅存之工业基础为外国商品所摧毁。”[③]《申报》发表署名文章，直接要求政府调整外贸政策，废弃开放贸易政策。文章说道:“以我国经济之贫乏，工业之落后，关税壁垒，宜为最后之生命线。且国计民生，凋零已极，凡人生日用之品，又安可一味仰给国外而不求自给？至于奢侈娱乐之货，皆应寓禁于征，尤为人同此心。然自外汇正式挂牌以来，虽定有若干办法，以限制一部分非必需品之进口，而就大体而言，国际贸易仍属开放政策。姑不论外汇基金来自借贷，不足以添无穷之漏卮，而民间工业，脆弱已极又何能坐受摧残，不加保障？是故国际贸易政策，必须加以调整，此为刻不容缓之图。”[④]6月16日，上海机制国货工厂联合会举行胜利后第一次会议，决定发起“爱用国货运动”[⑤]。《申报》就此发表题为《国货工厂的厄运》的社论指出:“洋货充彻市场，几已触目都是‘美式配备’，民族工业奄奄一息，整批工厂关门已见端，在这时候益觉国货运动的意义重大。”社论并愤怒地指责国民党政府对民营工业家的呼吁置若罔闻:“本报社论，指出中国工业前途的危机，已非一次，但大声疾呼，有何用途，曾不能撼动主持经济政策者之毫末。我们敢说一句痛心的话：一百个一千个国货工厂企业家的呼号，在今天‘官僚资本’与‘买办政策’交相辉映之情势下，很少会动主管当局的听闻的。”[⑥]《大公报》的一篇星期论文更进一步揭露了美货泛滥与国民党政府处理敌产等其他经济政策的关联性。论文说道:“假使接收后，所有敌人移交工厂即分别委托或租与民间工业家经营，恢复开工，增加生产，使物资充足，未尝不是平抑物价之一助，然政府认为委托仍需国家出资，租与所得不多，似不合算。而国内生产

① 狄超白主编:《中国经济年鉴》1947年，第91页。
② 天津《大公报》1946年6月28日第3版。
③ 天津《大公报》1946年7月8日第3版。
④ 潘士浩:《如何挽救工业界之危机》，载《申报》1946年4月12日第1版。
⑤ 《中央日报》1946年6月16日第4版
⑥ 《申报》1946年6月18日第2版。

力有限，不如尽量输入大批外货，以受平抑物价之效。即国内所有工厂，任令关闭，亦无关宏旨。故外货涌进上海市场，遂成无货不美，此事何堪想像。而无数怀抱满腔热血，期以工业报国之人士，则彷徨歧途，不知所措。所谓‘手无斧柯，奈龟山何’，令天下人同声浩叹。”[①]8月9日，上海工商界组织请愿团赴京请愿，提请国民党政府重订财政经济政策，其中涉及对外贸易的，主要有提高非必需品之进口税率，减免出口税，实行外汇等级制及进出口连锁制等要求，以保护国内民族工业。[②]据请愿团主要领导人物称：要求防止外货倾销，从速调整汇率政策是请愿团的主要目标之一。请愿团情绪激昂地申述道：“美棉美麦比国内生产者便宜，俟海运大通后，农村经济都要因外货倾销而趋崩溃。若汇率政策维持不变，必将饿死农民，最后大家用外国货，大家不生产，那时候只有拿国家和土地去换取美货了。”[③]

面对民营工业家的呼吁，1946年7月初，国民党政府经济部计划委员会召开经济计划会议，出席会议的民营工业家再次强烈呼吁政府限制外货输入以保护民族工业，但会议却“不作任何决议”[④]。直至下半年贸易入超急剧扩大，外汇基金也耗用殆尽，国民党政府才不得不对开放贸易政策作出一定的调整，实行所谓“输入限制与输出推广”政策。[⑤]为此于11月份颁布了《修正进出口贸易暂行办法》，对进口货物进行“输入许可”制和“限额分配”制，即一切货品之输入，除禁止进口货品外，均应请领输入许可证，始准输入。该办法把进口货物分为三类：许可进口类，限制进口类和禁止进口类。凡必需原料与机器等许可进口，日常用品与西药等限制进口，奢侈性消费品禁止进口。[⑥]但是，这些限制措施只对一般民营贸易公司起作用，对国营贸易公司和官僚资本贸易公司则基本不起作用，而由于战后国内较大的进出口业务基本上都掌握在这些国营或官僚资本的贸易公司，如国营的中央信托局、长江公司、嘉陵公司、统一贸易公司，官僚资本的扬子建业公司、孚中公司等的手中，他们拥有种种特权，完全不遵守政府的规定，所以国民党政府的贸易限制政策实际不过是一纸具文，美货照样大量输入不止。《中

---

① 李烛尘：《工业危机之成因与挽救》，载天津《大公报》1946年7月21日第2版。

② 《申报》1946年8月10日第6版、13日第7版。

③ 天津《大公报》1946年8月12日第2版。

④ 《申报》1946年7月3日第3版。

⑤ 据《中央日报》的社论说，到9月份，政府的外汇基金已耗去80%。（《中央日报》1946年9月25日第2版。）另据监察院的报告，从1935年8月19日起至本年8月底止，约用去外汇6.8元，其中1936年3月到11月17日的八个半月即耗去外汇4.54亿元，约占外汇总额的67%。（监察院编：《外汇使用及各公司经营情形报告》，载上海《商报》1947年10月13日第2版。）

⑥ 《国民政府修正进出口贸易暂行办法》1946年11月17日，载《资源委员会公报》1946年第11辑第6期。货品分类可参阅《修正进出口贸易暂行办法》（续），载《资源委员会公报》1946年第12卷第1期。

央日报》于1946年底发表的署名文章说道："国内工商业之不景气，已为众所共知之事实，目前是愈趋严重，奄奄一息已如不可救治之病人，外汇之操纵充斥，几已形成独占市场，益发使其不能转机，设再不加支出整个破产即在眉睫。"①

导致战后民营工业转瞬即陷入危机的第三个因素是通货膨胀。抗战胜利之初，币值和物价经历了一个非常短暂的稳定时期，重庆成都等后方甚至出现了物价一时性下降现象。但是，进入1946年后，币值和物价都出现了反弹，币值跌落，物价急速上升，呈现出严重的通货膨胀现象。以物价指数论，全国批发物价总指数1946年1月为182667(1937年1－6月为100)，12月涨至627210，上涨了3.43倍，全国零售物价总指数1946年1月为206719（1937年1－6月为100），12月涨至716382，上涨了3.47倍。从主要城市来看，从1946年1月至12月，北平、天津的批发物价分别上涨了14.6倍和14.5倍，上海、南京同上涨了12.3倍，重庆、成都上涨了12.2倍和2.2倍，华北地区涨风最为严重，华东次之，西南以重庆最为严重，其他城市则较为缓和。②导致物价上涨和币值跌落的主要原因是国民党政府为弥补严重的财政赤字而发行大量的通货。据国民党政府财政部长俞鸿钧的报告，国民党政府1946年财政收入为19791亿元，而支出为55672亿元，财政赤字达35881亿元，占支出的64%强。③这是一个公开的数字。另外还有一个四联总处秘书处保存的不公开的档案数字，似乎更为可信。根据这个材料，1946年国民党政府除债款收入和征实征借收入以外的财政收入（包括租税收入和租税外收入）为28386亿元，财政支出为72159亿元，财政赤字达43773亿元，赤字占财政支出的61%，为财政收入的1.5倍。④财政支出如此庞大，赤字比率如此之高，原因在于军费开支过于浩大。按照上述四联总处秘书处的档案资料，1946年实际军费开支（军政部行政支出加紧急命令支出）为39253亿元，占财政总支出的比率54.4%，张公权则估计这一比率为53.6%，也即约4万余亿元。⑤但是，国民党政府的军费开支有两个项目是不反映于政府财政的。首先如进口武器，自1942年以后，即由中美军火租借法案获取，无需付款，抗战胜利后，情况没有改变，

① 谭政：《挽救当前经济危机应有之措施》，《中央日报》1946年12月27日第11版。

② 主计部统计局编：《中华民国统计提要》1948年，第172、174页。

③ 俞鸿钧：《财政金融报告》，载《中央日报》1948年4月14日第3版。

④ 中国人民银行总行参事室编：《中华民国货币史资料》第2辑，上海人民出版社1991年，第867－868页。另据张公权的估计，国民党政府1946年财政收入为28770亿元，支出为75748亿元，赤字46978亿元，赤字占财政支出的62%。张公权的估计数与四联总处的数字基本一致。（张公权：《中国通货膨胀史》，文史资料出版社1986年，第101页。）在俞鸿钧报告一个月后，财政部次长徐柏园在中央纪念周报告财政金融情况时，称1946年政府的财政支出为93600余亿元。（徐柏园：《财政金融报告》，载《中央日报》1948年5月11日第3版。）这个数字可能包括了1945年度结存转入1946年的支出数22240亿元，若将这个部分减除，其支出数则与四联总处的数字基本相近。（结存转入数参见《中华民国货币史资料》第2辑第868页。）

⑤ 张公权：《中国通货膨胀史》，第102页。

且因美国的积极援助而反而增加；其次如军用粮食，从抗战时期开始，一直由田赋征实征借而来，从不计入财政收入，抗战胜利后也没有改变。有人在将这两项内容计入财政后，认为 1946 年国民党政府的军费支出当在 5 万亿元左右。[①] 另狄超白估计 1946 年的军费支出为 4.88 万亿元，杨荫溥估计为 5.78 − 6.42 万亿元。[②] 根据这些估计，我们将国民党政府 1946 年的军费支出定为 5 − 6 万亿元，当无大错。也就是说，1946 年国民党政府的军费支出约占其政府财政支出的 70 − 80%之间。国民党政府如此浩大的财政赤字均靠中央银行的垫款（实际就是发行钞票）来弥补。据资料显示，1946 年度国民党政府中央银行向财政部垫款共达 55137 亿元，数目甚至超过了 1946 年度的赤字额，占总支出的 76.3%。[③] 如此巨额的发钞数，必然要引起币值的大幅低落和物价的剧烈高涨，导致严重的通货膨胀。有人撰文指出："于兹工商业破败不堪，财政陷于极度枯窘之时，政府不想其他办法来增加收入，只靠增发通货以支持此巨额开支，而一千、二千元的大票，便快速地向市场倾注。跟着通货的速度膨胀，币值不住的降低，而法币的对外购买力既薄弱到不可言状，对内购买力一元还不到战前一分的价值。""过分增发纸币，显然就是削弱币值刺激物价的措施，显然就是摧残战后经济建设的财政基础，这是政府在经济处置上的极端失策。"[④] 立法院也组织专门委员会提出报告加以指责。报告首先指出："物价问题为目前财政经济金融方面最严重之问题。"报告说道："在主管部门，或以此为增加国库收入之良策，殊不知百货普遍提高价格，国库支出反多于收入十倍百倍，得到相反之结果，于是物价高涨与纸币发行，相互为因，相互为果，造成今日之局面。"[⑤]

除发行以外，还有一些因素进一步加剧了通货膨胀。如法币与伪币兑换比率的失当就是加剧通货膨胀的重要因素之一。国民党政府接收上海以后，于 1945 年 9 月 18 日公布了流通于华中华南的伪中储券对法币的兑换办法。根据此办法，伪中储券 200 元可兑换法币 1 元，限于 1945 年 11 月 1 日起至 1946 年 3 月 31 日止兑换完毕。流通于华北的伪联银券经规定以 5 元兑换法币 1 元，限于 1946 年 1 月 1 日起至 4 月 30 日止兑换完毕。[⑥] 有论者指出，这一兑换率把伪币的实值压低了四分之三。因为当时重庆物价指数与战前相比约为 1400 倍，上海用伪币计算的物价指数与战前相比约为 62000 倍，因此按购买力平价计算，伪币与法币

---

① 姜庆湘：《当前中国的财政恐慌》，载《中国建设》1947 年第 3 卷第 5 期。
② 杨荫溥：《民国财政史》，中国财政经济出版社 1985 年，第 173 − 174 页。
③ 中国人民银行总行参事室编：《中华民国货币史资料》第 868 页。
④ 李万章：《如何解救当前的经济危机》，载《中央日报》1946 年 10 月 12 日第 7 版。
⑤ 《中央日报》1946 年 6 月 19 日第 2 版。
⑥ 俞鸿钧：《财政金融报告》，载《中央日报》1946 年 3 月 6 日第 5 版。

的兑换比率应为50比1，而今却把伪币压低到实值的四分之一，在此种情况下，按照自然趋势，就使原沦陷区的物价上涨了4倍。[①] 伪币的过低估值同时使内地资金大量东流，加剧了东部地区的通货膨胀。再如战后因经济建设和人民生活对物资需求扩大，致使物资供不应求，也是导致通货膨胀加剧的因素之一。以上海而论，六类基要商品中，需求最为旺盛的是建筑材料，因而价格涨幅最大的就是建筑材料，共上涨了近11倍；其次是食物类，上涨了近7倍；然后是金属类，上涨了近5倍；燃料类和杂项类都上涨了3倍有余；最后是纤维类，上涨了2倍余。[②] 另外如游资充斥所引起的囤积居奇和市场投机，由交通阻断所引起的物资交流的困难等，都在一定程度上加剧了通货膨胀的程度。有人还提出了投机心理对物价高涨的重要作用。[③]

严重的通货膨胀给民营工业的发展带来了严重的不利影响。首先是使民营企业的资本萎缩，资金短绌。在剧烈的通货膨胀条件下，一方面是现有的流动资金大幅缩水，其所能购入的器材和原材料大幅减少，另一方面是在成品出售以后，由于物价涨幅过大，所得资金也已不能换回与原值相等的器材和原材料。这样就使民营企业的资本大幅萎缩，再生产难以为继。其次，通货膨胀使社会资金不断地由工业领域转向商业领域和囤积居奇，从而导致工业资金愈来愈少，商业和投机资金则愈来愈多，以致出现严重的高利贷，民营企业不仅补进资金愈来愈困难，而且成本也愈来愈高。

对于严重的通货膨胀给予民营工业所带来的破坏作用，有不少报纸和人物发表文章进行了论述、分析和指责。《大公报》发表伍启元的文章说道："物价高涨，对经济建设、工业生产、财富分配，以致社会政治都在发生极恶劣的作用。对于经济建设，现在的物价波动是一个重大的阻力。在物价猛烈波动期间，投机利润及商业利润远较建设事业为大，结果资金与人力集中于投机和商业，建设工作自然受到打击。""对于现行的工业，物价上涨虽有刺激生产的作用，但到了物价已经恶性上涨的今日，靠物价上涨去刺激生产，好像饮鸩止渴一样，终必反而引起

① 吴大业：《如何稳定当前经济》，载《经济评论》1947年第1卷第12期。

② 张奇瑛：《三十五年度的中国经济》，载《东方杂志》1947年第43卷第10期。

③ 伍启元说道："什么是当前物价恶性上涨的原因呢？"在列举了交通阻塞、物资缺乏、需求剧增等因素的作用之后，伍启元接着说道："但我们认为这方面的原因是比较次要，它只能用来解释物价水准何以经常维持一个高的水准，它是不能用来解释现阶段的物价上涨的。……就我们的观察，现阶段物价上涨的主要基本原因是通货膨胀，而促使物价暴涨的主要因素是投机。"也就是说，政府的发钞促成了物价的上涨，而投机则促成了物价的暴涨。关于投机心理，伍启元说道："在去年八月和九月间，市场心理好转（由存货不存钱的心理转变为存钱不存货），投机活动消匿，通货流通速率减少，结果物价相继降落。后来因为政府不能及时改革财政和稳定币值市场心理再度逆转。本年度二万五千亿元的预算公布后，更使人心不安。结果投机活动又回复到去年春季的状态，大家又再受存货不存钱的心理所支配。"（伍启元：《现阶段的物价问题》，载天津《大公报》1946年4月7日第2版。）

工业生产的衰退。”[①]《申报》发表署名文章认为:“中国当前经济危机，亦即上海工商衰败之最大症结，在于迩近恶性的通货膨胀与币值的不断下跌。”文章指出：“高利贷之发生，乃为恶性的通货膨胀所促成。”文章指出：在通货膨胀下，“凡持有法币者，因其币值难以确保，相率以争购黄金、美钞、港币，遂致市面寸头奇缺，而工商业所需流动资金，随着工资与生活指数而增高，及原料价格上涨，其数字动辄万万，而法币数量巨大，因之，利率高昂，势所必然。”“上海利率，根据最近上海钱业公告为一角六分半利息，较各地为高。如此高利贷，已成上海工商业的致命伤。”“上海工商业，自入秋以来，受高利贷之压迫，商店则倒闭清理,工厂则停工减工,大部陷于半停顿状态。”[②]《中央日报》也发表朱契的文章加以评论。文章说道:“在通货膨胀之下，第一发生了高利贷，迫得民族工业不得不饮鸩止渴；第二发生了罢工风潮，使工厂方面周期的在动荡不安之中，而使厂方穷于应付；第三物价日日高涨，不但企业方面，难以设计，会计方面，难以造账，而且制成品的售价，往往不能再事生产，其极（？）周转额愈来愈大，实际价值愈来愈小，而困难则愈来愈多。再加之以外来的洋货倾销，于是民族工业在重重困难之下，惟有挣扎求生，惟有苟延残喘，最后实在无路可走，惟有倒闭之一法了。”[③]

致使民营工业转瞬即陷入危机的第三个重要原因是国民党政府实施信用紧缩政策。国民党政府一方面实施通货膨胀政策，同时又实施信用紧缩政策。所谓信用紧缩，就是中央银行通过金融政策，减少国家行局和商业银行的放款，以减少流通领域的货币数量。国民党政府实行通货膨胀政策，目的在于通过发钞将社会财富劫夺为政府的收入。但是，发钞必然要引起物价的猛烈高涨，而为了抑制这种通货膨胀，国民党政府就采取通过缩减金融机构的放款额的办法以达到压缩流通领域的货币数量，压抑物价涨风的目的，这就是信用紧缩政策。为了压缩流通领域的货币数量，达到紧缩信用的目的，国民党政府采取了两个办法：一是强迫商业银行向中央银行交存高额的存款准备金，以限制商业银行的放款额；再一是缩小国家行局对民营工商业的贷款规模。

迫使商业银行向中央银行交存存款准备金以限制其贷款能力，达到平抑物价的做法，国民党政府在抗战时期就开始做了。1940 年 8 月，当时在重庆的国民党政府就颁布《非常时期管理银行暂行办法》，规定商业银行“其普通存款应以

① 伍启元:《现阶段的物价问题（续)》，载天津《大公报》1946 年 4 月 7 日第 2 版。

② 许其京:《上海工商业危机之透视》，载《申报》1946 年 12 月 16 日第 9 版。

③ 朱偰:《挽救民族工业的危机》，载《中央日报》1946 年 12 月 17 日第 3 版。

所收存款总额百分之二十为准备金”[①]。这是一个相当高的存款准备金率，但直至1941年12月才开始实施，且实施的很不严格，至1945年，四年总共才收缴了89.6亿元准备金，基本没有达到以此平抑物价的目的。[②]抗战胜利后，国民党政府于1946年4月颁布《财政部管理银行办法》，规定商业银行活期存款准备金率为15－20%，定期存款准备金率为7－15%。[③]虽然准备金率低于战时的标准，但由于执行严格，至11月份止，仅半年时间，全国就收缴准备金750亿元，占商业银行全部存款额的15%，是1941－1945年收缴总额的8.4倍，扣除通货膨胀因素，也达3.6倍。[④]这就是说，国民党政府通过收缴存款准备金，压缩了商业银行750亿元，占总存款15%的贷款能力。

缩减国家行局对民营工商业的贷款规模，是国民党政府紧缩信用的第二个措施。1946年5月8日，国民党政府公布《修正四联总处核办投资贴放方针》，其中对于投资贴放原则规定道：“在复员期间，本总处核办投资放款，应以配合政府经济复员政策，平衡物价，促进生产，畅通贸易为主要方针。其不急需之投资放款，均应暂行停止。”[⑤]这就基本确定了紧缩放款的方针。同月22日，四联总处又公布《各行局放款应如何确定方针及办法案》。关于国家行局对工矿事业放款，该案一方面强调：“如过度放宽，自易滋流弊”，另一方面又提出“如过于紧缩，亦可能引起不良之后果”，最后确定“国家行局似应集中精力，办理若干重要生产事业之放款与投资，充分协助其发展”[⑥]。这说明国民党政府在对工矿事业放款应当取紧缩还是取放宽上面犹豫不决：如取紧缩，怕给生产造成不利影响，如取放宽，又怕由信用膨胀而引致进一步的通货膨胀，最后决定注重若干重要生产事业的贴放。实际的贴放情况证明，所谓的若干重要生产事业，主要是指国营工矿事业和一些重要的官僚私人资本生产事业，而不是一般民营工矿事业。也就是说，国民党政府的信用紧缩针对的是民营工矿业，而国营工矿业和官僚私人资本企业是不在信用紧缩的对象之内的。

在《四联总处关于1946年放款工作情况的报告》中，一开始就说道：“本年重要工作方针，首为配合政府政策，协成经济复员，以求达成经济复兴，故对扩大生产之工矿事业，……均为核定贷助之主要对象。”据报告，该年度核定工矿贷款额为3275亿余元，其中公营各厂矿为1062亿余元，占32.4%，民营各厂矿

---

① 《非常时期管理银行暂行办法》，载《财政年鉴续编》第11篇，第289页。
② 《财政年鉴三编》第3篇，第43页。
③ 《财政部管理银行办法》，载《中华民国史档案资料汇编》第5辑第3编财政经济（二），第3页。
④ 张奇瑛：《三十五年度的中国经济》，载《东方杂志》1947年第43卷第10期。
⑤ 《修正四联总处核办投资贴放方针》，载《四联总处史料》（中），第376页。
⑥ 《各行局放款应如何确定方针及办法案》，载《四联总处史料》（中），第379－381页。

为2213亿余元，占67.6%。报告称："为扶助民营事业，其核贷数额超出公营各厂矿贷款二倍有奇。"[①] 由此看来，国民党政府对民营工矿业不仅不存在信用紧缩，而且是大力支持的。但实际情况却与此大相径庭。实际情况是，国民党政府对民营工矿业实行信用紧缩政策，而对国营工矿业和官僚私人资本企业则实行的是信用膨胀政策。首先，根据报告的说明，在对公营工矿事业的贷款中，包括对资源委员会的265亿元贷款。而按照国民党政府原先所定之政策，国家行局不应该再行贷款于资源委员会。如前文已经指出的，资源委员会在战后接收了巨额的敌伪资产。即使这样，国民党政府仍然于1946年从政府预算中拨给占总预算的1.3%，总额达910亿元（折合战前币值1270万元）的巨额经费，作为其流动资金。[②] 在接收了巨额敌伪资产的情况下，还拨给如此巨大的预算资金，其投资力度是何等的巨大。正因为如此，四联总处才作出了不再继续向资源委员会贷款的决定。[③] 即便如此，四联总处还是于1946年度贷给了265亿元。其次，在对所谓民营工矿业的贷款中，绝大多数是贷给官僚私人资本企业的。该报告对工矿事业贷款的贷给对象及数额均"就其重要者"进行了简述。但将这个简述中所列举的工矿事业贷款数额全部加起来，也不过1300余亿元，距所称实际贷款数额相差甚远。[④] 而实际真正重要的、贷给国营企业和官僚私人资本企业的贷款，则根本未加以提及。如贷给中纺公司50亿元贷款，另由中央银行给予200亿元循环透支额，贷给中植公司每季度25亿元的押汇款及215亿元贷款，贷给淮南路矿公司600亿元贷款等，共1100余亿元的贷款，这些贷给国营企业和官僚私人资本企业的贷款均未加以说明。[⑤] 所以有论者指出："信用紧缩是对民营事业而言的。中央银行和三行二局，它的信用，第一是给军队和政府机构，第二是给官僚资本系统下的国营资本，第三是给官僚资本系统下的私营资本。四联总处的贴放，其中十分之六七，是公营厂，十分之三为官僚资本投资的厂家。这种信用并不小，相反的，是信用扩张。""因此，通货膨胀政策，正是一面拼命扩充自己的消耗，一面喂肥自己的官僚资本。信用紧缩政策，正是紧缩民间的信用，让民间工商业自生自灭。

---

① 《四联总处关于1946年放款工作情况的报告》，载《四联总处史料》（中），第599页。

② 次年又拨给占总预算2.7%，总额11611亿元，折合战前币值1296万元的流动资金。这两年的资金拨给数只低于1937年，而高于战时的任何一个年份。（《复员以来资源委员会工作述要》，第38－39页。）

③ 四联总处在《为确定各行局放款方针呈复主席文》中说道："关于若干种国营事业，政府多已列有预算，指拨专款办理。如公路、铁路，以及资源委员会所属各事业单位等，各行局似无再行贷予巨款之必要。关于此节，曾于五月十日奉宋副主席手谕，略以嗣后各该事业单位需款，应向国库洽领，如必须向行局洽订借款者，应预先拟定整个计划，呈准行政院核准后，再行洽办，以利统筹。"四联总处秘书处编：《四联总处文献选辑》1948年，第107页。）

④ 此为《四联总处关于1946年放款工作情况的报告》中所列举的包括公营和民营工矿业在内的所谓"重要"工矿业贷款数字的加总。（《四联总处史料》（中），第600－604页。）

⑤ 许涤新、吴承明主编：《新民主主义时期的中国资本主义》，第638页。

这便是目前信用政策的真谛。”[①] 文章中所说的比重，可能略微高了一点，但对于民营工矿业实行信用紧缩，对国营工矿业和官僚私人资本企业实行的却是信用扩张政策，则是肯定无疑的。

信用紧缩对民营工商业的破坏是非常严重的。主要是使民营工商业从银行等正常途径获取资金变得十分困难，从而不得不饮鸩止渴，求助于黑市上的高利贷。由于所付利息的加重，生产成本也随之提高。“通货膨胀以后，工商业资金随之扩大。信用紧缩，资金周转倍感困难。中央银行不肯适时调节市场资金，每当物价上涨之时，即吸收通货，紧缩信用，黑市利息遂形出现，竟使一切正当工商业企业，成本为之加高。非但未能减少通货膨胀后之不良结果，反而使工商业正常业务无法维持。本年工商业倒闭之增多，显为主要原因之一。”[②] 实际上，国民党政府对紧缩信用政策对于工商业的破坏作用也是有相当清醒的认识的。如四联总处这样说道：“迩来物价高涨，投机盛行，尤以上海一埠为甚。国家行局为节制信用，阻遏通货膨胀，对于上海工商各业之放款，虽采取相当紧缩之措施，但过于紧缩，可能引起之后果，亦屡经考虑。如紧缩后使黑市利率高涨，生产成本加重，促使物价上升，驯至引起生产萎缩，工人失业，经济呆滞，种种现象。故行局之放款，应如何确定原则，以为今后之绳准，实有重新检讨之必要。”[③] 只是国民党政府一方面实在不愿意放弃通货膨胀政策和建立官僚垄断资本的目的，同时又为了平抑物价，结果不得不实行对民营工商业的信用紧缩政策。[④]

导致战后民营工业转瞬即陷入危机的，还有其他一些因素，如国共和谈破裂，政治局势不稳；许多地方交通瘫痪，运输不便；捐税苛重，物价继涨之下的虚盈实税；工潮时有发生，劳资纠纷严重等。但这些因素的破坏都不及以上四个因素严重，上述四个因素是导致民营工业陷入危机的主要原因。[⑤]

由于经济危机日益严重，上海市商会及全国工业协会上海分会决定组成工商请愿团向国民党政府请愿。请愿团于 1946 年 8 月 8 日出发奔赴南京，13 日离京返沪。据请愿团相关人士说道：“迩来停厂关店，日益增多，不特工业濒于没落，

① 杨培新：《中国通货膨胀论》，生活书店 1948 年，第 100、102 页。

② 张奇瑛：《三十五年度的中国经济》，载《东方杂志》1947 年第 43 卷第 10 期。

③ 《为确定各行局放款方针呈复主席文》，载四联总处秘书处编：《四联总处文献选辑》1948 年，第 108 页。

④ 杨培新说：“对国家垄断资本主义的‘国营’‘民营’企业实行信用膨胀政策，对民族资产阶级实行信用紧缩政策，在资本供给这一根本问题上予以歧视的待遇”，是国民党政府的一项重要的经济政策。（杨培新：《旧中国的通货膨胀》，三联书店 1963 年，第 148 页。）

⑤ 有文章指出：“目前我国工业之苦闷，与夫不能生存之主因，一为工业资金来源之缺乏，二为成品之不能与外货竞争，三为制造成本之高昂；有此三个原因，造成了工业倾颓的今日。”这里所说的三个主因，可以说恰恰是我们上述四个因素的直接后果。（章柏庵：《目前我国工业衰落之主因》，载《申报》1946 年 8 月 12 日第 7 版。）

商业也难以支持，如绸缎业、棉布业、棉纱业等，旬日来有数家歇业，故此次请愿，情非得已。”[①]请愿团一行共47人，由吴蕴初、金润庠、寿景伟、葛杰臣、杨管北五人领衔。在出发前的茶会上，有人士称：“工商业现已届生死存亡关头，请愿团此去成败得失，关系整个工商业之成败，务望各团员努力，请求当局接收工商界之意见，以拯救工商业于水火之中。”请愿团并拟就四项要求：(1) 速办紧急工贷2000亿元；(2) 协调劳资纠纷；(3) 工业一律复员，对于接收之敌伪工厂生产工具及完好原料，应予优先承购权；(4) 实施工业补贴，实行捐税退回政策，以低价配给原料动力及运输工具。[②]请愿团于次日达到南京，首由文官长吴鼎昌接见。席间在提交了四原则之后，提出了三项建议：(1) 加强银行专业化，改善金融措施；(2) 速办生产贷款，抢救金融危机；(3) 实行进出口连锁制度（即以出口多寡为进口多少的依据），并以补贴出口或实行高价收购以调整对外贸易。吴鼎昌应允将意见如实呈报蒋介石。[③]自10日晨始，请愿团分别访问国防最高委员会、立法院、财政部、经济部、国民党中央党部，陈述一年来工商界所遭受之困苦，谓至今已临崩溃前夕，吁请政府重订财政经济政策，以资挽救。请愿团10日曾招待南京市工商各界及新闻界人士。席间首由金润庠代表请愿团说明来京之动机及目的，谓目前经济危机已深，国内工商业之存亡已到最后关头，故请愿团来京，实系为争取生存而来，希望政府能改变以往财政经济之错误政策，救济工商业亦即救国家经济之崩溃。继而由寿景伟发言，对政府财政经济政策进行了猛烈抨击，谓政府财政经济政策从不为民众着想，而是官僚本位、买办本位的政策，如果要挽救当前经济危机，奠定国家经济建设基础，首先要打倒官僚买办政策。请愿团并即席发表对政府要求8项：(1) 官价外汇应分等级；(2) 进口关税应予适宜改订；(3) 敌伪工厂应用低价或分红方法出租民营，尽量使其全部复员生产，其被敌伪强占强买之民营工厂，应速发还原主，并将厂中原材料成品一并发还原厂主，抵作损失赔偿之用；(4) 举办长期低利之工贷农贷；(5) 银行专业化，使之恢复自由合法经营，取消四联总处及阻碍发展之管制；(6) 劳资平等保护及待遇，工厂应有完全之管理权；(7) 奖励出口业，由政府发给补助金或给予合法利润，由政府以公平适当之价格收购运销，换取外汇；(8) 现行国营政策违反经建原则，与民争利，应予纠正，将应归民营之中纺中蚕台糖及资源委员会经营之纸厂改归民营。之后又在与财政部官员会谈时将这8项要求提交于财政部。

① 《申报》1946年8月8日第7版。
② 《申报》1946年8月9日第4版。
③ 《申报》1946年8月10日第6版。

财政部方面口头应允："此为国家当前严重危机，决不容忽视。"[1]

但是，国民党政府实际对这次请愿自始至终采取一种敷衍应付的策略，根本没有把它当回事。国民党政府除经济部长王云五非正式会见了请愿团以外，这次请愿团未能与一位政府次长以上的人物会面，他们以种种理由加以推拖。吴鼎昌 11 日面见蒋介石时，倒是将请愿团的要求如实呈复，但蒋介石却又以借口推诿了事。"关于沪工商界向政府所提救济工商业之四项建议，业经吴氏转蒋主席。主席以救济工商发展经济为政府一贯方针，准予将该项建议交由主管当局考虑。同时以该项建议为原则性质，希望工商界更提供具体方法，俾便研讨采择施行。"[2]于是球又被踢回了请愿团。请愿团已经提出了非常具体而明确的要求，而拟定具体的方法当然应当由政府来做，却又推给了请愿方面，岂非咄咄怪事？各部负责人在会谈时都极为"诚恳"，都表态"愿负责为工商业解除困难，且谓事态如此严重，决不言搪塞"，但最后都表示"其中较重要之问题，尚待请示最高当局，并与有关机关会商"（而最高当局的态度实际已十分明了），难怪请愿团在返沪之后称"奔波数日，愧无成绩"[3]。其实请愿团提出的各项原则和要求，均与国民党政府的财政经济政策完全相抵触，请愿团要求国民党政府改变财政经济政策，是国民党政府所决不能接受的，因此，其结局当然也就可想而知了。

但是，民营工商界仍在继续努力，要求国民党政府改革财政经济政策，并提出了更具体的措施和办法。9 月 12 日，上海市参议会假市商会举行会议，提出并审查关于金融、工商、经济、粮食之提案 20 件，其中与挽救工商业危机及取缔高利贷有关的提案最多，最后集中这些提案内容，综合提出一项提案，名为《为建议政府从速改善金融政策，积极办理生产贷款及农村贷款，压平黑市高利以减低成本，稳定物价，解救工商艰困，以免经济崩溃案》。该案提供办法五点：（1）由国营专业银行调查各厂工业生产实际需要资金，尽量以低利贷与，其担保品应不仅限于原料及成品，凡厂屋机器地产等但准提供作抵押品；（2）为防止通货发行过多，可另办实物贷款，应请政府以必要物资如生产原料燃料机器设备等，贷给实需各厂，以发展其生产；（3）中央银行应从速积极办理转抵押和重贴现，辅导各银行钱庄，乐于接受生产贷款，藉以确立长期资金之供应市场；（4）对于农产物贷款，应继续积极推进；（5）对于土地金融应速定办法积极实行，以发展农业金融事业。又有委员补充请政府确定巨额贷款，尽量低利贷予生产界，并简化

① 天津《大公报》1946 年 8 月 12 日第 2 版。
② 天津《大公报》1946 年 8 月 13 日第 2 版。
③ 《申报》1946 年 8 月 13 日第 7 版。

贷款手续。[①] 随后，市参议会又组织请愿团赴京请愿，将上述提案交于政府。10月1日，蒋介石会见市参议会请愿团各代表。席间蒋介石发表讲话，对时局表示乐观，并称一俟局势好转，政治统一，一切问题均不难解决。蒋介石说："现时情况较战争前为佳，各方面均较过去进步。""政府对民意机关所提意见，自当予以重视将分令各有关机关研究考虑，对高利贷影响生产一事，当立即设法予以制止，上次请愿团所建议各点，凡能举办者，政府暂已办理，调整外汇、免征出口税，即其例证。"蒋最后勉励工商界切勿灰心，并谓盼在各方面能自谋改善，协助政府进行建设。[②] 蒋介石又把球踢回了请愿团。调整外汇、免征出口税，是沪市工商界请愿团请愿之后，国民党政府所作的一项具体工作，蒋介石在此用来证明政府对工商界意见的重视。但在请愿团访问国民党中央党部时，金润庠致词道："政府调整汇率，免征出口税，仍不足以挽救垂危之工商业，迄今为止，工厂倒闭之事，仍时有发生。""盼政府能确定一经济政策，并执行上次请愿团来京所提各点。"骆清华进一步指出："过去所行之紧缩信用、膨胀通货办法，促成生产萎缩，而对外贸易则门户洞开，任令外货进口，工商前途危险殊甚。"意即仅调整汇率、免征出口税，是远远不够的。[③]

继上海市工商界及参议会的请愿之后，全国商业联合会和全国工业联合会也分别召开大会，要求国民党政府采取切实措施，挽救工商业危机。全国商业联合会于11月1日召开大会，通过名为《请政府从速确定经济政策，改善金融措施，务须以促进生产，发展贸易及安定民生为中心，藉谋挽救全国工商危机案》的动议案。动议案在历数了通货膨胀、高利贷、外汇外贸、信用紧缩和捐税诸因素对民意工商业的不利影响后，从经济政策、金融措施、贸易与外汇、捐税等方面向国民党政府提出了切实改善的方法和要求。动议案要求政府速确立经济政策，支持民营经济的发展。动议案说道："我国产业幼稚，资金短绌，技术落后，设备简陋，组织与管理亦不甚严密，欲发展生产，须先求基础良好，故第一步，政府应督导并切实援助民间产业之渐行充实与改进，特别在资金方面应全力予以便利。"[④] 大会最后通过宣言，指出目前工商业之痛苦所在为：(1) 高利贷之压迫；(2) 舶来品之倾销；(3) 一般营业之萧条；(4) 捐税之繁重；(5) 运输之阻塞；(6) 工资之高昂；(7)动力机械与技术人才之不足。因此建议政府：(1)从速确立经济政策；(2)改善金融措施，撤销四联总处，中央银行举办重贴现转抵押；(3) 确立保护贸易

① 《申报》1946年9月13日第4版。
② 《申报》1946年10月2日第2版。
③ 《申报》1946年10月2日第2版。
④ 《申报》1946年11月7日第1版、8日第2版。

政策；(4) 舒畅交通运输，推动省际贸易；(5) 废除新增货物税，简化征税手续；(6) 公平处理敌伪产业。①11月6日，大会最后一天，蒋介石亲临会场，与代表见面并发表讲话。讲话称政府对工商痛苦殊为关切，决尽全力协助，解决困难。讲话将经济困难的原因归咎于两个方面：一是交通阻塞，一是中国组织不健全，缺乏统计。关于第一点，讲话说道："其他国家经一年时间，在经济上大概已有一头绪，经济和交通咸见恢复，惟我国因种种关系，交通迄未复原，农工商受苦亦深。此种情形，为其他国家所无者，政府感于对同胞及工商界所负之重，殊感惶恐，今后决尽力，减除工商痛苦，减除全国同胞痛苦。"关于第二点，讲话说道："我工商基础不能与各地相比，为我组织不健全，缺乏统计，各种经济不能有一进步与具体之计划，俾按部就班而进。此外，调查不确实，租税因之不能求得其平，欲求工商健全发展，租税应求其平衡而不偏商民痛苦亦得以减少。现调查不实，统计不确，致富而应纳者得以不缴，不应出者反受纳税之苦，此事已饬经济社会两部特别注意，惟仍盼社会能自动在调查上协助政府，统计与调查皆能确实后，痛苦亦得以减少。"② 讲话中丝毫不谈经济政策和金融措施方面的问题。而且租税不平衡，调查统计困难只是其中的一个次要原因，其主要原因是国民党政府袒护富者和官僚豪门。由此可见国民党政府对民营工商界提出的改订财政金融经济政策的要求及解除民营工商业困难的种种方法，仍将采取推拖敷衍的做法。

全国商联大会结束后，全国工业协会随之召开大会。大会向政府提出8项要求：(1) 请准许工协推派代表参加各党部及有关订定工业法之会议及组织；(2) 请迅速颁布《工业法》；(3) 请挽救工业危机方法有四：甲、举办低利贷款，乙、延长放贷时间，丙、予工业界购买机器及外汇之便利，丁、准许以厂基机器作抵押；(4) 请严令军事机关与部队退出工厂；(5) 请减轻工业捐税；(6) 请施行进出口连锁制；(7) 请维护后方工业；(8) 工业界应有参加国大之名额。会议期间，蒋介石曾会见大会主席团吴蕴初等五人。主席团并将8项要求面陈蒋介石，蒋仅表示允予考虑。③

虽然国民党政府有意敷衍推拖民营工商界的呼吁和请求，但是，面对日益严重的经济危机，它也不得不在搪塞民营工商界的同时，采取一些措施，试图能缓解这种危机，当然这些措施不会从根本上改变其财政金融和经济政策。11月28日，财政部就上海市参议会的请愿，向上海市参议会作了四点答复：(1) 关于调整银行业务者：甲、近为鼓励商业行庄投资生产事业起见，由中央银行督导商业

---

① 《申报》1946年11月8日第2版。

② 《申报》1946年11月7日第1版。

③ 《中央日报》1946年11月12日第6版；天津《大公报》1946年11月20日第3版。

行庄组织银团，凡对中小工厂及出口贸易之放款，得向中央银行办理转抵押和重贴现，[①] 普通存款准备金率，上海应否核减，正在考虑中；乙、本部管理银行，向主尽量避免或减轻高度性之政治手段，而以经济方法因势利导，以求银行业务之正当发展。(2) 关于调剂农工业资金者：甲、对于增加生产协助建设之长期低利贷款，本为国家之中心任务，数年来积极办理，尚具相当成效；乙、工厂贷款以原料及成品作抵押，对于工厂需要及银行规定，双方均尚能兼顾；丙、国家银行贷款向系低利贷款，至贷款手续，亦经督促尽量简化；丁、实物贷款利弊互见，手续亦殊堪研究，现四联总处已在切实研究中。(3) 关于发展国际贸易者：甲、进出口连锁制度，在现行外汇管理办法下，是否适宜，殊堪研究；乙、易货制度，中央信托局现设有易货处，已有本部钱币司函询，日后再复；丙、现行货物税仍照以往成规，对运销国外货品，得退税或免税，对于发展国际贸易，并无影响。(4) 关于活泼本市金融者：甲、一般土地金融，已责成中国农民银行办理；乙、银行法草案规定银行承受不动产，应于一年内处分，否则将使银行资金呆滞；丙、以房地产向银行押款原为上海银行业之陋习，应予矫正，以免助长土地投机。[②] 这样，上海市参议会请愿团所提各项要求，大部分被以种种借口驳回，只有组织银团、办理转抵押重贴现两项实际内容。

至12月后，由于年关迫近，上海工商业面临着更深刻的危机，《申报》大呼“厂商危机深刻”。“近来因高利贷压迫及外货倾销，一般工商业俱受严重影响，开支既增高，营业尤萧条，倒闭清理之说，时有传闻。当此节近年关，危机更深。”“除少数棉纺织业外，一般厂家，俱难维持，目前之阢陧不安，方闻其端耳，在新旧年关，政府如不再予以切实援助，恐有大半必将搁浅。”[③] 有鉴于此，行政院长宋子文不得不于12月10日召集上海市商会、银钱业公会理事长及常务理事和国家行局主管、财政经济两部负责人开会讨论对策。席间，宋子文称：“政府对于生产事业，向极关怀，八月间调整外汇，最近修正进出口贸易暂行办法，其主要目的均在求生产事业之复苏，加速国家之建设。而我国经八年长期抗战，社会经济秩序一时不能恢复，加之一般心理，期望过奢，遂易失望。共军复到处破坏生产及交通工具，致使国民经济，陷于紊乱不安。政府虽就行政设施上，给予生产事

① 在中央银行的协助下，上海市商业行庄于10月初组织工商贷款银团，参加行庄共有69家，规定凡本市工厂及出口商均可向已参加银团之行庄申请贷款，中央银行得向这些行庄办理转抵押和重贴现，但其总额不过138亿元。(《申报》1946年10月17日第5版。) 前文已经指出，1946年国民党政府仅从各商业银行收缴的存款准备金就达750亿元。可以说，区区138亿元资金根本不能满足民营工商业的需要。11月底，天津方面也仿照上海，以中央银行为后盾成立了“工商贷款银团”。(天津《大公报》1946年11月29日第5版。)

② 《申报》1946年11月28日第5版。

③ 《申报》1946年12月9日第7版。

业以种种协助，而各业仍感营运维艰支持不易。”宋子文通告了政府的五点救济措施：(1) 对于正当生产事业资金之贷助，业已核定办法，督促国家金融机关暨商业行庄，按照各业实际需要，积极贷助。特由四联总处设立生产事业贷款临时审查委员会负责办理。其委员会由国家行局、有关机关、市商会及银钱两业负责人担任之。(2) 此项生产事业贷款之利率，当减低至合理之限度，由中央银行以转抵押方式调整之。(3) 手续及保证抵押方式等，必力求简便。(4) 正当生产事业所需之机件及原料等，当尽量由善后救济总署物资供应局以及其他物资主管机关优先供给。(5) 对于有关协助生产事业发展之运输设备费用，劳资纠纷之调处，税制税率之修订等问题，亦正分别研究改善办法。席间市工商界人士进一步提出，目前黑市贷款利率高昂，而商业行庄除交存中央银行普通存款准备金之外，复需保持交换行保证准备，致银钱业正当可以投放资金有限，颇望财政部及中央银行准许通融运用，并灵活国内调配，当可逐渐抑低高利贷。这实际上就是要求政府放弃信用紧缩政策。对此，宋子文表示可以研究。[①] 次日，四联总处公布《协助生产实施纲领》并宣布在上海成立生产事业贷款临时审查委员会，首先办理京沪地区的贷款业务。该纲领规定国家行局和商业银行对于 11 种规定的生产事业的贷款，中央银行可以给予八折转抵押或重贴现。[②]12 日，四联总处生产事业贷款审查委员会宣布核定贷款 30 余起，但未公布贷款数额。[③]12 月 20 日，又公布《办理各地生产事业贷款通则》，规定将生产事业贷款范围扩大到天津、北平、青岛、武汉、重庆、成都、广州等十地，但仍规定抵押品以原料及成品为主，对于工商界提出的以机器和厂房抵押的要求，未能给予满足。[④]25 日，四联总处生产事业贷款审查委员会负责人发表谈话，称生产贷款数额未定，将按实际需要个别核定。[⑤]29 日，四联总处宣布生产事业贷款贷放额达 10 余亿元。[⑥] 至 1947 年 1 月 9 日，据报道已批准贷款 1000 亿元。[⑦] 据四联总处报告，此次双年关前后的临时生产事业贷款共核准 330 户厂家，贷款总额达 567 亿余元。[⑧] 在短时期内贷出如此大的数额，与此前的信用紧缩有很大的不同，它表明国民党政府确实下了一定的决心，援助民营工商业度过旧历年关。尽管这些贷款有相当部分实际并未真正到达民营

① 《申报》1946 年 12 月 11 日第 6 版；《中央日报》1946 年 12 月 11 日第 2 版。
② 《协助生产事业实施纲领》，载《四联总处史料》(中)，第 395 － 397 页。
③ 《中央日报》1946 年 12 月 13 日第 4 版。
④ 《四联总处史料》(中)，第 402 － 406 页。
⑤ 《申报》1946 年 12 月 25 日第 7 版。
⑥ 《中央日报》1946 年 12 月 29 日第 6 版。
⑦ 天津《大公报》1947 年 1 月 9 日第 3 版。
⑧ 《四联总处生产贷款巡回稽核团报告》，载《四联总处史料》(中)，第 631 － 632 页。

工商业者手中，但至少从表面上看确实是如此。[①] 有论者评论道："到了去年（1946年）年底，开始发生了显著的变化，有放弃以前的紧缩政策，改行扩大政策的迹象。举办生产贷款，挽救京沪地区的一部分工商业，即是明证。"[②]《申报》也发表编者评论道："生产贷款对于目前一般工商界解救当前的难关，可以说是一个极大的动力，因为一般厂商，受着高利贷的压迫，负债数字日涨夜大，实在有不能应付也是无法应付之苦，虽则生产贷款审核会所核准的数目，未必与原来申请的数目相符，然则在解救困难方面，当然不无补助。"[③]

但是，生产事业贷款的数额虽然较大，但毕竟离满足民营工商业的资金需求还相差甚远，600余亿贷款分配到全国各厂商手中，实际数额是很小的，加上致使民营工商业陷入危机的，并不只是资金一个因素，还有更多的其他问题未能得到解决，所以民营工商业在获得一定的资金救助之后，虽然在流动资金的筹措上有了一定的改善，但并不能因此而摆脱危机的困扰，甚至危机却愈来愈严重了。如蚕丝业的困难就并未减除。主要原因首先是政府收购价太低，其价格"在设备完善，技术精良，经营周密之厂商，可不致亏本"。其次是流动资金仍感不足，80%的厂商资金不足，所贷资金中有三成贷自高利贷，"故以低利贷款辛勤生产结果，尽付高利贷，谈何盈余"[④]。社会局劳工处对记者说道：近来"工商危机，更趋严重"，"如高利贷、外货倾销及交通问题仍无法解决，经济危机将更趋严重"[⑤]。不仅旧的危机未能克服，而且又出现了新的危机。据《大公报》发自上海的报道，至1947年2月，上海市工商业又遇新的危机，各厂商在不景气风浪下均有闭歇趋势，1月下旬一周中，就有6家厂商呈请解雇工人。去年政府"仅做些治标工作，头痛医头，疲于应付，而事实上问题之基本因素，却日益增加其严重性"。"眼看国内交通阻断，生产不振，供求未得平衡，因之外货倾销整个市

---

① 据说这些贷款的绝大部分并未到达真正的生产者手中，而是落到了有权势的人物手中，被他们拿去抄黄金和美钞了，因而对于生产并无明显的救济作用。"上海当地金融、工商部门的C.C.分子、江浙财阀、为了大量抢购黄金美钞，除了拿出他们自己的钞票外，还不能满足欲壑，更设法向四行贷款。仅在12月初的头几个天中，四联总处便放出了560亿元的'生产贷款'。这些贷款到收后，他们都是马上用来抢购黄金美钞。甚至央行在上午发出的'生产贷款'支票，在当日下午抛出黄金的收款中，支票就回了笼。"（何汉文：《记上海黄金风潮案》，载全国政协文史资料研究委员会编：《法币、金元券与黄金风潮》，文史资料出版社1985年，第138－139页。）傅孟真（斯年）指责道："政府的四行两局的工商贷款，几乎全为有力之人获得，这所谓有力之人，当然这派那系，大大小小，决不止孔宋二行。……惟有权门、霸户、豪势或与这些人有关系的，才能得到贷款。此虽不可一概论，绝大的成分如此。"（傅孟真：《宋子文的失败》，载《世纪评论》1947年第1卷第8期。）

② 赵兰坪：《一年来吾国经济政策的检讨》，载《经济评论》1947年第1卷第13期。

③ 《申报》1947年1月13日第10版。

④ 《申报》1947年1月28日第7版。

⑤ 《申报》1947年1月30日第6版。

场，直接破坏国内生产体系。民营工厂，咸觉岌岌欲溃。……若政府不及时谋挽救之策，则此项危机，将颠覆整个生产事业。目前主管当局，正密切注视其发展。惟抢救方法，须从根本上着想，有赖整个经济政策之改善。”[①]必须从根本上改变经济政策，而不是只作一些枝节的改善，这是民营工商界的一以贯之的主张。

进入 1947 年以后，民营工商业的境况愈来愈糟，所面临的危机也愈发严重。

进入 1947 年后，给予民营工商业第一个严重打击的，是年初的黄金风潮。黄金风潮直接导源于国民党政府的黄金政策。1946 年 3 月，行政院决定在上海一地抛售黄金和美钞，回笼法币。国民党政府实施抛售金钞、回笼法币的政策，意在收缩通货，稳定物价，是与紧缩信用相配合的抑制通货膨胀的手段之一。黄金原为货物，属于一般商品，由于国民党政府为回笼法币而大量抛售黄金，加上当时大量游资集中于上海，把黄金当做投机赢利的对象，于是黄金的买卖与价格就失去了政府的控制，最后终于酿成风潮。“黄金原为货物，为商品之一种，并非货币，政府以黄金换取法币，不断抛售，致使黄金成为营利交易之对象。黄金愈少，法币愈多。以少量黄金控制大量法币之作用，于焉散失。”[②]酿成黄金风潮的主要原因是大量游资把黄金作为赢利投机的对象，而大量游资的产生则是国民党政府实行通货膨胀政策，致使出现了工不如商、商不如囤、囤不如买卖黄金和美钞的直接结果。[③]

上海是全国游资的集中地。抗战胜利后，由于政府对伪币兑换率定价不当，大量游资开始进入上海。有人估计，胜利后的三个月中，各地流入上海的游资就达 6000 亿元，加上上海原有的 2000 亿元游资，共有游资 8000 亿元，按当时汇率合 4 亿美元之巨。[④]此后，许多国民党官僚和军人都在劫收中发了横财，在当时通货恶性膨胀的情况下，他们“储存银行怕变水，投入工商业又担心时局的不稳定”，于是都变成了投机资本。[⑤]普通商业银行由于信用紧缩，加上工商业面临

① 天津《大公报》1947 年 2 月 6 日第 4 版

② 张奇瑛：《三十五年度的中国经济》，载《东方杂志》1947 年第 43 卷第 10 期。

③ 酿成黄金风潮还有其他一些原因，如政策执行者的错误和所谓“金牛党”的操纵等，但这些都只是加剧风潮或风潮的破坏性的因素，而不是根本原因。关于黄金风潮的具体内幕请参阅：监察院编：《金钞案调查报告》，载《中央日报》1947 年 3 月 5 日第 4 版；何汉文：《记上海黄金风潮案》，载全国政协文史资料研究委员会编：《法币、金元券与黄金风潮》，文史资料出版社 1985 年，第 135 － 153 页；沈日新：《1947 年黄金风潮的内幕》，载同上书，第 154 － 164 页。也可参阅汪朝光：《简论 1947 年的黄金风潮》，载《中国经济史研究》1999 年第 4 期。

④ 华洪涛：《解放战争时期上海进口行的暴兴暴衰》，载上海社会科学院经济研究所编：《经济学术资料》1981 年第 8 期。

⑤ 何汉文：《记上海黄金风潮案》，载全国政协文史资料研究委员会编：《法币、金元券与黄金风潮》第 136 页。

危机，视正当工商贷款为危途，也将大量资金用于金钞投机以牟利，甚至违规押款，以黄金美钞辗转押款，从事金钞投机买卖。[①] 国民党政府的官僚和高级军官也挪用大量军政费用用于投机金钞以牟私利。[②] 国民党 CC 派还大肆套借“生产贷款”，用于金钞投机。[③] 另外，在当时工不如商、商不如囤的情况下，许多正当的生产资金也不断地转化为投机资本，甚至将“生产贷款”用于金钞投机。[④] 普通工薪人士甚至劳动人民在恶性通货膨胀下也不得不以币易货或以币易金以期保值。“在职工方面感到的问题是赏金的用途，除了还债买物过年之外，买一个金戒指，或二两黄金，或十条八条黄金，积少成多影响金价。”[⑤] 有论者说道：在工不如商、商不如屯、屯不如屯金钞的情况下，“投机囤积已蔚成一时的风气，不但投机家投机，商业家投机，甚至于工业家、金融家也投机；不但私人为保值而投机，民族企业家为维持原有规模而投机，国营企业、国家银行，乃至于官僚买办资本家的投机囤积更来得利害。”[⑥] 正是由于投机成了整个社会的风潮，加上国民党政府政策执行者的错误和所谓“金牛党”的妄为操纵，致使金价如脱缰之野马，最后终于酿成了黄金风潮。2 月 15 日，中央银行公告停止抛售黄金，黄金

① “上海各银行、钱庄押款多违规，以黄金、美钞辗转押款，估计市面美钞一万万，金条二万条，运用法币从事投机，扰乱市场。”（监察院编：《金潮案调查报告》，载《中央日报》1947 年 3 月 5 日第 4 版。）

② 关于国民党政府官僚和高级军官挪用军政费炒金钞的事，监察院在调查报告中说道：“近来颇多军政机构利用紧急支付或其他藉口及手段，在沪提现，用公款从事商业投机。”“自一月份以来，各机关部队或以紧急支付命令来（国库）局领款，或提取公库存款，并非在沪之机关部队而持有支付书以种种理由要求在沪就地提现，并有军事机关人员以种种威胁方法胁迫提款，国库局亦苦于应付。”（监察院编：《金潮案调查报告》，载《中央日报》1947 年 3 月 5 日第 4 版。）何汉文回忆道：“当时沿津浦、陇海一带，正是大军云集，进行内战，许多部队的高级军官都把领到的军饷钞票，按下不发，大批装运到上海来抢购黄金美钞，甚至央行由南京开往徐州等处的运送钞票的专车，开到半途，便又调转车头，运回上海。当时部队为了争取交通工具运送钞票，经常发生争执，以至武装冲突。”（何汉文：《记上海黄金风潮案》，载全国政协文史资料研究委员会编：《法币、金元券与黄金风潮》第 138 页。）据上述监察院报告，国库局认为有用于金钞投机嫌疑之军政提款，1 月份起在 1 亿元以上者有 293 件，总额 1000 余亿元。

③ “CC 派为了大量抢购金钞，既不愿自己拿现钞购金钞（因为拿自己的钞票购金钞，仅能保值而已，不能赚巨额利润），就设法向中央银行借款。因此他们就压迫宋子文发放巨额贷款，美其名曰‘生产贷款’，用厂基及机器作抵，并指定上海及外埠十二个城市的四行总处同时开办，实际上就是为了抢购黄金美钞。有的工厂早晨从中央银行领取所谓‘生产贷款’的巨额支票，来不及通过交换所交换，即直接在市场上抢购中央银行抛出的黄金，因而中央银行抛售黄金的收款中，就发现自己当天上午发出的生产贷款支票。仅在阴历年关几天之内，四联总处就放出六百五十亿元的‘生产贷款’，其他贷款尚不在内。这等于自决堤防，当然要遭灭顶之灾了。”（资耀华：《国民党政府法币的崩溃》，载《法币、金元券与黄金风潮》第 49 页。）

④ 据监察院的调查，有大中华造纸厂、正泰橡胶厂和中华生化制药厂三家厂商公开用生产贷款投机金钞，但数量都不大。（监察院编：《金潮案调查报告》，《中央日报》1947 年 3 月 5 日第 4 版。）大量利用“生产贷款”投机金钞的主要是如 CC 派的官僚私人资本企业。

⑤ 陶希圣：《黄金潮的启示》，载《中央日报》1947 年 2 月 16 日第 2 版。

⑥ 陈祖模：《中国工商业危机论》，载《工商天地》1949 年第 4 卷第 2 期。

政策至此终于寿终正寝了。①

黄金风潮使国民党政府损失了巨额的黄金储存。根据有关资料，在1946年国民党政府开始实行黄金政策时，政府国库有黄金储备约550－560万盎司，②而在自1946年3月始的黄金政策期间，约售出黄金350万盎司，③仅剩储备200余万盎司，这期间约消耗了国民党政府黄金储备的63%强。④黄金政策不但未能起到收缩通货、稳定物价的作用，反而使国民党政府的财政金融基础受到了严重的动摇。于是国民党政府不得不承认黄金政策最终归于失败。⑤宋子文迫于舆论压力，也不得不辞去行政院长的职务。⑥

2月16日，国防最高委员会通过并公布了《经济紧急措施方案》，主要内容为：(1)关于平衡预算事项：本年度政府各部门预算内，凡非迫切需要之支出，均应

① 有论者指出了黄金政策本身的内在矛盾性："大量的发售黄金，我们揣测政府可有两个用意：一个是想把黄金放出来，法币收了回去，减少市场上通货对于物价的压迫。第二个目的，政府是想放售黄金镇压金价，意欲间接的压住一般的物价。不过放售黄金的这两个目的倒也不能同时兼顾的。顾到一个目的，就不能不牺牲另一个目的。因为政府如贯彻第一个目的，就应该任着黄金涨价，企图多多的收回一些法币，但是如果政府想要贯彻第二个目的的话，却又需拼命的压住金价不使上腾，以受镇压物价之实效。"（严仁赓：《检讨黄金政策》，载《世纪评论》1947年第1卷第8期。）正是由于存在着这两个目的之间的矛盾，结果是越抛黄金金价越高，金价越高就越抛黄金，黄金政策只有失败一途。

② 财政部长俞鸿钧于1946年3月22日称，国库现有黄金约计5499871.515盎司。（中国人民银行总行参事室编：《中华民国货币史资料》第2辑，第824页。）另据美国斯坦福大学杨格档案，1946年中央银行库存黄金为568盎司。（转见汪朝光：《简论1947年的黄金风潮》，载《中国经济史研究》1999年第4期。）

③ 据财政部档案，自1946年3月至1947年2月15日，共计售出黄金3512831.067盎司。（《中华民国货币史资料》第2辑，第744页。）又据杨格档案，从1946年2月到1947年2月，央行黄金储备从568万盎司减少到237万盎司，减少了331万盎司。（转见汪朝光前引文。）

④ 实际上，国民党中央银行的约550万盎司黄金储备中，还包括2252762两黄金存款，按国民党政府《黄金购户献金办法》，其中只有820468两为捐献部分，其余143万余盎司均为存款，而不能作为政府的黄金储备。（《中华民国货币史资料》第2辑，第426－427页。）若将这部分从储备中扣除，国民党政府的原黄金储备降至410余万盎司，黄金政策期间消耗黄金储备的比率上升至近85%。

⑤ 财政部长俞鸿钧在参政会第五次大会上说道："自去年（1946年）以来，全国各地游资麇集于上海，群以黄金为投机对象，央行如不大量抛售，则金价日高，刺激物价，如以全力与投机者相搏，则牺牲甚大，徒使牟利者益增利润，于是政府运用黄金政策，不得不改弦易辙。"（《中华民国货币史资料》第2辑，第739页。）监察院何汉文等四委员在弹劾宋子文案中无情地指出黄金政策"名为紧缩通货，实为助长通货膨胀。"（《中华民国货币史资料》第2辑，第741页。）

⑥ 监察院何汉文等四委员在所提对宋子文的弹劾案对宋子文在任期所推行的经济政策作了一个总体的评价，提出这种经济政策的作用是"摧残生产事业，使国民经济濒于破产"。弹劾案中说道："抗战期间，后方新兴生产事业甚多，均惨淡经营，有其不少功绩。宋子文自掌行政院以来，未见其有何扶植之策略，徒以大量吸收外货，高利贷压迫，工资陡增，而政府贷款又多为少数官僚资本所独占，以致正当之生产事业，一年以来倒闭者达百分之七十。生产资本流入市场变为游资，争相投机，使国民经济陷入绝境，国家之正当税源，因而枯竭。"（《中华民国货币史资料》第2辑，第741页。）傅孟真（斯年）连续发表两篇文章，指责宋子文的黄金政策"不特不足以平抑物价，反而刺激物价"，抨击其经济政策是"坐视民族工业破产"，要挽救当前的经济危机，"第一件事便是请走宋子文"，因为"国家吃不消他了，人民吃不消他了，他真该走了，不走一切跨了"。（傅孟真：《这个样子的宋子文非走不可》、《宋子文的失败》，载《世纪评论》1947年第1卷第7、8期。）

缓发；严格征收各种税收以裕国库，并加辟新税源；加紧标售政府所控制之敌伪产业及购得之剩余物资；国营生产事业除属于重工业范围及确有显著特殊情形必须政府经营者外，应即分别缓急以发行股票方式公开出卖或售于民营。(2) 关于取缔投机买卖，安定金融市场事项：即日禁止黄金买卖，取缔投机；禁止外币流通；加强管制金融业务，控制信用，配合政府经济政策，安定金融市场。(3) 关于发展贸易事项：为恢复国际收支平衡及挽救国内工商业之衰落起见，将法币与美元比价调为 12000 : 1 ；实行输入许可制度，和输入限额分配制度。(4) 关于物价工资事项：指定若干地点为严格管制物价之地，严格管制物价；一切日用必需品，按评议物价实施办法严格议定价格；限定职工工资，定量配给粮、布及燃料；1938 年之《非常时期农矿工商管理条例》及原定《非常时期取缔日用主要物品囤积居奇办法》应继续并严格执行。(5) 政府对主要日用必需品以定价供应公教人员，先在京沪两地试办，并在各重要地区分期推进。同时公布的还有《取缔黄金投机办法》、《禁止外币流通办法》、《加强金融业务管制办法》、《评议物价实施办法》等，对有关金融物价事项作了具体的规定。在《加强金融业务管制办法》中，对国家银行的生产贷款作了严格的限制，规定"各项放款应以协助民生必需品及出口物资之增产为主，其数额在五千万元以上者，非经四联总处核定不得承放。"①

从《经济紧急措施方案》的内容来看，其中包括了平衡预算、加紧标售敌伪产业、将重工业及特殊工业之外的国营工业售于民营、发展贸易以及各种管制物价措施等内容，似乎与以前推行的经济政策存在着很大的不同，似有对以前的经济政策进行更弦易辙的意思。②《中央日报》在当日发表的题为《论经济紧急措施方案》的社论中说道：这个方案"是政府金融经济政策强烈的变更"③。次日，《中央日报》又在题为《再论经济紧急措施方案》的社论中说道：《经济紧急措施方案》"如能严格加以执行，而贯之以坚定的信心，其成效必有可观"，它"足以克服目前的恐慌，为解决金融经济根本问题的方法打开一条大路"④。但是，民营工

① 《安定金融办法》，《中央日报》1947 年 2 月 17 日第 3 版。根据国民党政府全国经济委员会解释，《经济紧急措施方案》的核心问题是控制物价。"本方案的中心政策不外一面紧缩通货，一面增加物资供应，并加强物价管制，以策物价之稳定，其尤要者为停止黄金外币之公开交易，以削弱其领导物价之势利"。(《全国经济委员会工作报告》1947 年 5 月至 12 月，油印本，第 73 页。)

② 有论者将《经济紧急措施方案》颁布前后分为两个经济阶段，而两个经济阶段所施行的经济政策"完全两样"：前一阶段近于放任，后一阶段加紧管制；前一阶段临时应变，后一阶段提出有系统的对策。(高叔康等：《十年来之经济政策》，载谭熙鸿主编：《十年来之中国经济》(上册)，中华书局 1948 年，第 A38 页。) 下文中的分析将表明，国民党政府的财政经济政策虽然在表面上来看，似乎有一些变化，但实际上是万变不离其宗，具体做法可能有一些变化，但最终的目的是不会改变的。

③ 社论：《论经济紧急措施方案》，《中央日报》1947 年 2 月 17 日第 2 版。

④ 社论：《再论经济紧急措施方案》，《中央日报》1947 年 2 月 18 日第 2 版。

商界对这个方案的反应却较为冷淡。《申报》虽没有对方案加以指责，但反应却很平静。在《办法拿出来了》的社论中说："政府的办法，是已经拿出来了。这个办法，要使它确实奏效，一方面，固要奉行的机关先有信心，恪恭将事，妥为办理，务求贯彻方案，一方面，却也要一切有关的人真诚合作，不加以有形或无形的捣乱与破坏。"[①] 次日，上海市商会召集会议，对政府决策，一致表示愿意协助。[②] 但《大公报》则对方案表示了明显的不信任并进行了批评。在题为《经济紧急措施方案》的社论中，《大公报》这样说道："过去政府政策的根本错误，在帮助官僚资本家"，"今后政府必须有着眼于整个国计民生的财政经济政策，而断然不可再为官僚资本的算盘所牵制所影响"。"这次市场大风潮，本是一个全盘经济问题，不过先在金融方面露出了严重的破绽。而整个经济问题的解决，其关键在政治，换句话，即须停止内战，实现和平，然后经济问题可以稍纾。即如平衡预算一项，倘非停战，也就无从说起。至于开辟税源，增加生产，也以停战为先决问题。"[③] 在次日发表的《再论经济紧急措施方案》的社论中又说道："内战不息，发行无法收缩，则任何办法都是徒然。国防会的经济紧急措施方案中，虽然是提出了增税与加速标售物资与产业的主张，但是今后军事费用如果无法缩减，战时消耗如果长期无法减轻，则以有限的收入，决计应付不了无限制的庞大内战支出，结果还是不能乐观。"[④] 在《为工商界呼吁》的社论中，则对关于生产贷款的限制进行了强烈的批评。针对五千万元以上的贷款需经四联总处的核准的条款，社论说道："我们试闭目一思，今天五千万元法币的购买力，比较战前的二千五百元有什么区别？二千五百元可以经营些什么事业？要拿二千五百元来增产民生必需品或出口物资，岂非笑话？……政府诸公仿佛悲天悯人，要鼓励民生必需品或出口物资的增产，然而这样规定又何以异于缘木求鱼？"[⑤]《大公报》并发表题为《评经济紧急措施方案》的署名文章，对该方案进行进一步的批评。文章说道："我国经济危机的根本原因，在于内战。各国财政经常收入，均以租税为主，公债次之，发钞只偶为之。我国目前情形，完全靠发行来支持内战，此次经济紧急措施办法能否收效，关键要看内战能否停止，如果内战继续蔓延，发行有增无已，则此项办法仅为治标措施，而非根本之图。"文章分析了方案中所拟各项措施，认为能实现者，几乎没有。如关于开源节流，认为节流基本不可能，开源也困难；关于出售敌伪产业，认为所剩者多为不动产，已无人愿购；关于国营事业售于民营，

① 《申报》1947 年 2 月 17 日第 2 版。
② 《申报》1947 年 2 月 19 日第 4 版。
③ 社评：《经济紧急措施方案》，天津《大公报》1947 年 2 月 17 日第 2 版。
④ 社评：《再论经济紧急措施方案》，天津《大公报》1947 年 2 月 18 日第 2 版。
⑤ 社评：《为工商界呼吁》，天津《大公报》1947 年 2 月 22 日第 2 版。

认为在目前百业萧条的情况下，愿购者也寥寥无几。因此文章说道："我们认为此次经济紧急措施办法，它所可能发挥的效果，恐极有限，至多只能将此次所发生的金融风潮，暂时平定。"[①]

实际上，这个方案的效果如何，关键在于财政收支能否平衡。若财政收支能实现平衡，物价、生产和贸易问题自不难解决，若财政收支不能实现平衡，则其他措施的实施无论怎样，都将无济于事。"方案内容虽分五项，而真正问题只有一个，就是平衡预算问题。预算能平衡，则其他一切问题可以迎刃而解，预算不能平衡，纵然加强种种管制办法，也难期实效。"[②]而对于平衡预算问题，国民党政府起初还是很有信心的。如国民经济政策研究会的一位委员就对记者说："我国财政情况，十月内可正常。"他说道："余有充分信心，相信中国财政情况十月之内，当可恢复正常状态。此十月中，吾人将用出卖国营事业之工厂及其他办法以制止法币之继续膨胀复由藉贷款购物方式，以增加货物之生产。如一切进行顺利，则十月之后，我国财政必可达成收支平衡之正常情况。而市场物价将不致波动，利息亦必随之降低，投机事业更将绝迹。"[③]不久，财政部长俞鸿钧也发表谈话，称"财政经济金融配合，国家预算不难平衡"。他说道：关于平衡国家预算，政府将依照经济紧急措施方案，节省不必要的政府开支，同时调整税收简化手续，培养税源，以增加收入。此外，利用剩余物资在国内出售，预计可值数万亿元；加速敌伪产业处理，采取标售或发行股票方式让渡国营事业，其总数亦当可观。在财政经济金融诸方面得配合后，预算即不难平衡。[④]根据俞鸿钧在参政会第五次大会上的报告，国民党政府 1947 年的实际财政预算是：岁入和岁出均列 93700 余亿元；岁入部分正常收入为 72000 余亿元，其中以赋税收入为第一位，占总数的 38.5%，其次为财产及物资销售收入，占 27.2%，第三为国营事业营业盈余收入，占 9.2%，第四为征借实物收入，占 2.3%，其他占 1.2%，其余 20500 余亿元不足部分列为债款收入。俞鸿钧说道："我们为求国库收支之接近平衡，第一要在租税方面为更大之努力，切实增加直接税之比重，使财富阶级，对国家复兴建设有所贡献。""其次树立债信，推行公债政策及加速出售敌伪产业、剩余物资，以及不必由政府经营之生产事业。""在支出方面，政府已下最大的决心，凡非国家迫切之需要及非有利于生产建设事业之支出，必须节约停止。"[⑤]

但是，以上不过是国民党政府的信心和计划而已，实际执行情况则大相径庭。

---

① 方显廷：《评经济紧急措施方案》，载天津《大公报》1947 年 2 月 23 日第 3 版。
② 高叔康等：《十年来之经济政策》，载谭熙鸿主编：《十年来之中国经济》（上册），第 A39 页。
③ 《中央日报》1947 年 3 月 11 日第 4 版。
④ 《中央日报》1947 年 4 月 9 日第 2 版。
⑤ 《申报》1947 年 5 月 24 日第 1 版。

政府的财政收入不能如愿地增加，而财政支出则又不能如愿地减缩，结果必然是出现巨额的财政赤字。财政收入方面，如关于对富裕阶级征收财产税（后改为建国特捐），国民党政府争论来争论去，直至溃败台湾前也未获得实施。[①]关于发行公债，在严重通货膨胀下面，政府实际已无法再发行法币公债，因为购买公债者在通货膨胀下无异于将资金送与政府。[②]1947年国民党政府共发行两次美金公债4亿美元，但一共只销售了5600余美元。[③]关于出售国营生产事业，1947年4月7日国民党政府公布《国营生产事业酌售民营办法》，宣布将中国纺织建设公司七成资产和中国纺织机器制造公司原有官股四成售于民营，另将农林部的中国水产公司、经济部的中华烟草公司、资源委员会的天津及东北造纸厂、资源委员会的中央汽车配件制造厂、资源委员会的安庆石微天水三电厂、粮食部的面粉厂及石油厂、中央信托局的德孚颜料及拜耳药品及其关系设备、德侨产业清理处的青岛维新染料厂等工厂公司，全部售于民营，此外如查有应行售于民营之事业，得随时增列之。[④]该办法公布后，《申报》即发表题为《国营事业配售民营办法之检讨》的社论，分析了该办法中存在的种种不利于出售的技术问题，认为该办法多从政府财政着眼，而对民营企业的经营欠缺考虑，称这些技术问题必将阻碍国营生产事业的出售。社论说道："国营事业出售民营，为民间所拥护，为工业界所盼望的一件措施。现在办法公布，出售事业的范围确定，而技术上招来的问题正多，关系甚大，希望政府速作决定，并博取民间意见，对于这件措施，不要偏从财政

---

① 全国经济委员会1947年8月28日召开会议，决定开征财产税，税名定为建国特捐，以自然人为征课对象，起征点定为50亿元，但对征收手续却未加确定，后又被行政院发回重新讨论，直至年底也未最后确定。（《全国经济委员会工作报告》1947年5月至12月，油印本，第99－100页。）进入1948年以后，曾一度改为临时财产税，即不是常年征收，而是一次性地征收。但着手对一些巨富的财产进行调查时，遇到了极大的阻力而难以进行下去，直接税署的署长王抚洲坦言"工作艰巨"。（《中央日报》1948年6月21日第2版。）后又改为救济特捐，为自愿认领性质，要求7月底募足解库，并规定十分之七用于赈恤难民，其余用于救济事业，完全失去了财产税的原先意义。（《中央日报》1948年7月23日第4版。）直至1948年8月22日，共"劝募"到法币区区3000亿元，而且都是由公司或单位，而不是自然人所认领。（《中央日报》1948年8月22日第5版。）这一数额与年初国务会议审查1948年上半年度财政预算、要求不要再实行通货膨胀时所提出的征收30万亿元救济特捐的目标相比，只及1%。（《申报》1948年1月15日第1版。）所谓财产税征收一事，即以此告终。有论者评论道："政府的一切措施，确实极袒护豪门之能事，酝酿已久的建国特捐，结果竟变成救济特捐，而且还采取乐捐方式，这种变质，不但不能缓和民众的情绪，反更足以加深已有的愤怒，即使政府真正要袒护豪门，这种办法也实在不智。"（赵靖：《对张群十项经济改革计划的几点具体建议》，载天津《大公报》1948年3月24日第4版。）

② 有论者指出若发行公债一定要使人民的债券能够得到保值。"如果政府要用公债吸收并奖励人民储蓄的话，政府一定要使公债成为一种能够保全人民财产的实际价值的储蓄工具，就是说，政府应该发行一种新公债，不但它的利息应使之随物价指数同一比例的增加，就是将来还本的时候，也应该照其票面额乘以发行至还本期间物价指数增加的倍数。"（蒋硕杰：《由经济紧急措施方案谈到稳定物价的途径》，载《经济评论》1947年第1卷第1期。）

③ 千家驹：《旧中国公债史资料》，中华书局1984年，第18页。

④ 《国营生产事业酌售民营办法》，载《资源委员会公报》1947年第12卷第4期。

上着眼，而应从国家工业政策上着力，则国营事业出售民营的意义，必为民间拥护。”[①] 事实说明了《申报》的判断是完全正确的，以中纺公司为核心的国营事业出售，一直未能得以实现。[②] 由于国民党政府计划的种种增加财政收入的措施未能得到落实，而财政支出却又大大超出了原预算，故 1947 年的财政赤字与 1946 年相比，大大地增加了。根据四联总处秘书处的档案资料，国民党政府 1947 年除去银行垫款的实际财政收入为 140377 余亿元，而实际财政总支出则达 409103 余亿元，实际财政赤字达 268726 余亿元，赤字占财政支出的 65.6%，为财政收入的 1.9 倍。[③] 财政部长俞鸿钧在 1948 年初向国民参政会报告 1947 年财政情况时坦白，1947 年国家总预算收支相差甚巨，全部支出总数为原预算额 93000 余亿元之四倍半，即 418500 余亿，实际收入总数则约为 130000 亿元，收支不敷 288500 余亿元，不敷数占实际支出的 69%。[④] 财政支出中数额最大者，当然是军费。根据上述四联总处秘书处档案，1947 年度军费支出（军政部行政支出加紧急命令支出）为 241898 亿元，占财政总支出的 59.1%。张公权则估计这一比率在 54.8%。[⑤] 正如分析 1946 年度财政收支时所指出的，由中美军火租借法案获取的军火和由田赋征实征借而来的军用粮食支出，从不计入财政，因此，实际的军费支出至少在 60%以上。财政收支不敷部分，当然是靠中央银行垫款来解决的。根据上述四联总处秘书处档案，1947 年度中央银行向国民党政府财政部垫款额达 270750 亿元，超出了军费支出数，占总支出的 66.2%。可见，1947 年的国民党政府财政同 1946 年一样，主要是靠发钞来支撑的。国民党政府所谓的平衡预算，完全是一句空话。

既然预算不能平衡，财政主要靠发钞来支撑，那么，通货继续膨胀，经济情况继续恶化，民营工商业继续陷于危机局面，就是必然的了。国民党政府在 1947 年和 1946 年一样，面临着一个如何压抑通货的问题。在 1946 年，为了压抑通货膨胀，在行政院长宋子文的主持下，国民党政府采取了大量进口廉价美货的开放贸易政策及压缩对民营工商业的贷款、抛售黄金回笼法币的紧缩信用政策，

---

① 《申报》1947 年 4 月 9 日第 2 版。

② 至 1948 年 5 月，除粮食部之中国食油公司已出售外，其余均未能顺利进行。据全国经济委员会自己称，出售难的原因有三：（1）估价困难；（2）产权纠纷；（3）治安问题。（《中华民国史档案资料汇编》第五卷第三编财政经济第五册，第 435 － 436 页。）而实际上却是有人在故意阻扰出售。如中纺公司主持人就暗中阻扰公司的出售，将较好的厂都保留缓售，民间资本因而都持怀疑态度。（天津《大公报》1948 年 4 月 5 日第 2 版。）

③ 中国人民银行总行参事室编：《中华民国货币史资料》第 2 辑，第 867 － 868 页。

④ 《中央日报》1938 年 1 月 4 日第 2 版。

⑤ 张公权：《中国通货膨胀史》，第 102 页。

而不直接对物价进行管制，结果遭到了彻底的失败。1947 年，在行政院长张群的主持下，自然不能再实行开放贸易和抛售黄金的政策，取而代之的是管制政策，即通过对贸易、金融和物价的管制，达到压抑通货膨胀的目的。因此说，《经济紧急措施方案》前后国民党政府的财政经济政策并无实质的根本的区别，有的只是实现根本目标的具体措施的不同。下面我们分别考察一下贸易、金融和物价管制的内容及其效果。

先看贸易管制。贸易管制的内容是输入许可制和限额分配制。按照《经济紧急措施方案》，法币与美元的比价调整为 12000：1，这个比价与市价已基本持平（8 月份又改为中央银行按市价挂牌定价）。同时，在对外贸易上，输入许可制度和限额分配制度开始正式实施。输入贸易和输出贸易分别由输入管理委员会和输出推广委员会管理。8 月，又公布《修正进出口贸易办法》，将输入管理委员会和输出推广委员会合并为输出入管理委员会，规定输入限额由输出入管理委员会确定报行政院批准，由输出入管理委员会“参酌情形将某项限额径行分配于各该业之厂商”[①]。

输入许可制度和限额分配制度一开始实施不久，就有论者表示了深刻的怀疑。李紫祥说道：输入许可制和限额分配制“较之去年三月开放外汇及国际贸易时，自有了相当变化，但这种变化，仅是基于外汇缺乏，对片面津贴输入的自由贸易制度之枝节的修正，对于外汇独占国内市场的基本性质依然没有，且未打算改变的。换句话说，贸易政策当局所着眼的，只在对外贸易之支付手段的问题，政府手里的外汇基金少了，限额就减少点，或是许可证的核发更严格一点，反之，就多一点，或松一点。”[②]还有论者指出：输入许可制度在理论上或可使外汇管理办法较为合理，或可减轻进口对政府外汇准备之压力及可减少国内生产界之困难，但欲此制度生效，政府必须能够防止走私，而我国税务机构，本身并不健全，对于走私实无法扑灭，因此，输入许可制度便不能产生预期效果；而限额分配制度或可减少外汇支出，但实施的前提是对国内生产状况及过去实际需要，有精确之统计记录，但现在我国统计既不完备工商业组织也不严密，若政府贸然从事，其结果难免失败。输入许可制度和限额分配制度在本质上就不易公平，如果再有私心或舞弊，就更容易成为若干人发财之途径。[③]《大公报》发表社论指出输入许可制度和限额分配制度并不能改善贸易逆差的作用。社论说道：“采用了限额制，

---

① 《国民政府国务会议修正进出口贸易办法》，载《中华民国史档案资料汇编》第 5 辑第 3 编财政经济（六），第 564 － 565 页。

② 李紫祥：《中国的国内市场》，载《新中华》1948 年复刊第 6 卷第 1 期。

③ 刘望苏：《改革外汇政策刍议》，载天津《大公报》1947 年 7 月 23 日第 5 版。

把进口贸易分别缓急轻重，限制输入，减少国外汇兑的消耗，在理论上是无可非议的。可是施行以来所得的反应，几乎成效极少。这里面最显明的原因，第一是为了官价汇率与黑市汇率相去过远，凡是正当出口，其外汇概须结售于政府，结果非亏本不可。而进口呢，因为官价较黑汇便宜太多，凡是核准的进口，都可以获得差额利益。这结果等于进口有津贴，而出口不能，进出口的差额自然相去更大。”社论举证说道，综计本年1－4月累计入超仍有国币8300亿元，进口和出口的比例仍为80%比20%，与去年限额实施前并无改善，而且在华南又出现了严重的走私。① 事实证明，上述预测和评论都是十分准确的。

所谓贸易管制产生的第一个问题是不仅未能抑制贸易逆差，而且还促成了走私盛行。据有关资料，1947年我国进口总值为4.51亿美元，出口总值为2.16亿美元，入超2.35亿美元，与1946年相比，进口总值大幅下降，而出口总值则大幅上升，从而使得入超额也有了大幅下降，但是仍占进口总值的52%。出口增加是新的国营棉纺织工业“在邻近的亚洲国家找到了现成的销售市场”的缘故，因而具有一定的积极意义，而“入超迅速减少的原因，与其说是由于出口贸易的增长，不如说是由于国民党政府外汇储备迅速枯竭，必须大大削减进口”的缘故。② 由于输入限额太少，于是形成了进口走私，而外汇官定价格总也赶不上市价，就形成了出口走私。这个走私体系是：出口走私在香港结得外汇，在黑市售出；进口走私在香港买得外汇，换回外货，走私进口。这个走私体系于1947年4－5月形成，经过8月中旬开放外汇市价后得到鼓励而逐渐成长。如桐油出口，1947年达3300万美元，但其中三分之一是在香港走私出口的。③

所谓贸易管制产生的第二个问题是工业生产所需的原料和器材的短缺。有论者这样说道：“限额的目的，应是维持工业生产，但是公布的限额却与此不符，例如汽油等液体燃料，是多半供军用的。米、麦、面粉，也大办为军需，棉花其中有一半亦为政府控制，一部用来换外汇，一半用来做军衣。而烟叶是为了维持政府的卷烟税收及关税收入。因此军事性的财政性的考虑，多于国民经济的考虑。以致十八种工业原料中真正工业原料所占百分比十分少，十四种工业原料只占百分之三十三。这结果是限额制度维持不了工业生产，如橡胶限额只供实需原料的十分之三，毛纺织业限额只及所需羊毛的百分之十四，造纸业的纸浆限额只及需量十分之一，火柴业只获所需原料百分之五；平均只供百分之二十。这即是说，

---

① 社评：《贸易的政策与机构》，天津《大公报》1947年8月4日第2版。

② 郑友揆：《中国的对外贸易与工业发展》，第218、219页。

③ 佩山：《胜利以来的中国国际贸易》，载《新中华》1948年复刊第6卷第2期。

贸易政策为了军事与财政，而已残害了工业的发展。”①《大公报》在社论中也说道：限额分配制“反应在国内生产界的，是输入分配的不足。随便举一个例，譬如毛纺业公会方面调查每月所需原料，计值二百六十万美金，而所得二月至四月的限额只有一百四十万美金，算来只够实际需要的百分之十四有强，正当的生产自然无法维持，此外如工业用的原料，也深感不足。”②

所谓贸易管制产生的第三个问题是国民党政府利用输入许可和限额分配，实现了官僚垄断资本对外贸的控制。首先是资源委员会对钨锑锡汞特种矿产品输出的绝对垄断。1947年特种矿产品出口占出口总值的52.9%。③其次，中央信托局所得配额占全国输入配额的76%，其中米、麦、面粉、煤、人造丝等的配额由中信局独占。出口方面，丝、茶、桐油、猪鬃、羊毛、驼毛、花生仁、大豆、油菜籽的收购都由中信局垄断，其他华洋贸易商只能做委托出口业务，赚取手续费。中纺公司垄断了外棉进口的90%及部分纱布出口。中国植物油料厂垄断了桐油出口的70%。另外还有一些四大家族官僚私人资本的贸易公司，如宋子文家族的孚中实业公司、中国进出口公司、一统国际贸易公司、长江贸易公司、金山贸易公司、立达贸易公司、利泰贸易公司，孔祥熙家族的扬子建业公司、嘉陵企业公司、益中实业公司，陈立夫家族的华美贸易公司、太平兴业公司，宋美龄的中美实业公司等。它们大多是代理中央信托局的出口业务，其中利润最大的是汽车、钢铁、机电器材的进口。它们可以很方便地取得官价外汇和国家银行的贷款，很少动用自己的资金，而获取暴利。④如孚中实业公司一次就购得官价外汇1.54亿元，用50%购买吉普车和客车，用20%购买无线电材料及零件，而这些按规定都是禁止进口的。扬子建业公司也用大量官价外汇购买禁止进口物品以牟暴利。⑤

从上述三个方面来看，国民党政府贸易管制对民营工矿业的发展显然产生了严重不利的影响。在贸易管制之下，进口额虽然有较大的缩小，入超额也随之缩小了，但它并未能从根本上改变贸易严重入超的不利局面，而且所引起的直接后果是工业原料和工业器材的减少，导致民营工业所需原材料和工业器材的严重供

① 佩山：《胜利以来的中国国际贸易》，载《新中华》1948年复刊第6卷第2期。

② 社评：《贸易的政策与机构》，天津《大公报》1947年8月4日第2版。

③ 《资源委员会国外贸易事务所1947年度业务报告》，资源委员会国外贸易事务所编印。

④ 以上参见上海社会科学院经济研究所：《上海对外贸易1840－1949》，上海社会科学院出版社1989年，第116、212－213、251、312页。

⑤ 扬子孚中二公司的贸易垄断甚至损害了美国出口商的利益，结果使美国合众社也出面攻击二公司以及它们的母体中央信托局，引起了社会舆论的激烈抨击。为了平息舆论，国民党政府不得不责成财政部和经济部对二公司的违法贸易活动进行调查。但调查结果，二公司的购汇额被缩小了100余倍，二者分别为150和180余万美元，实在令人难以置信。有论者评论道：“扬子、孚中案，至少表示一点，即官僚资本或豪门资本的庞大，挟其政治特权，经营实力已威胁美商贸易，中国进出口商更不必说矣。”（陈明：《扬子孚中案全貌》，载《工商天地》1947年第1卷第9期。）

不应求。特别是官僚垄断资本贸易公司对贸易的垄断，将本来就严重不足的外汇用于进口容易牟利的奢侈消费品，更加重了民营工业原料和器材的短缺。这种贸易管制对控制物价的作用也是适得其反的。工业原料和器材的短缺不仅增加了民营工业生产上的困难，而且还促使物价更加猛烈的上涨，从而在很大程度上消蚀了政府控制物价的努力。“这种进口贸易逐渐窒息的倾向，是很可怕的。这使进口货成为领导物价涨风的先导，三十六（1947）年九、十月物价大涨风，涨得最凶的是化学品，其次是五金，再次纺织品。化学品类涨达一倍。化学品便是工业原料，这转而影响了工业制品。愈是进口货，涨得愈凶，这是进口窒息后的反应。”①

其次看管制金融。按照《经济紧急措施方案》，所谓管制金融主要是取缔投机买卖，安定金融市场，也即禁止黄金买卖和外币流通，取缔投机，同时控制信用，以达到安定金融市场的目的。禁止黄金买卖和外币流通，取缔投机，对于防止如黄金风潮这样的金融市场大紊乱，是有积极作用的；但所谓的控制信用，实际上就是控制对民营工矿业的贷款，而不是政府控制通货发行和对国营生产事业的贷款。按照《加强金融业务管制办法》，国家银行各项放款应以协助民生必需品及出口物资之增产为主，其数额在五千万元以上者，非经四联总处核定不得承放。这种紧缩信用的办法，正如前文已经分析的那样，不仅对安定金融市场没有多大的积极作用，而只会加剧民营工商业获取资金的困难，增加民营工矿业的生产成本，使民营工矿业陷于危机而难以自拔。《经济紧急措施方案》决定控制信用，实际上等于是国民党政府放弃了在1946年底开始的对民营工矿业的信用扩大政策，而恢复了此前的信用紧缩政策，必将对民营工矿业产生严重的不利影响。

《经济紧急措施方案》公布后，四联总处于2月26日命令各国家银行紧缩信用，凡非有关生产之贷款，全部停止贷放，其已贷放而尚未满期者，也即予以收回，同时通知原按《加强金融业务管制办法》五千万元以上贷款需总处批准，更改为五千万元以下之贷款也需总处之核准，实际上完全停止了对民营工商业的贷款。②对此，上海市参议会议长即发表谈话，表示实行《经济紧急措施方案》不应停止对工矿业的贷款。他说道：经济紧急措施方案“应与生产贷款同时并进，不能因噎废食，因金钞风潮而停止贷款，如只知紧缩信用，收回贷款，则实有碍生产，若为防止生产贷款流入投机之途，则可采用纳尔逊战时生产局办法，以政府向工厂定货之定金为贷款，如此则政府可取得物资，工商界也可获得贷款，资金可走向生产之途，贷款也可换取实物，不致通货膨胀。”③同日，财政部拟定一份《加

① 佩山：《胜利以来的中国国际贸易》，载《新中华》1948年复刊第6卷第2期。

② 天津《大公报》1947年2月21日第3版。

③ 《申报》1947年2月27日第4版。

强银行管制实施方案》，决定加强对银行业务的管制。该实施方案拟从银行资金来源、银行资金运用、银行舞弊账目的考核等方面加强对银行业务的管制。关于银行资金运用方面，实施方案提出要严格规定贷放对象，规定“贷放对象均应以生产事业及日用重要物品或对外贸易物品之运销事业为主要对象”[①]。5月，财政部拟定《平抑市场利率以安定金融问题》稿。该稿承认“自经济紧急措施方案施行以后，市场利率虽已略见降低，惟施行日久，不免松懈，物价已在蠢动，利息亦有回复高昂之趋势，治本之方，固在平衡预算，紧缩发行，但此事非一蹴可就”。因此，该稿主张中央银行对于银行利率之核定，应注意接近市场水平，同时强调要合理供应正当工商业资金，认为这“不仅为扶助工商业正常业务之发展，且可避免其向黑市争取资金刺激利率”。[②] 同月，四联总处决定以定货贷款的方式，向民营工矿业提供资金，并通知对于民生日用必需品产销贷款可随时洽请主管机关收购其部分物品，以充裕政府配给物资。[③] 这样，四联总处在压缩贷款紧缩信用的同时，以定货方式向民营工商业发放贷款事项，便浮出了水面。7月，财政部函送全国经济委员会金融管制稿，确定“改善贷款制度”，强调“国家行局供应生产资金，应注意增加生产之实际效果，工贷部分得以定货、收购、代购、代制等方式办理”。[④]8月，蒋介石饬令四联总处理事会停止贷款，并另订鼓励工业增加生产贷款办法。但理事会在8月14日开会时，考虑“此时如突然停止，恐使重要厂商闻而寒心”，认为“似须继续贷放”[⑤]。但是，会议同时决定紧缩放款，认为为配合政府紧缩政策起见，应暂停做非必要之放款，所有已放各款，并应加强考核用途，切实防杜贷款资金流往非生产途径。会议暂停或交付审查100余件申请案。[⑥]28日，四联总处理事会复又召开会议，按照蒋介石的指示，为防止“有力厂商”贷款屯货，重新确定放款范围，并依照优先次序，确定放款对象为：(1)凡民生必需品产销事业，其产量不足或供应失调，亟须增加生产或加速运输者；(2)凡基本工矿事业，其产品足以代替舶来品者；(3)凡交通公用事业，具有关键性能，缺乏流动资金者。会议强调：“非必要之放款，一律停止承做。所有到期各款应

① 《加强银行管制实施方案》，载《中华民国史档案资料汇编》第五辑第三编财政经济（二），第78页。

② 财政部《平抑市场利率以安定金融问题》稿，载《中华民国史档案资料汇编》第五辑第三编财政经济（二），第88、89页。

③ 四联总处理事会《关于核办放款情形的检讨及今后方针的决议》，载《四联总处史料》（中），第416－417页。

④ 《国民政府关于战后都市经济管制方案中有关金融管制稿》，载《中华民国史档案资料汇编》第五辑第三编财政经济（二），第92页。

⑤ 参见《理事会关于检讨今后放款方针意见的决议》，载《四联总处史料》（中），第424－425页。

⑥ 《申报》1947年8月15日第2版。

一律收回，非经核准不得延展。”这样，贷款范围便被大幅度缩小了。[1]

但是，物价仍在飞涨，游资仍在作祟，投机仍在盛行。特别是到了双年关，物价更猛烈的膨胀。为了抽紧银根，紧缩信用，控制物价，国民党政府于12月3日公布《经济戡乱急要措施》，决定在金融上停止国家银行的各种放款，隔截各地向上海的汇款，限制商业行庄对往来户的透支。[2]此前，四联总处上海分处已于11月29日起停止了各种贷款。于行政院公布《经济戡乱急要措施》的同时，财政部公布了《金融管理局组织规程》，决定对金融实施更严格、范围更广的控制。该规程决定在上海、天津、广州、汉口设置金融管理局。按照该规程，金融管理局除了有权审查及检举国家行局的放款、汇款和其他交易外，也有权审查及检举各省市银行、中外商营银钱业行庄公司等组织的放款、汇款、投资和其他交易事项。[3]次日，中央银行总裁张嘉璈发表谈话，指出金融管理局的任务着重于审核商业行庄的放款，并称“国家行局之贷款，在市面未稳定前，尚难恢复”[4]。至12月10日，国民党政府突然决定发行面额为二万、四万和十万元大钞。此举显然必将掀起物价狂涨浪潮，为此，四联总处同时公布执行蒋介石手令三点意见，以抑制物价涨势。这三点意见是：一、暂停贷放全部贷款；二、对各处汇往上海之汇款，应严格限制与检查其确实之户名，与款项之来源；三、各国家行局不得以收益关系，擅自任意开放贷款。[5]对此，《大公报》发表社论，把国民党政府的这种做法称作“金融断流政策”。社论说道：“为了压制物价的波动，政府所采取的，可以说是一种断‘流’政策。一面停止国家行局的贷款，一面限制省市地方银行与商业行庄的周转作用，使金融上的融通机能由互通而转到各自分立。此外对于全国的内汇亦加以种种的限制。”社论指出：“上述断流政策的用意，无疑的是想从抑制金融活动的方法上，进而减低物资买卖的周转速度，最后则企图缓和物价之过分上涨。”社论评论道：“概括政府目前所施行的办法，其目的只是多方面抽紧银根，也就是收缩一部分通货信用。依照目前赤字财政与金融的现状下，把信用略加紧缩，极为应该；可是这里面不能忽略金融经济的正当做用。通货与信用

---

① 《理事会关于检讨今后放款方针意见的决议》，载《四联总处史料》（中），第425－426页。

② 《中央日报》1947年12月3日第7版。

③ 《金融管理局组织规程》，见《申报》1947年12月3日第1版。《申报》在同日发表的题为《安定民生的第一步》的社论中评论道：“金融政策必须配合国家的经济政策。换言之，必须一方面稳定金融，而另一方面不致扼杀工商，否则无异于舍本逐末，表面上似乎可以抑平物价，而过了某一阶段，生产更形萎缩，物资更见短少，其结果所届，工商固不免有扼杀之痛，小民又何尝有来苏之感？关于这一点，我们不能不请财政当局在设置此新机构时，特别注意其所执行之政策是否与奖进生产之政策相符。”（《申报》1947年12月3日第2版。）

④ 《申报》1947年12月4日第7版。

⑤ 天津《大公报》1947年12月10日第2版；《申报》1947年12月10日第7版。

的膨胀，探本寻源，大家知道渊源有自，决非由下而上。一切因通货膨胀而起的经济不安现象，虽然发生地在商品市场与金融市场，但其种因却并不由此。”社论批评道：“各地的金融流动，基于各地物资与劳务流通而起，纯出于自然。”“一个国家的经济情形，与人身的肢体相似，原无支离割裂可能，经济政策也是如此；所以我们觉得金融断流政策并不是办法。”①《经济评论》杂志则发表时评文章道：“我国通货膨胀有两个源头：一为政府财政入不敷出，依赖发钞弥补，这是导源于所谓‘赤字财政’。二为行局对工商贷款，放款非来自所吸收的储蓄，而为依赖增加发行，这是导源于所谓‘赤字金融’。政府要力加制止通货膨胀，在赤字财政方面既不能或不愿采有效的措施，于是乃在赤字金融方面下手，因而第一，停止了工商贷款，第二，收回贷款，第三，限制区域间资金的流动，实行了所谓‘金融断流政策’。”文章继续说道：“今天主要病源是通货膨胀，凡有关减轻通货膨胀的措施，都是应该的，但现行金融断流政策则又矫枉过正，尤可怕产生继来的恶果，当局亟应逐渐使恢复金融上的正常功能；至于工业贷款，我们以为政府救济正当工商业，不能专用贷款方式，应该从原料、燃料、粮食、运输及产品推销等各方面帮忙，使工业本身有力量负担高利贷，向市场争取资金，这才不致为解决问题而把问题更加严重。”②上述论述指出了一个共同点，即金融紊乱、经济不安的真正原因是财政收支的不平衡，仅靠金融管制，即使是“金融断流”这种极端的措施，都是徒然无用的。

国民党政府的金融管制措施不仅未能起到压制物价的作用，反而使民营工商业因信用紧缩，获得国家银行低利贷款的数额受到严重压缩而出现了更加严重的流动资金不足现象，结果不得不饮鸩止渴、继续乞灵于高利贷，导致生产成本的大幅提高。据四联总处理事会的报告，1947 年四联总处的工矿贷款总额为法币 20709 亿元，东北流通券（1 元合法币 11.5 元）709 亿元，二者合计合法币 28863 亿元。这个数额若扣除一年来的通货膨胀因素，仅相当于 1946 年度的 1749 亿元，为 1946 年度工矿贷款的 50%强。不仅如此，这其中又“多数均由经济部或资源委员会转商核办”，即大部分流向了国营企业和官僚私人资本企业，民营工矿企业只获得其中的较少部分。③

再看物价管制。战后国民党政府对物价的直接管制即始于 1947 年 2 月的《经济紧急措施方案》。在此之前，国民党政府采用的是鼓励进口、紧缩信用（缩减

① 社评：《论金融断流政策》，天津《大公报》1947 年 12 月 18 日第 2 版。

② 时评：《工业贷款问题》，《经济评论》1948 年第 2 卷第 18 期。

③ 四联总处理事会：《关于战后核办放款经过和1947年放款情况报告的决议》，载《四联总处史料》（中），第 645 页。东北流通券与法币的换算指数见吴冈编：《旧中国通货膨胀史料》第 135 页。通货膨胀因素按批发物价指数计算。

对民营工商业的贷款和抛售黄金、回笼货币）以压低物价的政策，“而对于直接控制物价本身之工作，则暂停执行”[①]。由于上述政策的失败，国民党政府不得不颁布《经济紧急措施方案》，宣布对贸易、金融进行管制的同时，对物价也开始进行直接的管制。

按照《经济紧急措施方案》，对物价的直接管制项目有：指定若干地点，严格管制物价，对各指定地点一切日用必需品进行严格议价；将职工工资指数限定1947年1月份，工厂就食粮布匹燃料三项按1月份平均零售价定量分配于职工；各项民生日用必需品以定价供给公教人员，在京沪两地先行试办。2月25日。国民党政府行政院通过并公布了《评议物价实施办法》，主要内容有：（1）在全国重要地点设立物价评议委员会，以评议主要民生日用必需品（食盐除外）之售价；（2）评议标准应按照物品成本，视当地各业向例分别酌加利润；（3）物品成本之计算，除制造费或进货原价外，得包括利息、捐税、运输、仓库管理费、保险费、折耗等项在内；（4）物品成本发生剧烈变动，有评定新价之必要时，得重新议价，但未经议定核定前，不得加价。[②]对此，《申报》发表社论进行了评论和质疑。社论说道：“这个办法是政府稳定物价的程序法，而稳定物价的方法，是采行评议政策，分析言之，乃‘评定’与‘议价’的政策。这个政策在抗战期间曾经施用，因理论上缺乏科学技术而失败了。……实施于今日的情况，有待商榷之处甚多。”主要有：（1）要评定议定的物价，仅以主要民生日用必需品为限，其他物品价格则不予以评定议定，其他物品价格的上涨必然要带动民生日用必需品价格的上涨；（2）评定议定方法以成本为标准，而不以市场价格为标准，而成本在各厂商之间有很大差距，如何确定合理成本，甚为困难，极易出现价格不敷成本的情况；（3）《经济紧急措施方案》规定物价以本年1月为最高限制，而本办法又规定物价可重新议价，二者互相矛盾，且必将引起物价的不断高涨。社论最后说道：“所谓稳定物价评议物价，在低能的行政者执行起来，惟有步入‘以汤止沸、以薪救火’的失败之路而已。”[③]3月4日，行政院开会决定改组设立全国经济委员会，并在该委员会之下设立物价委员会。物价委员会的主要任务是：指定严格管制物价之区域；指导督导议价限价之进行；指挥监督有关禁止投机垄断及其他操纵行为；指导调剂日用必需品之生产运销；核定公用事业之价格；评定有关工资和利润。[④]

自4月下旬开始，在取缔金钞买卖、物价稍显平静一段时间之后，物价又开

---

① 吴宗汾：《十年来之物价》，载谭熙鸿主编：《十年来之中国经济》（中册），第M40页。
② 《评议物价实施办法》，载《申报》1947年2月22日第1版。
③ 社评：《评议物价的再实施》，《申报》1947年2月25日第2版。
④ 《全国经济委员会工作报告》1947年5月至12月，油印本，第2页。

始上涨，其中以纱、布最烈。① 据国民党政府文官处调查，主要原因是由游资泛滥、群起屯货而起。报告说：上海最近物价波动尤以民生日用必需品上涨最烈，按经济紧急措施方案实施后，黄金美钞停止买卖，取缔投机雷厉风行，投机商人举棋不定，物价稍行平稳，惟游资自脱离金钞投机市场后渐次集结，自七千亿而至一万亿，而游资终未有正当归宿，乃有流向商品市场之动向，商店厂家均乘低利息之时机，群起进货，造成商品求过于供，货价高涨由是起矣。② 这说明开始实施《经济紧急措施方案》后暂时平静的物价涨风复又开始，国民党政府的物价管制工作也自此正式开始了。4 月 26 日，蒋介石向行政院转交关于《切实执行物价管制办法》的代电，标志国民党政府正式开始管制物价。按照这个办法，先在南京、上海、镇江、无锡、芜湖、安庆、宁波、杭州等八地切实执行物价之管制。办法要求各地物价之管制以议价为原则，议价评议会之议价按照《评议物价实施办法》办理,有囤积居奇者按《非常时期取缔日用重要物品囤积居奇办法》及《非常时期农矿工商管理条例》切实执行处罚。③ 由于涨价物品中,以纱、布涨势最烈，文官处又于 5 月 6 日向全国经济委员会转交蒋介石关于《检讨棉纱涨价之原因及计议今后政府应有之措置》的密函。密函分析了四月以来棉纱涨价的原因并提出了对策。关于棉纱涨价的原因，密函提出了五个方面：（1）市场不敷消费。上海国营民营纱厂共有纱锭 180 万枚，每月可产纱 8 万数千件，但纺管会仅能供应 4 万件，不敷之数只能求之黑市，形成价格自然上涨趋势。（2）花价暴涨，加上进口美棉因外汇放长实际成本增加，导致原棉价格上涨。（3）外地棉纱价格未能得到控制，带动上海棉纱价格上涨。（4）因投资工商业无利可图，加上政府过分干涉，一般人民不愿投资，以致资本脱离生产，黑市猖獗。（5）中纺公司配纱办理不慎流入黑市（正如前文中已经说明的，实际上并不是中纺公司配纱不合理，而是中纺公司故意操纵，抬高市价以牟取暴利）。密函提出措置办法六项：增产国棉；奖励厂商直接向产区购棉；保护生产事业；勿过分干涉市场；改善配纱；加紧输入外棉并推广棉产、自给自足。④ 显然，上述办法都不过是说说而已，根本不可

① 据国民党政府全国经济委员会报告，1947 年全年物价共有四次涨风。第一次自 1946 年底至 1947 年 2 月底，两个月内物价总指数上升 68%；第二次自 4 月下旬至 7 月中旬，三个月内物价上升 100%；第三次自 9 月中旬至 10 月下旬，一个半月内物价上涨 74%；第四次自 11 月中旬至年底，一个半月内物价上涨 30%。各次涨风之间则为物价相对较为平稳的时期。(《全国经济委员会工作报告》1947 年 5 月至 12 月，油印本，第 82 － 84 页。)

② 国民政府文官处:《最近物价波动之分析》,载《中华民国史档案资料汇编》第五辑第三编财政经济(六)，第 474 页。

③ 蒋介石转交行政院:《切实执行物价管制办法》,载《中华民国史档案资料汇编》第五辑第三编财政经济（六），第 481 － 482 页。

④ 国民政府文官处:《检讨棉纱涨价之原因及计议今后政府应有之措施》,载《中华民国史档案资料汇编》第五辑第三编财政经济（六），第 486 － 487 页。

能付诸实施。不久，全国经济委员会正式推出《平抑物价方案》，提出了平抑物价的六条实施方案：(1) 国营事业及政府各部门掌握之物资与外汇价格需调整时，应同时调整，以免参差成为互相涨价之因素，并免引起民营事业及其他物品之循环涨价。(2) 加强掌握物资，随时酌量抛售以平抑物价。(3) 推行配售及试行凭证购买制度。京沪区、平津区公教人员依照现行办法继续配售各物品，俟物资充裕时再增配其他物品，并逐渐扩大到其他重要大都市；在各大都市指定物品种类试行凭证购买制度。(4) 加强评议物价，在评议物价时注意产销地区及成品原料价格之平衡。(5) 依照非常时期取缔日用必需品囤积居奇办法，增加指定地区，严格执行取缔；(6) 限制游资流注上海，并力谋引导转入生产事业。[①] 这六条实施方案除去实际不可能者（如第六条）外，就是即使实施了也不可能阻止物价的继续上涨。自 9 月中旬后，物价开始第三次涨风，至 10 月下旬上涨了 74%。为遏制物价涨风，国民党政府加强了物价管制，其中一项重要措施就是实行花纱布联合配销，方法为：(1) 统筹收购国棉；(2) 国营民营各纱厂所产棉纱，除征交政府之棉纱并供军用及外销暨自行织布实际所需者外，其余应悉数依凭证配销之方式，实行联合配销；(3)经济部纺调会所控制代防棉纱，亦悉数加入联合配销。[②]11 月中旬，物价涨风又起。11 月下旬，因纺织品化学品等价格首先挺高，各货也随之高涨，蒋介石随即手令以花纱布管制为中心，以金融措施相配合研拟稳定物价之有效办法。手令中说道："近日各大都市，游资充斥，物价波动，尤以上海为甚，致各地各物，均受影响。现新旧年关，转瞬即届，如再不速为有效控制，经济前途，实堪忧虑，查棉纱生产，比较集中，最易控制，而目前纱布与一般物价，关系亦最密切，最好即以控制纱布为中心，而以金融措施相配合，拟具稳定物价之有效办法。"[③] 为执行这一手令，国民党政府于 12 月 3 日公布了《经济戡乱急要措施》，财政部为此拟定了《金融管理局组织规程》，决定在沪、穗、汉、津四地设置金融管理局，而全国经济委员会为贯彻《经济戡乱急要措施》中物价管制方面关于掌握重要物资的规定，则于 12 月 3 日决定撤销经济部纺织事业调节委员会，改组为全国花纱布管理委员会，由该委员会对花纱布管制彻底采取"代纺代织、统购统销"政策。具体做法是：(1) 全部代纺。由政府将目前已掌握之大量棉花配售各纱厂，代为纺织棉纱，藉以控制全部产纱。(2)加强原料之掌握与控制。除对政府进口之外棉及联总救济棉花等加以控制外，对于陕西等地所产国棉，亦

① 国民政府全国经济委员会：《平抑物价方案》，载《中华民国史档案资料汇编》第五辑第三编财政经济(六)，第 460 － 462 页。

② 《申报》1947 年 10 月 24 日第 1 版。

③ 《全国经济委员会工作报告》1947 年 5 月至 12 月，油印本，第 106 页。

需加强控制，务使此有关民生之生产原料，完全由政府掌握。(3) 立即实行代织。对棉织业及复制业作有计划之配纱，然后收回布匹，所制布匹，以内销之标准为主，其他华标布等，暂停制造。[①] 全国经济委员会在解释实行这一政策的用意时说道："本会提议花纱布实行代纺代织，由政府统购统销，使政府得以掌握花纱布全部产品，适当分配于复制业以及供应军公教民之需要及外销之用，籍此彻底制止囤积居奇之现象。"[②]12 月 23 日，国民党政府行政院通过了《全国花纱布管理办法》，按照"代纺代织、统购统销"的原则，从棉花管理、棉纱管理、棉布管理、军需供应、纱布外销、生产辅导等方面作了详细的规定。[③]

对于国民党政府采取的花纱布管制新措施，民营工商界既有怀疑，更希望其能获得成功。如在花纱布管理委员会成立后，《申报》发表社论说道："花纱布管理委员会成立后，纱厂与织厂将为政府生产，由政府配给棉花，为政府代纺代织，并由政府统购统销。此为政府恢复战时管理方针之大概，惟一般民营纱厂反应不同，此项重大措施能否顺利推行，收获预期效果，端在今后新机构的如何努力。"社论继而说道："花纱布的全面管制，势在必行，为平抑物价，防止投机，安定民生，实施配给，实为目前必要的措施。我们希望新机构的成立，以新的服务精神，机动的管理技术，负起这一重大的责任，以工作成绩的表现，消释民间之怀疑。"[④]那么，国民党政府花纱布管制政策的效果到底如何？其整个物价管制政策的效果到底如何？显然，在没有改变财政经济根本政策的情况下，所谓的花纱布管制和整个物价管制都只能归于失败。到 1948 年后，国民党政府全国经济委员会对 1947 年的物价管制工作作了一个总结，其中说道："纵观一年来对于物价之管制，政府虽不断针对情势为各种措施，然均不能使物价涨风稍戢，反有愈来愈速愈来愈烈之势，其重大原因 (1) 军事未能早日胜利；(2) 财政收支失衡，通货不断膨胀；(3) 生产停顿物资缺乏；(4) 交通工具破坏，货运停滞；(5) 游资作祟，囤积居奇之风极普遍。以上诸因素如不能消失，物价之管制前途殊难乐观。"[⑤]《大公报》发表题为《平衡预算与管制物价》的社论，对国民党政府的物价管制进行了奚落。社论说道："欲管制物价，必须能控制通货（数量及周转率）及物资的供需。若我们一样也不能控制，而欲管制物价，那是无效的。""往昔政府没有发钞的特权，所以柄政者虽然不懂经济学，但也都能体会到这个道理。现在政府有了发钞的特

① 吴宗汾：《十年来之物资管制》，载谭熙鸿主编：《十年来之中国经济》（中册），第 U79 － 80 页。

② 《全国经济委员会工作报告》1947 年 5 月至 12 月，油印本，第 143 页。

③ 《申报》1947 年 12 月 24 日第 1 版。

④ 社评：《花纱布管制政策的再实施》，《申报》1947 年 12 月 20 日第 2 版。

⑤ 全国经济委员会：《经济紧急措施方案实施情形简报》，载《中华民国史档案资料汇编》第五辑第三编财政经济（六），第 511 页。

权了，主政者以为发钞票便可增加收入，所以对于预算的不平衡，好像理之当然，满不在乎。对于政府的机构与工作效率，以及事业的先后缓急，也不慎作权衡，任意铺张，把治家的道理也都忘记了。”①

由于国民党政府自《经济紧急措施方案》出台以后的各项贸易、金融和物价控制措施均未能奏效，1947 年的经济危机比 1946 年更加严重了，甚至连 1946 年极为繁荣的棉纺工业也于 1947 年下半年开始趋于衰落。在 1946 年，虽然其他工业都处于严重的危机之中，但棉纺工业却是“众枯独荣”的。棉纺工业的繁荣并不是产量的增长，而是由于利润率的提高导致企业赢利的大幅增长。利润率的提高主要得益于棉纺企业大量采用进口的低价美棉致使企业生产成本大幅降低，以及因消费增加和屯货投机而导致的棉纱出售价格的大幅上升。②但是，自 1947 年 2 月公布《经济紧急措施方案》开始实行经济管制，特别是 4 月按照蒋介石的手令开始实施《平抑物价实施办法》之后，民营棉纺工业也开始面临极为困难的环境。首先是贸易管制使民营棉纺企业获得廉价美棉变得非常困难，不得不提高使用高价国产陕棉的比率。其次是物价管制中的议价使得棉纺企业的出售价格受到严厉限制，其价格甚至降至成本以下。如 1947 年 4 月 20 支双马纱市价高达每件 700 万元，而当时纺管会向民营纱厂收购棉纱的议价只有 370 万元，而事实上每件纱的成本即达 622 万元。③5 月份 20 支双马纱议价上升为 685 元，虽然比 4 月份上涨了近 1 倍，但仍然不抵 4 月份之成本。④自公布《经济戡乱急要措施》并设立花纱布管理委员会对花纱布实行“代纺代织、统购统销”的严厉管制措施之后，国民党政府进一步对花纱布实行全面的管制，不仅把纱布的价格及运销业务统加管制，而且把棉花原料也全部加以控制，更使民营纱厂无法开展营业。荣鸿元在一次座谈会上对国民党政府的花纱布管制政策进行了严厉的抨击。他说道：“谁料到今日之下，非但国营纱厂不会售给民营，反将民营纱厂逐步进而加以控制，剥夺民营事业的生产竞争权、营业自由权。出品要受控制，厂商谁有兴趣竞争生产？营业剥夺自由，又谁愿意赔蚀血本做笨伯？管理的结果是生产毁灭，纱布断绝供应。”荣鸿元愤怒地指责说“这不是经济戡乱而是经济造乱”⑤。

1947 年民营工商业危机的加深，在国民党政府的两份《经济改革方案》中也有表现。在 1947 年 3 月国民党三中全会通过、交由全国经济委员会讨论的《经

① 社评：《平衡预算与管制物价》，天津《大公报》1947 年 11 月 8 日第 2 版。

② 这方面的情况请参阅许维雍、黄汉民：《荣家企业发展史》，人民出版社 1985 年，第 214 － 218 页；《荣家企业史料》下册，上海人民出版社 1980 年，第 559 － 562、568 － 570 页。

③ 倩华：《从束云章谈到中纺公司》，载《经济导报》1947 年第 22 期。

④ 陈彪如：《战后棉纺织业之管理》，载《中央银行月报》1949 年新 4 卷第 4 期。

⑤ 《荣家企业史料》下册，第 597 页。

济改革方案》中，表述当时经济危机时的用语是“我国今日之经济，已面临严重危机，实无可讳言”[①]。但经全国经济委员会讨论修订，于7月23日正式公布时，此一用语则改为“目前经济上之危机日趋严重”[②]，足见连国民党政府自己也承认，在不到半年的时间内，经济危机已更趋严重了。[③]

下面我们根据一些资料来观察和分析一下1946、1947两年民营工矿业的生产情况，判断一下它是否已经恢复到战前水平。

至目前为止，比较系统地反映1946年和1947年的主要工矿业产量及产值情况的资料有两种，一种是郑友揆所著《中国的对外贸易和工业发展》一书中的估计，另一种是许涤新、吴承明主编之《新民主主义革命时期的中国资本主义》一书中的估计。[④]前者产量资料来源于经济部及资源委员会，比较简洁、清楚和统一；后者产量资料主要根据经济部修正后的统计，电力产量则依据工商部电业司的统计，而1946年的水泥产量又引用严中平的《中国近代经济史统计资料选辑》中的资料，1946年水泥及煤的民营比重又根据郑友揆的《中国的对外贸易和工业发展》中的数字，其优势是参考了经济部修正后的数字，缺点是显得有些零乱，而且没有参考资源委员会的统计；计算产值时所用价格，二者都一致用战前价格，都具有可比性，郑友揆用战前价格，但用3.4元法币＝1美元的战前兑换率换算

---

① 《经济改革方案》，国民党六届三中全会1947年3月24日通过，载《革命文献》第80辑，第472页。

② 《经济改革方案》，全国经济委员会1947年7月23日公布，载《中央日报》1947年7月23日第4版。

③ 国民党政府全国经济委员会7月23日公布的《经济改革方案》，被认为是与治标的《经济紧急措施方案》相补充的治本方案。方案开篇说道：“我国以农立国地大物博劳力充沛，而目前经济上之危机日趋严重，亟应先探讨其症结所在，以为改革之依据。”方案首先提出：“我国地大物博劳力充沛之优势未尽发挥，实缘于缺乏充足金融的滋养。今后政策，如何从利用大多数人民之能力处着手，金融机构本身如何健全与充实，其资金如何与土地土地劳力配合得宜，以达到农村繁荣农民购买力提高，而奠定发展国内民生工业之基础。”为此，方案从金融、生产建设和财政三个方面阐述了今后改革的方向和办法。关于金融，提出要在全国各地特别是农村建立各类银行，“使之成为有系统之金融网”。关于生产建设，提出要发达农业繁荣农村提高农民购买力，以使“工业有所凭藉”，政府应“改善工业环境，保障工业利润”，“使资金得有来源，贷款具有便利”，“合政府与人民之力”完成工业化。关于财政，提出政府要通过有效方法保障并扶植农田生产以裕田赋收入，保障并扶植工业生产以裕直接和货物二税收入，保障并扶植贸易以裕关税收入，保障并扶植盐业以裕盐税收入……总之，“以全体人民之生产能力，及其总收入，支持整个国家之财政。”（《中央日报》1947年7月23日第2、3、4版。）《经济改革方案》实际上提出了一个资本不足国家的政府通过建立遍布农村遍布全国的金融网，以扩大资本形成能力来增加资本、发展生产，最后将政府财政建立在生产发展基础之上的经济改革方案。把政府财政建立在生产的基础上，而不是发行通货的基础上，是这个方案的着眼点。但是，由于这个方案把扩大资本形成能力建立在依赖金融网对于社会资金的吸附的基础之上，是行不通的，是一个空中楼阁，不可能有实际的操作意义。当时的报刊杂志对这个方案也有很多的批评和评论，在此不再引述。

④ 郑友揆：《中国的对外贸易和工业发展》第347－348页附表Ⅵ“抗战后（1945－1947年）中国工业生产状况”；许涤新、吴承明主编：《新民主主义革命时期的中国资本主义》第646－647页表5－10“战后主要工矿业产量及产值估计”。

成美元，许涤新、吴承明一书则用1933年不变价格；郑友揆的资料中备有1945年的产量及产值数字，许涤新、吴承明一书的资料则备有1936年的产量及产值数字。从上述情况来看，两种估计各有优劣，均可作为观察和分析的依据，但郑友揆的估计似乎更为可靠。根据郑友揆的估计，1946年民营基本工业品（电力、煤、钢、生铁、烧碱和酸）的产值为10077.1万美元，民营消费工业品（棉纱、棉布、糖、纸、水泥、酒精、汽油和煤油）的产值为16065.1万美元，二者合计为26142.2万美元；到了1947年，民营基本工业品的产值下降为7583.8美元，民营消费工业品的产值上升为19164.7万美元，二者合计为26748.5万美元，1947年仅比1946年增长了2.3%。根据许涤新、吴承明一书的估计，民营工矿业主要产品14种（电力、煤、生铁、钢、钨砂、锑、锡、酒精、酸、水泥、棉纱、棉布、棉纺和纸）的产值1946年为92446万元法币，1947年为99366万元法币，1947年比1946年增长7.4%。按许涤新、吴承明一书的估计，1947年比1946年产值增长率大大高于郑友揆的估计。主要原因有二：一是关于出口矿产品钨锑锡的产量，郑友揆按照资源委员会的统计没有计入民营（计入资源委员会），而许涤新、吴承明一书则按经济部的修正计入民营。实际上，特种矿产品即使是民营，其生产和销售都是受资源委员会的控制的，不过是在为资源委员会工作，因此应当计入国营。二是关于电力产品，许涤新、吴承明一书舍弃经济部和资源委员会的统计不用，而突然采用工商部电业司的统计，而该统计1946年民营电力产量极低，甚至低于郑友揆估计中1945年的产量，因此，工商部电业司的统计似很不可信。若把这两个因素剔除掉，则按许涤新、吴承明一书的估计，1947年民营工矿业产值比1946年也为增长2.3%。也就是说，从1946年到1947年，民营工矿业的生产是基本停滞的。

下面再将1947年民营工矿业的生产情况与1936年相比，看其战后恢复情况如何。根据许涤新、吴承明一书的估计，1936年华商工矿业（14种可比项目，由于当时国家资本的比重极小，所谓华商可全部视作民营资本）的产值为93291万元，1947年为99336万元，1947年比1936年增长了6.5%，因此该书认为1947年民营工矿业生产已恢复到战前水平。但是，我们从该估计对资料来源的说明中可以看到，1936年的产量不包括东北和台湾，而1947年的产量则包括东北和台湾，因此二者实际上是不可比的。为了可比起见，我们必须把1936年东北的民营工矿业产量也包括进去。我们知道1936年民营工矿业资本关内159744万元，东北45100万元。① 如果东北民营工矿业生产的效率基本一致，那么，既然关内159744万元民营工矿业资本可达产值93291万元，东北民营工矿业资本

① 参见许涤新、吴承明主编：《新民主主义革命时期的中国资本主义》第722－723页表6－1。

45100万元也可生产价值26339万元。这样，1936年关内和东北民营工矿业产值合计就达119630万元，1947年民营工矿业的产值与之相比，只有83%。也就是说，1947年民营工矿业生产还远远没有恢复到战前水平。

在1946－1947年间，虽然民营工矿业的生产是停滞的，但国营工矿业的生产却呈急速发展的态势。国营工矿业直到1948年才出现停滞和衰退的现象。从郑友揆的估计来看，1946年国营工矿业（基本工业、消费品工业和出口矿产品）的产值为9723.6万美元，而1947年则达19696.7万美元，1947年比1946年增长了102.6%。而据许涤新、吴承明一书的估计，国营工矿业14种可比产品的产值1946年为40574万元法币，1947年为63465万元法币，1947年比1946年增长了56.4%。由于民营工矿业的停滞和国营工矿业的急速发展，国营工矿业在全部工矿业中的资本比重和产值比重都有了大幅增长。以产值比重来看，根据郑友揆的资料来看，产值比重1945年全部工矿业资本中国营资本占20%，民营资本占80%，1946年国营资本增长为23.8%，1947年则进一步增长为43.9%，民营资本则相应的减为1946年的76.2%和1947年的56.1%。根据我们在抗战时期的章节中论述，战时的1944年国家资本与民营资本的产值之比为52%比48%，而1945年这一比重却改写为20%比80%，其中的原因“主要是由于日本投降后，前国统区的国营工厂企业立即进行了剧烈的调整”[①]。战后的特色是国家资本进入了轻工业领域并占有了较大的比重。如根据郑友揆的资料，国家资本在消费品工业产值中所占比重1946年为27.1%，1947年增长为38.1%。以资本比重来看，在论述抗战时期的章节中我们已经指出，1944年国家资本与民营资本的资本比重为54%比46%。由于同样的原因，1945年国家资本与民营资本的资本比重也发生了很大的变动。但到了1947年，国家资本发展为159874万元（1936年币值），而民营资本仅发展为148492万（币值同）[②]，国家资本与民营资本之比为又改为52%比48%，两年中就迅速的恢复了抗战后期时的垄断地位。

① 郑友揆：《中国的对外贸易和工业发展》第348页表格说明。

② 许涤新、吴承明主编：《新民主主义时期的中国资本主义》，第723页。

第十二章

1948－1949年国民党官僚垄断资本工业的破产和民族资本工业的没落

如果说1946、1947年是国民党官僚垄断资本工业实现膨胀、民营资本工业陷于危机的年份的话，那么，1948、1949年则是国民党官僚垄断资本趋于破产、民营资本工业走向没落的年份。由于国民党的官僚垄断资本不是建立在自身的积累基础之上，而是建立在政府的投资和对民营资本的掠夺和侵蚀基础之上的，因此，国民党政府财政经济的崩溃和民营资本的衰落必然导致其走向彻底的破产。

1948、1949年是国民党官僚垄断资本伴随着国民党政府财政经济的崩溃而趋于破产的年份。

首先来看一看国民党政府财政金融的崩溃过程。1948年初，国民党政府在制定1948年度财政预算时，决定将1948年上半年度和下半年度的财政预算分开，并且将预算分为普通预算和特别预算两个部门。“本年政府为配合戡乱进行宪政准备起见，经将上半年预算分为普通与特别两部门。凡属经常性质之赋税及行政事业等岁入及一般政务、事物、债务、经常军备等费用之岁出属之普通预算；凡特别征课之赋税与出售之物资及债款等之岁入，及动员戡乱所需军事、政治、救济上一切设施费用，则属之特别预算。”[①] 在年初开始制定1948年上半年度财政预算时，国民党政府曾下决心实现收支平衡，决不再搞通货膨胀。[②] 但实际制定的预算，却存在着巨额的赤字。1948年上半年度预算岁出岁入均定为962766亿余元，其中普通预算266151亿余元，占预算总额的27.6%，特别预算696614亿余元，占预算总额的72.4%。普通预算为平衡预算，而特别预算则为赤字预算，赤字的主要原因为军费支出浩大。特别预算的岁出中，军费支出（调整生活补助费副秣费准备金及国防部主管支出）共542672亿余元，占支出总额的77.9%。若加上普通预算中的军费支出110541亿余元（占支出总额的41.5%），二者合计军

① 《财政部向国民大会作关于国库收支概括报告》1948年4月13日，载《中华民国史档案资料汇编》第五辑第三编财政经济（一），第269－270页。

② 《申报》1948年1月15日第1版。

费支出共达653213亿余元，占总预算的67.8%。普通预算的岁入中无债款收入(即平衡预算)，特别预算的岁入中含债款收入（即中央银行垫款，以发行通货充之）379357亿余元，赤字占特别预算岁出的54.5%，占总预算岁出的39.4%。[①]以上只是预算赤字情况，是掩人耳目的，实际执行以后，赤字更形巨大。据资料，至4月底，总支出已达96万余亿元，而总收入却只有38万余亿元，赤字58万余亿元，即四个月内已将上半年度总支出全部化光，而收入数仅为40%，赤字率达60%。[②]5月份的收入，据财政部长王云五的报告，收入只有15万余亿元，支出则达75万余亿元。6月份支出大约80万余亿元,收入只有27万余亿元。因此，1948年上半年度财政的实际支出是250万余亿元，收入只有80万余亿元，收支相抵不敷170万余亿元，也即靠通货膨胀来弥补的财政赤字达总支出的68%，为财政收入的2.1倍。[③]另张嘉璈根据国民党政府主计部和财政部的统计估计，1948年1－7月份也即币改前，国民党政府的财政收入为220.9万余亿元，财政支出为655.4万余亿元，财政赤字为434.6万余亿元，财政赤字占财政支出的66.3%，为财政收入的2.0倍，其中军费支出达449万余亿元，超出了财政赤字额，占财政支出的68.5%，而经济建设费只有34.1万余亿元，只有军费支出的7.6%，占财政支出的5.2%，足见国民党政府1948年1－7月份的财政赤字完全是由军费支出过巨引起的。[④]

1948年下半年度的情况更糟。7月2日，立法院召开全院秘密会议，听取政府关于总预算的报告。次日报纸对外公布会议及预算情况时，宣称下半年度预算无论普通还是特别,都是平衡的,因而下半年度不会再增加通货发行。报纸报道说："总预算案有两大特点，其一为普通预算，可以税收抵付支出，并有余额，其二为特别预算，以出售政府握有之物资及其他办法相抵，可不再增加通货发行。"[⑤]

---

① 《国民政府1948年上半年度国家总预算岁入岁出表》、《国民政府1948年上半年度国家总预算特别岁入岁出表》，载《中华民国史档案资料汇编》第五辑第三编财政经济（一），第438－441页。对这个预算，国民参政会议在审议时进行了严厉的批评，认为赤字过巨，而且以债款充之，实为不妥，要求改革内政，加强政府信用，以发行债券而不是通货、以友邦贷款而不是银行垫款来抵充赤字。"本会以为，我国处此严重局面，欲求国人信任政府发行之债券及友邦贷款早日成功，必须彻底改革内政，深盼政府以国内外反对政府，批评政府之言论为鉴，真心收揽人心，真心实行民主，真心铲除政治上一切积弊，则人民必踊跃购销债券，而友邦贷款，亦可不求而自来矣。"（《国民参政会审议1948年上半年度中央政府总预算草案报告内建议应行改革事项》，载《中华民国史档案资料汇编》第五卷第三编财政经济（一），第442页。）

② 《1949年国民年鉴》，上海国民书局印行，第甲72页。

③ 徐革陈：《一年来国内经济鸟瞰》，载《中国建设》1949年第7卷第4期。国民党政府财政赤字与财政收入之比1946年为1.5倍，1947年为1.9倍，1948年上半年度更达2.1倍，说明国民党政府靠发行来弥补财政赤字的比重越来越高，财政收支的平衡能力越来越差，财政状况越来越恶化。

④ 张公权：《中国通货膨胀史》，第101－102页。

⑤ 《申报》1948年7月3日第1版。

但实际预算却大相径庭。据立法院档案材料，普通预算岁出岁入均为 326 万余亿元，是平衡的，而特别预算岁出计 590 多万余亿元，而岁入却只有 200 万余亿元，不敷达 380 万余亿元。预算提出不敷部分中的约 200 万余亿元，靠发行债券弥补，另差 180 万余亿元，“列为赊借收入，那就只有靠发行来弥补了”[①]。发行债券实际上是不可能的，这早已众所周知，所以 380 万余亿元实际上都得靠发行来弥补。实行币制改革以后，国民党政府又对 1948 年下半年度的预算进行了改编。改编后的预算情况是，普通预算岁出岁入均为 5.69 亿余元金元券，较原预算所列法币折合金元数 1.08 亿余元增加了 4.61 亿余元，为原预算的 4.3 倍。特别预算岁入为 10.02 亿余元，较原预算所列法币折合金元数 1.99 亿余元增加了 8.24 亿余元，为原预算的 4.1 倍；岁出为 12.32 亿余元，不敷部分 2.30 亿余元。这是一个十分可笑的预算，因为岁出岁入与原先的预算相比，都增加了 4 倍有余，而岁入的项目与原先无异，岁入的增加数完全通过上调每一个项目（主要是税收）的收入数实现。[②]之所以对税收收入作大幅上调，其原因据解释说主要是在币改后物价将趋于稳定，使各种直接税和间接税原先因物价涨幅太大，征收时难以按当前价格征收而大部失落的部分得以征收上来。如 20%的卷烟税，以前因为不是按照当前价格征收，实得不过 20 － 30%，物价稳定后失落部分都可征收上来。另外，关税将加征 40%的附加税。盐税在通货膨胀条件下等于没有税，币制稳定后每担征 8 分，是一笔重要收入。[③]也就是说，这个比原先大 4 倍左右的预算是以币值稳定后税收收入比原预算增长 4 倍左右为前提的。众所周知，币改以后，币值不仅未能得到稳定，在经历一个短暂的相对稳定期之后，很快就陷入了比币改前更为恶劣的通货膨胀，国民党政府的计划彻底破产了，这个新预算当然也很快就被突破了。张嘉璈明确地说财政部对收入的估计是“不现实的”[④]。有论者发表文章说道：新预算所列各项租税收入，半年共计金元券 12.3 亿元，依当时法定比率折合美金是 3.01 亿元，在抗战前租税收入最旺盛的时期，全年税收总收入折

① 《财政部长王云五关于1948年下半年度国家总预算岁出岁入概括的报告》，载《中华民国史档案资料汇编》第五辑第三编财政经济（一），第 396 － 397 页。

② 《国民政府改编 1948 年下半年度国家总预算暨特别预算案说明书》，载《中华民国史档案资料汇编》第五辑第三编财政经济（一），第 424 － 432 页。

③ 《财政部长王云五在立法院第二会期第一次秘密会议上关于预算平衡问题的报告》，载《中华民国史档案资料汇编》第五辑第三编财政经济（一），第 417 － 422 页。

④ 张嘉璈后来讲述了各种税收和公债的征收情况说道：国民党政府财政部的估计数字是过于乐观、不切实际的。他说：“剩余物资和敌产，早已出售得差不多了，所剩无几；关税，由于外汇头寸缺乏，进口减少，出口亦很有限，而远远不能达到估计数字；货物税，由于工厂减产以及通货膨胀使有货者不愿脱手，而难以如愿征收；盐税，由于盐价规定过低，更难指望；直接税，由于逃脱之风日盛，也无法征收。政府打算用出售 1948 年 4 月的美国援华法案项下的商品并发行金元券公债来弥补部分的赤字，但因美货运输困难以及债信丧失殆尽而失败。”（张公权：《中国通货膨胀史》，第 111 － 112 页。）

合美元也不过3亿美元，现在的社会经济与人民负担能力都非战前可比，即使把各种税率都提高到战前水平，半年之间也难望有金元券12.3亿元的收入，因此，这个预算不免有浮夸之嫌，因而实际上的财政赤字，一定大于预算中所列的数字。文章还估计了具体数字：从8月23日金元券开始问世到8月31日为止，金元券共发行了2.96余亿元，其中用以弥补财政赤字的约为1.88余亿元，折合法币是564万余亿元，这样，九天的财政赤字差不多已等于官方承认的币改前的发行总额的94%。9月份因为限价政策还没有完全失败，物价表面上比较稳定，财政赤字靠发行弥补的约为金元券0.4万余亿元，折合法币是120万余亿元。10月份的赤字达金元券5亿元，合法币1500万亿元。11月份据金融时报的估计，赤字至少在金元券10亿元。12月份除原有的10亿元外，再加上各项紧急支付，至少也得金元券5亿元左右。总计下半年度的财政赤字约为金元券32.2余亿元，折合法币是9684万余亿元，比上半年度的财政赤字增加了56倍左右。这样，整个1948年度的财政赤字靠发行弥补的以法币计算，约为9854万余亿元，比1947年度的赤字增加了353倍，而1947年度的财政赤字为1946年度的6倍。文章最后说道："这样的财政怎会不走向崩溃呢？"[①] 张嘉璈根据中央银行记录的数字，推算1948年9－12月的财政收入为金元券8.73亿元，财政支出为金元券39.51亿元，财政赤字为金元券30.78亿元，赤字占财政支出的77.2%，为财政收入的3.5倍，比上半年度的2.1倍又有大幅增长。由于张嘉璈的估计是后来根据中央银行的记录推算的，因而与前一估计相比，要更为准确。[②]

进入1949年后，战事急转直下，国民党政府不得不于2月5日宣布迁往广州。由于局势混乱，国民党政府根本无暇制定1949年上半年度的预算，只出具了一个中央政府岁入总概算（全年）的说明书。根据这个说明书，1949年度中央政府岁入计普通岁入概算经常门23.38余亿金元，临时门0.08余亿金元，特别岁入概算15.17余亿金元，合计共38.63余亿金元。[③]2月25日，国民党政府公布了一个由行政院通过的《财政金融改革案》，要求切实估计本年内军事上必需之一切费用及物资，以便通盘核计，作切实可靠之筹划，预为准备；从速确定本年度施政方针，编订预算，使一切政治设施有所依据，一切经费开支有所范围。[④]3月18日，立法院通过由王广庆等委员提出的减少军额紧缩开支提案。根据该提案，当时国民党军队有官兵420万人（台湾15万人除外），3月份官兵薪饷、副秣费、

---

① 徐革陈：《一年来国内经济鸟瞰》，载《中国建设》1949年第7卷第4期。

② 张公权：《中国通货膨胀史》，第112页。

③ 《财政部1949年度中央政府岁入总概算说明书》，载《中华民国史档案资料汇编》第五辑第三编财政经济（一），第497页。

④ 《申报》1949年2月25日第1版。

公杂费、事业费及其他紧急用项合计需费用3178万余银元，折合金元券1048.76亿元。提案说道：按此推算，每年官兵薪饷即需12585余亿元，此外尚有服装、军火、飞机、油料、军粮诸大宗用项，每人闻将近2000元，每年需20000余亿元。提案要求将兵员缩减至250万人以下。[①]也就是说，如不缩减（实际确未缩减），1949年光维持420万人的军队即需32000余亿元，决不是区区38.63余亿元的财政收入所能支撑的。财政部长徐堪曾于7月16日作一财政金融报告，其中对1949年上半年度的财政支出作过一个交代。报告称：政府南迁后，“军政各费倍增，而各种税收反行锐减，收支差额益巨，钞券发行遂急遽膨胀，……迨三月以后，京沪军事形势骤变，支出益漫无限度。”特别是在金元券为人民拒用之后，“政府各种军政支出，又不容一日停顿，为环境所迫，只得以库存外币、黄金、银元以为支应。”根据这个报告，从1月至6月，计发行金元券188.5余亿元，4－6月又支付银元3443.60元、白银75万两、黄金19.56万两、台币4435亿余元并各种外币折合美金2460.05万元。[②]1949年下半年度倒是有一个正式的预算，其中岁入1.94余亿银元，岁出2.70余亿银元，不敷0.75余亿元。[③]实际执行结果是收入近0.32亿银元，支出近2.56亿银元，不敷2.24亿银元，赤字占财政支出的87.5%，为财政收入的7倍，实为史无前例的数字。而且，“其赤字只能用黄金、白银和外汇来弥补，盖纸币已不再为人民所接受了。”[④]即此，国民党政府的财政实际上已经完全崩溃了。

由于巨额的财政赤字都靠发行通货进行弥补，国民党政府所发行的货币数量呈千万倍的增长。根据资料，抗战胜利时的1945年8月，国民党政府的法币发行量为5569亿元，至1947年12月即增至331885亿元，不到两年半的时间内增长了59.6倍，至1948年7月，法币发行量增至3747622亿元，与1945年8月相比增长了673.0倍。1948年8月币改后金元券发行量的增长速度更快，币改当时金元券发行量为5.44亿元，至12月增至83.20亿元，至1949年4月增至51612.40亿元，5月更增至679458.00亿元，九个月的时间内通货发行量竟增长了124900倍。[⑤]与通货发行量的增长率相比，物价的增长率更快。从上海来看，若以1945年9月的批发物价指数为100，则1947年12月为24219，不到两

① 《立法院秘书处检送委员王广庆等提议减少军额紧缩开支案函》，载《中华民国史档案资料汇编》第五辑第三编财政经济（一），第483－484页。

② 《徐堪关于财政金融报告》，载《中华民国史档案资料汇编》第五辑第三编财政经济(一)，第170－171页。

③ 《国民政府1949年下半年度总预算岁入岁出提要》，载《中华民国史档案资料汇编》第五辑第三编财政经济（一），第495－497页。

④ 张公权：《中国通货膨胀史》，第113页。

⑤ 1949年5月金元券发行量据上海社会科学院经济研究所编：《上海解放前后物价资料汇编》，第49页；余据吴冈：《旧中国通货膨胀史料》，第92－95、122页。

年半的时间内增长了242.2倍，其速率比通货发行量增长速度的59.6倍快4倍有余。至1948年7月，批发物价指数更增至831534，即与1945年9月相比增长了831534倍，其速率比同期通货发行量增长的124900倍快6.7倍有余。1948年8月币改后物价上涨速度更烈。若币改时的8月的上海批发物价为100，到1949年5月则上涨为1212200000，即八个月的时间内上涨了12122000倍，比同期货币发行量增长率快97倍左右。[①] 物价上涨速率远远大于通货发行量的增长速率，说明通货膨胀处于极其严重的恶性循环之中。

造成物价上涨速率远远大于通货发行量增长速率（近100倍）的原因是多方面的。货币方面的原因主要有以下几个方面：首先是货币的流通速度加快。仍以上海为例，如以1945年8月的货币流通速度（批发物价指数 ÷ 货币发行指数）为1.00的话，至1947年12月已达4.09，1948年6月增至8.06。1948年8月币改后金元券流通速度增长更快。若以1948年8月为1.00的话,则12月增至2.34，1949年5月增至97.05。但是，货币流通速度的增长速度显然要比物价上涨的速度慢得多。其次是活期存款的超常增加。从1946年开始，中国金融领域出现了一个极不正常的现象，就是作为流通中的货币的活期存款数额大于通货发行量。如1946年通货发行量为37261亿元，而活期存款则为54554亿元；1947年通货发行量高于活期存款额，通货发行量为331885亿元，活期存款额为277771亿元；但1948年(1 － 6月)活期存款额又高于通货发行量,通货发行量为1965203亿元，活期存款额为2025713亿元。[②] 在恶性通货膨胀下，活期存款已不是社会积累，而是出自银行的信贷，也即所谓的倍数效应。而在国家资本垄断了金融业的情况下，能够无限制的制造信用的只有国家行局。再次是支票的广泛运用。由于货币加速贬值，人民群众不得不另寻其他支付手段，大量的使用支票就是其中的手段之一。使用支票实际上是人民群众自己在创造信用。从1946年到1947年6月，上海在市面上使用的支票竟比货币发行量高出3倍，这使国民党政府为之震惊，于是下令从1947年7月起，限定只有现款存户才能开发支票，但银行和银行顾客对此都置若罔闻，支票结算金额从1947年7月的38067.8亿元上升为12月的120813.0亿元，到1948年7月更增至1969536.7亿元。[③] 造成物价上涨速率远远大于通货发行量增长速率的货币以外的原因主要是大量游资和投机资金集中于物资、金银和外汇的投机，结果使物价暴涨。据当时金融界人士估计，1948年9、10月间,仅上海一地就有游资金元券5 － 6亿元,折合法币约在1500万亿元之巨，

① 上海社会科学院经济研究所编：《上海解放前后物价资料汇编》，第168 － 169、198 － 200页。
② 张公权：《中国通货膨胀史》，第247页。
③ 张公权：《中国通货膨胀史》，第171 － 172页。

与币改前相比，陡增了10余倍，相当于1948年7月币改前3747.6万亿元通货发行量的40%左右。[①] 如此巨额的游资冲击市面，是引起恶性通货膨胀的重要因素之一。

由于通货膨胀的速度以高出近100倍的幅度快于货币发行量的增长速度，如1947年那样的管制措施已完全不能奏效，因此，国民党政府在1948年推出了一个重大的举措，即进行币制改革，用金元券代替法币，试图以此及一系列与此相关的金融和经济措施，平抑恶性的通货膨胀势头，挽财政经济于既倒。但是，正如前面已经揭示的那样，改行金元券之后，财政金融形势不仅没有获得改善，通货膨胀不仅未能得到抑制，反而是愈演愈烈。其中的根本原因，在于这次的币制改革是完全违反经济规律的，国民党政府的目的不在于建立良好的币制，以稳定币值、稳定经济，而在于通过币改掠夺人民的金银外汇，并为进一步的通货膨胀建立基础。

国民党政府的币制改革没有经过立法院的批准，而是以总统令的形式开始的。1948年8月19日，国民党政府正式公布《财政经济紧急处分令》，开始币制改革并实行相关措施。《财政经济紧急处分令》的要旨有四：(1) 自即日起，以金元为本位币，十足准备发行金元券，限期收兑已发行之法币及东北流通券；(2) 限期收兑人民所有黄金、白银、银币及外国币券，逾期任何人不得持有；(3) 限期登记管理本国人民存放国外之外汇资产，违者予以制裁；(4) 整理财政，并加强管制经济，以稳定物价、平衡国家总预算及国际收支。与《财政经济紧急处分令》同时公布的还有《金元券发行办法》、《人民所有金银外汇处理办法》、《中华民国人民存放国外外汇资产登记管理办法》和《整理财政及加强管制经济办法》四个文件。[②] 根据上述条令和办法，金元券发行总额为20亿元，与法币的兑换率为1金元兑法币300万元，与东北流通券的兑换率为1金元兑30万元，限于11月20日前无限制兑换完毕，在兑换期间，法币和东北流通券可依照上述比率同时流通使用。金元券含金量为每元含纯金0.22217毫克，由中央银行发行。金元券为十足准备发行，其中40%的准备是黄金、白银和外汇，60%为各种有价证券及政府指定的事业资产。禁止民间流通、买卖和持有黄金、白银、银币和外币，人民持有者应于9月30日前向中央银行兑换（后来黄金外汇兑换延期到10月31日止，白银和银币延期到11月30日止），兑换比率为黄金每市两对金元券200元，白银每市两对金元券3元，银币每元对金元券

① 邢若其：《民运多乖的上海证券市场》，载《工商天地》1948年第3卷第9期。

② 以上文件参见《中央日报》1948年8月20日第2版；也可见中国人民银行总行参事室编：《中华民国货币史资料》第2辑，第574、753、808、576页。

2元，美钞每元对金元券4元。

金元券的发行自始至终是一个骗局。首先，条令没有规定金元券兑换黄金、白银、银币和外汇的比价，所以人民并不能将金元券兑换为黄金、白银、银币或美钞，所谓金元券的含金量仅是一种虚值，它实际上同法币一样，只是一张不兑换的纸币。金元券票面上所印的“金元”二字，不过是为掩人耳目的，实际根本不可能兑换为黄金。条令也明确规定民间不得持有黄金。其次，金元券的发行准备实际上是虚的。根据国民党政府的《金元券发行准备移交保管办法》，发行准备的现金部分有价值2亿美元的黄金、白银和外汇，折合金元8亿元；保证部分由敌伪产业计0.74亿余美元和出售中纺公司70%的股份计1.01亿余美元、出售招商局50%的股份计0.71亿余美元、划拨台湾纸业公司32%的资产计0.43亿美元、划拨天津纸浆公司50%的资产计0.02亿美元，共合3亿美元折合金元券12亿余元构成。[①] 两项合计共5亿美元，折合金元券20亿余元，作为发行20亿元金元券的准备，看上去确实是十足准备，但有很大一部分一直都未到位，实际上是空的。如国有资产总值及敌伪产业估值，均系初步估计，实际数值大大少于估值，而且始终没有到位：敌伪产业部分只有清册，实际到位者只有极少部分，国营事业股票出售总共不过700余万金元，仅可抵发行准备的0.875%。且出售敌伪产业和国营事业股票的收入，已经列入本年财政预算，将其作为发行准备实为一女二嫁。由于上述原因，金元券的发行与发行准备自始至终是脱节的。[②] 第三，在准备金不足金元券发行额时，又搞一些数字游戏，欺骗人民，无限制发行金元券。至11月中旬，金元券发行量已超过规定的20亿元最高发行额，但账面准备金（包括虚假部分）仅有20亿元，这就使得进一步发行金元券受到了限制。为了使继续发行成为可能，国民党政府采取了一个苦心积虑的办法，即对《人民所有金银外币处理办法》和《金元券发行办法》进行修正，将金元的含金量予以降低，金银外币对于金元的比价则予以提高，且不再规定金元券的最高发行额，从而使得所谓准备金对发行额的限制不复存在。先是修正《金元券发行办法》和《人民所有金银外币处理办法》。根据修正后的金元券发行办法和人民所有金银外币处理办法，金元券发行总额得以命令定之（也即实际上取消了发行额的最高限制），金元券每元含金量被降低至4.4434公毫（比原先价格减少五分之四），黄金的比价则提高为每市两兑换金元券1000元，白银的比价升为每市两兑换金元券15元，

① 《金元券发行准备移交保管办法》，载《中华民国史档案资料汇编》第五辑第三编财政经济（三），第824－825页。

② 季长佑：《金元券币史》，江苏古籍出版社2001年，第102－104页。

银币升为每元兑金元券10元，美钞升为每元对金元券20元。[①] 接着，按照提高后的比价将现金准备部分升值，达到增加准备金、增加发行限额的目的。中央银行在给发行准备监理委员会的函稿中这样要求道："查本月十二日政府公布之修正金元券发行办法第一条金元含金量业已减低。又人民所有金元外币管理办法第三条规定之金银及外币券之兑换率业已提高，所有贵会前交存之现金准备项下之黄金、白银、及外币合值金元八亿元，自应予升值。"这样一来，原先值8亿元金元券的金银外币突然升值为52.14亿余元，现金准备当然也就提高为50余亿元了。[②] 在发行额进一步突破此数以后，国民党政府干脆连数字游戏也不搞，爱发行多少就发行多少了。

国民党政府的币制改革从一开始就是为进一步的通货膨胀着想的。按照《金元券发行办法》，金元券的最高发行额为20亿金元。20亿金元相当于法币6000万亿元，而到1948年8月21日，法币的实际发行额不过663.69万亿元，前者为后者的近10倍。[③] 这也就是说，金元券的膨胀空间为法币的近10倍。而且，《金元券发行办法》没有对增加发行进行任何限制，什么情况下可增加发行，增加发行多少，全凭国民党政府自己说了算，这就为国民党政府肆意搞通货膨胀准备了条件。有论者以战后西德的币改为例指出："西德币制改革，英美法三国当局为取信于人民起见，规定最高限额为100亿，但又规定每增加发行不得超过十分之一，且须得六个州及中央银行董事四分之三的同意，方得增加，盖恐若不有此限制，财政当局任意令银行垫款，必致于短期间即达最高限额，势须增加限额，重演一次通货膨胀。"[④] 国民党政府没有想到，他们在币改初期设计的比法币大近10倍的通货膨胀空间，到11月中旬的70余天时间内就被突破了，于是不得不抛出《修正金元券发行办法》和《修正人民所有金银外币处理办法》，重新为金元券的膨胀设计了一个更大的空间。有论者在1948年初就提出，中国面临的各种经济问题在法币制度下已无法解决，因此必须要进行币制改革，但是，如果在币制改革的同时，"不加以经济情势的根本矫正，则此改革将仅是单位的更改"，没有什么意义。[⑤] 有论者在评论1947年国民党政府《经济改革方案》中提出要进行币制改革的内容时就指出："改革币制的先决条件是财政收支相当平衡，与获得足量

① 《修正金元券发行办法》、《修正人民所有金银外币处理办法》，载《中华民国史档案资料汇编》第五辑第三编财政经济（三），第904－907页。

② 《中央银行就金元券发行现金准备升值致金元券发行准备监理委员会函稿》，载《中华民国史档案资料汇编》第五辑第三编财政经济（三），第902－903页。

③ 1948年8月21日止的法币发行额见吴冈：《旧中国通货膨胀史料》，第96页。

④ 本社特稿：《新币制的病症及急救策》，载《经济评论》1948年第4卷第3期。

⑤ 俞增康：《改革币制与稳定物价》，载《申报》1948年1月25日第2版。

的外汇寸头。如果财政收支不能平衡，巨额赤字还是靠发行来弥补的话，那么，币制改革之后依然是滥发钞票。新币的价值，一定也是江河日下，发行新币与发行大额钞票无异。所不同的，不过是计算单位少几个圈而已。”① 有论者则干脆将此次币制改革比作大钞发行，即 1 金元等于 300 万元法币，而由于金元券的最小单位为 1 分，等于将法币的最小单位提高为 30 万元。“此为最明显之现象，不必作学理之研究，已可明了。”② 显然，国民党政府的这次币制改革正如这些论者所说的那样，只是货币单位的更改，对于稳定币制、稳定经济没有任何意义。当然，对于国民党政府来说，其意义是十分重大的。因为通过币改，通过货币单位的缩小，它又可以进行新的通货膨胀了。

除了为进一步的通货膨胀确立基础之外，国民党政府的币改还有一个目的，就是掠夺人民手中的金银外汇。按照《人民所有金银外币处理办法》和《中华民国人民外汇资产登记管理办法》，人民必须在规定期限内将黄金、白银、银币和外国币券向中央银行兑换为金元券，而所谓人民包括自然人、法人及其他社团，也即所有民间拥有的金银外币都必须兑给中央银行，换回不兑换的纸币。这等于是对民间的一次大洗劫，人民当然要进行坚决的抵制。在收兑金银外币遇到阻碍时，国民党政府决定拿作为金融资产阶级的商业银行开刀。前文中已经指出，金融资产阶级在 1927 年曾积极支持国民党蒋介石叛买工农，建立大地主大资产阶级政权，但在 1935 年币制改革后却被国民党政府所控制，成了国民党政府的附庸；抗战开始后，国民党政府进一步剥夺了商业银行的发行权，同时又禁止军政机关存款于商业银行，在恶性的通货膨胀之下，商业银行被进一步的削弱了；现在，国民党政府又要拿商业银行开刀，剥夺他们仅剩的一点金银外币。蒋介石在 9 月 6 日国民党中央党部扩大纪念周上恶狠狠地说道：“目前尚有一个问题，即商业银行对于政府法令尚存观望态度，其所保留之黄金、白银及外汇，仍未遵照政府的规定移存于中央银行，并闻上海银行公会理事会拟集合上海所有各行庄，凑集美金一千万元，卖给中央银行，便算塞责了事。可知上海银行界领袖对国家、对政府和人民之祸福利害，仍如过去二三十年前，只爱金钱、不爱国家，只知自私、不知民生的脑筋毫没改变。……彼等既不爱国家，国家对彼等自亦无所姑息。故政府已责成上海当局，限其于本星期三以前令各大银行将所有外汇自动向中央银行登记存放，届时如再虚与委蛇，观望延宕，或捏造假账，不据实陈报存

① 娄立齐：《论经济改革方案》，载《中国建设》1947 年第 4 卷第 6 期。

② 段逸珊：《币制改革与物价》，载《申报》1948 年 9 月 26 日第 2 版。

放，那政府只有依法处理，不得不采取进一步的措置予以严厉的制裁。”[①]依据蒋介石的指令，蒋经国进行所谓的“打虎”，对金融资产阶级用尽恐吓、绑架、拘捕甚至杀戮的手段进行威逼。“蒋氏父子用了这样穷凶极恶的手段，对于帮助他起家的伙伴——南北金融家，想反过来一棍子打死。”[②]据统计，金元券发行前夕，全国民间拥有大约黄金300万两、白银加银元共合银元1亿元、美钞7000万元，若全数兑为金元券约合10亿元左右。[③]实际兑换情况，截止10月底，全国66个兑换点总共收兑黄金1677164两、白银8881373两、银元23564069枚、美钞49851877元、港币85097451元，总计约值美金168296390元，合金元券6.73亿余元。[④]即有近70%被兑换给了国民党政府。

国民党政府强行收兑民间金银外币的措施不仅是对人民的掠夺，而且还严重加剧了通货膨胀的趋势。人民手中握有金银外币，目的在于保值，实际是一种储藏货币，大多并不用于流通。国民党政府强迫人民将手中的金银外币兑换为金元券，等于强迫人民将储藏货币转为流通货币，从而使得流通领域的货币量大幅度增加，大大加剧了通货膨胀的趋势。“人民藏有金银外币，十之八九系为预防币价跌落，节储以维持生活”，而因收兑金银外币而放出的近7亿元金元券，其折合法币数为十年来发行累计数的三倍余，“如此久已冻结之巨额资金，一旦解冻，涌至市面，等于关在深山的猛虎，悉数趋入城市，其危害之烈，固不难推想。”[⑤]黄元彬就曾向蒋介石提出应立即停止收兑金银外币。因为“这些金银外币留在人民手上没有大危险。反之，放出大量金元券却危险极大。这无异于把死老虎收回来锁住而把活老虎放出去。”[⑥]国民党政府仅收兑金银外币一项，就将数额约3倍于原先法币发行总量、但主要作为储藏手段存在的货币投放于市面，仅这一因素，就足以使通货以比法币时期大3倍的幅度向上膨胀。这也是金元券发行20亿元最高限额之所以在70余天的时间内就被突破的重要原因之一。有论者评论道：“我们这次改革币制，是为了战事需要，是为了满足战事的无限消费，才实行改革币制，不是为通货的紧缩，而是更大的膨胀。”“币制的改革，只是为了达到收兑人民金银外币的目的——满足战事消费的目的。”[⑦]

---

① 转见戴立庵：《金元券发行后蒋介石在上海勒逼金银外汇的回忆》，载全国政协文史资料研究委员会编：《法币、金元券与黄金风潮》，第71页。

② 戴立庵：《金元券发行后蒋介石在上海勒逼金银外汇的回忆》，载全国政协文史资料研究委员会编：《法币、金元券与黄金风潮》，第74页。

③ 本社特稿：《新币制的病症及急救策》，载《经济评论》1948年第4卷第3期。

④ 中国人民银行总行参事室编：《中华民国货币史资料》第2辑，第760－761页。

⑤ 本社特稿：《新币制的病症及急救策》，载《经济评论》1948年第4卷第3期。

⑥ 黄元彬：《金元券的发行和它的崩溃》，载《法币、金元券与黄金风潮》，第57页。

⑦ 胡子婴：《透视币制改革经济管制和抢购》，载天津《大公报》1948年10月18日第6版。

币改为国民党政府虚创了巨额的购买力。有人对币改虚创的购买力进行了粗略的估计，情况如下：迄10月底金元券的发行额达23 － 24亿元，扣除收兑金银外币大约化去的8亿元及收兑法币化去的2亿元金元券，约净发了12 － 13亿元金元券，再将因10月份物价上涨币值贬落二成计算，至少也虚创了限价初期金元券的购买力10亿元左右，换句话说这10亿元金元券从人民手中刮去了2.5亿美元价值的物资；11、12月及1949年的1、2俩月，又发行金元券690亿元，[①]合美元3.2亿元，即又至少套取了人民3亿美元以上的物资；以上两项合计，国民党政府通过币改虚创了近6亿美元的购买力；这只是就纸币发行而言，若将纸币创造的信用以5倍的最低估计而论，至少还要增加1.5亿美元，总额达近7.5美元。这些虚创的购买力都是对人民的无情剥夺。[②]

币制改革是为了给进一步的通货膨胀准备前提，而通货膨胀必然要带来物价的急剧高涨。为了抑制物价的高涨，国民党政府作为币制改革的配套措施，同时实行限价政策。《整理财政及加强管制经济办法》第13条规定："全国各地各种物品及劳务价格，应照民国三十七年八月十九日各该地各种及劳务价格依兑换率折合金元出售。"第14条规定："各种物品及劳务之价格，依前条折合金元后，应严格执行《取缔违反限价议价条例》。其有特殊原因者，非经主管官署核准，不得加价。"把物价和工资冻结在8月19日的水平上，就是所谓的"八·一九"限价。国民党政府实行"八·一九"限价，是妄图以行政力量控制物价上涨，从而形成市场物价稳定的假象，使人民相信和接受金元券。政府行为的主要内容是打击囤积居奇，强迫厂商按照政府规定之价格出售物品。国民党政府表示："政府决以政治力量支持经济改革成功，严办囤积投机牟利者，任何地位身份不例外。"[③]由于上海是全国经济的中心，上海物价稳定与否，对全国起着重大的影响，因此，限价的重点在上海。为此，国民党政府专门派蒋经国任行政院经济管制委员会上海分区的副督导员，实际负责上海的物价管制。为了达到限价的目的，蒋经国不惜动用军警力量，进行所谓的"打虎"运动。但是，蒋经国的"打虎"主要是针对民族资本家的。当蒋经国"打虎"打到孔令侃的扬子建业公司，也即四大家族自己头上时，蒋介石却出面坚决予以制止了。[④]这完全暴露了国民党政府打击民族资产阶级、保护官僚资产阶级的本质，蒋经国的所谓"打虎"也因此而

① 这是论者当时的估计数，这四个月的实际发行额为922亿元，大大高于此数字。（吴冈编：《旧中国通货膨胀史料》，第122页。）

② 任民声：《从"币改"到"财金方案"》，载《经济周报》1949年第8卷第9期。

③ 《中央日报》1948年9月12日第2版。

④ 参见寿充一：《蒋经国上海"打虎"记》，载全国政协文史资料研究委员会编：《法币、金元券与黄金风潮》，第71页。

不得不偃旗息鼓，所谓限价运动，也因此流产了，人民则因此更加看清了国民党政府的反动本质。[①]

限价期间在上海出现了一次空前的抢购风潮。上海出现抢购风潮的原因是多方面的。首先是由于国民党政府将上海作为限价的重点，对限价的执行特别的严格，而对其他地方，执行地较为宽松一些，其他地方物价都不同程度的上涨了一些，而上海则一直被严厉的限制着，因而上海的物价比外地要低一些，于是消费者便群趋购买。上海由于“执行限价，较他处较为切实之故，一般观感，咸认为物价便宜，落得乘机多买些，以免坐失机会”[②]。其次是由于缺货使民众产生恐慌心理。价格虽然限制住了，但却买不到货，所以一有货便抢。“在一般人民看来，政府大胆硬性冻结全部物价，为世界通货膨胀国家所不敢为者，政府毅然为之，当必有充分供给物资、大量增加生产的办法；至少限度政府对于民生日用必需品必已有充分把握。一旦物价高涨，政府即实行全面配给或大量抛售。不意新币颁布后，政府并未存在大量物资，一面因限价而来源短少，于是人民心理顿生恐慌。”[③]国民党政府不断声明并不缺货，但货却并不掌握在政府手中，而主要集中在官僚豪门手中，它们囤积居奇以待牟取暴利。如查到孔令侃的扬子公司的几处仓库，都是满仓库的舶来品、土特产、花纱布、日用百货及钢管、大米等，应有尽有。“人民也知道政府所说‘并不缺货’并非欺骗，然而照限价买不到货，却是事实。买不到米，买不到油，买不到柴炭煤球，买不到鱼肉蔬菜，政府表面是限价，市场实际是黑市。”[④]再次是由于民众手中的金银外币等储藏货币被国民党政府收兑后，换回大量不能兑换的金元券，在恶性通货膨胀下，为了保值不得不乘物价上涨前抢购一些物资，以使自己的损失减少到最小程度。金银外币被兑换成金元券之后，即成游资，它们“无处宣泄，而生产事业虽在当局宣称维护之声中，还是束缚过甚，不能吸引游资，使民间零星的剩余购买力，不期而群向物资进攻”[⑤]。第四是由于工资也被冻结在“八·一九”的水平上，因此领到工资便马上投放市

---

① 在上海实施的经济管制彻底失败后，蒋经国不得不黯然离开上海。在离开上海时，蒋经国发表了一篇《告上海市民书》，其中沉痛而不无奈地说道：“在七十天的工作中，我深深感觉没有尽到自己的责任，不但没有完成计划和任务，而在若干地方上反而加重了上海市民在工作过程中所感受的痛苦，我绝不愿将自己应负的责任推到任何人身上去，同时也绝不因遇着挫折而放弃自己的政治主张，我坚决相信自己前所指出的上海往何处去的道路是绝对正确的，今天除了向政府自请处分，以明责任外，并向上海市民表示最大的歉意。这里我并非想求得市民的原谅，而是表明自己对市民应负的责任心。我恳切希望上海市民应用自己的力量，不再让投机奸商、官僚政客和地痞流氓来控制上海，我始终认为上海的前途一定是光明的。”（天津《大公报》1948 年 11 月 2 日第 2 版。）

② 社评：《抢购、游资与生产》，《申报》1948 年 10 月 5 日第 2 版。

③ 本社特稿：《新币制的病症及急救策》，载《经济评论》1948 年第 4 卷第 3 期。

④ 社评：《经济病况不容再拖了》，《申报》1948 年 10 月 28 日第 2 版。

⑤ 社评：《抢购、游资与生产》，《申报》1948 年 10 月 5 日第 2 版。

场，购买各种物资，不仅米、煤、布匹等必需品如此，连迷信品锡箔、白钱，甚至棺材等物也都在抢购之列，直到把钱花光为止。所以有论者说："说到抢购物资，实在包含着非常心酸的意味。这一批抢购物资的游资，多数是薪水阶级多年以来节衣缩食所攒下来的，是为了生病婚丧失业等意外不测的。"①

行政力量是不能战胜经济力量的。自10月2日上海出现抢购风潮之后，各地也因物价高涨而出现了抢购风潮。至10月下旬，抢购风潮已遍及全国各地，全国均处于民怨鼎沸、社会骚动的状态。特别是在蒋介石出面阻止蒋经国查封扬子公司之后，人民对国民党政府完全失去信任，国民党政府再也控制不住局势，物价便毫无节制的猛烈上涨。11月1日，国民党政府不得不公布《改善经济管制补充办法》，宣布放弃限价政策。补充办法规定粮食恢复自由交易并严禁阻运，纱布煤盐糖实行核本定价统筹调节，公用事业价格全面调整，工资待遇斟酌调整。②《大公报》为此发表社论说："币制改革方两个月，便招致了经济上这样大的变故，完全是以非经济的办法处理经济问题所闯出来的乱子。……第一，以金元券换法币，迫兑金钞，而不于此时机冻结游资，以致突然放出五六倍于旧法币的通货，有如洪水泛滥，这是最大的错误。第二，万万不该强力限价'八·一九'。这在重庆时代不也曾限过价，就未办通。明明办不通的事，而硬以大的威力去干，一面商民畏死赔本，一面金元纷飞，于是便演成这全国城市抢购一空的惨祸。"③11月2日，翁文灏在立法院会议上承认这次以币制改革为核心的经济改革失败了，

---

① 胡子婴：《透视币制改革经济管制和抢购》（续完），载天津《大公报》1948年10月19日第6版。

② 天津《大公报》1948年11月1日第2版。有论者评价这个补充办法说："补充办法在财政上的影响，是增加支出，而不是缩小收支的缺口，这样的办法，已注定了今后的厄运。"（俊之：《质问当局财政究竟有无办法》，载《经济评论》1948年第4卷第4期。）

③ 社评：《政府放弃了限价政策》，天津《大公报》1948年11月1日第2版。这次限价给民营工商业带来了惨重的损失，使许多工商业的元气被消耗殆尽。据核实，单上海一地工商业的损失看就有：（1）纺织业依限价出售棉纱5万件，棉布数十万匹，仅照开放时的核本定价，总损失也在5000万元以上；（2）毛纺织业照限价出售呢绒近100万码，绒线15万磅，损失达2000万元以上；（3）永利化学公司照限价出售纯碱6万多袋，损失达3－4百万元之多；（4）大中华橡胶厂在币改第一个月就照限价出售各种胶鞋十三四万打，各种车胎8万多副，损失在1000万元左右；（5）绸布业门售商号币改前所存各种绸布达150万匹，经一个月的抢购，呢绒绸缎几被抢购一空，损失极为巨大。（吕松光：《工商业怎样勉渡难关》，载《工商天地》1948年第3卷第11、12期合刊。）据估计，上海全市工商业在限价期间的损失共达金元券2亿多元。（上海社会科学院经济研究所编：《上海解放前后物价资料汇编》，第42页。）《大公报》发表通信说道："七十天经管结束，工商元气大伤。""因为改革币制，因为限价政策，因为物价强抑而复涨，全国人民消耗的元气是太大了，上海工商所受的损失，不过是其中较为显著的一例而已。但是从其中获得利益的究竟是谁呢？"（天津《大公报》1948年11月7日第5版。）不用说，当然是四大家族官僚私人资本。

接着辞去行政院院长的职务。[①]11月11日，国民党政府行政院在孙科院长的主持下，公布《修正金元券发行办法》和《修正人民所有金银外币处理办法》，给金元券发行设计了一个更大的空间。

国民党政府除了取消限价政策外，还重新允许人民持有金银外币。《修正金元券发行办法》和《修正人民所有金银外币处理办法》除了给金元券继续发行提供一个更大的空间外，还有一个新内容就是重新规定人民可以持有和使用金银外币。《修正人民所有金银外币处理办法》规定，准许人民持有金银外币，银币可自由流通买卖，金银外币均可用于购买美金公债和存储于中央银行。《修正金元券发行办法》规定，人民可以持有之金元券按政府管理外汇办法之规定购买外汇，同时规定人民将持有之金元券存入中央银行指定之银行定期满一年者，除照章计息外，可在存款时以与存款同额之金元券向银行兑取金元或按规定比率兑取黄金或银币。按照这几款规定，金元券持有人可以金元券现钞向中央银行指定之银行兑换黄金或银币。中央银行还专门为此制定《中央银行办理存款兑现通则》，确定了兑换的具体办法。[②]据此，金元券1000元可对纯金1两，10元可对银币1元，申请兑换时必须以同等数量的金元券作定期存款，期限一年，周息2分。这样，兑换人在兑换1两纯金时，必须付出金元券2000元，其中1000元为兑价，另1000元为定期存款。也就是说，中央银行每售出1两黄金，可收缩金元券2000元。这就是所谓的“金银存兑”政策。[③]国民党政府试图通过这一政策，使一部分金元券回笼，以达到收缩通货、稳定物价的目的。但有论者对此政策的效果深表怀疑。论者说道：“很明显地可以看出，政府的用心是要利用人民重视金银的心理，

① 翁文灏是在1948年4月蒋介石当任行宪总统之后，接替张群担任行政院院长一职的。国民党政府的这次币制改革就是在翁文灏和财政部长王云五主持下进行的。在这次立法院会议上，翁文灏承认币制改革失败多于成功。其中最大的失败是未能取得财政收支平衡。其原因是“由于国库开支太大，许多重大开支无法减少。如东北区八月份开支总额即达流通券二十八万数千亿元，折合金元券一亿元，几占支出总数三分之一，收入之数，因工商业不振，货物税均未增率增收，补贴支出为数过巨。”而最大的“成功”是收兑了巨额的金银外币。迄9月底止，收兑黄金外币折合美金13278.7余万元，经收外币存款折合美金近1069.8亿元，出口外汇收入折合美金3578.4余万元，华侨汇款收入1116.3余万元，总计收入折合美金19043.3万元；出口结汇折合美金1251.2万元，政府机关结汇折合美金1035.8万元，总计支出美金2287.0万元。收支相抵净收入折合美金16756.3万元。可以看出，国民党政府的净收入主要是靠收兑人民手中的金银外币实现的。(《翁院长出席立院报告经济措施情形》，《中央日报》1948年11月3日第3版。)

② 《中央银行办理存款兑现通则》，载《中华民国货币史资料》第2辑，第762－764页。

③ 国民党政府收兑金银外币时，黄金的价格为1市两对金元券200元，现在进行所谓的金银存兑，以1000元金元券兑1市两黄金的价格兑出，这一进一出，就凭空剥夺了其中的90%。“从十月三十一日到十一月二十二日，相隔只二十三天，国家的政策，来了一个一百八十度的大转弯。在十月三十一日以前，一个奉公守法的人，倘使兑去十两黄金，现在凭这兑换所得的金元券只好兑回一两了，只二十三天，只一出一进，财富凭空损失百分之九十。由此看来，这个大转弯中，社会的财富又来了一次大集中了。”（王则徐：《存款兑现与黄金政策》，载《中国建设》1948年第7卷第3期。）

抛出金银，收缩通货，重建币信。”“这显然是黄金政策的重新运用，对于收缩通货，稳定物价，恢复币信，究竟有多少作用是值得检讨的。”论者估计政府每月的财政赤字在12亿元金元，而其掌握的黄金大约有220余万两，即使把所有的黄金倾城抛出，也只能弥补三个半月的财政赤字。① 还有论者指出：“修正金元券办法，对政府虽不为一救急之策，但其效用为时极短暂，不能持久，恐不旋踵有要发生更严重的病象。”论者说道：“据财政部负责人表示，目下中央银行存有黄金五百万两以上，可用于收回金元券一百亿元。存有银元五千万枚，可用以收回金元券十亿元。政府有无这么多金银，姑不深论。但我们总该记得还都南京以后的宋子文时代，有六百多万两黄金、九亿美元外汇。救济物资、敌伪物资，以及一部分剩余物资，三者合计至少在十亿美元以上。以如许可观的黄金、外汇、物资，尚且不能稳定当时的物价，尚且无法挽救当时的危机，今以区区之数的黄金，就能解决财政困难，岂非痴人说梦。”② 因此，所谓的“金银存兑”政策所能起的作用是有限的，是不可能以此挽救国民党政府的财政危机的。金银存兑从11月22日正式开始办理后，立即掀起抢兑狂潮，黑市金价狂涨。11月底上海黑市金价涨至每两2054.30金元，如能获得存兑，即可获得巨额利润。于是全国各地都掀起了存兑狂潮，存兑点人山人海，秩序混乱到要用军警维持。与此同时，上海黑市金价继续上涨，12月底涨至3835.4金元，1949年1月第一周涨至10125.0金元。③ 黄金存兑价与黑市价差距越大，则要求存兑的压力也越大。实际上国民党政府并不真想动用大量的黄金来搞存兑，而此时国民党政府已开始向台湾劫运金银外币。④ 于是，国民党政府于1949年1月4日公布《改善金元券存款兑现办法》，决定对金银存兑加收平衡费。⑤1月16日，国民党政务会议决定停止金银存兑，开办黄金短期公债。⑥ 此时，国民党政府军事失败已成定局，人民群众深知出售黄金公债不过是一场骗局，所以几乎无人前去购买。直至5月中旬，央行新发之黄金公债仍“交易呆滞异常”，“且价格与金市走势相较，实瞠乎其后”，中央银

---

① 王则徐：《存款兑现与黄金政策》，载《中国建设》1948年第7卷第3期。

② 笪移今：《从金元券看经济趋势》，载《中国建设》1948年第7卷第3期。此时国民党政府手中的黄金既不是220余万两，也不是500余万两，可能约在360万两左右。据资料，币改前夕国内黄金总保有量为450万两左右。（李之华：《币制改革以后》，载《中国建设》1948年第7卷第1期。）而民间存银约在300万余两，币改后约有70%，即约210万两被兑换于政府。（本社特稿：《新币制的病症及急救策》，载《经济评论》1948年第4卷第3期。）因此，此时国民党政府大约握有黄金360万两左右。

③ 上海黑市金价参见吴冈编：《旧中国通货膨胀史料》，第146页。

④ 有学者根据中央银行档案资料统计，自1948年11月底至1949年5月17日，国民党政府共向台湾劫运黄金296.19万两、银元5346.9万元、白银6.91万两，另有具体数字不清的银元、银两93箱。劫运台湾的黄金约占国内黄金保有量的65%左右。（季长佑：《金元券币史》第183 － 184页。）

⑤ 《改善金元券存款兑现办法》，载《中华民国货币史资料》第2辑，第770 － 771页。

⑥ 《中央银行月报》1949年新4卷第2期。

行遂于19日宣布停发黄金公债。[①] 国民党政府两项收缩通货的措施均告失败。

国民党政府放弃限价以后，物价便如脱缰的野马一样飞涨。11月中旬，上海米价从限价时的每担20.9元急剧上涨，一度突破2000元大关，上涨了近100倍；面粉从每袋7.6元上涨到250元，上涨30余倍；食油从每百斤60元涨至1800元，也上涨30倍；各类商品价格平均超过“八·一九”限价的20多倍。[②] 全国批发物价指数与限价时期相比上涨幅度，11月份为175倍，12月份为325倍，1949年1月份为857倍，2月为834倍，3月19日为2900倍。[③] 上海1月份物价上涨296.8%（环比下同），2月份上涨670.9%，3月份上涨329.8%，4月份上涨2670.7%，5月份竟上涨8430.6%，比1948年9月上涨了5072000倍。[④] 金元券如同废纸，不仅人民群众普遍拒用，连国民党军队也不愿意用。[⑤] 其实，国民党政府自己也早就不用金元券了。1949年2月25日，国民党政府公布《财政金融改革案》，其内容除准许人民自由买卖黄金、白银外，还有以下内容：军事方面薪饷数额、副秣费数额以银元为标准计之；关税方面海关进口税依照从前海关金单位制，以关元计算缴纳；货物税中棉纱、火柴、水泥、卷烟、食糖等集中生产就厂征税者，照规定税率征收实物，不便征收实物者，照规定税率以实物计数，并依照缴纳日当地同等货品之批发价格折算金元券缴纳。[⑥] 也就是说，国民党政府自己否定了金元券的货币职能作用。到4月下旬起，国统区各地普遍拒用金元券，改用银元、银角、镍币、旧铸铜元、金银外币等，金元券已失去货币的职能作用，在流通领域已无立足之地，银行业务无法开展，整个经济陷于停顿状态。从4月份开始，国民党政府的财政支出实际上都是以库存金银外币支应的。据徐堪的报告，4－6月共支付银元3443.60元、白银75万两、黄金19.56万两、台币4435亿余元并各种外币折合美金2460.05万元。[⑦] 金元券实际上已经完全崩溃。

7月，龟缩于广东、福建及西南一隅的国民党政府宣布再次进行币制改革，用银元券代替金元券。在7月3日行政院向财政部的代电中说道：“谨查近月以来，

---

① 《申报》1949年5月20日第1版。

② 上海社会科学院经济研究所编：《上海解放前后物价资料汇编》，第43页。

③ 《全国文史资料选辑》第8期，第97页。

④ 《上海解放前后物价资料汇编》，第43－44页。

⑤ 1949年4月11日，国民党政府军事委员会秘书处致呈蒋介石，称金元券几同废纸已影响军心。呈件中说道：“查金元券发行以来不断贬值，浸至信用日益低落，各地纷纷自动以银元、外币、黄金乃至实物等计值交换或流通，若干地区已视金元券为废纸。……其最严重者，厥为各地商民根本拒用。湖南、江西境内早已如此，近来湖北、江苏、浙江、福建、广东以致西北各地，亦莫不皆然，各单位不敢承领，官兵等于无给与〔予〕。”（《国民政府军事委员会秘书处为金元券贬值几同废纸影响军心迅筹办法致蒋介石呈》，载《中华民国史档案资料汇编》第五辑第三编财政经济（三），第920－921页。）

⑥ 《中央日报》1949年2月25日第1版。

⑦ 《徐堪关于财政金融报告》，载《中华民国史档案资料汇编》第五辑第三编财政经济(一)，第170－171页。

度支失调，金融紊乱。人民对于纸币失去信心，不仅政府收支无可凭藉，工商买卖，亦因交易媒介之缺乏，陷于瘫痪停顿之困境。际兹大局未靖，一切未复常态时期，欲树立健全理想之币制，殊非易事。但此种紊乱情势，不容任其延续，致成不堪收拾之局，而财政、金融、经济上之种种困难，亟须探本穷源，寻求解决之方。”为此，“拟于鼓铸银元银币之外，授权中央银行察酌社会需要，依照规定成分，拨足准备金，发行银元兑换券，同时流通行使。”代电并规定各级政府机关，征收任何税费，公营事业机关收费，一律收受银元兑换券，以利收支而固币信。[①]行政院于代电同时寄送的还有《银元及银元兑换券发行办法》。办法规定：中华民国国币以银元为单位，每银元含纯银23.493448公分；银元兑换券之发行应有十足准备，其中金银外币六成，有价证券、货物栈单合计四成；银元兑换券可以兑现，在银元铸造未充分时，得以黄金为之；自本办法公布之日起，所有公私收付，一律以银元为计算单位，各级政府税收及公营事业收费，应一律收受银元兑换券。[②]7月4日，中央银行公布银元券兑换黄金、外币牌价，其中黄金每市两合银元券75元，美金每元合银元券1.55元，英镑每镑合银元券3.12元，港币每元和银元券0.24元。[③]但金融界对此不感兴趣，兑换情形已极寥落，实际无人过问。金融界人士指出：中央银行规定银元券每元等于每银元（1934年所铸帆船银元），而每银元重7.2钱，成色为88%，即实际所含纯银量为6.333钱，现下纯银为每市两4.50港元，即铸成每银元除铸费外，仅值2.8512港元，而每银元券竟值4.166港元，此间可获利32%。因此，发行银元券实为国民党政府一种敛财的手段，是一种欺骗人民的把戏。况且所谓十足准备也是假的，只是为了以此骗取人民手中的黄金外币，“将来恐难保证继续兑现银元，一如金元券者然”[④]。银元券的骗局不久就被人民看清了。至7月底，银元券实际发行额达1329.8万余元。7月27日，银元券价格开始暴跌并趋于崩溃。“近日来蒋党大量军政费，均支伪银元券，使伪银元券大量出笼，且蒋党亦藉此搜刮，如廿七日继续发出伪银元券达三百万元，这样无限制的发出伪银元券，已使人民看透了伪银元券的骗局了。”于是，持有银元券的人都争先恐后抛出银元券，尤其是一向以此为投机手段的投机商，更加大量抛出，见买即杀，造成伪银元券的崩溃。[⑤]此后，待解放区人民开始普遍拒

① 《行政院关元实施币改并附送银元及银元兑换券发行办法代电》，载《中华民国史档案资料汇编》第五辑第三编财政经济（三），第934－935页。

② 《银元及银元兑换券发行办法》，载《中华民国史档案资料汇编》第五辑第三编财政经济（三），第936－937页。

③ 香港《大公报》1949年7月5日第5版。

④ 香港《大公报》1949年7月5日第5版。

⑤ 中国人民银行总行参事室编：《中华民国货币史资料》第2辑，第668、674－675页。

用银元券，市场交易均用港币。8 月 2 日，国民党政府强制推行所谓的“银元标价”，即从 8 月 3 日起，市场一律不得用港元标价，只能用银元标价。但一般人民对银元券已完全失去信心，银元券价格日跌。特别是广州解放在即，而共产党曾明确表面不会接受银元券，因此，华南人民群众更不敢问津银元券了。“国民党反动派尽量出尽三十六板斧，但结果又是落得一场空，‘银元标价’所遭受的悲哀，连反动派的御用报章也不得不为之一叹了。”[①] 即此，货币市场终于彻底地崩溃了。张嘉璈评论说：“货币市场终于在 1949 年彻底崩溃，在这种情况下，落后于形势的反通货膨胀的各种措施，不管设想的如何只好，也是注定要失败的。”[②] 实际上，导致国民党政府的货币制度崩溃的原因，并不如张嘉璈所说的，是由于反通货膨胀政策（币制改革）落后于形势，而是由于国民党政府的所谓币制改革，从来就不是真正地为了反通货膨胀，而是为了给进一步的通货膨胀设置更大的空间，结果当然是越反越膨胀，直至彻底崩溃。

政府财政与国家金融的支持是国民党官僚垄断资本得以建立和发展的基础。伴随着财政与货币制度的双崩溃，国民党官僚垄断资本也就随之而崩溃了。关于国民党官僚垄断资本崩溃的原因，后文还将作更进一步的分析。

在国民党政府财政金融总崩溃的同时，民营资本也遭受了更严重的困难和打击，由危机趋于衰退，最终走向了没落。

民营工业自 1948 年上半年就遭受到了许多严重的困难，陷入了严重的危机当中。

民营工业进入 1948 年后所遭受的第一个严重困难就是国民党政府对民营企业的资金周转困难置若罔闻，不予救助。自 1947 年 11 月 29 日四联总处上海分处停止贷款、12 月 3 日四联总处停止全国各城市工商贷款之后，民营企业的资金周转就出现了严重的困难，工业界以资金不敷周转，处境日感困难，纷纷要求政府开放贷款。1948 年 1 月 13 日，全国工业协会理事长吴蕴初晋京，代表工业界向国民党政府请求恢复贷款。经工业协会多方接洽呼吁，中央银行总裁张嘉璈原则答应收购民营企业一部分产品，以代替工贷，凡民生日用必需品 14 类及钢铁机器等 17 类工业得适用本法，由于政府经费有限，只有“最迫切需要者”才能申请收购，收购价格按申请日以前 6 日之平均价格为标准。次日，国民党政府宣布：“（为）维持厂商资金周转，政府决定收购成品”，正式通过了以收购产品

① 如贯：《“银元标价”的破产》，香港《经济导报》1949 年第 134 期。

② 张公权：《中国通货膨胀史》，第 176 页。

代替工贷的方案。[①]这个方案对缓解民营企业资金困难的作用可以说是微不足道的。因为只有“最为迫切者”，也即只有极少数企业才能获得，而收购价格是申请日前6天的，待获准之后物价早已上涨，所以一出售实际上就已经吃了亏，要想以此补进原规模的原材料，已属不可能。3月11日，四联总处理事会决定开放农业及土地金融贷款，贷款额度限定为15亿元，而对工贷则只公布了此前制定的《1948年度生产事业贷款方针》，但贷款仍不开放，甚至进一步“指示中央银行嗣后对于各行局库一般业务贷款之重贴现转抵押仍必须慎重办理，不得有涉松滥”[②]。4月8日，四联总处理事会通过《四联总处贷款业务处理方案》，规定国策贷款以外的贷款均为业务贷款，凡国策贷款应由秘书处征询中央银行意见后提请理事会核定或陈报主席副主席核示办理，凡业务贷款四联总处不再直接核办，应分别转中央银行及各专业行局库核恰办理。[③]5月21日，工贷在停止了近半年之后，国民党政府终于决定部分开放。根据金融管理局制定的实施办法，信用放款对新户绝对停做，承兑汇票及贴现放款一律停做，抵押放款限于已订有透支契约者，抵押品限于成品或原料。[④]但直至6月24日，四联总处理事会才确定《核定定货贷款及收购成品案件处理办法》，正式实施工贷。根据这个处理办法，对于定货贷款及收购成品案件，应核明其贷款确系用作增加生产，所产货品适合市场需要为限；对于收购成品案件，应核明其成品在短期内销路不畅，其事业应予维持者为限；对于贷款对象应以日用必需品（棉织品、皮革、纸张、肥皂、火柴、药材）、基本工矿事业（钢铁、水泥、机器、煤）、其他工矿特产为限；定货及收购之数量应以不超过每一厂商过去6个月中之平均按月产量为限。[⑤]但是，自此还不到两个月时间，由于实行币制改革，国民党政府又停止办理生产贷款。《整理财政及加强经济管制办法》明确规定，国营银行局库不得以任何方式作商业性质之放款，对于奉行国策之贷款，并应负考核资金运用及成效之责，由主管机关妥定办法，严格执行，实际上完全停止了生产贷款。8月28日，四联总处理事会确定币改后之贷款方针为：原有定货贷款停止适用，必要时可开办收购成品。[⑥]8

① 《申报》1948年1月15日第7版、29日第7版、30日第7版。

② 《中央日报》1948年3月12日第4版。《1948年度生产事业贷款方针》于1948年2月21日由四联总处理事会义通过。根据这个文件，国家行局库的贷款方式有4种：定货贷款或收购制成品，委托产制，短期资金周转包括出口打包放款，其他与国家经济政策有关之贷款（国策贷款）由主席副主席交议理事会专案核定。文件规定，各行局库办理贷款业务，应以其自有寸头调度挹注为原则，只有经理事会核定之国策贷款才可由中央银行办理转抵押转押汇或重贴现。在恶性通货膨胀的情况下，这实际上是对国策贷款以外各种贷款的严重限制。（《1948年度生产事业贷款方针》，载《四联总处史料》（中），第428－430页。）

③ 《四联总处贷款业务处理方案》，载《四联总处史料》（中），第434－435页。

④ 天津《大公报》1948年5月21日第6版。

⑤ 《中央日报》1948年6月25日第4版。

⑥ 《中央日报》1948年8月29日第2版。

月29日，行政院长张厉生发表谈话，称“工贷应由商业银行承做”，因为“政府要顾及预算平衡，工业界应该体谅政府的困难”[①]，实际上把工贷推了个干干净净。9月20日，四联总处开始讨论放款对象。10月8日，四联总处撤销，各种贷款申请全部停止接受。11月3日，财政部召集中央银行当局开会商讨今后贷款方针，确定仍以紧缩为原则，商业性质贷款将继续停止。11月5日，财政部暨中央银行开会基本确定重新开放贷款，贷款对象以日用必需品生产事业、基本工矿事业、公用交通事业和出口贸易事业为限，贷款方式为抵押放款、出口打包放款、定货放款等数种，惟利率尚待进一步讨论。[②]12月13日，中央银行贴放委员会通过收购成品办法，开始办理工贷，有关规定同币改前的收购成品办法基本相同。工业界此次明确提出收购成品之作价，以申请前6日之平均价格为准，实嫌过低，因为工业品之价格，大多已在成本之下。[③]《申报》为此发表《紧急工贷的开放》的社论，说道：“多灾多难的上海工业界，数月以来遭遇到不知多少新的困难。先是在限价期内，由于政府的严格检查仓库，各厂的存底已达十分空虚的地步。就在这抢购风潮之下，上海的物资滚滚外流，而各厂商所需的原料物料，却因限价关系而无法源源取得，为了应付这个困局，不是停工减产，即是收缩营业。”“这种临时救济性的工贷，只够垂危中的厂商喘口气，——能否喘息尚不可知，并不能真正促进工业生产。”[④]关于工矿贷款的具体数额，四联总处秘书处曾编过一个1948年上半年工矿贷款情况的报告，下半年以后便不再编撰贷款情况的报告，因此，我们只能知道1948年上半年的贷款情况，下半年及1949年以后的贷款情况都无从知晓。根据1948年上半年工贷情况报告，四联总处1948年上半年共发放工矿贷款200759亿元，比1947年全年工贷额的20709亿元增长了9.7倍，其中国公营事业贷款115238亿元，占工矿贷款总额的57%，民营企业贷款85521亿元，占工矿贷款总额的43%。[⑤]1948年上半年工矿贷款额是1947年全年工矿贷款额的9.7倍，似乎是一个很庞大的数字，但是，如果考虑到1948年6月的法币发行额和（上海批发）物价指数比1947年6月分别增长了19.8倍和29.6倍，那么，这个数字就显得没那么突出了。如果再考虑到自1948年以来对民营企业的贷款主要为定货贷款和收购成品，那么，所谓的工贷对于解决民营企业资金周转困难的意义更一目了然了。因为所谓的定货贷款和收购成品，考虑的

---

① 天津《大公报》1948年8月30日第2版。

② 《中央日报》1948年9月21日第4版，10月9日第4版，11月4日第4版，11月6日第4版。

③ 《申报》1948年12月14日第5版。

④ 社评：《紧急工贷的开放》，《申报》1948年年年12月17日第2版。

⑤ 《秘书处关于1948年上半年工矿贷款情况的报告》，载《四联总处史料》（中），第660－661页。

主要是国民党政府自己掌握物资的需要，而不是民营企业资金周转的需要。①

民营企业遭受的第二个严重困难是原料的严重短缺。导致原料严重短缺的原因是多方面的。从棉纺织业来看，主要是国民党政府管制政策不当、管制机构无能，不能为民营企业提供正常的原料需要，同时受内战影响，交通不便，原料运输不易。管制政策不当、管制机构无能是使民营企业原料严重不足的首要原因。以棉纺织业来看，自1948年始，国民党政府开始对民营棉纺织业实行"代纺代织、统购统销"的管制政策。但是，首先在统购棉花一项上就出了问题。即"因当时收购手续繁琐，进行迟缓，致产区棉花不及早日抢运，而纺织业因奉行政令，不能自行采购，同时当局又无力及时接济，遂致各厂存棉日趋枯竭"。国民党政府深恐因代纺而亏损，一方面将所购存之棉花，向各厂标售，以图增加收入，另一方面给各厂办发采购证，令各厂自行采购，以图各厂自救。但"无奈时机错失，已属缓不济急"，山东、陕西等产棉区因受战事影响，交通运输已很困难，各厂不得已继续减工，或有被迫停工之虞。② 由于国民党政府不能自行采购，准许民营厂商自行采购又为时已晚，原棉缺乏成了制约民营纱厂生产的主要因素。如上海纱厂去年平均有3－4个月的存棉，1948年2、3月尚有两个月的存棉，6月份只有20多天的存量。棉纺公会不得已决议先行减工20%，以后视情况再行调整。③ 且管制委员会

① 《申报》在1948年初曾发表题为《工贷应否在定货贷款方式下开放》的社论，对定货贷款和收购成品作了这样的评论：对于定货贷款和收购成品，"当局与工商界的见解，似乎未必相同，因为当局所重在把握物资，其于金融上的周转，似尚属其次，而工商业的目光，则重在资金融通，是否愿意轻易的放弃其物，还是问题。这理由是很浅显的。在这物价步涨，囤积成为最有利益的时候，谁愿随产随销，坐失其眼前十拿九稳的利益？从事工业，在目前最为艰苦，又谁肯以图得贷款，而尽量抛出定货？何况照过去官价收购的例子，由官方所定的议价限价，又往往过于苛刻，实际上太不合理，使生产者望而却步。……在这种非常情形之下，除非万不得已，不得不饮鸩止渴，暂救燃煤之急外，他们对于定货贷款，恐未必能踊跃应命，适如当局之所意料。"（《申报》1948年1月29日第2版。）《经济周报》在发表的"工商呼声"中这样评论收购成品办法："收购工厂成品办法公布后，记者遍访工业界巨子，一致认为，此项办法极不彻底，敷衍而已。目前工厂资金周转发生困难，是因为从原料制成商品，或半制成品加工，这必须经过一段时期，在这个制成过程中间，原料已在制造，而成品还不能脱售变成现款，此时亟须资金周转，尤其在农历年关前夕，尤为迫切。现在政府这个办法，牛头不对马嘴，在政府的想法，好像工厂缺乏资金是由于成品无法销售的缘故，却忽视工业在生产过程中所感到的困难。现在，正当的工厂哪有大量的成品囤积着呢？""此办法极厉害，趁年关在即，资金周转困难之际，迫得（民营企业）走上这条收购成品的路。这正等于：债主逼债，无法偿还时，乃不得不把家产卖掉一样了。"（工商呼声《工业家谈收购工厂成品办法》，载《经济周报》1948年第6卷第6期。）这里说明了一个道理，即在恶性通货膨胀下面，定货贷款对于政府来说是有利的，有利于其掌握物资，但对于厂商来说，则是不利的，因为定货贷款中的货物的价格，在贷款时就已经确定，在生产出来时，售价早已上涨，所以按所定之价格出售给政府时，实际上已经吃亏了，价格上涨幅度越大，吃亏也越大。一个企业不是万不得已，是不愿意获取定货贷款的。收购成品也同样，通货膨胀越厉害，吃亏也越大。因此，一个厂商取得定货贷款或收购成品，并不等于这个厂商获得了令人羡慕的发展机会，而是说明这个厂商已经到了万分困难的地步，不得不饮鸩止渴了。

② 上海《商报》1948年6月26日第3版。

③ 笪移今：《七个月来的中国经济情势》，载《观察》1948年第4卷第23、24期合刊。

所定之棉花收购价格也不敷棉农成本，致使棉农不愿植棉。荣鸿元在出席国民大会时提案呼吁国民党政府取消花纱布管制政策。他说："花纱布管制委员会标榜'代纺代织'、'统购统销'，不许棉商、厂商自由抢购国棉，复不许自由调节国棉存量；棉农亦因畏惧议价，不敷成本，而不再植棉。民营纱厂则因原棉接济断绝，势将被迫全体停工，故全面管制花纱布政策，有百害而无一利。"①

其他许多行业也存在着原料严重短缺的情况，原因各自也有所不同，有的是生产不足，有的是政府配额不够，有的是进口限额太少。如上海钢铁公司是原料燃料两觉不够。燃料方面，该公司三厂月需柴油350吨，但每月只能获得配油190吨；每月需煤800吨，但配煤只有300吨。原料方面更觉缺乏，所存废铁即将用尽，新的来源迄无把握。②原材料主要依靠进口的行业则苦于输入限额之严重不足。如上海制药业三公会要求政府增加原材料输入限额。中国火柴原料公司1948年5月的业务报告说总公司二、三、四期限额分配总计只获得1.8万余美元，且由于政府外汇日绌，每期尚在减少中。广州市的火柴业所获输入限额只能解决该厂所需原料之30%。③其他各业也不断要求增加原材料输入限额。"但在外汇枯竭而且还要负担庞大战费的今天，要增加限额，真是困难重重。于是当局拟议了一个输出成品可准优先输入原料的办法。据悉倘厂商请求输入原料之总额，未超过其输出成品价值百分之四十者，即可优先获得批准，但附带条件为此项厂商在结购进口外汇时即需将输出品总值全数结售指定银行。可知政府最终还是在打算如何掌握此百分之六十之外汇剩余额。而且，结购进口外汇时，即以输出品全数售结，在物价继涨的今日，吃亏者恐仍在厂商这一面吧！"④

另外还有一些因素也使民营企业陷入严重的困难之中，如原料价格上涨快于成品价格上涨导致生产成本提高以及因战事影响而销路不畅等。如《申报》报道说："工贷的开放，确可使一部分周转不灵的中小工业松一口气，但目前中国工业之所以凋敝，确另有其更深远的原因在。例如水泥工业因其处境日见危殆曾呼吁当局立即开放工贷，据说该业在国内战局日益扩大的今天，深受运输困难、成本激增以及销路不振之苦。据该业负责人表示，一年来电力费用已增加六十一倍，柴油增五十四倍，但水泥售价却较诸去年一月份每包二万九千元之数，仅增十倍。销路方面则各厂每月销售量平均不及产量之三成。"⑤全国水泥工业同业公会为展开水泥外销，亦曾于上周吁请政府全面协助，据悉在现订汇率之下，如将国外所

① 上海《商报》1948年4月7日第3版。
② 《申报》1948年3月8日第7版"工商动态"。
③ 青岛市工商行政管理局编：《中国民族火柴工业》，第152页。
④ 《申报》1948年3月8日第8版"工商动态"。
⑤ 《申报》1948年3月8日第8版"工商动态"。

售价格折合法币，尚不敷成本二分之一。[①] 上海火柴工业“除供应本市需要外，大部分运销华北及内地，近来因受战事影响，交通阻碍，销路不佳。”[②]“卷烟工业在中国仅次于纺织业面粉业，居我国轻工业第三位，纳税占货物税总额的百分之五十左右，目前亦因原料上涨远超过成品，产量一落千丈。”[③] 卷烟业销路也日益萎缩。据货物税局消息，自战局扩大以后，卷烟销路即大受影响，上海市卷烟厂大小 80 余家，因此而被迫停业与缩小生产者已达 40 余家。橡胶工业据业中人士称，华北方面已无法销售，华中方面仅粤汉铁路沿线有销路，大中华橡胶厂目前已减产三分之一。至如皂厂方面，4 月以来据悉已有三分之二停止生产。布厂方面，上海市某大染织厂平时棉布存货约 15000 匹，目前受战局影响，销路清淡，存货已增至 30000 多匹。[④] 到 7 月，上海市民营工业“已经陷于四面楚歌的困境中”[⑤]。1948 年 6 月，上海国货工厂联合会因物价递涨原料缺乏产销停滞而向国民党政府发电请求救济，这个电文全面阐述了民营工业近来所遭受的困难。电文中说道：“近年来国货工厂，对内贸易，因在举国烽火之下，交通阻塞，运输困难，民生凋敝，购买力日趋薄弱；对于外销，则因外汇牌价与黑市相差悬殊，结汇限制甚严，使国产出品益处于内外滞销之厄境，加以职工生活指数逐月递涨，原料缺乏，生产成本激增，往往出售成品之结果不足抵补再生产之成本价格，以致各厂存底日益空虚。且一般工厂资本因产销停滞，周转困难，不得不求之市场游资，不但利息高昂，且多短期拆放，使企业家日营逐于调还寸头之疲繁中，焉有余力从事生产之扩充与改良。瞻望我国国货工厂之前途，险象环生，万一不幸，被迫崩溃，不独促成严重之失业问题，加速经济恐慌，更无异使整个社会组织与民族工业之前途同归于尽。”[⑥]

1948 年下半年以后，民营工业遭受了更为严酷的打击，到了崩溃的边缘。首先是币改后，国民党政府实施“八·一九”限价，使民营工业从根本上大伤了元气。前文已经指出，“八·一九”限价给上海民营工业造成了 2 亿元金元券的损失。这个损失主要是由国民党政府强迫民营企业按照远远低于生产成本的限价出售成品造成的。如棉纺业，20 支双马纱限价为金元券 707 元，而根据棉纺工业同业公会计算的生产成本，即以限价棉计，每件纱的原料成本也需 630 元，再

① 《申报》1948 年 3 月 22 日第 7 版“工商动态”。

② 《上海火柴工业之处境》，《申报》1948 年 3 月 15 日第 7 版。

③ 笪移今：《七个月来的中国经济情势》，载《观察》1948 年第 4 卷第 23、24 期合刊。

④ 《申报》1948 年 5 月 17 日第 8 版“工商动态”。

⑤ 《申报》1948 年 7 月 2 日第 6 版“工商动态”。

⑥ 《上海市国货工厂联合会因物价递涨原料缺乏各厂商产销停滞请求救济的快邮代电》，载《中华民国史档案资料汇编》第五辑第三编财政经济（五），第 449 － 450 页。

加上“纱管会”核定的8月份代纺工缴费每件252.6元，合计达882.6元，亏损175.6元，而且还未计入统税和利润。[①]棉纱照限价抛出以后，无力照市价补进原料，只得坐以待毙。据估计，到10月底止，上海各纱厂的原棉存底平均不足半个月的用量，仓库纱布已所存无几，就连实力较为雄厚的申新九厂，也亏欠“行总”、外销会等的棉纱达四、五千件，企业流动资金已捉襟见肘，难以周转。[②]面粉业在开始限价后被强制按大大低于生产成本的价格每包7.62元出售，自8月19日至11月1日的两个多月时间内，上海11家面粉厂共出售限价面粉250万包，等于半卖半送，“估计损失一半”。在限价面粉出售后，却不能补进限价小麦，因而元气大伤。[③]橡胶工业“八·一九”后按限价共出售胶鞋110万双、汽车内胎2300条、汽车外胎250条、力车内胎4165条、力车外胎4650条，损失巨大，元气大损。[④]

其次是捐税负担加重。币改开始后，国民党政府按照《整理财政及加强经济管制办法》，开始谋求所谓的预算平衡。为此，又制定公布了《整理财政补充办法》，决定重新调整各种税收的税率水平。根据这个办法，今后要使税收收入比此前增加10倍，并规定了各种税收的征课标准。[⑤]据此，国民党政府在发行金元券后对1948年下半年度国家总预算进行修改时，将岁入的税收收入作了大幅度的上调。在对预算修改的说明书中，这样说道：“直接税货物税盐税矿税等项收入，本年七八两月份收数，照原预算分配数截算，九至十二月份收数，依整理财政补充办法规定征课标准，重新估算，总计半年度所得税、遗产税、印花税、特别营业税、货物税、烟酒税、盐税、矿税等八项，共列四亿二千三百九十九万六千余元，约当原预算之七倍。”同时，关税收入也增为原预算的2倍。[⑥]财政部长王云五1948年9月10日在立法院作关于平衡预算问题的报告时说道：“收入方面，主要收入为关、盐、直、货四种税收。这些税收……不调整增加，就没有法子平衡预算，预算不平衡，财政就不能维持，故惟有增加税收，才可以使收支平衡。”而“直接税之改进，非一朝一夕能够成功，政府收入仍不能不靠间接税维持”，也即主要靠向民营工业征收货物税来维持。[⑦]提高税率，对国民党政府来说可以增加岁

① 时评《新币制实施后的生产问题》，载《经济评论》1948年第3卷第23期。

② 上海《大公报》1948年11月3日第5版。

③ 上海市粮食局编：《中国近代面粉工业史》，中华书局1987年，第188页。

④ 上海市工商局编：《上海民族橡胶工业》，中华书局1979年，第60页。

⑤ 参见姜庆湘：《币制改革以后》，载《中国建设》1948年第7卷第1期。

⑥ 《国民政府改编1948年下半年度国家总预算暨特别预算案说明书》，载《中华民国史档案资料汇编》第五辑第三编财政经济（一），第427页。

⑦ 《财政部长王云五在立法院第二会期第一次秘密会议上关于预算平衡问题的报告》，载《中华民国史档案资料汇编》第五辑第三编财政经济（一），第420、421页。

入，但对民营企业来说，就增加了负担，在面临多种困难的情况下，无疑是雪上加霜。国民党政府还强行向民营企业摊派捐税，如原定向富豪征收的财产税因无法征收最后改为救济特捐后，又开始向民营企业摊派。申新公司在1948年10月份就被四次共摊派救济特捐达美金95664元，折合金元券达38万余元。[①]这种摊派构成了对民营企业的严重威胁。

第三是原料短缺更形严重了。1948年上半年民营企业就因原料短缺而使生产大为缩减，下半年后，特别是币改之后，原料短缺更形严重。首先是原料的进口配额更加减少了。根据《整理财政及加强经济管制办法》，输入限额自第七季起，照第五、六两季标准至少核减四分之一，而输出入管理委员会实际核减数则达40%以上。另外，美元汇率币改前为1美元合800元，折合金元券2.7元，币改后涨为1美元合金元券4元，提高了50%，更窒息了工业原料的进口。[②]其次是由于上海限价比外地更加严厉，致使外地物价上涨，而上海物价则被严格的限制，从而导致价格较高的外地原料不愿进入价格较低的上海，使上海民营企业不能获得所需原料。"这次物价冻结法令，虽规定全国一律，除上海一地能够有效实施外，许多大都市的物价管制，差不多等于具文，边缘都市与广大农村，事实上全不受物价管制的约束。因此，币改后国内物价，除上海外各地无不上涨。"[③]这样，外地的原料便因上海物价太低而不再流入，致使一些向由外地供给的原料即告减少，有的甚至绝迹。"如炼钢的生铁，向来都靠华北运来，如今产地报涨，上海限价，来源也就益感困难。""如油脂、厂丝、烟叶等，或因交通关系，或以产地报涨，来源也极困难。至于燃料问题，柴油的配售限额，现在已减至实际需要量的百分之五，市面上根本买不到。燃煤的配售量，则更加日减。所以从九月份开始，沪市很多厂商已因原料燃料困难、成本激增等因素而减产停工者。"[④]限价开放以后，物价猛涨，但此时民营企业已经在限价中元气大伤，已无力补进原料。

第四是实销不振。实销不振自上半年就已经开始，下半年更加严重了。造成实销不振的原因主要有两个方面。其一是战事扩大，销售市场随之成反比例缩小。如卷烟工业，上海卷烟平时销路华北方面约3万多箱，西北1万多箱，本市实销只有2万多箱。币改以后，本市受囤货出笼影响需求不多，华南受洋烟倾销影响售价较上海为低，而华北则由于战事扩大已经断绝，西北无法运往，连津浦线和长江沿岸也都因战事和交通阻隔难以运销。其二是因人民购买力普遍低落而形成

① 上海社会科学院经济研究所编：《荣家企业史料》下册，第623－624页。

② 娄立齐：《国内经济现势鸟瞰》，载《中国建设》1948年第7卷第2期。

③ 宋承先：《限价应否调整》，载《经济评论》1948年第4卷第1期。

④ 姜庆湘：《币制改革以后》，载《中国建设》第7卷第1期。

市况萧条。经过多年来的通货膨胀与各种苛捐杂税的剥削榨取，人民更加穷困了。尤其是币改后的强制兑换金银外币和不合理的限价政策，国民党政府为自己虚创了空前的购买力，人民却失去了仅有的一点购买力。限价取消后，物价狂涨十几倍，但人民的购买力却是绝对的降低了。这些都对民营工业造成了沉重的打击。[①]

第五是资金周转更加困难。在限价中遭受严重损失，原料又不能获得有效补充的情况下，国民党政府又停止了对民营工业的贷款，致使民营企业的资金周转遭遇到空前的困难。如前所述，币改开始时的《整理财政及加强经济管制办法》明确规定"国家行局不得以任何方式作商业性之放款"，对商业银行的贷款业务也作了严格的限制。加上中央银行对利率的严格管制，行庄已不敢轻易尝试放款业务。上海一般行庄存款在币改后增加 4 － 6 倍，但放款反而减少，估计不及存款的十分之一，金融业感到寸头充塞，而生产事业反而受到资金无法周转的苦闷。[②]至 12 月中旬，国民党政府终于重新开放工贷，但数额极小，手续也极麻繁，犹如杯水车薪，无补于事。如民营工业中的佼佼者申新各厂自币改以后，资金极为短缺，其中又以第六和第七两厂最为严重。第六厂实存原棉 8 千担，仅敷 15 天之用，结欠行庄达金元券 500 余万元；第七厂实存原棉 4 千担，仅敷 10 天之用，结欠行庄达 400 余万元。工贷开放后，申新向中央银行申请工贷第六厂 1500 万元，第七厂 1200 万元。但直至 1949 年 4 月 1 日才获得批准，且只能以收购成品的方式进行，吃亏巨大，基本无助于事。[③]

在遭受以上种种严重的打击之后，至 1948 年底 1949 年初，民营工业已基本陷入了瘫痪状态。从棉纺织业来看，三大民营棉纺集团申新、永安和裕大华 1947 年合计棉纱产量 400990 件、棉布产量 2753271 匹，1948 年骤降为棉纱 282115 件、棉布 1128723 匹，棉纱和棉布分别减产了 30%和 59%。[④]上海市各纱厂 1947 年棉纱产量 598977 件、棉布产量 3884255 匹，1948 年降至棉纱 396164 件、棉布 2802679 匹，棉纱和棉布分别减产了 34%和 28%。[⑤]机器工业至 1949 年初上海市各厂已大部停工，平时拥有数百工人之大厂只留剩 10 余人看厂，一些厂则靠卖原料度日。[⑥]上海市化学工业 1949 年初约有一半工厂停工。[⑦]据 1948 年末至

---

① 吕松光：《工商业怎样勉渡难关》，载《工商天地》1948 年第 3 卷 11、12 期合刊。

② 娄立齐：《国内经济现势鸟瞰》，载《中国建设》1948 年第 7 卷第 2 期。

③ 上海社会科学院经济研究所编：《荣家企业史料》下册，第 631 － 633 页。

④ 申新集团产量见上海社会科学院经济研究所：《荣家企业史料》下册，第 434 － 435 页；永安集团产量见上海市纺织工业局编：《永安纺织印染公司》，中华书局 1964 年，第 286 页；裕大华集团产量见该书编辑组：《裕大华纺织资本集团史料》，湖北人民出版社 1984 年，第 649 － 650 页。

⑤ 《中国棉纺统计资料》，上海市棉纺织工业同业公会筹备处 1950 年，第 102 － 103 页。

⑥ 上海市工商局：《上海民族机器工业》下，中华书局 1966 年，第 780 － 782 页。

⑦ 《申报》1949 年 1 月 21 日第 4 版。

1949年初对上海全市87个重要行业进行的调查，在13647家民营工厂中，开工的仅约总数的25%左右，其余都已停产，即开工的工厂，其设备利用率也很低，高的不过40－50%。①

与民营企业遭受种种困难和打击而由危机走向瘫痪的过程相伴随的一个趋向，就是资本南流或叫资本南逃趋向。我国的资本南流趋向，从1947年就开始了，它分成两股，一股是从东北流向平津，又从华北流向上海；另一股是从华中华南流向香港。有论者归纳和分析了这种趋向："在一年以前，国内资金的南流趋势业已开始。它的主流有两股：一股是受战火的影响，东北游资逃到平津，华北的资金又南来上海。这些游资，大部分是产生于军事支出浩繁下的通货膨胀，小部分是有产或特殊阶级财富的出路逃遁，因此它南流之后的出路大都趋向囤积物资或收购黄金外币。另一股主流是华中华南的游资，以上海广州两地为中心，用收买侨汇、出口走私或携带现钞的方式，逃避到香港。它的出路是套买外汇，输入私货，收购黄金港币房地产或投资香港工商业。这两股主流联贯汇合起来，就形成全国资金由北向南，从国内到国外的逃避路线。这种趋势发展到目前（1948年4月），由于战区的扩大，和经济状况的恶化，是越来越明显，越来越严重了。"论者还提供了南流资本的具体数字。据此，4月16、17两日由各地流入广州的游资就达法币5－6千亿元，到15日止携带超额现钞而被冻结在中央银行的资金就达69亿元，4月上半月流入广州的资金不下数万亿元。这其中除了游资外，还有不少是本来安分守已的在国内发展的民族工业资本，这一时期由国内流往香港的工业资金约达5千万港币，折合法币达6－7万亿元，其中规模最大和最为活跃的是纺织工业。对于资本南流的原因，论者指出主要是"国内工业环境恶劣，政府只有统制摧毁，没有帮助扶植，而香港输入无统制，原料取给方便，香港政府对新设工厂又给予种种便利，销路方面则有广大的南洋市场"②。实际上，导致资本南流的根本原因就是因通货膨胀和战事影响而造成的工业危机。资本之所以由北而南逃避，就是因为北方的工业危机比南方更为严重。资本由东北流向平津，是由于东北较早的受到战事的影响，而又平津流向上海和广州，则是由于平津受通货膨胀和国民党政府偏枯政策的影响，工业危机出现的比上海和广州更早、

① 上海社会科学院经济研究所编：《上海资本主义工商业的社会主义改造》，上海人民出版社1980年，第71页。

② 季崇威：《工业资本南流的前途》，载天津《大公报》1948年4月30日第3版。

更严重。[①]

自1948年始，国内资本南流香港现象由于民营工业危机加重而开始加强。据当时粗略估计，1947年香港登记新设的工厂共365家，其中大约20%是国内资金所设，而1948年1－4月份登记新设的工厂144家，有60%是国内资金所设；在不到一年半的时间内，由国内资本南流去香港的工厂有150家以上，资金总数约有2.5亿元港币。[②]至1948年5月间，上海仅棉纺业就有12家棉纺厂、30万枚纱锭南迁香港。有人士称这种现象“显见将造成香港工业之繁荣，反之，国内工业将更形萧条，失业工人将因而增加，社会不安亦更将剧烈”[③]。申新纺织公司也于1948年春开始作迁厂逃港的准备。总经理荣鸿元在6月赴香港考察回来之后，指出了资本南流香港的原因。他说道：“本人此次赴港，感觉到香港的畸形繁荣，是战乱与管制工商的不合理所造成；华北、华中实业家的迁港设厂，实为不得已之举。如政府能见机允许开放自备外汇，使在英美等邦购进的工业生产器材机器等能准予进口，何致于舍本逐末，楚材晋用，去帮助繁荣香港，实为政府之失策惋惜。”[④]香港和台湾是申新公司迁厂逃资的主要目的地，办法除拆迁申一、申六、申七等厂的机件去港台外，主要是大量抛售空头栈单，然后将所得价款立即结成美元或港币，再汇往香港，申新的香港大元纱厂就是这样建立起来的。[⑤]到1948年底，“全国各地资金，莫不以最大的速度，流往华南甚至国外”。国民党政府为限制这种趋势，曾颁布办法四项：第一，携带现款以1000元（金元券）为限；其次，超额部分须强迫储于中央银行；第三，行庄汇粤款项每日以10万元为限而每笔以500元为最高额；第四，行庄粤汇业务必须逐日陈报金融管理机构。但是，商人采取舍运现与交汇而用划拨方式予以应对，行庄则设法介绍双方划拨，但与

① 平津民营工业在币改以前就出现了严重的危机。导致平津工业危机的因素有一些是上海、广州的工业同样也面临的，有一些则比上海、广州来得更早或更严重。通货膨胀是平津和沪穗共同面临的，但平津比沪穗更早的受到战事的影响，且国民党政府对平津工业实行偏枯政策，给予平津的原料配额和外汇配额按比例都少于沪穗。如煤的供给就严重偏向上海，开滦煤矿接近于平津，但其煤却主要供给京沪。外汇配额也不平衡。天津的工厂数占全国的8.6%，出口额占全国的12%，但外汇配额却只占全国的4%。（余新民：《天津工业之危机》，载天津《大公报》1948年8月4日第4版。）由于从1947年就有东北和平津资金不断流入上海，特别是平津被解放以后，资金逃避上海的趋势更烈，平津资本流入上海的趋势大大超出了上海资本流入香港的趋势，故1947年以后上海民营工业虽然也处于危机状态，但设厂仍盛，据称1947年底有10877家，1948年底竟有12570家，但由于原料不足和销路限制，开工率和生产率都很差。（中国工业研究所：《上海工业现状》，1949年2月。）直至1948年末1949年初，上海资金南流趋势才开始超过了平津资本流入上海的趋势。“去年东北及华北游资，尚见逐日大量涌到，而目前（1948年12月）则逃避多于流入。”（本社《国内经济双周综述》，《经济评论》1948年第4卷第9期。）

② 丘陵：《国内工业南逃的剖视》，载《经济周报》1948年第6卷第24期。

③ 《申报》1948年5月17日第8版“工商动态”。

④ 季崇威：《棉纺织工业的现状和出路》，载《纺织周刊》1948年第9卷第22期。

⑤ 上海社会科学院经济研究所编：《荣家企业史料》下册，第647－648页。

行庄本身不发生账务关系。这样一来，“形式上的管制便成强弩之末，而大局的演变更刺激了这项趋势。”[①]

进入1949年后，上海民营工业的处境更加艰难了。此时，长江以北都被人民解放军解放，国民党政府只占据着江南半壁江山。加上通货膨胀如脱缰的野马，一日几涨，民营工业如同被掐住了脖子，就要窒息了。由于江北已被解放，民营工业的销路和原料来源都几被断绝。原料此时已主要依靠从国外输入，但外汇转移证的价格又随着物价而猛涨。1948年12月12日外汇证为每美元合金元券25元，至1949年1月26日即升至170元，至3月6日陡涨至6875元，17日涨至7425元，18日8500元，21日9830元，23日达10700元，其速度快于普通物价的涨速。这意味着原料价格的飞涨，且涨幅远在成品的销售价格之上，意味着生产成本的急剧上涨。成品销路则除了衣食住行等日常生活所必需的用品之外，其他一切制成品销路都基本断绝。因为通货膨胀已使人民的购买力降到了“极小的限度”，除了日常生活必需品外，对于其他任何制成品都无钱购买了。这也意味着除了一些日用必需品生产工业还能继续惨淡维持外，其他工业都基本无立锥之地了。[②]4月12日，《申报》发表题为《发展本市的工商业》的社论说道：当前本市工商业危机四伏，主要表现在：物价日涨夜大，一日中要涨好几次；利息高得吓人，扼杀了正当工商业；原料奇缺，成品出售后，基本不能补进原料，几乎无法再生产；粮食、燃料存底日见稀薄，市民生活已受威胁；制成品销路停滞。社论要求国民党政府开展南北物资交换，以挽救工商业。[③]4月23日，人民解放军渡江占领南京。有论者说道：“目前上海被封锁的圈子愈来愈小，使原料燃料的来源断绝，产品销售去路受阻，自然必使工商业走上萧条之路。另一方面原因为通货膨胀，使正常工商业受尽打击。……最近金元券流通的范围，差不多只有上海这块小天地了，所以膨胀的压力愈来愈大，而币值跌落的程度也愈迅猛。”“战争的封锁和通货膨胀的压迫，就好像两根钳子夹住工商业的咽喉，现在是越夹越紧，工商业快到断气的时候了。”[④]到5月，上海工商业之原料已完全断源，成品毫无销路，甚至连长期风靡的投机事业也陷于停顿了。黄金市场已无市，证券市场也已自动停业；正式行庄从前爱做投机生意的，现在也紧缩放款，暂避风头；地下钱庄亦偃旗息鼓，收缩信用，大小投机商纷纷迁地为良，转移阵地；除银元交易外，所有角落，

① 本社《国内经济双周综述》，《经济评论》1948年第4卷第9期。

② 社评：《工业界的呼声》，《申报》1949年3月25日第2版。

③ 社评：《发展本市的工商业》，《申报》1949年4月12日第2版。此时，民营工商业家还受国民党政府的鼓噪，沉浸在南北划江而治的幻想当中。

④ 安土：《经济总停摆》，载《经济评论》1949年第5卷第3期。

均呈死水状态。[①]5 月 27 日，上海解放。此后，随着上海和全国的相继解放，仅剩的一点民族工业终于回到了人民的怀抱。

民营工业衰落了，官僚垄断的国营工业也难逃其厄。通货膨胀和各种政治经济的不利因素不仅要对民营工业发生影响，对国营工业同样也会发生影响。国民党政府在财政和金融方面对国营工业的偏袒政策虽然给国营工业以民营工业所无法比拟的优越条件，但却不能抵消恶性通货膨胀带来的不利影响，况且受岁出入严重不平衡、财政巨额赤字的制约，国民党政府对国营工业的财政支持也是有限度的。以资源委员会来看，政府的财政拨款从 1946 年到 1948 年，每年都是增加的，1946 年为 909.71 亿元，1947 年为 11611.06 亿元，1948 年 1 － 6 月为 15793.88 亿元。但是，如果扣除通货膨胀的因素，以战前（1937 年 1 － 6 月）币值计，其实值却是下降的。政府的财政拨款折合战前币值，1946 年为 1270.0 万元，1947 年为 1295.6 万元，1948 年 1 － 6 月骤降为 407.8 万元。[②] 资源委员会所受不利影响除财政拨款减少外，还有多方面的因素。根据资源委员会自己的总结，这些因素包括：(1) 内战的影响；(2) 政局的意外变化；(3) 政府法令的限制；(4) 币值的跌落与币制的变更；（5）内汇的限制与外汇的低率；（6）计划的前提未能实现；（7）外援器材的断绝；（8）原料的不敷应用；（9）生产资金的短绌。[③] 这些因素，大都是民营工业同样经受的，如战事的影响、政局的变化、通货膨胀、政府限价、原料短缺和资金短绌等，其中又以通货膨胀影响最为深远。[④] 在恶性通货膨胀下，工资指数特别是原料价格都大幅上涨，导致产品生产成本大幅提高，而资源委员会生产的煤、油、电等产品的销售价格又都必须得到国民党政府物价机构的同意才能调整，而价格的调整往往赶不上物价的上涨，于是出现了生产亏本的现象，生产越多，亏本也越大。虽然在补进原料上与民营工业相比具有较大的优势，但仍不能满足生产的需要。如资源委员会平津各厂在 1948 年 3 月陈请政府挽救平津各厂矿危机的函呈中说道："自去岁六月以来，物价狂涨，工人生活指数由三十六（1947）年六月份之三万余倍，增至本年一月份之十五万余倍，工资支出因而增加，无有止境。本会在华北各厂多属于重工业，其生产品既不如

① 本社《半月透视》，《经济评论》1949 年第 5 卷第 3 期。

② 1946、1947 年的预算拨款额和战前币值数见《复员以来资源委员会工作述要》，第 39 页。1948 年 1 － 6 月预算拨款数及战前币值数见郑友揆等：《旧中国的资源委员会——史实与评价》，第 209 页。

③ 《资源委员会沿革》，油印本，第 4 节。

④ 国民党政府在 1948 年给美国政府的备忘录中说道："共产主义问题和通货膨胀问题互相关联地成为一恶性循环"，而恶性循环的通货膨胀的危险性"范围比共产党叛变更为广泛"。（转见杨培新：《旧中国的通货膨胀》，第 66 页。）

日用品之易于销售，而定价更不能随物价指数比例增高，因之成品堆积、资金短绌，无力购储原料物料，而各料均随时狂涨，以致若干产品之售价不敷再生产成本，长此以往，何堪设想。”[①]1948年12月1日，《大公报》报道资源委员会联席会议表示“国营工矿困顿异常”。报道说：“各单位负责人对今后业务维持均感束手，产品无人肯买，而价格低廉，根本无法维持再生产如铁价每吨不足千元，洋灰每吨三、四百元，几与煤价相等，且无销路。”据统计，在津各单位每月非有八百万元不足维持，政府无力负担。[②]据估计，资源委员会1948年大陆各产品产量与1947年相比，除金属、钢铁、机械、电工有所增长外，发电量、石油、煤、化工、糖、水泥、造纸等诸产品都不同程度地减产，各业平均减产24%。[③]中纺公司也由于大体相同的原因而减缩了规模，产量也大幅下降。据报道，1948年11月份因原棉及煤斤缺少，致减少棉毛纺锭及织机等运转数量，计11月份较10月份上海方面减少棉纺锭39.2%，青岛减少25.8%，天津则减39.9%，织机上海减少37.3%，青岛减少26.6%，上海毛纺锭减少18%，棉纺锭减少4.7%，绢纺锭减少4.6%，上海毛织机减少13.6%，麻织机减少13%，绢纺织机减少1.6%。[④]至1948年底，由于受管制和交通不便影响，北方工矿危机日深，资源委员会之钢、中纺公司之布，皆因因此而无法南运，同时南棉亦无法北运，北方厂矿生产平均已减少80%。[⑤]

在国民党政府财政金融趋于崩溃，国营工业也开始走上没落的时候，国民党资源委员会出现了脱离国民党政府、回归人民怀抱的动向。资源委员会的负责人钱昌照、孙越崎、吴兆洪等人，与中纺公司及其他国民党官僚私人企业的负责人不同，他们长期从事工业建设，在不同程度上怀有工业建国的理想，只不过对中国的国情了解不深，在处理国营和民营的关系上产生了较大的偏差。他们的错误与国民党政府发展官僚垄断资本、压制民间私人资本的反动政策是有区别的，当然他们的愿望也只能落空了。即如翁文灏，虽然与蒋介石和国民党政府具有较深的关系，并且一度出任国民党政府行政院长，较深地涉入了国民党政治，但也遵从孙中山“节制私人资本、发达国家资本”思想，只不过在政治上十分幼稚，不

① 《资源委员会平津各单位座谈会纪要及鲍国宝等陈请政府挽救平津各厂矿危机的函呈》，载《中华民国史档案资料汇编》第五辑第三编财政经济（五），第440页。

② 天津《大公报》1948年12月1日第3版。

③ 郑友揆等：《旧中国的资源委员会——事实与评价》，第203页。

④ 《中央日报》1948年12月28日第4版。

⑤ 天津《大公报》1948年11月23日第3版。

知不觉中成了国民党政府的工具而已。[①]"资源委员会的各级负责人,包括翁文灏、钱昌照、孙越崎和吴兆洪在内,都不是蒋介石的死党。他们长期搞工业建设,怀着工业救国的信念,为中国的工业开发出过力,但切身体会到工业建设离不开政治,在国民党'攘外必先安内'的政策下,工业是搞不出名堂的。他们空怀孙中山'节制私人资本、发达国家资本'的愿望,对中国前途,十分彷徨。国共两党谁能搞好中国,他们经常在思考着对比着。"[②]面对恶性通货膨胀和国民党政府财政经济的总崩溃,他们的思考终于有了结果。

主导资源委员会政治转向并回归人民怀抱的核心人物是孙越崎。据孙越崎自己说,他的思想转变最初始于1947年7月辽宁北票煤矿第一次被解放时国民党守军士气低落望风而逃和该矿总经理向他谎报。[③]时任资源委员会副主任委员的孙越崎在此后的两个多月对东北的考察中感觉到国民党全军上下士气低落,每战必败,国民党必灭、共产党必胜的趋向愈来愈清楚。1948年3月鞍山解放,鞍钢回北平的人士向孙越崎报告鞍钢解放时未伤一人,高级技术人员都被留下,受到优待,人员去留自定,愿走的人发给路费,决不留难,孙越崎听后"大为感动","开始相信共产党对工矿企业工作人员的政策了"。一个月后,一位鞍钢的技术人员所乘坐的轮船在已经解放的胶东半岛触礁沉没,当地领导立即组织群众将乘客救起,几天后又将乘客送上另一条船,商贩的财务,也都全部交还原主。这位技术人员将经过详告孙越崎后,孙越崎"为之出神"、"深为感动",对共产党和解放区有了了解,因而对他"投向共产党起了决定作用"。特别是他看到东北解放后,鞍钢、抚顺、小丰满等大型企业很快走上了正轨,留下的技术人员都有了用武之地,而国统区的资源委员会厂矿仍在遭受艰难,心意早已决定。8月,钱昌照去欧洲考察,孙越崎与其商定要在国外与共产党取得联系,虽未能如愿,但孙越崎已决定"采取弃暗投明的实际行动"[④]。10月,国民党社会部在南京召开全国工业总会的成立大会,资源委员会各地重要工矿企业负责人三四十人参加,孙越崎借机召集他们开会,向他们表达了积压已久的弃暗投明的想法,以为试探。结果全体表示支持。[⑤]随着淮海战役的胜利结束,蒋家王朝的覆亡已成定局,资源委员会领导层中原来倾向于逃往台湾的少数人如吴兆洪等,也转到留待解放这一

① 上海解放后,陈毅市长在对吴兆洪的谈话中指出:"翁文灏是书生,不懂政治,即使他在国内,我们也不会为难他。"(转见吴兆洪:《解放前夕的资源委员会》,载全国政协文史资料研究委员会编:《文史资料选辑》,第99辑。)

② 吴兆洪:《我所知道的资源委员会》,载《回忆国民党政府资源委员会》,第137页。

③ 孙越崎:《我和资源委员会》,载《回忆国民党政府资源委员会》,第35－36页。

④ 孙越崎:《国民党资源委员会留在大陆的经过》,载《文史资料选辑》,第69辑。

⑤ 孙越崎:《我和资源委员会》,载《回忆国民党政府资源委员会》,第38页。

边来。特别是在资源委员会财务处长季树农的侄子、《大公报》记者、地下党员季崇威的工作之下，吴兆洪“思想上起了很大的翻腾”，“打算与资源委员会人员一起留在大陆投考共产党”①。“在大势所趋、人心所向总的形势推动下，资源委员会的领导人的意见，也从分歧转到一致，终于选择了投向共产党、投向人民的道路，和广大职工一起新生。”②1949年1月，蒋介石命令孙越崎将南京五个厂子迁往台湾，孙越崎巧妙予以周旋，拒不迁往。蒋介石下台之后，吴兆洪与孙越崎的意见已完全一致，资源委员会的行动迅速明朗起来。孙科继任行政院长并迁往广州后，又要求资源委员会随同迁往广州，孙越崎和吴兆洪部署作出迁移的假象加以应付，而实际则由吴兆洪率本部及一些重要干部留在上海迎接解放。③南京解放后，资源委员会南京办事处负责人找到解放军，要求接管，并把南京和马鞍山两地的煤矿交接给了解放军。为了便于接收上海工矿业，陈毅指示资源委员会南京办事处一些人随解放军一起进入上海，资源委员会终于完整地移交给了人民政府。④资源委员会回归人民怀抱，标志着国民党官僚垄断资本已彻底破产了。

在经历了短短的四年左右时间，国民党政府的财政和金融彻底崩溃了，国民党官僚垄断资本彻底破产了，民族工业资本也完全没落了。民族工业资本的没落是国民党政府采取压制民营工业、扩张官僚垄断资本工业的反动工业政策，顽固地追求官僚垄断资本主义现代化模式的结果；官僚垄断资本的破产则是国民党政府推行以发行通货作为平衡财政收支的主要手段的财政金融政策，导致财政金融崩溃的结果；而以发行通货为平衡财政收支的主要手段则是国民党政府为维护自己的独裁统治而全面发动反人民内战，因军费消耗巨大，无以用正常的财政收入予以弥补的结果。国民党政府之所以千方百计地压制民营工业、扩张官僚垄断资本工业，顽固地推行官僚垄断资本主义现代化，目的在于以此确立封建买办的经济制度，从经济基础上巩固其反动的政治统治。而人民之所以要起来革命，起来推翻其政治统治，又是由于国民党政府顽固地实行封建独裁统治，顽固地推行官僚垄断资本主义现代化模式，致使民营工业不断趋于衰退和没落，民族资本主义现代化模式遭受了严重挫折的结果。在其反动的政治统治面临人民革命的直接威胁时，就不是国民党政府仅用封建买办的经济制度所能对付的，它必然要依靠军事手段，用武力来加以抵抗。这就是国民党政府虽然决计要推行官僚垄断资本主义现代化模式，但其经济建设费、其对国营工矿业的资金投入在财政支出中只占

① 吴兆洪：《解放前夕的资源委员会》，载《文史资料选辑》第99辑。
② 吴兆洪：《我所知道的资源委员会》，载《回忆国民党政府资源委员会》，第129页。
③ 吴兆洪：《我所知道的资源委员会》，载《回忆国民党政府资源委员会》，第130－131页。
④ 吴兆洪：《我所知道的资源委员会》，载《回忆国民党政府资源委员会》，第135页。

4 – 5%的比例，而高达 60 – 70%的财政支出为均军费支出的根本原因。国民党政府为了维护其反动的政治统治而实行了反动的财政金融政策，这种反动的财政金融政策不仅直接导致了其财政金融的崩溃，而且也导致了官僚垄断资本工业的破产。由于民族资本工业和官僚垄断资本工业的相继没落和破产，中国的近代工业化在抗战胜利后的第四年中，遭受了严重的挫折，被彻底断送了。

中国的近代工业化在抗战胜利四年后的崩溃，完全是由国民党政府的腐朽和反动造成的。国民党蒋介石根本不考虑民族和人民的利益，完全无意于实现国家的工业化和现代化，而一心一意地只图维护国民党官僚私人的利益，维护四大家族的反动统治，最终断送了抗战胜利后中国工业化和现代化的良机。从国际上来说，抗战胜利后，世界各国都在致力于国家的工业化和现代化，战后经济恢复的需要也为工业发展提供了巨大的潜在需求。从国内来说，人民期盼和平、拥护政府、万众一心、齐心协力，是历史上难得的发展机遇。特别是日本侵略者被赶走以后，给我们留下了一笔可观的产业和物资，可以作为工业建设的很好基础。但是，这些有利条件都被国民党政府彻底破坏和断送了。其他的不论，在此我们只揭示一下国民党政府在敌产的处理和利用上的所作所为，就可以清楚地看到国民党政府的反动和腐朽是如何断送中国的工业化和现代化的。

日本在战败投降之前，由于企图长期经营中国特别是东北和台湾，以此作为北向苏联、南向东南亚进行进一步侵略的基地，对中国特别是东北和台湾进行了大量的投资和建设。在战败投降之后，日本并不能把这些产业和物资撤回国内，而是被留在了中国。在撤走时，这些产业和物资并未遭到严重的破坏，许多工厂在交给国民党政府的接收机构时，机器还是在转动和生产的。如青岛所有的纱厂，“日本是把‘活东西’交到中国人手上来的。三十五（1946）年春，接收的时候，锭子是轧轧动着的。接收的纱厂由中纺公司经营，中纺青岛分公司同时成立。”“接收后，原棉缺乏，使锭子不能全数开动；动力缺乏，机器只好停搁。”[①] 抗战胜利后，有人用两年时间研究了日本人在华投资问题。研究表明，日本人在华投资的范围非常广，举凡农、工、矿、金融、贸易与商业、交通与运输、（房地产）投资以及其他杂业，应有尽有，其中工业一项所包括的有纤维工业、化学工业、五金机器工业、建筑工业、食品工业、木材家具工业、衣着用品业、陶瓷工业等，而又以工矿业投资数额最巨。总计在中国本部日占区（东北和台湾除外），共投资工厂 3886 家，资本额达 79.61 亿日元，其中工矿业投资为 28.93 亿日元。[②] 另又有

① 杨邦祺：《从青岛看中国纺织业》，载天津《大公报》1948 年 7 月 28 日第 3 版。

② 袁庆炎：《日本在华投资的总估计》，载《经济周报》1945 年第 1 卷第 1 期。

学者对东北日本人投资情况进行了研究和估计，认为日本人在东北的投资额“约达百七十万万元以上”[1]。也即日本人至1945年败战前在中国(包括本部日占区和东北）的投资总额达到约250亿日元的水平，折合美元约达57.8亿元。这个估计由于时间较早，资料收集不太完整、全面，而且10万日元以下的工厂均未计入，故估值显然偏小。解放后，吴承明先生对日本人在华投资作了更详细的研究。据此，1944年日本人在华投资额（不包括台湾）达到68.29亿美元，其中企业资本61.64亿美元，不动产6.65亿美元。[2] 杜恂诚通过研究得出结论，日本对华投资不同于其他帝国主义国家的对华投资。其他帝国主义国家在对华投资中，都是从中国输出的资本额大于向中国输入的资本额，表现在中国的国际收支上就是输出大于输入；而日本的对华投资除1926年以前还需进一步发掘资料外，1926年以后都是向中国输入的资本额大于从中国输出的资本额，即中国的国际收支为输入大于输出。[3] 这也就是说，其他帝国主义国家都从在中国的投资中向本国输送了大量的利润，获得了极大的收益，而日本没有从在中国的投资中向本国输送实际的利润，本国并未从此获得利益。这同时也说明，除在战争中被毁坏的财产和人员损失外，被日本侵略者掠夺的资产并未被日本人因贪污、渎职而浪费掉，而是被投资在了中国。当然，这并不等于日本的在华投资是为了中国人民的利益。日本帝国主义试图将中国长期殖民地化，并以中国为侵略东南亚和苏联的据点，所以才作了这么大的投资。但是，日本帝国主义的愿望没能实现，它过早地被战败了。而由这些投资形成的产业和物资，是日本人所带不走的，它被留在了中国，成了中国人民的战利品。

至1945年日本战败前，日本对华投资额达68.29亿美元，意味着抗战胜利时国民党政府只要完整地将这些产业和物资接收过来，就可形成68.29亿美元的资本额。如果国民党政府对这批产业和物资处理运用得当，就能够成为中国工业建设的良好基础。据估值，抗战前一年的1936年，包括官僚资本和民族资本在内的中国资本总额(东北在内台湾除外)，约为法币165.25亿元。[4] 若折合为美元，约为49.6亿元。也就是说，国民党政府只要完整的接收了日本人投资的68.29亿美元投资，就可使胜利后的中国资本总额比1936年增加18.65亿美元，平均每年增加2.08亿美元，而民族资本和其他外国资本还不包括在内。这是一个多么

① 霍实树：《发展战后工矿事业刍议》，载《经济建设季刊》（重庆）1947年1卷4期。
② 吴承明：《帝国主义在旧中国的投资》，人民出版社1955年，第45、165、176页。
③ 杜恂诚：《日本在旧中国的投资》，上海社会科学院出版社1986年，第71页
④ 许涤新、吴承明主编：《新民主主义时期的中国资本主义》，第748、761页。

良好的基础。[①]如果考虑到从抗战胜利到1947年底，国民党政府用于工业的投资不过8000万美元，即使加上联合国善后救济总署、美国信用贷款提供的工业设备及日本赔偿物资，总值也仅2.85亿美元，平均每年不过1.14亿余美元，[②]更可看出这份产业和物资是多么的弥足珍贵了。可以说，即使不发生抗日战争，由国民党政府自己从事8年的经济建设，也很可能不能取得这个成绩。正因为如此，才有论者说道："八年抗战，老百姓虽然吃尽苦头，但我们敢于说一句，除了千千万万为国牺牲的宝贵的军民生命是无可挽回的以外，我们在物质上并没有吃亏，非但没有吃亏，而且还获得了一笔异常庞大的资产。从个人的立场来说，有的家破，有的厂毁，有的财亡，大家多少都受到一点损失，但从整个国家的立场来说，八年抗战决非白白牺牲，而最后胜利的所获则或者超过国民所遭受的损害的总和也说不定。"[③]当然，我们在此强调这一点，决非为日本侵略者涂脂抹粉。日本侵略者在中国的投资绝不是为了中国人民的利益，而是为了进一步侵略的需要。但如果打败和赶走了日本侵略者，这些资产必定可以为中国人民所用。为我所用的其前提条件是必须能够打败日本侵略者。这正如马克思所说的英国在印度造铁路对于印度的影响一样。[④]更重要的是，我们必须从国民党政府在对这笔敌产的处理及相关政策中体现出来的反动和腐朽有一个清醒的认识。

反动、腐朽的国民党政府却未能好好地利用这笔敌产。在敌产接收过程中，这笔敌产的大部分被国民党的官僚和军官侵吞了。国民党政府在接收敌伪资产的过程中存在着严重的贪污和浪费。前文已经说明，国民党政府至1946年11月止接收敌伪资产（包括台湾在内）折合战前币值只有18.33亿元法币，若折合美金，

① 美国国务院在评论二战结束时中国的经济情况时，作出了这样的结论："在中国本部，虽有一部分经济在战时曾受严重破坏，然在大部分从日人手中收复之地区中，农、矿、工业之生产潜力，与一九三七年相较，相差并不甚远。日人撤离东北及台湾，可使国有工厂增加数倍，且利于达到全国粮食之自足。""中国收复东北，即可接收日人所建立之大量工业设备及足以输出巨量剩余生产之富庶农业区。东北拥有中国本部约四分之一面积之土地与九分之一之人口，而具有中国本部四倍之工业，以及几三倍之发电努力。""中国时隔五十年之久而再管制台湾，其经济上之收获虽较日本投降时收回东北所取得者为小，但性质则相同。台湾亦向有农产剩余之大量输出，日人在台湾之工业成就，虽不逮其在东北者，然因战时繁荣使台湾对铝业、石油生产，及电力亦曾予以相当发展。""因此，一九四五年夏末所能预见之经济问题，其有关重建生产设备者较少，大多为如何利用已有设备将生产及分配加以组织。"（美国国务院编：《美国与中国之关系》，中译本，台北文海出版社，第81、82页。）而国民党政府对于"已有设备"的利用情况及生产和分配的组织情况，我们已在前文中给予了阐述。

② 郑友揆：《中国的对外贸易和工业发展》，第203页。

③ 吴承禧：《敌产处理与经济建设》，载天津《大公报》1946年1月1日第3版。

④ 马克思说英国在印度修建的铁路必将使印度产生现代工业，成为印度现代工业的先驱，并必然会瓦解印度种姓制度所凭借的传统的手工方式。但是，马克思说道："在印度人民自己还没有强大到能够完全摆脱英国的枷锁以前，印度人民是不会享受到不列颠资产阶级在他们中间播下的新的社会因素所结的果实的。"（马克思：《不列颠在印度统治的未来结果》，载《马克思恩格斯选集》第1卷，人民出版社1995年第2版，第771－772页。）

仅为0.58亿美元。它们当中的大部分，也是较好的、容易恢复和利用的部分都被转化为国营资本了，而少部分较差的，也即不易恢复和利用的部分则被出售给了民营企业。另据考察和估计，东北约有12亿美元的设备被苏联红军撤走时拆走。[①] 二者相加为12.58亿美元，其余的55余亿美元都不翼而飞了。当然，它们不可能是不翼而飞的，而是长了翅膀飞走的。它们中的大部分都被国民党政府的官僚和军官贪污了，小部分被他们浪费掉了。而被贪污的部分除了留在国内作为投机资本大肆炒作金银外币者外，主要都被转移到了国外。据估计在1948年币改前，存于国外银行的中国豪门资本及资产不在20亿美元之下。“中国有少数豪门巨族在战时大发其国难财，在战后又大发其接收财，他们所累计的财富，是难以估计的，即单以在外资产而言，恐也不下20亿美元。”[②] 美国记者估计中国私人在海外的资产总额达40亿美元。[③] 这其中的大部分则又在美国。如美国魏得迈将军曾在蒋介石官邸的一次茶话会上表示，中国私人在美国的资产总额达15亿美元之巨。[④] 远东评论周刊则估计中国私人在美国的财产逾10 − 30亿美元。[⑤] 又据美国某双周刊刊载的消息，仅宋子文一人在美国和瑞士银行的私人存款即达1亿美元。[⑥] 而在胜利之初，在实行开放贸易政策的时候，国民党政府手中的美元储备也不过6.16美元，加上黄金白银8.58亿美元，一共不过14.74亿美元，还不及豪门私人在国外的资产。[⑦] 也就是说，由日本人投资形成了近70亿美元的产业和物资，绝大部分进了国民党官僚私人特别是以四大家族为核心的豪门手中，极少部分被转化成了国民党国营资本，微量部分被出售给了民营企业。有论者十分痛惜地说道：“敌伪资产的接收，可说是我国财政上突如其来的一笔巨大财富。……这一巨量资产，包括工厂矿山、机器设备、铁道车辆、船舶及其他运输工具、地上建筑和无量的物资，十数年来日人处心积虑、惨淡经营、开发建设的成果，一旦被我接收，如能善为利用，不但永远是我们财政上一笔巨大的收入，而且也是我国进行工业化的基础。不幸东北的接收发生阻碍，而华北华南的接收处理，又缺乏周密的准备和利用计划。”[⑧] 如果这笔资产不是被国民党官僚私人所侵吞和浪费，而是将它们认真接收整理，低价出售给民营企业，那么，不仅民营

① 鲍莱调查团估计苏军拆走数值为8.95亿美元，日侨善后联络处估计为12.03亿美元。两者中后者比较可靠。（参见许涤新、吴承明主编：《新民主主义时期的中国资本主义》第606 − 607页。）

② 粟寄沧：《反通货膨胀政策的紧急呼吁》，载天津《大公报》1948年8月16日第3版。

③ 林辛译：《从国务院重要文件看“美援”》，载《经济周报》1948年第7卷第7期。

④ 韩德培：《论征用豪门财富在外国的资产及征用的技术问题》，载《观察》1947年第3卷第3期。

⑤ 转见商情展望《资本逃避在作祟》，载《经济周报》1947年第5卷第22期。

⑥ 经济内幕《宋子文的财产》，《工商天地》1947年第2卷第3期。

⑦ 张公权：《中国通货膨胀史》，第193页。

⑧ 邹京伊：《泛论财政问题及其施政》，载《中国建设》1946年第2卷第6期。

企业会由此获得物资和资金上的极大补充而欣欣向荣，而且国民党政府也可由此获得财政上的有力补充，无需再靠发行货币，用通货膨胀的方式来解决财政问题。如果这样，中国的工业化和整个国家面貌都会焕然一新，呈现出与原来完全不同的气象。若再加上用民主的方法解决国内政治分歧，那么中国的工业化必将蓬勃向前发展。但是，这实际上等于国民党政府放弃了官僚垄断资本主义现代化道路，中国走上新民主主义与民族资本主义相结合的混合型现代化道路，而这是反动、腐朽的国民党政府所绝对不会允许的。正是反动、腐朽的国民党政府执意要在中国推行官僚垄断资本主义现代化模式，才导致了民族资本主义工业的没落，导致了国民党政府财政金融的崩溃，导致了官僚垄断资本主义本身的破产。

与国统区国民党政府财政金融的崩溃、官僚垄断资本主义的破产和民族资本主义的没落相反，解放区的新民主主义经济却欣欣向荣。[①] 陈翰笙先生在1947年时说道："目前中国有两种明显的经济发展趋势，一种前社会主义（即新民主主义——引者注）的合作经济已在中共解放区内开始实行；而国民党区内最强烈而明显的趋势，便是一种依靠军事独裁控制的前资本主义买办性的政府独占经济。……目前中国的内战根本就是两个集团各自保卫其主义体系的斗争。"[②] 随着国民党政府溃逃台湾，以共产党为领导的工人阶级、农民阶级、民族资产阶级和小资产阶级大联合的人民民主国家——中华人民共和国诞生了，中国终于走上了新民主主义现代化道路，民族资本主义现代化模式则被融合到了新民主主义现代化模式中去。这是自洋务运动以来近100年中国现代化历史的选择，是近代以来中国现代化运动的自然归结。

① 由于篇幅和精力所限，本书对革命根据地、抗日根据地和解放区新民主主义经济的发展情况不再进行考察和分析，这一工作留待以后另设课题再做。

② 陈翰笙：《经济独裁与中国内战》，原载英文版《民潮》1947年第5期，此处引自《陈翰笙集》，中国社会科学出版社2002年，第439页。

第十三章

附论：由新民主主义现代化模式到中国特色社会主义现代化模式

新民主主义现代化是中国共产党领导下的、以工人阶级、农民阶级、民族资产阶级和小资产阶级为基础的现代化模式，是一种新型的资产阶级民主主义现代化模式，是对以孙中山先生为领导的旧资产阶级民主主义现代化模式的继承和发展。新民主主义现代化模式是在与官僚垄断资本主义现代化模式的斗争中形成和不断发展，并最终取代官僚垄断资本主义现代化模式而成为中国社会占主导地位的现代化模式的。王亚南先生在解放前夕时说道："今日作为小半个社会经济改造指导原理的新民主主义，它在骨子里，却是民生主义在实践上的改编与发展。""在社会经济改造的指导原理上，新民主主义并不是民生主义的代替，却竟可说是民生主义的实践，或民生主义的加工与发展。""从这一角度来看，今日政府与其敌对方面所掀起的残酷内战，事实上，并不是新民主主义与民生主义之战，不是社会经济指导原理差别之争，而是实行民生主义与'冻结'民生主义之争。假使今日的政府，能坚决执行民生主义的政策，或以比新民主主义内含各方式还更有效的程序，来加速推行民生主义，那么新民主主义的号召，也许不会像今日这样'其声大而远'。"①

新民主主义现代化模式下的经济形态就是新民主主义经济。新民主主义经济是以国营经济为领导，社会主义国营经济、国家资本主义经济、私人资本主义经济、合作社经济和农村小生产者经济共同发展的经济形态。

国营经济是由共产党领导的国家政权所有和经营的经济形式，它通过没收帝国主义资本、国民党政府国营资本、四大家族和其他有关的官僚私人资本而来，它们都是现代化程度较高的产业资本。新民主主义经济中的国营经济是社会主义性质的经济形式，虽然比重不高，但却是国民经济的领导成分。"中国的现代性工业的产值虽然还只占国民经济总产值的百分之十左右，但是它却极为集中，最

① 王亚南：《论当前中国社会经济改造的指导原理》，载《新中华》1949年第12卷第4期。

大和最主要的资本是集中在帝国主义者及其走狗中国官僚资产阶级的手里。没收这些资本归无产阶级领导的人民共和国所有，就使人民共和国掌握了国家的经济命脉，使国营经济成为整个国民经济的领导成分。这一部分经济是社会主义性质的经济，不是资本主义性质的经济。”①

私人资本主义经济是新民主主义经济的重要组成部分。在新民主主义现代化模式中，不仅不排斥私人资本主义经济的发展，而且还要支持和鼓励私人资本主义经济的发展。在新民主主义经济条件下，“并不没收其他（私人）资本主义的私有财产，并不禁止‘不能操纵国民生计’的资本主义生产的发展，这是因为中国经济还十分落后的缘故。”②大力发展私人资本主义，“拿资本主义的某种发展去代替外国帝国主义和本国封建主义的压迫，不但是一个进步，而且是一个不可避免的过程。它不但有利于资产阶级，同时也有利于无产阶级，或者说更有利于无产阶级。……我们的资本主义太少了。”③“我们这样肯定要广泛地发展资本主义，是只有好处，没有坏处的。”④“在新民主主义社会制度下，在国民经济中还存在着占有相当比重的私人资本主义经济。这种经济，在以后还要发展，而且这种经济在一定程度上的发展，也还是必要的，有益的，不是可怕的。”⑤但是，在新民主主义经济条件下，私人资本主义并不能自由发展，而必须受到无产阶级国家政权的一定程度的节制和限制。“在革命胜利以后一个相当长的时期内，还需要尽可能地利用城乡私人资本主义的积极性，以利于国民经济的向前发展。在这个时期内，一切不是于国民经济有害而是于国民经济有利的城乡资本主义成分，都应当允许其存在和发展。这不但是不可避免的，而且是经济上必要的。但是中国资本主义的存在和发展，不是如同资本主义国家那样不受限制任其泛滥的。它从几个方面被限制——在活动范围方面，在税收政策方面，在市场价格方面，在劳动条件方面。我们要从各个方面，按照各地、各业和各个时期的具体情况，对于资本主义采取恰如其分的有伸缩性的限制政策。”⑥

国家资本主义经济是无产阶级国家与私人资本主义合作而产生的经济形式，是一种半社会主义性质的经济形式。国家资本主义经济，“是在人民政府管理之下的，用各种形式和社会主义经济联系着的，并受工人监督的资本主义经济。这种资本主义经济已经不是普通的资本主义经济，而是一种特殊的资本主义经济，

① 《毛泽东选集》第 4 卷，第 1431 页。
② 《毛泽东选集》第 2 卷，第 678 页。
③ 《毛泽东选集》第 3 卷，第 1060 页。
④ 《毛泽东文集》第 3 卷，第 322 页。
⑤ 《刘少奇论新中国经济建设》，中央文献出版社 1993 年，第 14 页。
⑥ 《毛泽东选集》第 4 卷，第 1432 页。

即新式的国家资本主义经济。它主要地不是为了资本家的利润而存在，而是为了供应人民和国家的需要而存在。”[①] 当然，在国家资本主义企业中，“工人还要为资本家生产一部分利润，但这部分利润，在整个盈利中至多占百分之二十五；而百分之七十五以上的盈利部分，是为国家（所得税）、为工人（福利费）和为扩大企业设备（公积金）而生产的。因此，这种资本主义，已不是普通意义上的资本主义，而是特殊的、新式的资本主义，即在工人阶级领导下的资本主义，它带有若干社会主义的性质。”[②] 国家资本主义有三种形式：“公私合营、全部出原料收产品的加工定货和只收大部分产品”[③]。“在国家资本主义中，公私合营是有社会主义成分的，它是半社会主义性质的”，其他形式则“带有若干社会主义的性质”[④]。国家资本主义并不是一种固定的资本主义形式，而是一种向社会主义过渡的资本主义形式，是私人资本主义向社会主义过渡所要经历的一种经济形式。[⑤] 其步骤“头一步是变资本主义为国家资本主义，把独立的、不受限制的、有自由市场的资本主义，变为不独立、受限制、没有自由市场的资本主义，即国家资本主义。第二步由国家资本主义变为社会主义，消灭阶级。”[⑥]

农村小生产者经济是新民主主义革命取得胜利后，经过土地改革形成的个体农业经济和个体手工业经济。而合作社则是将无数个个体农业经济和个体手工业经济组织、联合起来的一种经济形式。“占国民经济总产值百分之九十的分散的个体的农业经济和手工业经济，是可能和必须谨慎地、逐步地而又积极的引导它们向着现代化和集体化的方向发展的，任其自流的观点是错误的。必须组织生产的、消费的和信用的合作社，和中央、省、市、县、区的合作社的领导机关。这种合作社是以私有制为基础的在无产阶级领导的国家政权管理之下的劳动人民群众的集体经济组织。”[⑦] 农村合作社的性质完全取决于它是受谁的领导。新民主主义

---

① 《毛泽东文集》第6卷，第282页。

② 《毛泽东文集》第6卷，286－287页。

③ 《毛泽东文集》第6卷，第291页。

④ 《毛泽东文集》第6卷，第287页。在李维汉于1953年5月向毛泽东提交的《资本主义工业中的公私关系问题》的报告中指出：在公私合营这种高级形式的国家资本主义中，“在价值分配上，其大部分已为国家和工人阶级所掌握，企业新生产的价值，首先分为工人的工资、企业的利润和国营企业利润三个部分，三分天下工人阶级有其二；而后企业利润又分为国家的税收、资本家的股息和红利、工人的奖金和福利、企业的公积金，四马分肥，工人阶级得其大半。”（李维汉：《回忆与研究》，中共党史资料出版社1986年，第742页。）

⑤ 国家资本主义“是我们利用和限制工业资本主义的主要形式，是我们将资本主义工业逐步纳入国家计划轨道的主要形式，是我们改造资本主义工业使它逐步过渡到社会主义的主要形式。”（李维汉：《回忆与研究》，第742页。）

⑥ 《毛泽东文集》第6卷，第287页。

⑦ 《毛泽东选集》第4卷，第1432页。

义经济条件下的农村合作社是受无产阶级国家的领导，因而带有社会主义的性质，是无产阶级国家组织农民和农村手工业者走向社会主义的一个步骤。“农民在土地革命搞合作社，要看在谁的领导之下：在资产阶级领导之下，就是资本主义的；在无产阶级领导之下，就是社会主义的。当然，今天我们农村的合作社，是个体农民在私有财产基础上组织的合作社，不完全是社会主义的，但它带有社会主义的性质，是走向社会主义的。”[①] 农村小生产是一种个体小私有制经济，它的自然发展必将产生日益严重的两极分化，必将导致私人资本主义经济的日益扩大，因此，在新民主主义经济条件下，必须对农村小生产进行有效的组织和联合，把它们组织到合作社中来，才能保证社会不沿着自由资本主义的道路发展。刘少奇说：“至于广大的小生产，则更需要发展，但在这个小生产中，是不断地、自发地、大量地产生着资本主义成分。”“如果不把全国极大多数的小生产者都组织到各种各样的合作社中，那末，无产阶级和共产党就无法系统地去领导、组织与改造千千万万的散漫的小生产者，他们就有可能被投机资本及旧资本主义成分吸引过去或处于投机资本及旧资本主义成分的控制之下，成为旧资本主义的后备军。果真如此，新民主主义的建设就要失败。因此，合作社办理得好坏，对于新民主主义国家建设的成败，是起着绝对作用的。”[②] 合作社的基础是农业生产资料（土地、大牲口、大农具等）的私有制，虽然它们都被入了股，但所有权还是个人的。合作社的进一步发展，就是高级合作社，也叫农业生产合作社。在高级的农业生产合作社中，生产资料都已属于集体所有，其基础是生产资料的集体所有制，因此具有完全的社会主义性质。毛泽东在 1953 年 10 月份时说：“现在的农业生产合作社（指初级合作社——引者注）还是建立在私有制基础之上的，个人所有的土地、大牲口、大农具入了股，在社内社会主义因素和私有制也是有矛盾的，这个矛盾要逐步解决。到将来，由现在这种半公半私进到集体所有制，这个矛盾就解决了。我们所采取的步骤是稳的，由社会主义萌芽的互助组，进到半社会主义的合作社，再进到完全社会主义的合作社（将来也叫农业生产合作社，不要叫集体农庄）。”[③] 但是，农村合作社并不会自然而绝对地发展为社会主义经济，它也有可能变质为私人资本主义经济。因为“即使把他们组织在合作社中之后，小生产者们固有的那种弱点，如无组织性、散漫性、动摇性、投机性、极端自私性、偏狭性等，还会在合作社内部同无产阶级的领导进行或大或小的对抗的。如果无产阶级的领导缺乏坚定性，而向着那些小资产阶级的弱点投降，那合作社也会变质而

① 《毛泽东文集》第 5 卷，第 140 － 141 页。
② 《刘少奇论新中国经济建设》，第 14、19 － 20 页。
③ 《毛泽东文集》第 6 卷，第 302 － 303 页。

向着私人资本主义方向发展的。显然，资产阶级是会利用一切方法使合作社变质的。争取小生产者的阶级斗争，在合作社内，还会长期的存在。”①

以上就是新民主主义经济形态下的五种基本的经济形式。在这五种经济形式中，国营经济是完全社会主义性质的，是起领导作用的经济形式。私人资本主义经济是完全资本主义性质的经济形式，它需要大力发展，但也必须受到无产阶级国家的一定的限制，使之服务于工人阶级和整个社会，而不是谋资本家的私利。国家资本主义是引导私人资本主义走向社会主义的一种方式和途径，是一种半社会主义性质的经济形式。农村小生产以个体私有制为基础，带有资本主义的性质。合作社则是引导农村个体小生产走向社会主义的一种形式和途径，具有半社会主义的性质。毛泽东说：“在我们的社会经济中起决定作用的东西是国营经济、公营经济，这个国家是无产阶级领导的，所以这些经济都是社会主义性质的。农村个体经济加上城市私人经济在数量上是很大的，但是不起决定作用。我们国营经济、公营经济，在数量上较小，但它是起决定作用的。”“我国经济的主体是国营经济，它有两个翅膀即两翼，一翼是国家资本主义（对私人资本主义的改造），一翼是互助合作、粮食征购（对农民的改造）。”这样的社会经济叫作“新民主主义经济”。②《中国人民政治协商会议共同纲领》规定：“国家应在经营范围、原料供给、销售市场、劳动条件、技术设备、财政政策、金融政策等方面，调剂国营经济、合作社经济、农民和手工业者的个体经济、私人资本主义经济和国家资本主义经济，使各种经济成分在国营经济的领导下，分工合作，各得其所，以促进整个社会经济的发展。”③

新民主主义经济应当是一种市场经济为主的经济形态。实践已经证明，计划经济管理只能作为社会化大生产中宏观调控的一种手段，而不能把它作为一种主要的调控手段。特别是在新民主主义经济条件下，国营经济虽然是一种领导力量，但在社会经济中所占的比重却很微小；国家资本主义虽然也具有较高程度的社会化，但在国民经济中的比重也较小。相反，私人资本主义和农村个体小生产虽然是受到限制和必须加以组织和引导的经济形式，但由于数量上占有优势，国家对它们只能用市场经济的方法，而绝不可能用计划更不可能用行政的方法加以引导。合作社经济虽然在一定程度上被组织了起来，但其社会化程度实际上仍然非常之低。总之，在新民主主义经济条件下，社会化程度还极低，生产者之间还十分分散，

① 张闻天：《关于东北经济的构成及经济建设基本方针的提纲》，载张闻天选集传记组、中共上海市委党史研究室合编：《张闻天社会主义论稿》，中共党史出版社 1995 年，第 83 页。

② 《毛泽东文集》第 5 卷，第 139 页；第 6 卷，第 295 页。

③ 《中国人民政治协商会议共同纲领》，人民出版社 1952 年，第 9-10 页。

在如此众多的分散的生产者之间，只能通过市场、通过价值规律来加以联系。即使是社会化程度很高的经济形式，只要各生产者和各消费者之间存在着物质利益的分歧，他们之间就只能用市场来加以联系和协调，以市场为资源配置的基础手段。新民主主义经济只能是一种市场经济。但是，当时中共党和国家领导人对于新民主主义经济应当是一种市场经济的认识，总的来说还是非常不清楚的。由于受苏联计划经济模式的影响，他们几乎无一例外地都在强调计划的重要性。按照他们的论述归纳，在解放前夕，他们认为新民主主义经济是以计划经济为主、市场调节为辅，但到了 1953 年下半年以后，就彻底否定了市场的作用，强调新民主主义经济只能是计划经济了。

在解放前夕，中共党和国家领导人都认为新民主主义经济应当是计划经济为主、市场调节为辅；对国营经济、国家资本主义经济和合作社经济应当实行计划经济，而对私人资本主义经济和农村小生产者经济则应实行市场调节。在建国前夕，毛泽东和张闻天都提出过计划经济为主、市场调节为辅的思想。即使是对新民主主义经济的认识比较清楚和深刻的刘少奇，也是强调计划经济为主、市场调节为辅的。如刘少奇在修改《关于东北经济构成及经济建设基本方针的提纲》时写道："新民主主义的国民经济应当是在某种程度上具有组织性和计划性的经济"，"掌握在国家手中的大规模的国营经济则必须首先适当地实行这种组织性与计划性。"刘少奇还对如何实行计划经济作了具体的论述。他说道："首先必须大大加强国家的经济机关，并建立一切必要的经济机关，除开组织全东北以至全中国总的国民经济委员会之外，还必须建立各省、各市以至各县的经济委员会，以便统一计划和领导全东北以至全中国和各地方的国民经济。一切国营经济，包括各地方政府及各军政机关所经营的经济事业在内，必须由国家统一领导并加以适当地管理和监督，使它们在统一的法律、制度和计划之下，并在一个统一的领导机关的指挥之下去进行生产和分配，以便首先消灭国营经济中的无政府状态。……如此，就可使所有的国家企业在统一的计划下去经营。如果再经过购销与生产合作社系统去结合广大的小生产者在国家经济的领导之下，又建立了广大的消费合作社系统，并用国家资本主义的方法把颇大一部分私人资本也吸收在国家经济体系之内，就使无产阶级领导的新民主主义国家有可能把整个社会和国家的生产和分配，即整个国民经济在可能和必要的限度以内有步骤地加以组织，一步一步地使之成为具有计划性的经济，逐步地避免资本主义经济的无政府状态和经济恐慌。"① 当然，对于私人资本主义经济及分散的农村个体小生产，则必须实行市场

① 《刘少奇论新中国经济建设》，第 30 － 33 页。

调节。刘少奇说道:“中国还是一个小生产占极大优势的国家，还是一个农业国。在这样的国家中，千千万万的分散的独立小生产者，是经过一种商业关系把它们联系起来，并使它们与大工业联系起来，构成国家和社会的经济整体。”刘少奇还阐述了由无产阶级国家来主导市场，而不是让资产阶级商人主导市场的重要性。他继续说道:“这样的经济体系，与工业发达的国家比起来，其内部的联系和结构，自然要松懈得多。但它既然是有细密的社会分工，既然要依靠商业关系把整个社会和国家的经济联结成为整体，那末，商业就在这种经济体系中占有极端重要的地位，足以决定小生产的命运。因为小的商品生产者远离市场，不能不经过和依靠商人出卖自己所生产的商品，并购买自己所需要的生产资料与生活资料。商业的社会任务，就是分配各种各样的生产品。很明显，这种任务，如果是由无产阶级的新民主主义的国家机关及合作社来进行，又如果它们是执行坚定的新民主主义的经济方针和路线，不利用小生产及消费者的弱点去剥削它们，而决心去为它们服务，决心去促进这些小生产的发展，并逐步地引导这些小生产向着集体方向发展，以改造它们，那末，这些小生产就能发展，并能与整个国家经济配合，而促进整个国民经济向新民主主义的方向发展。相反，如果这种任务由普通商人来进行，特别是由投机商人来进行，他们就要利用小生产及消费者的弱点，甚至还要利用国家机关的弱点，去追逐无限制的利润，无限制地去剥削小生产和消费者以至损害国家利益，那末，这些小生产就不能发展，就要破产，并将使整个国民经济亦不得不受他们操纵，新民主主义的经济建设就无法进行。”[①] 刘少奇还明确地指出:“商品是经过市场来分配的。”“各种关系表现为市场问题，因此，中心问题是建立适当的市场关系”，“今后商品生产愈多，商业便愈重要。”“我们今天要与资本家竞争，谁领导了市场，谁就领导了国民经济。”[②] 毛泽东在1953年3月时也指出:“目前我国的农业，基本上还是使用旧式工具的分散的小农经济，这和苏联使用机器的集体化大农业，大不相同。因此，我国在目前过渡时期，在农业方面，除国营农场外，还不可能施行统一的有计划的生产，不能对农民施以过多的干涉；还只能用价格政策以及必要和可行的经济工作和政治工作去指导农业生产，并使之和工业相协调而纳入国家经济计划之中。”[③] 同年《中共中央关于应当重视手工业的指示》也指出:“对手工业者，也应如同对待小生产者农民一样，采取十分谨慎的态度，主要靠价格政策，市场产销关系，辅以必要的可行的政治

① 《刘少奇论新中国经济建设》，第11－12页。

② 刘少奇1948年12月25日在华北财政经济委员会会议上的报告，此处转见《刘少奇传》，中央文献出版社1998年，第617页。

③ 《毛泽东文集》第6卷，第273页。

工作和经济工作教育指导他们，影响他们，慢慢引导他们纳入国家计划轨道。”①

但是，1953年下半年以后，由于投资过猛，经济运行中出现许多供求关系紧张、供不应求的现象，导致出现卖方市场。这种紧张首先在关系国计民生的粮食、油料及副食品方面反映出来，从而使中共党和国家领导人对市场调节作用的认识发生了根本变化，把市场当做资本主义的东西了。毛泽东在专门讨论粮食问题的政治局扩大会议上说道：马克思、恩格斯从来没有说过农民一切都是好的，它有自发性和盲目性的一面。并提出要求对粮食实行征购，并将此作为农业社会主义改造的重要内容。10月16日，中共中央《关于粮食的计划收购与计划供应的决议》指出：“现在在供销方面所表现的紧张性，其本质是反映了国家计划经济与小农经济和自由市场之间的矛盾，反映了工人阶级领导与农民自发势力和资产阶级反限制的立场之间的矛盾，归根结底，是反映了社会主义因素与资本主义因素之间的矛盾。”②这样，就把计划经济与市场调节之间的矛盾看成了社会主义与资本主义之间的矛盾，把市场机制当做资本主义的东西了。11月19日，政务院颁布《关于实行粮食的计划收购和计划供应的命令》，对粮食实行统购统销。③《人民日报》发表社论指出：如果不从根本上解决国家计划经济与自由市场之间的矛盾，“就不能彻底解决粮食问题”④。从1953年下半年到1956年底，是直接计划管理伴随着生产资料所有制的社会主义改造的迅速实现，迅速由局部发展到覆盖整个国民经济，而市场机制的作用则被作为资本主义经济规律，作为计划管理的对立物，而被限制和缩小到尽可能小的范围的时期。对市场机制的性质和作用的认识不足，是中共党和国家领导人在对新民主主义经济的认识上存在的一个严重的失误，这个失误从新民主主义时期开始并影响到了对社会主义经济体制的认识。这个失误一直延续到70年代末，直至中共十一届三中全会之后在邓小平领导之下才开始逐渐得到纠正。

中共党和国家领导人对新民主主义经济的第二个认识上的失误是对新民主主义经济阶段的定位（其意义及存在时间）不完全准确。在这个问题上，毛泽东和刘少奇在过渡时期总路线提出之前存在着较大的差异。新民主主义阶段是由资本主义向社会主义过渡的阶段，这是一个总的定位。在这个总的定位上，毛泽东与刘少奇之间是完全一致的。但是，在新民主主义经济的具体形态以及何时、如何向社会主义过渡问题上，二者之间存在着比较明显的分歧。刘少奇认为新民主主

---

① 转见《中国手工业合作化和城镇集体工业的发展》，中央党史出版社1992年，第1卷第90页。

② 中共中央文献研究室编:《建国以来重要文献选编》第4册，中央文献出版社1993年，第478页。

③ 中共中央文献研究室编:《建国以来重要文献选编》第4册，第561－564页。

④ 《人民日报》1954年3月1日。

义经济应该有一个基本的巩固阶段，这个巩固阶段就是通过新民主主义经济建设为社会主义准备工业基础的阶段，这个阶段大约需要 15 － 20 年的时间，此后才能考虑向社会主义的过渡。刘少奇认为，要进入社会主义，必须实现两个步骤，即工业国有化和农业集体化，而这正是新民主主义经济建设的任务。他说道："进入社会主义主要是这两步：工业国有化，农业集体化。工业、农业都是公共财产，是国家的或合作社的。这样，我们的国家就是社会主义了。""新民主主义阶段是过渡阶段也是准备阶段，即准备进入社会主义。三年准备十年建设是为工业国有化作准备的；再过几年至少十五年以后才能搞集体化。"为什么要 15 年以后才能搞集体化呢？刘少奇认为农业集体化必须建立在城市工人阶级的支持、建立在农业机械化的基础之上。他说道："因为离开城市工人阶级、离开强大的国家工业，乡村农业集体化就不可能。工人阶级能够供给农民大量拖拉机，贷给机器。有人说，不必依靠工人阶级，不必依靠强大的城市工业，只依靠农民，这是空想，是空想社会主义。农业集体化要经过一个大的运动来达到，而不是零散地、慢慢地建立，十几年后，在农业机器大批出现、农民也相信集体化时，就发动一个运动，经过两三年搞起来。这比土地改革难……。"[①] 刘少奇不赞成在实现农业机械化之前动摇和否定农村互助组的私有基础。针对中共陕西省委从老区互助组发展的一些新情况提出的逐步动摇、削弱直至否定私有基础的观点，刘少奇说道："已有人提出了这样的意见：应该逐步地动摇、削弱直到否定私有基础，把农业生产互助组织提高到农业生产合作社，以此作为新因素，去'战胜农民的自发因素'。这是一种错误的、危险的、空想的农业社会主义思想。"[②] 他明确地指出："由互助组是不能逐步发展提高到集体农庄的。因为集体农庄是新东西，要重新组织，不能由互助组、供销合作社发展到集体农庄。互助组在将来建立集体农庄后就取消了。"在此，刘少奇实际上提出了这样的观点，即不能单靠改变生产关系来将互助组提高为集体农庄，而必须在提高工业对农业的支持，使农业实现机械化、实现生产力的发展之后，才能建立集体农庄，实行向社会主义的过渡。他说道："合作社不能准备经济条件，经济条件是重工业，拖拉机，没有这个条件，即使思想准备好了，大家要求集体化，也是不可能组织好的。"[③] 也就是说，作为向社会主义过渡的准备阶段的新民主主义阶段，必须有一个准备阶段，自准备成熟之后，才能正式向社会主义过渡，而这是 15 － 20 年以后的事情了。他说道："这时的情况是：工业大大发展，农业也有了大发展；国家经济的领导加强了，成为绝对的领

① 《刘少奇论新中国经济建设》，第 214、217 － 218 页。

② 《刘少奇论新中国经济建设》，第 192 页。

③ 《刘少奇论新中国经济建设》，第 219、220 － 221 页。

导；经济管理工作的干部成熟了，管理干部和技术干部数量也多了，大学毕业的技术干部有几十万；工人和农民的联盟更巩固了，……这时，我们才采取步骤进入社会主义。”① 在1949年9月，刘少奇就说道：“无疑问，中国将来的前途，是要走到社会主义和共产主义去的。……但这是很久以后的事情，对于这些事情，中国人民政治协商会议还可以在将来讨论。在中国采取社会主义的步骤，必须根据中国社会经济发展的实际需要和全国最大多数人民的要求。到了那时候，中国共产党也一定要和各民主党派、各人民团体、各少数民族及其他爱国民主人士进行协商并共同加以决定。中国共产党在将来也愿意和一切愿意进入社会主义的人们一道，共同地进入社会主义。”②

毛泽东在这一问题上的想法则与刘少奇相比有较大的不同。在1952年以前，毛泽东在这一问题上的观点应当说是与刘少奇完全一致的。如在1948年4月晋绥干部会议上，毛泽东在严厉批判了农业社会主义思想后指出：应当“依据群众的觉悟程度和组织程度被提高了的情况，逐步地发展到消灭全部封建制度。”又指出：“消灭封建制度，发展农业生产，就给发展工业生产，变农业国为工业国的任务奠定了基础，这就是新民主主义革命的最后目的。”③ 在随后（7月27日）由新华社发表的《关于农业社会主义的问答》④ 一文中，毛泽东的这一观点被表述的更加清楚了。文中说道：“社会主义不是依靠小生产可以建设起来的，而是必须依靠社会化的大生产，首先是工业的大生产来从事建设。”“我们要达到社会主义，实现社会主义的工业和农业，必须经过新民主主义经济一个长时期的发展，在新民主主义社会中大量地发展公私近代化工业，制造大批供给农民使用的农业机器并因此将农民的个体经济逐步地转变为集体农场之后，才有可能。没有工业的大量发展，没有大量的成千上万的农业机器供给农民使用，并使农民有可能团

① 《刘少奇论新中国经济建设》，第210页。

② 《刘少奇选集》上卷，人民出版社1981年，第435页。后来，薄一波同志将刘少奇的以上思想作了精辟的概括。他说道：“少奇同志勾画了一幅新中国经济建设的蓝图，这就是：新中国应该有一个新民主主义建设阶段，这个阶段大约需要十年、十五年，甚至是二十年；在这个阶段中，国营经济、合作经济要有大发展；当整个国家的经济发展到相当程度，也就是工业化以后，再实行私人资本主义的国有化和农业集体化。贯穿在这些构想中的一个基本指导思想就是要以生产力的发展状况作为考虑问题的出发点。共产党人的目标是社会主义，但社会主义不能建立在落后的生产力的基础之上；中国之所以要有一个几种经济成分并存的新民主主义阶段，就是因为生产力还很落后。这一思想是符合历史发展的客观规律的。”（薄一波：《回忆刘少奇同志建国前后的一些经济建设思想》，原文载薄一波著：《领袖·元帅·战友》，中共中央党校出版社1992年增订本，后作为附文转载于中共中央文献研究室二部编：《刘少奇自述》，解放军文艺出版社2003年，转载文与原文相比增加了一些内容，此处引自《刘少奇自述》第156页。）

③ 《毛泽东选集》第4卷，第1315、1316页。

④ 薄一波指出，这篇文献是由胡乔木等人起草，经毛泽东、刘少奇、周恩来、朱德、任弼时等人修改和审阅的，因而其观点代表了当时党中央领导集体的共识。（薄一波：《回忆刘少奇同志建国前后的一些经济思想》，载《刘少奇自述》，第159页。）

结于集体农场之中，而要实行社会主义的农业，那只能是反动的幻想。”[①]1948年9月西柏坡中央政治局扩大会议时，毛泽东与刘少奇的想法也是完全一致的。如刘少奇在会议上作《新民主主义经济建设问题》的报告，当说到胜利后“过早地采取社会主义政策是要不得的”这句话时，毛泽东特意补充说道：“到底何时开始全线进攻？也许全国胜利后还要十五年。”[②]这可能是中共党的领导人第一次对开始进入社会主义的时间提出具体设想。在1949年1月召开的中共中央政治局会议上，毛泽东进一步说道：“必须谨慎，不能急于求社会主义化。合作化必须发展，但不可能很快发展，大概要准备十几年功夫，要长期地稳健地进行。如果希望搞社会主义，太快，会翻斤斗。中共二十八年，再加两年，完成全国革命任务，就是铲地基，但是起房子，这个任务要几十年功夫。”[③]1949年5月31日在批发由刘少奇起草的中共中央致东北局电时，就刘少奇批评东北局“不强调一切有益于国计民生的私人资本主义生产在目前及今后一个长时期内的进步性、建设性与必需性”等意见写道：“如果不克服这种错误，就是犯了路线错误。”[④]建国初期，在一届二次全国政协会议上，毛泽东也说道：“经过新民主主义的改革，而在将来，在国家经济事业和文化事业大为兴盛了以后，在各种条件具备了以后，在全国人民考虑成熟并在大家同意了以后，就可以从容地和妥善地走进社会主义的新时期。”[⑤]这些观点都是与刘少奇的观点是完全一致的。也就是说，此时毛泽东也是认为在革命胜利后需要经历一个新民主主义经济阶段之后，才可以考虑向社会主义过渡的问题。

但是，自1952年秋天开始，毛泽东的思想产生了重大的变化，产生了急于求成的思想。起点可能是对于中共陕西省委关于农业合作社的态度。在中共陕西省委提出在老区的互助组中逐步动摇、削弱直至否定私有基础，以提高为农业生产合作社的观点，刘少奇对此予以否定，提出互助组不能直接成长为农业生产合作社、现阶段不能动摇私有基础之后，毛泽东开始显示出与刘少奇的不同。如上所述，刘少奇的观点是在新民主主义时期不要去动摇互助组的私有基础，让农民的个体经济积极性发挥出来，等农村生产力在工业的支持下发展到一定程度后再采取社会主义步骤，而毛泽东则认为现在就可以把互助组提高到半社会主义性质的农业生产合作社，以开始采取向社会主义过渡的步骤。据薄一波回忆，在刘少奇否定了陕西省委的意见之后，毛泽东找刘少奇等人谈话，明确表示支持陕西省

① 《关于农业社会主义的问答》，载中央档案馆编：《中共中央文件选集》第17册，第664页。
② 《刘少奇论新中国经济建设》，第7页。
③ 中共中央文献研究室编：《毛泽东年谱1893－1949》，中央文献出版社2002年，下卷第430页。
④ 中共中央文献研究室编：《毛泽东年谱1893－1949》，第512－513页。
⑤ 《毛泽东文集》第6卷，人民出版社1999年，第80页。

委的意见，而不同意刘少奇的意见。毛泽东批评了互助组不能生长为农业生产合作社的观点和现阶段不能动摇私有基础的观点。毛泽东举例说道："既然西方资本主义在其发展过程中有一个工场手工业阶段，即尚未采用蒸汽动力机械、而依靠工场分工以形成新生产力的阶段，则中国的合作社，依靠统一经营形成新生产力，去动摇私有基础，也是可行的。"结果刘少奇被说服了，并改变了自己的观点。[①]刘少奇在后来谈到他的思想变化时说道："我有过一种想法，就是我以为还要等一个时候才能在我国农村中大量地、普遍地组织农业生产合作社和集体农场，而没有想到立即就可以大量的组织半社会主义的农业生产合作社，并由此逐步地发展到完全社会主义的农业生产合作社即集体农场。同时，在目前的劳动互助组与将来的集体农场之间没有抓住以土地入股的半社会主义的农业生产合作社这个组织形式，作为由互助组过渡到集体农场的十分重要的中间过渡形式，因而，就以为互助组不能直接过渡到集体农场，而把二者看成是没有多少联系的两回事。""在一九五一年秋，中共中央讨论农业生产互助合作社问题后，由于毛泽东同志的指示得到了纠正，我也就抛弃了这种想法。"[②]这样，刘少奇的观点也发生了改变，也转而与毛泽东的观点趋于一致了。

但是，毛泽东在这里实际上犯了一个认识错误，即西方资本主义国家在早期经历了一个工场手工业阶段，在工场手工业中通过集中劳动和分工协作，取得了增加单位产量的效果，但是，西方资本主义国家的工场手工业只存在与工业领域，而在农业生产领域则不存在工场手工业。这与工业生产与农业生产在作业性质上的不同密切相关。在工业生产过程中，劳动工具和劳动对象都是可以移动的，而且各工序之间也是可以分开的，这就使得在工业生产中，各个劳动者可以固定于某一个工序上不断重复其劳动，从而达到提高单位产出的效果。也即工业生产具有通过分工协作而提高单位产出的性质。而农业生产则不一样。在农业生产过程中，其主要劳动对象土地是不能移动的，作物也是不能移动的，只能劳动者在土地和作物间移动，而不可能让土地和作物移动以使各个劳动者能够固定在同一个工序上重复一种劳动，这就使农业生产失去了通过分工协作而提高单位产出的性质。所以，西方资本主义国家的工场手工业只存在于工业领域，而不存在于农业领域。西欧资本主义国家在19世纪末以前也存在着以雇佣劳动为基础的大规模农业经营，但那主要是资本家经营面积大，需要雇佣很多的劳动力，具体的劳动过程则仍然是分散，仍然不可能通过分工协作提高劳动生产率；二十世纪初以

① 薄一波：《若干重大决策与事件的回顾》上册，中共中央党校出版社1997年，第197－198页。

② 刘少奇1954年2月10日在中共七届四中全会上的发言，转见《刘少奇传》，中央文献出版社1998年，第697－698页。

后，随着农业机械化的进展，逐渐确立了家庭农场制，以雇佣大量劳动力为基础的大规模农业经营开始衰退。毛泽东用工业中的工场手工业例子来说明中国农业中也可以将互助组直接提高为农业生产合作社以动摇和消灭其私有基础，是错将工业生产中的原理套用于农业生产中，因而是错误的。而刘少奇也没有识破这一错误，结果开始赞同毛泽东的观点，由原来的正确观点退回到了错误观点。现在回想起来，不能不说是一件十分遗憾的事。由于刘少奇没有认识到毛泽东在这一问题上的错误并同意了毛泽东的观点，当时在中共党内存在的三个思想认识上的问题不仅不能获得解决，而且成了党内的主导思想。这三个认识问题是：(1) 过分害怕农民自发倾向引起的两极分化；(2) 把农民的绝对平均主义当成社会主义；(3) 离开工业发展去谈论农业社会主义改造。“由于少奇同志的观点受到批评，上述几个妨碍农村经济和社会主义事业健康发展的思想，未能引起全党同志的注意：农业社会主义改造急于求成和‘归大堆’，搞‘一大二公’、‘一平二调’、吃‘大锅饭’那一套，与这些思想的继续存在和泛滥是有密切关系的。”[①] 这个问题直到改革开放以后，在邓小平和江泽民两代领导核心的领导下，在农村实行和坚持双层经营的家庭联产承包制后才终于得到解决。

与上述思想相联系，1952 年 9 月中共中央决定从 1953 年开始实行第一个国民经济五年计划时，毛泽东即开始考虑向社会主义过渡的问题。薄一波回忆说：“在我的记忆中，第一次听到毛主席谈向社会主义过渡问题，是 1952 年 9 月 24 日在中央书记处的会议上。那次会议主要是讨论‘一五’计划的方针和任务，在听取周总理关于‘一五’计划轮廓问题同苏联商谈情况的汇报后，毛主席讲了一段话。大意是：我们现在就要开始用 10 年到 15 年的时间基本上完成到社会主义的过渡，而不是 10 年或者以后才开始过渡。”薄一波回忆了毛泽东的许多论述，并总结了毛泽东的思想。他说道：“毛主席的这些论述，概括起来就是：他认为从新民主主义到社会主义是一个渐变的过程，需要采取逐渐推进的社会主义改造的步骤和政策，一步一步地向前过渡，即使社会主义因素一年一年地增加，争取用 10 年到 15 年或更多一点时间完成这一过渡。而不是等到 10 年到 15 年以后，才采取社会主义的政策，实行向资产阶级全线进攻的突变。”薄一波说：“毛主席的这种构思，显然已不同于刚进城时他本人和中央其他同志的设想了。毛主席那时的设想是可能要在建国 15 年后才能考虑向社会主义转变的问题。”[②]1953 年 6 月在中共中央政治局会议上，毛泽东提出了过渡时期的总路线和总任务经中央多次讨论，到 12 月形成了最后的表述。这就是：“从中华人民共和国成立，到社会主

① 薄一波：《若干重大决策与事件的回顾》上册，第 214 － 218 页。

② 薄一波：《若干重大决策与事件的回顾》上册，第 220、222 页。

义改造基本完成，这是一个过渡时期。党在这个过渡时期的总路线和总任务，是要在一个相当长的时期内，逐步实现国家的社会主义工业化，并逐步实现国家对农业、对手工业和对资本主义工商业的社会主义改造。这条总路线是照耀我们各项工作的灯塔，各项工作离开它，就要犯右倾或'左'倾的错误。"毛泽东还专门对"相当长的时期"作了说明。他说："党在过渡时期的总路线和总任务，是要在十到十五年或者更多一些时间内，基本上完成国家工业化和对农业、手工业、资本主义工商业的社会主义改造。"[①]毛泽东还进一步说明，之所以要实行过渡时期的总路线，根本目的在于促进社会生产力的迅速发展。他说道："党在过渡时期的总路线的实质，就是使生产资料的社会主义所有制成为我国国家和社会的唯一的经济基础。我们之所以必须这样做，是因为只有完成了由生产资料私人所有制到社会主义所有制的过渡，才利于社会生产力的迅速向前发展，才利于在技术上起一个革命，把在我国绝大部分社会经济中使用简单的落后的工具农具去工作的情况，改变为使用各类机器直至最先进的机器去工作的情况，借以达到大规模地出产各种工业和农业产品，满足人民日益增长着的需要，提高人民的生活水平……。"[②]1954年2月中共七届四中全会正式通过了党在过渡时期的总路线。

对于中共在过渡时期的总路线应如何评价？总的来说，总路线所反映的中共对于向社会主义过渡的思想，比原先的设想急躁了许多。按原先的设想，是在生产力充分发展到所需的水平之后，自然地将生产关系过渡到社会主义。而在总路线中，生产关系变革的速度大大加快了。但总路线强调要在相当长的一个时期内实现这一任务。因此，总路线并没有完全脱离生产力因素。总路线提出要实现国家的社会主义工业化，并把这一条与对农业、工业和资本主义工商业的改造相并列，也在一定程度上反映了中共是有意愿遵循向社会主义过渡是生产关系伴随着生产力发展的变革，是生产力发展和生产关系变革的统一这一基本原则的。同时，在当时的情况下，将生产关系变革的速度大大加快，也是有其特殊的历史背景的。[③]因此，总的来说，总路线并未完全脱离科学的范围，它的提出是符合历

---

① 《毛泽东选集》第5卷，第81页。

② 《毛泽东文集》第6卷，第316页。

③ 如薄一波在谈到毛泽东改变其想法的背景时论述道：过渡时期总路线的提出，是一个重大的转变，"毛泽东改变了他先前赞成的少奇同志关于新民主主义建设的若干重大构想。之所以如此，毛泽东自然有他的考虑，这就是针对当时国内国际的新情况而做出的一种抉择。面对着相当一部分私营工商业主的偷税漏税和'五反'运动的开展，五种经济成分并存之下的各种矛盾开始暴露进而复杂起来；新中国一成立，帝国主义就对中国实行封锁，进而把战火烧到了鸭绿江边，逼迫中国人民起而进行一场在经济十分窘迫情况下的抗美援朝战争；而这时，经过短暂的经济恢复，我们又有了全国财政经济的统一和国营经济的开始强大这个基础。在这种情况下，提出过渡时期总路线，当然是解决困难、继续发展的一种战略选择。"（薄一波：《回忆刘少奇同志建国前后的一些经济建设思想》，载中共中央文献研究室二部编：《刘少奇自述》第159－160页。）

史的发展要求的，它“反映了历史的必然性”[①]。后来在过渡过程中实际出现的进一步急躁化及种种其他毛病，把原来打算用三个五年计划完成的目标缩短到了不到一个五年计划，根源并不在于总路线本身，而是由中共党和国家领导人存在着上述认识上的错误造成的，是在执行总路线过程中产生的偏差。而之所以会产生这种认识上的错误和在执行过程中发生偏差，根本原因还在于对生产力和生产关系之间的关系把握得不够深刻，致使后来错误地认为在生产力没有发展的条件下，只要通过生产关系的变革就可以将建立在私有基础上的互助组提高为半社会主义以至完全社会主义性质的农业生产合作社，就可以直接进入社会主义。这就脱离了科学的范畴。中共中央关于建国以来中共若干历史问题的决议中说道：“在一九五五年夏季以后，农业合作化以及对手工业和个体工商业的改造要求过急，工作过粗，改变过快，形式也过于简单划一，以致在长期间遗留了一些问题。”[②]薄一波也说道：“毋庸讳言，在贯彻过渡时期总路线的过程中，工作中是有缺点的。当时提出用三个五年计划左右的时间完成‘一化、三改’，今天回过头来看，时间还是打得短了点。”不仅如此，而且“在执行过程中一再‘加速’、‘加快’，以致几年的时间，就完成了过渡，‘一化’的任务没有完成，‘三改’的工作也做得很粗。这不能不说是一个历史的教训。”薄一波继续说道：“我们后来在建设和工作中，多次发生急于求成、急躁冒进和其他严重的‘左’倾错误，而受到客观规律的惩罚，也不能说与此无关。倘若按照原来测算和确定的时间扎扎实实地工作，一步一个脚印地全面精细地完成过渡任务，情况可能要比提前完成好得多。”[③]这是一位亲历者在经历了无数风风雨雨、曲曲折折之后，痛定思痛的深刻反思。

根据过渡时期的总路线，国家从 1953 年开始实施第一个五年计划，其基本任务是：首先集中主要力量进行以苏联帮助设计的 156 个建设项目为中心、由 694 个大中型建设项目组成的工业建设，以建立社会主义工业化的初步基础；发展集体所有制的农业生产合作社，并发展手工业生产合作社，以建立对农业和手工业社会主义改造的初步基础；基本上把资本主义工商业分别纳入多种形式的国家资本主义的轨道，以建立对私营工商业社会主义改造的基础。到 1957 年，全国农村居民基本上都被组织在初级社和高级社的农业生产合作社中，农业集体化基本完成。个体手工业者则被组织成为手工业合作社，成为具有社会主义性质的集体所有制经济。对资本主义工商业则分步骤改造为国家资本主义，1956 年完

① 《中国共产党中央委员会关于建国以来党的若干历史问题的决议》，载《十一届三中全会以来党的历次全国代表大会中央全会重要文件选编》，中央文献出版社 1997 年，第 168 页。

② 载《十一届三中全会以来党的历次全国代表大会中央全会重要文件选编》第 170 页。

③ 薄一波：《若干重大决策与事件的回顾》，第 236 － 237 页。

成了作为国家资本主义最高形式的全行业公私合营和定息，企业的全部生产资料由国家统一调配，私人投资已不再起职能资本的作用，资本家也不再以资本主义的权力，而是以国家任命的工作人员的职权参与企业的管理，待定息停止，企业就成为完全社会主义性质的了。通过社会主义改造，到1957年，全民所有制企业产值在工业总产值中的比重上升为53.8%，集体所有制企业产值的比重也上升到19.0%，公私合营企业产值比重增长为26.3%，而私营企业和个体工业产值比重则分别下降为0.1%和0.8%。[①] 这样，社会主义改造的任务在短短的不到五年的时间内就基本完成了，中国基本进入了社会主义社会，但离社会主义工业化的目标则还差得很远。

由于私人资本主义经济和个体经济在国民经济中的比重越来越小，按照中共党和国家领导人所设定的市场调节的范围也就越来越小，因此，整个过渡时期实际上也就是高度集中的计划经济体制逐步形成的时期。到1957年，伴随着社会主义改造的基本完成，高度集中的计划经济体制也基本形成。实际上，在“一五”计划前期，工业经济管理体制已经高度集中了，但此时地方政府和工业企业还有一定的权限。到了“一五”计划后期，伴随着生产资料所有制的社会主义改造的基本完成，以及社会主义工业建设对于财力物力的需要同财力物力供应不足的矛盾的发展，高度集中的计划经济体制就得到了进一步的加强，对工业经济的管理权力进一步集中到中央政府手中，地方政府和工业企业就没有多少活动余地了。对此时的高度集中的计划经济体制应作如何评价？应当说，高度集中的计划经济体制对当时集中物力财力的人力保证重点建设的顺利进行，保证“一五”计划的顺利完成，加速工业化的发展，加快建立社会主义工业基础，发挥了重要作用。但是，它的局限性也是非常明显的。特别是到了“一五”计划的末期，其主要弊端如所有制趋向单一、中央集权过多、企业自主权过小、过分强调“条条”管理等等，已较多的暴露出来，影响了地方和企业的积极性，在一定程度上妨碍了经济的发展。至1956年八大前后，中共党和国家领导人实际上已经觉察到了这些问题，并提出了一些改进措施。

1956年上半年，毛泽东用一个半月的时间听取了中央工业、农业、交通运输、商业、财政等部门的工作汇报，并作了《论十大关系》的报告。报告以苏联为借鉴，初步总结了我国过去几年经济建设方面的经验和教训，对今后建设工作中需要着重处理好的十个方面的关系，作了精辟的论述。其中涉及经济管理体制的，主要有两个方面：(1) 国家、生产单位和生产者个人的关系。指出把什么东西都

① 《中国统计年鉴》1956年，第308页。

统统集中在中央或省市，不给工厂一点权力，一点机动的余地，一点利益，恐怕不妥。强调国家和企业、国家和工人、生产单位和生产者都必须同时兼顾。对待农民不能像苏联那样，不要把农民搞得很苦，要兼顾国家和农民利益。(2) 中央和地方的关系。毛泽东指出不能像苏联那样把什么都集中到中央，把地方卡得死死的。应当在巩固中央统一领导的前提下，扩大一点地方的权力，给地方更多的独立性，充分发挥地方的积极性。[①] 同年9月，中国共产党召开了第八次全国代表大会。刘少奇在大会报告中指出："有必要指出这样一个事实，就是上级国家机关往往对于企业管得过多、过死，妨碍了企业应有的主动性和积极性，使工作受到不应有的损失。应当保证企业在国家的统一领导和统一计划下，在计划管理、财务管理、干部管理、职工调配、福利设施等方面，有适当的自治权利"，"我们的领导机关必须认真把该管的事管好，而不要去管那些可以不管或者不该管的事。"[②] 周恩来在八大上就怎样划分中央和地方的管理职权提出了具体原则，提出要明确规定各省、自治区、直辖市有一定范围的计划、财政、企业、事业、物资、人事的管理权；凡关系到整个国民经济而带全局性、关键性、集中性的企业和事业，由中央管理，其他的企业和事业应该尽可能地多交给地方管理。[③] 与此相应，八大在关于政治报告的决议中明确指出："随着社会主义改造的胜利，全国工农业产品的主要部分都将列入国家计划，由生产单位按照计划进行生产。但是为了适应社会的多方面的需要，在国家计划许可的范围内，有一部分产品将不列入国家计划，而由生产单位直接按照原料和市场的情况进行生产，作为计划生产的补充。国家对于这一部分产品的生产只从供销关系加以调节，或者只规定参考性的指标。如果把这一部分产品勉强列入国家计划，或者把参考性的指标当做正式计划的指标，对于这些产品的生产作不必要的限制，那就不合于经济发展和人民生活的需要。同样，社会主义经济的主体是实行集中经营的，但也需要有一定范围的分散经营作补充。"[④]1957年5月，刘少奇在关于高级党校学员整风问题的谈话中进一步谈到社会主义经济既要有计划性又要有多样性和灵活性，要善于利用自由市场。他说道："研究社会主义经济，还要特别注意一个问题，就是使社会主义的经济，既要有计划性，又要有多样性和灵活性。苏联在这方面的教训是很值得我们注意的，他们只有社会主义的计划性，只讲究计划经济，搞得呆板，没有多样性、灵活性。""用什么办法达到这个目的？采取什么办法避免苏联那样只有

---

① 《毛泽东文集》第7卷，第28－33页。

② 《刘少奇选集》下卷，第233页。

③ 周恩来：《关于发展国民经济的第二个五年计划的建议的报告》，《中国共产党第八次全国代表大会文件》，人民出版社1980年，第219页。

④ 《中国共产党第八次全国代表大会文件》，第84页。

计划性而没有灵活性和多样性，使经济生活丰富多彩，越搞越好呢？一个管理国家经济的总机关，要计划这样丰富、灵活的经济，要用什么办法呢？一个办法是要利用、限制自由市场。现在搞自由市场，私商钻社会主义的空子。不只商业上有自由市场，还有地下工厂，另外，农业上还有家庭副业、自留地。资本主义商业、工业和地下工厂会钻空子，当它一钻空子的时候，我们社会主义经济就立即跟上去，它钻了空子搞这一样，我们跟上去也搞这一样，它钻几十万样，我们社会主义经济也跟上去搞它几十万样。自由市场可以弥补国家市场的不足，对国民经济有好处，但也有破坏性。因此，就要采取利用和限制的政策，利用它搞好社会主义经济的多样性，同时要限制它的破坏性。”①1957年10月召开的中共八届三中全会通过了由陈云主持起草的《关于改进工业管理体制的规定（草案）》、《关于改进商业管理体制的规定（草案）》和《关于改进财政管理体制的规定（草案）》三个文件，并经国务院和全国人大常委会通过，予以公布实施。这三个经济体制改革的规定的总的精神，是调整中央和地方、国家和企业的关系，把一部分工业管理、商业管理和财政管理的权力下放给地方和企业，以使进一步发挥它们的主动性和积极性，因地制宜地完成国家的统一计划。②在1958年“第一次郑州会议”上，毛泽东特别地指出了商品生产对于社会主义建设的意义。他说道：“现在，我们有些人大有要消灭商品生产之势。他们向往共产主义，一提商品生产就发愁，觉得这是资本主义的东西，没有分清社会主义商品生产和资本主义商品生产的区别，不懂得在社会主义条件下利用商品生产的作用的重要性。这是不承认客观法则的表现，是不认识五亿农民的问题。在建国初期，我们利用商品生产团结了几亿农民。在社会主义建设时期，我们有了人民公社，商品坐产、商品交换更要发展，要有计划地大大发展社会主义的商品生产。”他强调：“商品生产不能与资本主义混为一谈。为什么怕商品生产？无非是怕资本主义。现在是国家同人民公社做生意，早已排除资本主义。怕商品生产做什么？不要怕，我看要大大发展商品生产。我国还有没有资本家剥削工人？没有了，为什么还怕呢？……商品生产，要看它是同什么经济制度联系，同资本主义制度相联系就是资本主义的商品生产，同社会主义制度相联系就是社会主义的商品生产。”③

回顾这段新民主主义经济阶段或者说向社会主义过渡阶段的历史，我们应该如何认识和评价？应当说，中国共产党在建国后用短短的七八年时间就将一个由半殖民地半封建社会遗留下来的烂摊子建设成一个具有初步工业化基础的社会主

① 《刘少奇论新中国经济建设》，第350－351页。
② 参见《建国以来重要文献选编》第10册，中央文献出版社1997年，第664－682页。
③ 《毛泽东文集》第7卷，第437、439页。

义国家，这是近代以来中国现代化历史的一个伟大成就。这是这一段历史的主导方面。尽管在向社会主义过渡的过程中存在着种种问题和失误，但都不过是这段历史的次要方面，都不可能抵消所取得的成就。况且，有的失误是可以避免的，有的失误是不可避免的。在一个经济落后的国家建设社会主义，除了前苏联积累了一些经验（列宁时代）和教训（斯大林时代）以外，没有任何先例可以借鉴，马克思恩格斯也没有给后人留下片言只语。向社会主义过渡的前苏联模式虽然存在着种种问题，但社会主义苏联取得了反法西斯战争的胜利，在当时当然被认为是成功的模式。即便如此，中共当时也没有照搬照抄，而是通过自己的实践提出了新的想法，尽管这些想法及改进措施最终未能突破前苏联模式的框框，但这属于历史条件的限制，它已经能够说明中共党和国家领导人是具有独立思考能力、具有根据实践丰富和发展马克思主义的能力的。而且，高度集中的计划经济如果把它当做一种经济模式当然是错误的，但如果把它作为落后国家启动工业化、迅速建立一个比较完整的工业体系的手段来说，却是一种非常有效的方法。正是通过这种高度集中的计划经济，中国才能取得“一五”期间的巨大成就，才能初步奠定工业化的基础。如果在“一五”计划完成后，中共能够找到一条既能发挥国家对于促进和加速工业化的作用，又能有效地发挥地方和企业的自主性和能动性，在一定程度上利用价值规律和市场机制作用的途径，那么，中共在过渡时期的经济建设应当说是非常成功的。尽管我们未能做到这样，但向社会主义的过渡总的来说是成就大于失误，成功大于失败。

在此，我们想提出这样一个问题，即假设当初中共党和国家领导人能够认识到市场机制的作用，并且不急于过渡到社会主义体制，而是用三个五年计划，一面扎扎实实地打好社会主义工业化的基础，一面稳妥地向社会主义过渡，建立以公有制为主体，私人资本主义、国家资本主义和个体经济等多种成分共同发展，而以市场机制为基础的经济体制，那是一种什么情况呢？那就意味着中国由新民主主义经济发展到了社会主义市场经济，意味着由用新民主主义经济体制来发展生产力过渡到了以社会主义市场经济体制来发展生产力，意味着由新民主主义现代化模式过渡到了中国特色社会主义现代化模式。新民主主义经济与社会主义市场经济是可以直接过渡的，二者之间具有明确的连续性。遗憾的是，由于历史条件的限制加认识上的错误，中国未能实现由新民主主义经济向社会主义市场经济的直接发展。中国是先从新民主主义经济体制发展到高度集中的社会主义计划经济体制，然后通过改革开放，再逐步过渡到社会主义市场经济体制。这是一段弯路。尽管在高度集中的计划经济下，中国也取得了较大的社会主义建设成就，但所产生的错误及付出的代价也十分巨大，中国工业化和社会主义现代化建设的速度受到了很大的影响。但是，这是我们现在总结对这段历史所得到的认识。世界上从来就没有先知先觉者。建设社会主义市场经济是历史上亘古未有的事件，是以毛泽东、邓小平和江泽民为代表的三代中国共产党人经历许多的艰难曲折，经过艰苦卓绝的探索，才达到的认识。

八大前后，虽然中共党和国家领导人对高度集中的计划经济体制进行了一些反思，并采取了一些改进措施，但这些反思和措施均未能突破计划经济的框架。特别是“一五”计划的顺利完成，中共党内的一部人，特别是党的主要领导人毛泽东的头脑开始发热，逐渐滋长出骄傲自满和急于求成的情绪。[①]如果说向社会主义过渡出现急躁化倾向主要是一种认识上的错误，那么，此后出现的诸如“大跃进”和“人民公社化”运动，则完全是头脑发热、脱离实际、违反规律的结果。1958年5月，在毛泽东的主持下，中国共产党八大二次会议通过了根据毛泽东的建议而提出的“鼓足干劲、力争上游、多快好省地建设社会主义”的社会主义建设总路线。会议号召“争取在十五年，或者在更短的时间内，在主要的工业产品产量方面赶上和超过英国。”[②]这条总路线的哲学基础是：“社会生产力的发展要求社会主义革命，要求人们精神的解放；社会主义革命的胜利和人们精神的解放，又推动社会生产力的跃进；这种生产力的跃进，又继续刺激社会主义生产关系的改进和人们思想的前进。人们在不断地改造自然界的斗争中，不断地改造社会和改造人们自己。”[③]这种精神解放与生产力发展之间螺旋式发展的空幻认识，是导致此后出现“大跃进”和“人民公社”运动，出现高指标、瞎指挥、浮夸风、“共产风”这些严重脱离实际、严重违反社会主义建设规律的现象，致使社会主义建设遭受严重挫折的总根源。毛泽东错误地认为只要迅速地变革生产关系，并通过“大干快上”的群众运动就可以在短期内生产出大量的粮食和钢铁，从而迅速地确立社会主义制度，最终向共产主义社会迈进。在这种错误思想的主导下，毛泽东错误地发动了“大跃进”和“人民公社”化运动。

“大跃进”的主导思想，概括起来讲主要有两点，一是通过生产关系的变革，迅速建立起完全的社会主义公有制。为了在农村实现完全的社会主义公有制，轻率地发动了农村人民公社化运动。1958年8月下旬，中共中央政治局北戴河会

① 薄一波说道：“一九五七年，我国的建设获得了显著的成绩，各项事业蓬勃发展。但是，胜利对于我们的党，对于毛泽东同志，也隐藏着某种危险。在巨大的胜利面前，毛泽东同志和中央、地方的许多负责同志，包括我自己在内，不谨慎了，滋长了骄傲和急于求成的情绪。”（薄一波：《领袖·元帅·战友》，中共中央党校出版社1992年增订本，第14页。）

② 《中国共产党第八届全国代表大会第二次会议关于中央委员会的工作报告的决议》，人民出版社1958年，第1页。

③ 刘少奇：《中国共产党中央委员会向第八届全国代表大会第二次会议的工作报告》，人民出版社1958年，第15页。

议通过了《关于在农村建立人民公社问题的决议》之后，全国农村掀起了声势浩大的建立人民公社的运动。经过短短的两三个月时间，到十一月初，全国农村就实现了人民公社化，99%以上的农户都参加了人民公社，参加公社的总户数达12000多万户，组成人民公社26000多个。① 人民公社的特点是“一大二公”。所谓“大”，就是规模大，一般以一乡一社，两千户左右，也可以数乡一社，六、七千户左右，甚至可达万户或两万户以上。所谓“公”，就是公有化程度高，在公社范围内实行贫富队拉平、平均分配。在公社内部推行“组织军事化、行动战斗化、生活集体化”，生产实行大兵团作战，经营、核算、分配全公社统一，大办“公共食堂”，“吃饭不要钱”。幻想在农村建立全民所有制，把人民公社说成是向共产主义过渡的最好形式。在城镇，决定对个体工商业者采取更严厉的限制和改造措施，一是组织入社，二是把集体工商业并入或转为国营企业，三是限制个体劳动者的收入水平，规定不得超过同行业合作社或国营职工的平均收入水平。

“大跃进”的第二个主导思想是用群众运动的方式完成经济指标。首要目标是要实现钢产量的“跃进”。为此中央规定不顾其它，全力保钢，各地方都要把钢铁生产和建设放在首要位置。但是，现代化高炉炼出来的好铁充其量只能满足钢产量翻番的四分之一，大部分炼钢用的生铁只好用土法生产，于是出现了田野、街道处处冒烟的情况。为增加钢产量和实现工业“大跃进”，不断拼凑追加投资，基建规模急速膨胀。商业、银行无条件支持工业“大跃进”，抓东墙、补西墙，打乱了正常的资金流通。银行的资金和存款大量垫付企业流动资金，而这些资金都成了库存和废品。钢铁产量表面上上去了，但新增部分大多是质量不合格的废物。

为了完成钢产量指标和实现工业的“大跃进”，大规模地向地方和企业下放管理权限。这也是“大搞群众运动”的必然要求。1958年4月，中共中央和国务院发出《关于工业企业下放的几项规定》，提出了企业下放的总原则，即各个工业部门以及部分非工业部门所管理的企业，除了一些重要的、特殊的和试验性质的企业仍归中央继续管理以外，其余企业原则上千律下放给地方管理。② 由此，中央把所属企业原则上下放给地方管理，并在计划管理、基本建设项目审批、财政和税收、劳动管理、商业和银行管理以及教育管理等各个方面都下放了不同程度的权限。对企业一是减少指令性指标，扩大企业的计划管理权；二是实行全额利润分成制度，扩大企业的财权；三是扩大企业的人事安排权和机构设置权。

“大跃进”和“人民公社化”运动严重地破坏了工农业生产，破坏了国民经

① 周太和主编:《当代中国的经济体制改革》，中国社会科学出版社1984年，第66页。

② 《中华人民共和国国民经济和社会发展计划大事辑要》（1949—1985），第120页。

济的综合平衡，破坏了国民经济管理体制，国民经济不得开始重新调整的时期。

1961年中共中央决定从该年度年起，对整个国民经济实行“调整、巩固、充实、提高”的方针。“八字方针”的重点在于搞好调整。调整的目的是为了克服“大跃进”和“人民公社”所造成的分散、混乱和国民经济比例失调局面，恢复国民经济的健康成长。调整时期，采取了“先集中、后分散”的步骤，先把关系国民经济全局的大权集中和掌握在中央手里，然后再把部分投资权（即非工业部门的投资权）和财政权下放给地方和企业。调整初期，主要是从体制上加强集中统一，搞好综合平衡。为此在农村改变了所有制的形式和结构，调整了核算单位和分配关系。在工业和企业管理上上收计划、财政、信贷、物资、劳动、价格的管理权，实行中央集中统一的领导。这在当时是十分必要的。经济开始好转后，也即调整时期的后几年，开始注意逐步扩大地方管理经济的权限，并在企业调整、改组、整顿的前提下，适当的扩大企业的经营自主权，从而在中央集中统一的前提下，较好地调动了各方面的积极性。特别是在刘少奇同志主持下，进行了一些力图用经济组织管理经济的体制改革。[①]但是，由于历史条件的限制，这一期的调整和改革未能突破高度集中的计划经济模式。这一时期在经济管理体制上的调整和改革的局限性是十分明显的，主要是把下放权力上收，即仍然是在中央和地方、国家和企业的权力分配上做文章，而不是从计划与市场的关系上入手。此时的经济管理体制，仍然属于高度集中的计划经济形态，这种经济管理体制的弊端仍然没有得到克服。刘少奇同志的用经济组织管理经济的尝试确实是一种新的东西，但这些新东西只不过是为高度集中的计划经济体制提供了一点灵活性，并没有超出计划经济的框架。如果刘少奇的探索能够继续进行下去，或许在经历了一个时期以后，能够找到一种较为灵活的经济管理模式。但是，如果认为刘少奇主持的改革就是突破高度集中的计划经济模式的先声，或认为如果刘少奇能够继续主持经济改革，就能很快找到正确的替代高度集中的计划经济的模式，那是不能令人信服的。也就是说，即使没有“文化大革命”，高度集中的计划经济体制也仍然会暴露出来，仍然需要在“收与放”上作循环调整。当然，这种调整不可能是完全的重复，总会有一些新的认识和新改变。每调整一次，就有一点新的东西。经过若干次调整，

---

① 特别值得强调的是，这一时期在刘少奇同志主持下，对国民经济管理体制进行了一些新的探索，以期建立切合中国实际的社会主义经济体制。这些措施主要有：(1)试办托拉斯，尝试破除用行政办法管理经济，而用经济组织来管理经济，(2)改革农村分配体制，实行定额记工、定额管理与包产到户、包产到组和自留地相结合的多种分配形式，(3)推行劳动合同制度，实行固定工制度和合同工制度并存的劳动体制，(4)强调要允许一定程度的自由市场的存在，用自由市场补充国营商业的不足，等等。（参阅《刘少奇论新中国经济内建设》中的相关文章。）这些探索虽然没有超出计划经济模式的总体框架，但使计划经济有了一定的灵活性。

可能会找到一种比较合适的替代模式。但是，就这一时期的历史条件来看，还不可能真正探索出一种正确的替代模式。到找到一种正确的替代模式，可能还需要较长的一段时间，还需要新的历史条件。从 80 年代开始的改革开放终于找到了正确的替代模式，即社会主义市场经济．找到这个替代模式，既需要以前经济体制改革“循环”中积累的经验，同时又有新的历史条件作用的结果。这个新的历史条件就是 80 年代后期开始的全球范围内工业升级换代所形成的世界经济一体化，使我们充分认识了市场经济对于经济增长和发展的巨大作用。如果没有这个新的历史条件，中国是否能这么快地找到正确的替代模式，可能还是个疑问。

1978 年 12 月召开的中共十一届三中全会确立了邓小平在党中央领导集体中的核心地位，标志着中共第二代领导集体已经开始形成。全会作出了把工作重点转移到社会主义现代化建设上来，并提出了改革经济体制的任务，标志着中国开始了由计划经济向社会主义市场经济过渡的历史过程。全会总结了中国计划经济体制的弊病，并提出了改革的方向。全会指出：现在我国经济管理体制的一个严重缺点是权力过于集中，应该有领导地大胆下放，让地方和工农业企业在国家统一计划的指导下有更多的经营管理自主权，应该着手大力精简各级经济行政机构，把它们的大部分职权交给企业性的专业公司或联合公司；应该坚决按经济规律办事，重视价值规律的作用；应该认真解决党政不分、政企不放的现象。①1979 年 4 月，中共中央又召开了工作会议，提出对国民经济实行“调整、改革、整顿、提高”的方针。李先念在会上作了《关于改革经济管理体制的问题》的重要讲话，对中国经济体制改革的原则、方向、步骤作了全面的分析和探讨，提出了以下原则；(1) 在整个国民经济中，以计划经济为主，市场调节为辅，关系国计民生的重要产品，由国家统一计划，其它产品可由企业根据市场的供求情况自行确定生产，自行销售。(2) 扩大企业自主权，并把企业经营好坏同职工的物质利益挂起钩来。(3) 按照统一领导、分级管理的原则，明确中央和地方的权限。(4) 精减行政机构，更好地运用经济手段来管理经济。②1982 年 5 月，成立了国家经济体制改革委员会，对高度集中的计划经济体制的改革由此全面开展起来了。

对高度集中的计划经济体制的改革，顾名思义，应当从两个方面着手。一是对高度集中性的改革，这就要求扩大地方和企业的经济管理权，尤其是企业的经

① 中共中央文献研究室编：《十一届三中全会以来党的历次全国代表大会中央全会重要文件选编》，中央文献出版社 1997 年，上册，第 23 页。

② 中共中央文献研究室编：《新时期经济体制改革重要文献选编》，中央文献出版社 1998 年，上册，第 17—21 页。

济管理权。从根本上说，就是要使企业成为独立自主的经济主体。二是对高度计划性的改革，这就要求重视价值规律的作用。从根本上来说，就是要发挥市场机制对国民经济的调节作用。中共十四大和十五大确定了社会主义市场经济的目标模式，对以上两个方面的内容作了最终、最准确的界定，这就是要使国有企业和所有其它类别的企业一样，成为独立的拥有法人所有权的市场主体；要使市场成为资源配置的基础手段。国有企业成为独立的市场主体和市场成为资源配置的基础手段，是社会主义市场经济的基本内容。但是，并不是从开始经济体制改革之初就达到这种认识的。从 1979 年到 1992 年中共第十四次全国代表大会提出建立社会主义市场经济体制之前的十几年时间里，中共对于经过改革，最后应当建立怎样一种社会主义经济体制的目标模式，并不是十分清楚的。当时的目标是为了“建立充满生机的社会主义经济体制”①。所以，如何能使经济体制更加有活力、更加富于生机，就如何改，至于最终将改成一个什么样子，即改革的目标模式是什么，并不是心中有数的。这是一段“摸着石头过河”的路程。

改革首先从农村开始。中共十一届三中全会通过了《关于加快农业发展若干问题的决定（草案）》。次年 9 月中共十一届四中全会对草案进行了修改并通过了这个决定。决定指出，摆在我们面前的首要任务，就是要集中精力使目前还很落后的农业尽快得到迅速发展，因为农业是国民经济的基础，农业的高速发展是保证实现四个现代化的根本条件。会议提出必须在最近两三年内采取一系列政策措施，充分发挥八亿农民的积极性。此后党中央采取许多措施，对农业管理体制进行改革。这些措施包括：（1）大幅度提高农副产品价格，增加农民的收入。（2）保障生产队的经营自主权。《决定》规定，人民公社的基本核算单位有权因地制宜的进行种植，有权决定增长措施，有权决定经营管理方法，有权分配自己的产品和现金，有权抵制任何领导机关和领导人的瞎指挥。（3）实行多种形式的生产责任制。②

上述三条措施中，对农村管理体制影响最大的，是实行多种形式的生产责任制。生产队的自主权受到尊重后，各地群众和干部从实际出发，大胆探索，恢复和创造了多种形式的生产责任制。这些生产责任制如包工到组、包产到组、专业承包联产计酬，其中最有争议的是包产到户和包干到户，即所谓“双包”。包产到户，即农户对产量承包，承包部分参加集体的统一分配，超产的部分全部奖给农户。包干到户，即由农户包农业税和国家征购任务，包生产队的公积金和公益

① 《中共中央关于经济体制改革的决定》，载同上书，第 267—296 页。

② 中共中央文献研究室编：《十一后三中全会以来党的历次全国代表大会中央全会重要文件选编》，中央文献出版社 1997 年，上册第 32—58 页。

金，其余全归承包户所有，这就是社员所说的“交够国家的，留足集体的，剩下全是自己的”，俗称“大包干”。包干到户作为一种联产承包责任制，日后在全国获得全面推广。到1984年底，全国569.2万个生产队中，有569万个生产队实行了联产承包责任制，占生产队总数的99.9665%，只有0.2万个生产队未实行联产承包责任制。其中有563.6万个生产队实行“大包干”，占实行联产承包责任制的队数的99%。[①]家庭联产承包责任制克服了以往集体中长期存在的生产上的“大呼隆”和分配上的“吃大锅饭”的弊病，解决了中国社会主义农业长期以来没有解决的问题，是具有深远历史意义的改革。

随着农村改革的成功，对僵化的计划经济体制的改革的重点逐渐地移到了城市工业管理体制上。1984年10月，中共中央召开了十二届三中全会，通过了《中共中央关于经济体制改革的决定》，提出开始对以城市为重点的整个经济体制进行改革。《决定》指出，农村改革的成功经验，农村经济发展对城市的要求，为以城市为重点的整个经济体制的改革提供了极为有利的条件。

在十二届三中全会之前，中共中央就着手对城市工业管理体制进行了一些改革。这一时期对城市工业管理体制的改革，是在“计划经济为主、市场调节为辅”的指导思想下进行的。1979年4月中共中央工作会议就已经提出，我国的经济管理体制应当是“计划经济为主、市场调节为辅”。中共十二大对“计划经济为主、市场调节为辅”的主要内容作了更明确的阐述。十二大报告《全面开创社会主义现代化建设新局面》中指出：我国在公有制基础上实行计划经济。有计划的生产和流通，是我国国民经济的主体。同时，允许对部分产品的生产和流通不作计划，由市场来调节，也即由价值规律自发地起调节作用。这一部分是有计划生产和流通的补充，是从属的、次要的，但又是必要的、有益的。十二大报告进一步指出，对于国民经济中关系国计民生的生产资料和消费资料的生产和分配，尤其是对于关系经济全局的骨干企业，必须实行指令性计划；对于集体所有制经济也应当根据需要下达一些具有指令性的指标，如对粮食和其他重要农副产品的征购派购，除此之外，对许多产品和企业要实行主要运用经济杠杆以保证其实现的指导性计划，至于各式各样的小商品，国家不必要也不可能用计划把它们都管起来，可以让企业根据市场供求灵活地自行安排生产。在计划生产中，无论是指令性计划，还是指导性计划，都要求经常研究市场供需状况的变化，自觉利用价值规律，运用价格、税收、信贷等经济杠杆引导企业实现国家计划的要求，给企业

① 《中国统计年鉴》（1985年）第237页。

以不同程度的机动权。[①]

根据这种指示精神，中共中央对国家与企业的关系作了较大的改革。改革的基本点是扩大企业的自主权，并对企业实行利润留成和以税代利制度。1979 年 7 月，国务院决定开始扩大国营工业企业的经营管理自主权并实行利润留成制度，要求地方、部门按照统一规定的办法选择少数企业试点。通过扩权，试点企业拥有了部分计划权，在完成国家计划的前提下，多余的生产能力可根据市场需要自行安排生产；企业拥有部分销售权，在完成国家计划收购任务后，多余产品可自行销售；企业拥有部分资金使用权，可按一定的比例实行利润留成，用于发展生产、改善集体福利、奖励职工；企业拥有部分干部任免权，中层干部不需上级批准，由企业任免等等。1979 年底，试点企业达到 4200 个，1980 年又发展到 6600 个，约占全国预算内工业企业数的 16%，产值的 60%，利润的 70%。[②]

1984 年 10 月，中共中央召开了十二届三中全会。全会通过的《中共中央关于经济体制改革的决定》对社会主义经济体制的认识有了新的发展，提出社会主义经济体制应当是有计划的商品经济，从而突破了把计划经济与商品经济对立起来的观点。[③]《决定》指出，“改革计划体制，首先要突破把计划经济同商品经济对立起来的传统观念，明确认识社会主义计划经济必须自觉依据和运用价值规律，是在公有制基础上的有计划的商品经济”。又指出：“实行计划经济不等于指令性计划为主，指令性计划和指导性计划都是计划经济的具体形式”，“指导性计划主要依靠运用经济杠杆的作用来实现，指令性计划则是必须执行的，但也必须运用价值规律”。

与对社会主义经济体制的这种认识相适应，《决定》对政企关系和国有企业的改革也提出了新的内容。《决定》明确指出，按照政企职责分开、简政放权的原则进行改革，是搞活企业和整个国民经济的迫切需要。政企分开是对企业自主权的进一步扩大。《决定》指出，过去由于长期政企职责不分，企业实际上成了行政机构的附属物，中央和地方政府包揽了许多本来不应由它们管理的事，而许多必须由它们管的事又未能管好。今后各级政府部门原则上不再直接经营管理企业。全国性和地区性的公司，是一种联合经济组织，必须是企业而不是行政机构。在政企分开的同时，要进一步扩大企业的自主权。企业在服从国家计划和管理的前提下，有权选择灵活多样的经营方式，有权安排自己的产供销活动，有权拥有

① 中共中央文献研究室编：《十一后三中全会以采党的历次全国代表大会中央全会重要文件选编，上册，第 227—283 页。

② 周太和编：《当代中国的经济体制改革》，第 176 页。

③ 中共中央文献研究室编：《十一届三中全会以来党的历次全国代表大会中央全会重要文件选编》上册，第 339—368 页。

和支配自留资金，有权依照规定自行任免、聘用和选举本企业的工作人员，有权自行决定用工办法和工资奖励方式，有权在国家允许的范围内确定本企业产品的价格。总之，要使企业真正成为相对独立的经济实体，成为自主经营、自负盈亏的社会主义商品生产者和经营者，成为具有一定权利和义务的法人。

随着企业自主权的扩大，必然要对价格改革提出紧迫的要求。因为只有当价格体系基本反映产品的价值和供求关系时，企业才能根据市场供求情况进行自主经营。为此，《决定》要求对价格体系进行改革。《决定》指出，我国现行的价格体系，由于长期忽视价值规律的作用和其他历史原因，存在着相当紊乱的现象，不少商品的价格既不反映价值，也不反映供求关系，不改革这种不合理的价格体系，就不能正确评价企业的生产经营效果。随着企业自主权的进一步扩大，价格对企业生产经营活动的调节作用越来越显著，建立合理的价格体系更为急迫。价格体系的改革是整个经济体制改革成败的关键。此后，在 1985 年 9 月中国共产党全国代表会议上通过的《中共中央关于制定国民经济和社会发展第七个五年计划的建议》中，要求“进一步发展社会主义的有计划的商品市场，逐步完善市场体系”。《建议》并指出：逐步形成和完善市场体系的关键，是改革价格体系和价格管理制度。要求对消费资料，除极少数重要商品仍由国家定价外，一般商品要根据市场供求状况有计划的逐步放开，对重要生产资料，要逐步减少国家统一定价部分的比重，扩大市场调节部分的比重，同时有计划分步骤地调整计划价格，使计划与市场两种价格的差距逐渐缩小。通过改革，逐步形成少数商品和劳务实行计划价格、多数实行浮动价格和自由价格的统一性与灵活性相结合的价格体系，更好地发挥价格这个最重要、最有效的经济杠杆对生产、流通和消费的调节作用。①

1987 年 10 月召开的中共第十三次全国代表大会又迎来中国工业管理体制改革的一个新的阶段。十三大提出了“社会主义初级阶段”的理论，从而为中国的改革开放提供了理论基础。十三大继续肯定了十二大提出的社会主义经济是“公有制基础上的有计划的商品经济”的概念，但对此作了新的发挥。《沿着有中国特色的社会主义道路前进》的十三大报告指出，“计划和市场的作用范围都是覆盖全社会的”，社会主义商品经济的发展离不开市场的发育和完善，新的经济运行机制从总体上来说应当是“国家调节市场、市场引导企业”的机制。② 与此相应，

① 中共中央文献研究室编:《十一届三中全会以来党的历次全国代表大会中央全会重要文件选编》上册，第 373—413 页。

② 中共中央文献研究室编:《十一届三中全会以来党的历次全国代表大会中央全会重要文件选编》上册，第 439—496 页。

对国有企业的改革也提出了新的要求，即不仅要进一步扩大国有企业的经营自主权，还要求国有企业转变经营机制，以适应市场引导作用的发挥。为此，十三大报告提出了“按照所有权与经营权分离的原则，搞活全民所有制企业”。报告指出，实行所有权与经营权分离，把经营权真正交给企业，理顺企业所有者、经营者和生产者的关系，切实保护企业合法权益，使企业真正做到自主经营、自负盈亏，是建立有计划商品经济体制的内在要求。报告还肯定了当时刚开始实行的国有企业承包制，认为承包租赁等多种形式的经营责任制是实行两权分离的有益探索。

由于突出和扩大了市场的作用，中共十三大报告提出了要建立和培育社会主义市场体系的问题。报告指出，社会主义市场体系不仅包括消费品和生产资料等商品市场，而且应当包括资金、劳务、技术、信息和房地产等生产要素市场。报告指出，建立社会主义市场体系，必须积极而稳步地推进价格改革，理顺商品价格和各种生产要素价格，逐步建立少数重要商品和劳务价格由国家管理，其它大量商品和劳务价格由市场调节的制度。

根据中共十三大的理论和指示精神，于1988年4月召开的七届全国人大一次会议通过了《中华人民共和国全民所有制工业企业法》。[①]《企业法》在十三大理论的基础上对政企关系和企业的权利与义务作了进一步的明确。《企业法》规定，全民所有制企业是依法自主经营、自负盈亏、独立核算的社会主义商品生产和经营单位，政府有关部门按照国家调节市场，市场引导企业的目标，为企业提供服务。企业的财产属于全民所有，国家依照所有权和经营权分离的原则授予企业经营管理权，企业对国家授予其经营管理的财产享有占有、使用和依法处分的权利。《企业法》第一次用法律的形式明确了政府与国有企业之间的权责利关系，为国有企业制度与经营方式的改革打下了坚实的基础。

对两权分离和扩大企业自主权具有重要意义的另一个文件是1992年7月由国务院颁布实施的《全国所有制工业企业转换经营机制条例》。[②]这个条例是对《全民所有制工业企业法》的具体化。由于《全民所有制工业企业法》的条款比较原则，为便于操作，国务院责成国家体改委会同有关部门制定具体的实施细则。经过四年的制定与修改，形成了这个《条例》。《条例》明确规定了国有企业转换经营机制的目的，是使国有企业成为自主经营、自负盈亏、享有民事权利和承担民事责任的企业法人。《条例》规定企业享有14项经营自主权，即生产经营决策权、产品劳务定价权、产品销售权、物资采购权、进出口权、投资决策权、留用资金支配权，资产处置权、联营兼并权、劳动用工权、人事管理权、工资奖金分配权、

① 参见《经济法》，经济科学出版社1997年，第470—480页。

② 中共中央文献研究室编：《新时期经济体制改革重要文献选编》下册，第814—837页。

内部机构设置权、拒绝摊派权等。《条例》具体规定了厂长和职工对企业盈亏的责任，明确了“厂长对企业盈亏负有直接经营的责任，职工按照企业内部经济责任制，对企业盈亏也负有相应的责任。”《条例》还细化了政府的职能。《条例》的颁布与实施，对于进一步调整政企关系，明确政府与企业之间的权责利关系具有重大的推动作用。到《条例》颁布的1992年，政企关系从理论上看已经比较接近市场经济所要求的标准。

但是，从《条例》来看，这一时期的政企关系和企业所拥有的自主权离市场经济的要求仍然存在着一定的距离。首先，对有些企业的自主权仍加以不必要的限制。例如，《条例》在进出口自主权、投资决策权、资产处置权等条款中都规定要有政府有关部门批准，这些规定或者过于笼统，或者限制过多，增加了落实的难度；其次，对企业如何自负盈亏没有具体规定，只是规定了厂长和职工对盈亏应负的责任，没有规定企业作为法人如何实现自负盈亏。再次，没有规定企业作为法人对财产拥有法人所有权。《条例》对保障国家的所有权是明确的，对企业的法人所有权则不明确。这是由于《条例》遵循的是所有权和经营权相分离，即企业只有经营权没有所有权的理论。而企业没有财产所有权，自负盈亏是难以实现的，第四，没有完全解决政企职责分开的问题。这表现在对企业经营自主权限制过多，政府职责仍然较大上，如厂长的任免、奖惩，企业的生产性建设项目等仍然需政府批准或决定。也就是说，企业经营管理的一部分大权仍旧掌握在政府手里，政企职责没有有效分开。总的来看，这一期对工业企业管理体制和计划经济体制的改革还没有到位。从根本上来看，这是由于对社会主义经济体制的认识还不准确，还没有到位所引起的。

1992年10月召开的中国共产党第十四次全国代表大会迎来了中国改革开放的新阶段。十四大确定以建立社会主义市场经济为社会主义经济体制的目标模式，从而结束了中国经济体制改革走一步看一步、“摸着石头过河”的阶段，使改革有了一个总的、明确的目标。中国的经济体制改革开始了昂首阔步的新阶段。

建立社会主义市场经济，是自中共十一届三中全会以来改革开放的实践所产生的认识深化的产物。前文曾经指出，中共在1956年以前就基本形成了计划经济与市场经济是相互对立的，市场经济是资本主义性质的思想。自改革开放之初，中共开始重新反思这一问题。邓小平在1979年11月就提出，“社会主义也可以搞市场经济”，“我们是计划经济为主，也结合市场经济”。[①] 这一精神成了中共十二大的“计划经济为主、市场调节为辅”的方针。1985年10月，邓小平又一

① 中共中央文献研究室编，《新时期经济体制改革重要文献选编》上册，第35页。

次提出，社会主义和市场经济不存在根本矛盾。[①]到十三大前夕，邓小平又进一步指出，“计划和市场都是发展生产力的方法”[②]。为此，中共十三大提出了“利用市场调节决不等于搞资本主义”，“计划和市场的作用范围都是覆盖全社会的”的论断。[③]直到1992年，邓小平在南巡讲话中指出“计划多一点还是市场多一点，不是社会主义与资本主义的本质区别。计划经济不等于社会主义，资本主义也有计划；市场经济不等资本主义，社会主义也有市场”之后，[④]中共中央在总结十五年来改革开放的经验和教训的基础上，终于在十四大上提出了建立社会主义市场经济的方针。江泽民在题为《加快改革开放和现代化建设步伐，夺取有中国特色社会主义事业的更大胜利》的十四大报告中说道：“实践的发展和认识的深化，要求我们明确提出，我国经济体制改革的目标是建立社会主义市场经济体制，以利于进一步解放和发展生产力。”[⑤]

社会主义市场经济体制的核心是使市场经济与公有制相结合。其基本点有两个；一是要使市场在社会主义国家宏观调控下对资源配置起基础作用，二是以包括全民所有制和集体所有制的公有制为主体，个体经济、私营经济、外资经济等多种经济成分共同发展。使市场对资源配置起基础作用，就是要使经济活动遵循价值规律的要求，适应供求关系的变化；通过价格杠杆和竞争机制的功能，把资源配置到效益较好的环节中去，运用市场对各种经济信号反映比较灵敏的优点，促进生产和需求的及时协调。以公有制为主体，多种经济成分共同发展，就是要使国有企业、集体企业和其他企业都进入市场，通过平等竞争发挥国有企业的主导作用，为此，中共十四大报告指出要抓好几个相互联系的重要环节：(1) 转换国有企业特别是大中型企业的经营机制，把企业推向市场，增强它们的活动，提高它们的素质。这是建立社会主义市场经济体制的中心环节。为此，必须通过理顺产权关系，实行政企分开，落实企业自主权，使企业真正成为自主经营、自负盈亏、自我发展、自我约束的法人实体和市场竞争主体，并承担国有资产价值增值的责任。(2) 加快市场体系的培育。这需要大力发展商品市场特别是生产资料市场，积极培育包括债券、股票等有价证券的金融市场，发展技术、劳务、信息和房地产等市场，尽快形成全国统一开放的市场体系。(3) 深化分配制度和社会

---

① 《邓小平文选》第3卷，第148页。

② 同上书，第203页。

③ 中共中央文献研究室编：《十一届三中全会以来党的历次全国代表大会中央全会重要文件选编》上册，第462页。

④ 《邓小平文选》第3卷，第373页。

⑤ 中共中央文献研究室编：《十一届三中全会以来党的历次全国代表大会中央全会重要文件选编》下册，第170页。

保障制度的改革。（4）加快政府职能的转变。凡是国家法令规定属于企业行使的职权，各级政府都不要干预。政府的职能，主要是统筹规则，掌握政策，信息引导，组织协调，提供服务和检查监督。

为进一步落实十四大的指示精神，于1993年11月召开的中共十四届三中全会制定通过了《中共中央关于建立社会主义市场经济体制若干问题的决定》，对如何建立社会主义市场经济体制作了进一步的规定。[①]《决定》指出，建立社会主义市场经济体制，就是要使市场在国家宏观调控下对资源配置起基础性作用。为实现这个目标，必须坚持以公有制为主体、多种经济成分共同发展的方针，进一步转换国有企业经营机制，建立适应市场经济要求，产权清晰、权责明确、政企分开、管理科学的现代企业制度。《决定》指出，建立现代企业制度，是发展社会主义生产和市场经济的必然要求，是我国国有企业改革的方向。

什么叫做现代企业制度？它的基本内容是什么？《决定》对现代企业制度的基本内容作了明确的规定：一是建立明晰的产权关系，企业中的国有资产所有权属于国家，企业拥有包括国家在内的出资者投资形成的全部法人财产权，成为享有民事权利、承担民事责任的法人实体；二是企业以其全部法人财产，依法自主经营，自负盈亏，照章纳税，对出资者承担资产保值增值的责任，三是出资者按投入企业的资本额享有所有者的权益，即资产受益、重大决策和选择管理者等权利，企业破产时出资者只以投入企业的资本额对企业债务负有限责任，四是企业按照市场需求组织生产经营，政府不直接干预企业的生产经营活动，五是建立科学的企业领导体制和组织管理制度，调节所有者、经营者和职工之间的关系。《决定》指出，国有企业实行公司制，是建立现代企业制度的有益探索。努力通过公司制有效地实现出资者所有权与企业法人财产权的分离，实现政企分开，使企业转换经营机制，摆脱对行政机关的依赖，解除国家对企业承担的无限责任，公司可以有单一投资主体的独资公司和由多个投资主体组成的有限责任公司或股份有限公司。同年12月，全国人大颁布了《公司法》，对公司中的国有独资公司作了专门的规定。[②]

国有独资公司与其它国有企业有较大的差别。首先，国有独资公司是依据｛公司法9设立的，它适用于公司法，而一般的国有企业只能适用《企业法》。其次，国有独资公司实行的是公司制度，即在公司组织上，国家授权投资的机构或国家授权的部门仅以出资额为限对公司承担责任，公司独立行使法人所有权，以其全部资产对其债务承担有限责任，而一般国有企业实行的是一种特殊制度，在企业

① 同上书，第268—297页。

② 参见《经济法》，经济科学出版社1979年，第427—469页。

组织上实行所有权与经营权相分离的原则，企业只享有经营权。第三，国有独资公司在内部管理体制上实行董事会制，由董事会行使经营决策权，经营指挥权由由经理行使，而一般的国有企业在内部管理体制上实行厂长（经理）负责制，由厂长（经理）向国家负责，厂长（经理）集经营决策权和经营指挥权于一身。第四，国有独资公司与政府（指国家授权投资的机构或国家授权的部门）是平等的民事主体关系，它们靠民事法律关系联结，而一般的国有企业隶属于政府，它们之间的关系更多地表现为行政关系。

国有独资公司也不同于一般的有限责任公司。一般的有限责任公司必须有两个以上 50 个以下的股东，而国有独资公司只有国家授权投资的机构或国家授权的部门这一个股东。一般的有限责任公司要设股东会、董事会和监事会，而国有独资公司按照《公司法》不设股东会和监事会（股东会和监事会的职责均由国家授权投资的机构或国家授权的部门行使），只设董事会。一般的有限责任公司的董事会和监事会由股东大会选举产生，而国有独资公司的董事会成员由国家授权投资的机构或国家授权的部门委派或者更换，对董事会的监督由国家授权投资的机构或国家授权的部门对国有资产实施监管。1999 年 12 月 25 日第九届全国人民代表大会常务委员会第十三次会议对原《公司法》进行了修改，增加了“国有独资公司监事会由国务院或者国务院授权的机构、部门委派的人员组成，并有公司职工代表参加。监事会的成员不得少于三人”的条款，决定在国有独资公司中设立监事会，从而进一步完善了国有独资公司的治理结构。[①] 由此可见，在国有独资公司中，政府对公司的权利只限于相当于其它一般有限责任公司中的股东会和监事会的权利，而不能有更多的权利，经理向董事会负责，董事会向作为股东的政府（由国家授权投资的机构或国家授权的部门）负责。公司具有法人所有权，国家则保留最终所有权。国有独资公司的形式既坚持了国有制，又使国有企业有可能成为真正的企业，从而成为真正的市场主体。国有大中型企业的公司制改革不只有国有独资公司一种形式，还可以有多个投资主体组成，甚至有与非国有投资主体联合组成的有限责任公司或股份有限责任公司。在与非国有投资主体联合组成的公司中，国有投资主体只能按照《公司法》的规定，享受与其拥有股份相应的权利。

从上述论述可以看出，随着中共对社会主义经济体制的认识的不断演化，国有企业的改革也经历了扩权让利、两权分离和实行现代企业制度三个阶段。三个阶段中，政府对企业的权利越来越小，对企业的控制越来越弱，而企业的自主权

---

① 《人民日报》1999 年 12 月 25 日。

则越来越大，企业对政府的依赖越来越少，最终使国有企业由原来那种隶属于政府行政的生产单位转变为具有法人所有权的自主的经济实体，成为真正的市场主体，成为社会主义市场经济中的主要成员。能否使国有企业成为真正的市场主体，是社会主义市场经济能否形成、社会主义初级阶段能否成立的关键。如果不能使国有企业成为真正的市场主体，那么我们只有两条道路可走：一是回头搞计划经济，一是实行私有制或以私有制为主体，通过私有化使国有企业转变为真正的市场主体。二者中无论何者，都会偏离建设有中国特色社会主义的道路，从而背离中共所一直追求的社会主义事业。但是，中共找到了使国有企业成为真正的市场主体的道路。在中共中央的指示下，在第九届全国人民代表大会上，国务院提出用三年左右的时间，使大多数国有大中型亏损企业摆脱困境，力争在本世纪末使大多数国有大中型骨干企业初步建立起现代企业制度（后来的事实证明，国务院在这一点上做得非常不够，基本没有兑现承诺）。

建立社会主义市场经济体制，还必须坚持以公有制为主体，多种经济成分共同发展。中共十四大报告强调，必须“坚持以公有制为主体、多种经济成分共同发展的方针。在积极促进国有经济和集体经济发展的同时，鼓励个体、私营、外资经济发展，并依法加以管理。”[①]“以公有制为主体、多种经济成分共同发展”的方针早在改革开放之初就已提出，但“多种经济成分”的种类，十四大报告提的最为全面。

发展个体经济，以作为社会主义公有制经济的有益补充，是中国共产党从改革之初就坚决贯彻的重要方针。1981 年 6 月《中共中央关于建国以来党的若干历史问题的决议》中就指出：“国营经济和集体经济是我国基本的经济形式，一定范围的劳动者个体经济是公有制经济的必要补充。”[②]1982 年 9 月中共十二大报告也指出：“在农村和城市，都要鼓励劳动者个体经济在国家规定的范围内和工商行政管理下适当发展，作为公有制经济的必要的、有益的补充，”[③]1984 年 10 月《中共中央关于经济体制改革的决定》进一步指出：“我国现在的个体经济是和社会主义公有制相联系的，不同于和资本主义私有制相联系的个体经济，它对于发展社会生产、方便人民生活、扩大就业具有不可替代的作用，是社会主义经济必要的有益的补充，是从属于社会主义的。”[④]由于中共党和国家政策的大

① 中共中央文献研究室编，《十一届三中全会以来党的历次全国代表大会中央全会重要文件选编》下册，第 170 页。

② 同上书，上册第 211 页。

③ 中共中央文献研究室编：《十一届三中全会以来党的历次全国代表大会中央全会重要文件选辑》上册，第 241 页。

④ 同上书，第 361 页。

力支持，改革开放以来，中国个体经济发展迅速。1988 年，全国个体工商户达 1452.7 万户，就业人员 2304.9 万人。1993 年底，个体工商户增至 1766.87 万户，从业人员增至 2939.3 万人，注册资金 854.85 亿元，创产值 1386.86 亿元。个体工业企业产值占工业总产值的比重 1980 年仅为 0.02%，1991 年增至 5.7%。①

与个体经济不同，中国对于私营经济的发展，经历了一个由观望、默认到承认的阶段，直到中共十三大，才给予正式的肯定，被作为一项基本政策确定了下来。私营经济的出现和发展是个体经济广泛发展的必然结果。个体经济系指雇工 7 人以下的个体企业。个体企业的进一步发展必然要求进一步扩大雇工，当雇工达到 8 人以上时，个体企业就发展成私营企业。1981 年国务院作出规定，允许个体企业雇帮手 1—2 人，学徒 3—5 人（也即允许 7 人以下的雇工），但 8 人以上的雇工仍不在许可范围之内。当出现雇工 8 人以上的私营企业时，虽未强行禁止，但仍十分慎重，采取了不肯定、不宣传、不取缔、看一看（即所谓的“三不一看”）的方针。到 1985 年、1986 年，私营企业的发展已引人注目，并引起了社会的广泛议论。此时，中共党和政府决定允许其存在。1987 年中央五号文件提出，对私营企业应当“允许存在、加强管理、积极引导、兴利抑弊”。直到中共十三大，才开始正式肯定私营经济的发展。在中共十三大报告中明确指出：“我们已经进行的改革，包括以公有制为主体发展多种所有制经济，以至允许私营经济的存在和发展，都是由社会主义初级阶段的实际状况所决定的，只有这样做，才能促进生产力的发展。”对于城乡合作经济、个体经济和私营经济，都要鼓励它们发展。“私营经济一定程度的发展，有利于促进生产，活跃市场，扩大就业，更好地满足人民多方面的生活需求，是公有制经济必要的有益的补充。”② 在十三大以前，所谓的“多种经济成分共同发展”，并不包括私营经济。从十三大开始，私营经济也被包括在需要“共同发展”的多种经济成分之中了。1988 年，七届全国人大通过了《宪法修正案》，增加了“国家允许私营经济在法律规定的范围内存在和发展”的条文。③ 国务院并正式颁布了《中华人民共和国私营企业暂行条例》，用法律的形式确定私营经济是社会主义公有制经济的补充，国家保护私营企业的合法权益。④ 自此以后，私营经济开始得到合法发展。到 1993 年底，全国私营企业 23.8 万户，从业人员 373 万人，注册资金 680.3 亿元，创工业产值 421.74 亿元。

① 黄文忠主编：《过渡型市场经济概论》，华东理工大学出版社 1996 年，第 91 页。

② 中共中央文献研究室编：《十一届三中全会以来党的历次全国代表大会中央全会重要文件选编》上册，第 460、466—467 页。

③ 中共中央文献研究室编：《新时期经济体制改革重要文献选编》上册，第 529 页。

④ 参阅刘复之主编，《中华人民共和国法律大辞书》，第 1899 页。

同时，出现了超大型的私有企业集团。[①] 中共十四大对私营经济作了更进一步的肯定，并指出私营经济还可以同包括国有企业在内的其他经济成分实行以自愿为基础的多种形式的联合经营，并在市场上平等竞争。[②] 到 1996 年，私营企业发展到 81.9 万户，注册资金 3752.4 亿元，户均资金 458168 元，其中 100 万元以上的有 62617 户，500 万元以上的有 6298 户，私营企业集团有 752 户。[③]

外资经济虽然同私营经济一样，也是一种资本主义经济，但在我国却如同集体经济、个体经济一样，从改革之初就开始大力引进和发展。其中的原因在于外国资本的进入及其发展会带来中国现代化建设所急需的技术和资金。外资经济包括中外合资企业、中外合作经营企业、外国独资企业三种类型，俗称“三资”企业。“三资”企业在中国的发展是与举办“经济特区”和开放沿海、沿江、沿边城市紧密相连的。1980 年 8 月，五届全国人大常委会批准了《广东省经济特区条例》。[④] 从此，深圳、珠海、厦门、海南等经济特区相继得到了发展，以“三资”企业为主体的企业结构在特区开始呈现。1984 年 4 月，中共中央、国务院决定开放天津、上海、大连等 14 个沿海港口城市。1985 年 2 月，又开辟了长江三角洲等沿海经济开放区 .1991 年初，继上海浦东新区建立后，沿江、沿边一些城市相继开放。这样，“三资”企业也就“兴旺发达”起来 . 到 1994 年底，累计实际利用外资 955.77 亿美元，协议利用外资 2000 多亿美元，与外商签定的直接投资总项目达 221718 个。[⑤]

城乡集体企业作为非国有的公有制经济成分，在改革开放开始之日起就理所当然地得到了中共党和政府的大力支持，并把它的发展作为确立公有制主体地位的重要组成部分。城乡集体企业大致有三大类：一是城市集体企业，二是乡镇集体企业，三是农业集体企业。其中最重要，也是作为农村改革的意想不到的新事物出现的，是乡镇企业的兴起和发展。在农村，由于实行了联产承包责任制，农业劳动生产率大幅度提高，这一方面增加丁农民的收入，扩大了农村居民对服装、家用电器和其他轻工业制品的消费要求，另一方面又使农村形成了大量的剩余劳动力，于是便促成乡镇企业的异军突起。邓小平说道；“农村改革中，我们完全没有预料到的最大收获，就是乡镇企业发展起来了，突然冒出搞多种行业，搞商品经济，搞各种小型企业，异军突起。……这是我个人没有预料到的，

---

① 黄文忠主编：《过渡型市场经济概论》，华东理工大学出版社 1996 年，第 93 页。

② 中共中央文献研究室编：《十一届三中全会以来党的历次全国代表大会中央全会重要文件选编》下册，第 170 页。

③ 刘祝平，刘学主编：《社会主义市场经济论》，中国社会科学出版社 1997 年，第 93 页。

④ 参见刘复之主编：《中华人民共和国法律大辞书》集 2095 页。

⑤ 黄文忠主编：《过渡型市场经济概论》第 93—94 页。

许多同志也没有预料到，是突然冒出这样一个效果。”[①] 到1990年，乡镇企业单位数达1850.4万个，职工人数达9264.75万人，总产值达8461.64亿元。1990年，城乡集体所有制工业企业数166.85万个，总产值8522.73亿元，占工业总产值的35.6%[②]。到1993年底，城乡集体所有制工业企业已达350多万个，职工人数3603万人，总产值13050.9亿元。[③]

中共十四大之后，中国的经济体制改革进入了整体推进、重点突破的新阶段。以公有制为主体、多种经济成分共同发展的格局进一步展开。改革开放初期，中共中央提出这一方针的时候，非公有制经济在经济总量中只占1%左右，到1997年中共十五大召开前后，非公有制经济已占到24%。[④] 国民经济的市场化程度明显提高，无论是生产资料、工业消费品，还是农产品，大多数已由市场定价。资本、技术、劳动力等要素市场也有不同程度的发展，市场对资源配置的基础性作用明显增强。财政、金融、外贸、外汇以及投资等体制的改革，有的取得了重大突破，有的有了新的进展，适应市场经济需要的宏观调控体系的框架也初步形成。以建立现代企业制度为方向的企业改革步伐加快，抓大放小，许多国有小型企业通过多种形式放开搞活，增强了新的活力。但是，改革的发展仍然存在着不平衡状况。如相对于市场体系和宏观调控体系来说，国有企业的改革仍然滞后。从总体上看，国有企业尚未真正成为自主经营、自负盈亏的市场主体，市场机制的作用也受到相当大的局限。要解决市场经济与公有制相结合的历史性课题，就必须集中精力攻克这个难题。在这种背景下，中国共产党召开了第十五次全国代表大会。

中共十五大进一步发展和完善了在十三大提出的社会主义初级阶段的理论，并且确定了邓小平理论在中共的指导地位。十五大报告围绕着建立社会主义市场经济这一根本目标，对经济体制改革特别是国有企业改革提出了一系列新的思路，作了具有历史意义的战略规划。首先，十五大对公有制经济主体地位的含义作了新的界定。这些新的界定的主要内容包括：(1)提出要全面认识公有制经济的含义。江泽民在题为《高举邓小平理论伟大旗帜，把建设有中国特色社会主义事业全面推向二十一世纪》的十五大报告中指出：“公有制经济不仅包括国有经济和集体经济，还包括混合所有制经济中的国有成分和集体成分。”[⑤] 这一论断不仅使公有制经济的内涵更加全面、准确，而且为公有制经济同其他所有制经济联合、合作，

① 《邓小平文选》第3卷，第238页。

② 《中国统计年鉴》（1991年）第377，378，391页。

③ 黄文忠主编：《过渡型市场经济概论》第94页。

④ 桂世镛：《当代中国的经济体制改革与经济发展》，载《经济日报》1998年11月26日。

⑤ 中共中央文献研究室编：《十一届三中全会以来党的历次全国代表大会中央全会重要文件选编》下册，第426页。

更好地发展生产力提供了广阔的道路。公有制经济可以采取独资的形式，也可以采取合资的形式，通过资本的联合和生产技术的联系，推动、支配大量社会资本的运作，更好地发挥主体作用。（2）从质与量的统一上认识和把握公有制经济主体地位的原则，指出公有制的主体地位主要体现在公有资产在社会总资产中占优势，体现在国有经济控制国民经济命脉，对经济发展起主导作用。公有资产占优势，要有量的优势，更要注重质的提高，国有经济起主导作用，主要体现在控制力上。这样，维护和增强国有经济的主导作用，就必须在努力优化国有经济结构、提高国有经济素质上下工夫，而不能单纯着眼于量的增加。只要国家能够控制国民经济命脉，国有经济的控制力和竞争力增强，国有经济的比重即使减少一些，也不会影响公有制的主体地位，不会影响我国的社会主义性质。（3）把公有制和公有制的实现形式区分开来，努力寻找多样化的公有制实现形式，一切反映社会化生产规律的经营方式和组织形式都可以大胆的利用。在公有制实现形式问题上最引人注目的两种形式是股份制和股份合作制。对此，十五大报告指出："股份制是现代企业的一种资本组织形式，有利于所有权和经营权的分离，有利于提高企业和资本的运作效率，资本主义可以用，社会主义也可以用。不能笼统地说股份制是公有还是私有，关键看控股权掌握在谁手中。国家和集体控股，具有明显的公有性，有利于扩大公有资本的支配范围，增强公有制的主体作用"。"目前城乡大量出现的多种多样的股份合作制经济，是改革中的新事物，要支持和引导，不断总结经验，使之逐步完善。"尤其是以劳动者的劳动联合和劳动者的资本联合为主的股份合作制，是集体经济的一种形式，要大力提倡和鼓励。①

在上述对公有制经济主体地位的新的界定下，中共十五大报告对国有企业改革也提出了新的思路。主要有以下三点：一是对国有大中型企业实行规范的公司制改革，使其成为适应市场的法人实体和竞争主体，也即真正的市场主体。中共十四届三中全会确定把实行现代企业制度作为国有企业改革的方向，并积极鼓励国有企业进行公司制改革。十五大则进一步把现代企业制度的形式确定为公司制，即有限责任公司或股份有限责任公司。提出"要采取多种形式，包括直接融资，充实企业资本金。培育和发展多元化投资主体，推动政企分开和企业转换经营机制"②，二是把国有企业改革同改组、改造、加强管理结合起来，从战略上对国有经济的布局和结构进行调整。当前国有企业经营困难，不仅仅是机制不适，还在于国有经济的布局和结构不合理，即国有经济的战线太长，重复建设严重、布局

① 中共中央文献研究室编：《十一届三中全会以来党的历次全国代表大会中央全会重要文件选编》下册，第427页。

② 同上书，第428页。

过于分散。这是造成高投入、低产出，高消耗、低效益的重要原因。所以，十五大提出要对国有企业实施战略性改组。一方面，通过联合、兼并、承包、租赁、股份合作制和出售等形式，放开搞活国有小企业，使它们能够采取合适的所有制形式和经营方式，适应市场需要，发展生产，稳定就业，满足需要，另一方面，集中精力抓重点，以资本为纽带，通过市场形成具有较强竞争力的跨地区、跨行业、跨所有制和跨国经营的大企业集团．在关系国民经济命脉的重要行业和关键领域，国有经济必须占主导地位。而在其他一些领域，可以通过结构调整和资产重组，适当收缩战线，突出重点，把国有资本用得更加集中、有效。三是实行鼓励兼并、规范破产；下岗分流、减员增效和再就业工程，形成企业优胜劣汰的竞争机制。这也是实施国有企业战略性改组的必然结果和要求。

中共十四大开创了以建立社会主义市场经济为目标的改革开放新局面，十五大则为进一步发展和完善社会主义市场经济规划了新的蓝图。十五大前后，中国已初步形成社会主义市场经济体制。主要表现在：(1) 以公有制为主体、多种经济成分共同发展的格局已经基夺形成。到 1997 年底，全国注册的工商个体经济和私营经济达 2949 万家，从业人员 6791 万人；“三资”企业快速发展，到 1997 年底达 23.6 万家，吸收外资 3030 亿美元，不仅引进资金，还引进了新的技术和新的管理经验；股份合作制起步虽晚，却生命力旺盛，到 1997 年底，全国股份制试点企业 68 万家，注册资金 17302 亿元；在多种所有制经济发展的同时，公有制的主体地位依然稳定，1997 年公有制经济创造的国内生产总值占整个 GDP 的比重为 75.8%。[①](2)价格改革取得初步成果，大多数商品的价格已由市场定价，价格基本上能反映价值及供求关系的变化，市场对资源配置的基础性作用已初步得以发挥。(3) 要素市场有的已初步形成，有的正在逐渐形成，有的正在大力培养。在资本市场方面，通过完善信贷市场，发展股票市场和国债市场，使其不断得以扩大。在劳动市场方面，准许和鼓励农村剩余劳动力进入城市部分行业，越来越多的城镇职工得以自由流动。房地产市场也得到了初步发展。(4) 财政、金融、外贸、外汇以及投资体制的改革取得了重大进展，财政政策、金融政策等市场经济的基本政策的运用也初步显示了其良好的效果，适应市场经济需要的宏观调控体系的框架已初步形成。(5) 农村改革取得巨大成果，农村市场体系基本形成。中国的农村改革可分为四个阶段；第一阶段是 1978 年至 1984 年，以推进家庭联产承包制为主要内容；第二阶段是 1985 年至 1988 年，以变革农产品流通体制及调整农村产业结构为主；第三阶段是 1989—1992 年，以产业结构调整为主，

① “辉煌的 20 年”(六)《社会主义市场经济体制初步形成》，《人民日报》1998 年 10 月 5 日。

并开始改革粮食购销体制、培养农产品市场，第四阶段是1993—1998年，以进一步深化农村市场经济改革为主要内容。20年农村改革的成果，一是粮食产量显著增长；二是改善了农村产业结构，第一产业的产值比重下降，第二产业和第三产业产值的比重增加；三是培育了农村市场。农村改革始终坚持以市场为取向，形成了以市场调节为主的农产品流通体制。80年代中期以来，国家取消了实行长达30年之久的农产品统购派购制度，逐步放开了大多数农产品经营，农产品价格的确定由主要依靠国家定价转变为主要由市场形成价格。在农副产品收购总额中，国家定价比重由1978年的94.4%下降为1997年的15%以下。① 可以说，全国性、区域性的农产品市场体系初步形成，农村土地、劳动力、资金和技术等要素市场也在逐步发育，市场机制在资源配置中的基础性作用显著增强。

总起来看，到中共十五大前后，中国的经济体制改革已经取得初步成就，适合本国国情的社会主义市场经济体制已初步形成，下一步的工作是如何在十五大精神的指导下，进一步深化经济体制改革，使社会主义市场经济体制得到进一步的发展和完善。1998年3月召开的第九届全国人民代表大会第一次会议的《政府工作报告》提出，国有企业改革仍然是当前经济体制改革的重点，中共中央决心用三年左右的时间，通过改革、改组、改造和加强管理，使大多数国有大中型亏损企业摆脱困境，力争到本世纪末使大多数国有大中型骨干企业初步建立起现代企业制度。九届人大一次会议还决定对政府机构进行大规模精减和改革，"要按照发展社会主义市场经济的要求，根据精简、统一、效能的原则，转变政府职能，实行政企分开，建立办事高效、运转协调、行为规范的行政管理体系。"②

1998年10月，中共中央召开了十五届三中全会，通过了《中共中央关于农业和农村工作若干重大问题的决定》，对进一步深化农村体制改革作出了新的部署，《决定》第一次从生产关系一定要适应生产力发展水平的规律和农业生产自身特点的高度，强调必须长期坚持家庭联产承包和集体统一经营相结合的双层经营体制。《决定》指出："这种经营方式，不仅适应以手工劳动为主的传统农业，也能适应采用先进科学技术和生产手段的现代农业，具有广泛的适应性和旺盛的生命力，必须长期坚持。"③ 因此，《决定》强调要切实保障农户的土地承包权、生产经营权和经营收益权，使之成为独立的市场主体，同时发挥集体经济组织集体资产、协调利益关系、组织生产服务和集体资源开发的功能，解决一家一户难以解决的困难。《决定》还提出要深化农产品流通体制改革，完善农产品市场体系，

① 陈耀邦：《把农村改革与发展推向新世纪》，《人民日报》1998年10月17日。

② 《中华人民共和国第九届全国人民代表大会第一次会议文件汇编》，人民出版社1998年，第28页。

③ 《中共中央关于农业和农村工作若干重大问题的决定》，《人民日报》1998年10月19日。

尽快形成开放、统一、竞争、有序的农产品市场体系。为此，必须在保证国家掌握粮源、确保市场稳定的前提下，放开粮食零售市场，实行多渠道经营，形成竞争机制。从 1999 年起放开棉花购销价格，拓宽流通渠道，逐步建立起在国家宏观调控下，主要依靠市场机制实现棉花资源合理配置的新机制。

中国经济体制改革和建立社会主义市场经济体制仍然任重而道远。从中共十四大以来中国经济体制改革的成果来看，中国初步建立社会主义市场经济体制，主要是通过农村经济改革，乡镇企业发展，个体、私营、“三资”企业的发展，计划、价格、财政、金融、外贸体制的改革等得以实现的，而这些方面的改革并不是经济体制改革中最困难的.改革当中最困难、也是最实质的问题是国有企业改革。它包括两个方面的内容，一是政企分开，再一是转换企业经营机制，使国有企业成为真正的市场主体。在这方面，中共十四大、十五大都提出了一系列新的方案和措施。但是，可以设想，要把这些方案和措施落到实处，还需要一个过程，需要通过一段时间的探索，需要进一步的解放思想。这是一个艰难的过程，但又是必须经历的过程。因为只有国有企业改革的成功，才标志着中国经济体制改革的最后成功，标志着社会主义市场经济体制的最终确立。

从 1997 年中共十五大结束到 2002 年中共十六大召开的五年，是中国在以江泽民为核心的党中央领导下，取得现代化建设新成就、综合国力迈上几个新台阶的五年。五年中，在邓小平理论和十五大精神的指引下，中国在改革开放和建立社会主义市场经济体制上又取得了一系列重大突破，同时积累了许多十分珍贵的历史经验，中国共产党和中国人民对社会主义市场经济体制的本质和内容的认识更加深刻了。中国共产党第十六次全国代表大会就是在这种背景下，于 2002 年 11 月召开的。江泽民在中共十六大上所作的《全面建设小康社会，开创中国特色社会主义事业新局面》的工作报告，在邓小平理论和“三个代表”重要思想的指导下，全面总结了五年来的成就，提出了全面建设小康社会的伟大目标。[①] 为了尽快实现这一伟大目标，报告提出要在本世纪头二十年内建立完善的社会主义市场经济体制，基本实现工业化。为了建设完善的社会主义市场经济体制，报告对中国的经济建设和经济体制改革提出了新的要求，进行了新的部署。报告提出：要走新型工业化道路，大力实施科教兴国战略和可持续发展战略；要全面繁荣农村经济，加快城镇化进程；要积极推进西部大开发，促进经济协调发展；要坚持和完善基本经济制度，深化国有资产管理体制改革；要健全现代市场体系，加强和完善宏观调控；要深化分配制度改革，健全社会保障体系。其中对于建设社会

---

① 江泽民：《全面建设小康社会，开创中国特色社会主义事业新局面》，载《中国共产党第十六次全国代表大会文件汇编》，人民出版社 2002 年。

主义市场经济体制来说最具突破意义的、也是经过五年改革开放实践取得的最重要的认识，有以下几点：一、在继续调整国有经济布局和结构的基础上，改革国有资产管理体制。报告提出要在坚持国家所有的前提下，建立权力、义务和责任相统一，管资产和管人、管事相结合的国有资产管理体制。二、深化国有企业改革，进一步探索公有制特别是国有制的多种有效实现形式。报告提出除极少数必须由国家独资经营的企业外，积极推行股份制，发展混合所有制经济，实行投资主体多元化，重要的企业由国家控股。三、健全现代市场体系，在更大程度上发挥市场在资源配置中的基础性作用。报告提出要推进和发展产权、资本、土地、劳动力和技术等市场，创造各类市场主体平等使用生产要素的环境，健全统一、开放、竞争、有序的现代市场体系。

遵照中共十六大的精神，中国全国人大十届一次会议决定成立国务院国有资产监督管理委员会。根据 2003 年 5 月 18 日国务院常务会议通过的《企业国有资产监督管理暂行条例》，国有资产监督管理委员会的职责是：(1) 依照《中华人民共和国公司法》等法律、法规，对所出资企业履行出资人职责，维护所有者权益；(2) 指导推进国有及国有控股企业的改组和重组；(3) 依照规定向所出资企业派出监事会；(4) 依照法定程序对所出资企业的企业负责人进行任免、考核，并根据考核结果对其进行奖惩；(5) 通过统计、稽核等方式对企业国有资产的保值增值情况进行监管；(6) 履行出资人的其他职责和承办本级政府交办的其他事项。[①]可以看出，国有资产监督管理委员会本身并不是一级政府机构，而是接受政府的委托，对全国的国有企业资产（金融企业资产除外）履行出资人的职责。也即是说，国有资产监督管理委员会是全国国有企业资产的总股东，它仅以股东的身份，按照《中华人民共和国公司法》及其他相关法律行使对全国国有企业资产的监督和管理工作，既不能行使公共的行政权力，也不能直接干预国有和国有控股企业的具体经营事宜。如果说国有和国有控股企业是运动员，那么，国有资产监督管理委员会就是领队加教练员，而不是裁判员。企业国有资产监督管理委员会的成立对于加强国有资产的监督管理，使国有企业真正作为独立的市场主体进入市场，按照市场经济的原则运营企业，具有十分重大的意义。

为贯彻中共十六大提出的建成完善的社会主义市场经济体制和更具活力、更加开放的经济体系的战略部署，中共中央于 2003 年 10 月召开了十六届三中全会，讨论和通过了《中共中央关于完善社会主义市场经济体制若干问题的决定》。[②]《决定》对下一步的经济建设和经济体制改革进提出了一系列重大举措，其中具有重

① 《企业国有资产监督管理暂行条例》，载《人民日报》2003 年 6 月 5 日。

② 《中共中央关于完善社会主义市场经济体制若干问题的决定》，载《人民日报》2003 年 10 月 22 日。

大突破的有以下三个方面：一是提出要大力发展混合所有制经济，实现投资主体多元化，使股份制成为公有制的主要实现形式。十五大提出股份制是公有制的一种实现形式，是一个突破，十六届三中全会提出把股份制作为公有制的主要实现形式，又是一个新的突破。将股份制作为公有制的主要实现形式，意味着要大力推进国有企业的多元化，由国有资本、集体资本或非公有制资本共同参股但由国家控股的混合经济将成为我国国有经济的主要形式。这不仅给民营企业和外资企业进入国有股份公司创造了条件，而且也为国有资本的改制和改造提供了良好的机遇。它对国有资本的意义有两个方面：(1) 使国营企业不得不进行规范的公司制改革，建立和完善的公司治理结构。据国家统计局的统计，全国4371家重点国有企业到2002年底已有3322家实行了公司制改造，改制面为76%。① 但实际上确立比较完善的公司治理结构的企业所占比重不大，不少只是将企业的名称和负责人的称呼作了改变，而内部结构并无多大变化。② 如果实行股份制并使企业资本多元化，就会迫使国营企业不得不进行规范的公司制改革，完善公司法人治理结构，形成真正的现代企业制度。(2) 使少量的国有资本通过股份制推动大量的社会资本，有效发挥国有资本的主导作用提供了广阔的舞台。在发达资本主义国家，私人企业通过资本的社会化，使私人资本家用极少量的资本就控制和运营了大量的资本而没有改变其企业资本的私人性质。同样，国有资本也可以通过资本的多元化和社会化壮大其实力而不改变企业资本的国有性质。二是提出要建立现代产权制度。产权是所有权的核心，是一般所有权的商品形态，它包括物权、债权、股权和知识产权。建立归属清晰、权责明确、保护严格、流转顺畅的现代产权制度是建立现代企业制度的重要基础，也是建立现代市场经济体制的重要基础。通过产权转换，促进推动资本的流动和重组，使资本等生产要素根据市场的要求流向效益高的部门和产业，才能从根本上保证使市场真正成为资源配置的基础手段。只有以现代产权制度为基础，才能真正地形成现代市场经济。提出建立现代产权制度，是建设社会主义市场经济的一个里程碑。三是提出大力发展和积极引导非公有制经济，给予非公有制经济以与公有制经济相同的待遇。首先是允许非公有资本进入法律法规未禁止的基础设施、公用事业及其他行业和领域；其次是在投融资、税收、土地使用和对外贸易等方面给予非公有制经济以与公有制经济相同的待遇。非公有制经济与公有制经济享受同样待遇，在企业与企业之间

---

① 《人民日报》2003年11月17日第9版。

② “目前，国资委监管的189家中央企业中，集团一级实现投资主体多元化的只有9家。由于产权结构单一，中央企业普遍没有建立董事会，实行的是总经理负责制，已经建立董事会的也难以发挥应有的作用。”（《国企改革攻坚破难，解放思想积极推进——访国务院国有资产监督管理委员会主任李荣融》，载《经济日报》2004年10月26日。）

平等竞争，在企业内部互相监督和促进，不仅有利于非公有制经济的发展，而且也有利于公有制经济的发展，有利于整个社会主义市场经济的发展。国有经济、集体经济和非公有制经济在实行现代企业制度之后，通过现代产权制度，以市场经济原则进行资本及其他各种生产要素的流动和组合，一方面进行平等的竞争，另一方面也可以通过股份制互相联合，在联合中互相监督，在监督中共同发展。中共十六届三中全会的《决定》确立了一幅以公有制经济为主体、以国有经济为主导、多种所有制经济共同发展的社会主义市场经济体制的宏伟蓝图。

社会主义市场经济的本质是将公有制与市场经济衔接起来。在中国社会主义改革开放以前，市场经济只有与私有制相连接的一种形式，即只有资本主义市场经济这样一种类型。中国将公有制与市场经济相连接的实践，开创了市场经济的另一种形式，即社会主义市场经济。从根本上来说，社会主义市场经济不仅仅是一种经济体制，更重要的是一种发展道路，一种现代化模式，一种通过社会主义市场经济走向发达工业社会和人与自然、社会和谐发展的现代社会的现代化模式，一种不同于西方式资本主义现代化模式的中国特色社会主义现代化模式。中国式市场经济和现代化模式的出现，从一个方面反映出人类社会的发展道路确实是一元多线的，“一元多线历史发展观”是一种符合历史实际的科学的马克思主义历史发展观。

参考文献

说明：

1. 本书的参考书目十分繁多，在此只列出书中直接引用过的文献，未直接征引的文献，一般不再列出；所列文献若属多卷本或多册本者，则至少征引过其中的一卷或一册。

2. 将文献分为经典著作、档案资料年鉴、著作与文集、报刊与杂志四类，每一类中的文献的次序按照著作名的笔画顺序排列。

3. 本书征引的论文、短文、纪事、社论和评论等十分繁杂，它们分布于各种报刊杂志、文集、回忆录、资料集等多种载体中，为简便起见，这里只列出它们所载的报刊、杂志和书籍名，不再分别列出这些论文、短文、纪事、社论和评论的作者名和题名，盼予以谅解。

一、经典著作类

《马克思恩格斯全集》，人民出版社 1974 年。

《毛泽东文集》，人民出版社 1993 — 1999 年。

《毛泽东选集》，人民出版社 1991 年。

《邓小平文选》，人民出版社 1993 — 1994 年。

《刘少奇选集》，人民出版社 1981 年。

《刘少奇论新中国经济建设》，中央文献出版社 1993 年。

《孙中山全集》，中华书局 1981 — 1986 年。

《孙中山选集》，人民出版社 1981 年。

《资本论》，人民出版社 1975 年。

二、档案资料年鉴类

《1949 年国民年鉴》，上海国民书局印行。

《一九二七年的上海商业联合会》，上海市档案馆编，上海人民出版社 1983 年。

《十一届三中全会以来党的历次全国代表大会中央全会重要文件选编》，中央文献出版社 1997 年。

《十九世纪的中国买办：东西间的桥梁》，郝延平著，上海社会科学院出版社1988年。

《十年来之中国经济建设》，国民党中央党部国民经济计划委员会主编，南京扶轮日报社1936年。

《十年来之中国经济》，谭熙鸿主编，中华书局1948年。

《十年来中国金融史略》，郭家麟等编，中央银行经济研究处1943年。

《工业问题座谈纪要合辑》，中国工业经济研究所编，《工业问题丛刊》1944年第1号。

《上海商业储蓄银行历史剖述》（打印稿），中国人民银行上海分行金融研究室编。

《上海商业储蓄银行史料》，中国人民银行上海分行金融研究室编，上海人民出版社1990年。

《上海解放前后物价资料汇编》，上海社会科学院经济研究所编，上海人民出版社1958年。

《上海市年鉴》（1937年），上海市通志馆年鉴编委会编，中华书局1937年。

《上海年鉴》（1947年），华东通讯社编1947年。

《文史资料选辑》，中国人民政治协商会议全国委员会文史资料研究委员会编。

《文史资料选辑》，中国人民政治协商会议上海市委员会文史资料工作委员会编。

《五十年来之中国经济》，中国通商银行编，六联印刷股份有限公司1947年。

《五四爱国运动档案资料》，中国社会科学院近代史研究所、中国第二历史档案馆史料编辑部合编，中国社会科学出版社1980年。

《天津文史资料选辑》，中国人民政治协商会议天津市委员会文史资料委员会编。

《中华民国货币史资料》，中国人民银行总行参事室编，上海人民出版社1991年。

《中华民国重要史料初编——对日抗战时期》，秦孝仪主编，台北中央文物供应社1988年。

《中华民国战时财政金融统计》，财政部统计处编印1946年。

《中华民国二十五年行政总报告》，行政院秘书处1936年。

《中华民国统计年鉴》，主计部统计局编印1948年。

《中华民国史档案资料汇编》第五辑，中国第二历史档案馆编，江苏古籍出版社1994年。

《中华民国统计提要》(1948年)，主计部统计局编。

《中华民国法规辑要》，中央训练团编，中央训练团1941年。

《中华人民共和国国民经济和社会发展计划大事辑要》(1949—1985)，徐棣华等编，红旗出版社1987年。

《中华人民共和国法律大辞书》，刘复之主编，长春出版社1981年。

《中华人民共和国第九届全国人民代表大会第一次会议文件汇编》，人民出版社1998年。

《中共中央文件选集》第1册，中央档案馆编，中央党校出版社1982年。

《中共中央文件选集》第17册，中央档案馆编，中央党校出版社1992年。

《中国共产党第八次全国代表大会文件》，人民出版社1980年。

《中国共产党第八届全国代表大会第二次会议关于中央委员会的工作报告的决议》，人民出版社1958年。

《中国共产党第十六次全国代表大会文件汇编》，人民出版社2002年。

《中国抗日战争时期物价史资料汇编》，四川联合大学经济研究所、中国第二历史档案馆编，四川大学出版社1998年。

《中国近代工业史资料》第1—4辑，陈真编，三联书店。

《中国近代经济史统计资料选辑》，严中平编，科学出版社1955年。

《中国经济年鉴》(1947年)，狄超白主编，香港太平洋经济研究社1947年。

《中国经济年鉴》(1948年)，陈文川等编，香港太平洋经济研究社1948年。

《中国纺织建设公司》，行政院新闻局1948年。

《中国纺织建设公司工务辑要》，中国纺织建设公司公务处编1949年。

《中国统计年鉴》1956年。

《中国统计年鉴》1985年，国家统计局编，中国统计出版社1985年。

《中国统计年鉴》1991年，国家统计局编，中国统计出版社1991年。

《中国棉纺统计资料》，上海市棉纺织工业同业公会筹备处编，《棉纺资料》1950年第14期专号。

《中国近代工业史资料》第1辑，孙虞棠著，北京科学出版社1957年。

《中国近代工业史资料》第2辑，汪敬虞编，北京科学出版社1957年。

《中国近代铁路史资料》，宓汝成编，中华书局1963年。

《中国近代经济史研究资料》(10集)，该丛书编委会编，上海社会科学院出版社1984—1990年。

《中国近代外债史统计资料》，徐义生编，中华书局1962年。

《中国银行民国十八年营业报告》，中国银行总管理处1929年。

《中国共产党第一次代表大会档案资料》，中央档案馆编，人民出版社 1984 年。
《中国国民党第一次全国代表大会史料专辑》，台北中华民国史料研究中心 1984 年。
《中国国民党第一、二次全国代表大会会议史料》，中国第二历史档案馆编，江苏古籍出版社 1986 年。
《中国近代农业史资料》第 3 辑，章有义编，三联书店 1957 年。
《中国经济年鉴》（1935 年续编），实业部经济年鉴编撰委员会编，商务印书馆 1936 年。
《中国经济年鉴》（1936 年第三编），实业部经济年鉴编撰委员会编，商务印书馆 1937 年。
《中国国民党历次会议宣言及重要决议案汇编》，中国国民党中央执行委员会训练委员会编辑部 1941 年。
《中国盐政实录》第 4 辑，财政部盐物总局 1948 年。
《中国银行报告》1931 年、1932 年、1933 年、1934 年、1935 年、1936 年，中国银行总管理处编印。
《中国农村经济资料续编》，冯和法编，黎明书店 1935 年。
《中国农民银行三十一年度业务报告书》，中国农民银行总管理处编，年份不明。
《中国银行行史资料汇编》，中国银行总行、二档馆合编，档案出版社 1991 年。
《中国债券汇编》，中央银行经济处编印 1935 年。
《中国农民银行》，中国人民银行金融研究所编，中国财政经济出版社 1980 年。
《毛泽东年谱 1893—1949》，中共中央文献研究室编，中央文献出版社 2002 年。
《永安纺织印染公司》，上海市纺织工业局编，中华书局 1964 年。
《四联总处史料》，重庆市档案馆、重庆市人民银行金融研究所合编，档案出版社 1993 年。
《四川文史资料选辑》，中国人民政治协商会议四川省委员会编。
《四川工矿业调查》，中国工业经济研究所编，《工业经济参考资料》1944 年第 6 号。
《四川工厂调查录》，张肖梅编，中国西南实业协会 1942 年 4 月。
《四联总处文献选辑》，四联总处秘书处编 1948 年。
《申报年鉴》，申报年鉴社编。
《东华续录》光绪朝，朱寿鹏编，上海集成图书公司 1909 年。
《民国孔庸之先生祥熙年谱》，郭荣生编，台湾商务印书馆 1981 年。

《民国二十五年全国实业概况》，实业部统计处编，实业部统计处 1937 年。
《旧中国公债史资料》，千家驹编，中华书局 1984 年。
《旧中国通货膨胀史料》，吴岗编，上海人民出版社 1958 年。
《戊戌变法》（中国近代史资料丛刊），中国史学会主编，神州国光社 1953 年。
《戊戌变法档案史料》，国家档案局明清档案馆编，中华书局 1958 年。
《台湾工矿事业考察总报告》1946 年油印本。
《交通史航政篇》，交通铁道部交通史编撰委员会 1931 年。
《交通史电政编》，交通铁道部交通史编撰委员会 1936 年。
《交通史总务篇》，交通铁道部交通史编撰委员会 1937 年。
《交通银行史料》第 1 卷，交通银行总行、中国第二历史档案馆编，中国金融出版社 1995 年。
《关册》1888 年、1890 年、1917 年。
《农工商部统计表》第一次，农工商部编，1908 年。
《光绪政要》，沈桐生辑，上海崇义堂石印本 1909 年。
《成都工业考察团报告》，1943 年 12 月，出版者不明。
《全国生产会议总报告》，全国生产会议秘书处编，生活书店 1939 年。
《全国银行年鉴》1934 年、1935 年、1936 年、1937 年，中国银行经济研究室编。
《全国经济委员会报告汇编》第 7 集，全国经济委员会丛刊第 18 种，1935 年 11 月。
《全国经济委员会报告汇编》第 9 集，全国经济委员会丛刊第 21 种，1936 年 1 月。
《全国经济委员会工作报告》1947 年 5 月至 12 月，油印本。
《后方工业概况统计》（1943 年），经济部统计处编。
《辛亥革命前十年间时论选集》，张枬、王忍之编，三联书店 1963 年。
《辛亥革命史资料》，中国科学院近代史所编，中华书局 1961 年。
《辛亥革命》（中国近代史资料丛刊），中国史学会主编，上海人民出版社 1981 年。
《辛亥革命史料》，张国淦编，龙门书店 1958 年。
《抗日战争时期国民党统治区情况资料》，中国现代史资料编辑委员会编，时事资料社 1957 年。
《抗战六年来之工矿》，国民党中央执行委员会宣传部编，国民图书出版社 1943 年。
《抗战后方冶金工业史料》，重庆档案馆、四川省冶金厅等编，重庆出版社

1988年。
《抗战时期专卖史料》，何思眯编，台北国史馆1992年。
《张公权先生年谱初稿》，姚崧龄著，台北传记文学社印行1982年。
《张謇农商总长任期经济资料选编》，沈家五编，南京大学出版社1987年。
《财政年鉴》，财政部财政年鉴编撰处1935年。。
《财政年鉴续编》，财政部财政年鉴编撰处1945年。
《财政年鉴三编》，财政部财政年鉴编撰处1948年。
《纺织要览》，中国纺织建设公司董事会编印1948年。
《郑观应集》，夏东元编，上海人民出版社1992年。
《实业部工业施政概况》，实业部工业司编，华东印物局1934年。
《官僚资本各工业单位》，江南问题研究会1949年。
《建国以来重要文献选编》，中共中央文献研究室编，中央文献出版社1993年。
《国民政府清查整理招商局委员会报告书》，国民政府清查整理招商局委员会编，年份不明。
《国民政府年鉴》，行政院编，中心印书局1943年。
《国民政府年鉴》(第2回)，行政院编，中华书局1944年。
《国民政府年鉴》(第3回)，行政院编，中华书局1946年。
《国民政府公报》，徐友春编，南京海河大学出版社1989年。
《国民参政会第二次大会决议各案经济部办理情形报告》(油印本)，密件第109号。
《矿务档》，台北中央研究院近代史研究所编印1960年。
《金城银行史料》，中国人民银行上海分行金融研究室编著，上海人民出版社1983年。
《经济部工作报告》1942年9月(油印本)，参报16 / 报44、密61。
《经济部工作报告》1944年8月，参报21 / 报68、密86。
《经济部报告》1940年(油印本，月份不明)，参报11/报26、密39。
《经济部工作报告概要》1941年(油印本，月份不明)，参报14/报35、密49。
《经济部报告》1941年10月，政报7/报30、密44。
《经济部工作报告》1943年7月，参报19/报59、密76。
《经济部日用必需品管理处三年工作总报告书》1946年2月。
《经济部工作报告》1938年9月(油印本)，向第一届参政会第二次大会提出。
《经济部工作报告》1939年1月，J106、密件69号。

《经济部公报》，中国第二历史档案馆影印本。

《经济学术资料》，上海社会科学院经济研究所编印。

《洋务运动》(中国近代史资料丛刊)，中国史学会主编，上海人民出版社1961年。

《荣家企业资料》，上海社会科学院经济研究所编，上海人民出版社1980年。

《南洋兄弟烟草公司史料》，上海社会科学院经济研究所编，上海人民出版社1980年。

《南开指数资料汇编》，南开大学经济研究所编，北京统计出版社1958年。

《革命文献》，台北中国国民党中央委员会党史委员会编印。

《战时经济动态辑要》(油印本)，经济部统计处编印1947年。

《复员以来资源委员会工作述要》，资源委员会编印1948年。

《皇朝经世文新编》，麦仲华编，台北文海出版社影印本。

《重庆市资金分配情形》，经济部统计处编印1943年。

《重庆工商史料》第1—3辑，中国民主建国会重庆市委员会、重庆市工商联文史资料工作委员会编。

《重庆工商行政管理志·资料汇编》，重庆市工商行政管理局编，重庆出版社1992年。

《资源委员会公报》，中国第二历史档案馆影印本。

《资源委员会国外贸易事务所1947年度业务报告》，资源委员会国外贸易事务所编印。

《资源委员会国外贸易事务所1948年度业务报告》，资源委员会国外贸易事务所编印。

《资源委员会档案史料初编》，台北国史馆1984年。

《资源委员会沿革》油印本，1947年。

《海关十年报告》1882—1891年，1892—1901年，附录。

《海防档》甲，购买船炮(三)，台北中央研究院近代史研究所编印。

《海防档》丁，电线(五)，台北中央研究院近代史研究所编印。

《铁道年鉴》，铁道部铁道年鉴编撰委员会编印。

《清末筹备立宪档案史料》，故宫博物院编，中华书局1979年。

《清德宗景皇帝实录》(五)，中华书局影印本。

《梁启超年谱长编》，丁文江等编，上海人民出版社1983年。

《第六次农商统计表》，农商部总务厅统计科编1920年。

《第二次全国生产会议总报告》，第二次全国生产会议秘书处编，中心印书局

1943 年。

《裕大华纺织资本集团史料》，该书编辑组编，湖北人民出版社 1984 年。

《新时期经济体制改革重要文献选编》，中共中央文献研究室编，中央文献出版社 1998 年。

《筹办夷务始末》咸丰朝，贾桢等撰，台北文海出版社影印本。

《筹办夷务始末》同治朝，宝鋆等修，台北文海出版社影印本。

三、专著与文集类

《1927 至 1937 年中国财政经济情况》，〔美〕杨格著，中国社会科学出版社 1981 年。

《二十世纪中国政治改革风潮》，侯宜杰著，人民出版社 1993 年。

《工农产品比价剪刀差》，黄达著，中国社会科学出版社 990 年。

《上海资本家与国民政府：1927 ~ 1937》，〔美〕小科布尔著，中译本，中国社会科学出版社 1988 年。

《上海金融市场论》，上海银行周报社 1923 年刊行。

《上海金融史话》，该书编写组编，上海人民出版社 1978 年。

《上海金融业与国民政府关系研究》，吴景平主编，上海财经大学出版社 2002 年。

《上海民族机器工业》，上海市工商行政管理局等编，中华书局 1966 年。

《上海市棉布商业》，上海市工商行政管理局等编，中华书局 1979 年。

《上海工业化研究》，刘大钧著，商务印书馆 1940 年。

《上海近代工业史》，徐新吾、黄汉民主编，上海社会科学院出版社 1998 年。

《上海民族橡胶工业》，上海市工商局编，中华书局 1979 年。

《上海资本主义工商业的社会主义改造》，上海社会科学院经济研究所编，上海人民出版社 1980 年。

《上海工业现状》，中国工业研究所 1949 年 2 月。

《上海经济 1949 — 1982》，上海社会科学院经济研究所编，上海人民出版社 1983 年。

《上海对外贸易 1840 — 1949》，上海社会科学院经济研究所编，上海社会科学院出版社 1989 年。

《马林与第一次国共合作》，李玉贞主编，光明日报出版社 1989 年。

《开平矿历史及收归国有问题》，杨鲁著，出版处不明，1932 年。

《天朝的崩溃》，茅海建著，三联书店 1995 年。

《专卖通论》，吴立本著，台北正中书局 1943 年。
《孔祥熙传》，沈国仪著，台北国际村文库书店 1996 年。
《中央银行史话》，寿充一、寿乐英编，中国文史出版社 1987 年。
《中世纪晚期的西欧》，齐思和、林幼琪选译，商务印书馆 1963 年。
《中华民国史》第 1 编，李新主编，中华书局 1981 年。
《中国人民政治协商会议共同纲领》，人民出版社 1952 年。
《中国之新金融政策》，马寅初著，商务印书馆 1936 年。
《中国半封建半殖民地经济形态研究》，王亚南著，人民出版社 1957 年。
《中国近代经济史：1840 — 1894》，严中平主编，人民出版社 1989 年。
《中国近代经济史：1895 — 1927》，汪敬虞主编，人民出版社 2000 年。
《中国近代的市场发育与经济增长》，刘佛丁、王玉茹著，高等教育出版社 1996 年。
《中国近代面粉工业史》，上海市粮食局等编，中华书局 1987 年。
《中国近代经济史论丛》，黄逸峰、姜铎著，上海社会科学院出版社 1988 年。
《中国近代经济史》，孙健主编，中国人民大学出版社 1989 年。
《中国近代铁路史》，杨勇刚著，上海书店出版社 1997 年。
《中国和日本的早期工业化和国内市场》，严立贤著，北京大学出版社 1999 年。
《中国资本主义与国内市场》，吴承明著，中国社会科学出版社 1985 年。
《中国资本主义的发展和不发展》，汪敬虞著，中国财政经济出版社 2002 年。
《中国轮船航运业的兴起》，樊百川著，四川人民出版社 1985 年。
《中国买办资产阶级的发生》，聂宝璋著，中国社会科学出版社 1979 年。
《中国棉纺织史稿》，严中平著，科学出版社 1955 年。
《中国银行业发展史》，张郁兰著，上海人民出版社 1957 年。
《中国铁道史》，谢彬著，中华书局 1929 年。
《中国银行二十四年发展史》，姚崧龄著，台北传记文学社 1976 年。
《中国的土地利用》，卜凯著，金陵农业大学 1941 年。
《中国的对外贸易和工业发展》，郑友揆著，中国社会科学出版社 1984 年。
《中国的银行》，吴承禧著，商务印书馆 1935 年。
《中国国民党史稿》，邹鲁著，商务印书馆 1947 年。
《中国货币金融史略》，石毓符著，天津人民出版社 1984 年。
《中国农业危机诸问题》，出版处不明，1937 年。
《中国回忆录》，达林著，中国社会科学出版社 1981 年。
《中国国民所得 1933 年》，巫宝三著，中华书局 1947 年。

《中国农村经济研究》，金轮海著，中华书局 1937 年。
《中国社会经济结构》，何干之著，生活书店 1939 年。
《中国经济目前之病态及今后之治疗》，张嘉璈著，世界编译所刊行 1932 年。
《中国农业金融概要》，中国银行经济研究所编，商务印书馆 1936 年。
《中国农村复兴问题》，董成勋著，世界书局 1935 年。
《中国财政问题》，朱偰著，国立编译馆 1934 年。
《中国银行业史》，黄鉴晖著，山西经济出版社 1994 年。
《中国重要银行最近十年营业概况研究》，中国银行经济研究室 1933 年。
《中国的新货币政策》，余捷琼著，商务印书馆 1937 年。
《中国现代经济史》，董长芝、李帆著，东北师范大学出版社 1988 年。
《中国四大家族》，陈伯达著，香港长江出版社 1947 年。
《中国经济的道路》，许涤新著，生活书店 1946 年。
《中国经济建设论丛》，翁文灏著，资源委员会秘书处印行 1943 年。
《中国近代经济史》下册，中国人民大学政治经济学系编，人民出版社 1978 年。
《中国工业史》（近代卷），刘国良著，江苏科学技术出版社 1992 年。
《中国民族火柴工业》，青岛市工商行政管理局史料组编，中华书局 1963 年。
《中国战时物价与生产》，方显廷编著，商务印书馆 1946 年。
《中国通货膨胀史》，张公权著，文史资料出版社 1986 年。
《中国通货膨胀论》，杨培新著，生活书店 1948 年。
《中国手工业合作化和城镇集体工业的发展》，中共中央党史研究室编，中央党史出版社 1992 年。
《中国共产党中央委员会向第八届全国代表大会第二次会议的工作报告》，刘少奇著，人民出版社 1958 年。
《日本为什么成功？》，〔日〕森岛通夫著，中译本，四川人民出版社 1986 年。
《日本变政考》，康有为著，紫禁城出版社 1998 年影印本。
《日本在旧中国的投资》，杜恂诚，上海社会科学院出版社 1986 年。
《从鸦片战争到五四运动》，胡绳著，人民出版社 1997 年第 2 版。
《从闭关到开放》，李时岳、胡滨著，人民出版社 1988 年。
《从容共到清党》，李云汉著，台北中国学术奖助委员会 1973 年。
《长江三角洲小农家庭与乡村发展》，黄宗智著，中华书局 1992 年。
《汉冶萍公司史略》，全汉升著，香港中文大学出版社 1972 年。
《左文襄公全集》，台北文海出版社影印本。
《东行续录》，马建忠著，上海著易堂 1897 年。

《民族资本主义与旧中国政府》，杜恂诚著，上海社会科学院出版社 1991 年。

《民国财政史》，杨荫溥著，中国财政经济出版社 1985 年。

《民国财政史》，贾士毅著，商务印书馆 1934 年。

《民国续财政史》，贾士毅著，商务印书馆 1934 年。

《民国财政经济史》，董长芝、马东玉主编，辽宁师范大学出版社 1997 年。

《民国社会经济史》，陆仰渊、方庆秋主编，中国经济出版社 1991 年。

《民国盐务史稿》，丁长清主编，人民出版社 1990 年。

《出使英法意比四国日记》，薛福成著，上海集成印书局清光绪 22（1896）年铅印本。

《旧中国的农村经济》，薛暮桥著，农业出版社 1980 年。

《旧民主主义革命时期的中国资本主义》，许涤新、吴承明主编，人民出版社 1990 年。

《旧中国的资源委员会——史实与评价》，郑友揆等著，上海社会科学院出版社 1991 年。

《旧中国的通货膨胀》，杨培新著，三联书店 1963 年。

《北洋政府时期的经济》，黄逸平、虞宝棠主编，上海社会科学院出版社 1995 年。

《白银问题与中国货币政策》，周伯棣编著，中华书局 1936 年。

《江南土布史》，徐新吾主编，上海社会科学院出版社 1986 年。

《江南造船厂史》，上海社会科学院经济研究所著，江苏人民出版社 1983 年。

《刘少奇自述》，中共中央文献研究室二部编，解放军文艺出版社 2003 年。

《刘少奇传》，中央文献出版社 1998 年。

《刘忠诚公遗集》，台北文海出版社影印本。

《农村经济论辑》，农村经济研究会编，华北书店 1943 年。

《百年工农产品比价与农村经济》，陈其广著，社会科学出版社 2003 年。

《西洋经济史讲座》，〔日〕大塚久雄、高桥幸八郎等编著，岩波书店 1960 年。

《过渡型市场经济概论》，黄文忠主编，华东理工大学出版社 1996 年。

《当代中国的经济体制改革》，周太和主编，中国社会科学出版社 1984 年。

《回忆与研究》，李维汉著，中共党史资料出版社 1986 年。

《回忆孙中山和廖仲恺》，何香凝著，三联书店 1978 年

《回忆国民党政府资源委员会》，全国政协文史资料研究委员会编，中国文史出版社 1988 年。

《早期欧洲现代资本主义的形成过程》，〔英〕罗伯特·杜普莱西斯著，辽宁

教育出版社 2001 年。
《各国银行制度及我国银行之过去与将来》，交通银行总行管理处编，交通银行经济丛刊 1943 年。
《朱执信集》，广东省哲学社会科学研究所历史研究室编，中华书局 1979 年。
《刖足集》，钟天伟著，清光绪年间刻本，年份不明。
《宋子文豪门资本内幕》，经济资料室编，光华书店 1948 年。
《宋教仁集》，陈旭麓主编，中华书局 1981 年。
《辛亥革命》，吴玉章著，人民出版社 1961 年。
《辛亥革命论文选》，辛亥革命史研究会编，三联书店 1981 年。
《辛亥革命回忆录》，全国政协文史资料研究委员会编，中华书局出版。
《辛亥革命史稿》，胡绳武、金冲及著，上海人民出版社 1991 年。
《社会主义市场经济论》，刘祝平、刘学主编，中国社会科学出版社 1997 年。
《两朝国舅宋子文秘史》，艾萌著，香港寰球内幕秘闻社，年份不明。
《李文忠公全集》，李鸿章著，台北文海出版社影印本。
《抗战时期重庆的经济》，韩渝辉主编，重庆出版社 1995 年。
《抗战时期内迁西南的工商企业》，中国人民政治协商会议西南文史资料协作会议编，云南人民出版社 1988 年。
《抗日战争史研究述评》，中共中央党史研究室第一研究部编，中共党史出版社 1995 年。
《邵氏危言》，邵作舟著，上海商务印书馆清光绪 24（1898）年。
《陈翰笙集》，陈翰笙著，中国社会科学出版社 2002 年。
《张文襄公全集》，张之洞著，中国书店 1990 年影印本。
《张季子九录》，张謇著，中华书局 1931 年。
《张闻天社会主义论稿》，张闻天选集传记组、中共上海市委党史研究室合编，中共党史出版社 1995 年。
《张靖达公奏议》，张树声著，光绪已亥木刻本。
《我之历史》，宋教仁著，桃源三育乙种农校 1920 年石印本。
《近代中国资产阶级研究》（续辑），复旦大学历史系等合编，复旦大学出版社 1986 年。
《近代日本地主制史研究》，〔日〕中村政则著，日本东京大学出版会 1979 年。
《近代日本棉业与中国》，〔日〕高村直助著，东京大学出版会 1982 年。
《近代史新论》，李时岳著，汕头大学出版社 1993 年。
《华北的小农经济与社会变迁》，黄宗智著，中华书局 1986 年。

《近代冀鲁豫乡村》，从翰香主编，中国社会科学出版社 1995 年。
《饮冰室合集· 文集》，梁启超著，中华书局 1994 年。
《郑观应传》，夏东元著，华东师范大学出版社 1981 年。
《法币、金元券与黄金风潮》，中国人民政治协商会议全国委员会文史资料研究委员会编，文史资料出版社 1985 年。
《官僚资本与盐业》，李建昌著，生活读书新知三联书店 1963 年。
《若干重大决策与事件的回顾》，薄一波著，人民出版社 1997 年。
《现代化新论》，罗荣渠著，北京大学出版社 1993 年。
《现代化新论续篇》，罗荣渠著，北京大学出版社 1997 年。
《孤独集》，朱宗震著，上海书店出版社 2001 年。
《居易初集》，经元善著，出版处不明，1901 年。
《弢园文录》，弢园老民清光绪 9（1894）年香港铅印本。
《弢园文录外编》，王韬著，长州王氏香海铅印本清光绪 19（1893）年铅印本。
《弢园尺牍》，王韬著，长州王韬淞隐庐清光绪 19（1893）年铅印本。
《国父全书》，张其昀编，台北国防研究院 1960 年。
《国民政府与民国经济》，虞宝棠编著，华东师范大学出版社 1998 年。
《国家干预经济与中日近代化》，朱荫贵著，东方出版社 1994 年。
《国营招商局七十五周年纪念刊》，1947 年。
《罗荣渠与现代化研究》，北京大学世界现代化进程研究中心编，北京大学出版社 1997 年。
《金元券币史》，季长佑著，江苏古籍出版社 2001 年。
《经济法》，经济科学出版社 1997 年。
《物价继涨的经济学》，吴大业著，商务印书馆 1946 年。
《物价与工业资本》，刘鸿万著，正中书局 1944 年。
《委员长夫妇的私人生活》，〔美〕史诺等著、张雪怀译，上海建国图书馆 1945 年出版。
《周止庵先生别传》，周叔媜著，上海书店 1991 年影印本。
《洋务运动与中国近代企业》，张国辉著，中国社会科学出版社 1979 年。
《洋务运动史》，夏东元著，华中师范大学出版社 1992 年。
《洋务运动史论文选》，阮芳纪等编，人民出版社 1985 年。
《洋务运动新论》，徐泰来著，湖南人民出版社 1986 年。
《洋务运动与改革开放》，姜铎著，上海社会科学院经济研究所 1992 年。
《美国与中国之关系》，中译本，美国国务院编，台湾文海出版社。

《总统蒋公思想言论总集》，台北中国国民党党史会编。
《帝国主义在旧中国的投资》，吴承明著，人民出版社 1955 年。
《荣家企业发展史》，许维雍、黄汉民著，人民出版社 1985 年。
《奏疏》，郭嵩焘著，清光绪 18（1892）年木刻本。
《适可斋记言记行》，马建忠著，中华书局 1960 年。
《皋实子存稿》，崔国因著，光绪 28（1902）年铅印本。
《浙江兴业银行简史》（打印稿），中国人民银行上海分行金融研究室编。
《资产阶级与辛亥革命》，林增平著，湖南出版社 1991 年。
《凄风苦雨中的民国经济》，石柏林，河南人民出版社 1993 年。
《唐廷枢研究》，汪敬虞著，中国社会科学出版社 1983 年。
《郭嵩焘奏稿》，郭嵩焘著，岳麓书社 1983 年。
《郭嵩焘日记》，郭嵩焘著，湖南人民出版社 1981 — 1983 年。
《康有为政论集》，汤志钧编，中华书局 1981 年。
《清季的立宪团体》，张玉法著，台北中央研究院近代史研究所 1985 年再版本。
《清季的革命团体》，张玉法著，台北中央研究院近代史研究所 1976 年版。
《庸书》内外篇，陈次亮著，时务学堂清光绪 24（1898）年校刊。
《庸庵文编》，薛福成著，上海醉六堂光绪 23（1897）年石印本。
《庸庵文续篇》，薛福成著，长沙铸新斋光绪 24（1898）年刻本。
《庸庵海外文编》，薛福成著，上海醉六堂光绪丁酉（1897）年。
《章太炎政论选集》，汤志钧编，中华书局 1977 年。
《黄兴集》，湖北省社会科学院编，中华书局 1981 年。
《盛世危言初编》（即五卷本），郑观应著，上海书局清光绪 22（1896）年石印本。
《盛世危言三编》，郑观应著，图书集成局光绪 23（1897）年石印本。
《盛世危言后编》，郑观应著，1909 年线装书。
《晚清洋务运动研究》，夏东元著，四川人民出版社 1985 年。
《晚清经济政策与改革措施》，朱英著，华中师范大学出版社 1996 年。
《领袖、元帅、战友》，薄一波著，中共中央党校出版社 1992 年增订本。
《续富国策》，陈次亮著，豫宁余氏光绪 23（1897）年重刊。
《曾文正公全集》，台北文海出版社影印本。
《曾忠襄公奏议》，台北文海出版社影印本。
《商会与中国早期现代化》，虞和平著，上海人民出版社 1994 年。
《蒋介石与蒋经国》（中译版，原名《毁灭的种子：1937 — 1949》），〔美〕易劳逸著，中国青年出版社 1989 年。

《蒋总统集》，台北国防研究院印行1961年再版。

《新民主主义革命时期的中国资本主义》，许涤新、吴承明主编，人民出版社1993年。

《新货币政策实录》，王世鼐著，上海财政建设学会1937年。

《新政真诠》，何启、胡礼垣著，上海广益书局光绪27（1901）年。

《愚斋存稿》，台北文海出版社影印本。

《筹洋刍议》，薛福成著，上海醉六堂光绪23（1897）年石印本。

《廖仲恺先生哀思录》，仲恺先生纪念筹备委员会编印1925年。

四、报刊与杂志类

1949年10月前：

《工商导报》(重庆)。

《工商半月刊》。

《工商新闻》(重庆)。

《工商天地》。

《大公报》(天津)。

《大公报》(桂林)

《大公报》(重庆)。

《大公报》(上海)。

《上海总商会月报》。

《中山文化教育馆季刊》。

《中央日报》。

《中央日报》(重庆)。

《中央周刊》。

《中央周报》。

《中央银行月报》。

《中央银行经济汇报》。

《中外商业金融汇报》。

《中农月刊》。

《中国工业》(重庆)。

《中国农村》。

《中国建设》。

《中国经济》。

《中国经济评论》。

《本行通信》(中国农民银行编)。
《东方杂志》。
《世纪评论》。
《民立报》。
《民主报》(上海)。
《民报》。
《民国日报》。
《申报》。
《申报月刊》。
《申报每周增刊》。
《四川经济月刊》。
《四川经济季刊》。
《北华捷报》。
《交行月刊》。
《农情报告》。
《西南实业通讯》。
《西南实业通讯》(上海版)。
《观察》。
《华北日报》。
《向导》。
《社会科学杂志》。
《社会新闻》。
《时务日报》。
《时报》。
《时事新报》。
《财政评论》。
《纺织周刊》。
《国民公报》(重庆)。
《国闻周报》。
《金融导报》。
《经济导报》。
《经济评论》。
《经济学周刊》。

《经济学季刊》。
《经济周报》。
《经济建设季刊》。
《经济统计月志》。
《总商会月报》。
《神州日报》。
《政治周报》。
《政治经济学报》(原《经济统计季刊》)。
《资源委员会月刊》。
《资源委员会公报》。
《资源委员会季刊》。
《铁路协会杂志》。
《钱业月报》。
《商报》(上海)。
《商业月报》。
《商务日报》。
《盛京时报》。
《银行月刊》。
《银行周报》。
《新工商》(桂林)。
《新中华》。
《新民晚报》。
《新民丛报》。
《新报》。
《新创造》。
《新华日报》。
《新闻报》。
《新经济》。
《新新新闻》。
《群众》。

1949年10月后：

《人民日报》。

《工商经济史料丛刊》。

《文史知识》。

《文汇报》。

《中国农史》。

《中国社会科学》。

《中国经济史研究》。

《历史研究》。

《历史学》。

《历史档案》。

《民国档案》。

《史学月刊》。

《甘肃日报》。

《北国春秋》。

《孙中山研究论丛》。

《光明日报》。

《社会科学战线》。

《近代中国》(上海中山学社主办)。

《近代史研究》。

《学术月刊》。

《经济日报》。

《经济研究》。

《新建设》。